# 息县年鉴

XIXIAN YEAR BOOK

2010

息县人民政府　主办
息县史志研究室　承办

**图书在版编目（CIP）数据**

息县年鉴 / 信阳市息县地方史志研究室主编 - 北京：华夏出版社，2010.0
ISBN　978-7-5080-4686-0

Ⅰ.息… Ⅱ.信… Ⅲ.县（城市）- 信阳市 2010 年 - 年鉴Ⅳ.289.75
中国版本图书馆 CIP 数据核字（2009）第 058062 号

**书　　名**：息县年鉴

---

**责任编辑**：张锦友
**责任校对**：鲁好举　王朝辉
**出版发行**：华夏出版社（北京市北直门外香河园北里 4 号　邮编：100028）
**开　　本**：889 × 1194 毫米　1/16
**印　　张**：26
**印　　数**：1000 册
**版　　次**：2010 年 10 月第一版
**印　　次**：2010 年 10 月第一次印刷
**书　　号**：ISBN978-7-5080-4686-0
**定　　价**：180.00 元

国务院总理温家宝(中)与息县种粮大户柳学友亲切握手

中共河南省委书记卢展工(左三)到息县项店镇李楼村敬老院调研

中共信阳市委书记王铁(右一)到息县杨店乡金宝农机合作社调研

信阳市人民政府市长郭瑞民（左一）到息县职教中心调研

中共息县县委书记张富治带领县四大家领导深入学校调研

县长余运德陪同上级领导到亚洲新能源控股(信阳)有限公司调研

# 编 辑 说 明

一、《息县年鉴》(2010)是息县人民政府主办，息县史志研究室承编的一部地方性、综合性、权威性和连续性的年度刊物，具有县委、县政府公报性质的资料性工具书。其宗旨是以马克思列宁主义、毛泽东思想、邓小平理论和“三个代表”重要思想为指导，坚持实事求是和科学发展观，力求达到思想性、资料性和科学性的统一。编辑《息县年鉴》，旨在全面系统地记载息县社会主义现代化建设的历史进程，保存地方文献资料，总结经验教训，为各级领导决策提供借鉴和参考，同时，也为社会各界了解息县、建设息县提供丰富翔实的地情信息。

二、《息县年鉴》(2010)是继1993年首卷之后的第二部年鉴。《息县年鉴》自1993年首版后，由于诸多原因未能连续出版。按省、市地方史志办及县委县政府要求，重启《息县年鉴》编辑工作，以后每年编辑成卷。本卷主要反映2009年度息县的基本情况、建设成果、重大事件、新的问题及发展趋势。全书采用条目体，设目、分目和条目三个层次。

三、《息县年鉴》(2010)采用分类编辑法，共设27个类目，即：特载、大事记、概况、人物、政治、社会团体、人民武装、法制、农村改革发展综合试验区建设、农业、工业、交通、邮政 电信、电力、建设 环保、六城联创、经济贸易、旅游、财政 税收、金融 保险、经济管理、科学技术、教育 体育、文化 卫生、社会生活、乡镇管理区概况、图说息县等，并配以地图、表格、图片(部分图片为2010年度)，力求达到图文并茂。

四、行文中，机构名称、地名、重大活动及事件等，第一次出现时使用全称，再次出现时一般使用简称或惯称。

五、《息县年鉴》(2010)采用的稿件及照片，均由各部门、各单位提供，并经过各单位领导审阅。主要统计数据由县统计局提供和审核，有些业务部门的数据由主管业务部门提供。

# 《息县年鉴》编纂委员会



# 《息县年鉴》编审人员

# 目　录

**科学技术**

# 特　　载

## 凝心聚力干事业　统筹兼顾谋发展

### ——在县委经济工作会议上的讲话

中共息县县委书记　张富治

（2010 年 1 月 13 日）

同志们：

今天会议的主要任务是，学习贯彻中央和省委、市委经济工作会议精神，总结我县 2009 年经济社会工作，安排部署新一年工作，动员全县上下抢抓机遇，乘势而上，加压奋进，誓夺改革发展的新胜利。刚才，余县长对今年的工作作了全面具体的安排，我完全赞成，请大家认真抓好贯彻落实。下面，根据县委中心组研究的意见，我就全县工作再讲三点意见。

**一、团结一心，干出科学发展新成绩**

刚刚过去的 2009 年，是新世纪以来我们经济发展最困难的一年。一年来，全县上下在市委、市政府的正确领导下，紧紧围绕建设和谐文明美丽富饶新息县的目标，化危为机、危中寻机，团结一心、克难攻坚，保增长、调结构、促改革、惠民生取得了新成绩。

（一）*跨越发展增强了实力*。面对经济危机的不利影响，我们以项目建设为抓手，采取多种措施积极应对，促进经济平稳较快发展。全县生产总值完成 88.6 亿元，增长 13.2%；地方财政一般预算收入完成 1.6 亿元，增长 12.3%；城镇居民人均可支配收入和农民人均纯收入达到 11525 元、4020 元，分别增长 9.4% 和 8.3%。粮食生产再夺丰收，连续四年获得“全国粮食生产先进县”称号，产粮大县地位进一步巩固。产业集聚区成功入驻企业 52 家，建成投产企业 30 家，亚洲新能源等骨干企业进一步发展壮大，双龙水泥、海虹陶瓷等新兴企业异军突起，雨润誉昆食品今年 9 月可建成投产。全县规模以上企业增加至 124 家，全部工业增加值预计实现 32.6 亿元，增长 14.3%。招商引资实现重大突破，落地项目 17 个，总金额 18.57 亿元，特别是合昌纺织、陶瓷工业园、台湾食品工业园等投资额在 3 亿元以上的重大项目相继落户息县，为全县经济发展增添了动力。

（二）*改革创新激发了活力*。在试验区建设上，我们紧紧围绕八篇大文章，层层发动，认真实施，全面推进，重点突破，全县农村呈现出活力迸发、蓬勃发展的良好局面。截至去年年底，全县成立农民专业合作组织 383 家，流转土地面积 78.01 万亩，成立 3 家投资担保公司、23 家资金互助组织，建成标准化村卫生室 324 个，新建和改扩建乡镇敬老院 37 所，农村五保户集中供养率达到 45%，新型农村合作医疗参合率达到 98%。在全市率先全面启动新民居建设，110 个新村已开工建设，其中粗具规模 48 个，新村数量全市最多。在去年全省农业机械化银企合作对接会上，我县有 5 家农机专业合作社进入全省 50 强。农机专业合作社和新村建设已成为息县农村改革的亮点，全市秋冬种机械化生产暨合作组织建设现场观摩会、城乡一体化暨农村资金投入现场观摩会相继在我县召开。在优化经济发展环境上，我们继续改革测评方式，推进行政审批中心规范运行，基本实现了“凡进必进，应进必进”，促进经济发展环境持续优化好转，息县继 2008 年被评为“外商眼中的河南最佳投资城市”、“全省优化经济发展环境优秀县”后,2009年又被评为“中国金融生态文明县”。

（三）城乡联创彰显了魅力。以创建市级园林县城、市级文明县城先进县为目标,县级领导带头作战,各级各部门密切协作,广大干群踊跃参与,六城联创继续深入开展。城区东环路建设热火朝天,护城河治理一期工程顺利完成,24条背街小巷治理全部完工,新增绿地1.26万平方米。继续开展环境卫生综合整治活动,坚决制止和纠正不文明行为,建立城区环卫保洁市场机制,实行全天保洁,使城区环境卫生和经营秩序发生新的变化,顺利通过创建省级卫生县城年审和市级园林县城考核验收。各乡镇按照六城联创总体部署,夯实基础,巩固成果,提高水平,乡村面貌进一步改善。全县所有乡镇被评为市级卫生乡镇,小茴店、陈棚和项店3个乡镇被评为省级卫生乡镇。

（四）构建和谐提升了幸福力。坚持以人为本,高度关注民生,着力解决民生突出问题,切实抓好“三就两保”工作,扎实办好省、市“十件实事”,群众得到更多实惠。教育、文化、卫生、计生等各项事业协调发展。高招本科过线人数首次突破2000人,职业教育中心如期实现招生,顺利实现创建国家级计划生育优质服务先进县目标。着力打造“千古中华第一县”金名片,叫响“百姓大讲堂”金品牌,搭建群众文化活动“金舞台”,特色文化宣传活动精彩纷呈。高度重视信访工作,继续深化县委书记大接访活动,建立健全信访稳定工作长效机制,化解了一大批信访热点、难点问题,在新中国成立60周年庆典期间首都和省会没有来自息县的干扰,受到省信访领导小组通报表扬。扎实开展平安创建活动,加强社会治安综合治理,始终保持对刑事犯罪的高压态势,命案发案率大幅下降,公众安全感指数达到95.05%。严格落实安全生产责任制,全县未发生重特大安全事故。息县平安建设工作取得了历史性突破,首次被评为“全省平安建设先进县”。

（五）干事创业凝聚了向心力。一年来,面对各种复杂局面,我们不畏艰难,团结拼搏,苦干实干,保持了干事创业的昂扬正气。对于县委部署的中心工作,各级领导干部率先垂范、冲锋在前,在六城联创中当“路长”,在试验区建设中当“村长”,在大招商中当“队长”,鼓舞了士气,凝聚了人心。坚定不移地落实市委“五禁止、十不准”和县委“五条禁令、三项制度”,增强了执行力,提高了公信力。认真开展全县十大名牌教师、“活力息县”十大先锋人物等模范人物的评选和表彰活动,评出了奉献精神,营造了实干氛围。全面推行“五个常态化”,凭实绩、凭能力、凭口碑使用干部,树立了正确导向,形成了比学赶超的良好风气,为加快发展、实现跨越提供了有力保证。

一年来的工作很不平凡、很不容易,一年来的发展变化令人振奋、催人奋进。但实事求是地讲,息县的发展仍处在起跑阶段,取得的成绩也是初步的、低层次的,人口多、基础差、底子薄的基本县情仍没有根本改变。与一些发达地区,甚至周边县区相比,我们的发展差距仍然较大。面对周边县区呈现出争先恐后、比学赶超、咄咄逼人的发展态势,我们的发展面临巨大压力。形势逼人,不进则退,慢进亦退。因此,我们绝不能因取得一点成绩就沾沾自喜、骄傲自满、忘乎所以,要时刻保持清醒的头脑,进一步增强加快发展的危机感、紧迫感和责任感。

另一方面,我们也要正确认识发展机遇和条件,切实增强机遇意识和发展信心。面对国际金融危机,国家采取了扩内需、保增长的宏观政策,进一步加大基础设施建设和民生改善的投入,为我们争取支持、夯实基础提供了难得的机遇。农村改革发展综合试验区建设的全面启动,吹响了农村新一轮改革发展的强劲号角,我们迎来了加快发展的春天。更重要的是,随着全县发展帷幕的全面拉开,发展成果的喜人展现,广大干部群众从中看到了希望,对新息县建设充满了信心,干事创业的劲头更足,求富思变的愿望更强,为我们实现跨越发展提供了强大的动力。只要我们把握机遇,乘势而上,埋头苦干,就一定能够继续保持加快发展的良好势头,不断开创全县经济社会发展的崭新局面。

**二、加倍努力,誓夺改革发展新胜利**

2010年是我们全面完成“十一五”规划的最后一年。做好今年各项工作,巩固和发展当前来之不易的大好局面,任务繁重、责任重大,使命光荣、影响深远。根据中央和省、市有关重要会议精神,结合我县实际,今年我县工作的总体要求是:深入贯彻党的十七大和十七届三中、四中全会精神,全面落实科学发展观,牢牢把握建设农村改革发展综合试验区的重要战略机遇，坚持三保、巩固态势、强化提升，凝心聚力干事业，统筹兼顾谋发展，加快建设经济发达、文化繁荣、社会和谐、环境优良、人民幸福的新息县。要实现这个目标，必须重点抓好以下五个方面的工作：

（一）誓夺工业振兴新胜利。经济发展靠工业。经过三年多的努力，我县工业形势发生了可喜变化，但工业弱小、实力不强仍然是经济发展中最突出的问题。要在全县进一步叫响"工业强县、工业富民"的口号，举全县之力大办工业、办大工业，实现工业经济总量和质量效益双提升。一要强化项目支撑。继续把项目建设摆在更加突出的位置，以上大项目为重点，大力推进项目建设。对今年确定的119个重点项目，特别是"双十工程"，要逐个落实挂帅领导，组织精干班子，主动为项目建设搞好服务，提供保障，在确保质量的前提下加快工程进度，力争早投产、早达效。尤其要全力以赴、集中精力、毫不放松地抓好雨润誉昆食品、合昌纺织、台湾食品工业园和豫南陶瓷工业园等大项目、好项目，为工业全面振兴提供坚强支撑。同时，根据国家产业政策和外商投资意向，立足我县经济发展实际，抓好后续项目的筛选储备，重点储备一批投资规模大、带动能力强、促进产业升级的大项目，为经济快速发展备足后劲。二要打造产业集群。当前，我县产业集聚区发展势头很好，但与发达地区相比，在基础设施、投入强度和产出效益等方面差距仍然很大，潜力也很大。今年全省要开展产业集聚区建设升级竞赛，在用电、税收、土地、环评等方面提出了具体的激励政策，市里还要配套一些优惠政策。我们必须高度重视、及早谋划，坚决把集聚区的规模和质量提上去，全力争取产业集聚区升级，享受到这些优惠政策。要狠抓入驻企业的督导，保证企业投资的落实，着力打造产业集群、企业集聚、资源节约的"块状经济"。三要加大扶持力度。进一步巩固"企业服务年"活动成果，从技术、人才、资金等方面加强对企业的扶持，千方百计保现有工业企业，巩固规模以上工业企业，做大规模以下工业企业。当前，要充分发挥投资担保公司的作用，加强银企合作，定期召开银企座谈会，破解企业融资瓶颈，使一批发展前景好、潜力大的中小企业获得充足资金支持，快速成长为顶天立地的大企业。继续深化和完善金伦纸业、金达纺织等骨干企业改制工作，盘活资产存量，引进投入增量，全面激活过去叫得响的工业企业，使骨干企业焕发生机，再铸辉煌。在骨干企业强有力的带动下，各类企业竞相发展，加快实现从传统农业大县向新兴工业大县的跨越。

（二）誓夺农村改革新胜利。试验区建设是当前全市首位的中心工作。通过前一阶段的改革试验，我们都深切感受到，市委抓这项工作的决心很大、措施很硬、要求很严、节奏很快，可以说是绝无仅有。在市委经济工作会上，王铁书记明确提出要争取创办国家级试验区，今年的县域经济工作会，农村改革新项目要重点看，每个地方至少看一到两个项目。对此，我们千万不能掉以轻心，要提前做好准备。现在，我们的试验区建设已经有了一定的基础，有很好的探索、成功的经验，这是我们进一步推进改革的有利条件。今年，农村改革试验区要向纵深推进、向重点突破，让我们的各项改革更加热闹，更为精彩。一要充分发动群众，造势要更浓。要充分利用现场观摩会、干群交心会、座谈会、村民代表大会等方式，反复宣传政策和形势，解剖先进典型，因势利导，加强引导，广泛发动群众，努力营造更加浓厚的建设氛围。在具体工作中，要积极运用"4+2"工作法，发扬民主，科学决策，严禁强行拍板。多做群众思想工作，通过摆事实、讲道理、拉家常、算细账，交流思想，增进感情，引导他们转变思想观念，积极参与改革发展，充分发挥广大农民群众的主体作用。二要注重培育亮点，示范要更好。在试验区建设中，要注重发现和培育典型，让事实说话，让能人先行，并及时总结他们的成功经验，带动全县工作的开展。在示范村建设中，要通过领导带头、科学规划、整合资源、高点起步，快速推进李楼、董围孜、曹集等一批示范村的各项改革，使这些村成为全县试验区建设的排头兵，辐射作用日益凸显。三要加大督查力度，推进要更快。县试验办、督查局和新闻部门要抽调得力人员组成联合督查组，采取定期督查、定向督查、不定期抽查、专项通报、责任追究等方式，一项一项地进行跟踪问效。同时，还要分专业召开现场会、观摩会，定期汇报，逐乡点评，好的表扬，差的批评，并将每次评比记入干部实绩档案，推动工作的深入扎实开展，在全县形成明争暗赛、奋勇争先的良好局面。

（三）誓夺招商引资新胜利。招商引资工作是优化经济结构、增强发展后劲的必然要求。去年以来，我县大招商工作取得了长足发展和进步，但仍有一些乡镇和部门畏难情绪较重，思路窄、招数少，怨天尤人、消极等待，一年下来一无所获。当前，金融危机的确给招商引资带来了不小的困难，但更带来了不少机遇，我们要切实加大招商引资力度，大力承接产业转移，争取实现弯道超车。一要领导带头。各级领导干部尤其是主要领导，要加大招商引资力度，做到常抓招商事、常谋招商策、常绷招商弦。同时，要从全县发展的大局出发，步调一致，令行禁止，同心协力，唱好"招商"戏。对招商引资只设路标，不设路卡，为招商引资大开"绿色通道"，共同打造最佳投资环境，共同把招商引资工作做好。二要创新方式。在招商过程中要充分利用各种商会组织、行业协会、会议会展来招商，并积极探索和推行代理招商、品牌招商、联谊招商等多种富有创意、行之有效的招商活动。要深入挖掘赖氏根亲文化，有针对性地规划一批项目，吸引闽南等地赖氏宗亲企业家返乡观光，投资开发。三要招大引强。要围绕我县的资源优势和产业优势，立足产业集聚区发展定位，谋划一批投资亿元、十亿元的重大项目、工业项目，主攻大集团、大公司，积极跟世界500强、国内500强、行业100强企业对接，靠好项目引进大企业、大投资，使招商引资由数量型向质量效益型转变。招商引资最能锻炼干部，最能考验能力，最能体现素质。在招商引资上有突破的干部，一定是能力较强的干部，也一定会成为组织认可和重用的干部。

（四）誓夺六城联创新胜利。去年，由于部分乡镇和单位出现麻痹松懈思想，全县的"六城联创"整体工作有所滑坡，无论是乡镇还是县城，暗访成绩都处在全市比较落后位次，为迎接年终明查，我们被迫进行临时突击整治。这场教训提醒我们要更坚定、更深入地抓好六城联创，决不能松懈，更不能停顿。今年的六城联创工作，要围绕创建国家级卫生县城和省级园林县城的目标，切实加大力度，务求实现新突破。一要进一步巩固创建成果。创建成果来之不易，稍一松劲就会反弹，必须坚持一手抓创建、一手抓巩固。重点对乱停乱放、乱翻乱行、乱贴乱画、乱扔乱倒、乱摆乱占等城市顽症，发动群众积极参与，打一场持久战，形成巩固创建成果的强大声势。职能部门要"明确职责，尽职尽责"，切实加强管理，严防问题反弹。县纪检委、监察局、督查局和联创办要加强督导检查，对不认真履行职责的单位要从严追究责任。二要进一步提升创建水平。主动顺应人民群众对环境、对生活、对精神的追求不断提高的趋势，丰富创建内容，提升城市品位。新城区建设要再掀高潮，计划实施五一湖治理工程，再建两座跨湖大桥，向东延伸改造息州大道和沿河路，启动城东新区开发，进一步拉大县城框架，增强承载能力。老城区改造要继续抓紧，完善基础设施配套，全部完成背街小巷整治，加大专业市场建设，制定并实施高品位的绿化整体规划方案，彻底治理脏乱差，使城区面貌干净整洁、靓丽多姿。各乡镇要向杨店、项店等乡镇学习，狠抓基础设施建设，加强整治环境卫生，不断提高创建标准和水平。尤其要突出抓好主干道的环境治理，建立长效机制，组建专业队伍。市里将把主干道的环境治理纳入乡镇创建范围，一并安排、一并督查、一并考核，各乡镇必须重视起来，切实抓好这项工作。三要进一步完善创建机制。对六城联创中好的做法、好的经验，要认真加以整理、加以完善，形成机制，形成制度，固定下来，落实下去。通过一套行之有效的好制度、好机制，把突击行动、集中行动转变为常态行动、持续行动，让创建工作永不停止，创建水平不断提升。

（五）誓夺和谐发展新胜利。和谐发展既是经济工作的重要内容，也是经济工作的最终落脚点。要从解决群众最直接、最关心、最现实的利益问题入手，更加关注民生，倍加维护稳定，促进社会和谐。一要努力改善民生。牢记解决民生问题是最大的政治、改善民生状况是最大的政绩，继续为全县人民办好"十件实事"，突出抓好就业、就学、就医、社会保障和住房保障"三就两保"。要把就业作为民生之本，坚决贯彻促进就业政策，不折不扣地完成就业再就业任务。要以深化新型农村社会养老保险试点工作为重点，加快完善城乡社会保障体系，不断扩大覆盖面、提高保障水平。借助国家项目支持，积极引导社会资金兴办敬老院，促进社会养老事业大发展。二要大力发展社会事业。进一步巩固和扩大教育整顿成果，开工建设县城新二中，促进城乡义务教育均衡发展。今年全县高中招考试成绩要继续有较大幅度的提高，实现名牌大学的新突破。统筹城乡文化事业，深入开展广场文化活动，推进农村文化大院、农家书屋建设。加快实施县人民医院迁建项目，农村标准村卫生室要全部投入使用，继续开展农村医生培训工作，切实提高农村卫生服务水平。坚持不懈地抓好人口和计划生育工作，继续保持全国计划生育优质服务先进县称号；高度重视节能减排和环境保护工作，推动可持续发展。三要全力维护稳定。继续强化“平安第一”理念，推进社会管理体制机制创新，引导群众依法有序表达诉求。切实加强和改进信访工作，及时有效地解决群众反映的问题，坚决纠正损害群众利益的突出问题，保障群众合法权益。健全社会治安防控体系，依法防范和严厉打击各类违法犯罪活动，狠抓安全生产，积极预防和妥善处置群体性事件和突发公共事件，确保社会大局和谐稳定。

**三、奋勇争先，保持干事创业新气势**

作风决定作为。实现全年目标任务，关键在领导，核心在落实。全县上下要以发展大局为重，拧成一股力量，干出一种气势，苦抓实干，促进落实，推动发展。

（一）始终保持勤勉敬业的精神状态。工作上的差距，很大程度上是事业心、责任感的差距，是操作落实的差距，是执行力的差距。各级领导干部要时刻牢记重托，对组织寄予的信任，没有任何理由不努力；人民赋予的权力，没有任何理由不作为。要时刻牢记职责，尽职尽责地把该管的事情管好，把该抓的工作抓好，把各项重点工作、重点工程、重大事项落实到位。要时刻牢记干事，始终用心谋事，用心想事，用心干事，比激情、比能力、比业绩，比出发展的责任感、使命感、紧迫感，比出工作的积极性、主动性、创造性，在“比”中展现才华、推进工作、创造业绩。

（二）始终保持克难攻坚的无畏勇气。回顾近年来我们取得的每一个成就，都是各级领导干部直面困难，克难攻坚的结果。全县各级干部要坚决克服消极畏难、等靠观望、松劲懈怠等不良情绪，以坚韧不拔、百折不挠的意志，顽强不屈、锲而不舍的韧劲，咬定青山不放松，不达目的不罢休。要身先士卒、率先垂范，对职责范围内的事，敢抓敢管、敢作敢为、敢于担当；对棘手问题和复杂矛盾，敢于主动出击，迎难而上，舍得下苦功夫，敢于啃硬骨头，带头做到能干事、会干事、能干成事。要坚持原则，秉公办事，不回避矛盾，不推卸责任，不能“守株待兔”，坐等问题出现，更不能遇到难题绕道走，要及时主动发现新情况、解决新问题，推动工作落实。

（三）始终保持快速高效的工作作风。等待观望，必将无望。我们必须牢固树立时间观念、效率意识，坚持以时间换空间、以频率换效率、以速度换跨度。要在行动上快人一拍。工作快上手、项目快推进、矛盾快化解、目标快完成。要以日保月，以月保年，以全年保全胜。要在操作上务求实效。立足于快执行、快操作、快见效，使我们的决策定一项是一项，项项成功，使各方面的工作干一件成一件，件件落实。要在服务上优化提升。牢固树立中心意识、大局意识，解放思想，转变观念，坚持原则性与灵活性的统一，切实提高办事效率，不能思想僵化、方法老套，动不动就套红头文件，以执行政策为借口，这也不成那也不成，能办的事压着不办、顶着不办、久拖不办、办不到位。

（四）始终保持团结协作的和谐氛围。人心齐，泰山移。各级干部尤其是领导干部一定要像爱护自己的眼睛一样珍惜班子团结，珍惜共事缘分，在工作中相互尊重、相互理解、相互支持、相互配合，确保在思想上合心、工作上合力、行动上合拍。要切实做到“三个正确对待”，即对待事业讲原则，对待同志讲胸怀，对待自己严要求。要坚持多干事、少议论，多参与、少推托，多合作、少内耗。要善于以科学的见解启迪人，以民主的作风凝聚人，以宽容的胸襟感染人，以模范的行为带动人，团结和带领大家心往一处想，劲往一处使，形成一个政通人和干事业、同舟共济谋发展、齐心协力抓落实的和谐氛围。

同志们，新的一年各项工作已经全面展开，新的一年也是我们息县实现突破式发展的一年。责任在心重千钧，使命在肩当奋进。希望大家以饱满的热情，过硬的作风，有效的措施，全力以赴抓发展，加倍努力夺胜利，圆满完成各项任务，为建设和谐文明美丽富饶新息县做出新的更大贡献！

# 政府工作报告

## ——在息县第十二届人民代表大会第四次会议上

息县人民政府县长　余运德

（2010 年 3 月 4 日）

各位代表：

现在，我代表县人民政府，向大会作政府工作报告，请予审议，并请各位政协委员和其他列席人士提出意见。

**一、2009 年工作回顾**

2009 年，是新世纪以来经济发展困难最多，也是最富挑战的一年。面对金融危机和各种不利因素影响，在市委、市政府和县委的正确领导下，县人民政府深入贯彻落实科学发展观，与全县广大干部群众一道，奋力拼搏，克难攻坚，较好地完成了县十二届人大三次会议确定的各项任务，取得了“保增长、保民生、保稳定”的重大胜利，在逆境中迈出了坚实的发展步伐。2009 年，全县生产总值实现 88.6 亿元，增长 13.2%；财政一般预算收入完成 1.6 亿元，增长 12.2%；全社会固定资产投资完成 89.1 亿元，增长 34.2%；社会消费品零售总额达到 34.4 亿元，增长 19.8%；城镇居民人均可支配收入和农民人均纯收入分别达到 11525 元、4020 元，分别增长 9.4% 和 8.3%。

一年来，我们切实加强产业集聚区建设，大力招商引资，强化项目支撑，工业经济平稳运行。

应对危机及时有效。针对经济运行不同阶段的突出矛盾和问题，县政府迎难而上，围绕保增长、扩内需，及时果断地研究制定了应对金融危机、保持经济发展的具体措施。通过“狠抓一季度、决战二季度、大干三季度、决胜四季度”，较好保持了经济平稳较快的增长态势。特别是扎实开展“企业服务年活动”，组织政府职能部门深入全县 86 家重点企业进行摸底调查，了解企业发展面临的困难，及时解决融资、土地审批、税收、环评、规划等问题，增强了企业抗风险和自主发展的能力。

产业集聚效应凸现。抓住县产业集聚区被列为省政府重点扶持的 175 家产业集聚区的机遇，确立以农副产品深加工和陶瓷建材生产为主导的产业定位，不断完善集聚区基础设施，优化企业发展环境，产业集聚效应日益凸显。目前，集聚区建成规模达 3 平方公里，已入驻企业 52 家，建成投产 30 家，涉及食品加工、建材、轻纺等领域。2009 年，产业集聚区完成工业总产值 3.6 亿元，实现利税 5000 万元。在产业集聚区的带动下，全县工业经济发展势头强劲，工业产值实现 32.6 亿元，增长 14.3%。

招商引资成绩斐然。充分利用“外商眼中的河南最佳投资城市”和“全省优化经济发展环境优秀县”这两块金字招牌，不断创新招商方式，积极开展领导干部带头招商、小分队招商、在沿海发达地区设立办事处招商，强化亲情招商、节会招商，推进以商招商、以商聚商，吸引和带动了一大批企业来息县投资发展。2009 年，共接待客商 2300 多人次，引进外资 930 万美元，利用外资水平全市排名第一，引进省外资金 5.4 亿元，签订合同项目 24 个，投资额 22 亿多元；实现落地项目 17 个，投资额 18.6 亿元。特别是雨润誉昆、合昌纺织、陶瓷工业园、台湾食品工业园等投资 3 亿元以上的重大项目的落户，实现了招商引资工作质与量的新突破。

项目建设如火如荼。抓住国家实施“扩内需、保增长”政策机遇，积极争取项目，加快项目建设。2009 年，全县共争取国家政策性投资项目 50 个，新增中央预算内投资 2 亿元、省财政专项资金 1.4 亿元；列入省重大工业结构调整项目 3 个，计划投资1.9亿元，实际完成2.4亿元；进入市重点项目5个，计划投资3亿元，实际完成3.8亿元；确定县重点建设项目66个，计划投资19亿元，实际完成21亿元，均超额完成年度计划投资任务。特别是亚洲新能源等骨干企业进一步发展壮大，食品加工、陶瓷、纺织、水泥等新兴产业异军突起，增强了我县工业经济综合实力。

一年来，我们全面落实支农惠农政策，突出抓好农业生产，不断提高农业综合生产能力，农业经济稳步发展。

惠农政策全面落实。认真落实国家粮食补贴政策，发放粮食直补和综合补贴1.1亿多元，小麦、水稻、玉米和棉花良种补贴2514万元，农机购置补贴859万元。同时，落实免费教科书资金1525万元，落实义务教育困难寄宿生生活补助资金790万元。积极开展粮食最低价收购，全年收购粮食19.7万吨，创造历史最高纪录。积极响应国家鼓励扩大消费的政策，认真开展“家电下乡”工作，兑现补贴资金964万元；继续实施“万村千乡市场工程”，建设改造乡级店3家、村级店185家，极大地方便了农民群众的生活，使发展成果更好地惠及了广大农民。

农业生产稳步发展。克服60年一遇的冬春连旱等自然灾害影响，粮食生产再夺丰收。2009年，我县粮食总产91.9万吨，连续4年获得“全国粮食生产先进县”荣誉称号，在迎战金融危机之年为国家粮食安全做出了重要贡献。全县种植优质弱筋小麦60万亩、优质水稻52万亩，特色农业规模化、标准化生产水平不断提高。实行香稻丸订单生产，种植面积进一步扩大，同时加大香稻丸品种改良力度，与国家杂交水稻工程技术中心协作取得有效进展，特色农产品走上了专业化发展道路。水产品产量继续增长，达到1.5万吨；畜牧业发展再创新高，实现产值17.3亿元，综合实力跃居全市前列；林业生态建设捷报频传，连续获得“市级林业生态建设先进单位”和“省级林业生态县”两项荣誉，农业内部结构进一步优化。“科技兴农”全面落实，全县主要农作物良种覆盖率达95%以上。产业化经营势头强劲，发展涉农企业56家，其中5家被列入市重点龙头企业。

农村生产条件持续改善。认真实施农业综合开发标准粮田建设、优质水稻繁育项目，累计投资2亿元，改造中低产田30万亩，建成高标准基本农田20万亩，全县有效灌溉面积达到108万亩，旱涝保收面积达到100万亩。积极应对年初罕见旱灾，投入资金5000多万元实施抗旱应急灌溉水利工程，全力抗旱浇麦保丰收，扩大灌溉面积11.9万亩，年增加提水能力3200万立方米。大力开展冬季农田水利基本建设，完成李洼水库除险加固等一大批水利建设项目，不断改善农业生产条件，为农业丰收和农村经济发展奠定了坚实基础。

一年来，我们高扬农村改革发展试验区大旗，深化农村改革，创新体制机制，新农村建设势头强劲。

新村建设保持了优势。在全市率先启动新村建设，全县共有110个行政村开展新村建设，其中48个新村已粗具规模，新村数量全市最多。探索出群众集资联建、市场开发带动、创业成功人士回归开发三种各具特色的建设模式，其中，项店镇李楼等村通过科学规划、群众联建，走出了一条节约土地资源，改善民居环境的新路子，在全县乃至全市起到了很好的示范带动作用。全市城乡一体化暨农村资金投入工作现场会在我县隆重召开，及时推广了这一做法。

金融改革积聚了强势。在全市率先成立金融服务办公室，统筹协调全县金融工作。金融服务工作效果显著，荣获“中国金融生态文明县”称号。县域内金融机构新增存款12.2亿元，新增贷款9.1亿元，有力支持了农村经济发展。实施金融创新，拓宽农村融资渠道，成立资金互助组织23家、担保公司3家，并积极组建村镇银行。我县金融创新“底层突破”模式受到市委、市政府的充分肯定，全市社会资金投入机制现场观摩会在息县举行。

农民合作社发展契合了时势。积极发展农民合作社，全县注册登记农民合作社383个，涉及种植、养殖、林业、农机、金融服务等多个行业，合作社的经营水平和带动能力不断增强。特别是农机合作社发展迅猛，成为全市唯一形成规模的亮点，全县注册农机合作社72家，有5家进入全省农机合作社50强行列。全市秋冬种机械化生产暨合作组织建设观摩现场会在我县召开，全县农业机械化装备水平不断提高，农机推广的热情空前高涨。

土地流转顺应了形势。加快推动农村土地流转，全县流转土地78万亩，发展土地信用合作社

40家,流转耕地100亩以上或林地500亩以上的经营大户发展到131个。通过土地流转,推进了土地适度规模经营,提高了农业规模收益,涌现了柳学友、裴其华、靳国栋、余耀文等一大批种植、养殖大户,其中,柳学友还受到温家宝总理的亲切接见。

一年来,我们不断加大城市建设力度,提升城市管理水平,促进城乡交通协调发展,城乡面貌焕然一新。

城市建设高潮迭起。2009年新开工建设北环路、文化路北段、东环路南段等33个重点建设项目,续建谯楼街西段、北大街北段等11个重点工程项目。通过新客、货运站等一批特色建筑打造了我县的建筑精品,通过东湖国际花园等一批工程开创了我县吸引外资参与城市建设的先例。护城河治理一期工程顺利完成,昔日污水横流、蚊虫滋生的臭水沟变成了荷叶田田、绿草茵茵的休闲健身好去处。城市供水项目如期完工,并于年前投入试运行,困扰城区居民多年的用水问题终于得到解决。垃圾处理场二期工程即将竣工,污水处理运营效果良好。城市建设热火朝天,城镇规模不断扩大,建成区面积达到18平方公里,基础设施逐步完善,一座崭新的现代化县城已初具规模。

城市管理日臻成熟。以"硬化、美化、绿化、亮化"为目标,着力打造"宜居县城"。大刀阔斧进行环境卫生整治,治理背街小巷24条,修建道路9496米;开拓创新建立城区卫生保洁市场运行机制,生活垃圾无害化处理率不断提高;锲而不舍加强城区绿化建设,城区新增绿地1.3万平方米;尽心尽力实施城区亮化工程,投资100多万元在职高路、东二环路中段等多处安装路灯,城区路灯亮灯率达95%以上。息县的城镇从来没有这样干净,从来没有这样亮丽。坚持不懈开展"六城联创",顺利通过创建"省级卫生县城"年审和"市级园林县城"考核验收,全县所有乡镇进入市级卫生乡镇行列,小茴店、陈棚、项店等3个乡镇成为省级卫生乡镇。

城乡交通协调发展。实施以县乡道路改造为重点的交通建设项目57个,新修和改造农村公路143.2公里,其中通村公路81.2公里。完成省道S213线息寨路大修改造、息县汽车客运站、货运站建设和大广高速白土店连接线等项目。狠抓公路养护管理,对G106线夏庄镇街道转盘等多处路面进行了修补。确保干线公路交通的安全通畅,成功申请设置了2个流动超限超载检测站。

一年来,我们千方百计改善民生,强化社会保障,促进和谐稳定,社会事业全面进步。

公共事业不断发展。集中财力保民生,不断增加对科、教、文、卫事业的投入,解决了一大批群众最关心、最直接、最现实的利益问题。2009年,科学技术、教育、文化体育与传媒、医疗卫生方面财政支出分别比上年增长23.3%、9.1%、62.4%、7.3%。科技工作不断进步,被评为"全国科技进步县"。教育工作亮点纷呈,高考本科进线首次突破2000人,职教中心顺利开学,息县教育发展基金会首创成立,接受首批捐赠159万多元。文化工作活力四射,"千古中华第一县"推介宣传活动扎实有效;以谯楼广场文体活动为龙头,不断激活丰富多彩的全县群众性文化体育活动。旅游工作稳步推进,制定了高品位的县旅游发展规划,加强旅游人员培训,名扬大酒店等一批旅游接待饭店的建成运营标志着我县旅游接待水平的进一步提升,全县旅游收入达到3000万元。卫生工作阔步向前,完成7所乡镇中心卫生院建设,如期建成的324个标准化村卫生室,像一道道亮丽的风景线,为农民群众就医提供便捷服务,公共卫生体系不断健全。积极应对甲型H1N1流感,息县境内疫情得到有效控制。

社会保障持续增强。实施积极的再就业政策,城镇登记失业率控制在3.5%。认真做好低保工作,实现城镇和农村低保双双扩面提标,低保对象分别达到9986人和41024人,累计发放城市低保金1740万元,农村低保金2136万元。全县企业养老、医疗、工伤参保人数分别达到14653人、36406人、13500人。新建、改扩建乡镇敬老院37所,五保户集中供养率达到45%。在全市率先建设廉租房800套,总面积达到4.1万平方米,发放廉租房租赁补贴资金393万元,首批投入使用保障性住房108套。加大扶贫开发工作力度,实现1.3万贫困人口脱贫致富。解决2万人的农村饮水安全问题,建成农村沼气池5000座,建设农村村内水泥道路20公里,通过淮干滩区灾后重建项目,新安置群众4244人。积极发展劳务经济,加强农民工职业技能培训,促进农民工就业和返乡创业,实现劳务收入20.6亿元。

社会大局和谐稳定。加强社会治安综合治理，不断完善社会治安综合防控体系，社会治安形势明显好转，公众安全感指数远远高于全省和全市平均水平，首次荣获“全省平安建设先进县”称号。扎实开展“信访积案化解年”活动，在全市率先完成信访基层基础建设任务，保持了信访局势稳定，国庆期间首都和省会没有来自息县的干扰，被评为2009年“全省信访工作显著进步先进县”和“全市信访工作先进县”。按照“安全生产年”的部署，全面推进安全生产三项行动，狠抓安全生产责任制度落实，安全生产形势总体稳定，全年没有发生重大安全事故。

各项社会事业协调发展。着力加强民主法制建设，大力推广村级事务“四议两公开”工作法，加快了基层民主化进程。持续推进政府系统“两转两提”，严格落实“五禁止”、“十不准”规定，大力减少和规范行政审批事项，各级政府机关服务效能和工作水平进一步提高。切实加强精神文明建设，公民道德水平和城乡文明程度进一步提高。严格规范土地管理，实现全县耕地的动态占补平衡。大力推动节能减排工作，万元GDP能耗下降4.7%。全面落实环境保护工作制度，全县环境质量不断改善。扎实开展食品药品安全专项整治，产品质量和食品药品安全保障水平得到提升。努力稳定低生育水平，全县人口自然增长率控制在5.5‰，获得“全国人口和计划生育优质服务先进县”称号。认真做好人民武装工作，获得省、市多项表彰。

一年来，人防、民族宗教、史志、体育、档案、审计、法制、人事、编制、统计、物价、气象、邮政、通讯、商业、外贸、供销、物流管理、工会、共青团、妇女、儿童、老龄和残疾人事业等各项工作也都取得了新的成绩。

各位代表！

过去的一年，我们面临的挑战前所未有，我们取得的成就来之不易。在应对危机的重大考验中，我们始终坚持以科学发展观为指导，无论是扩内需、保增长的短期措施，还是调结构、保态势的长远谋划，都注重统筹兼顾、科学决策，不断增强工作的前瞻性、系统性和有效性，努力实现了全面协调可持续发展。我们始终坚持把保障和改善民生放在更加突出的位置，把保增长与保民生、保稳定相结合，着力解决就业、就学、就医、住房等关系人民群众切身利益的问题，全县各项工作得到了广大人民群众的大力支持。我们始终坚持改革创新，把改革开放作为推进县域经济发展的根本途径，强力推动重点领域和关键环节改革，通过改革开放破解了发展难题、赢得了发展机遇、拓宽了发展空间。我们始终坚持团结奋斗打总体战，紧紧依靠全县人民，调动一切积极因素，上下一心、众志成城，形成了各负其责、共克时艰的良好氛围。一年来，我们不仅取得了迎战危机的重大成果，而且锻炼提高了各级干部驾驭复杂局面的能力，为加快和谐文明美丽富饶新息县建设进程积累了宝贵经验。

各位代表！

过去的一年，我们逆势奋进，赢得了发展；我们顽强拼搏，赢得了荣誉。这些成绩的取得，是市委、市政府和县委正确领导的结果，是县人大、县政协大力支持的结果，是全县人民团结奋斗、顽强拼搏的结果，凝聚了社会各界、方方面面的心血和智慧。在此，我代表县人民政府，向全县广大工人、农民、知识分子、干部职工，向驻息部队和武警官兵、公安干警，向社会各界人士致以崇高的敬意并表示衷心的感谢！

在肯定成绩的同时，我们也应该看到，我县经济社会发展中仍然存在一些问题：经济平稳较快发展面临的不利因素仍然存在，主导产业尚不突出，重大项目储备不足，经济回升的基础仍不稳固；产业的集聚支撑能力还不强，功能配套还不完善，产业集聚区的带动作用尚未完全发挥出来；财政增收压力加大，保障性支出大幅增加，收支矛盾突出；经济结构仍不尽合理，工业经济运行质量不高，第三产业发展还不繁荣；社会事业和社会保障发展总体水平与人民群众的需求还有一定的差距，维护社会和谐稳定的压力依然存在。对此，我们必须有清醒的认识，并采取积极有效措施逐步加以解决。

**二、2010年工作安排**

2010年是实施“十一五”规划的最后一年，是进一步摆脱国际金融危机影响的特殊之年，更是为“十二五”发展打基础的关键之年。尽管形势复杂，但企稳向好是2010年经济发展的主流，我们仍处于重要战略机遇期，机遇与挑战并存，机遇大于挑战。我们既要在认清形势中统一思想，又要在坚定信心中抓住机遇。一是把握国家扩大内需的机遇,增加农业强县优势。中央继续实施积极的财政政策和适度宽松的货币政策,继续以扩大内需特别是增加居民消费为重点,强化“三农”,改善民生。我们作为农业大县,要紧抓这一机遇,充分发挥自身优势,积极争取农业发展资金和农村支持项目,实现农业大县向农业强县的新跨越。二是把握产业转移的机遇,构筑工业强县优势。随着改革的深入,我县在劳务经济、特色资源、区位交通等方面具有承接东部地区产业转移的有利条件,我们要充分利用市场和资源,大力招商引资,积极引进闽商、浙商为代表的大企业入驻集聚区,壮大工业规模,优化工业结构,促进工业经济上台阶。三是把握农村改革发展综合试验区建设的机遇,打造农村特区优势。试验区建设内容丰富,前景广阔,我们县在许多方面已经取得了可喜成绩,要进一步加大工作力度,在改革试验中加快现代农业发展步伐,实现统筹城乡发展的新突破。

今年,政府工作的指导思想是:全面贯彻党的十七大和十七届三中、四中全会精神,以邓小平理论和“三个代表”重要思想为指导,深入贯彻落实科学发展观,坚持重在持续、重在提升、重在统筹、重在为民,抓住建设新农村改革试验区的历史机遇,更加注重提高经济增长质量和效益,更加注重推动经济发展方式转变和经济结构调整,更加注重推进改革开放、机制创新和自主创新,更加注重改善民生、保持社会和谐稳定,努力保持经济平稳较快增长和跨越式发展基本态势,进一步加快工业化、城镇化和农业现代化进程,全面建设和谐文明美丽富饶的新息县。

今年我县经济社会发展的主要目标是:全县生产总值增长13%;地方财政一般预算收入增长13%;全社会固定资产投资增长23%;社会消费品零售总额增长10%;城镇居民人均可支配收入增长7%以上;农民人均纯收入增长6%以上;人口自然增长率控制在6‰以内;万元生产总值能耗降低4.78%。

为实现上述目标,我们必须重点做好以下四个方面的工作:

*(一)在推进产业集聚上下功夫,切实增强工业经济实力*

大力提高工业运行质量。进一步树立“工业强县、工业富民”的理念,结合我县的资源和产业特点,把扩大企业规模与优化产业结构紧密结合起来,着力提高工业经济运行的整体质量和内在活力。大力培育优势产业,重点发展能充分发挥息县资源优势、产业关联度高、带动能力强、市场前景好的农副产品深加工、纺织、建材等产业,全力抓好雨润誉昆、合昌纺织、远方陶瓷、虹博陶瓷等大项目的建设工作;壮大骨干企业,推动亚洲新能源、海虹陶瓷、双龙水泥等重点企业进一步上规模、上档次;扶持新兴企业,帮助超强木业公司、创新塑料管业公司等一批有基础条件、有发展潜力的企业不断发展壮大;培育科技型企业,依托台湾食品工业园,大力引进和开发高新技术项目和系列产品,不断提高产品附加值和竞争力。2010年,全县规模以上工业企业增加值力争实现30.5亿元,增长17.2%,实现利润5.8亿多元,增长20%。全面推动企业改制,改革国有企业的产权制度,强力推进和完善金伦纸业、金达纺织等企业的改制步伐,盘活企业存量资产,尽快使企业重新焕发生机。

切实加快项目建设进度。坚持把项目建设作为增强实力、聚积优势的核心举措,紧紧围绕国家产业政策,结合“十二五”规划编制和我县经济发展实际,高起点谋划一批投资规模大、带动能力强、促进产业升级的项目,努力形成建设一批、论证一批、储备一批的梯次推进格局。2010年,筛选符合国家产业政策投资项目75个,拟争取资金46亿元以上,省重大工业结构调整和重点项目5个,计划完成投资6.3亿元以上,市重大工业项目和重点项目14个,计划完成投资10.6亿元以上。严格落实“一个项目、一名领导、一个班子、一套方案、一抓到底”的工作机制,畅通项目建设绿色通道,优化项目建设环境,确保项目尽快开工。严格项目资金和工程质量监管,切实提高投资效益。重点抓好关系全县大局和民生的“双十工程”建设,加强督查、确保落实。

全面提升产业集聚区集聚效应。按照“企业集中布局、产业集群发展、资源集约利用、功能集合构建”的要求,严格规划管理,确保规划实施,加强产业集聚区与土地利用总体规划、城市总体规划衔接,保障产业集聚区发展空间和要素需求。进一步加强集聚区基础设施配套体系、公共服务配套体系建设,2010年,计划投资1.3亿元,修建道路5条、标准化厂房10000平方米,完善产业集聚区水、电、污水管网、通讯等配套设施建设;计划投资1亿元兴建息县火车站新区，打造息县现代物流产业集聚区。积极争取和全面落实上级政府关于支持产业集聚区的财税、金融、土地、环保、电价等各项优惠政策。充分发挥中小企业融资担保中心、金财担保有限责任公司等融资担保平台作用，搞好银企联手，积极开展资本运营，帮助骨干企业利用资本市场直接融资。强化企业服务，大力实施“企业服务计划”，建立健全政策引导、要素保障、产销对接、企业帮扶等长效机制，确保县权限范围内的问题解决率达到100%。进一步优化发展环境，严格落实《息县鼓励外来投资优惠办法》，继续推行外来投资项目无偿代理制，围绕“五禁止”、“十不准”，继续执行并强化“企业25天宁静工作日”、“首问负责制”、“一站式办理制”等一系列制度，全力营造良好发展环境。

不断提高招商引资水平。进一步解放思想，树立招客商就是招就业、招财源、招人才的观念，把招商引资工作作为振兴县域经济的重要抓手，大招商、招大商，再掀招商引资热潮。积极吸引国内外大企业、大集团，引进培植一批科技含量高、附加值高、带动力强的大项目、好项目，不断提高招商引资的实效。搞好重大项目的策划包装工作，把握项目推介与市场需求结合点，对工业、城镇基础设施建设、文化旅游等一批重点项目进行完善和包装，积极进行推介，提高招商引资的针对性和成功率。2010年，全县力争引进大项目40个以上，总投资20亿元以上。积极承接国内外产业转移，加强与东西部地区的合作与交流。大力实施“走出去、请进来”战略，发展对外劳务合作，加强农村劳动力转移就业技能培训，优化外派劳务结构，加快劳动力转移步伐。

（二）在打牢农业基础上下功夫，扎实推进社会主义新农村建设

稳步提高粮食综合生产能力。认真贯彻中央1号文件精神，实施“粮食稳产保收行动计划”，落实国家各项惠农强农政策，巩固息县全国粮食生产大县地位，确保全县粮食种植面积稳定在240万亩以上，总产量增加4%以上。积极做好农业综合开发中低产田改造和高标准农田项目建设工作，大力开展农田水利基本建设，2010年，争取新增有效灌溉面积3.2万亩，改善除涝面积15.9万亩，发展高效节水灌溉面积4.1万亩，高标准改造中低产田2.4万亩；积极争取淮河滩区灾后重建、应急防汛、病险水库和水闸除险加固、南湾灌区技改、末级渠系整修配套等工程项目，为农业生产夯实基础。积极争取省财政扶贫项目资金，实施整村推进村的水泥道路建设；实施农村饮水安全工程，解决5万人口饮水难问题；加大“雨露计划”、小额信贷贴息、科技扶贫等项目资金的争取力度，解决好1.3万贫困人口温饱和脱贫增收问题。进一步推行种植业保险，加大农业防灾减灾体系建设力度，完善农业风险防范体系。坚持科技兴农战略，扎实开展粮油高产示范片创建工作，带动新品种、新技术推广，力争推广先进实用技术400万亩次以上。认真实施好标准良田建设、测土配方施肥、农产品质量安全检验检测体系建设和食用植物油生产倍增计划等项目，抓好沼气建设工作，全面完成国债项目建设任务。

深入推进特色农业发展。突出抓好优质弱筋小麦和优质水稻生产，打造息县粮食生产品牌。大力发展特色农产品，努力使曹黄林和八里岔乡小香瓜、彭店和路口乡的西瓜种植面积发展到4万亩以上。推进“一村一品”，扶持城郊乡等沿淮乡镇发展无公害蔬菜生产，使全县蔬菜种植面积达到8万亩以上；继续推进香稻丸订单生产和规模种植，面积扩大到2000亩以上。积极开展农业产业化经营，扶持和培育更多的企业与农户开展订单生产和规模化开发，辐射带动更多农民增收致富。切实做好1.5万亩农田防护林体系改扩建、3600亩生态廊道网络建设等林业生态建设工程，全面完成省、市下达的林业生态建设任务。全面推进现代畜牧业发展，抓好动物防疫、畜禽良种、畜产品加工、畜产品安全和饲草饲料资源开发利用工程，切实提高畜牧业综合实力和竞争力，2010年，畜牧业产值力争实现18亿元，占农业总产值的比重达到40%以上。抓好水产示范基地建设，全年水产品产量达到1.5万吨以上。

全力加快试验区建设。围绕农村改革发展综合试验区“八篇文章”，在城乡一体化、金融服务体系改革、土地承包经营权流转、专业合作社建设等方面大胆探索，谋求更大发展和突破。积极推进农村金融改革创新，提高农村金融服务质量和水平。进一步完善县域内金融机构新吸收存款主要用于当地放贷政策，力争新增存贷比达到70%以上；通过积极招商，尽早组建村镇银行；加快农村信用社改革步伐，力争农村商业银行早日挂牌；制

定切实可行措施，加强对担保公司、农村资金互助社等金融组织的规范和管理，引导更多信贷资金投向“三农”。加强土地承包经营权流转管理和服务，健全流转市场，力争培育流转面积千亩以上的农户70户以上，努力培育万亩以上的农户，在依法、自愿、有偿流转的基础上推进土地适度规模经营。大力发展农民专业合作社，进一步加强合作社管理，鼓励县金财等3家贷款担保公司把农民专业合作社纳入服务范围，逐步增强农民专业合作社的经营能力和带动力度。积极举办示范合作社建设行动，对服务能力强、民主管理好的合作社给予一定补助。强力推进新村居民点工程建设，2010年，计划开工建设140个行政新村，积极推进公共服务体系向农村延伸，探索农村社区环境卫生治理机制，把已建成的项店镇李楼村等新村打造成功能配套齐全、环境优美整洁、农民生活舒适的样板区。

（三）在加快城镇建设上下功夫，着力构筑城乡发展新格局

加大城市建设力度。继续把加快城镇化作为扩大内需的战略重点，作为吸纳农村劳动者就业、转移农村人口的重要载体，实现城镇化与新农村建设“双轮驱动”，同步协调，提高城镇化率。继续完善城乡规划体系，全面完成我县土地利用总体规划和乡级土地利用总体规划的修编。全力推进城东新区建设，启动五一湖景观带工程建设，向东延伸改造息州大道、沿河路，新建两座跨湖大桥，进一步拉大城市框架，增强承载能力。加快公共交通、供水、燃气、垃圾处理和东环路南段、北环路等城区基础设施建设；适时启动护城河治理二期工程。加强中心城镇建设，积极培育一批商贸强镇和旅游名镇，实施“千村百镇”规划，大力推进项店、杨店、夏庄等乡镇的新村建设，不断扩大小城镇规模，增强小城镇辐射带动能力。

强化城镇综合管理。以争创国家级卫生县城和省级园林县城为目标，继续深入推进“六城联创”工作。开展市容环境专项治理，多方筹措资金，全面实施城镇绿化、净化、美化、亮化工程，全力加强市容市貌、环境卫生、园林绿化和市政设施等精细化管理，突出抓好主干道的环境质量。加强街区公厕、垃圾中转站等城市基础设施建设，全面治理县城背街小巷；提高人民群众公共道德水平，推动城市管理上档次、上水平。以建设“和谐社区”为主线，加快小区硬件和软件设施建设，完善小区服务功能。强化市场管理，抓好各类专业市场建设，确保各行各业归行入市。开展沿国道、省道沿线周边环境综合治理工作，清除公路两侧50米违章建筑，严禁公路两侧乱搭乱建现象发生。

加快城乡交通发展。坚持以交通基础设施建设为中心，整修完善公路交通，积极争取开工建设G106线息县境42.5公里大修工程；按时完成S213线尹湾桥至集聚区大修工程和农村公路改造50公里建设任务，积极为罗阜高速息县段建设做好协调保障工作。重点抓好公路养护、路政管理、超限治理等工作，特别是做好农村公路路肩培护工作。做好新老汽车站的产权置换工作，加快新汽车站配套设施的建设和完善，争取尽快正式投入运营。采取有力措施，切实加强对客运、货运市场的管理力度，保持良好的运输秩序，着力构建和谐交通。

（四）在切实关注民生和保障民生上下功夫，奋力推进各项社会事业发展

全面提升公共服务水平。优先发展教育，实施好农村中小学校“校安”工程；实行学校梯次管理，提高学校师资特别是农村中小学师资水平；严格落实“两免一补”政策；全面落实城区学校规划，整合教育资源，改善薄弱学校办学条件，兴建息县新二中和金阳光幼儿园，加快发展民办教育；落实鼓励支持优惠政策，加强幼儿园建设和管理；强力推进职业教育计划，加快职业学校和职业教育实训基地建设，县职教中心要办出特色，扩大规模，提高质量，力争建成省级示范性职业学校。推进文化体制改革，以广场文化为重点，筹划举办多种多样的文体活动，积极运作建设一批面向群众的小型体育场所和设施，倡导支持以单位、企业、社区为主体的全民健身活动；推进乡镇综合文化站、“农家书屋”等建设，继续实施农村电影放映工程，活跃农村文化生活。打响“千古中华第一县”品牌，发展息县文化产业和旅游产业。健全基层医疗卫生服务体系，建设改造一批乡镇中心卫生院、城市社区卫生服务中心；强化农村药品管理“两网”建设，建立基本药物集中配送制度；积极筹措资金，加快实施县人民医院迁建项目；抓好甲型H1N1流感等重大传染病预防和控制工作。严格落实节能减排目标问责制和“一票否决制”，抓好重点企业的节能工作，做好饮用水资源保护区管

理工作，加大对重点区域和行业的环境整治力度，切实做好环境保护工作。认真做好第六次人口普查工作。继续实施农村部分计划生育家庭奖励扶助和特别扶助制度，创新利益导向机制，充分体现出实行计划生育优先、优惠的原则，稳定低生育水平。

继续完善社会保障体系。把就业作为民生之首，大力实施“就业促进行动计划”，重点做好“4050”人员、被征地无业农民、零就业家庭等困难人群的就业帮扶工作，力争实现城镇新增就业6500人以上，下岗失业人员再就业2300人以上，城镇登记失业率控制在3.8%以内，动态消除零就业家庭。以解决破产倒闭企业及漏保人员参加养老、医保为重点，积极向非公有制经济组织职工、农民工等群体扩面覆盖，确保社会保险综合收缴率90%以上，继续提高企业退休人员养老金，积极推进机关事业养老保险制度改革，适时启动新型农村社会养老保险试点。完善城乡居民最低生活保障和农村五保户养老工作，鼓励引导民间资本投入养老院和敬老院的建设，2010年，力争新建10所敬老院，农村五保户集中供养率达到50%以上。加大城乡医疗保险整合力度，提高城镇医疗保险社会覆盖面，实现群众参合率稳步提高。加快保障性住房建设力度，开工建设廉租房10000平方米。

切实维护社会和谐稳定。深入推进社会管理创新，加强和改进信访工作，积极化解矛盾纠纷，努力形成依法有序表达诉求、及时有效解决问题的社会环境，结合“积案化解年”活动，切实解决好土地征用、拆迁安置、企业改制、环境污染、劳资纠纷、涉法涉诉等方面的矛盾和问题。加强社会治安综合治理，着力构建“打防控一体化”的社会治安防控体系，深入推进平安息县建设。认真落实消防安全监督检查制度，强化火灾隐患排查工作。建立完善各类应急预案，提高防范和处置各类突发事件的能力。以深入开展“安全生产年”活动为主线，全力推动安全生产源头治理，坚决遏制重特大事故发生。扎实推进食品药品安全专项整治，杜绝不合格产品进入市场。积极开展法律服务和法律救助。同时，继续关心和支持驻息解放军和武警部队建设；抓好民兵预备役和人民防空工作；深入开展“双拥”活动，增强军政、军民团结。充分发挥工会、共青团、妇联等人民团体桥梁纽带作用。继续做好外事、侨务、对台、气象、民族宗教、史志、档案等工作。力争全面完成“十一五”规划各项目标任务。

各位代表！

今年，在完成省定“十大民生工程”和市定“双十”工程的同时，我们还将采取得力措施，突出抓好关系群众切身利益和全县发展大局的“双十”工程。

**三、加强政府自身建设**

面对新形势、新任务，我们必须不断增强忧患意识和责任意识，扎实推进“两转两提”，转变政府职能，提高行政效能，努力打造人民群众满意的服务型政府。

更加注重转变职能。认真开展政府机构改革，推进事业单位分类改革和岗位管理制度改革，全面正确履行政府职能。转变政府管理工作方式，集中精力抓好经济调节、市场监管、社会管理和公共服务，真正把职能转到为市场主体服务和创造良好发展环境上。继续深化行政审批制度改革，进一步清理、减少和规范行政审批项目，简化办事程序，努力提高办理质量，让人民群众得到便利，让人民群众满意。

更加注重务实高效。深入实践科学发展观，进一步解放思想，鼓励创新，宽容失败，敢于突破，敢于担当，营造干事创业的浓厚氛围。坚持讲实话、办实事、求实效，力戒形式主义，克服官僚主义。坚持改进文风、会风，严格控制和规范各种检查、评比，减少不必要的应酬和事务性活动。健全完善目标管理和绩效评价指标体系，强化过程管理和督促检查，切实解决“执行不够、落实不力”的问题，确保责任明确到位、政令执行到位、奖惩兑现到位、各项工作落实到位。

更加注重依法行政。深入推进依法行政，严格依照法定权限和程序行使权力、履行职责。完善依法行政工作责任目标考核制度，规范行政处罚自由裁量权，强化执法队伍教育培训，切实做到严格执法、公正执法、文明执法。自觉接受人大的法律监督和工作监督，接受政协的民主监督以及社会舆论监督，认真办理人大议案、代表建议和政协提案。支持监察、审计部门依法独立开展工作。大力推进政务公开，不断完善政府信息公开，加强电子政务建设，建立健全部门服务公开承诺制和岗位责任制，切实保障人民群众的知情权、参与权、表达权和监督权。

更加注重廉洁从政。坚决执行廉洁自律各项规定,不断健全教育、制度、监督并重的预防和惩治机制,推行权力运作程序化、公开化,从源头上预防和治理腐败。严肃查处违法违纪案件,重点打击商业贿赂和损害人民群众利益的行为,狠刹干部打牌赌博和公款吃喝等歪风,牢固树立过"紧日子"思想,厉行节约、反对浪费,努力降低行政成本,真正做到以廉政取信于民、以勤政造福于民。

各位代表!确保息县经济平稳较快发展责任重大、使命光荣。让我们高举邓小平理论和"三个代表"重要思想伟大旗帜,全面贯彻落实科学发展观,在县委的坚强领导下,紧紧依靠和带领全县人民,开拓进取,扎实工作,圆满完成本届政府新一年的各项目标任务,为建设和谐文明美丽富饶新息县而努力奋斗!

# 大　事　记

## 1 月

14 日　息县大广高速沿线乡镇生态廊道林业生产工作推进情况座谈会召开。县委副书记杨德付出席会议，县委办有关负责同志，县林业局负责人，沿线乡镇的乡镇长参加会议。会前杨德付在县林业局负责人，项店、杨店、张陶、白土店、东岳、关店、八里岔、曹黄林乡等沿线乡镇乡镇长的陪同下，沿大广高速重点检查了沿线乡镇的生态廊道林业生产工作情况。在听取林业局负责人的检查情况汇报后，杨德付对各乡镇林业生产工作所作的努力表示肯定，但同时对工程中存在树穴挖掘标准不够高、工程进度不均衡等问题一一指出。

19 日　市侨联主席冯磊、副主席梅金星与县委书记张富治，县统战部长、副县长李卓一起来到科技局退休干部、侨属赵复生和原国民党起义投诚人员、黄埔军校十六期毕业学员黄保元的家中，分别送去慰问金和慰问品，并送去党和政府的温暖。

同日　县委书记张富治，县长余运德，县纪委书记马富增，县委办公室主任伍存强，县政法委书记吴蕾，县政府副县长蒋文俊，县法院院长林群及县公安局局长邸世忠在县委办、县政府办、民政部门有关负责人的陪同下亲切看望慰问息县公安、消防、武警官兵，并向他们致以节日的问候。张富治对公安消防大队、武警中队和公安机关在消防救助、服务地方经济建设和维护息县社会安定方面所做的贡献给予了充分肯定。

20 日　县委书记张富治，县委副书记杨德付，县纪委书记马富增，县人大主任张国辉，县委办公室主任伍存强，县总工会主席戴清金一行来到县人大、政府、政协家属院亲切看望离退休老干部、全国劳模，并向他们祝贺新春。张富治代表县委、县人大、县政府、县政协向老同志们拜年，祝他们新年快乐、合家幸福、健康长寿，对他们关心、关注息县的发展，热情支持县四大班子的工作表示衷心感谢。

同日　县长余运德，县政协主席何承惠，县委组织部长孙杰，县人大副主任阎清勇对息县离退休老干部和全国劳动模范进行慰问。每到一处，余县长对离退休老干部们的生活、身体状况、家庭情况等都进行深入细致的了解，赞扬他们退休不离岗，继续发光发热的精神。希望劳动模范要珍惜荣誉，再接再厉，永葆先进性，为县域经济发展做出新贡献。

同日　息县国土资源局图书馆揭牌典礼仪式在土地整理中心隆重举行。县委副书记杨德付，县委宣传部长裴军，县政府副县长蒋文俊出席典礼。该馆投资近 40 万元，拥有各类书籍 2 万余册。

## 2 月

1 日　信阳市领导干部电视电话会召开，息县在县会议中心设立分会场，县委书记张富治，县长余运德及在家的四大家领导出席会议。县直机关、各乡镇主要负责同志参加本次大会。全市各县区、管理区、开发区的主要负责人汇报了学习徐光春在参加信阳代表团审议时讲话精神的深刻体会和贯彻措施。余运德代表息县发言。王铁在听取各县区、各管理区和开发区主要负责人的发言后提出三点意见。信阳市领导干部电视电话会后，张富治对全县各级领导干部提出三点要求。

2 日　息县在网通五楼会议室组织收听收看

全省抗旱浇麦夺丰收电视电话会议。县委书记张富治、县委副书记杨德付在息县分会场参加会议。会议首先传达徐光春书记在全省抗旱情况汇报会议上的讲话精神。省、市电视电话会议结束后，县委书记张富治就贯彻落实省、市电视电话会议精神结合息县实际作重要讲话。

**3日** 信阳市国土资源局副局长李炽光一行来息县就国土资源管理工作进行实地检查，县委常委、宣传部长裴军陪同检查。在听取县国土资源局负责人就息县08年度国土资源管理工作情况汇报后，李炽光对息县近年来的国土资源管理工作给予充分的肯定，并对息县下一步的工作提出指导性建议。

**4日** 国家统计局河南调查总队队长刘世德一行，在信阳市统计局局长李雪洋，国家统计局信阳调查队队长秦喜成，县委常委、常务副县长李林军及县统计局主要负责同志的陪同下，来息县检查指导工作。刘世德一行深入到项店镇朱店村，详细察看小麦的苗情、旱情及长势情况，指导麦田管理工作。李林军代表县委、县政府感谢国家统计河南调查总队、信阳市统计局领导等一行来息县检查指导工作。

**同日** 以省农科院副院长张新友为首的省政府抗旱浇麦督导组来息县检查指导当前抗旱浇麦工作。市农业局局长齐诚、县委副书记杨德付、副县长董桂英及市、县农业、水利、农科部门负责同志陪同。

**4日** 县长余运德，县委常委、常务副县长李林军，县委常委、统战部长、副县长李卓，及有关部门负责人在息县分会场收听收看省政府召开的全省当前重点工作电视电话会议。会议的主要任务是贯彻落实省十一届人大二次会议和省政府第31次常务会议精神，分析当前经济形势，安排部署开展企业服务年活动，重点项目建设，对外开放，深入改革，产业集聚区建设，优化发展环境等六项重点工作。

**5日** 由河南电视台、河南人民广播电台、河南日报社记者组成的省抗旱浇麦重点报道组，在县委宣传部有关负责同志的陪同下深入息县项店镇、路口乡，现场采访报道息县抗旱浇麦情况。

**同日** 市委书记王铁，省委、省政府抗旱浇麦督导组组长、省农科院副院长张新友，市人大副主任尹保斌，副市长张继敬率领农业专家组，以及市财政、农业、农机、气象、供电等部门负责同志赴息县检查指导抗旱浇麦工作。在县委书记张富治，县长余运德，县委副书记杨德付，县纪委书记马富增，县人大主任张国辉，县政协主席何承惠，县人大党组书记卢明德，副县长董桂英及有关部门负责人的陪同下，王铁在现场察看息县的抗旱浇麦情况后，对息县抗旱工作行动迅速、措施得力、效果明显给予肯定。王铁要求，息县县委、县政府和各部门要动员全县广大干部群众积极行动起来，全力以赴投入到抗旱浇麦工作当中去，坚决打好抗旱浇麦攻坚战，确保息县在大旱之年夺取丰产丰收。在随后召开的全市抗旱浇麦保丰收汇报会上，王铁对信阳市的抗旱浇麦工作提出四点要求，并强调全市上下一定要全力以赴，科学抗旱，团结带领广大农民坚决打赢抵御旱灾这场硬仗。

**5日** 县委、县政府在政府招待所四楼会议室召开专题会议，就是日上午王铁视察息县抗旱浇麦工作时所作的指示精神进行认真传达，对息县如何切实加强抗旱浇麦工作做再动员、再部署。县委书记张富治、县长余运德、县委副书记杨德付、副县长董桂英出席会议。各乡镇党委书记、分管副乡长、县直涉农部门主要负责人参加此次会议。

**6日** 省、市抗旱浇麦暗访组来息县督促检查抗旱浇麦工作，副县长董桂英陪同。在检查过程中，暗访组对息县积极抗旱的工作态度和迅速行动给予充分肯定，并要求各级各部门务必高度重视抗旱保麦工作，充分认识当前旱情的严重性，彻底扭转群众排涝不抗旱、靠天等雨的糊涂思想。要充分发动一切抗旱力量，全力抗旱，努力将干旱造成的损失降到最低，为夺取今年小麦丰收做出应有贡献。

**7日** 中共中央政治局常委、国务院总理温家宝亲临河南检查农业抗旱工作，并于是日夜在许昌召开会议。息县彭店乡张庄村村民柳学友作为种粮大户代表参加会议与总理交谈并和总理合影留念。

**8日** 信阳市传达贯彻中央、省委抗旱工作会议精神领导干部大会在息县招待所四楼会议室召开，省人大常委会副主任王菊梅，省政协副主席袁祖亮，市委书记王铁，市委副书记王道云，市人大副主任李军，市政府副市长张继敬，市政协副主席周慧超等省、市领导出席会议。县领导张富治、余运德、杨德付、张国辉、何承惠、李林军、宋志平及全市各县区、各管理区、开发区主要领导、市直农口单位、宣传部门的主要负责同志等参加会议。王铁首先传达温家宝总理视察河南时的重要指示精神。张继敬汇报信阳市抗旱浇麦工作情况。在听取情况介绍后,王菊梅作重要讲话,她对信阳市抗旱浇麦工作给予肯定。针对下一步的抗旱浇麦工作,王菊梅提出五点要求。最后,王铁就如何深入贯彻落实王菊梅讲话精神强调三点意见。

**8日~16日** 息县先后在项店、路口、张陶、八里岔等乡镇实施大范围人工增雨作业,取得明显成效。截至16日上午8时,息县淮河以北小麦主产区累计降水量普遍在25毫米以上,淮河以南乡镇的降水量也在20毫米左右,有效地缓解旱情,人工增雨取得阶段性成果。息县从2008年10月24日以后,3个月降水量累计仅为20.2毫米。近日调查结果显示,全县小麦干旱面积50万亩,占小麦总面积的38.7%;出现黄苗现象的田块达20万亩,占小麦总面积的15.5%;出现死苗现象的田块达3万亩,占小麦总面积的2.3%;出现绝收田块0.9万亩,占小麦总面积的0.69%。油菜干旱面积7万亩,占油菜总面积的66.6%;出现黄苗现象的田块5万亩,占油菜总面积的47.6%;出现死苗现象的田块2万亩,占油菜总面积的19.04%。经初步估算,本次干旱造成直接农业经济损失达5200万元。

**10日** 省、市危险化学品专家组在市安监局副局长郭其林及县安监局有关负责人的陪同下深入到亚洲新能源(信阳)控股有限公司检查指导节后安全生产工作。专家组在听取公司有关负责人就企业的基本情况、生产现状和重视安全生产的主要做法的汇报后,对此次安全生产检查的具体内容和事项做安排和部署,并分组对亚洲新能源(信阳)控股有限公司的电气、配电、防火设施、防毒设施和周边环境进行检查,就一些存在的问题提出意见和建议。

**同日** 全省农民工工作电视电话会在郑州召开。会议主要任务是传达贯彻《中共中央国务院关于2009年促进农业稳定发展、农民持续增收的若干意见》精神,分析当前农民工工作形势,安排部署近一阶段农民工工作。县领导张富治、余运德、杨德付、孙杰、裴军、董桂英出席息县分会场会议,并在息县分会场网通公司五楼会议室收听收看电视电话会。省市电视电话会议结束后,张富治结合息县实际就会议精神的贯彻落实提出三点意见。

**10日~12日** 政协息县八届三次会议在县会议中心召开。会议应出席委员191人,实到委员186人,符合法定人数。县委书记张富治,县长余运德,县委副书记杨德付,县委常委、县纪委书记马富增,县人大主任张国辉,县政协主席何承惠,县人大党组书记卢明德,县长级干部李济民,县政协副主席杨文清、周民出席会议。杨文清代表政协息县八届委员会常务委员会向大会作工作报告。周民代表政协第八届委员会提案审查委员会向大会作关于提案工作情况的报告。县委书记张富治在大会上作重要讲话。县政协主席何承惠致闭幕词。

**11日** 农业部农技中心副主任栗铁申带领农业部督导组莅临息县视察抗旱浇麦情况。在市农业局副局长鲁忠耀及县农业局主要负责人的陪同下,深入到息县路口乡胡围子村的田间地头视察息县抗旱浇麦工作,听取意见,反馈情况,对息县连日来扎实开展抗旱浇麦取得实际效果给予高度评价。

**11日~13日** 息县第十二届人民代表大会第三次会议在县影剧院召开。县领导张富治、张国辉、余运德、卢明德、杨德付、马富增、何承惠、李济民、孙潮、宋志平、陈志坚、闫清勇、鲁好友、黄先进出席会议。应出席大会的代表295名,实际出席276名,符合法定人数。会议听取并以举手表决的方式先后通过关于《政府工作报告》决议(草案),关于息县2008年国民经济和社会发展计划执行情况与2009年国民经济和社会发展计划的决议(草案),关于息县2008年财政预算执行情况和2009年财政预算的决议(草案),关于《息县人大常委会工作报告》决议(草案),关于《息县人民检察院工作报告》的决议(草案)。县委书记张富治在会上作重要讲话。

**12日** 市长郭瑞民到息县部分企业调研企业发展情况。副市长张杰、市长助理杨六栓及市人行、发改委、财政局有关部门负责同志陪同调研。在县委书记张富治,县长余运德,县委常委、常务副县长李林军,县委常委、统战部长、副县长李卓的陪同下,郭瑞民一行首先来到亚洲新能源(信阳)控股有限公司和海虹陶瓷有限责任公司,深入企业生产车间，详细了解企业生产经营情况。针对企业提出的困难和问题，市人行、电业、财政、发改委等部门负责同志提出合理化的意见及解决办法。在基本掌握息县企业目标的发展情况后，郭瑞民作重要讲话。

**同日**　信阳市林业生态建设现场会在息县召开，市长郭瑞民、市人大常委会副主任尹保斌、副市长张继敬、市政协副主席任宏业、县委书记张富治、县长余运德、县委副书记杨德付、副县长董桂英出席现场会。来自市直有关部门主要负责同志，各县(区)县(区)长、管理区开发区主任、各县(区)副县(区)长、林业局局长等参加会议。余运德介绍息县去冬今春林业生态建设的经验、做法取得的成效等情况，市林业部门主要负责同志通报全市林业生态建设情况。郭瑞民作重要讲话，他在讲话中对息县林业生态建设工作领导重视、坚持高标准操作和创新体制机制的好做法给予充分肯定和高度评价，并就如何做好2009年的的林业生态建设工作提出要求。张继敬就会议精神贯彻落实发表意见。

**19日**　市纪委正处级监察干部岳先锋、市纪委政务公开室主任张维民一行来息县考核政务公开工作。县纪委负责同志陪同考核。考核组一行先后对息县政务公开长廊、谯楼广场可视电子显示屏、杨店乡乡务、村务公开栏和乡便民服务中心，以及城关电业收费大厅的政务公开工作进行实地察看，并通过召开座谈会等多种形式对息县政务工作进行检查。县委常委、常务副县长李林军，县人大副主任孙潮，县政协副主席周民，县工会主席戴清金出席座谈会。

**同日**　县委书记张富治在政府招待所四楼会议室主持召开县党政联席会议。会议主要围绕信阳市县域经济工作会议筹备情况、农村信用社改革情况、罗牛山养殖园区项目工作筹备情况、息县政府招待所改制工作、信访稳定工作会议筹备情况等5个方面进行研究。县党政军领导余运德、杨德付、张国辉、何承惠、卢明德、孙杰、伍存强、李林军、吴蕾、裴军、李美利、赵君峰、陈连书、陈维明等出席会议。会议首先听取伍存强、李林军关于信阳市县域经济工作会议筹备情况的介绍。会议指出，信阳市县域经济工作会议把息县作为会议观摩活动的一个重点，这是对息县工业、农业、城市建设、新农村建设等各项工作的一次展示和检验，必将对息县经济跨越式发展起到积极的推动作用。

**20日**　以市妇联主席雷历萍为组长的市委督导组到息县检查督导"信阳市关爱女性实施意见"贯彻落实情况。是日上午在县政府招待所四楼会议室召开座谈会，县委副书记杨德付，县委常委、组织部长孙杰，副县长吴昊出席会议。杨德付首先代表县委，县政府做详细工作汇报，与会县直单位相关负责同志结合各自妇女工作重点，分别汇报实施意见、落实情况。在听取情况汇报后，雷历萍对息县重视意见实施工作，广泛宣传、狠抓落实给予充分肯定。针对下一步实施意见的贯彻落实工作，雷历萍提出三点要求。

**24日**　河南省监狱系统支持息县抗旱夺丰收农机捐赠仪式在县政府招待所举行。河南省监狱管理局副局长毛克章，县委常委、纪委书记马富增，县委常委、政法委书记吴蕾，县委常委、宣传部长裴军，县人大副主任宋志平，副县长董桂英等出席捐赠仪式。捐赠仪式上，毛克章代表省监狱管理局发言，并向息县捐赠20台拖拉机，马富增代表息县接受捐赠、代表县委县政府向省监狱管理局的大力支持表示感谢。董桂英主持捐赠仪式，各涉农部门有关负责同志参加仪式。

**下旬**　息县第四高级中学荣获河南省环保局、教育厅命名的"河南省第五批绿色学校"。这是息县第一所获得此项殊荣的学校。

## 3月

**5日**　中共息县第十届纪律检查委员会第四次全体会议在县会议中心隆重召开。县四大家领导张富治、余运德、杨德付、马富增、何承惠、卢明德、孙杰、伍存强、李林军、李卓、吴蕾、裴军出席会议。马富增作题为《扎实推进党风廉政建设和反腐败工作为构建和谐文明美丽富饶新息县全力保驾护航》的工作报告，总结回顾2008年息县党风廉政建设和反腐败工作取得的成绩。同时，根据中央、省、市纪律全会精神，结合县委中心工作安排部署2009年息县党风廉政建设和反腐败工作，并提出完成工作的落实措施。会议对荣获息县2008年度纪检监察工作的先进单位和先进工作者进行表彰。张富治就如何深入贯彻中央、省、市纪律全会精神进一步做好息县反腐倡廉工作做重要讲话。

6日　息县组织工作会在县会议中心召开。县委副书记杨德付，县委常委、组织部长孙杰出席会议。各乡镇党委副书记、组织委员，县委组织部机关全体同志，县委各部委分管组织人事的副职，县直单位分管组织人事的副职和人事股长参加会议。杨德付对过去一年里全县组织工作给予充分肯定，并结合全市组织部长会议精神和息县实际，对今年的组织工作提出三点要求。孙杰对2008年全县组织工作进行全面总结和回顾，并就如何做好今年的工作提出具体意见。

6日　息县群众信访工作会在县会议中心召开。县领导张富治、余运德、孙杰、李林军、吴蕾、杨文清，县法院院长林群，县检察院检察长武建平，县公安局局长邸世忠，县群工部部长黎璞出席会议。会议对2008年度群众信访工作“四无”乡镇、“大接访”活动先进乡镇、先进单位、“十佳标兵”和先进工作者进行表彰和奖励，有关责任单位和乡镇向大会递交2009年度信访责任目标保证书。吴蕾作息县群众信访工作报告。张富治就如何进一步做好息县信访稳定工作做重要讲话。

同日　息县政法工作会在县会议中心召开。县领导张富治、余运德、孙杰、李林军、吴蕾、杨文清，县法院院长林群，县检察院检察长武建平，县公安局局长邸世忠，县群工部部长黎璞出席会议。各乡镇党委书记、分管副职、综治办副主任，县直单位主要负责人，各部委分管领导，公检法司班子成员等参加会议。县长余运德主持会议。张富治在会上作重要指示。吴蕾作息县政法工作报告，县直单位和乡镇主要负责同志递交2009年度平安建设保证书。会议对2008年度防范处理邪教工作、打击“两抢一盗”犯罪专项斗争和“科技创安”工作先进单位和先进工作者进行表彰。同时还对2008年度息县平安建设先进单位和先进工作者进行表彰和奖励。会后，县领导张富治、余运德、杨德付、孙杰、李林军、杨文清、戴清金来到县谯楼广场参观了解息县城乡就业(农民工)援助行动暨专场招聘会举办情况。

9日　信阳市新农村建设先行先试工作督导组来息县检查指导工作。县委副书记杨德付，副县长董桂英及有关部门负责人陪同。督导组一行先后深入项店镇李楼村和小茴店镇乌龙店村进行实地检查，对息县新农村工作给予肯定。在随后召开的汇报会上，督导组指出，市委、市政府试办新农村特区的总体部署是一个全新的工作思路，在操作过程中，各地务必要围绕中心，服从全市工作大局；务必解放思想，敢闯敢试，进一步扩大试点，有计划地挖掘亮点。

10日　以省水文局局长杨大勇为组长的抗旱浇麦督导组一行，在县长余运德，副县长董桂英及市、县水利局、农开办负责同志陪同下，深入息县部分乡镇检查指导抗旱工作。督导组一行先后深入到项店镇任大寨村、夏庄镇陈楼村、包信镇邹楼村，实地查看乡镇水利基础设施建设情况。督导组在检查中指出，当前正值春耕生产的关键季节，又是防灾抗灾救灾工作的紧要时期，进一步做好农业抗旱救灾工作，努力夺取粮食好收成，保障国家粮食安全，确保农产品市场有效供给，具有重要的意义。

11日　信阳市政法委副书记刘和平来息县检查指导“让人民满意”活动和打击“两抢一盗”犯罪专项斗争工作。在听取县委常委、政法委书记吴蕾就息县开展“让人民满意”活动和打击“两抢一盗”犯罪斗争工作情况汇报后，刘和平对息县开展两项活动取得的成绩表示满意。

16日　市委书记王铁，市委常委、市委秘书长冯鸣，市长助理郑传德带领市农口单位主要负责同志到息县调研农村专业合作组织建设情况。县领导张富治、余运德、杨德付、伍存强、董桂英等陪同。王铁一行首先来到彭店乡张庄村种粮大户柳学友家中，将温总理与柳学友的合影照片送到柳学友母亲手中，随后，王铁详细的询问柳学友成立专业合作组织的情况，在听取他的介绍后，鉴于柳学友的实际情况，王铁提出四点希望和要求。临别时，王铁叮嘱柳学友不仅要自己发家致富，还要帮助周围群众脱贫致富奔小康。王铁一行来到该村道青植保专业合作社，察看合作社软、硬件情况，与合作社主要负责人陈道青认真交谈，详细了解合作社生产运作情况。调研中王铁对该合作社管理规范、制度健全、规模较大给予充分肯定。并希望合作社迅速发展壮大，给村民带去更多的利益。

17日　市委副秘书长杨良新在县委常委、县委办公室主任伍存强的陪同下，深入息县检查县域经济工作。杨良新一行先后来到息县职教中心、工业集聚区和项店镇李楼村详细了解息县县域经济发展情况。

**20日** 息县办公室工作会议在会议中心召开。县委常委、县委办公室主任伍存强出席会议并讲话。人大、政府、政协办公室主任、县委办公室副主任、各乡镇副书记、党委秘书、县直单位分管办公室工作的副职、办公室主任参加会议。会议表彰2008年度息县办公室优秀先进单位和个人、信息工作先进单位和个人。县委常委、县委办公室主任伍存强对全县办公室工作、信息工作和史志工作做重要讲话。

**22日** 县委书记张富治、县委副书记杨德付，县委常委、县委组织部长孙杰，副县长董桂英率农业、林业、农机等相关部门主要负责同志赴平桥区，就新农村特区试办工作进行参观考察，平桥区委书记张明春、区委副书记杨成智等陪同考察活动。考察团首先来到平桥区农村土地流转中心和河南润土地权交易股份公司，详细了解当地的土地流转方式、方法、流程等。随后，考察团来到平桥区洋河镇周畈村卫生所，了解平桥区的村室建设情况。离开周畈村卫生所，考察团又来到洋河镇陆庙村的万亩茶园，切身感受那里的新农村特区试办先行带来的巨大变化。考察结束后，张富治要求相关部门要认真总结平桥经验，及时吸纳采用，加快推进息县新农村特区建设步伐。

**24日** 息县组织收听收看国务院第二次廉政工作会议和省政府廉政工作电视电话会议。县长余运德，县委常委、县纪委书记马富增，县委常委、常务副县长李林军及县直相关单位负责人在县分会场收听收看会议实况。

**24日** 全省经济运行工作电视电话会召开，息县在县网通五楼会议室分会场组织收听收看会议。县长余运德，县委常委、常务副县长李林军，县人大副主任宋志平，副县长赵君峰，县工业集聚区主任乔启廷及县直相关单位负责同志参加会议。省、市电视电话会议结束后，县长余运德结合息县实际，就会议的贯彻落实作重要讲话。

**25日** 息县召开深入学习实践科学发展观活动动员大会暨乡科级主要领导干部专题研讨会。县党政军领导张富治、余运德、杨德付、马富增、张国辉、卢明德、李济民、孙杰、伍存强、李卓、裴军、陈连书出席会议。市委学习实践活动指导检查组组长张明耀，副组长崔遂昌一行应邀出席会议。在家的县四大家领导，各乡镇党委书记、乡镇长，县直机关各单位、各人民团体和相关部门负责同志，县学习实践活动指导检查组和办公室的全体同志参加会议。县委书记张富治做动员讲话。县长余运德结合息县经济社会发展就深入学习实践科学发展观活动做专题辅导报告。张明耀对息县在深入学习实践科学发展观活动中所做的工作给予充分肯定，并就下一步息县的学习实践工作提出指导性意见和建议。

**26日** 省公路局局长蒋晓明率市交通局局长郑先明、市公路局局长吕东阳来息县检查指导工作。在县长余运德，县委常委、统战部部长、副县长李卓的陪同下，蒋晓明一行深入到省公路局对口帮扶的临河乡单台村详细了解临朱路建设情况，并看望省公路局驻临河乡单台村帮扶工作队员，对他们的工作给予充分肯定。

**同日** 市政协副主席曹茂明、熊静香等一行来息县调研新农村特区建设。熊静香一行先后深入息县项店镇董围孜村、李楼村新农村建设示范点进行调研，参观新农村居民住宅楼、文化大院、文化广场、康复中心和敬老院，并深入到新农村居民家中进行走访座谈。随后召开座谈会，在听取县委书记张富治就息县新农村特区建设先行先试工作汇报后，市政协副主席曹茂明、熊静香指出，新农村特区建设就是要打破传统模式、激活现有的生产力，息县新农村建设特区先行先试工作有三个特点和两个亮点。对于好的经验一定要总结好并加大宣传、积极推广、起到示范带动作用。

## 4月

**1日** 息县“践行科学发展观教育专题讲座”在会议中心召开，全县处级领导干部与县直机关、各乡镇主要负责同志及各中小学校长一道认真聆听了全国著名教育专家许建国教授的教育专题讲座，这既是县委中心组理论学习(扩大)会议的一种新的尝试，又是全县领导干部认真践行科学发展观的新形式、新载体。

**同日** 息县统战部(工商联)助推民营企业发展论坛在县会议中心召开。县委常委、统战部部长、副县长李卓，县人大副主任闫清勇，县政协副主席周民出席会议，统战系统全体干部、工商联全体执行委员、各乡镇宣统委员、党外干部代表等200余人参加会议。会议传达省、市统战工作会议精神，表彰2008年统战系统先进工作者。

**2日** 息县在网通公司五楼会议室组织收听收看全国普通高校毕业生就业工作电视电话会。县委常委、常务副县长李林军出席息县分会场会议。会议的主题是深入贯彻落实中央关于做好高校毕业生就业工作的各项要求，安排部署今后一个时期高校毕业生的就业安置工作。

**8日** 息县2009年第一季度优化经济发展环境民主测评会在县会议中心召开。县委常委、纪委书记马富增，县政协副主席杨文清出席会议。来自全县社会各界的146名义务监督员，通过填写民主测评机读卡的方式对被测评单位进行民主测评。荣获2009年第一季度优化经济发展环境民主测评前三名分别是县二高、审计局、行政审批中心。后三名分别是县淮管办、石油公司、新联通网络通讯公司。

**9日** 息县深入学习实践科学发展观活动中心组学习扩大会在会议中心召开。市委巡视员郑温固出席学习会。县委书记张富治，县委副书记杨德付，县委常委、纪委书记马富增，县政协主席何承惠，县人大党组书记卢明德，县长级干部李济民，县委常委、组织部部长孙杰，县委常委、政法委书记吴蕾，县委常委、人武部政委陈连书等参加学习会。

**同日** 由市委党校培训班学员80余人组成的考察团赴息县就新农村建设等工作开展调研。县委副书记杨德付，县委常委、组织部部长孙杰，县委常委、县委办公室主任伍存强陪同调研。考察团一行首先来到亚洲新能源（信阳）控股有限公司，在认真了解企业发展状况后，对企业能及时调整生产方向，正确应对危机的做法给予充分肯定。随后，考察团一行又参观息县的城市建设情况，对近几年息县城市建设取得的成绩给予高度评价。最后，市委党校考察团深入息县项店镇李店和李楼两个村，实地调研新农村建设工作。

**10日** 全省人口和计划生育工作电视电话会在郑州召开。县委书记张富治，县委副书记杨德付，县长级干部李济民，县法院院长林群，县检察院检察长武建平，县工会主席戴清金出席息县分会场会议。各乡镇党委书记、乡镇长、分管计生工作的副职、计生所长，县直单位相关负责同志等参加分会场会议。省、市电视电话会议结束后，李济民结合息县实际，认真分析息县人口和计划生育工作存在的问题和不足，并就下一步的工作进行安排部署。最后，张富治就计划生育工作和手足口病、麻疹患儿筛查救治工作进行安排强调。

**13日** 息县深入学习实践科学发展观专家报告会召开。省社会科学院副院长刘道兴出席辅导报告会并做讲解。县委书记张富治，县长余运德，县委副书记杨德付，县委常委、纪委书记马富增，县人大主任张国辉，县人大党组书记卢明德，县长级干部李济民，县委常委、组织部部长孙杰，县委常委、统战部部长、副县长李卓等出席会议。

**14日** 省粮食局副局长、省粮食清仓查库办公室主任刘大贵一行来息县检查指导粮食清仓查库工作。在市粮食局副局长、市粮食清仓查库办公室主任周宗海，县长余运德，副县长赵君峰的陪同下，刘大贵一行先后深入到金谷粮油贸易有限责任公司、1702河南省粮食储备库工程项目施工地、金禾粮油贸易有限公司、县粮油质量检验中心进行实地查看，并对息县粮食清仓查库工作给予充分肯定。

**15日** 息县2009年度机关党的工作会议暨"四帮四促"活动动员大会在县会议中心召开。县委副书记杨德付，县委常委、组织部部长孙杰，副县长董桂英等出席会议。会议传达《中共息县县委关于在县直机关单位党组织和广大党员中开展"四帮四促"活动，构建城乡统筹基层党建新格局的意见》；传达《关于县直单位党组织帮促农村党支部的通知》；宣读《关于表彰创建"学习型机关"、机关党建工作先进单位、优秀党务工作者的表彰决定》，并进行颁奖。杨德付在讲话中充分肯定2008年度全县机关党的工作。

**16日** 市人防办副主任展发荣一行莅临息县检查指导人防工程三年清查工作和人防法律法规建设。副县长蒋文俊及县政府办、县人防办负责人陪同。在听取县人防办主要负责人的情况汇报后，展发荣充分肯定息县人防工作所取得的成绩。

**17日** 省委、省政府决战二季度，齐心破危局、全力谋发展督导组莅临息县，就息县坚决打好工业增长、项目建设、资金保障攻坚战三项重点工作进行督导。县长余运德，县长级干部李济民，县委常委、统战部部长、副县长李卓，副县长蒋文俊、赵君峰，副处级领导乔启廷陪同。督导组一行实地深入到亚洲新能源（信阳）控股有限公司，参观该公司的二甲醚厂区、尿素车间，并与县政府党组“四进”活动组一起与企业干部职工座谈。在听取李卓关于息县工业经济运行以及亚洲新能源有限公司负责人关于企业整体工作的汇报后，督导组组长刘云达对息县认真学习实践科学发展观，积极开展县处级党员领导干部“四进”活动给予充分肯定。

**20日**　息县在新联通公司五楼会议室组织收听收看全省经济运行工作电视电话会。县委书记张富治，县长余运德，县长级干部李济民，县委常委、常务副县长李林军，副县长蒋文俊、董桂英出席息县分会场会议。县直有关单位主要负责同志参加收听收看电视电话会。省、市电视电话会议结束后，县长余运德就息县如何深入贯彻落实会议精神作强调安排。

**21日**　以省司法厅巡视员楚贡洲为组长的学习实践科学发展观活动指导检查组深入息县，对第二批学习实践科学发展观活动第一阶段进展情况进行实地检查。市委常委、组织部部长乔新江等陪同，并出席汇报会。指导检查组一行先后实地查看项店镇董围孜村、李楼村和工业集聚区，就学习实践科学发展观活动进展情况进行检查。在随后召开的汇报会上，省指导检查组对息县践行科学发展观，坚持保增长、保民生、保稳定，扎实开展“服务农村，服务企业”活动，大力推行“强工兴企”，注重统筹城乡一体发展，致力改善民生等工作给予充分肯定。乔新江作重要讲话。

**同日**　以信阳市人大常委会副主任李军为组长的检查组一行，莅临息县检查指导《水污染防治法》贯彻执行情况。县长余运德，县人大主任张国辉，县人大副主任陈志坚，副县长蒋文俊陪同检查。检查组先后深入到亚洲新能源（信阳）控股有限公司、新建自来水厂、垃圾处理厂和污水处理厂，实地察看了解工业企业污水治理、居民饮用水工程、垃圾无害化处理及生活污水的净化处理等方面工作开展情况。检查组还对流经息县的淮河水质情况进行实地检查。在召开的座谈会上，蒋文俊代表县政府向检查组汇报息县贯彻执行《水污染防治法》的具体情况。检查组成员围绕该法涉及到的一些具体问题向有关职能部门进行询问，相关部门负责同志一一作解释和回答。就如何做好水污染防治工作李军提出七个方面的要求。

**同日**　信阳市政协副主席廖长明带领市有关部委负责同志来息县视察县域经济发展和新农村项目建设情况。县政协副主席杨文清陪同视察。廖长明一行先后来到亚洲新能源（信阳）控股有限公司、客运站建设工地和工业集聚区，仔细了解查看生产流程和工程进展情况。随后，视察组一行来到项店镇李楼村、李店村实地视察息县新农村建设情况。听取该镇负责人就新农村项目建设进展情况的汇报，并深入农户家中、村卫生室及敬老院，与村民亲切交谈。在详细了解农民生产生活情况及沼气使用、饮水供电等配套设施的建设情况后，对息县的新农村项目建设工作给予高度评价。

**22日**　信阳军分区党委常委、军分区副司令员王明州一行，来息县就人武系统学习实践科学发展观和全县民兵组织整顿工作进行检查调研。

**23日**　信阳市“河南省农村改革发展综合实验区”建设工作启动动员大会召开。县领导：张富治、余运德、杨德付、马富增、张国辉、卢明德、李济民、孙杰、伍存强、吴蕾、裴军、陈连书、孙潮、宋志平、陈志坚、黄先进、董桂英、杨文清等参加息县分会场会议。会后，县委书记张富治强调，全县各级各部门要认真领会好会议精神，迅速行动起来，全面掀起农村改革发展试验区建设新高潮，为奋力实现改革创新打造新局面。

**24日**　以信阳市水利局副局长饶萍为组长的农田水利验收组莅临息县，在副县长董桂英及县水利局主要负责人的陪同下对息县部分农田水利项目区相关工程的建设情况进行检查验收。饶萍一行实地查看孙庙乡甘塘村的梯形硬化渠、高效节水项目实施的V型渠工程和县谯楼街护城河治理工程及项店镇李楼村的坑塘改造工程。

**同日**　息县在新联通公司五楼会议室组织收听收看全省扩大出口和招商引资工作电视电话会。县委副书记杨德付，副县长赵君峰出席息县分会场会议。县商务局、工商局、工业局等相关部门负责人参加收听收看电视电话会。省市电视电话会议结束之后，杨德付结合息县实际就此项工作做强调安排。

**25日**　由江油市市委常委、纪委书记张斯恩带领的赴豫代表团,专程来息县,感谢息县在灾后重建中对该市小溪坝镇的大力支持。县委副书记杨德付,县委常委、组织部部长孙杰接待了代表团,并主持召开座谈会。座谈会上,张斯恩详细介绍江油市灾后恢复重建工作情况,代表江油市委、市政府对息县援建工作表示衷心感谢,并向息县赠送锦旗。随后,代表团一行深入县工业集聚区进行实地考察。

**27日** 由息县县委、县政府主办,息县宝林轩承办的“迎茶节瓮铭鼎山水画展”在信阳市文化大厦成功举办。市委副秘书长、群工部部长谢天学,市文联领导廖永亮、张善伟以及信阳市书画界名人和书画爱好者共200多人出席开幕式。

**同日** 息县在新联通公司五楼会议室组织收听收看河南省污水垃圾处理设施建设运营管理工作电视电话会。县长余运德,副县长蒋文俊出席息县分会场会议。县环保、国土、发改等相关部门负责人参加收听收看电视电话会。省市电视电话会议结束之后,余运德作重要讲话。

**28日** 省质检局局长高德领一行莅临息县调研质监工作。县长级干部李济民及县质检部门负责同志陪同调研。高德领一行首先来到县质量技术监督局,深入检测中心的水表检测室、精密仪器室等实地察看检测设备装备情况,询问相关负责人设备运转、使用状况。随后,高德领一行又来到亚洲新能源(信阳)控股有限公司,实地了解企业发展状况,并向企业负责人询问县质监局的企业服务年活动开展情况。

## 5月

**1日** 信阳市农业局局长齐城一行莅临息县检查指导工作。齐城先后到孙庙、路口、杨店等乡镇察看小麦生长情况和水稻高产创建点的安排落实情况。

**6日** 以市政府督察室副主任喻晓岭为首的市委、市政府白内障无障碍督查组一行,来息县督查创建白内障无障碍县工作开展情况。副县长董桂英及县残联有关负责人陪同。

**同日** 以市干部作风建设和优化经济发展环境督查组徐新华为组长的市企业服务年活动督查组一行,来息县督导企业服务年活动工作开展情况。县委常委、常务副县长李林军陪同。

**8日~9日** 息县农村改革发展交流研讨大会在县剧院、县会议中心召开。会上,项店镇、发改委、杨店乡、农行息县支行、临河乡、林业局、东岳镇、农机局、人民银行息县支行等单位主要负责同志分别作表态发言。就如何抓好这次会议精神的贯彻落实,张富治要求:一要快传达、快宣传。二要快研究、早谋划。三要快行动、快落实。另外,有关部门要立足自身职能,制定支持实验区建设的具体办法,同时也要做好宣传发动,鼓励全县积极投身实验区建设,从而谱写息县农村改革发展的新篇章!县长余运德对大会作总结。

**14日** 全省“纪念焦裕禄同志逝世45周年大会”召开。县领导张富治、余运德、张国辉、何承惠、伍存强、李林军、李卓、吴蕾、裴军、鲁好友、黄先进、蒋文俊、董桂英、赵君峰、李美利、杨文清等四大家领导参加息县分会场会议。

**16日** 信阳市推进农村改革发展综合试验区建设专题培训班开班。息县县委书记张富治应邀为参训人员上了一堂题为“勇立潮头天地宽”——关于农村改革发展的思考和探索的专题辅导报告。培训班由市委党校党委书记、常务副校长王开科主持。此次培训是信阳市推进农村改革发展综合实验区建设的一项重要活动。全市各乡镇党委书记、乡镇长,市委党校的老师参加培训。

**18日** 息县组织收听收看全国社会治安综合治理表彰电视电话会议。县委常委、县政法委书记吴蕾,县委常委、县人武部党委书记、政委陈连书,县法院院长林群,检察院检察长武建平等出席分会场会议。

**19日** 国家统计局河南调查总队纪检组长张克宁、国家统计局信阳调查队队长秦喜成来息县调研夏季粮油生产情况。在副县长蒋文俊的陪同下,张克宁一行深入项店镇、包信镇等乡镇田间地头,认真察看小麦长势,并和当地村民亲切交谈,详细了解夏季粮油生产情况。

**同日** 江苏雨润集团息县誉昆肉类加工有限公司年屠宰200万头生猪生产线开工仪式在工业集聚区隆重举行。市委书记王铁、市长郭瑞民、市委副书记王道云、雨润集团董事局执行董事副总裁葛玉琪和信阳市四大家领导、市直各部门、各县区、管理区、开发区及市部分重点企业主要负责同志150余人参加开工仪式。省发改委、省畜牧局等单位有关领导到场祝贺。

**20日**　在县政府招待所四楼会议室信阳市公开选配(招聘)硕士副乡镇长面试工作息县考点开考。县委常委、组织部部长孙杰到考场看望面试考生,并对考务工作提出要求。息县当日参加面试的共有15名考生。

**21日~22日**　以市人大常委会法工委主任肖治淮为组长的调研组一行来息县就《刑事诉讼法》和《律师法》的贯彻实施情况进行为期两天的调研。县人大常委会主任张国辉,副主任孙潮,副县长蒋文俊,县法院院长林群等陪同。

**22日**　息县在会议中心组织收听收看全市县域经济工作电视电话会。县党政军领导杨德付、马富增、张国辉、何承惠、卢明德、李济民、孙杰、伍存强、李林军、李卓、吴蕾、裴军、陈连书、陈志坚、闫清勇、鲁好友、黄先进、蒋文俊、董桂英、杨文清、周民、林群、武建平、黎璞、乔启廷、戴清金、李学超等出席息县分会场会议。各乡镇党委书记、乡镇长,县直各单位主要负责人参加会议。

**26日**　信阳市副市长、市公安局局长李长根,市委副秘书长、市信访局局长谢天学,市公安局党委委员、副局长高昌峰等一行,在县委书记张富治,县委常委、政法委书记吴蕾,副县长蒋文俊,县公安局局长邸世忠等人的陪同下,先后来到县看守所、项店派出所调研基层信息化建设和打击"两抢一盗"工作。

**同日**　信阳市"信访积案化解年"活动现场会在息县召开。市委常委、政法委书记高俊峰,市政府副市长、市公安局局长李长根,县委书记张富治,县委常委、纪委书记马富增,县委常委、政法委书记吴蕾出席现场会。市委政法委、市群工部、市法院、市检察院、市公安局及全市各县区、管理区、开发区相关负责同志参加会议。与会领导先后来到息县城关镇、项店镇、群众工作部实地参观信访工作软硬件建设情况。在召开的情况汇报会上,张富治代表县委、县政府致欢迎词,各县区、管理区、开发区政法委书记分别汇报各自信访积案化解工作情况,高俊峰发表重要讲话。李长根就会议精神贯彻落实作进一步强调安排。

**同日**　息县组织收听收看全省经济运行工作电视电话会议。县委常委、常务副县长李林军,县委常委、统战部部长、副县长李卓,副县长赵君峰等领导同志在息县分会场收听收看全省经济运行工作电视电话会议。

**28日**　信阳市农业局局长齐城带领市农业专家组到息县检查麦收工作。齐城一行先后到八里岔、路口、彭店等乡镇检查小麦收割情况。检查过程中,齐城和专家组还对息县的水稻高产创建工作提出意见和建议。

**30日**　副市长张继敬,市政府副秘书长张永忠,市农业局局长齐诚一行来息县视察指导"三夏"工作。县委副书记杨德付,副县长董桂英及涉农部门负责同志陪同。张继敬一行先后深入到项店、夏庄、小茴等乡镇实地察看小麦收割和水稻栽植进展情况。

**31日**　信阳市委书记王铁、市长郭瑞民、副市长张继敬在县委书记张富治,县长余运德,县委副书记杨德付,副县长董桂英及市、县农业部门主要负责同志陪同下,深入息县彭店、项店、夏庄、长陵等乡镇,径直来到田间地头,和正在收割小麦的群众亲切交谈,详细地询问小麦的亩产、收割需要的费用、收割期间遇到的困难等情况。在得知息县目前收割机械充裕,麦收工作正在紧张进行时,郭瑞民对息县积极服务"三夏"工作的做法给予充分肯定。王铁对息县麦收工作提出三点要求。

## 6月

**4日**　息县农村改革发展试验区工作相关细则研讨会在息州宾馆四楼会议室召开。县委书记张富治,县长余运德,县委副书记杨德付,县人大常委会主任张国辉,县政协主席何承惠,县委常委、常务副县长李林军,副县长蒋文俊、董桂英出席会议。县农业、林业、金融等相关职能部门的主要负责同志参加会议。

**5日**　信阳市人大常委会主任姚铁璜一行来息县视察政府融资项目建设进展情况。县委书记张富治,县长余运德,县人大常委会主任张国辉,县人大党组书记卢明德,县人大副主任宋志平,副县长蒋文俊陪同。姚铁璜一行首先深入县城集中供水项目部,实地察看该项目的建设进展情况。随后,视察组在息州宾馆四楼会议室召开情况汇报会,蒋文俊代表息县人民政府就县城集中供水项目的相关情况向视察组作汇报。

**6日** 国家粮食局标准质量中心主任杜政等一行，在省粮食局副局长葛巧红，市粮食局局长顾志安的陪同下，来息县检查调研夏粮收购质量情况。县长级干部李济民陪同。在县粮油质检中心，杜政一行现场抽检和查看今年息县收购小麦的质量以及国家小麦最低收购价政策在息县贯彻落实和执行情况。

**8日** 省教育厅2009年高考巡视组领导一行在副市长曹新生，市教育局局长夏忠厚，县长余运德，副县长吴昊的陪同下，巡视息县2009年高考考务情况。省、市巡视组领导先后巡视二高、三高等考点，对各考场秩序井然，保密工作严谨细致，监考老师工作规范情况表示满意。同时，希望息县考务工作人员充分发挥各自的职能，切实为广大考生营造安全有序平安和谐的考试氛围，确保2009年高考平安顺利进行。

**10日** 信阳市政协副主席胡道平深入息县，调研学习实践科学发展观活动开展情况。胡道平一行先后来到县教体局、县三中调研指导学习实践科学发展观活动开展情况。胡道平对息县教育系统学习实践科学发展观活动的开展情况给予充分肯定。

**同日** 息县在息州宾馆四楼会议室召开专题会议，对五一水库景观带规划设计情况进行初步研究和讨论。县领导余运德、李林军、吴昊、蒋文俊、李美利、赵君峰出席会议。会议还邀请郑州市规划设计院的两位专家参与评定。

**11日** 信阳市宣传舆情信息和调研工作会议在息县息州宾馆四楼会议室召开。市委宣传部常务副部长、文明办主任张万明，县长余运德，县委常委、宣传部长裴军出席会议。会议传达省委宣传舆情信息和调研工作会议精神并对2008年度宣传舆情信息和调研工作先进单位、先进个人进行表彰。光山县委宣传部，息县县委宣传部，信阳市广电局等5个单位先后作典型发言。张万明在会上作重要讲话。

**11日** 原信阳市委秘书长、信阳市关工委副主任王连基，市人大党组成员、关工委副主任胡焕河等一行，来息县检查指导关心下一代工作。县委常委、组织部长孙杰及县关工委，老干局等负责同志陪同。王连基一行先后来到工业集聚区、海虹陶瓷有限公司、县三高、淮河路网吧等进行实地查看。在随后召开的座谈会上，王连基听取汇报后，充分肯定息县近年来关心下一代工作取得的成绩。

**15日** 息县首家“草根银行”举行开业庆典，县领导余运德、李林军、孙潮共同为夏庄镇万兴店村民生资金互助社剪彩。

**16日** 信阳市人大常委会副主任高曙霞带领部分省、市人大代表和市直有关单位负责同志来到息县视察传染病防控工作。县人大副主任孙潮，副县长吴昊陪同检查。高曙霞一行认真视察息县疾控中心，对县疾控中心的实验室建设和传染病防控工作给予高度评价。

**17日** 为深入了解中纪委《关于加强县级纪检监察机关建设的若干意见》在息县落实情况，市委常委、市纪委书记李功勋来息县进行督导检查。县委书记张富治，县长余运德，县委常委、县纪委书记马富增参加在息州宾馆四楼会议室召开的座谈会。李功勋在听取汇报后，对息县积极主动落实中纪委有关文件精神的做法给予充分肯定。希望息县要以此次加强县级纪检监察机关建设为契机，夯实纪检监察队伍基础，为深入推进基层党风廉政建设和反腐败工作提供坚强的组织保障。同时，要求息县要进一步充实纪检监察力量，使纪检监察工作更好地为经济社会发展服务。

**同日** 市政协副主席胡道平，市政协党组成员叶昭垲带领市政协调研组，来息县就食品安全保障工作情况进行专题调研。县政协主席何承惠，副县长吴昊，政协副主席杨文清陪同。调研组实地考察息县京信农业科技公司、三高食堂、峰刚粮食制品有限公司、华联超市等单位，对各单位在食品安全保障机制、制度建设、流通环节、食品安全监管、食品安全应急预案响应机制和食品监管队伍建设等方面的工作给予充分肯定。在当天下午召开的座谈会上，调研组听取息县食品安全保障情况的汇报。在听取汇报后，市政协调研组对息县保障食品安全工作所取得的成效，给予“领导重视、部门得力、效果显著”的高度评价。

**18日** 市长助理郑传德来息县检查防汛工作，县长余运德，副县长董桂英陪同检查。郑传德一行先后检查淮河干流、淮河故道、关店防洪大堤和谷楼闸等防汛重点地段，详细了解汛期水流量、防汛工作措施落实以及滩区村庄群众生产生活情况，对息县防汛工作给予充分肯定。

**19日**　息县组织收听收看全省加强秋田管理电视电话会议，县委副书记杨德付出席分会场会议，各乡镇、县直局委负责同志在县分会场收听收看会议实况。会议对今年的夏粮生产工作进行总结回顾，分析全省农业、农村工作和秋季生产形势，安排部署秋田管理工作。省市电视电话会议结束后，杨德付就贯彻落实会议精神，做好近期秋田管理工作进行安排部署。

**23日**　息县特邀北京四海经典教育中心冯哲院长、北京清华大学科技园文化总监李林博士在县会议中心息县"百姓大讲堂"做客主讲。县委常委、办公室主任伍存强，县委常委、县统战部部长、副县长李卓，副县长吴昊等出席。息县各中、小学教师聆听此次讲座。演讲结束后，冯哲还为息县捐赠价值30万元的国学经典教育图书。

**24日**　息县组织收听收看全省机关党的建设工作暨"七一"表彰电视电话会议。县委书记张富治，县长余运德，县委副书记杨德付，县委常委、组织部部长孙杰等出席分会场会议。会议对全省农村党建"三级联创"活动和省直机关涌现出的先进集体、先进个人进行表彰，对今后的机关党建工作进行安排部署。

**26日**　中央大型文献专题片《厚土》摄制组来到息县项店镇李楼村进行采访拍摄。摄制组在项店镇李楼村新村建设点和旧村庄，深入农家院落、建房工地、田间地头以及乡村小道，实地走访群众，采访相关人员，感受新农村建设给老百姓生活带来的巨大便利和实惠。对该村整村搬迁、整治空心村庄、实施土地复垦、集约高效使用土地以及建设设施功能齐全的新村，解决群众医、食、住、行难等一系列问题的做法进行拍摄。县委副书记杨德付，县委常委、县纪委书记马富增，县委常委、宣传部部长裴军陪同。

**同日**　来自全县各条战线的1200余名党员志愿者，在县谯楼广场开展"乐当志愿者、永葆先进性"大型志愿者服务活动。县委副书记杨德付，县委常委、纪委书记马富增，县委常委、组织部长孙杰，县委常委、常务副县长李林军，县委常委、统战部长、副县长李卓，县委常委、宣传部长裴军，县委常委、县人武部政委陈连书，县政协副主席杨文清等出席授旗仪式。杨德付为党员志愿者服务总队授旗。

**28日**　濮阳市清丰县考察团一行赴息县考察土地开发利用及城中村改造工作。副县长蒋文俊陪同考察。考察团一行先后来到南街旧城改造点、谯和苑、北街旧城改造点、产业集聚区、听淮桥等处实地感受息县在土地开发利用及城中村改造工作上所取得的巨大变化。在实地考察息县土地开发利用及城中村改造工作情况后，清丰县考察团一行表示要学习和借鉴好息县的工作方式、方法和好的工作经验，结合清丰县实际，加快推进城市化进程，提升城市品牌。做好经营城市这篇文章，以市场化运作促进城市化，以城聚财，以城兴城，进一步改善居民居住环境，提升城市品位，加快推进清丰县市化进程。

## 7月

**1日**　县委书记张富治接受中国国际广播电台国际在线"城市频道"记者的专访，记者着重围绕息县厚重的历史文化，息县近几年的发展变化，未来的发展构想等方面向张富治作深入细致的访谈。

**2日**　省社会科学院副院长丁同民一行来到息县曹黄林乡冯庄村看望驻村工作人员，慰问贫困户，为冯庄村小学送去学习用品。丁同民一行在县委常委、组织部部长孙杰以及曹黄林乡主要负责人的陪同下，与冯庄村党支部、村委会干部进行交谈，就当前新农村建设中的有关问题进行交流和探讨。

**同日**　"和谐息县"百姓大进堂在会议中心开讲，息县特邀改革家宋亚平为大家作关于县域经济发展及行政机构改革方面的专题讲座。张富治、余运德、杨德付、马富增、张国辉、李济民、孙杰、伍存强、李卓、裴军、陈连书等在家的四大家领导出席报告会。县直各单位主要负责人，各乡镇党委书记、乡镇长等参加报告会。

**7日**　市长助理杨六栓来息县考察调研工业经济和城市建设工作。县委常委、统战部长、副县长李卓及县委办、政府办、工业经济运行局、工业集聚区等部门负责人陪同。杨六栓先后深入到峰刚粮食制品有限公司、源丰油脂有限公司实地察看了解企业生产经营情况。调研期间，杨六栓还分别来到息国故里牌坊、听淮桥、息夫人塑像、古谯楼进行参观、考察。

**9日** 息县2009年度第二季度优化经济发展环境民主测评会在会议中心召开。来自全县社会各界随机选出的190名义务监督员对全县69个一级机构和38个二级机构参评单位进行民主测评。县委常委、县纪委书记马富增,县政协副主席杨文清出席民主测评会议,市纪委效能监察室主任王新琦、副主任徐桂兰应邀出席会议。获得正数前三名的一级机构分别为县公安局、县一高、县二高。正数前三名的二级机构分别为县公疗医院、县一中、县三中。获得后三名的一级机构分别为人寿保险公司、新联通公司、县石油公司。得后三名的二级机构分别为:县卫生局食品监督所、县公用事业局城管大队和自来水公司。

**9日** 息县青年工作会议在县会议中心隆重召开。团市委书记曾辉、县委书记张富治、县委副书记杨德付、在家的县委常委、人大常委会主任、政协主席、县委各部委主要负责人、乡镇党委书记、县直单位主要负责人、各乡镇党委副书记、团委书记、县直单位团委书记参加会议。会议传达省委、市委青年工作会议精神,下发县委、县政府《关于成立息县青年就业创业小额贷款领导小组的通知》、县委组织部、团县委《关于进一步加强团干部队伍建设的意见》、团县委、农联社《关于青年就业创业小额贷款实施方案》等文件。县委书记张富治作重要讲话。

**同日** 息县青年就业创业小额贷款授信仪式在县农联社五楼会议室召开,对息县"十大青年创业之星"和20名"青年信用户"进行表彰,并颁发授信证书。县领导张富治、杨德付、孙杰、李林军、裴军、董桂英出席仪式。团市委书记曾辉应邀出席。

**同日** 息县在新联通公司五楼会议室,组织收听收看全省大招商动员电视电话会议。县长余运德,县委副书记杨德付,县委常委、统战部长、副县长李卓,县工业集聚区主任乔启廷以及县直有关部门主要负责人参加会议。会后,余运德结合息县实际情况,就如何贯彻落实会议精神提出要求。

**同日** 团市委书记曾辉在县委常委、组织部长孙杰及团县委负责人陪同下,深入息县调研基层团建工作。曾辉一行先后来到杨店乡十里桥村和项店镇李楼村、董围孜村及工业集聚区实地调研村村联建、合作社建团、青年服务站建设开展情况,并与基层团干进行深入细致的探讨。

**14日** 省农开办扶贫开发处处长王红一行,在市农开办副主任谢文龙,副县长董桂英的陪同下,对息县2008年农业综合开发项目建设完成情况进行检查验收。汇报会上,检查组在听取息县2008年农业综合开发项目建设完成情况工作汇报后,对息县近两年来的农业开发工作给予充分肯定。

**15日** 原市人大副主任、市扶贫协会副会长张桂东一行深入息县进行扶贫调研,县委常委、组织部长孙杰,副县长董桂英,原县人大副主任尹立基以及市、县农办负责同志陪同。张桂东一行在对息县小茴店镇和孙庙乡范楼村、甘塘村进行实地查看后,对息县的扶贫工作给予充分肯定。

**同日** 市委党校副校长马聪和市委组织部组织科副科长夏国富带领基层党建课题组在县委组织部有关负责同志的陪同下,深入杨店乡就新形势下如何尊重党员主体地位,党员的主体作用如何发挥这个课题开展调研,杨店乡主要负责人及部分村党支部书记参加座谈。

**16日** 息县在新联通公司五楼会议室收听收看全省平安建设工作电视电话会,县领导张富治、余运德、马富增、吴蕾、蒋文俊、武建平、邸世忠、黎璞等出席会议。各乡镇党委书记、县委各部委、县直单位主要负责同志在分会场参加会议。

**同日** 全市防汛工作电视电话会召开,县委书记张富治,副县长董桂英和有关部门负责人在新联通公司五楼会议室一起收听收看此次会议。全市电视电话会议结束后,县委书记张富治对息县的防汛工作提出要求 。

**21日** 国家淮委计划处副处长王九大一行来息县调研淮干滩区移民迁建工作。省市等有关负责人陪同。在陈棚乡,王九大一行深入到移民安置点,实地察看淮干滩区灾后重建工作。

**同日** 市人大常委会副主任尹保斌一行深入息县就农村土地流转工作开展专题调研。县人大常委会主任张国辉,县人大常委会副主任宋志平,副县长董桂英陪同。尹保斌先后来到息县土地流转办公室、林权交易中心、项店镇李店村和曹集村、护城河进行实地视察,详细听取有关负责同志的工作汇报,并现场提出建设性意见和建议。在随后召开的座谈会上,尹保斌听取息县新农村特区建设有关情况汇报。对息县新农村建设特别是土地流转工作给予充分肯定。

**22日**　市节能目标考核检查组一行莅临息县，对息县2008年度节能目标完成情况进行检查，县委常委、统战部长、副县长李卓出席汇报会。考核组对息县在节能降耗工作中所付出的不懈努力给予充分肯定。

**同日**　由市食品药品监督管理局党组成员、正处级调研员贾元莉一行组成的联合督查组来息县，对息县综合治理出生人口性别比工作进行专项检查指导。县委副书记杨德付，县长级干部李济民陪同。杨德付首先对督查组一行的到来表示欢迎，并希望督查组对息县综合治理出生人口性别比工作提出指导性的意见和建议。李济民就息县2008年以来综合治理出生人口性别比工作情况向督查组作专题汇报。督查组对息县综合治理出生人口性别比工作取得的成绩给予充分肯定。

**23日**　市人大常委会主任姚铁璜，市人大常委会副主任朱继先，副市长曹新生，市人大常委会秘书长聂书华在县委书记张富治，县委副书记杨德付，县人大常委会主任张国辉，副县长董桂英等陪同下，先后来到五一水库、尹湾大桥等地实地查看，听取息县防汛工作汇报。

**同日**　张春香在市试验区办、国土局、文化局等职能部门负责人和县委副书记杨德付，县委常委、宣传部长裴军，副县长董桂英陪同下，来到试验区建设工作中所包的息县项店镇董围孜村调研。张春香察看董围孜村的新村面貌，深入敬老院内与老人亲切交谈，了解五保老人在这里的日常生活状况，仔细察查看食堂和居住环境。随后，张春香一行与项店镇党委和董围孜村党支部一班人在该村村部召开座谈会，认真听取项店镇主要负责人和董围孜村支部书记所做的农村改革发展综合试验区建设情况汇报和工作打算，详细地向村支书询问该村的基本村情、生产发展、经济状况等。在了解董围孜村的基本情况后，张春香就如何科学正确地推进试验区建设作重要讲话。

**同日**　全省防汛排涝和秋田管理电视电话会召开。县委书记张富治，县长余运德，副县长董桂英出席新联通公司五楼会议室分会场会议。各乡镇党委书记、乡镇长，县直单位主要负责人同时收听收看电视电话会。省市电视电话会后，余运德就会议精神贯彻落实提出三点要求。会上，董桂英还就息县沼气建设工作作强调安排。

**28日**　息县大招商动员大会在县会议中心召开，县委书记张富治，县长余运德，县委副书记杨德付，县委常委、县纪委书记马富增，县人大常委会主任张国辉，县政协主席何承惠，县人大党组书记卢明德，县长级干部李济民，县委常委、组织部部长孙杰，县委常委、县委办公室主任伍存强，县委常委、宣传部部长裴军，县委常委、县人武部政委陈连书等在家的四大家领导出席会议。会议总结息县近年来招商引资工作取得的成绩，分析研究工作中存在的差距和问题，紧急动员各级各部门、社会各界的力量，以只争朝夕、真抓实干的精神状态，全力以赴抓好招商引资工作，迅速掀起下半年招商引资高潮。张富治在会上作重要讲话，余运德对息县三年来的招商引资工作进行深刻分析，并对下一步工作作安排部署。会议宣读《息县招商引资工作考核及奖惩办法》，对全县招商引资工作先进单位进行表彰和奖励，获奖单位作典型发言。

**29日**　县领导张富治、余运德、张国辉、何承惠、卢明德、伍存强、陈连书、董桂英、陈维明带着百万息州父老的深情厚谊前往信阳军分区亲切看望慰问部队官兵，向他们表达节日的问候，并送去慰问金。市委常委、信阳军分区司令员马启明与县四大家领导进行座谈。县委书记张富治向信阳军分区通报息县近年来武装工作取得的显著成绩，介绍县武装官兵积极参与地方经济发展，军民鱼水一家亲的可喜局面。马启明代表部队全体官兵感谢息县县委、县政府对部队的关心和支持。

**同日**　由县委宣传部主办，县公安局、文化局承办的濮淮风情—和谐息州平安夜，县公安局专场文艺晚会在谯楼广场浓情上演。县政协主席何承惠，县长级干部李济民，县委常委、常务副县长李林军，县委常委、政法委书记吴蕾，县委常委、宣传部长裴军，县人大常委会副主任宋志平，县政协副主席周民，县公安局局长邸世忠等出席晚会并观看演出。

## 8月

**7日**　信阳市六城联创指挥部办公室检查组一行来息县，就息县六城联创工作进行半年综合考评。县委常委、宣传部长裴军，副县长蒋文俊及联创办负责人陪同检查。在听取工作汇报后，详细检查息县城区街道秩序、卫生、环境、市场秩序、公厕、社区、背街小巷治理以及内城河治理情况。

**10日**　息县组织收听收看全省推进大招商电视电话会议，县委常委、常务副县长李林军，县委常委、统战部长、副县长李卓等出席分会场会议。会议要求，全省各地要按照省委、省政府统一安排部署，迅速掀起新一轮招商引资工作高潮。

**17日**　信阳市总工会主席陈民带领全市各县区工会主席来息县观摩工会工作。县委副书记杨德付，县总工会主席戴清金陪同。观摩团先后深入到项店镇工会联合会、李楼村支部、县直中心幼儿园、亚洲新能源（信阳）控股有限公司，对工会基层组织建设、农民工培训、外出务工人士返乡创业、困难职工帮扶救助等工作情况进行观摩学习。

**19日**　二月河，围绕清代“帝王系列”历史小说的创作，在县会议中心为息县百姓大讲堂做《历史真实与艺术真实的双重整合》讲座。

**20日**　信阳市文明办一行来息县检查验收2009年度省级文明单位。县委副书记杨德付，县委常委、宣传部长裴军陪同。考核组一行通过在县计生委、地税局、烟草局看环境、听汇报、查资料、观看专题片后，对息县创建省级文明单位创建工作给与充分肯定，并对各单位提出具体的指导性意见。

**21日**　中共息县县委十届五次全体会议在县会议中心隆重召开，会议的主要任务是，贯彻落实省委八届十次全会、徐光春书记在信阳调研时的重要讲话和市委三届八次全会精神，回顾总结上半年工作，分析当前形势，研究部署下半年工作，动员全县上下进一步坚定信心、锐意进取、克难攻坚，确保全面完成全年各项目标任务。县委书记张富治，县长余运德，县委副书记杨德付，县委常委、纪委书记马富增，县委常委、县委办公室主任伍存强，县委常委、统战部长、副县长李卓，县委常委、政法委书记吴蕾，县委常委、宣传部长裴军等在家的县四大家领导出席会议。县委书记张富治作重要讲话。余运德在讲话中首先回顾总结息县2009年上半年经济运行情况，深刻分析经济社会发展面临的困难和问题。

**同日**　息县维护稳定暨信访稳定工作会在县会议中心召开，县领导张富治、余运德、杨德付、马富增、伍存强、李卓、吴蕾、裴军等出席会议。县委书记张富治就如何做好全县维稳和信访工作作重要讲话。县委常委、纪委书记马富增作维稳和信访工作报告，会议宣读中共息县县委、息县人民政府关于印发《全县“同化积案、共建和谐”干部下访活动工作方案》的通知，宣读对县公安局和公用事业管理局的嘉奖令，提出对东岳、彭店、小茴三乡镇实施信访工作重点管理的决定。

**同日**　息县2009年政府廉政建设暨第一、第二季度优化经济发展环境民主测评结果兑现大会在会议中心召开。县领导张富治、余运德、杨德付、马富增、何承惠、卢明德、李济民、伍存强、李卓、吴蕾、裴军、宋志平、鲁好友、黄先进、吴昊、蒋文俊、董桂英、赵君峰、杨文清、周民、林群、邸世忠等出席会议。县委书记张富治，县长余运德，县委副书记杨德付分别为在2009年民主测评中荣获综合得分第一名的县直二级机构县公疗医院颁发优化经济发展环境流动红旗一面、奖金2万元；为在第一、二季度优化经济发展环境测评中获第一名的县二高、县公安局分别授红旗一面和奖金1万元；为在第一、二季度优化经济发展环境测评中最后一名的县淮管办、石油公司及连续两次得分倒数第一的县直二级机构县自来水公司分别授黑旗一面。

**23日**　“世行贷款/英国赠款中国农村卫生发展项目”管理和实施培训班在县会议中心举行开班仪式。省卫生厅国外贷款办主任陈瑛一行在市卫生局副局长齐文伟，副县长吴昊的陪同下出席仪式。县卫十一项目领导小组成员单位分管领导，县卫生局股室以上负责人及县合管办人员，县级卫十一项目专家组全体人员，县人民医院、县疾控中心、县妇幼保健院负责人和相关科室负责人，各乡镇卫生院院长、业务副院长、防保医生、妇幼医生及新农合监管人员参加培训。

**25日～26日**　信阳市人口计生委副主任包文森一行在县长级干部李济民，县人口计生委主要负责人的陪同下，对息县秋季计划生育优质服务活动第一阶段开展情况进行督导和检查。包文森一行首先深入孙庙乡实地查看、了解秋季优质服务活动开展、排查摸底、手术及康检准备、采取的具体措施等情况，并听取县人口计生工作领导小组对全县秋季服务活动开展情况的汇报。包文森对息县高度重视秋季优质服务活动，高规格、大规模及时召开动员会，制定切实可行的措施，明确各级责任，制定严明的纪律给予充分肯定。

**26日**　信阳市委常委、市委组织部部长乔新江莅临息县检查指导基层组织推广“4+2”工作法的实施情况及基层组织建设“三项工作”情况。县委书记张富治，县委常委、组织部部长孙杰陪同。乔新江一行先后深入孙庙乡甘塘村、城郊乡曹元村及项店镇曹集村进行实地察看。每到一处，乔新江都详细询问推广“4+2”工作法的实施情况及基层组织建设“三项工作”情况，并仔细翻看议事记录本和相关档案、文件。县委书记张富治，县委常委、组织部长孙杰分别就息县如何推行“4+2”工作法及农村基层组织建设“三项工作”情况向乔新江进行详细汇报。乔新江在实地察看后，对息县“4+2”工作法的推广落实以及实施效果给予高度评价。

**同日**　信阳市优化经济发展环境和干部作风建设督查组组长徐新华一行，来息县就干部作风建设和企业发展环境工作进行督查和座谈。县委常委、统战部长、副县长李卓，县产业集聚区主任乔启廷等出席座谈会，县8家企业代表参加座谈。

**同日**　新县县委副书记曹君率领该县相关职能部门和各乡镇负责人组成的新农村建设考察团，来息县参观考察新农村建设工作。县委副书记杨德付，县委常委、县委办公室主任伍存强，副县长董桂英等陪同。新县考察团一行先后来到项店镇李楼村、李店新村两个新农村建设点进行实地考察和观摩。

## 9月

**2日**　农业部专家赴息县调研秋季农作物生长及大风暴雨后农作物受灾情况。县长余运德陪同调研。专家组一行先后来到孙庙乡、路口乡，深入田间地头详细了解大风、暴雨后水稻、玉米受灾情况。农业部专家在详细了解息县的农作物受灾情况后，建议要积极搞好灾后自救，对倒伏的水稻、玉米进行捆扎扶直，对积水的田块采取有效措施抓紧排除积水。

**同日**　省水利厅水文局局长杨大勇一行在市水利局副局长饶萍及县水利局主要负责人的陪同下，先后深入路口乡曹庄村、大孙庄村以及关店乡黄滩村检查秋粮夺丰收防洪排涝抗旱减灾工程建设情况。

**同日**　市计生委主任曹光宇一行来息县检查指导秋季计划生育生殖健康进家庭服务活动和乡镇计划生育阵地建设等情况，县长级干部李济民陪同。

**3日**　副市长李水带领市政府副秘长罗荣国、市农村改革发展综合试验区办公室主任肖国平一行，来息县就农村改革发展试验区建设进行调研。在县委书记张富治、副县长董桂英的陪同下，李水一行先后深入到项店镇李楼村、董围子村，杨店乡十里桥村等农村改革发展试验区建设点，认真听取相关负责人关于土地流转、村室建设、金融创新、社会保障以及农民专业合作组织建设、运转情况汇报。

**6日**　息县甲型H1N1流感防控工作紧急会议在教体局六楼会议室召开，副县长吴昊主持会议，并就做好甲型H1N1流感防控工作进行安排部署。县公安、广电、卫生等部门主要负责人、各乡镇主要负责人、卫生院长、中心校长参加会议。至5日夜晚22时，息县共发现5例确诊感染甲型H1N1流感患者，均为息都实验学校学生。疫情发生后，息县启动甲型H1N1流感应急预案，县卫生、教育、公安等部门迅速行动，采取果断措施控制疫情蔓延。所有确诊病人安排隔离治疗。

**7日**　省委、省政府召开全省经济运行工作电视电话会议。会议分析全省经济运行形势，通报各省辖市、县(市、区)经济运行情况、重点项目建设进展情况、开展大招商活动和企业服务年活动情况，安排部署大干三季度重点工作。县长余运德，县委常委、统战部部长、副县长李卓，县工业园区主任乔启廷及县直相关单位负责人收听收看电视电话会议。

**8日**　全省学习实践科学发展观活动第二批总结暨第三批动员电视电话会议召开。会议对学习实践科学发展观活动第二批进行总结，并对第三批学习实践活动作出部署。县委书记张富治，县长余运德，县委副书记杨德付，县长级干部李济民，县委常委、组织部部长孙杰，县委常委、宣传部长裴军，县人大副主任陈志坚、县政协副主席周民等在息县分会场收听收看会议。

**9日**　以市人大常委会民侨外工委主任吕金

惠为组长的市人大常委会调研组在市政府侨办有关负责同志的陪同下，来息县调研侨务工作情况。县人大常委会主任张国辉，县委常委、县统战部长、副县长李卓，县人大副主任闫清勇出席座谈会，县政府办、人大办、教科委、侨联代表参加会议。

**同日** 息县在息州宾馆四楼会议室召开庆祝第25个教师节座谈会，县委书记张富治，县委副书记杨德付、县委常委、宣传部长裴军，县人大常委会副主任孙潮，副县长吴昊出席座谈会。来自全县教育系统离退休教师代表、中小学校长代表和“名牌教师”参加座谈。

**10日** 息县在网通五楼分会场组织收听收看全省“三秋”工作电视电话会议，县委书记张富治，县长余运德，县委副书记杨德付及各乡镇党委书记、乡镇长，县直有关单位负责同志参加并收听收看电视电话会议。

**同日** 息县深入开展学习实践科学发展观活动第一批总结暨第二批动员会议在会议中心召开。此次会议的召开标志着息县第二批学习实践科学发展观活动拉开序幕。市委学习实践活动巡回检查组组长陶云传，县委书记张富治，县委副书记杨德付，县人大常委会主任张国辉，县政协主席何承惠，县人大党组书记卢明德，县长级干部李济民，县委常委、组织部部长孙杰，县委常委、常务副县长李林军，县委常委、统战部长、副县长李卓，县委常委、政法委书记吴蕾，县委常委、宣传部长裴军等在家的四大家领导出席会议。

**12日** 以中国麻类所研究员粟建光为首的国内麻类专家观摩团一行在市、县农科所主要负责人的陪同下，深入息县小茴镇黄红麻示范基地进行观摩、指导。

**12日~13日** 由省人口计生委政策法规处处长王自力为组长的创建国家级人口与计划生育优质服务先进县检查组一行到息县进行检查评估，市人口计生委主任曹光宇，县委书记张富治，县长余运德，县委副书记杨德付，县长级干部李济民，县委常委、组织部长孙杰等陪同检查。

**14日** 市委书记王铁到息县就农村改革综合试验区建设工作进行视察指导，县委书记张富治，县委副书记杨德付，县委常委、县委办公室主任伍存强及市县涉农部门主要负责同志陪同。

**15日** 全市首个沼气安全服务站——金峰沼气安全服务专业合作社在息县项店镇李楼新村正式挂牌成立。市安监局局长罗传亮，县委常委、组织部部长孙杰出席活动，并为合作社揭牌。

**16日** 以副巡视员祝英普为副组长的省政府安全生产督察组一行在市安监局副局长程书祥的陪同下，来息县督察安全生产工作。县委常委、县统战部长、副县长李卓陪同，并对下一步全县安全生产工作作出部署。

**同日** 息县庆祝新中国60周年“活力息县”大型主题文化宣传活动启动仪式在谯楼广场隆重举行。县委书记张富治，县长余运德，县人大常委会主任张国辉，县政协主席何承惠，县人大党组书记卢明德，县委常委、县委组织部长孙杰，县委常委、县委办公室主任伍存强，县委常委、常务副县长李林军，县委常委、统战部部长、副县长李卓，县委常委、政法委书记吴蕾，县委常委、人武部政委陈连书，副县长吴昊，县政协副主席杨文清等出席活动仪式。此次活动共包括十大先锋人物评选、有奖征文、歌咏大赛、摄影展、书画展、篮球比赛、乒乓球比赛、拔河比赛、中国象棋、围棋比赛等十项活动。

**同日** 息县金融服务办公室揭牌暨金融工作座谈会在县政府二楼会议室召开。县长余运德，县委常委、常务副县长李林军出席座谈会并为办公室揭牌，县金融工作领导小组成员单位负责同志参加会议。

**18日** 市全运会篮球比赛圆满落下帷幕，息县篮球代表队通过奋力拼搏勇夺冠军。这次胜利夺冠，是新中国成立后息县参加地市级篮球比赛首次获得第一名，实现了息县篮球历史性突破。

**22日** 市政协副主席任宏业、陈伟琳一行来息县对农村改革发展综合试验区建设工作进行专题调研。县政协主席何承惠、副县长董桂英、政协副主席杨文清及试验办相关负责人陪同调研。

**24日** 全省人口和计划生育电视电话会议召开，孟宪臣主任通报全省人口和计划生育工作情况、安排部署近期人口和计划生育重点工作，宋璇涛副省长传达贯彻全国人口和计划生育工作座谈会精神。电视电话会议结束后，我县在分会场召开计生工作会议，认真贯彻宋璇涛副省长、孟宪臣主任的讲话精神，安排部署当前人口计生工作。县长级干部李济民出席会议。县直相关职能部门分管领导及县人口计生委副股级以上干部参加会议。

**同日** 县委书记张富治,县委常委、办公室主任伍存强,副县长董桂英带领城郊乡、项店镇、国土局、建设局、试验办等负责同志赴辉县市考察参观新农村建设。张富治一行在辉县市市委书记崔学勇等市领导陪同下,先后深入到孟庄镇卧龙社区、孟庄镇涧头社区、孟庄镇夏峰社区、张村乡裴寨社区、上八里镇回龙村实地感受新农村建设带来的巨大变化,学习当地的新农村建设先进经验。

**26日** 由省爱卫办组成的省考核专家组在副县长吴昊陪同下。来息县考核鉴定灭鼠灭蟑先进县城工作。息县"二害"密度各项指标均达到规定标准,顺利通过灭鼠灭蟑先进县城考核鉴定。

**30日** 市委书记王铁深入息县,看望慰问基层干部、信访部门工作人员和广大公安干警,向大家致以节日的问候,并对大家为经济社会发展、为社会和谐稳定做出的贡献表示感谢,殷切寄语大家立足本职工作,更加努力地为老百姓办事,为经济社会发展护航。市委常委、市委秘书长冯鸣,市委常委、政法委书记高俊峰一同参加走访慰问活动。

**30日** 息县县委全会(扩大)会议在县会议中心召开,县委书记张富治作重要讲话,县长余运德主持会议。在家的县委常委及县处级领导出席会议,十届县委委员、候补委员;不是县委委员、候补委员的县处级领导干部;县纪委委员;各乡镇党委书记、乡镇长;县委各部委办副职,县政协办副职,县人大、县政协内设机构主职;县直一级机构主要负责同志参加会议。

## 10月

**9日** 应息县邀请,清华大学科技园文化总监李林博士,在县委招待所四楼会议室举办题为"德配天地——中国人的生命境界"专题讲座。县委常委、统战部部长、副县长李卓、副县长吴昊及各乡镇统战委员、工商联部分主席执行委员、统战部机关全体同志聆听讲座。

**10日** 信阳市水利局局长翁启先来息县就淮干滩区移民迁建工作进行调研。在县人大党组成员鲁好友及县水利局负责人的陪同下,瓮启先一行先后来到临河乡、陈棚乡灾后重建点实地察看两乡重建工作进展情况。

**同日** 华中师范调研组一行来息县调研文化建设工作,县委常委、宣传部长裴军出席座谈会,县文化局、教体局、宗教局的有关负责人与调研组进行面对面地交流。考察中,调研组对息县文化工作取得的成绩给予充分肯定。

**11日** 信阳市人大常委会主任姚铁璜,副主任李军,市政府副市长、市公安局局长李长根等带领市人大常委会有关委室的负责同志和部分市人大常委会委员深入到息县视察人大信访工作,县人大常委会主任张国辉,县委常委、常务副县长李林军,县人大常委会副主任陈志坚,副县长蒋文俊,县检察院检察长武建平,县群众工作部部长黎璞,县公安局局长邸世忠陪同。

**13日** 信阳市委学习实践科学发展观活动第三指导检查组组长陶云传带领相关人员深入到息县部分乡镇,检查指导学习实践科学发展观活动开展情况。县委常委、组织部长孙杰陪同。检查组一行还对息县"4+2工作法"实施情况进行了解。

**15日** 以信阳市政协副主席陈伟琳为首的中国民主同盟信阳市委员会调研组一行莅临息县就粮食安全问题开展专项调研,县政协主席何承惠,副县长赵君峰,县政协副主席杨文清及县政协办公室、粮食局、农业局主要负责人等陪同。

**16日** 由市农科所所长郭侦带领的全市水稻新技术观摩团莅临息县孙庙乡甘塘村,就粳稻精量晚直播栽培技术示范进行参观。副县长董桂英陪同。国家水稻研究所专家、市农业局副局长鲁忠耀、省农科院、省农业大学专家、全市各县区涉农部门负责同志出席观摩会。

**17日** 省爱卫办副处长潘晓波,郑州市爱卫办副主任吴孔宝、巩义市爱卫办副主任曹喜乐一行来到息县检查验收省级卫生县城年审工作,在县委常委、常务副县长李林军,县委常委、县委宣传部长裴军,县人民政府副县长吴昊的陪同下,专家组分别深入到县城、乡镇,对息县省级卫生县城中的病媒生物防治、健康教育、环境卫生保护和单位居民区等进行年审考核。听取有关乡镇巩固省级卫生乡镇创建工作情况汇报。

**19日** 信阳市委常委、常务副市长李广胜深入息县就企业发展情况和重点项目建设工作进行调研。李广胜一行在县委书记张富治，县委副书记杨德付，县委常委、常务副县长李林军陪同下，先后深入到息县誉昆肉类加工有限公司、合昌纺织有限公司、亚洲新能源控股有限公司和产业集聚区进行实地调研，详细了解项目建设及企业发展情况。李广胜对息县工业经济呈现出的强劲发展势头表示满意。

**20日** 由省农业厅种植业管理处副处长张金龙、省农科院研究员雷振声、吴政卿三人组成的省秋冬种工作检查组莅临息县专项检查秋冬种工作，市农业局副局长鲁忠耀陪同。

**同日** 信阳市委巡视组组长戴国松一行来息县巡视工作，息县在息州宾馆四楼会议室召开党风廉政建设责任制巡视工作汇报会，县领导张富治、杨德付、马富增、张国辉、何承惠、伍存强、李林军、吴蕾、裴军、宋志平、陈志坚、鲁好友、黄先进、蒋文俊、董桂英、赵君峰、陈连书、武建平、黎璞、邸世忠、乔启廷、戴清金、贾设、李学超、裴仁胜出席汇报会。

**20日** 县委书记张富治，县委常委、常务副县长李林军及县教体局、东岳镇负责人一行，在长葛市黄河集团总部接过该集团50万元善款，并将一面“重友情捐资兴教、行大义功德千秋”的牌匾回赠给该集团董事长乔秋生先生，向乔先生表达息州父老的一片感激之情。

**21日** 由县委宣传部主办，县广电局、文化局及县林立信息公司承办的息县第一届“唱响息州”名扬杯卡拉OK大奖赛在谯楼广场隆重举行。

**22日** 省纪委检查组石湘田一行来息县检查中纪发(2009)9号、10号文件贯彻落实情况。县委常委、纪委书记马富增出席汇报会。汇报会上，检查组一行认真听取县纪委监察局负责人工作汇报，对息县贯彻落实中纪委《关于加强地方县级纪检监察机关建设的若干意见》文件精神，切实加强机关和干部队伍建设给予充分肯定。

**同日** 省农业厅厅长助理刘怀攀来息县调研农民专业合作社和农村土地流转情况。副县长赵君峰和市、县农业部门负责人陪同。刘怀攀一行先后深入到息县项店镇广永种植专业合作社、杨店乡联丰土地信用专业合作社、丰华种植植保专业合作社和金宝农机专业合作社等地，认真听取农民专业合作社和农村土地流转情况介绍，了解合作社和土地流转的运行模式以及在发展中遇到的问题和困难。刘怀攀对息县的农民专业合作社和农村土地流转所取得的成绩表示充分肯定。

**同日** 信阳市秋冬种机械化生产现场会在息县隆重召开。市委副书记王道云，副市长张继敬，县委书记张富治，县委副书记杨德付，县委常委、办公室主任伍存强，副县长董桂英出席会议。市直涉农部门相关负责人，各县区正、副县(区)长，各管理区分管副职，各县、(区)农业局长、农机局长等参加会议。与会人员首先深入到路口乡机械化麦播现场，实地观摩息县现代化的机械耕种情况，听取路口乡党委关于该乡今秋小麦播种工作的经验介绍。最后，与会人员在息州宾馆四楼会议室召开汇报会。张富治代表息县作典型发言。张继敬在会上做动员讲话。王道云就会议精神贯彻落实提出三点要求。

**下旬** 县委在会议中心召开六城联创2008年度总结暨2009年度攻坚大会。县委书记张富治，县委常委、纪委书记马富增，县政协主席何承惠，县人大党组书记卢明德，县委常委、组织部长孙杰，县委常委、县委办公室主任伍存强，县委常委、常务副县长李林军，县委常委、政法委书记吴蕾，县委常委、宣传部长裴军等在家的四大家领导出席会议。

**24日** 带着信阳供电公司员工对留守儿童的深情关爱，市供电公司总经理赵国喜、党委书记刘志贺一行来到息县长陵乡中学看望慰问结对帮扶的留守儿童。县委常委、常务副县长李林军陪同。

**25日** 信阳市“公安手机报”推进工作现场会在息县召开。市公安局常务副局长张根太，市公安局副局长高昌峰出席会议并讲话，各县区公安局主管局长，警令部主任，通信股长，宣传股长参加会议。会后，与会同志一同学习观摩息县公安局“公安手机报”运行及操作程序。

**28日** 信阳市人口和计划生育政务信息工作经验交流会议在息县会议中心召开。市人口计生委副主任雷树林，市人口计生委副调研员刘义，县长级干部李济民出席会议。各县区人口计生委分管政务信息主任以及办公室主任等参加会议。

**同日** 中共信阳市委党校息县分校揭牌仪式在息县县委党校举行。市级领导、市委党校常务副校长、党委书记王开科，市委组织部副部长吴正先以及市委组织部、市委党校有关负责人专程前来致贺。县委书记张富治，县委常委、组织部长孙杰，县委常委、常务副县长李林军，县人大常委会副主任陈志坚，县政协副主席杨文清出席揭牌仪式。

29日~30日　信阳市地方志办公室主任、市地方史志编委会秘书长李吉光一行来息检查指导息县地方志工作。县委常委、宣传部部长裴军陪同。

## 11月

1日　息县农村资金互助社组建现场观摩会在张陶乡召开。县委常委、常务副县长、县金融改革专项工作领导小组组长李林军出席会议，有关乡镇以及县试验办、民政局、人行、工商局等有关部门负责人参加此次观摩。会前，与会人员实地观摩该乡的银龙惠农资金互助社，详细听取该社关于农村资金投入运行情况、信贷投放工作对接情况等。在随后召开的观摩会上，县金融办负责人首先介绍息县农村资金互助社的组建情况。息县正式注册运营的农村资金互助社共12家，注册资金达800多万，先后贷款已有400多万。

2日　“和谐息县”百姓大讲堂在县会议中心开讲，息县特邀中科院研究生院秘书长、国内突发事件应急处理首席专家刘鸿雁教授，举行一场题为《突发事件的预防与应对》的专题讲座。县委书记张富治，县委副书记杨德付，县委常委、纪委书记马富增，县人大常委会主任张国辉，县政协主席何承惠，县人大党组书记卢明德，县委常委、县委办公室主任伍存强，县委常委、县委统战部长、副县长李卓，县委常委、县委政法委书记吴蕾，县委常委、县委宣传部长裴军等在家的县四大家领导及县直单位、各乡镇负责人聆听此次讲座。

同日　浙江杭州佳丽皮具有限公司董事长兼总经理胡丽娟一行来息县参观考察。县委常委、常务副县长李林军陪同。胡丽娟一行先后参观县老年公寓、县职业教育中心、晶达纺织厂、产业集聚区等地。

3日　省发改委外经处处长魏智勇一行来息县检查指导工业项目建设工作。县委常委、常务副县长李林军及县发改委主要负责人陪同。

同日　由信阳市公用事业管理局副局长齐正带领的市政府督察组一行，对息县节能减排及环境综合治理工作进行检查指导。副县长董桂英陪同，并就息县污水处理厂运行情况、中控系统建设情况、在线检测设施运行、联网情况及环境综合整治任务落实情况向市政府督察组做汇报。

5日　信阳市委常委、统战部长宋效忠莅临息县调研指导工业项目建设工作，县委书记张富治，县委副书记杨德付及县委办、组织部、产业集聚区、中小企业服务局等相关负责人陪同调研。宋效忠先后来到位于产业集聚区内的合昌纺织、海虹陶瓷、誉昆肉类加工和远方陶瓷等一批重大工业项目现场，实地察看和了解项目建设、生产发展、产能效益等情况。

同日　信阳市计生专家组深入息县孙庙乡开展生殖健康进家庭义诊活动。这是全市计生系统深入学习实践科学发展观、建设社会主义新农村而采取的一项重要举措。

11日　信阳市城乡一体化暨农村资金投入工作现场观摩会在息县召开，信阳市委副书记王道云，信阳市委常委、常务副市长李广胜，信阳市人大常委会副主任朱继先出席现场会。县委书记张富治，县委副书记杨德付，县委常委、常务副县长李林军，副县长董桂英参加会议。来自市委办、市人大、市政府、市直有关单位、驻信金融机构、各县（区）常务副县（区）长、市管理区分管领导、各县区金融办主任、发改委主任、财政局长、实验办主任等130余人参加本次观摩会。

同日　信阳市军分区参谋长、市征兵办主任张本昆来息县检查指导征兵工作，县委常委、县人武部政委陈连书，县人武部部长陈维明陪同检查。

12日　息县重大动物疫病防控紧急工作会在会议中心召开。副县长董桂英，县政协副主席周民出席会议。县政府办、直有关单位负责人以及各乡镇乡镇长和分管畜牧工作的副乡镇长参加会议。

同日　息县召开城乡居民合作医疗保险筹资工作动员会议，这标志着息县2010年度城乡医保筹资工作全面启动。县委常委、纪委书记马富增，县委常委、常务副县长李林军，县人大常委会副主任宋志平，副县长吴昊，县政协副主席杨文清等出席会议。

17日　经济学家、政府高级顾问、上海静安投资有限公司总经理罗振侯一行组成的考察团赴息县开展专题调研活动。息县在县政府招待所四楼会议室召开上海——息县项目合作座谈会，县委书记张富治，县委副书记杨德付，县委常委、常务副县长李林军，县产业集聚区主任乔启廷出席座谈会。双方就加强农业、能源开发及基础设施建设等项目合作进行广泛深入的商谈。

**同日** 信阳市国土资源局副局长曹晓林一行在息县政府招待所会议室就息县乡镇土地利用总体规划修编情况召开评审会。县委常委、常务副县长李林军，副县长蒋文俊出席会议，县国土资源局有关负责人及各乡镇分管土地工作的副乡镇长、土地所长参加会议。

**18 日** 以国务院振兴东北办副主任、中国经济改革研究会会长宋晓梧为组长，中国国际工程咨询公司、上海社科院、上海静安公司的专家、学者为成员的考察团到息县考察调研新农村建设项目。县委书记张富治，县委常委、县委宣传部长裴军，工业集聚区主任乔启廷，包信镇党委书记贾设等领导陪同。

**同日** 息县召开新农村建设资金投入工作促进会。会议主要听取各金融部门存贷比指标完成情况，分析存在的问题和进一步明确目标任务。县委常委、常务副县长李林军出席会议并讲话。

**同日** 息县农村土地流转暨农村社会化服务体制机制工作会在县政府招待所四楼会议室召开。县委常委、县委办公室主任伍存强，副县长董桂英出席会议。县委办、政府办及县直有关单位负责人，各乡镇乡镇长参加会议。

**19 日** 参加河南省农村改革发展综合试验区示范村建设观摩交流会的市、县领导在市委副书记王道云的带领下，来息县参观交流。县领导杨德付、张国辉、何承惠、卢明德、伍存强、陈连书、蒋文俊、董桂英、赵君峰陪同参观。王道云一行先后深入息县的项店镇曹集村、李楼村，听取乡镇负责人对示范村改革发展情况的介绍，并实地进行参观。

**19 日～22 日** 中国金融生态城市发展战略峰会、亚洲金融、银行业领袖峰会，在海南省三亚市举行。县委常委、常务副县长李林军带领县金融办主要负责人参加会议。会上，息县被授予“中国金融生态文明县”荣誉称号，并颁发奖牌和证书。

**20 日** 息县家电下乡暨“万村千乡市场工程”工作再动员大会在县会议中心召开，县委常委、统战部长、副县长李卓，副县长赵君峰，县政协副主席杨文清出席会议。县家电下乡暨“万村千乡市场工程”领导小组成员单位，各乡镇乡镇长、政府秘书、财政所长，县直各单位办公室主任及部分经销商代表参加会议。

**24 日** 息县在政府招待所会议室召开首届“农民运动会”筹备会议。县委常委、宣传部长裴军，副县长蒋文俊出席会议。县直各单位负责人、各乡镇党委书记及相关部门负责同志参加会议。会议就息县首届农运会相关工作进行全面安排和部署。

**同日** 息县召开县乡六城联创工作专题会议。县委常委、常务副县长李林军，县委常委、宣传部长裴军，副县长蒋文俊出席会议。县直各单位负责人、各乡镇党委书记及相关部门负责同志参加会议。会上，李林军、蒋文俊分别安排部署乡镇和城区六城联创工作。并要求各级各部门要认清当前创建工作形势的严峻性、紧迫性、艰巨性，要对照目标任务，查漏补缺，克难攻坚，争分夺秒，加快进度，完成各项创建任务。

**25 日** 息县招商工作进展情况汇报会在息州宾馆四楼会议室召开。县委书记张富治，县委副书记杨德付，县委常委、统战部长、副县长李卓，县产业集聚区主任乔启廷出席会议。息县招商引资工作进展明显的乡镇和县直单位负责同志参加会议。

**25 日** “濮淮风情”之交通赞歌大型广场文艺晚会在县谯楼广场演出。县委副书记杨德富，县委常委、纪委书记马富增，县委常委、县委统战部长、副县长李卓，县委常委、宣传部长裴军与数千名群众同娱同乐，共同观赏这台精彩的文化大餐。

**26 日** 信阳市委宣传部副部长、文明办主任张万明率全市“清洁家园行动”观摩会与会人员来息县观摩。张万明一行在县委副书记杨德付，县委常委、宣传部长裴军等陪同下先后深入到陈棚乡王林村、项店镇董围孜村、县审计局、财政局等地进行现场观摩。

**27 日** 息县农田水利基本建设暨植树造林工作大会在县会议中心召开。会议的主要任务是传达上级有关会议精神，分析息县农田水利基本建设和植树造林工作面临的形势，围绕试验区建设，对上述两项工作进行动员、部署、强调、安排。县委书记张富治，县委副书记杨德付，县委常委、县委组织部长孙杰，县委常委、常务副县长李林军，县人大常委会副主任宋志平，县政协副主席杨文清等出席会议。张富治在会上作重要讲话。董桂英对息县2009年的农田水利基本建设和植树造林工作做全面安排和部署。会议对2009年息县林业生态建设先进单位进行表彰和奖励。各乡镇党委书记、乡镇长，分管农业的副乡镇长，县直单位主要负责人等参加大会。

## 12月

**3日**　省创建"白内障无障碍省"验收组组长、省残联正处级调研员陈萍一行，来息县检查验收创建"白内障无障碍县"工作。副县长吴昊陪同。

**4日**　由市公用事业管理局公用事业科科长吕锡敏一行组成的市创园检查组在对息县创园工作进行为期一天的检查后，宣布息县创园工作顺利通过市级考核初级验收。副县长蒋文俊及县政府办、"六城联创"办、县公用事业局等相关单位负责人陪同，县委常委、统战部长、副县长李卓出席反馈会并作表态发言。

**8日**　为期两个多月的第一届"唱响息州"名扬杯卡拉OK大奖赛在县会议中心落下帷幕。比赛最终决出成人组一、二、三等奖和优秀奖及少儿组一、二、三等奖，对获奖选手颁发奖品和证书。县领导张富治、杨德付、马富增、何承惠、李林军、李卓、吴蕾、裴军、吴昊、董桂英、赵君峰、林群、武建平、乔启廷出席颁奖仪式。

**9日**　息县首届农民健身运动会在谯楼广场举行。市委宣传部副部长、市文明办主任张万明，县领导马富增，张国辉，何承惠，李林军，李卓，吴蕾，裴军等出席开幕仪式。来自全县20个乡镇代表队的500多名运动员参加开幕仪式。

**同日**　省委宣传部、省文明办"电视进万家工程捐"赠仪式在谯楼广场举行。省文明办专职副主任郭守占，省文明办协调处处长赵云龙，副处长孟连召出席捐赠活动。市委宣传部副部长、市文明办主任张万明，县委常委、纪委书记马富增，县人大常委会主任张国辉，县政协主席何承惠，县委常委、常务副县长李林军，县委常委、统战部长、副县长李卓，县委常委、县政法委书记吴蕾，县委常委、宣传部长裴军参加捐赠仪式。

**10日**　市创新社会化服务体系体制机制考评组组长张建平一行，深入息县部分乡镇对息县创新社会化服务体系体制机制工作进行考评，副县长董桂英及县试验办、农业局等单位负责人陪同。

**同日**　市委党校党委书记、常务副校长王开科，市纪委常委戴国松，市农村改革试验办副主任袁钢，市农村改革试验办督察考评科科长段昌友一行，深入息县部分企业和乡镇，对息县2009年度试验区建设工作开展情况进行检查考核。县领导张富治、孙杰、伍存强、李林军、裴军、宋志平、陈志坚、蒋文俊、董桂英、杨文清出席考评汇报会。

**11日**　息县2009年度第三季度优化经济发展环境考核奖惩兑现大会在会议中心召开。县委书记张富治，县人大常委会主任张国辉，县政协主席何承惠，县人大党组书记卢明德，县长级干部李济民，县委常委、组织部部长孙杰，县委常委、常务副县长李林军，县委常委、县统战部部长、副县长李卓出席会议。会上，李济民和孙杰分别宣读《关于成立息县行政审批服务工作领导小组的通知》和《息县2009年度第三季度优化经济发展环境考核情况通报》。张富治为在2009年度第三季度优化经济发展环境测评中荣获第一名的国土局授红旗一面和奖金1万元；为在第三季度优化经济发展环境测评中倒数第一名的单位授黑旗一面，并作重要讲话。李林军就全县第三季度优化经济发展环境工作进行总结，并对下一步工作提出具体要求。县领导孙潮、宋志平、陈志坚、闫清勇、鲁好友、黄先进、蒋文俊、杨文清、周民等参加会议。

**15日**　息县学习贯彻党的十七届四中全会精神培训班在县委党校开班。各乡镇、县直机关单位党政班子成员参加培训班学习。

**16日～18日**　市中央新增投资项目第一检查组对息县贯彻落实中央扩大内需、促进经济增长政策及中央新增投资项目的组织实施情况进行检查。反馈会在县政府四楼会议室召开。县委常委、常务副县长李林军出席反馈会。市中央新增投资项目第一检查组组长、市纪委常委、监察局副局长李光代表检查组向息县反馈检查工作情况。在听取反馈情况后，李林军表示，息县将按照市中央新增投资项目第一检查组的反馈意见，严格整改。

**18日** 息县农田水利基本建设工作会在县会议中心召开。县委副书记杨德付，县委常委、组织部部长孙杰，副县长董桂英出席会议。各乡镇及县直相关单位负责人参加会议。

**23日** 县政府工作会议在县会议中心召开。县委常委、常务副县长李林军出席会议并讲话，县直单位、各乡镇主要负责人参加会议。会议就机关事业单位养老保险、审计整改、目标管理及统计等四项工作进行全面安排部署。

**24日** 在县委中心组理论学习会上，县委常委、组织部部长孙杰宣读市委组织部关于提拔任用王明友、潘超楼、王金利、王俊、郑成杰等五人为副县级干部的通知。

**25日** 息县火车站新区基础设施建设工程开工奠基仪式，在曹黄林乡火车站新区举行。县领导张富治、杨德付、张国辉、何承惠、卢明德、孙杰、伍存强、李卓、裴军、陈连书、孙潮、宋志平、鲁好友、黄先进、吴昊、董桂英、陈维民、杨文清、郑磊出席奠基仪式。

**同日** 息县即开型福利彩票销售启动仪式在谯楼广场举行。省供销社副主任李若砚，市人大常委会副主任尹保斌，市供销社理事会主任张华宽，市供销社监事会主任谢阳之，县委书记张富治，县委副书记杨德付，县人大常委会主任张国辉，县政协主席何承惠，市民政局副局长张培超，市福利中心主任彭刚明，副县长赵君峰出席启动仪式并为即开型福利彩票销售启动仪式剪彩。

**28日～29日** 第二届《息县志》志稿市级评审会在息州宾馆召开。评审会由息县人民政府主办。市地方史志编委会秘书长、市史志协会会长李吉光，市史志办副主任陈晓玲带领市史志专家组成员谭国友，腾凌飞及平桥，罗山，新县县区史志部门负责人王豫湘，王远德，董绍富参加评审会。县委书记张富治，县长余运德到会看望与会人员。县委常委、常务副县长李林军，副县长吴昊出席会议。

**28日** 息县粮食种植大户柳学友在北京举行的“全国农业工作先进单位和个人表彰”大会上，被授予“全国粮食生产大户”称号。

**29日** 县领导张富治、余运德、杨德付、张国辉、何承惠、李济民、孙杰、伍存强、李林军、李卓、裴军等县四大家领导在息州宾馆大厅，为息县参加“乘高铁、看变化、体验时代速度”活动的70多名代表送行。

**30日** 市六城联创检查组组长张明庭一行，来息县检查指导六城联创工作，县委书记张富治，县长余运德，县委副书记杨德付，县委常委、纪委书记马富增，县委常委、常务副县长李林军，县委常委、宣传部长裴军，副县长蒋文俊，产业集聚区主任乔启廷陪同。

# 概　况

## 地　理

【位　置】 息县位于河南省东南部,淮河上游,淮河横贯其中,地跨北纬32°08′至32°40′,东经114°34′至115°07′。东与淮滨以闾河为界,息县城至其县界直线40公里,至其县城68公里。南和东南与光山、潢川为邻,至光山县界21公里,至其县城41公里;至潢川县界22公里,至其县城44公里。西南与罗山隔淮河相望,至其县界9公里,至其县城27公里。西和西北与正阳接壤,至其县界10公里,至其县城51公里。北与新蔡缘连,至其县界37公里,至其县城58公里。息县至信阳市74公里,至省会郑州市307公里。

【地　貌】 息县地处黄淮平原的南部边缘,全县是一地势低平的平原地形,平均海拔47米。淮河以北地势由西北向东南略为倾斜,淮河以南地势由东北向西南逐渐降低,由于受地质及外力作用的长期影响和侵蚀,其地表形态,大体可分为丘陵、洼地、平原三个类型。地貌总的特点是:有山不高,有坡不陡,平原大平小不平。

丘　陵　主要分布在淮河以南的李塘、八里岔、曹黄林、许店和濮管区四乡一区境内,面积约231平方公里,占全县总面积的12.6%。海拔50~80米,地势波状起伏,由东北向西南倾斜。本区在地质史上是大别山前丘陵,由于长期受外力侵蚀作用,形成了今天相对高度不超过10~30米的黄土岗陵地貌,冲沟切割不深,岗面平缓,宽谷低丘,丘岗绵延,水系均衡发育,是黏重性较强的黄棕壤,略带微酸性,有机质含量较低,不利耕作。岗陵多被开垦为林地或农地。北边沿有濮公山、大脉山、尹山、火石山等几处低山,最高海拔149.3米,是全县最高点。

洼　地　主要分布在淮河、闾河、澺河、泥河、清水河和莲花港沿岸,面积为206平方公里,占全县总面积的11.2%。海拔32米~43米,坡降为1/8000,地势低洼,但比较平坦。这些洼地多为古河道淤积而成,易受洪涝之害。

平　原　为冲积、湖积平原,主要分布在淮河以北16个乡(镇),面积为1398平方公里,占全县总面积的76.2%。海拔35米~60米,地势由西北向东南倾斜,坡度约1/3000~1/6000。地形平展宽广,幅员辽阔,河渠纵横,是本县的重要农业区。但由于历代河道变迁,河流交互沉积,局部地面有大平小不平的特点。

【河　流】 息县境内河流均属淮河水系,主要河流有淮河干流;淮河一级支流 —清水河、闾河、泥河、澺河、寨河、竹竿河、运粮河、范港、临河港;淮河二级支流—莲花港、乌龙港、马步港、孟店孜港、汝河倒流水、小李河、龙泉河;淮河三级支流—朱鹤港、白马港、吴港、顾港等。除淮河外全部为雨源型河道。

淮　河　我国七大江河之一。发源于桐柏山太白顶的固庙,流经河南、安徽至江苏杨州的三江营入长江。干流长1000公里,总落差196米,平均比降为2/10000。从淮源到豫皖交界的洪河口为上游,长360公里,落差174米,比降5/10000。从洪河口到洪泽湖出口的三河闸为中游,长490公里,落差16米,比降为0.3/10000。洪泽湖以下为下游,长150公里,落差6米,比降为0.4/10000。淮河自息县孙庙乡顺河村淮河渡槽上游

170 米处入县境，流经孙庙、城郊、城关、濮管区、八里岔、关店、项店、临河、陈棚、长陵等 11 个乡镇（区），在长陵集东闾河口出境，境内长 75.4 公里。河床平均宽 300 米，汛期 1870 米，因淮河在息县境内无堤防，漫滩行洪。最大流量 15000 立方米/秒，水深 3～9 米。多年平均含砂量每小时 0.319 公斤，输沙量每小时 100.2 公斤。淮河在息县境内行于两岗之间，岗近则河窄，岗远则河宽；窄则河深，宽则河浅。近二十年，河道采砂加剧，深浅变化较大。凡河宽水浅之处，有砂土淤垫。支流入淮之处，砂滩突起，水流不畅，为河身改变之主因。淮河蜿蜒东行，过清水河口，北岸为县城，南岸为濮公山，宋代以后，河床在此北滚 1500 米，南岸为冲积砂滩洼地。又东流至城郊乡新铺村南，河道一分为二，新道在北，故道在南，两道南北相距 1.5 公里～5 公里，分行 20 公里，在陈棚乡华店村西南 1 公里处交汇。两道之间为冲积所成的砂湾洼地，形成关店河套滩区。在长陵集附近，淮干变迁较大，两岸互见涨坍，有"三十年河东，三十年河西"之谚。河槽积砂几占大半，形成大片砂滩。

闾　河　发源于正阳县城郊乡魏庄，东流经正阳县的闾河店、王勿桥、西严店至付坝进入息县境。流经白土店、东岳、张陶、包信、小茴店、长陵 6 乡镇，在长陵集东汇入淮河，境内长 49.6 公里，河床平均宽 85 米，流域面积 348 平方公里，主要支流莲花港。

泥　河　发源于杨店乡的钱庄，流经杨店、项店、临河、夏庄、陈棚、长陵 6 乡镇，在陈棚乡易庙村的陈庄汇入淮河，全长 48 公里，流域面积 429 平方公里，河床平均宽 75 米，深 3 米～5 米。主要支流有乌龙港、马步港。

清水河　发源于正阳县熊寨乡建楼村，南流经正阳县的熊寨、城郊、闾河店、铜钟，至清水河渡槽进入息县境。东南流经路口、孙庙、城郊 3 个乡，至城郊乡徐庄村翟家楼汇入淮河。土桥至清水河渡槽一段，南岸属正阳，北岸属息县。境内长 26 公里，流域面积 53.1 平方公里，河床平均宽 60 米，河床深 5 米。

澺　河　发源于彭店乡刘围孜村的李庙，流经彭店、路口、杨店、项店、城郊 5 乡镇，至城郊乡新铺村的杨庄汇入淮河，全长 34 公里，流域面积 200 平方公里，河床平均宽 55 米，河床深 5 米，主要支流孟店孜港。

竹竿河　发源于湖北省大悟县的袁家湾，流经大悟县、河南省光山县、罗山县，至息县八里岔乡景美店村大蔡湾进入息县境。北流经八里岔乡，在红洼村的茶棚汇入淮河，西岸为罗山县，东岸为息县，境内长 14.9 公里，流域面积 56.3 平方公里。

寨　河　发源于新县千斤乡仰天窝，流经新县、光山县，至息县曹黄林乡王岗村菜园进入息县境，东北流经曹黄林乡，在潢川县的堡子口汇入淮河，西岸为息县，东岸为潢川。境内长 10.7 公里，流域面积 83.3 平方公里。

运粮河　发源于八里岔乡郑乡村的范楼，流经八里岔、曹黄林、关店 3 个乡，在关店乡王岗村的杨湾入淮河故道。全长 17.3 公里，流域面积 84.6 平方公里，河床宽 20 米，深 5 米。

**【气　候】**　息县处于北亚热带向暖温带过渡的季风湿润区，四季分明，冷暖适中，雨水丰沛，雨热同季。

四季

春季(3 月～5 月)，平均气温为 15.2℃。3 月下旬以后，气温迅速回升，但此时常有冷空气侵入，冷暖空气交替频繁，气温很不稳定，波动幅度大，加之有些年份暖冷气团常在江淮一带滞留，以致本县春季多低温连阴雨和"倒春寒"天气。

夏季(6 月～8 月)，平均气温为 26.4℃。本县主要受太平洋副热带高压(以下称副高)的影响和制约。初夏，副高加强，北进与冷空气汇合于江淮流域上空，形成一条雨带，停滞少动，雨水开始增多。盛夏，副高北进到黄河流域，本县处于副热带高压中心控制下，多吹东南风，高温高湿，降雨时多为阵雨，强度大，易造成洪涝。在副高较强的年份，受副高控制时间较长，久晴无雨，易造成旱灾。

秋季(9 月～11 月)，平均气温为 16.1℃，秋温略高于春温。9 月下旬以后，气温迅速下降，降雨量也明显减少，天气晴朗，秋高气爽。但有些年份，夏季风转换较迟，暖湿气团势力仍较强，冷暖空气相遇时，亦形成阴雨连绵天气。晚秋常有强冷空气南下，降温急剧，多出现低温天气。

冬季(12 月～次年 2 月)，平均气温为 3.3℃。自西伯利亚和蒙古一带常有强冷空气侵入，多刮偏北风，天气寒冷而干燥，是一年中雨量最少的季节。

2009年,息县气候主要特征是:气温正常,降水正常,日照异常偏少。年平均气温15.7℃与历年同期15.2度相比偏高0.5℃,降水985.5毫米与历年同期962.1毫米相比偏多23.4毫米,日照1398.8小时与历年同期1880.0小时相比偏少481.2小时。

气候对农作物影响

2009年,年平均气温和降水基本正常,日照与历年相比较偏少。1月~3月份气温偏高,降水偏少,小麦有一部分干死;4月~6月份降水正常,小麦丰收;7月~9月份降水偏多,日照偏少,主要降水集中在8月中下旬,28~29日出现强降水最大风速达到15.4米/秒,玉米全部倒伏,水稻百分之二十倒伏;10月~12月气温偏低,降水正常,冬小麦长势喜人。

气候状况分析

气温:年平均气温为15.7℃与历年同期相比偏高0.5℃,异常度为1.0,分类结果为正常,年内极端最低气温为-8.2度,出现在1月24日,年内极端最高气温为36.7度,出现在6月24日、7月18日。气温季分布特点为:春季平均气温为15.8度与历年同期相比偏高0.6度,异常度为0.8,分类结果为正常;夏季平均气温为26.8度,异常度为0.6,分类结果为正常;秋季平均气温为15.7度,异常度为-0.5,分类结果为正常;12月平均气温为4.0℃,异常度为-0.1,分类结果正常,月内极端最低气温为-4.5℃,出现在19日,月内极端最高气温为13.5℃,出现在4日,最低气温≤0℃的日为13天。

降水:年降水量为985.5毫米,降水距平百分率为2,属正常,年内各季中降水分布及特点为:春季降水量为273.5毫米,降水距平百分率为14,属正常,季内降水日数为34天。夏季降水量为453.8毫米,降水距平百分率为4,属正常,秋季降水量为154.1毫米,降水距平百分率为-24,属正常;12月降水量为38.3毫米,降水距平百分率为101,属异常偏多,月内降水日数为11天。

日照:年日照时数为1398.8小时,年日照异常度为-2.8,分类结果为异常偏少,年内各季中日照时数的特点为:春季日照时数为362.5小时,季日照异常度为-2.1,分类结果异常偏少季;夏季日照时数为444.5小时,季日照异常度为-0.7,分类结果正常;秋季日照时数为317.5小时,季日照异常度为-2.2,分类结果异常偏少,12月日照时数为113.8小时,日照异常度为-0.5,分类结果为正常。

气候影响评价

大风——年内出现1次大风,时间6月15日,极大风速17.3米/秒,对农作物有一定影响。

暴雨——暴雨出现在7月22日、5月25日、8月29日,由于降雨强度大,时间相对集中,致使大面积农作物被淹,形成严重的内涝,造成一定影响。8月29日,由于降雨强度大,县城局部发生内涝,因暴雨时间集中,许多路段排水不畅,造成交通局部堵塞。

大雾——年内出现6次大雾,雾天过多给人们出行和交通运输带来非常不利的影响。交通事故和交通隐患也急剧增加。大雾的出现不仅影响交通运输,也使空气质量明显下降。

# 自然资源

**【土地资源】** 据息县第二次土地资源调查,息县南北最长58.5公里,东西最宽53.2公里,全县总面积1892.46平方公里。占信阳市总面积10%,占河南省总面积1.1%。

耕地:息县耕地面积1923973.1亩,占全县土地面积的67.78%,人均耕地面积1.9亩,基本农田保护面积1646850亩,占全县耕地面积85.6%。其中水田478451.1亩,占耕地面积的24.87%;水浇地4699.1亩,占耕地面积的0.24%;旱地1440822.9亩,占耕地面积的74.89%。从耕地总体分布上看,以小茴店镇所占比重最大,达到7.26%,其次是项店镇,八里岔乡、彭店乡、曹黄林乡等乡(镇),城关镇和濮公山管理区所占比重最小。

园地:面积2148.2亩,占全县土地总面积的0.08%。主要分布在小茴店镇、关店乡、八里岔乡、项店镇、路口乡等乡(镇)。园地以果园为主,占园地面积的80.13%。

林地:面积104010.6亩,占全县土地总面积的3.66%。其中有林地面积103762.8亩,占林地面积的99.76%。林地主要分布在濮公山管理区、彭店乡、八里岔乡、临河乡、陈棚乡、城郊乡等乡(镇)。

牧草地:面积5039亩,占全县土地总面积的0.18%。其中天然牧草地面积227.1亩,其他草地4811.9亩。

城镇村及工矿用地:面积365780.7亩,占全县土地总面积的12.89%。其中建制镇用地面积19306.8亩,占城镇村及工矿用地总面积的5.29%;村庄用地面积331480.2亩,占城镇村及工矿用地总面积的90.62%,村庄在全县广泛分布,人口密度大的乡(镇)和交通沿线,村庄用地面积较大;采矿用地面积10444.8亩,占城乡建设用地总面积的2.86%。

交通运输用地:面积108254.4亩,占全县土地总面积的3.81%。其中铁路用地面积584.3亩,占交通运输用地面积的0.54%,公路用地面积21938.7亩,占交通运输用地面积的20.27%,农村道路面积85731.5亩,占交通运输用地面积的79.19%。交通用地在全县各乡(镇)均有分布,总体来看,地势平坦,经济活跃的乡(镇)交通用地面积较大。

水域及水利设施用地:面积318934.8亩,占全县土地总面积的11.24%。其中河流水面55896.3亩,占水域及水利设施用地的17.53%;水库水面8485.7亩,占水域及水利设施用地的2.66%;坑塘水面72914.4亩,占水域及水利设施用地的22.86%;内陆滩涂80249.6亩,占水域及水利设施用地的25.16%;沟渠96263.7亩,占水域及水利设施用地的30.18%;水工建筑用地5072.9亩,占水利及水利设施用地的1.59%。

其他土地:面积10554亩,占全县总面积的0.37%。其中设施农用地8966.4亩,占其他土地的84.96%;田坎1587.6亩,占其他土地的15.04%。

息县土壤种类有黄棕壤土、潮土、水稻土和砂礓黑土4土类,21个土属,42个土种。

黄棕壤土:是北亚热带与暖温带过渡地界土壤。全县黄棕壤土面积383021亩,占全县土壤总面积的18.1%。分布于淮南低山缓丘岗部位。土壤耕作层有机质含量低,在1~1.2%,质地粘重,结构不良。

潮土:是在河流沉积物上,经人类耕作熟化,在地下水的影响下形成的半成形土壤。全县潮土面积161834亩,占全县土壤面积的7.6%,分布于淮河干流及淮河故道。一是灰砂土,有机质含量0.7%以下,通透性好,保肥性差;二是两合土,有机质含量10%以上,质地松散,宜于耕作。

砂礓黑土:是于古代湖积物的母质上,经过脱沼泽化和人类耕作,形成的半水成型土壤。其特点是:上有黑土层,下有砂礓层。全县砂礓黑土面积1147991亩,占全县土壤总面积的54.2%。主要分布于北部平原,位于闾河两岸。一是砂礓黑土,土壤有机质含量高达1.4%;二是砂礓黑土中的灰白土,质地黏重,通透性差,雨后易板结。

水稻土:是一种人为的水成型土壤。全县水

稻土面积 424891 亩，占全县土壤总面积的 20.1%，主要分布于淮河北，闾河南，淮北南湾灌区及白土店、路口乡的南部。土壤有机含量 1.34%，有增产潜力。

（供稿人：张彦彬）

**【矿产资源】** 息县矿产资源主要种类有：石灰岩、大理石、硅石、铁、河砂、黏土、煤等。

*石灰岩* 主要分布在濮公山管理区（濮公山，储量 5000 万吨）、八里岔乡任店村（大脉山、草帽山，储量 3000 万吨）、城郊乡青龙寺（储量 100 万吨）一带，形成于寒武纪—石炭纪层，层位稳定，厚度因地区不同而不一。该矿石主要成份为碳酸钙，平均可达 96%，其中氧化钙含量平均 52%，是建筑、建材、化工的优质原料，多用于生产水泥、石灰、碎石加工。

*大理石（息玉）* 分布在息县城西南 5 公里处的青龙寺，产于古生界寒武系下统地层中，为沉积变质矿床，矿石颜色纯白色，结构致密，光滑细腻，素有“息玉”之称。矿体内节理、裂隙不发育，成色率好，块度大。但矿床产出位置较低，上覆盖层较厚。矿层厚 15～20 米，估算储量达 50 万立方米左右。已采若干石料，请新密市玉雕厂试制息玉工艺品，效果甚佳。

*硅石* 主要分布在李塘乡七里岗村（火石山，储量 500 万吨）。矿体产于中元古界汝阳群中。南北长约 600 米，东西约 500 米。矿石质量：$SiO_2$ 97～97.45%，$Ai_2O_3$ 0.5～0.52%，CaO 0.45～0.87%，$P_2O_5$ 0.012～0.018%。

*铁* 主要分布在孙庙乡宋楼、城郊乡洪庄。

*河砂* 主要分布于淮河、竹杆河河床与河漫滩中，属现代河流冲积层。所经管辖区有孙庙乡、城郊乡、城关镇、濮管区、项店镇、临河乡、陈棚乡、长陵乡、关店乡、八里岔乡等。全县有 70 公里的沙滩，储量约有 770 万立方。

*黏土* 在息县境内分布广泛，各乡镇均有，储量较大。主要化学成分是 $Al_2O_3$ 和 $SiO_2$，此外还含有 $Fe_2O_3$、CaO、MgO、$K_2O$、$Na_2O$、水分、有机质等。

*煤* 夏庄镇至小茴店初步证实有煤系地层储存，有煤线三层，复盖层在 400 米以上。煤层分布面窄，勘探深度达 800 米～1000 米，藏量和价值待今后进一步勘探。

**【动物资源】**

*饲养动物*

**牛** 本地黄牛、南阳黄牛、秦川牛、西门答尔、杂交黄牛、信阳黄牛、杂交水牛。

**马** 主要是本地马，引进有河南轻挽马、云南马、四川马、蒙古马、新疆伊犁马、青海马。

**驴** 多为本地驴，引进有泌阳驴、关中驴。

**骡** 驴骡、马骡。

**猪** 本地猪、约克夏、巴克夏、长白猪、苏白猪、杜洛克、汉普夏、杂交猪。

**羊** 绵羊、板皮山羊、青山羊、吐根堡奶山羊、萨能奶山羊、波尔山羊、槐山羊、波杂山羊。

**兔** 本地短毛兔、日本大耳兔、西德长毛兔、青紫兰、安哥拉、力克斯。

*貂 猫 狗*

**鸡** 多数为本地土种鸡，引进有固始鸡、来航鸡、芦发鸡、奥州黑、洛岛红、白洛克、乌鸡、罗斯鸡、希塞斯、火鸡、白考尼什、红考尼什、狼山鸡、中原白、中原黑、九斤黄、卢氏鸡、斗鸡、狄高黄肉鸡、爱拔益加（AA）、爱维因、伊利莎、三黄鸡、红康尼西、白康尼西、德国罗曼褐、德国罗曼红

**鸭** 固始麻鸭、北京鸭。

**鹅** 固始鹅、百蛋鹅，狮头鹅。

白鸳鸯 鸽 鹌鹑 花鸳鸯 吐受鸡

*野生动物*

狼、狐、狸（俗称猫狸）、貉（山貉子）、獾、野猫、野兔、鼠（俗称老鼠）、黄鼠狼、刺猬、水老鼠。

黄鹭、野鸡、锦鸡、燕雀、啄木鸟（俗称“笃树虫”）、旋本雀、竹鸡、紫燕、猫头鹰（俗称“夜猫子”）、白头翁、大头蛮子（俗称）、喜鹊（俗称“麻嘎子”）、灰鹊（俗称“豆腐贼子”）、红嘴山鹊、家燕、水燕（俗称“点水雀”）、小云雀（俗称“叫天”）、斑鸠（俗称“麻老雷”）、锦鸠、白骨顶（秧鸡）、白鹭（俗称“鹭丝”）、夜鹭（夜洼子）、大雁（俗称“雁鹅”）、斑头雁（雁鹅）、野鸭、鱼鹰（鱼老鸹）、乌鸦（俗称“老鸹”）、小嘴乌鸦（俗称“山老鸹”）、白颈乌鸦（俗称“破子老鸹”）、麻雀（俗称“小小”）、山麻雀、杜鹃（布谷）、大杜鹃、鹞鹰、雕（俗称“饿老雕”）、催明鸟（俗称“杂不愣子、迟本差”）、田鹨（地麻雀）、红胸啄花鸟、苦熬（俗称）、楝八鸽、燕准、石鸡、岩鸽、短耳鹗（小猫头鹰）、普通夜鹰（蚊母鸟）、楼燕（雨燕）、凤头百灵、金腰燕、红尾伯劳、

黑卷尾、灰掠鸟、大苇莺、寿带鸟、黑脸噪鹛、黄眉、柳莺、白脸山雀、白腰文鸟、金翅、小、画眉、百灵、麦鸡、金丝雀、白玉、皂话、灰话、燕雀、白燕、小云雀、鹨虫、八哥、虎皮鹦鹉。

菜花蛇、青竹标蛇、七寸钉、褐麻蛇、草游蛇、翠青蛇、赤练蛇、蝮蛇、乌梢蛇、四足蛇、壁虎、青蛙、褐蛙、林蛙、树蛙、狭口蛙，泽蛙、雨蛙、金钱蛙、蟾蜍、蚂蟥、黑斑蛙、蚂鳖、蝙蝠。

鲤鱼、黄尾密鲴、鲢鱼、鳙鱼、草鱼、青鱼、鲫鱼、长春鳊、团头鲂，三角鲂、银鲴、餐条、麦穗鱼、花、皮、蒙古红白、翘嘴红白、扁体白、鱼、马口鱼、船钉、鲶鱼、黄颡鱼、泥鳅、鳜鱼、乌鳢、鳗鱼、黄鳝、刺鳅、虾、螃蟹、鳖、臭龟、香龟、螺丝、河蚌。

昆　虫

**农业昆虫**　据县虫情测报站观察，在息县查到的农业昆虫有 9 目，74 科，213 种，其中，害虫 187 种，益虫 26 种。

非洲蝼蛄、华北蝼蛄、棺头蝼蛄、油葫芦、黑油葫芦、中华负蝗、长额负蝗、笨蝗、中华稻蝗、短翅黑背蝗、棉蝗、日本黄脊蝗、花胫绿纹蝗、大垫尖翅蝗、蒙古疣蝗、黄胫小车蝗、大赤翅蝗、中华蚱蜢、菱蝗、螽蟖、蠼螋、大黑鳃金龟子、暗黑鳃金龟子、黑绒金龟子、棕金龟子、毛黄褐金龟子、铜缘金龟子、红脚缘金龟子、白星花金龟子、中华犀金龟子、细胸叩头甲、褐纹叩头甲、沟叩头甲、金缘几丁虫、光肩星天牛、云斑天牛、黄条跳甲、水稻食根金花虫、黄守瓜、大猿叶虫、菜兰跳甲、黄边原龙虱、豆白条芫菁、缘芫菁、绿豆象、豌豆象、蚕虫象、棉尖象甲、稻象甲、米象、谷象、锯谷盗、谷盗、杂拟谷盗、凤蝶、金凤蝶、玉带凤蝶、菜粉蝶、东方粉蝶、黑斑粉蝶、云斑粉蝶、大菜粉蝶、大红蛱蝶、稻眼蝶、直纹稻苞虫、豆天蛾、茄天蛾、旋花天蛾、桃天蛾、凤仙斜天蛾、野蚕、桑蟥、绿尾大蚕蛾、棉茎木蠹蛾、小地老虎、大地老虎、棉铃虫、烟青虫、粘虫、紫黑扁身夜蛾、斜纹夜蛾、剑纹夜蛾、银纹夜蛾、甜菜夜蛾、枯叶夜蛾、落叶夜蛾、乌蛆壶夜蛾、桥夜蛾、超桥夜蛾、雪疽夜蛾、小造桥虫、大螟、稻螟铃、鼎点金钢钻、翠纹金钢钻、柳金钢钻、舞毒蛾、黄尾白毒蛾、红绿灯蛾、黄腹灯蛾、苜蓿尺蛾、黄刺蛾、绿刺蛾、梨星毛虫、大蓑蛾、二化螟、三化螟、褐边螟、稻纵卷叶螟、粟灰螟、高粱条螟、菜螟、豆荚螟、豆野螟、甜菜野螟、桃蛀螟、玉米螟、斑纹野螟、棉大卷叶螟、梨大食心虫、梨小食心虫、豆小卷蛾、桃小食心虫、蛾、棉红铃虫、甘薯麦蛾、苹果巢蛾、菜蛾、麦叶蜂、梨实蜂、麦茎蜂、小麦红吸浆虫、小麦黄吸浆虫、稻摇纹、豌豆潜叶蝇、豆杆蛇潜蝇、麦杆蝇，种蝇、斑衣、稻灰飞虱、褐飞虱、白背飞虱、棉叶蝉、稻白翅叶蝉、电光叶蝉、大青叶蝉、黑尾大叶蝉、二点黑尾叶蝉、棉蚜、麦二叉蚜、麦长管蚜、苜蓿蚜、烟蚜、介壳虫、黄霜蝽、黄褐蝽、稻褐蝽、稻蜘绿蝽、梨网蝽、绿盲蝽、三点盲蝽、苜蓿盲蝽、牧草盲蝽、中黑盲蝽、小黑盲蝽、桂花蝉、蝎蝽、划蝽、水黾、姬麦蓟马、(稻管蓟马)、麦蓟马、烟蓟马、玉米蓟马、麦长腿蜘蛛、棉红蜘蛛、山楂红蜘蛛、苜蓿红蜘蛛、麦园蜘蛛、隐纹稻苞虫。以上为作物害虫。

神农药蜣螂、粪金龟子、七星瓢、异色瓢、多异瓢、龟纹瓢、食菌瓢、金星步行甲、中国虎甲、隐翅虫、丽草蛉、大草蛉、中华草蛉、家蚕、姬蜂、金小茧蜂、稻螟赤眼蜂、松毛虫赤眼蜂、食蚜蝇、粘虫寄蝇、食蚜虻、大眼蝉长蝽、黑食蚜盲蝽、猎蝽、华野姬猎蝽、花蝽。以上为作物益虫。

**园林害虫**　苹果几丁虫、柳干几丁虫、桑天牛、苹果天社蛾、杨双层天社蛾、柳毒蛾、榆毒蛾、杏枯叶蛾、枣尺蛾、葡萄透翅蛾、苹果透翅蛾、苹果红蜘蛛、苹果小食心虫、苹果小卷叶蛾、桃小食心虫、梨舟毛虫、黑点刺蛾、黄刺蛾、青刺蛾、苹果绵蚜、苹果蚜虫、梨园介壳虫、桃球介壳虫、青叶蝉、梨花网蝽、梨大食心虫、梨小食心虫、梨星毛虫、天幕毛虫、梨潜皮蛾、梨实蜂、梨茎蜂、梨蚜、梨叶木虱、梨椿象、葡萄虎蛾、葡萄二星叶蝉、柑桔粉虱、柑桔椿象、柑桔凤蝶、柿食心虫、桃蚜虫，柿星尺蠖、桃蛉壳虫、叶蝉、桃折心虫、桃六蛾、杏卷叶蚜、杏仁蜂、枣介壳虫、枣天蛾、枣尺蠖、枣粘虫、核桃毛虫、粟实象虫、白杨透翅蛾、臭椿皮蛾、榆兰金花虫、桑黄、松毛虫、杉梢螟、池杉小袋蛾。以上为园林害虫。

**其它昆虫**　蝇、蚊、蚤、虱、细腰蜂(俗称“马蜂”)、蚂蚁、大黑蚁、灶蟋蟀、蚯蚓、臭虫、蝎、蜈蚣、螳螂、蜗牛、蜜蜂、金龟甲、蟑螂、凤蝶、粉蝶、牛虻萤、土鳖、狗蝇，蜘蛛、蝼蜂。

**【植物资源】**　息县处于南北两个气候带过渡地区，南北植被有所差异，淮南植被属中南常绿阔叶林类型，淮北属华北落叶阔叶林类型，但历经几千年人类的垦殖，自然植被已寥寥无几，绝大部分为人工植被。全县植物种类(不算菌类、藻类)有

140多科,500余种。

林木:136种,马尾松、黑松、湿地松、火炬松、杉木、野山楂等林种,主要分布于淮南;侧柏、刺柏、桧柏、旱柳、官杨、加杨、枫杨、泡桐、沙蓝杨、臭椿、楝、桑、榆、槐、紫穗槐、杜仲、红椿、荷欢、荆条、池杉、落羽杉、欧美107杨、2025杨、中林46杨、水杉、重阳木、黄杨、海桐、广玉兰、紫玉兰、狗骨、金银木、红继木、雪松、女桢、香樟、腊梅、日本黑松、金叶桢、桃、杏、梨、苹果、樱桃、银杏、枣、柿、核桃、石榴、葡萄、竹子、桂花、冬青等,淮南淮北均有分布。

粮食作物:20余种,主要有小麦、水稻、黄豆、红薯、高粱、玉米、大麦、谷子、绿豆、红豆、豌豆、蚕豆、豇豆、黑豆、扁豆、荞麦、寒栗等。

经济作物:65种,主要有红麻、油菜、花生、芝麻、棉花、蓖麻、大麻、烟叶、甘蔗、向日葵、白菜、萝卜、西瓜、黄瓜、马铃薯、芹菜、蕃茄、茄子、辣椒等作物。淮南淮北均有分布。

水生植物:56种,主要有莲藕、菱角、芡实、荸荠、水花生、水葫芦、水浮莲、浮萍、芦苇、荻子等。

野生药用植物:共294种,主要有息半夏、明党参、白头翁、猫爪草、枸杞、薄荷、苍耳、蒺藜、刺苋、蒿类、猪娃草、蒲公英、野菊花、野艾、曼陀罗、银耳、木耳、车前子、野磨茹、节节草、大黄(牛舌头棵)、菠菜、鸡冠花、马齿苋、牡丹、草芍药、山罂粟(野大烟)、荠菜、月季花、水仙花、皂英、野花椒、枸桔、仙人掌、迎春花、茉莉花、夹竹桃、夜来香、蕹菜(空心菜)、牵牛、半枝莲、紫苏、地黄(生地)、丝瓜、南瓜、瓜娄、桔梗、红花、菊芋(洋姜)、黄花(金针菜)、洋葱、蒜、韭菜、薯蓣(山药)、姜、美人蕉等。淮南淮北均有分布。

**【水资源】** 息县水资源总量为7.84亿立方米,其中:地表水有5.25亿立方米,地下水2.59亿立方米。

地表水　地表水包括大气降水产生的当地径流,调节入境的南湾水库水和淮河、闾河、竹竿河、寨河、清水河的过境水。全县多年平均径流加权平均值为286毫米,多年平均径流总量为5.25亿立方米,特旱年份(P=95%)经流量为9358.5万立方米,偏旱年份(P=75%),全县径流量为2.568亿立方米,平水年(P=　%)径流量为4.459亿立方米;丰水年(P=　%)径流总量为7.872亿立方米。根据现有水利工程设施,在偏旱年份库塘堰闸蓄水量为8224万立方米,年利用水量5.739万立方米,加上内河提水共6459万立方米;南湾灌区年均引水8541万立方米;淮河、竹河、寨河、闾河、清水河年均过境水42.69亿立方米,沿淮建机电灌站55处,提水流量50.42立方米/秒。

地下水　息县地下水可分为三个区:一是贫水区,分布在淮河以南垄岗地区,面积为231.4平方公里,含水层埋深75~85米,厚度5米左右,单井出水量不足30吨/小时;二是强富水区,为沿淮低洼区,面积为204.8平方公里,含水层以松散的中粗砂为主,厚度7~14米,表层埋深8~12米,单井出水量60~90吨/小时;三是富水区,主要分布在北部平原,面积约为1399平方公里,其中:中部平原区,表层覆盖厚30~50米,含水层厚度13米左右,单井出水量50~60吨/小时,闾河沿岸及以北地区,表层覆盖厚约40米,含水层厚约10米,表层多为透水性强的亚粘土,下部为2~4米厚的细砂,虽少见中粗砂,由于覆盖层渗透补给强,单井出水量达35~40吨/小时。偏旱年(P=75%),息县地下水资源2.02亿立方米左右。

**【渔业资源】** 息县雨量充沛,塘湖堰坝遍布全县,渔业资源较丰富。2009年,息县共有水域面积10.6万亩,占全县总面积的3.85%,占耕地面积的7.16%,其中可养水面7.6万亩,占总水域面积的71.7%。鱼类总产量13743吨。

**息县鱼类分类统计**

| 目 | 科 | 属 | 种 |
|---|---|---|---|
| 鲤形目 | 鲤　科 | 鲤　属 | 鲤　鱼 |
| 鲤形目 | 鲤　科 | 鲤　属 | 红　鲤 |
| 鲤形目 | 鲤　科 | 鲢　属 | 鲢　鱼 |
| 鲤形目 | 鲤　科 | 鳙　属 | 鳙　鱼 |
| 鲤形目 | 鲤　科 | 草　属 | 草　鱼 |
| 鲤形目 | 鲤　科 | 青　属 | 青　鱼 |
| 鲤形目 | 鲤　科 | 鲫　属 | 鲫　鱼 |
| 鲤形目 | 鲤　科 | 编　属 | 长春编 |
| 鲤形目 | 鲤　科 | 鲂　属 | 团头鲂 |

| 目 | 科 | 属 | 种 |
|---|---|---|---|
| 鲤形目 | 鲤　科 | 鲂　属 | 三角鲂 |
| 鲤形目 | 鲤　科 | 固　属 | 银　固 |
| 鲤形目 | 鲤　科 | 餐条属 | 餐　条 |
| 鲤形目 | 鲤　科 | 麦穗属 | 麦穗鱼 |
| 鲤形目 | 鲤　科 | 骨　属 | 花　骨 |
| 鲤形目 | 鲤　科 | 旁皮属 | 旁　皮 |
| 鲤形目 | 鲤　科 | 红白属 | 蒙古红白 |
| 鲤形目 | 鲤　科 | 红白属 | 翘咀红白 |
| 鲤形目 | 鲤　科 | 白　属 | 扁体白 |
| 鲤形目 | 鲤　科 | 感鱼属 | 感　鱼 |
| 鲤形目 | 鲤　科 | 马口属 | 马口鱼 |
| 鲤形目 | 鲤　科 | 船钉属 | 船　钉 |
| 鲤形目 | 鲶　科 | 鲶　属 | 鲶　鱼 |
| 鲤形目 | 鲍　科 | 黄颡属 | 黄颡鱼 |
| 鲤形目 | 锹　科 | 鳅　属 | 泥　鳅 |
| 鲈形目 | 旨　科 | 鳜　属 | 鳜　鱼 |
| 鳢形目 | 鳢　科 | 鳢　属 | 乌　鳢 |
| 鳗形目 | 鳗鲡科 | 鳗鲡属 | 鳗　鲡 |
| 鳗形目 | 鳝　科 | 黄鳝属 | 黄　鳝 |
| | | | 刺　鳅 |
| | | | 甲　鱼 |
| | | | 罗非鱼 |
| | | | 青　虾 |
| | | | 龙　虾 |

**【旅游资源】**　息县历史悠久，六、七千年前，就有先人在息县这片土地劳动生活。历代留下丰富的文化遗产和名胜古迹：位于县城以北8公里的孙庙乡周围孜村“秦楼遗址”，是新石器时代文化遗址，出土有残陶片、碗、石斧等文物；息县是古息国、赖国所在地，距今已三千多年。公元前1122年，周武王大封姬姓侯爵，封文王三十七子为息侯。是年，周封赖国。县城西隅5公里的城郊乡南张庄有“息国故城遗址”，现在遗址面积35.5万平方米，历经数千年的城墙遗基依稀可辨，并出土有青铜剑、戈及战国车马等文物。赖国故城遗址位于包信镇傅庄村，出土有陶鼎、鬲足和石斧等文物。息县还有各个时期的遗址，现有朱鹤寺遗址、太子庙遗址、周家古墓、九女堆、天官墓、古谯楼、大成至圣文先王孔子碑、东岳庙碑、息夫人辨证碑等古代遗址、古墓葬、古建筑、碑碣共100余处。

《辞海》第1901页对息县的解释：息县，在河南省东南部，淮河横贯。春秋息国地，汉置新息县，元为息州，明改息县。农产以小麦、大豆、水稻、棉花为主。《辞海》中还有关于“息土”的解释：息土，肥沃的土地，神话传说中一种能自己生长，永不耗减的土壤。

息县自古有着勤劳、勇敢、纯朴、热情好客的民风。革命战争年代，党长期在此开展革命活动，拥有丰富的景观和红色旅游资源。

息故国遗址　位于息县城西南5公里淮河北岸，地处城郊乡徐庄村的古息城遗址，是古息国的旧治所在地。《水经注》卷三十载“淮水东经故息城南”。遗址呈长方形，东西846米，南北420米，面积35.5万平方米。1963年6月，河南省人民政府公布为首批文物保护单位。

秦楼遗址　位于孙庙乡周围孜村秦楼庄南200米台地上。遗址西南部紧靠清水河，经河水不断冲塌，现存东西长192米，南北宽85米。发现有窑址和灰坑，文化层厚约3米。系新石器时代文化遗址。1963年6月20日，河南省人民政府公布为省首批文物保护单位。

赖国故城遗址　位于息县城东北35公里，距包信镇政府所在地2公里，南距闾河约1公里（属淮河支流），西距106国道300米，地处包信镇傅庄村王庄村民组。1995年12月26日～27日，河南省侨办、侨联和息县赖氏研究会在河南省息县召开“赖氏起源学术研讨会”，来自西安、郑州、开封、信阳等地的有关专家、学者共30余人出席会议，经过现场考察和学术论证，认定包信镇东南闾河之滨的古城址为周代赖国故城。后被河南省人民政府公布为第四批省级文物保护单位。

息州谯楼　古息州州衙谯楼，为息县著名古建筑之一。据清·嘉庆《息县志》记载，此楼为元代元贞元年（公元1295年），息州州同乌公（名佚），始修州署大门，上建谯楼一座，后为战火所毁。明朝万历四年(公元1576年),经知县王用宾重建,由于年久失修,至清代嘉庆年间,此楼又经知县候邦镇重修。嗣后谯楼年久失修,楼体上建筑倒塌,仅存的台基和拱门为元代所建,距今700多年。1984年息县人民政府在原台基和拱门上仿古重建。

谯楼位于息县县城中心县委、县政府所在地,座北向南,高9米,面积414.5平方米,周围有银行、宾馆、影院。县城繁华的北大街、谯楼街在此交会,是息县政治、经济、文化、商贸中心,具有游览、购物、娱乐多功能。建有广场、喷泉、绿地。已实行灯光美化,夜景迷人。

白公故城　白公故城城址位于河南省息县临河乡宣楼村,距临河乡政府5.5公里,距淮河6.5公里,北面紧靠淮河的支流小泥河南岸滩地。

白公故城以白公而命名,白公,姓,名胜,系楚国平王之孙,太子建之子,后被封于白邑称白公,又称白公胜。白公故城城址高台地被当地群众称“霸王台”。传说是在楚汉战争时期,西楚霸王项羽在垓下被汉高祖刘邦的军队围困,项羽的部将领兵求援,行至白公故城闻知霸王自刎乌江的消息后,便停止进军,士兵就地兜土筑台以拜祭项羽亡灵。故称此台为“霸王台”流传之今。1984年,省、市文物专家根据对遗址地表采集到的部分标本及遗址附近出土文物进行细致考证,确认故城址的时代为西周至战国时期,“霸王台”就是在城址上筑造的,依据史料文献记载考证定名为“白公故城”。1988年6月,息县人民政府将其公布为第三批文物保护单位。河南省人民政府、信阳市人民政府将其公布为第四批省级文物保护单位、第一批市级文物保护单位。

息县森林公园　位于县城西北3公里处,息(县)正(阳)公路西侧,属国营王竹园林场。1962年绿化成林,1972年更新为池杉林,面积1000亩。进入景区如同深入绿色迷宫,尤其盛夏会感觉四周具凉,令人心旷神怡,留连忘返。是返真休闲旅游的理想去处。

息县革命烈士纪念碑　息县革命烈士纪念碑(原名革命烈士纪念塔),位于河南省息县城关西大街文化中段,县人民医院北侧。

息县革命烈士纪念碑是息县人民政府为纪念在第一次国内革命战争、抗日战争、解放战争和土地革命时期在息县为革命事业的胜利,前赴后继、浴血奋战用自己的生命和鲜血,换来了息县解放而战斗牺牲的烈士们及为开辟息县革命新区,安定革命秩序,巩固人民政权,在剿匪反霸斗争中光荣殉职的烈士们建造的。于1956年5月1日奠基,同年10月底落成。纪念碑右侧是革命烈士墓,碑前东西两侧对称建有两个仿古式凉亭,供参观敬仰的群众临时小憩。进入大门正对面为陈列馆,里面陈列革命烈士的照片遗物等供群众瞻仰。整个陵园肃穆、清新、宏伟、壮丽。

息县“五七干校”旧址群　息县“五七干校”旧群址是“文革”期间中央、国务院所属部委的物资部、外贸部、铁道部、全国总工会、对外经济委员会、对外文化委员会和中科院哲学社会学部等机关干部职工响应毛主席的“五七”指示,在息县劳动和生活的场所。旧址数量多、规模大、分布集中、保存较好。

——国家物资部“五七干校”　1968年创建,地址在息县杨店乡,校部位于老街南棉花仓库处;连队在何庄、娄庄,占地2000亩。1971年2月撤走后,交军委空军后勤部农场。后期在县城北原一中旧址,(现县城息州大道南侧)建豫南电机厂,(又称干校小工厂),文革后期交县政府。旧址保存尚好。

——国家外贸部“五七干校”　1968年创建,地址在项店乡徐集村南,占地1200亩。原国家外贸部部长白相国、副部长张光斗曾来此视察工作。1974年10月撤走。原址交豫南农专,现为县农业局稻麦原种场。

——国家铁道部“五七干校”　1968年创建,地址在息县张陶乡圈行村,共建房30栋,近400间,1974年撤走,改为县师训班和微粉厂,现办公室、仓库、车库、锅炉房保存较好。

——全国总工会《工人日报》社“五七干校”　1968年创建,地址在息县孙庙乡。1973年撤走,现旧址保存较好。

——国家对外文化委员会“五七干校”　1968年创建,地址在息县路口农场三分场,占地1200亩。后撤走。现旧址保存较好。

——中国科学院哲学社会科学部(学部)“五七干校”　1969年11月由罗山迁来,地址在息县东岳镇西唐坡,占地约24平方公里。1970年基本建成,房700多间,人员近100人。俞平伯、何其芳、吴敬琏、顾准、钱钟书等知名人士曾在干校劳动。1971年初撤走。现存住房四排，近百间，当年水井、饭堂尚存。近年来，有许多当年在干校劳动的老同志，及新闻、历史研究人员到此调查访问。已初步形成干校文化研究热点。

刘邓大军渡淮纪念遗址　位于河南省息县县城2公里处，地处淮河北岸，北靠华北平原，南眺濮公山。1947年，刘伯承、邓小平率晋冀鲁豫野战军12万余人，实施战略反攻。8月25日拂晓，十八旅肖永银率部占领息县城，我先头部队迅速控制淮河北岸息县境内各个渡口。26日夜，刘邓首长率野战军指挥部进驻大埠口渡口。此时正值雨季，淮河水上涨，河宽水流湍急无船更无桥，而敌人追兵先头部队仅距15公里，已与我后卫部队接火，形势十分危急。刘伯承、邓小平等首长在渡口东小王湾召开紧急会议。深夜刘伯承司令员亲乘竹排，手持竹杆探测水情，发现河水骤降，当即命令部队迅速涉水过河。27日，刘邓大军在淮河洪峰到来之前，全部顺利渡过淮河。

2008年11月21日，原中央党史研究室副主任石仲泉专程来息县考察刘邓大军渡淮旧址，并指示要保护好旧址。1990年原中共中央副主席，亲随刘邓首长渡淮的老前辈李德生上将为刘邓大军渡淮纪念碑（待建）题词“渡淮南下千里跃进大别山，战略反攻敲响国民党覆灭的丧钟。”

# 历 史

**【建置沿革】** 《禹贡》载:“荆、河惟豫州”,息属豫州之域。商末,周文王向南发展,汝旁之国先被其化,息属汝旁之国。周武王十三年(公元前1122年),大封姬姓侯爵,文王三十七子羽达封为息侯,息侯国由此始。周庄王十五年(公元前682年),楚灭息国建为县。秦,息县属陈郡。汉置新息县,属汝南郡。东汉为新息侯国,又分地置褒信县,后为褒信侯国。魏属豫州汝南郡,郡治新息。晋褒信县属汝阴郡,新息县属汝南郡。刘宋分为南、北新息县。北魏太和十九年(495年),置东豫州于新息,领汝南、东新蔡、新蔡、弋阳、长陵、阳安六郡。南、北新息属汝南郡,苞信县先属东新蔡郡,后属新蔡郡及长陵郡,长陵县先属新蔡郡,后属长陵郡。梁大通元年(527年),改为西豫州。太清元年(547年),改为淮州。东魏武定七年(549年),复置东豫州,北齐沿袭未变。北周大象元年(579年),改为息州。隋因之。大业初废息州,新息、褒信二县属汝南郡。唐武德四年(621年),复置息州,领新息、淮川、长陵三县,褒信属舒州(今新蔡)。贞观元年(627年),废州,省淮川入真阳,长陵入褒信,以新息县隶属蔡州汝南郡,五代沿袭未变。北宋,新息县和褒信县仍属蔡州。绍兴十一年(1141年)与金议和,以淮为界,二县遂属金。泰和八年(1208年),复置息州,领新息、新蔡、真阳、褒信四县和王务镇。蒙中统三年(1262年)二月,废息州,十二月复置。元至元三十年,隶属河南省汝宁府。明洪武四年(1371年),息州属中都临濠府。不久改州为县,属颍州。洪武七年(1374年),改属汝宁府。洪武十三年(1380年),光州改属汝宁府,息县属光州。清朝初年沿明制,息县属南汝光道分辖。雍正二年(1724年),升光州为直隶州,统光、固、息、商四县。民国三年,息县属河南省汝阳道,1927年属豫南行政区,1928年属河南省第三行政区,1932年10月属河南省第九行政督察区(潢川)。中华人民共和国建立初期属潢川专区。1952年11月24日,潢川、信阳两专区合并,息县属信阳专区(后改称信阳地区、信阳市)至今。

1949年2月,息县解放,全县设10个区。1950年10月,9个区改为10个区,辖241个乡(内有6个街)。1951年,全县划11个区,辖220个乡。1953年2月,区未动,将原220个乡合并176个乡。1955年4月,撤销东岳、乌龙店两个区,其所辖的乡分别划归包信、张陶、夏庄三个区。是年,全县共有8个区,辖170个乡。1956年1月,撤销区建制,全县建立24个中心乡,辖56个乡。1957年3月,撤销中心乡,将24个中心乡和56个小乡合并31个乡。1958年2月,将31个乡合并22个乡和一个镇;同年7月,又合并为12个乡,一个镇;1958年8月,全县实现人民公社制,建立城效、杨店、张陶、东岳、小茴店、夏庄、项店、临河、关店、曹黄林,路口、包信人民公社;1958年9月,全县建立一个“息县红旗人民公社”,原12个人民公社为分社。1959年4月,撤销“息县红旗人民公社”,恢复12个人民公社,将原109个生产大队调整为264个大队,970个生产队调整为1392个生产队。1961年10月,全县建立10个区,2个镇,辖58个公社。

1962年5月,撤销区,设22个公社和城关镇。8月,为14个公社和一个镇,辖272个生产大队。

1964~1975年,又分别增设岗李店、彭店、白店、许店、李塘、长陵、陈棚7个公社。

1983年12月,息县完成公社一级体制改革工作,全县22个公社(镇),改建为22个乡(镇),329个生产大队改建为329个行政村。

1985年,全县辖1个镇,2个办事处,21个乡,333个行政村,5015个村民小组。

1987年,包信乡、夏庄乡撤乡建镇。

1989年5月,中渡店办事处、汪湖办事处撤销。中渡店办事处撤销后,所辖3个行政村隶属矿山建材管理局;汪湖办事处所辖宋营、卢围孜行政村撤销,汪桥、冯寨划归夏庄镇,王寨划归长陵乡。

1996年6月,矿山建材管理局撤销,组建地质矿产管理局,挂中渡店办事处牌子,仍辖中渡店、尹山、冯洼3个行政村。同年,李塘乡更名为李堂乡。

1997年,东岳乡撤乡建镇。

1998年,项店乡撤乡建镇。

1999年,小茴店乡撤乡建镇。

2000年,全县辖6个镇,1个办事处,16个乡,5个居委会,339个行政村,43个居民组,5187个村民组。

2005年,撤销许店、李堂乡,行政区域分别划归曹黄林、八里岔乡。

**【现行政区】** 2009年底,息县辖21个乡镇区,336个村民委员会,10个居民委员会,5203个村民组。

城关镇　辖东大街、南大街、淮河路、埠口、车站、西大街、北大街、南关街、大河9个居委会。

包信镇　辖长安居委会,朱围孜、包庄、邹楼、傅庄、徐楼、管楼、周庄、姜寨、姚庄、王平楼、北街、马庄、香蒲园、大李庄、后楼、徐围孜、腰庄、张郑庄、王庙19个村委会。

夏庄镇　辖街西、肖围孜、熊大寨、陈楼、梅楼、万兴店、李双楼、姚围孜、刘庄、罗围孜、范老庄、街东、冯寨、汪桥、梅竹园、街村16个村委会。

东岳镇　辖石菜园、小黄庄、杨庄、肖庄、李庄、乌庙、徐大庄、秦围孜、小房庄、郭围孜、刘湾、邱庄、大刘庄、黄岗、夏围孜、堆庄、罗楼、街村、大房庄、小于寨20个村委会。

项店镇　辖项店、李店、路楼、徐集、董围孜、李楼、陈大庄、魏店、邵楼、高庄、朱楼、丁庄、任大寨、张庄、曹集、朱店、黄围孜、齐寨18个村委会。

小茴店镇　辖小茴店、杜庄、陈空、汪围孜、杨楼、易老庄、郑岗、八一、乌龙店、魏楼、王楼、孙棚、张老庄、李甲道、孙庄、陈伍庄、张瓦房、刘大庄、大竹园、谭楼、易庄、曹庄、刘孙庄、陈寨、梨园25个村委会。

城郊乡　辖顿庄、三里井、十里、大何庄、曹园、洪庄、徐庄、庞湾、尹湾、王湾、新铺、闫寨、关庄、五一、八里、周花园16个村委会。

孙庙乡　辖孙庙、甘塘、方庄、龙庙、顺河、范楼、何营、段庄、李庙、傅寨、周围孜、月儿湾、赵店13个村委会。

路口乡　辖胡围孜、路口、前周庄、岳庙、楼园、王围孜、王大塘、小何楼、阳庄、尚庄、刘老店、前赵楼、大孙庄、土桥、孟店、罗庄、弯柳树、陈庄、曹前、魏庄20个村委会。

张陶乡　辖张陶、刘楼、胡庄、文庄、赵楼、孙寨、薛庄、钟庄、曹林、温围孜、陈圈行、裴寨、大邹庄、大陈庄、江庄、佘老庄、徐长庄、王堰18个村委会。

彭店乡　辖尹庄、七里湾、范庄、陈瓦房、金王楼、丁王庄、史楼、彭店、大谢楼、王庄、大郑庄、大张庄、柳围孜、方围孜14个村委会。

杨店乡 辖朱鹤、汪楼、李寨、时大庄、时围孜、张围孜、汤湾、双河、龙王庙、安寨、何庄、李大庄、喻庄、棠集、李围孜、永红、十里桥、杨店、杨围孜、南徐楼20个村委会。

白土店乡 辖白衣阁、郑楼、米围孜、谢寨、夏寨、魏寨、桂庄、白土店、时楼、新庄、西李、钱围孜、王大围孜、徐兰围孜、大江庄、余围孜16个村委会。

岗李店乡　辖岗李店、刘塘、孙老庄、张竹园、张桥口、卢庄、张新寨、贾坡、宋庄、贾后寨、刘围孜、柿子园、杨棚、张大庄、方老庄、许岗、唐刘庄、大彭庄、彭小庄、李营20个村委会。

长陵乡　辖长陵、居楼、申庄、谢楼、陆湾、陈店、翁楼、代庄、马井、杨圩孜、王寨11个村委会。

陈棚乡　辖陈棚、张塘、王林、陈祥、芦店孜、叶楼、易庙、闫楼、饶庄、华店10个村委会。

临河乡　辖临河、杜围孜、黄庄、张寨、罗寨、宣楼、高集、常店孜、张楼、单台、刘大庙、柿树园、郑寨、余楼、新集、15个村委会。

关店乡　辖丁店、桂厅、张湾、柏庄、任围孜、关店、黄滩、中心寨、吕湾、王岗、前彭、姬围孜、金店、新颜、吴村埔、白湾、杨九、赵寨、前洪庄、彭围孜、朱庄21个村委会。

曹黄林乡　辖曹黄林、六里井、凉亭、马寨、杨寨、何小庄、娄寨、冯庄、汪庄、许店、曹寨、代寨、丁寨、付寨、付店、回龙、刘寨、项岗、谢老寨、杨乡、周楼、李店21个村委会。

八里岔乡　辖张岗、任店、大周庄、六里庄、陈底子、伍底下、八里岔、郑乡、冯乡、叶店、张山头、李堂、汪店、梅寨、景美店、陈大洼、小围孜、莲花、七里岗、李家庄20个村委会。

濮公山管理区　辖中渡店、尹山、冯洼3个村委会。

# 人口、民族、宗教

**【人　口】** 年末全县总人口为94.90万人，其中常住人口78.14万人。出生率为10.34‰；死亡率为5.8‰，自然增长率4.54‰。城镇化率达27.56%。

**【民　族】** 全县有汉族、回族、蒙古族、彝族、维吾尔族、朝鲜族、壮族、满族、苗族、布衣族、侗族、土家族、黎族、傈僳族、景颇族15个民族。少数民族有1964人，其中回族1898人，主要分布在包信镇街村，张陶乡胡庄村，路口乡街村，城关镇东街、南街，其他少数民族分布较散。汉族人口占总人口的99.8%以上。

**2009年息县少数民族经济发展情况统计**

| 年末少数民族人口（人） | | | | | | | | | 少数民族贫困户（户） | 少数民族贫困户（人） | 农村劳动力资源情况（人） | | | | | 年底常用耕地面积（公顷） | | | | 农作物播种面积（公顷） |
|---|---|---|---|---|---|---|---|---|---|---|---|---|---|---|---|---|---|---|---|---|
| 总计 | 按民族分 | | | | 按户籍分 | | | | | | | | | | | | | | | |
| | 回族 | 蒙古族 | 满族 | 其他民族 | 农业 | 回族 | 非农业 | 回族 | | | 农村劳动力总数 | 从事农业 | 从事工业 | 个体专业户 | 从事其它待业人 | 合计 | 有效灌溉面积 | 粮食作物 | 经济作物 | |
| 1964 | 1898 | 13 | 28 | 25 | 1189 | 1166 | 773 | 736 | 2 | 9 | 539 | 368 | 125 | 32 | 12 | 152 | 81 | 109 | 43 | 152 |

**【宗　教】** 2009年，息县批准开放宗教活动场所86处，信教群众13000人左右。其中，基督教活动场所80处，信教群众11000人左右，分布在全县21个乡镇区；佛教活动场所6处，信教群众2000人左右，分布在城关、濮管区、包信镇、岗李店乡、张陶乡。

# 组织机构及领导成员名单

## 中共息县委员会

（2009 年 1 月～12 月）

书　记：张富治
副书记：余运德　杨德付
常　委：马富增　孙　杰　伍存强
李林军　李　卓
胡百安（3 月离）
魏智勇（1 月离）
吴　蕾（女）　裴　军
陈连书（3 月任）

### 一、县委工作部门

**县委办公室**

主　任：伍存强
副主任：冯　民　王克华　孙　林
卢　伟　夏　勇
刘　波　李　宁（3 月任）
陈　伟（7 月任）
主任科员：杨炳华
副主任科员：熊驷龙　罗　玄（3 月任）
陈龙龙（3 月任）
王中涛（3 月任）
陈志刚（3 月离）

**机要局**

局　长：孙　林
副主任科员：熊　伟　周善伟

**保密局**

局　长：王家乐（7 月任）
副局长：侯进君

**组织部**

部　长：孙　杰
副部长：常军锋　王振山　鲁新建
人才办主任：王振山
人才办副主任：陈学江　李树立

**宣传部**

部　长：裴　军
副部长：夏玉立　李　彤
冯　莉（女）　徐继勇（7 月任）
外宣办主任：时秀敏（女　3 月任）
副主任科员：徐海军　夏堂名（3 月任）
副科级干部：马　俊

**精神文明指导委员会办公室**

副主任：赵建军

**统战部**

部　长：李　卓
副部长：袁长江　潘力争　陈安彬
齐永同（7 月任）
工商联副主席：刘志军　李见庭
台办主任：冯　伟
侨联主席：陈　玲（女）

**政法委**

书　记：吴　蕾（女）
副书记：王海峰（综治办主任）
李曙光
陈　伟（维稳办主任）
政治部主任：赵　岩
纪检组长：黄颖莉（女　3 月任）
610 办公室副主任：高　恒
综治办副主任：吴世东

杨锡群(7月离)
维稳办副主任:王　鑫(7月离)

**县直机关工作委员会**

书　记:郝　平
县直人武部长:王　文
副主任科员:张　威(3月任)

## 二、县委部门管理机构

**老干部局**

局　长:张振和
副局长:朱一鸣　黄麒合
关工委办公室主任:何　勇
副主任科员:王爱梅
正科级干部:王广贵
副科级干部:高尚建

**机构编制委员会办公室**

主　任:陈　坤
副主任:秦　磊

## 三、县委直属事业单位

**县委党校**

总支书记、副校长:朱　健
总支委员、副校长:夏玉福　杨　军
总支委员、纪检组长:吕义芳(女)
工会主席:万凤梅(女)

**史志研究室**

主　任:张锦友
副主任:裴泽鹏　鲁好举(3月任)

**档案局**

局　长:陈金治
副局长:王　芳　李开运

# 中共息县纪律检查委员会

书　记:马富增
副书记:郑成杰　余　杰　邱培军
黄林珍(女)　何中昌
常　委:栗　强　胡中海
刘　芳(女　7月任)
高　琴(女　7月任)
监察局局长:郑成杰
监察局副局长:栗　强　何　伟
丁新建(7月任)
正科级检查员:周文光　张金雷
执法室主任:张　勇
优化室主任:李连学
纠风室主任:徐伟华(7月任)
宣教室主任:刘月梅(女)
综合室主任:崔记伟
检查一室主任:罗仁虎
审理室主任:张慧民
信访室主任:杨　茗(女　7月任)
廉自室主任:刘　超(7月任)
办公室主任:胡　军(7月任)
案管室主任:杨　霞(女　7月任)
检查二室主任:杨保华(7月任)
检查三室主任:陈　莹(女　7月任)

# 息县人大常委会

主　任:张国辉
党组书记:卢明德
副主任:孙　潮　宋志平　陈志坚
闫清勇
党组成员:鲁好友　黄先进

**人大办公室**

主　任:张育生
副主任:徐　辉　邢钢锋

**人大法工委员会**

主　任:刘　林

**人大教科委员会**

主　任:赵　丽(女)

**人大选举工作委员会**

主　任:陈光华

**人大财经委员会**

主　任:陈学中(12月离)
副主任:吴万新

### 人大农工委员会

主　任:王　海(12月离)
副主任:刘　涛

### 人大城建委员会

主　任:黄　河(2月任)

# 息县人民政府

县　长:余运德
县长级干部:李济民
副县长:李林军　魏智勇(1月离)
　　李　卓　吴　昊　蒋文俊
　　董桂英(女)　李美利
　　赵君峰

## 一、县政府工作部门

### 政府办公室

主　任:李洪俊
副主任:江家学　李世民
　　刘　辉(无委办主任)
　　姜学志　王　刚
　　陈正江　钱长鹏(3月任)
　　王　晶(女　3月任)
　　杨　成(2月任)
目标办主任:陈　伟
法制办主任:付　军(3月任)
无委办副主任:胡永刚(7月任)
主任科员:张永军(8月任)
副主任科员:朱　昆　闫　斌(3月任)
　　姚凤霞(女　3月任)
　　周　锋(3月任)

### 发展计划改革委员会

主　任:施庆华
副主任:徐成良
副主任:任玉峰
纪检组长:吴金良
项目办主任:王蕾(3月任)
工会主席:孙桂文(3月任)

### 物价局

总支书记、局长:刘　斌
总支委员、副局长:周其新　陈　红(女)
　　黄祖连
总委委员、纪检组长:王国峰
工会主席:刘　东(3月任)
总支委员:牛世海

### 商务局

支部书记、局　长:邹忠清
支部委员、副局长:王　岩　冯家书　和六一

### 财政局

总支书记、局长:陈卫华
副书记、副局长:余美书
副书记、副局长、
发展投资公司总经理:陈新民
总支成员、副局长、收费局局长:刘忠仁
总支成员、纪检组长:向　丽(女)
总支成员、工会主席:郭金洲
支付中心主任:何松玲
发展投资公司副经理:孙　杰

### 教体局

党委书记、局长:何　枫
党委委员、副局长:张会群　潘红波　李宏忠
副局长:张传周
党委委员、工会主席:冯勇堂
党委委员、招生办主任:洪海滨
副主任科员、办公室主任:张俊杰
副主任科员:刘　臻

### 科技局

党组书记、局长:刘成富
党组成员、副局长:万保华
党组成员、副局长:洪　梅(女)
党组成员、纪检组长:向　霞(女　3月任)

### 人口和计划生育委员会

总支书记、主任:潘超楼
总支副书记、副主任:杨　建
总支委员、副主任:余　立(3月任)
　　李鸿飞
　　赵　壁(3月离)

总支委员、工会主席：曹慧敏(3 月任)

**农业局**

党委书记、局长：卢保荣
党委副书记、副局长：徐明华
党委委员、副局长：丁　静　王锦章
娄　源(3 月任)
党委委员、纪委书记：阮　伟
党委委员：徐成明
副主任科员：李超功(3 月任)

**林业局**

总支书记、局长：杨廷松
总支委员、副局长：王　卫　张兆前　李　峰
邢国文　石映辉(7 月离)
总支委员、副局长、
森林公安分局局长：卢　峰(7 月任)
总支委员、纪检组长：胡玉芳
工会主席：张新龙
总工程师：齐中武(3 月任)

**林业开发总公司**

支部书记、总经理：王　卫

**水利局**

党委书记、局长：谢　浩
党委委员、总工程师：熊传言
党委委员、副局长：刘　建
梁桂忠(南湾灌区管理所支书、所长)
赵　壁(3 月任)
王　辉(3 月任)
党委委员、纪委书记：邹慧敏
党委委员：辜湘汝
杨　斌(渔业局局长)
工会主席：陈　辉(3 月任)
副主任科员：丁　波(3 月任)

**粮食局**

党委书记、局长：张树林
党委委员、副局长：齐　永(7 月离)
张春生(3 月任)
杨锡群(7 月任)
党委委员：陈　斌

**工业运行局**

党总支书记、局长：金文舒
副局长：付耀洲　周　勇　邵其锋
副主任科员：周　鹏

**审计局**

支部副书记、局长：易善东
支部书记：王新华
副书记、副局长：闻国富　赵国民
支部成员、总审计师：王爱民
支部成员、副局长、经济责任办主任：郑良锋
支部成员、纪检组长：周书地
支部成员、工会主席：李少琴
副主任科员：裴祥宇(3 月任)

**统计局**

党组书记、局长：刘国富
党组成员、副局长：何永治　吴　咏(3 月任)
副局长：吴　梅
党组成员、工会主席：潘汝明

**调查队**

支部书记、队长：戴　明
支部委员、纪检监察联络员：丁明海

**交通局**

党委书记、局长：邱兴义
副书记、副局长：张　宏
党委委员、副局长、运管所所长：胡宗前
党委委员、副局长：盛　林
党委委员、副局长、公路局长：杨　宏
党委委员、交通路政所所长：王明刚
党委委员、纪检书记：黄德智
工会主席：胡　杰
总工程师：高　军(3 月任)
副主任科员、通达公路
工程有限责任公司经理：周　勇
农村公路管理所所长：杨　亮(8 月任)

**人事局**

总支书记、局长：夏明友

总支委员、副局长：陈　坤
总支委员、副局长：方志鹤　吴桂霞
　　　　　　　　　张守刚　方继锋
总支委员、纪检组长：刘　锐

**劳动和社会保障局**

总支副书记、局长：邹　勇
总支书记：顾　勇
副书记、副局长：余保善（3月离）　余振生
副局长：黄　丽
总支委员、副局长：陈防生
工会主席：马桂生（3月任）

**卫生局**

党委书记、局长：黄贤威
党委委员、爱卫办主任：吴　峻
党委副书记、副局长：周国建
党委委员、副局长：何明华　鲁　新
党委委员、纪委书记：张庆朴
党委委员、工会主席：易　红
爱卫办副主任：徐东建
副主任科员：刘　江　李　煜
　　　　　　薛运华（3月任）

**民政局**

总支书记、局长：甄广福
副书记、副局长：王　璐
总支委员、副局长、
救灾办主任：王振山
总支委员、副局长：陈效忠
副局长：易　敏
总支委员、纪检组长：陈守宇（3月任）
总支委员：余　勇（3月任）

**民族宗教局**

局　长：齐永同
副局长：毛秀梅（2月离）
　　　　王东明（3月任）

**文化局**

支部书记、局长：姜学志
副局长：李清本　项其鹏
　　　　夏　玉（2月离）
总支委员、纪检组长：孙士军（3月任）
工会主席：梅硕虹（3月任）

**广播电视局**

党总支书记、局长：王　磊
总支委员、副局长：任　锋　刘　平
　　　　　　　　　刘伟林　刘志刚
总支委员、纪检组长：王长林

**旅游局**

局　长：瓮海山（7月任）

**畜牧局**

总支书记、局长：付明辉
副局长：周　民
总支委员、副局长：栗　魏（3月任）　秦　明
　　　　　　　　　田世祥
总支委员、纪检组长：张森昌
总支委员、工会主席：徐成合
总支委员：洪庆武

**建设局**

党委书记、局长：郑继保
党委委员、副局长：熊　伟　杨　宏　王　剑
党委委员、纪检书记：王　俊
党委委员、工会主席：郭迎雪
党委委员：付超平
办公室主任：乐秀国
副主任科员、监理公司经理：黄　诚（3月任）

**环保局**

总支书记、局长：温玉堂
总支委员、副局长：谷继勇　石映辉（7月任）
　　　　　　　　　胡在忠
总支委员、纪检组长：乐祥让
总支委员、工会主席：董仲攀

**安全生产监督管理局**

支部书记、局长：方学群
副书记、副局长：卢保斌
支部委员、副局长：栗　杰　王　林
支部委员、纪检组长：朱大兵

**中小企业局**

党组书记、局长：刘学才
党组成员、副局长：王彦清　谢海峰
党组成员：徐继华
工会主席：肖向阳（3 月任）

**行政审批服务中心**

支部书记、主任：李世民
支部委员、副主任：郑艳韧　彭　超
副主任：裴　云
工会主席：周文辉

**公用事业管理局**

总支书记、局长：徐继勇（7 月离）
　　　　　　　　展怀宇（7 月任）
副局长：张　勇　谌　磊　赵　丽
纪检组长：张　颖（女　3 月离）
　　　　　张志刚（3 月任）
副主任科员：孙开福（3 月任）

**机关事物管理局**

支部书记、局长：栗　舰
副主任科员：罗　杰

**药监局**

党组书记、局长：刘明星
党组成员、主任科员：余　超
党组成员、副局长：宋　彬
党组成员、副局长、纪检组长：王凯歌

## 二、县政府议事协调机构

**人防办**

支部书记、主任：鲍世清
支部委员、副主任：张锦华　刘伟刚（2 月离）
　　　　　　　　　王建华（3 月任）
支部委员、纪检组长：张桂臣（12 月离）
工会主席：马　莉（女）

**淮管办**

总支书记、主任：李曙光
总支委员、副主任：崔　华　王建华（3 月离）
总支委员、纪检组长：夏宗成

## 三、县政府事业单位

**农机局**

党委书记、局长：张　鸣
党委委员、副局长：陈恩华　李克良　张泽松
党委委员、纪检书记：黄周林（3 月任）

**市场发展服务中心**

总支书记、主　任：喻　玺
总支委员、副主任：余　勇（3 月离）　贾　蔚
　　　　　　　　　徐继钊

**物流中心**

党组书记、主任：刘延勇（12 月离）
　　　　　　　　蒋　黎（12 月任）
党组副书记、副主任：霍　永
党组成员、副局长：王明安（7 月离）

**农科所**

支部书记、所长：程光焰
支部委员、副所长：朱树贵　王建才　王　伟
工会主席：陈道玉（3 月任）

**供销社**

党委书记、主任：邹忠峰
党委委员、副主任：高　潮　张泽林
党委委员、纪委书记：王传勇

**商业局**

党委书记、局长：任卫民
党委委员、副局长：任　超
党委委员：王　军

**农　　办**

党组书记、主任：耿　健
党组成员、副主任：徐成义　吴国林　时景波
党组成员、纪检组长：马汝新

**农　　场**

支部书记、场长：蒋黎（12 月离）
　　　　　　　　祝　军（12 月任）
支部委员：王红燕（3 月任）

**人民医院**

总支书记、院长:张　泉
副院长:李学兵
总支委员、副院长:王　磊　李宗卫(8月任)

**卫　校**

支部书记、校长:程明华
支部委员、副校长:陈 军 徐朝平
支部委员、纪检组长:王晓辉
支部委员、工会主席:罗 明
支部委员:孙桂福

**一　　高**

总支书记、校　长:王　群
总支委员、副校长:易　勇
赵杰青(工会主席)
余青春

**二　　高**

总支书记、校长:张其煌
副校长:王跟社
总支委员、副校长:李　勇　吕照国
总支委员、工会主席:路金治

**三　高**

总支书记、校长:郑永和
总支委员、副校长:周　铁　杨　旭　彭明海
总支委员、工会主席:黄　涛

**产业集聚区**

总支书记、主任:乔启廷(1月任)
副书记、副主任:丁立勇(1月任)
总支委员、副主任:孙荣智(1月任)
张　强(1月任)
总支委员、纪检组长:张　颖(女　3月任)
工会主席:张继哲(3月任)

**气象局**

支部书记、局长:罗玉平
支部委员、副局长:王文平
支部委员、纪检组长:向文祥

**外贸局**

党委书记、局长:沈　彬
党委委员、经理:谢文成　刘士太

# 县委县政府共管部门

**群众工作部(与县委、政府信访局一套班子)**

部　长:黎　璞
副部长:黄　维　李　雪(女)
副局长:韩为强　彭培栋(7月离)
工会主席:熊德志
副科级干部:丁照贤　黄树峰(7月离)

**县督查局**

支部书记、局长:何中昌
支部委员、副局长:周振平　杨玉军
副局长:李连学

# 政协息县委员会

主席、党组书记:何承惠
副主席:杨文清　周　民
党组成员:杨文清　郑镇祥　夏明程
办公室主任:夏明程
文史委主任:毛秀梅(女　2月任)
经科委主任:刘伟刚(2月任)
副主任:尹清华
文教委主任:夏　玉(女　2月任)
提案委主任:陈　敏(女　2月任)

# 武装政法系统

**县人民武装部**

党委书记、政委:陈连书
党委副书记、部长:陈维明
党委委员、副部长:王岱军
党委委员、政工科长:吴树君
党委委员、军事科长:龚　进
党委委员、后勤科长:岳帮勇

**公安局**

局　长:邸世忠(12月离)
郑　磊(12月任)
政　委:王明友

副局长：魏新生
副政委：陈　荣
副政委：贾新奎
副局长：陈　勇　张　宁　段　伟
副政委：王　伟
党委委员、纪委书记：张春雷
党委委员、政治处主任：魏解明
正科级干部：王世建　赵平安
赵国民
副科级(职)干部：付　伟　马　俊
李淑琴　谢　勇　宋久卿
刘伟杰　王　洪　卢长安
郭世刚　丁明辉　邢继红
尚祖斌　徐继明　李　勇
陈　雷　贾　波　李新民
罗　锋　赵　强　李　勇
侯金戈　陈　琳　何善永
王　振　乐祥稼　罗　阳
孙宏伟　黄　建　张子合
吴卫明　马　俊　刘秋生
赵吾华　马　冲　陈　春
罗　建　李卫国　毕金玉
岳保新　石　磊　郭俊清
谢焕坤　雷德江　徐　扬
刘高峰　丁　新　陈　钧
罗　洛

**法　院**

院　长：林　群(女)
党组副书记、副院长：李付军　宋　超
黄国忠
党组成员、副院长：罗玉宝　张　开　李政刚
党组成员、工会主席：和永辉
副科级干部：付军昌　贾　坤
徐无己　王道星　杨　秀
张立才　张新国　肖新平
唐　亮　李　卫　刘　辉
李洪华　张　勇　李浩波
姜　辉　贺　峰　李玉平

**检察院**

党组书记、检察长：武建平
党组副书记、副检察长：徐金蕊　徐慎炜
党组成员、副检察长：张　超
党组成员、副检察长、反贪局长：徐卫华
党组成员、副检察长、纪检组长：洪　波
党组成员、副检察长、政治处主任：王　卫
党组成员、工会主席、党总支书记：付明奎

**司法局**

总支书记、局长：彭　浩
总支副书记、副局长：于仕民　李　跃
总支委员、副局长：何立舫
总支委员、纪检组长：邱　红(女)
总支委员、工会主席：吴向峰
依法治县办副主任：曹　跃

**消防大队**

党委书记、大队长：唐永国
党委副书记、政治教导员：李志明

**武警中队**

支部书记、指导员：梅　昂
支部副书记、中队长：杨向东

# 群团组织

**总工会**

支部书记、主席：戴清金
副书记、副主席：杨　宏
副主席：许　保　唐正军
纪检组长：尹　猛
副主任科员：张　菊(女　3月任)

**团　委(共青团息县委员会)**

书　记：冯　晓(女)
副书记：王　晶(女　3月离)

**妇　联(妇女联合会)**

主　席：李　华(女)
副主席：余　丽(女)
黄　琴(女)
副主任科员：左小雁(女)

**文　联(文学艺术界联合会)**

主　席:冯　莉(女)
副主席:瓮彦君

**科　协(科学技术协会)**
主　席:张法敏
副主席:高培礼(3 月任)
　　　王育红(离)
副主任科员:王建平　徐其琛

**残　联**
支部书记、理事长:陈　涛
支部委员、副理事长:潘　焱
　　　　　　　　　胡　杰(3 月任)

# 市驻县垂直管理部门

**人　行**
党组书记、行长:黄忠新
党组成员、副行长:刘书华　李洪赞
党组成员、纪检组长:秦卫东

**国税局**
党组书记、局长:王保学
党组成员、副局长:许俊平
　　　　　　　　范世伟(12 月任)
　　　　　　　　王江意(12 月任)
党组成员、纪检组长:陈　达(12 月任)
工会主席:康同华(12 月任)
稽查局局长:张　斌(12 月任)
城区分局局长:吕洪春
彭店分局局长:王俊海
包信分局局长:杨　伟
夏庄分局局长:王明立
曹黄林分局局长:王　瑜
濮管区分局局长:岳海虹

**地税局**
党组书记、局长:董立新
党组成员、副局长:陈明光　李继东
纪检组长:陈　伟
城关税务分局局长:易　彬
稽查分局局长:闵　文
路口中心税务所长:李　杰
八里岔中心税务所长:付洪昌
濮管区中心税务所长:庞　勇
张陶中心税务所长:姚明侠
夏庄中心税务所长:蔡军友
项店中心税务所长:汤玉峰
包信中心税务所长:徐长利

**工商局**
党组书记、局长:王志忠
党组副书记、副局长:彭西海
党组成员、副局长:周克成　何　波
党组成员、纪检组长:郭　伟
经检大队队长:蔡光明
副主任科员:朱　俊

**质量监督局**
局长:王惠明
副局长:李晓辉　赵　斌
纪检组长:王　勇
稽查队长:刘胜利
检测中心主任:赵　丹

**烟草局**
党组书记、局长:张祖亮
党组成员、副局长:孙　峰(9 月离)
　　　　　　　　杨民东(9 月任)
党组成员、副经理:翟　群(9 月任)
党组成员、纪检组长:刘　荷(9 月离)
　　　　　　　　　花德兰(9 月任)

**邮政局**
总支书记、局长:黄　鹏
副局长:王智仁(9 月离)
　　　李昌勇　王　涛
　　　刘　杰(9 月任)

**移动公司**
支部书记、总经理:黄　琼
副经理:郭　磊(支部委员)
　　　瓮玲玲

**联通公司**
总支书记、总经理:李进忠

副总经理、工会主席:徐　洁
总支成员、副总经理:王子辉　张保亚

**电业局**

总经理:蔡志民
党委书记:胡义明
党委副书记、纪委书记
兼工会主席:孙耀忠
党委委员、副总经理
兼总工程师:潘伦斌
党委委员、副总经理:黄忠辉
副总经理:张　军　徐永华
总会计师:李　旭

**国土资源局**

党委书记、局长:申　军
党委委员、副局长:彭　波　邢永红
王明辉
党委委员、纪委书记:宋传美
党委委员、工会主席:孙超伊

**信用合作社**

党委书记、理事长:黄明君
党委副书记、主任:祁家云
监事长:杨　斌
副主任:陈泽菊　余　剑

**农　行**

党委书记、行长:方　晓
党委委员、副行长:谢瑞宏　刘宏波
工会主席:姚明臣

**建　行**

支部书记、行长:耿晋中
支部委员、副行长:杨　臻　庞志胜

**工　行**

总支书记、行长:何　伟
总支委员、副行长:陈　鹏

**发　行**

支部书记、行　长:陈家勇
支部委员、副行长:文　群　王　岩

**中国人寿息县支公司**

经　　理:程　超
经理助理:刘新立
经理助理:董　红

**财　险**

支部书记、经理:李卫国
支部委员、副经理:张建华
副经理:李　峰

# 副科级单位

**中医院**

支部书记、院长:张胜利
副院长:马新建　段　刚

**第二人民医院**

院　长:贾　建
副院长:牛德斌　陈　强

**疾病预防控制中心**

主　任:方学军
副主任:邹　浩

**妇幼保健院**

支部书记、院长:刘建华
副支书:张　勇
副院长:陈　兰

**盐业局**

局　长:朱全才

**书　店**

支部书记、经理:李　彤

# 乡、镇、区

**城关镇**

党委书记:王金利
副书记、镇长:张　波
副书记:杨文科　曾淑颖(12 离)
纪委书记:李西伟

党委秘书、组织委员:姚金麟
宣统委员、人大副主席:王　军
武装部长:张志军
副镇长:伍　星　马俊乐　王凤友
综治办副主任:潘晓莉
工会主席:赵华伟

**小茴店镇**

党委书记:张生日
副书记、镇长:郭大伟
副书记:郑　伟(3月离)　李　刚(3月任)
　　张金平
纪委书记:葛保兴
党委秘书、组织委员:崔长松
宣统委员:鲁好举(3月离)
　　牛德凤(3月任)
武装部长:胡　杰(3月离)
　　付　建(3月任)
副镇长:李志中　韩金龙

**包信镇**

党委书记:贾　设
副书记、镇长:陈全成
副书记:尹子龙
纪委书记:周　强(3月任)
　　李　刚(3月离)
党委秘书、组织委员:肖士平
宣统委员:姚　民
武装部长:王　华
副镇长:曹铭玉(3月离)　李治华
　　李学军(3月任)
综治办副主任:杨俊华(3月任)

**项店镇**

党委书记:洪有强
副书记、镇长:宋　超
副书记:姚光道
纪委书记:易明亮
党委秘书:罗　伟
宣传委员:王　晋
武装部长:李　林
党委委员:李　锋(8月任)
副镇长:贾亚辰　赵　萍
　　程大峰
工会主席:张洪珍
综治办副主任:赵　伟(8月离)
　　徐成伟(8月任)
副科级干部:和进声

**夏庄镇**

党委书记:黄树伟
副书记、镇长:张培建
副书记:毛　俊
纪委书记:熊　峰
组织委员、党委秘书:张生勇
宣统委员:胡守民
人武部长:刘　煜
副镇长:陈永忠
　　易　磊(3月任)
综治办副主任:方　峰
工会主席:姚淑珍

**东岳镇**

党委书记:范　军
副书记、镇长:周俊峰
副书记:刘琳君
纪委书记:张光明(3月离)
　　王　刚(3月任)
组织委员、党委秘书:尹登基
宣统委员:杨培峰
武装部长:李中福(3月离)
　　许　刚(3月任)
副镇长:岳俊峰
综治办副主任:刘　明
副科级干部:吴中想　王文波　贾定杰

**城郊乡**

党委书记:姚成山
副书记、乡长:谢　建
副书记:夏映金　吴保健
　　冯　辉
党委秘书、组织委员:王全华
宣统委员:周　丽
武装部长:杨　伟(3月任)
副乡长:高培礼(3月离)
　　付新国(3月任)

易明辉(3 月任)
工会主席:曹惠敏(3 月离)
综治办副主任:梁亚立

**杨店乡**

党委书记:李学超
副书记、乡长:陈　静
副书记:曹桂海
纪委书记:刘　峰
党委秘书、组织委员:张　彬(3 月离)
李　勇(3 月任)
武装部长:何　涛
宣统委员、人大副主席:刘　东(3 月离)
夏天宝(3 月任)
党委委员:全　华(8 月任)
副乡长:李　勇(3 月离)　杨新忠
工会主席:刘　勇
综治办副主任:周世平
乡长助理:甘立国

**张陶乡**

党委书记:王　俊
副书记、乡长:李　军
副书记:胡明学
纪委书记:张　琼
党委秘书、组织委员:易建军
宣统委员:时拥军
武装部长:周　勇
副乡长:冯　勇　张　建

**八里岔乡**

党委书记:吕家斌
副书记、乡长:马　峰(2 月任)
副书记:陈志刚(3 月任)
纪委书记:栗　魏(3 月离)
张　彬(3 月任)
党委秘书、组织委员:张志刚(3 月离)
尹　斌(3 月任)
宣统委员:张　勇
武装部长:赵东升(3 月离)
任　波(3 月任)
副乡长:杨进军　张中正
鲁仲昆(3 月任)
综治办副主任:万怀彬(3 月任)

**关店乡**

党委书记:任仲宝
副书记、乡长:付超峰
副书记:张　军
纪委书记:李振宇
党委秘书、组织委员:余有发
宣统委员:夏天宝(3 月离)
武装部长:陈宏刚
副乡长:周　龚
付　超(3 月任)
综治办副主任:魏云竹(3 月任)
潘光明(3 月离)

**岗李店乡**

党委书记:李　华
副书记、乡长:余　宏
副书记:岳　林
纪委书记:刘　涛
党委秘书:肖　俊
党委委员:徐广明
宣统委员:王　根
武装部长:张　军
副乡长:李秀国
张　志(3 月任)
许　馨(3 月离)
综治办副主任:徐　波(3 月任)

**孙庙乡**

党委书记:张　巍
副书记、乡长:赵　刚(2 月任)
副书记:陈　冰
纪委书记:张春生(3 月离)
许　馨(3 月任)
党委秘书:尹为明
宣统委员:王玉福
武装部长:杨　伟(3 月离)
黄　田(3 月任)
副乡长:刘　烨　赵　伟(8 月任)
综治办副主任:张　俊
乡长助理:张天文(3 月任)

**陈棚乡**

党委书记:付树华
副书记、乡长:谢　勇
副书记:向朝辉
纪委书记:任仲生
宣统委员:杨大伟(3月离)
　　　　　李　强(3月任)
党委秘书:陈　俊
武装部长:詹　毓
副乡长:王世玉　李　卓
综治办副主任:卢　锋

**曹黄林乡**

党委书记:张亚斌
副书记、乡长:余珂佳(女)
副书记:胡　崴(2月离)
　　　郑　伟(3月任)
　　　贾　憬(3月任)
纪检书记:周宗军(3月任)
党委秘书:潘光明
宣统委员:娄　源(3月离)
　　　　　曹铭玉(3月任)
武装部长:李中福(3月任)
副乡长:李巧云
　　　赵东升(3月任)
　　　谢成海
　　　殷华军(3月任)
　　　肖向阳(3月离)
综治办副主任:李　源(3月离)

**彭店乡**

党委书记:张　涛
副书记、乡长:黄　明(2月任)
副书记:张光明(3月任)
纪委书记:王　林
党委秘书:李冬冬
人武部长:黄　勇
宣统委员:黄　斌
副乡长:徐　磊　刘　华
　　　刘新月(8月任)
综治办副主任:王东明(3月离)

**路口乡**

党委书记:裴仁胜
副书记、乡长:邵永峰
副书记:黄林珍
纪委书记:方翔卓
党委秘书、组织委员:罗太强
宣统委员:贾　林
武装部长:赵书华
副乡长:徐立前　刘　燕
综治办副主任:李雪青

**临河乡**

党委书记:王　勇
副书记、乡长:赵　刚(2月离)
　　　　　　胡　崴(2月任)
副书记:付洪波
纪委书记:张　峰
党委秘书、组织委员:周　强(3月离)
　　　　　　　　　龙　飞(3月任)
宣统委员:黄自强
武装部长:任　波(3月离)
　　　　王振江(3月任)
副乡长:杜　炜
　　　龙　飞(3月离)
　　　刘　咏(3月任)

**长陵乡**

党委书记:曹良军
副书记、乡长:刘玉忠
副书记:曹　永
纪委书记:杨大伟(3月任)
　　　　陈　敏(2月离)
党委秘书:陆　俊
武装部长:王振江(3月离)
副乡长:刘明勇(3月任)

**白土店乡**

党委书记:李　伟
副书记、乡长:谢克刚
副书记:程晓辉
纪委书记:严　明
党委秘书、组织委员:黄　淼
党委委员:司明辉(3月任)
武装部长:胡中华(3月任)

副乡长:冯　俊　陈永良
综治办副主任:刘　欣
宣统委员:王　刚(3月离)
　　　　司明辉(3月任)

**濮公山管理区**

书记、主任:赵　群
副书记、纪检书记:陈贵勇
副书记、副主任:宋春生(3月任)
副主任、党委秘书:徐　梦
副主任:刘国地
武装部长:何　磊(3月任)
副主任科员、双龙水泥厂
党支部书记:黄延军
综治办副主任:罗金梅
工会主席:陈　林(3月任)

# 人　物

## 党政军领导简介

**张富治**，男，汉族，1964年9月出生，上蔡县人，中共党员，大学文化，1983年7月参加工作。历任驻马店行署办副科长、正科级秘书、科长、驻马店行署（市政府）办副主任、农开办主任、党组书记、市政府副秘书长、市农开办主任、党组书记、确山县县长、确山县委书记，2006年5月任息县县委书记。

**余运德**，男，汉族，1963年2月出生，信阳市浉河区人，中共党员，大学文化，1981年8月参加工作。历任信阳县彭家湾乡团委书记、信阳县委办公室秘书、信阳地委办公室干事、团信阳地委组织部部长、信阳地委保密办副主任干事、副局长、局长、息县县委副书记，2003年9月任息县县委副书记、县长。

**杨德付**，男，汉族，1962年5月出生，信阳市平桥区人，大专文化，中共党员，1982年8月参加工作。历任信阳钢厂财务科会计，信阳地区新华书店副科长、科长、副经理、经理，信阳市委宣传部副部长，2007年12月任息县县委副书记。

**马富增**，男，汉族，1962年10月出生，滑县人，中共党员，大学文化，1983年7月参加工作。历任河南省委办公厅机要处副主任干事、主任干事、机要处设备技术服务站站长、机要局技术科科长、机要局科技处副处长、处长、罗山县副县长、副书记，2004年12月任息县县委副书记，2006年5月任息县县常委、纪委书记。

**张国辉**，男，汉族，1955年1月出生，息县人，大学文化，中共党员，1970年12月参加工作。历任息县化肥厂、工业局、经委办事员，县工业局秘书、股长、副局长、书记、局长，县红麻造纸厂厂长、党支部副书记、党委书记，县政府办公室主任，县政府副县长，淮滨县委常委、副县长，2006年5月任息县人大常委会党组书记，2007年3月任息县人大常委会党组副书记、人大常委会主任。

**卢明德**，男，汉族，1950年10出生，固始县人，中共党员，大学文化，1965年10月参加工作，历任固始县委办事组办事员，纪委干事，打击经济领域严重犯罪活动领导小组办公室副主任，汪棚乡党委副书记、乡长，县委信访办主任，县委办副主任；1994年8月～1999年4月任息县县委常委、县纪委书记；1999年4月任息县县委副书记，2003年7月任息县人大常委会主任；2007年3月～2009年12月任息县人大常委会党组书记。

**孙　杰**，男，汉族，1963年6月出生，固始县人，中共党员，大学文化，1985年9月参加工作。历任固始县张老埠乡政府干部、徐集乡团委书记、南大桥乡政府秘书、纪委书记、党委副书记、乡长、石佛乡党委书记、人大主席、汪棚乡党委书记、潢川县委常委、办公室主任，2006年5月任息县县委常委、组织部长。

**何承惠**，男，汉族，1952年10月出生，潢川县人，中共党员，大专文化，1970年12月参加工作。历任空军航空兵三师司令部作战标图员、领航员、参谋、空军学院指挥系学员、南京军区空军司令部领航处参谋，潢川县委办公室干事、秘书、副主任、保密局长、仁和镇党委书记，商城县委常委、副县长，息县县委常委、副县长，2003年9月任息县政协党组书记、主席。

**李济民**，男，汉族，杞县人，1954年7月出生，中共党员，大学文化，1978年3月参加工作。历任杞县高阳公社种子站技术员、淮滨县农技站技术员、农技站负责人、农业委员会主任、防胡乡党委书记、组织部常务副部长兼农委主任，1997年10月任息县人民政府副县长，2007年1月任息县人民政府县长级干部。

**伍存强**，男，汉族，1962年4月出生，罗山县人，中共党员，大学文化，1981年9月参加工作。历任淮滨县委组织部办事员、科员、吉庙区党总支部副书记、区长、吉庙乡党委书记、乡长、固城乡党委书记、县委办公室副主任、三和集团党总支副书记、总经理，息县人民政府县长助理、副县长，2003年9月任息县县委常委、办公室主任。

**李林军**，男，汉族，1959年3月出生，固始县人，中共党员，大学文化，党校研究生班毕业，1976年9月参加工作。历任固始县汪棚乡团委书记、政府秘书、副乡长、胡族铺乡乡长、张老埠乡党委书记、黎集镇党委书记、罗山县政府县长助理、副县长、平桥区委常委、政法委书记、县委办公室主任，2006年5月任息县县委常委、县人民政府常务副县长。

**李　卓**，男，汉族，1965年8月出生，息县人，中共党员，大学文化，武汉大学在职研究生，1986年7月参加工作。历任息县文指委科员、杨店乡党委委员、党办秘书、长陵乡党委委员、纪委书记、党委副书记、乡长、包信镇党委副书记、镇长、关店乡党委书记、县政府办公室主任、党组成员、副县长，2006年5月任县委常委、统战部长、县政府副县长。

**吴　蕾**，女，汉族，中共党员，1961年2月出生，固始县人，大学文化，1981年参加工作。历任固始胡族镇妇联主席、组织委员、党委副书记，县环保局书记、局长、马岗乡党委书记，罗山县人民政府副县长。2007年12月任息县县委常委、政法委书记。

**裴　军**，男，汉族，1967年1月生，息县人。1985年12月加入中国共产党。1986年7月参加工作。大学文化。1999年7月任信阳市委宣传部主任科员；2005年1月任信阳市委宣传部副处级调研员；2008年2月任息县县委常委、宣传部长。

**胡百安**，男，汉族，1964年9月出生，信阳市人，中共党员，大专文化，1983年11月参加工作。历任38集团军战士、班长、作训参谋，20集团军工兵团作训股参谋，信阳军分区作训科参谋、科长，2005年1月任息县人武部部长，2006年4月~2009年2月任息县县委常委、县人武部部长。

**陈连书**，男，汉族，1966年5月出生，固始县人，中共党员，大学文化，1982年参加工作。历任战士、班长、排长、侦察连长、特务连指导员、军务参谋、炮兵科长、军事科长、人武部副部长、政委，2009年3月任息县县委常委、人武部政委。

**孙　潮**，男，汉族，1956年9月出生，息县人，大学文化，中共党员，1972年12月参加工作。历任部队战士、班长，息县麻纺厂工人，八里岔乡团委书记，团县委副书记、书记，项店乡、白土店乡党委书记，县人大办公室主任、教科委主任，县黄开办主任，东岳乡（镇）党委书记、人大主席，县委常委、统战部长，2006年5月任息县人大常委会党组成员、副主任。

**宋志平**，男，汉族，1950年10月出生，息县人，大学文化，中共党员，1965年8月参加工作。历任小茴店乡卫生院医生，部队战士、排长，县水利局干部、人事股长，县水利局总支委员、机械队支部书记、物资供应站站长，县水利局党委委员、副局长、县水利局党委书记、局长，2003年9月任县人大常委会党组成员、副主任、兼任水利局局长，2005年6月任县人大常委会党组成员、副主任。

**陈志坚**，男，汉族，1962年5月出生，息县人，大学文化，中共党员，1983年7月参加工作。历任县农技站副站长，县农牧局办公室主任，县委组织部干事、副科级组织员、副部长兼县直工委书记，杨店乡党委书记，2003年9月任县人大党组成员、副主任兼任杨店乡党委书记、乡人大主席，2006年3月任县人大党组成员、副主任。

**闫清勇**，男，汉族，1966年11月出生，息县人，大学文化，1988年8月参加工作。历任县一高教师、副校长，2003年9月任县人大常委会副主任、县一高副校长。

**鲁好友**，男，汉族，息县人，1948年11月出生，中共党员，1969年12月参加工作。历任昆明军区警卫营班长、排长、东岳镇武装部长、党委副书记、经联社主任、乡长、岗李店乡乡长、党委书记、白土店乡党委书记。1996年3月任息县人民政府副县长，1998年4月任息县人大常委会副主任、党组成员。

**黄先进**，男，汉族，1950年10月出生，潢川县人，中共党员，大专文化，1968年2月参加工作。历任航空兵军械师，县外贸局干部、县落实政策办公室干部，县委办公室干事、秘书，县委宣传部副部长、党教科长，县纪委副书记、监察局长，县交通局局长，2004年9月任县人大常委会党组成员、副主任，2007年3月任县人大常委会党组成员。

**吴 昊**，男，汉族，信阳市浉河区人，1962年9月出生，大学文化，浙江大学硕研班饲料添加剂专业毕业。1982年参加工作，历任固始县农业局、潢川县外贸局技术员，中美合资河南亚美饲料公司副总经理，中美合资河南亚美集团股份有限公司副总经理，兼中美合资河南亚美饲料公司总经理；参与创建亚美集团、华英集团，2000年任息县人民政府县长助理、副县长。

**蒋文俊**，男，汉族，1968年7月出生，固始县人，中共党员，管理学博士，1989年7月参加工作。历任教师，信阳市（县级）团市委学少部部长、副书记、书记，浉河区团区委书记，东双河镇镇长，吴家店镇党委书记，2003年9月任息县人民政府副县长。

**董桂英**，女，汉族，1962年10月出生，息县人，中共党员，大学文化，1979年10月参加工作，历任李堂乡党委书记、岗李店乡党委书记、人大主席，2007年4月任息县人民政府副县长。

**李美利**，男，1964年8月出生，中共党员，研究生毕业，1986年7月参加工作，高级工程师。历任河南省建筑科学院中心实验室副主任、主任，河南省建筑科学院三所所长、院长助理；2006年任河南省建筑科学院有限公司副总经理；2007年8月挂职息县人民政府副县长，2009年被国务院批准享受国务院特殊津贴。

**赵君峰**，男，满族，南召县人，1977年9月出生，中共党员，博士研究生，经济学博士。1996年9月～2000年7月，信阳师范学院本科阶段学习；2000年9月～2003年7月信阳师范学院硕士阶段学习；2003年9月～2006年7月年中南财经政法大学博士阶段学习；2006年10月任息县人民政府县长助理，兼任城郊乡党委书记助理；2008年3月任息县人民政府副县长。

**陈维明**，男，汉族，1964年7月出生，信阳市人，中共党员，大学文化，1982年10月参加工作。历任战士、班长、机要参谋、机要股长、军分区办公室主任、人武部副部长、干休所副所长。2009年3月任息县县政府党组成员、县人武部部长。

**杨文清**，男，汉族，息县人，1952 年 6 月出生，中共党员，大专文化，1968 年 3 月参加工作。历任排长、正营参谋，县委办公室秘书、保密局长、副主任，县建设局党委书记、局长，县粮食局党委书记、局长、息县政协副主席、粮食局局长，2006 年任息县政协副主席。

**周　民**，男，汉族，1966 年 1 月出生，息县人，大学文化，高级畜牧师，1989 年 7 月参加工作。历任息县畜牧兽医站副站长、副局长，2003 年 9 月任息县政协副主席、畜牧局副局长。

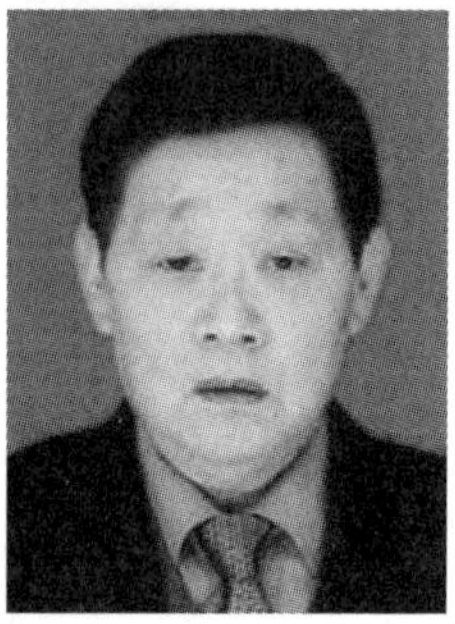

**郑镇祥**，男，汉族，淮滨县人，1949 年 9 月出生，中共党员，大专文化，1969 年 2 月参加工作。历任空军二航校一团机务大队长、空军二航校一团机械师副指导员、指导员、空军二航校政治部组织科干事、副科长、科长（团职），息县县委宣传部、组织部副部长、息县人民法院党组书记、院长，1999 年 9 月任息县政协副主席。

**林　群**，女，汉族，1963 年 3 月出生，光山县人，中共党员，大学文化，1982 年参加工作。历任书记员、助审员、审判员、副庭长、庭长，2008 年 2 月任息县人民法院党组书记、院长。

**武建平**，男，1957 年 5 月生，汉族，固始县人，中共党员，大学文化，1972 年 12 月参加工作。历任中国人民解放军第 358 团战士、班长，信阳市地区运输公司工人、信阳地区交通局办事员，信阳检察分院助检员、副科级检察员，潢川县双柳镇任党委副书记、控告申诉检察科副科长、正科级检察员、信阳市人民检察院渎职侵权检察处处长，光山县检察院党组书记、检察长、息县检察院党组书记。

**彭宗海**，男，汉族，1964 年 8 月出生，固始人，大学本科学历，中共党员，1982 年参加工作。历任商城县检察院书记员、副科长、科长、商城县检察院副科级检察员、检委会委员、商城县人民法院党组成员、副院长、商城县司法局副局长、商城县检察院党组成员、副检察长兼反贪局长、商城县检察院党组副书记、副检察长，信阳市人民检察院反贪局副局长，2009 年 12 月任息县人民检察院党组书记。

**戴清金**，男，汉族，息县人，1962年4月出生，中共党员，大学文化，研究生结业，高级农艺师，信阳市第三批专业技术拔尖人才，信阳市第一届优秀青年科学专家，信阳市跨世纪学术技术带头人。1983年7月参加工作。历任技术员、副站长、站长、党支部书记、农业局党支部委员、副局长，包信镇党委副书记、镇长、党委书记，2008年3月任县总工会党支部书记、主席。

**邸世忠**，男，汉族，商城县人，1966年1月出生，中共党员，大学文化。历任商城县公安局科员、派出所所长、刑警大队大队长、副局长、固始县公安局政委，2005年1月～2009年12月任息县公安局局长。

**郑　磊**，男，汉族，信阳市平桥区人，1963年5月出生，中共党员，1981年12月参加工作。历任科员、副大队长、大队长、政委、党委副书记，2009年12月任息县公安局局长。

**王明友**，男，汉族，淮滨县人，1968年3月出生，中共党员，1991年8月参加工作。历任交警支队副科长、浉河大队政委、交警支队副大队长，2008年8月～2009年12月任息县公安局政委。

**黎　璞**，男，汉族，1963年1月出生，光山县人，中共党员，大学文化，1986年7月参加工作，历任八里岔乡政府党委委员、党委秘书、县委办公室副主任、信访局局长，2006年12月任中共息县县委群众工作部部长、息县人民政府信访局局长。2007年5月享受副处级待遇。

**乔启廷**，男，汉族，1962年2月出生，息县人，中共党员，大专文化，1984年7月参加工作。历任曹黄林乡团委书记、科协秘书、党委委员（秘书）、乡企办副主任、息县纪委驻矿管局纪检组副组长、小茴店乡副乡长、东岳乡党委副书记、李堂乡党委副书记、包信镇副书记、副镇长、镇长、包信镇党委书记，小茴店镇党委书记、人大主席、2005年5月享受副处级待遇、2008年3月 息县产业集聚区总支委员会书记、主任。

**李学超**，男，汉族，1966年9月出生，息县人，中共党员，大学文化。历任国营息县林场技术员、办公室主任，小茴店乡团委书记、政府秘书、人大秘书，代理党委秘书、小茴店乡政府副乡长，临河乡党委副书记、乡长，城郊乡党委书记、人大主席，2007年7月，享受副处级待遇，2008年3月任杨店乡党委书记、人大主席。

**贾　设**，男，汉族，息县人，1965年9月出生，中共党员，武汉大学法学系在职研究生毕业，1983年12月参加工作。历任息县麻纺织厂会计、武装部干事，包信镇武装部干事、政府秘书、纪委书记、党委副书记，李堂乡党委副书记、乡长，东岳镇党委副书记、镇长、党委书记。2007年7月享受副处级待遇。

**裴仁胜**，男，汉族，息县张陶乡人，1965年11月出生，大专文化，中共党员，1981年10月参加工作。历任杨店乡副乡长、许店乡党委副书记、乡长、曹黄林乡党委副书记、乡长、曹黄林乡党委书记、人大主席，2006年7月，享受副处级领导干部待遇，2008年12月任路口乡党委书记、人大主席。

**潘超楼**，男，1958年8月出生，息县人，中共党员，大专文化，1975年1月参加工作。历任班长、文书、排长、政治指导员、团政治处书记，息县纪律检查委员会副科级检查员、审理室主任、副书记，白土店乡乡党委书记、乡人大主席，2000年6月任息县人口计生委工作，党总支书记、主任职务，2009年12月，享受副处级待遇。

**王金利**，男，汉族，息县人，1969年9月出生，中共党员，大学文化，1987年9月参加工作。历任路口乡副乡长、纪委检查一室主任，岗李店乡党委副书记，城关镇党委副书记、镇长，2004年任城关镇党委书记，2006年5月兼任城关镇人大主席。2009年12月享受副处级待遇。

**王　俊**，男，汉族，息县人，1963年7月出生，中共党员，大专文化，1980年6月参加工作。历任孙庙乡纪委书记、关店乡党委副书记、许店乡乡长、党委副书记、彭店乡乡长、党委副书记、长陵乡党委书记、人大主席，2008年12月任息县张陶乡党委书记、人大主席。2009年12月享受副处级待遇。

# 模范人物

## 全国、省、市表彰的模范人物

| 获奖人姓名 | 获奖名称 | 颁奖单位 | 颁奖日期 |
|---|---|---|---|
| 姜　辉 | 全国优秀法官 | 最高人民法院 | |
| 吴　蕾 | 河南省平安建设先进个人 | 河南省省委省政府 | 2009.12 |
| 王海峰 | 全省集中处理涉法涉诉信访工作先进个人 | 河南省省委省政府 | 2009.12 |
| 卢保斌 | 河南省安全生产先进工作者。 | 河南省人民政府 | |
| 齐中武 | 全省林业先进科技工作者 | 河南省林业厅 | |
| 张　伟 | 河南省优秀司法所长 | 河南省司法厅 | 2010.07 |
| 曹　跃 | 河南省“五五”普法依法治理工作先进个人 | 河南省依法治省工作领导小组 | 2009.09 |
| 易　斌 | 河南省税务先进工作者 | 河南省人力资源与社会保障厅、河南省国税局、河南省地税局联合颁奖 | 2009.12 |
| 李春晖 | 全省税务系统先进个人 | 河南省人力资源与社会保障厅、河南省国税局、河南省地税局联合颁奖 | 2010.1 |
| 张　斌 | 全省专项整治嘉奖 | 河南省国税局 | 2010.1 |
| 彭　波 | 全省黏土砖瓦窑厂整治工作先进工作者 | 河南省人民政府 | |
| 杨树奎 | 河南省人民检察院记个人一等功 | 河南省人民检察院 | |
| 郑亚楠 | 河南省农村信用联社先进工作者 | 河南省农村信用社 | 2010.2 |
| 王国耀 | 河南省农村信用联社先进工作者 | 河南省农村信用社 | 2010.2 |
| 任平耀 | 河南省农村信用联社先进工作者 | 河南省农村信用社 | 2010.2 |
| 郑新鸣 | 河南省农村信用联社先进工作者 | 河南省农村信用社 | 2010.2 |
| 杨仁全 | 河南省教学标兵 | | |
| 王保学 | 荣立三等功 | 信阳市国税局 | 2010.1 |
| 彭　莉 | 全市专项整治三等功 | 信阳市国税局 | 2010.1 |
| 魏明辉 | 全市专项整治嘉奖。 | 信阳市国税局 | 2010.1 |
| 李金磊 | 信阳市统计系统先进工作者 | 信阳市统计局 | |

## 公安系统2009年获市政府以上表彰先进人物

| 授奖个人 | 表彰项目 | 授奖个人单位及职务 | 批准单位 |
|---|---|---|---|
| 王　健 | 中原卫士 | 刑警大队 | 市　局 |
| 叶玉忠 | 中原卫士 | 刑警大队中队长 | 市　局 |
| 谢涣坤 | 中原卫士 | 城关所所长 | 市　局 |
| 杨　巍 | 中原卫士 | 张陶所所长 | 市　局 |
| 张振华 | 中原卫士 | 路口所所长 | 市　局 |
| 张继兵 | 中原卫士 | 岗李店所民警 | 市　局 |
| 陈　勇 | 杰出中原卫士 | 副局长 | 市　局 |
| 李春梅 | 全市信息网络安全监察工作先进个人 | 网监大队 | 市　局 |
| 赵书金 | 平安杯治安防控体系建设先进个人 | 岗李店所所长 | 市　局 |
| 许永峰 | 平安杯治安防控体系建设先进个人 | 项店所指导员 | 市　局 |
| 孙新华 | 平安杯治安防控体系建设先进个人 | 治安大队 | 市　局 |
| 易　俊 | 全省公安机关审计工作先进个人 | 审计室主任 | 省　厅 |
| 尚　琨 | 全省优秀女民警 | 刑警大队中队长 | 省　厅 |
| 刘高峰 | 全省优秀人民警察 | 夏庄所所长 | 省　厅 |
| 徐　扬 | 全省优秀人民警察 | 杨店所所长 | 省　厅 |
| 王　磊 | 全省优秀人民警察 | 长陵所民警 | 省　厅 |
| 贾丽莉 | 全省优秀人民警察 | 刑警大队 | 省　厅 |
| 张继兵 | 全省优秀人民警察 | 岗李店所民警 | 省　厅 |
| 刘　娜 | 个人三等功 | 宣传股民警 | 市　局 |
| 巍解明 | 个人三等功 | 政治处主任 | 市　局 |
| 田　宏 | 个人三等功 | 政治处副主任 | 市　局 |
| 赵书金 | 全市追逃能手 | 岗李店所所长 | 市　局 |
| 王　健 | 全市追逃能手 | 刑警大队科员 | 市　局 |
| 赵书金 | 个人三等功 | 岗李店所所长 | 市　局 |
| 陈　钧 | 个人三等功 | 小茴店所所长 | 市　局 |
| 谢　勇 | 个人三等功 | 督察大队大队长 | 市　局 |
| 徐继明 | 个人三等功 | 网监大队大队长 | 市　局 |
| 李元红 | 个人三等功 | 法制室主任 | 市　局 |
| 蔡　建 | 个人三等功 | 刑警大队案件中队中队长 | 市　局 |

| 授奖个人 | 表彰项目 | 授奖个人单位及职务 | 批准单位 |
|---|---|---|---|
| 卢　晶 | 个人三等功 | 政治处组教股股长 | 市　局 |
| 王　健 | 个人三等功 | 刑警大队 | 市　局 |
| 孙　辉 | 中原卫士 | 城关所副所长 | 省　厅 |
| 张　帆 | 中原卫士 | 临河所民警 | 省　厅 |
| 范超海 | 中原卫士 | 刑警大队城关中队队长 | 省　厅 |
| 罗俊风 | 中原卫士 | 刑警大队民警 | 省　厅 |
| 丁　新 | 中原卫士 | 关店所所长 | 省　厅 |
| 赵　勇 | 全省公安机关打击假币犯罪“09行动”先进个人 | 经侦大队副队长 | 省　厅 |
| 李涛涛 | 全市公安机关公共信息网络安全监察工作先进个人 | 网监大队科员 | 市　局 |
| 张明涛 | 2009年度全省公安监管工作先进个人 | 看守所指导员 | 市　局 |
| 杨树海 | 2009年度全省公安机关宣传工作优秀通讯员 | 宣传科科长 | 省　厅 |
| 杨云仙 | 全市公安宣传工作先进个人 | 宣传股 | 市　局 |
| 刘　娜 | 全市公安宣传工作优秀通讯员 | 宣传股 | 市　局 |
| 杨树海 | 百日上稿竞赛活动先进个人 | 政治处副主任 | 市　局 |
| 李德刚 | 全市公安机关书画摄影比赛三等奖 | 城关所副所长 | 市　局 |
| 王　振 | 全市公安机关书画摄影比赛三等奖 | 治安大队教导员 | 市　局 |
| 徐继明 | 全省公安机关基层优秀科技管理员 | 网监大队大队长 | 省　厅 |
| 冉宏伟 | 全市公安机关“派出所正规化建设”先进个人 | 治安大队民警 | 市　局 |
| 谢焕坤 | 全市公安机关“派出所正规化建设”先进个人 | 城关所所长 | 市　局 |
| 张　强 | 全市公安机关绩效考评工作先进个人 | 警令部综合股 | 市　局 |
| 王琳军 | 全市公安机关绩效考评工作先进个人 | 警令部民警 | 市　局 |
| 胡　颖 | 全市公安机关绩效考评工作先进个人 | 刑警大队办公室主任 | 市　局 |
| 毛新星 | 全市110接警工作先进个人 | 巡特警大队科员 | 市　局 |
| 杨玉娴 | 全市110接警工作先进个人 | 指挥中心民警 | 市　局 |
| 郑立强 | 全市110接警工作先进个人 | 城郊所副所长 | 市　局 |
| 许　伟 | 全市110接警工作先进个人 | 孙庙所民警 | 市　局 |
| 伍春光 | 全市110接警工作先进个人 | 张陶所副所长 | 市　局 |
| 张俊杰 | 全市110接警工作先进个人 | 城关所民警 | 市　局 |

# 息县县委、县政府表彰的人物

## 大招商工作有功人士

宋久周　系息县在厦门创业成功人士，引进晋江合德纺织项目

李培军　系湖北襄樊红日窑业公司总经理，引进河南远方陶瓷项目

## 息县农村改革创新先进人物

项店镇富民资金互助社理事长　蔡达明

项店镇鹏威劳务输出公司经理　李世龙

张陶乡金穗插秧合作社理事长　易　慧

彭店乡张庄村种粮大户　柳学友

小茴店镇大学生村干部　郑梦洁

岗李店乡华鸿甘薯种植合作社理事长　许　鹏

包信镇曦农面粉厂厂长　任希恒

路口乡金诚农机合作社理事长　张洪涛

夏庄镇民生资金互助社理事长　王文华

陈棚乡汪湖生态渔业养殖专业合作社理事长　房家莹

濮管区机关创业干部　彭生斌

项店镇金地农机合作社理事长　陈守国

张陶乡银龙惠农资金互助社理事长　高培勇

彭店乡创诚牧业合作社理事长　靳国栋

小茴店镇农发中心主任　鲁法明

岗李店乡惠民资金互助社理事长　贾　建

包信镇宏扬养殖专业合作社理事长　冯　辉

孙庙乡金翔农机合作社理事长　王保锋

杨店乡金宝农机合作社理事长　裴其华

长陵乡锐莉达塑料制品有限公司经理　张　瑞

曹黄林乡便民资金互助社理事长　乐自银

## 息县“名牌教师”

韩中强　县一高　　潘光焰　县一高　　杨森林　县二高　　陆中兴　县三高

王小宁　县一中　　魏　凯　县三中　　徐　昊　县三中　　杨晓青　夏庄中学

贾　静　东街小学　　吴　俊　杨店中心校

## “活力息县”十大先锋人物

李　杰　华联超市经理

李　锋　项店镇李楼村党支部书记

张　军　香米貢酒业有限公司总经理

张　勇　县公用事业管理局副书记、副局长

郑梦洁　大学生村干部、小茴店镇李甲道村村委会主任助理

钱　勇　县检察院反贪局副局长

鲁好友　县人大党组成员

韩中强　县一高教师

裴其华　杨店乡农机专业合作社理事长

潘建英　县创新塑胶公司总经理

**三等功臣**（县委县政府依据《公务员奖励规定（试行）》记三等功奖励的人员）：王海峰、黄国忠、柴强

## 息县对外宣传先进个人（48名）

于　跃（广电局）　于海峰（广电局）　马　强（广电局）　马　童（三 中）
王　林（运管所）　王　玮（广电局）　王　晋（项店镇）　王秋菊（计生委）
乐秀国（建设局）　左小雁（妇 联）　任　晶（广电局）　刘婉君（广电局）
许淑芬（广电局）　何　巍（广电局）　余　杰（检察院）　张　静（广电局）
张其辉（法 院）　张俊杰（教体局）　时秀敏（宣传部）　时拥军（张陶乡）
李　强（陈棚乡）　杨　琦（广电局）　杨树海（公安局）　杨培峰（东岳镇）
陈　伟（县委办）　陈俊宏（组织部）　陈新刚（广电局）　周　丽（城郊乡）
周　峰（政府办）　易　广（环保局）　瓮彦君（文 联）　柳　永（广电局）
段清斌（农业局）　胡守民（夏庄镇）　夏　娜（广电局）　夏天宝（杨店乡）
夏堂名（宣传部）　徐　锐（广电局）　徐海军（宣传部）　徐莹莹（广电局）
贾　林（路口乡）　崔记伟（纪 委）　曹　跃（司法局）　黄　斌（彭店乡）
黄周林（农机局）　黄德智（交通局）　裴　磊（新华书店）　薛运华（卫生局）

## 息县精神文明建设先进个人（25名）

瓮彦君（文联）　熊　伟（建设局）　谌　磊（公用事业局）　何　波（工商局）
宋传美（国土局）　李西伟（城关镇）　付新国（城郊乡）　李清本（文化局）
徐继钊（市场发展中心）　陈泽菊（农联社）　张志刚（公用事业局）　张庆朴（卫生局）
陈　荣（公安局）　万　明（教体局）　杨　建（人口计生委）　赵国民（审计局）
贾　建（公疗医院）　裴建国（电业局）　姜　斌（财政局）　何　燕（教体局）
叶　娟（三中）　刘北华（农行）　简树山（城建大队）　曾　鑫（粮食局）
李春喜（环卫所）

## 息县信访工作“十佳标兵”名单（10名）

卢　照（县委办公室）　杨　茗（县纪检委）　孙超伊（县国土资源局）
刘　峰（杨店乡政府）　谢焕坤（县公安局）　王　艳（县委群工部）
彭　慎（城关镇政府）　庞文军（项店镇政府）　张　武（县司法局）
黄明银（县城建遗留办公室）

## 息县维稳及处理涉法涉诉信访工作先进个人名单（10名）

孙　林（县委办公室副主任、机要局局长）　何　伟（县监察局副局长）
曹桂海（杨店乡党委副书记）　张　宁（县公安局副局长）
杨玉军（县督查局副局长）　陈防生（县劳动和社会保障局副局长）
马孝堂（城关镇正科级干部）　徐　斌（县法院审监庭庭长）
雷　勇（县委政法委办公室主任）　付　林（县委群工部督查室主任）

## 息县纪检监察工作先进个人(27名)

张　琼　张陶乡党委委员、纪委书记
葛保兴　小茴店镇党委委员、纪委书记
周宗军　曹黄林乡党委委员、纪委书记
张　峰　临河乡党委委员、纪委书记
王　俊　县建设局党委委员、纪委书记
向　丽　县财政局党总支委员、纪检组长
周书地　县审计局副科级干部
张春雷　县公安局党委委员、纪委书记
黄颖莉　县委政法委纪检组长
乐祥让　县环保局党总支委员、纪检组长
邹慧敏　县水利局党委委员、纪委书记
陈守宇　县民政局党总支委员、纪检组长
张慧民　县纪委监察局审理室主任
杨　霞　县纪委监察局案管室主任
刘　涛　岗李店乡党委委员、纪委书记
方翔卓　路口乡党委委员、纪委书记
刘　峰　杨店乡党委委员、纪委书记
黄德智　县交通局党委委员、纪委书记
宋传美　县国土局党委委员、纪委书记
陈　达　县国税局党组成员、纪检组长
孙耀中　县电业总公司副书记、纪委书记兼工会主席
余　立　县计生委副主任、纪检组长
陈　伟　县地税局党组成员、纪检组长
孙士军　县文化局党总支委员、纪检组长
骆明平　县粮食局党委委员、纪委书记
崔记伟　县纪委监察局综合室主任
罗仁虎　县纪委监察局检查一室主任

## 息县关心支持国防建设先进个人(33名)

潘超楼(县人口计划生育委员会主任)
李洪俊(县政府办公室主任)
郝　平(县直工委书记)
陈卫华(县财政局局长)
郑继保(县建设局局长)
耿　健(县畜牧局局长)
付　军(县政府法制办主任)
周国健(县卫生局副局长)
吕家斌(八里岔乡党委书记)
付树华(陈棚乡党委书记)
范　军(东岳镇党委书记)
张培建(城郊乡乡长)
余珂佳(曹黄林乡乡长)
陈全成(包信镇镇长)
谢克刚(白土店乡乡长)
杨文科(城关镇党委副书记)
毛　俊(夏庄镇党委副书记)
孙　林(县委办公室副主任、机要局局长)
夏　勇(县委办公室副主任)
刘　辉(县政府办公室副主任)
易善东(县审计局局长)
谢　浩(县水利局局长)
申　军(县国土资源局局长 )
段　伟(县公安局副局长)
张传周(县教体局副局长)
任仲宝(关店乡党委书记)
李　军(白土店乡党委书记)
黄　明(彭店乡乡长)
张　波(城关镇镇长)
邵永峰(路口乡乡长)
陈　静(杨店乡乡长)
胡　崴(临河乡乡长)
姚光道(项店镇党委副书记)

## 息县民兵预备役工作先进个人(18名)

龚　进(县人武部军事科长)
何　涛(杨店乡武装部部长)
刘　煜(夏庄镇武装部部长)
岳邦勇(县人武部后勤科长)
周　勇(张陶乡武装部部长)
任　波(八里岔乡武装部部长)

王　文(县直武装部部长)
陈宏刚(关店乡武装部部长)
曾照华(杨店乡武装部副部长)
陈　勇(长陵乡武装部副部长)
张艳华(临河乡武装部副部长)
罗　柳(城关镇武装部副部长)
黄　田(孙庙乡武装部部长)
何　磊(濮管区武装部部长)
熊学东(八里岔乡武装部副部长)
庞文军(项店镇武装部副部长)
时永强(曹黄林乡武装部副部长)
王　岩(县人武部基地副主任)

## 息县平安建设暨信访工作先进工作者(55名)

县委办:陈龙龙
县委政法委:吴世东
检察院:彭友山
林业局:胡玉芳
计生委:申保光
农村信用联社:周　丰
督查局:冯　辉
教体局:冯勇堂
社保局:马桂生
国土资源局:彭波、贾新勇
卫生局:钮振炎
公用事业局:张志刚
农业局:阮　伟
供销社:龙　雷
农机局:黄贤文
城关镇:李西伟
孙庙乡:李　伟
彭店乡:高荣安
白土店乡:刘　欣
东岳镇:刘　明
岗李店乡:刘　涛
夏庄镇:熊　峰
陈棚乡:任仲生
项店镇:刘群民
关店乡:李振宇
濮管区:罗金梅
政府办:徐玉华
县法院:和永辉
公安局:王　巍
一　高:王　顺
三　高:彭明海
邮政局:谢　军
人事局:方继锋
财政局:向　丽
交通局:黄德智
建设局:王　俊
粮食局:张其栋
民政局:陈守宇
水利局:邹慧敏
烟草局:陈　波
工业经济运行局:周鹏、邵其峰
城郊乡:王　琴
路口乡:方翔卓、邓海友
杨店乡:周世平、李文生
张陶乡:张　琼
包信镇:张　辉
小茴店镇:葛保兴
长陵乡:杨大伟
临河乡:张　峰
八里岔乡:张　彬
曹黄林乡:李　源

## 息县工会工作先进个人(36名)

杨文科(城关镇党委副书记)
刘琳君(东岳镇党委副书记)
向朝辉(陈棚乡党委副书记)
岳　林(岗李店乡党委副书记)
贾　林(路口乡宣统委员)
吴保健(城郊乡党委副书记)
张　军(关店乡党委副书记)
陈志刚(八里岔党委副书记)
陈贵勇(濮管区党委副书记)
黄自强(临河乡宣统委员)

谢　辉（孙庙乡政府秘书）
姚淑珍（夏庄镇工会联合会主席）
李　源（曹黄林乡综治办副主任）
易　彬（县地税局征收分局局长）
孙耀忠（县电业总公司党委副书记、纪委书记兼工会主席）
马桂生（县劳动和社会保障局工会主席）
郭迎雪（县建设局工会主席）
陈　兰（县妇幼保健院副院长）
陈泽菊（县农村信用联社副主任）
郑　策（县邮政局工会主席）
易　红（县卫生局工会主席）
张新龙（县林业局工会主席）
李东林（县人民医院办公室主任）
张洪珍（项店镇工会联合会主席）
刘　勇（杨店乡工会联合会主席）
张继哲（县产业集聚区工会主席）
谷琼玲（亚洲新能源公司工会主席）
郭金洲（县财政局工会主席）
谌　磊（县公用事业管理局副局长）
于　庆（县粮食局工会主席）
孙超伊（县国土资源管理局工会主席）
姬爱国（县联通公司工会副主席）
曹慧敏（县人口计生委工会主席）
万　明（县教体局副科级干部）
刘　东（县物价局工会主席）
余　建（县民政局南山陵园主任）

# 政　　治

## 中共息县委员会

县委书记：张富治

**【综述】** 2009年，在市委、市政府的正确领导下，息县县委团结和带领全县广大党员干部群众，坚持以邓小平理论和“三个代表”重要思想为指导，认真学习贯彻党的十七大和十七届三中、四中全会精神，全面落实科学发展观，抢抓机遇，团结拼搏，开拓创新，扎实工作，经济社会保持了又好又快的发展势头，民主法制建设、精神文明建设和党的建设得到进一步加强，和谐文明美丽富饶新息县的美好图景正在逐步展现。

坚持科学发展，综合实力跃上新台阶　面对经济危机的不利影响，息县县委坚持把发展作为第一要务，围绕建设和谐文明美丽富饶新息县的目标，化危为机、危中寻机，团结一心、克难攻坚，保增长、调结构、促改革、惠民生取得新成绩。全县生产总值完成88.56亿元，增长13.2%；地方财政一般预算收入完成1.6亿元，增长12.3%；城镇居民人均可支配收入和农民人均纯收入达到11525元、4020元，分别增长9.4%和8.3%。（一）狠抓项目建设，工业经济逆势挺进。县委以项目建设为抓手，采取多种措施积极应对经济危机，促进工业快速复苏，全县工业呈现出规模扩大、总量提升、效益向好的良好局面。一是重点项目快速推进。亚洲新能源及时调整结构，上马年产20万吨合成氨改造项目和氮肥生产综合技改项目，扩大企业规模，提高了竞争力。全国500强企业江苏雨润集团投资3亿元的誉昆肉类食品项目，已完成投资1.4亿元。海虹陶瓷项目完成投资1.35亿元，一期工程竣工投产，不仅产销两旺，而且带动投资3亿元的陶瓷工业园项目落户息县。在重大项目的强力带动下，全县骨干工业企业活力不断增强，规模产能迅速壮大。2009年，全县规模以上工业增加值、利润分别完成23.5亿元、4.7亿元，分别增长21%、82%。二是大招商工作成效明显。立足现有工业基础和资源优势，实行领导带头，专业作战，主攻重点企业、重点产业，集中力量引进大项目、好项目，使招商引资由数量型向质量效益型转变。继续坚持和完善民主测评行风制度，改革测评方式，推进行政审批中心规范运行，促进经济发展环境持续优化好转，息县继2008年被评为“外商眼中的河南最佳投资城市”、“全省优化经济发展环境优秀县”后，2009年又被评为“中国金融生态文明县”。良好的经济发展环境吸引大批客商慕名而来，投资发展。全县共签定合同项目24个，总金额22.06亿元，其中落地项目17个，总金额18.57亿元。特别是合昌纺织、陶瓷工业园、台湾食品工业园等投资额在3亿元以上的重大项目落户息县，全县经济发展的实力迅速壮大。三是产业集聚区粗具规模。基础设施建设完成投资1.2亿元，修建道路5公里，绿化美化亮化同步推进，基本达到“七通一平”，新建标准化厂房2万平方米，极大改善集聚区的投资硬环境，为招商引资搭建良好平台。2009年，产业集聚区入驻企业52家，建成投产30家，完成工业总产值3.6亿元，实现利税5000万元。（二）突出改革创新，试验区建设活力迸发。息县县委以农村改革发展综合试验区建设为平台，层层发动，全面推进，重点突破，全县农村呈现出活力迸发、蓬勃发展的良好局面。是年，全县成立农民专业合作组织383家，农民组织化程度明显提高；流转土地面积78万亩，其中可耕地62万亩，占全县可耕地面积的41.9%，土地规模经营优势正在显现；成立投资担保公司3家、资金互助组织23家，县域内新增储蓄存贷比达到74.6%，资金供需矛盾明显缓解；建成标准化村卫生室324个，新建和改扩建乡镇敬老院37所，农村五保户集中供养率达到45%；在全市率先全面启动新民居建设，110个新村开工建设，成为农村发展中的一道靓丽风景线；粮食生产再夺丰收，总产达18.38亿斤，连续四年荣获“全国粮食生产先进县”称号。（三）深化“六城联创”，城乡面貌日新月异。县委以创建市级园林县城、市级文明县城先进县为目标，县级领导带头作战，各级各部门密切协作，广大干群踊跃参与，六城联创继续深入开展。城区东环路建设热火朝天，护城河治理一期工程顺利完成，24条背街小巷治理全部完工，新增绿地1.26万平方米。继续开展环境卫生综合整治活动，建立城区环卫保洁市场机制，城区环境卫生和经营秩序发生新的变化，顺利通过创建省级卫生县城年审和市级园林县城考核验收。各乡镇按照六城联创总体部署，累计投入资金5200多万元，新建、改建水冲式、无害化公厕37座，建设农贸市场29个，硬化街区路面38万平方米，不断夯实硬件基础，完善日常管理，全面提高创建水平。全县所有乡镇被评为市级卫生乡镇，小茴店、陈棚和项店3个乡镇被评为省级卫生乡镇。

致力改善民生，社会事业全面进步　坚持以人为本，高度关注民生，着力解决民生突出问题，切实抓好“三就两保”，群众得到更多实惠。在就业方面，认真落实完善各项扶持政策，广开就业渠道，全县新增城镇就业岗位8512个，下岗失业人员再就业2165人，城镇登记失业率控制在3.5%以内，全年向县外输出务工人员26.7万人，实现劳务总收入20.6亿元。在就医方面，县人民医院异地新建项目开工建设，县第二医院病房综合楼主体工程完工，乡镇卫生院基本恢复运营，324个标准化村卫生室全部建成，基层卫生和保健条件明显改善。新型农村合作医疗工作不断巩固，2009年全县农民参合率达到98%，共对41万人次进行补偿，累计补偿金额7.5亿元，有效解决广大群众的看病难、看病贵问题。在就学方面，面向社会公开招聘300名中小学教师和130名特岗教师，教师队伍进一步加强，高中招考试再创佳绩，全县本科进线首次突破2000人大关，达到2016人，三年跨三大步。在校生6000人的职业教育中心如期招生，中心幼儿园投入使用，职业教育和普通教育比翼起飞。在住房保障方面，196户廉租房全部完工，困难群众陆续入住。在社会保障方面，探索新型农村社会养老保险，开展失地农民养老保险试点工作，为城郊乡五一村失地农民发放首批养老保险金，“两个确保”得到全面落实，城乡低保、农村五保实现应保尽保。全力推进林业生态建设，完成造林6.55万亩，被评为“全省林业生态县”。坚持不懈地抓好人口和计划生育工作，计生工作再上一个新台阶，荣获“全国计划生育优质服务先进县”称号。

切实化解矛盾，社会大局和谐稳定　坚持把发展作为第一要务，把维护稳定作为第一责任。一是高度重视信访工作。继续深化县委书记大接访活动，建立健全信访稳定工作长效机制，化解了一大批信访热点、难点问题，在新中国成立60周年庆典期间首都和省会没有来自息县的干扰，受到省信访领导小组通报表扬，被评为“全省信访工作显著进步县”。二是深入开展平安创建活动。牢固树立“平安第一”的理念，加强社会治安综合治理，集中开展严厉打击“两抢一盗”等专项行动，始终保持对刑事犯罪的高压态势，社会治安防控能力进一步提高，人民群众的安全感明显增强。狠抓安全生产不放松，全县生产形势平稳，没有发生重特大安全事故。息县平安建设工作取得了历史性的突破，首次被评为“全省平安建设工作先进县”。

凝聚干事合力，发展保障得到加强　围绕建设和谐文明美丽富饶新息县，息县县委团结一切可以团结的力量，调动一切可以调动的积极因素，形成了干事创业、加快发展的强大合力。**一是巩固团结干事的政治局面。**县委充分发挥总揽全局、协调各方的领导核心作用，大力支持人大、政府、政协各负其责、协调一致地开展工作，保证民主决策、科学决策。坚持和完善人民代表大会制度，充分发挥县人大及其常委会的作用。认真贯彻《中共中央关于加强人民政协工作的意见》，为政协履行职能创造条件。统战系统以光彩事业系列工程为载体，把“凝聚力工程”落到实处，为经济社会发展做出新贡献。严格落实党管武装各项制度，驻息部队官兵和广大民兵预备役人员在经济发展和各种急难险重任务中做出了突出贡献。积极支持工会、共青团和妇联等群团组织独立自主开展工作，真正发挥联系群众的桥梁和纽带作用。**二是筑牢团结干事的精神支柱。**切实加强思想政治工作和公民道德建设，广泛开展群众性精神文明创建活动，提高了全民文明素质，激发了人民群众共建美好家乡的积极性。认真开展全县十大名牌教师、十大先锋人物等模范人物的评选和表彰活动，深入开展“濮淮风情”广场文艺演出、“和谐息县百姓大讲堂”和庆祝新中国成立60周年“活力息县”系列文化宣传活动，丰富广大群众的精神文化生活，在全县上下营造大团结、大奋进、大欢乐、大和谐的社会氛围。着力打造“千古中华第一县”历史文化品牌，精心组织策划一系列卓有成效的宣传推介活动，息县对外影响力和知名度进一步提高。**三是强化团结干事的组织保障。**认真开展深入学习实践科学发展观、讲党性修养、树立良好作风、促进科学发展和大力弘扬焦裕禄精神等主题教育活动，筑牢了广大干群团结干事的思想基础。不断深化“三级联创”活动，全面推广“四议两公开”工作法，创新“四帮四促”、党员志愿者服务等活动载体，提高基层组织的凝聚力和战斗力。坚持和完善《科级干部工作实绩考评办法》，全面落实干部使用“五个常态化”，严格实绩考评，推行“双推双考”，实行学习积分，先后有69名同志得到提拔重用，树立正确导向，形成比学赶超的良好风气。继续强化以落实市委“五禁止”、“十不准”和县委“五条禁令”、“三项制度”为主要内容的干部作风建设，严格督导检查，务求工作实效，全年共处理违规违纪人员38人，干部作风发生新的变化，勤政廉政蔚然成风，受到社会各界的广泛好评。

**【息县县委2009年常委会议摘要】** 2009年1月9日召开县委常委会议，会议研究贯彻落实省“三个规划”工作会议精神。会议要求，县委、县政府要高度重视，主要部门和涉及部门都要全力以赴，加强协调，提高工作效率，争取主动，搞好衔接，着眼长远，抓好落实。

2009年2月2日召开县委常委会议，会议主要听取县人大十二届三次会议和县政协八届三次会议筹备情况，审议政府工作报告。会议要求，即将召开的“两会”，工作千头万绪，要全身心投入，积极推进切实把各项工作做好。

2009年2月4日召开县委常委会议，会议主要听取政法工作汇报，研究部署今年的政法工作。会议指出，2009年全县政法工作的目标，就是创建全省平安建设先进县。会议要求。全县政法部门要明确目标，强化保障，夯实基础，创新理念，突出重点，打造亮点，争取创建目标能顺利实现。

2009年3月12日召开县委常委会议，会议主要研究两个问题：一是金伦纸业公司职工上访问题；二是息县集中清理执行积案工作。就金伦纸业公司职工上访问题，会议决定，成立破产工作领导小组，组成专门班子进驻金伦纸业公司，开展破产改制的各项工作，要召开职工代表大会，选出职工代表，宣布破产改制决定。就全县集中清理执行积案工作，会议决定，县财政设立60万元的特困群体救助资金，用于弱势困难群体执行积案工作救助。

2009年6月16日召开县委常委会议，会议主要研究两项工作，一是关于全县贯彻落实中央、省、市纪委加强地方县级纪检监察机关建设精神情况；二是对招商引资、“天下第一县”的考察论证等工作进行研究。就如何加强基层纪检监察工作，会议要求，一定要按照上级要求，结合息县实际，妥善处理好人员待遇、人员编制、办公装备等方面的问题，不折不扣地加以落实。同时，会议就招商引资、“天下第一县”的考察论证等工作做了讨论和具体安排。

2009年7月10日召开县委常委会议，会议主要是学习贯彻信阳市推广“平桥模式”现场会，信阳市预防职务犯罪工作领导小组扩大会议等会议精神。会议要求，一定要认真落实市里的会议精神，加大司法援助资金投入力度，各项工作不能落后。

2009年9月29日召开县委常委会会议，会议主要议题是传达市委全委（扩大）会议精神，研究息县召开县委全委（扩大）会议事宜。会议决定，初步定于9月30日上午召开县委全委（扩大）会议，会议讨论并通过县委书记张富治在县委全委（扩大）会议上的讲话提纲。

**【中共息县县委重要文件】**《中共息县县委关于在全县党员中开展学习实践科学发展观活动的实施意见》（2009 年 3 月 24 日）

《中共息县县委 2009 年度理论学习安排意见》（2009 年 3 月 30 日）

《中共息县县委关于印发〈息县农村改革发展综合试验区建设实施方案〉的通知》（2009 年 5 月 6 日）

《中共息县县委关于新形势下深入学习大力弘扬焦裕禄精神，加强党性修养，切实改进作风，推动科学发展的决定》（2009 年 5 月 7 日）

《中共息县县委关于开展"讲党性修养，树良好作风，促科学发展"教育活动意见》（2009 年 5 月 7 日）

《中共息县县委关于 2009 年全县党风廉政建设责任制工作安排的意见》（2009 年 5 月 31 日）

《中共息县县委关于转发〈关于在全省村级组织推广邓州市农村党支部、村委会"4 + 2"工作法的决定〉的通知》（2009 年 6 月 2 日）

《中共息县县委关于进一步加强纪检监察工作的意见》（2009 年 6 月 4 日）

《中共息县县委关于印发〈息县招商引资工作考核奖惩办法〉的通知》（2009 年 7 月 27 日）

《中共息县县委关于进一步加强优化经济发展环境工作的意见》（2009 年 8 月 4 日）

《中共息县县委关于深入推进平安息县建设的意见》（2009 年 9 月 2 日）

《中共息县县委关于创建市级文明县城工作先进县实施意见》（2009 年 9 月 21 日）

《中共息县县委关于落实省委巡视组巡视反馈问题整改情况的报告》（2009 年 12 月 21 日）

《中共息县县委关于加快林业改革发展的意见》（2009 年 12 月 22 日）

《中共息县县委关于完善人口和计划生育利益导向机制的意见》（2009 年 12 月 29 日）

《中共息县县委关于建立和完善司法救助制度的意见》（2009 年 12 月 23 日）

# 中共息县县委办公室

主任：伍存强

【简述】 2009年，息县县委办公室在县委的正确领导下，认真贯彻党的十七届三中、四中全会精神，深入开展学习实践科学发展观活动，紧紧围绕县委的重大决策和工作部署，以创新为动力，以服务为根本，细虑精思当参谋，认真慎行抓协调，聚精会神做保障，一心一意谋发展，使各项工作上台阶，服务质量提水平，圆满完成上级交办的各项工作任务，较好地发挥了参谋助手和综合协调作用。

【文秘工作】 一是严格把关，切实提高办文质量。对以县委和县委办公室名义下发和上报的各类文件、材料，严格审核把关，对每一处细节都能做到精益求精，确保全年制发的各类公文280余份零差错。二是加强调查研究。紧紧围绕信访稳定、农村改革发展综合试验区建设、学习贯彻党的十七届三中、四中全会精神、省市县重点工作等热点难点和上级关注的问题积极开展调查研究，先后撰写了20余篇有价值、有深度的调研报告，为领导决策提供参考依据。三是加强以文辅政能力建设。紧紧围绕县委、县政府的重大决策和工作部署，积极开展基层调研，始终坚持把做好文字工作、提高文字服务水平作为重要职责，强化精品意识，发挥以文辅政作用，全年共负责拟写领导讲话、理论文章、汇报材料等文稿80余篇，较好地发挥了以文辅政的作用。

【信息工作】 一是抓调研，强质量，全力做好精品信息。二是抓本级，强创新，全力做好内参性信息。三是抓基础，强服务，全力做好指导性信息。全年共收集整理各类信息4718条，报省委办公厅信息1000余条，采用193条，其中省领导批示3次；报市委办公室信息1200余条，采用158条，专期6期，其中市领导批示7次；专报县级领导《领导参阅》10期，下发《工作情况交流》50期，共400余条，其中，县领导对信息工作批示7次；印发《信息快讯》162期。整体工作情况排名位居省市前列。

【机要密码工作】 一是强化管理。完善各项工作制度，建立了机要密码安全管理长效机制，实现了机要工作的规范有序运行，确保了市县机要通信网络和县乡计算机加密通信安全畅通。二是强化责任。认真落实机要局长是第一责任人制度，全力做好紧急重要电报和机要文件收发办理，确保了各级党委、政府指示政令的安全畅通。三是强化督察。组织专项检查，定期对乡镇机要工作进行检查，及时消除工作中存在的隐患，确保机要工作优质、高效运行。2009年度共收电报2130份，其中明传电报1725份；发电报526份，其中明传电报455份；收发办理中央、省、市机要文件478份，没有发生任何差错。

【国家保密工作】 一是认真落实保密工作制度，加强涉密计算机信息系统技术防范和管理。4月、11月组织两次专项检查，由保密局牵头，纪检、组织、公安、工商、电信等部门人员参加的检查组，对废品收购（纸制品）市场和涉密计算机信息系统进行专项检查，扣押敏感废旧文件资料12份。二是认真做好党政领导干部和涉密人员的保密教育。以《保密法》实施20周年宣传月活动为契机，组织谯楼街宣传一条街活动。结合全县阶段性中心工作，有针对性地突出行业、部门保密工作的开展，采取以会代训的形式对单位涉密人员进行培训200余人次。积极介入6月份高、中招，招聘教师等项工作中，加强保密指导，主动服务，全程监控，确保各项工作顺利开展。

**【综合协调工作】** 一是准确定位。始终把服务摆到首位，把及时准确作为第一要则，把协调沟通及时补位做为基本要求；紧紧围绕县委办公室中心任务开展工作，对紧急会议、突击任务、突发事件做到及时上报，慎思妥处，整合资源，处置到位，迅速完成上级交给的各项工作任务。二是办文严谨认真。严格发文把关，进一步规范行文审批程序，全年制发文件360余份，无一件失误。三是档案管理规范有序。对以前的档案存档归类，对当年的也都妥善保管，分类归档，不丢不漏。全年收集整理各种文件360余份，确保了县委和县委办历史资料的完整性和连续性。四是收发准确及时。对报纸文件即收即发即转，快速传到领导和同志们手中，全年送发各种报刊杂志30多种和大量信件、材料。五是高度重视值班和信访工作。明确一名领导同志负责处理群众来访接待和疏导工作，全年妥善劝解上访人员千余人次，办公室值班和节假日期间值班无差错，确保县委机关的正常秩序。

**【干部队伍建设】** 县委办公室地位特殊，责任重大，因此，机关干部队伍建设十分重要。是年，县委办以学习实践科学发展观活动为契机，以“三个服务”为宗旨，以领导放心、基层满意、群众信任为具体标准，努力打造学以致用、团结协作、务实高效、纪律严明、服务有力的坚强集体。一是抓学习强素质。大力开展经常性地理论和业务学习，不断提高县委办公室工作人员的理论水平和业务技能。二是抓制度促提高。紧紧抓住制度建设这个根本，靠制度管人，用制度管事，狠抓干部队伍作风建设，提高服务水平，在严格执行县委“五项禁令”、“三项制度”和市委“五禁止”、“十不准”的基础上，还根据县委办公室的工作特点和担负的任务，进一步完善办公室值班、信访值班、日常工作、会议等制度。三是抓团结增和谐。做到大事讲原则，小事讲风格，班子成员之间、上下级之间经常交心通气，使全体工作人员心通气顺，在思想上统一、在行动上一致、在工作上合力，形成团结协作，创业干事的良好氛围。

**【中共息县县委办公室印发的重要文件】**

《中共息县县委办公室关于继续开展“濮淮风情”广场活动的意见》（2009年1月19日）

《中共息县县委办公室关于转发（信阳市委办公室、市政府办公室关于进一步完善领导干部定期研究解决重大疑难信访案件工作制度的通知）的通知》（2009年3月4日）

《中共息县县委办公室关于印发（息县群众信访工作“基层基础建设年”活动方案）的通知》（2009年3月4日）

《中共息县县委办公室关于省委巡视组对我县进行第二轮巡视有关情况的通报》（2009年3月6日）

《中共息县县委办公室关于对息县2009年重点建设项目实行目标任务责任制的通知》（2009年3月20日）

《中共息县县委办公室关于印发（2009年息县参加5+2经济合作活动工作方案）的通知》（2009年3月25日）

《中共息县县委办公室关于转发（县综治委关于加强我县技防体系建设的实施方案）的通知》（2009年4月7日）

《中共息县县委办公室关于印发（息县参加中国茶都—信阳第十七届茶文化节暨第二届全国名优茶博览会工作方案）的通知》（2009年4月9日）

《中共息县县委办公室关于印发(息县村卫生室建设实施方案)的通知》(2009 年 5 月 14 日)

《中共息县县委办公室关于转发(信阳市社会治安综合治理一票否决权制实施办法)的通知》(2009 年 8 月 3 日)

《中共息县县委办公室关于深入学习省委书记徐光春同志在信阳调研时的重要讲话精神的通知》(2009 年 8 月 10 日)

《中共息县县委办公室关于印发(关于建立人民调解,司法调解,行政调解三调联动机制的意见)的通知》(2009 年 9 月 28 日)

《中共息县县委办公室关于加强息县“千古中华第一县”文化宣传的通知》(2009 年 9 月 28 日)

《中共息县县委办公室关于印发(关于进一步加强综治基层基础建设的意见)的通知》(2009 年 11 月 20 日)

《中共息县县委办公室关于实行县直单位联系乡镇开展植树造林工作的通知》(2009 年 12 月 7 日)

《中共息县县委办公室关于印发实行县、乡领导和县直单位分包农田水利建设工程的意见》(2009 年 12 月 17 日)

# 组织工作

部长：孙　杰

【简述】 2009年，息县县委组织部围绕服务全县改革、发展、稳定大局，服务党员干部，服务各级各类人才，突出全面贯彻落实科学发展观和农村改革发展综合试验区建设两个重点，以创新组织工作为抓手，科学规划、统筹安排，狠抓落实，不断提高组织工作的整体水平，为和谐文明美丽富饶新息县建设提供了坚强的组织保证和人才支持。

【学习实践科学发展观活动】 2009年3月份息县启动深入学习实践科学发展观活动，为抓好这项活动，县委决定，由组织部承担活动的具体工作。县委组织部围绕党员干部受教育、科学发展上水平、人民群众得实惠这一总体要求，紧扣“推动科学发展，奋力建设新息县”活动主题，立足息县实际，突出地域特色，创新活动载体，扎实推进第一批和第二批学习实践活动各个阶段的工作，整个活动进展顺利，达到了预期效果。一是认真做好思想、组织和工作准备，成立了高规格的活动领导组织和办事机构，建立健全了各项工作制度。二是采取领导带头领学、专家辅导、营造舆论引学等多种形式，先后组织各级中心组集中学习393次，邀请专家专题辅导18场次，党员领导干部上党课719次，案例剖析7次。三是着眼查找和解决制约、影响息县科学发展的难点、重点问题，组织党员干部确定调研课题，开展调查研究831次，撰写调研报告803篇；召开不同层次座谈会86场次，发放征求意见表13400份，征求13361名干部群众意见1617条，梳理突出问题75个，形成领导班子分析检查报告90份。四是突出用科学发展观统领新息县建设这一目标，突出农业大县实际，组织党员干部开展科学发展思想大讨论和谈心活动，继续解放思想，初步形成科学发展共识，凝聚科学发展合力。五是坚持将学习实践活动与“讲党性修养、树良好作风、促科学发展”、深入学习大力弘扬焦裕禄精神两个活动相结合，与农村改革发展综合试验区建设相结合，与创新党建相结合，与应对金融危机相结合，创新“四进”、党员志愿者服务活动、“四帮四促”和“八联八帮”等活动载体，落实整改，为群众办实事、好事，解决一批突出问题，创新部分科学发展体制机制，促进科学发展，改善社会民生。息县活动特点，先后被人民网·中国共产党新闻网、《学习与实践》网等媒体刊发介绍22期(图片经验8期)，被省委学习实践活动办公室、市委学习实践活动办公室和信阳日报分别采用2期、12期(专版2期)和7期。

【组织工作创新计划】 县委组织部把科级干部实绩考评和干部学习积分制作为组织工作创新项目。科级干部实绩考评项目，结合全县经济基础、发展现状、行业特点以及干部思想实际，运用近几年的实践经验，修订《科级干部工作实绩考评办法》，完善干部考评指标设置，健全考评工作制度，开发《息县科级干部实绩考评信息管理系统》，建立科级实绩考评工作台账，形成了考评对象层次类别清晰、考评指标重点突出、考评方式科学丰富、考评结果运用广泛、综合作用显著的综合考核评价体系。市委办公室《工作情况交流》和市委组织部《信阳组工》杂志分别以《息县构建科级干部评价机制全力打造试验区建设生力军》为题进行专刊介绍。结合全面实施干部学习积分制项目，加强对全县干部教育工作的宏观管理和对干部学风的督促引导。全县干部通过党校和教育部门参加学历教育的人数与往年相比增加了10.6%，领导干部参加党校培训、进修,到课率达98%以上,结业率达100%。《信阳组工》(第3期)、《信阳组工信息》分别以《息县构建科级干部评价机制全力打造试验区建设生力军》为题对息县实施学习积分制进行专题介绍。全市"庆七一·我为信阳农村改革发展建言献策""联通杯"征文大赛中,全县党员干部上报征文253篇,取得个人一等奖1名、2等奖1名、三等奖5名、优秀奖15名和单位组织奖等多个奖项,成绩位居全市前列,并作为县区先进典型代表在活动总结表彰大会上发言。

【领导班子和干部队伍建设】　根据工作需要和班子建设需要,按照市委实行党政领导干部自荐、考试、考核、票决和交流"五个常态化"的要求,依据《党政领导干部选拔任用工作条例》规定和程序,本着分期分批调整干部原则,对部分乡镇和县直单位领导班子分4次进行调整,共提拔67人,交流改任71人。对提拔的67名干部实行执法执纪部门联审,并借助网络、电视台、报刊等载体进行任前公示。采取"双推双考"方式公开选拔50名副科级干部;运用"五个常态化"选拔5名正科级干部和4名副科级干部;采取"自荐、全县领导干部大会推荐、全委会推荐、面试、常委会票决"的方式,选拔3名乡镇长、1名人大专门委员会主任和4名政协专门委员会主任;运用"基层党组织推荐、县处级领导干部推荐、组织考察"的方式,从农村党支部书记中选拔2名副科级干部;按市委组织部统一安排,做好公开选配10名硕士副乡镇长的面试、体检和考核等工作。成立考核组对全县科级领导班子和科级干部进行2008年度考核,根据2008年实绩考评成绩拟定等次建议。为加强干部宏观管理,还对2006年以后进入公务员管理单位和参照公务员管理单位的人员进行摸底,对符合登记条件的10人进行了登记上报工作;完成54名股级干部备案审查工作;加大对年轻干部的培养锻炼力度,先后选调31名干部到试验区办公室、信访局等单位工作;加强对第二批138名外派干部的日常管理,并根据收集的外派干部工作情况,对县纪委、财政局、项店镇等单位表现突出的外派干部在县电视台、息州党建网上进行宣传。

【基层组织建设】　一是提升村级党建水平。对全县选树的44个党建示范村,进行巩固建设。在村两委换届之际,对后进村村"两委"干部重点调整,提高后进村建设水平。结合开展"百村帮建"工作,做好省、市、县三级13个驻村办工作队服务沟通和日常联络工作同时,组织召开新农村建设驻村工作座谈会,通过交流讨论,总结经验,统一认识,明确下一步帮建思路。做好村级组织活动场所建设的前期准备工作,向市委组织部筛选上报77个待建村;同时,结合每个村的人口数量、经济条件等实际情况,做好建设用地的调整、工程招投标等相关准备工作。二是推广"4+2"工作法。按照省、市推广"4+2"工作法动员会要求,制定学习方案,成立领导小组,抽调县直单位人员,组成6个县直督导组、52个乡镇督导组。对照年底前95%以上的行政村实施"4+2"工作法的目标任务,及时对全县335个行政村进行全面排查、摸底,确定217个第一批推广"4+2"工作法的村级组织,选择项店镇曹集村、李楼村组织召开全县"4+2"工作法现场会,推广统一标准,规范模式。全县58个推广"4+2"工作督导小组共入村督导689次,入乡督导56次,"4+2"工作法在新村规划、卫生室建设、农村土地流转、合作社成立、低保五保户的确定等村级事务决策中初现成效。三是继续推进"三大工程"。(一)巩固和深化"金桥工程"。对所有外建党组织进行巩固、调整,充实人员,确保外建党组织阵地、人员固定,作用发挥正常,制度规范。在北京和惠州两地分别成立驻北京流动党委和驻惠州流动党委。全县共有外出流动党员2123人,80%以上纳入规范化管理。(二)服务"回归工程"。在充分利用资源优势,认真组织劳动力技能培训的同时,积极配合县委统战部、县工商联,发挥自身优势,构建引导、服务平台,实现信息、项目、资金和人才的全方位回归。(三)多方关注"温暖工程"。深化"双千"活动成果,实施留守儿童关爱工程。四是结合农民专业合作社的特点,灵活设置农村基层党组织。在详细调查摸底,掌握各个合作社的合作项目、人员构成及发展现状的基础上,采取直接建、联合建或挂靠建等方式,成立12个农民专业合作社党组织,扩大党组织的覆盖面。五是认真做好农村党员发展和党费收缴工作。全县共预审乡镇报送党员发展对象材料253份,审批入党志愿书239份,新发展党员239人,转正党员217人。各单位党费收缴软件齐备,党费收缴工作规范运行。六是加强村干部队伍建设。制订《息县大学生村干部管理制度(试行)》,及时为大学生村干部发放生活补贴,办理医疗保险、养老保险和人身意外保险;完成对第一批40名大学生村干部的年度考核工作;完成与市委选派的市直机关的大学生村干部的入村对接工作;组织106名在职村干部参加学历再教育,所有学员均通过第一学期学习考试。按照省委组织部统一部署,组织“两代表一委员”的村主职进行体检。分别组织235名村干部进行县级体检,7名村干部进行市级体检。七是围绕服务农村改革发展综合试验区建设,创新“四帮四促”、“八联八帮”、党员志愿者服务等活动载体,采取党组织、党员强强联合,强弱结对帮扶,共同提高,构建统筹城乡的党建工作新格局。全县有100个县直单位与100个村党支部、13个专业协会、5个村卫生室、8所农村中小学建立稳固帮促关系。88支党员志愿者队伍、1200多名党员志愿者开展为基层送理论、送政策、送法律、送科技、送信息、送项目、送资金、送物资“八送”服务,支持农村改革发展综合试验区建设。八是结合庆祝建党88周年,在被授予“市级党建先进县”称号的基础上,重点做好省委1个“五好”乡镇党委、8个“五好”村党支部、1个“五好”村党支部书记;市委4个“五好”乡镇党委、12个“五好”村党支部、3个“五好”村党支部书记的各种材料上报;县委拟表彰的20个“五好”村党支部、20个“五好”村党支部书记的材料整理工作。

**【党员干部教育】**　落实《干部教育培训改革纲要》的实施意见,构建适应科学发展要求和干部成长需要的干部教育培训体制机制和工作机制。先后选派6名处级干部、69名科级干部,分别到市委党校、中央党校、上海华东师大和清华大学等参加学习培训;选派2名后备干部到市委党校青干班学习。适时举办4期专题培训班,对基层党员干部进行轮训,服务农村改革发展综合试验区建设。对照标准,完成150个农村党员干部现代远程教育,与文化信息资源共享工程共建站点升级改造工作。以文化信息资源共享工程暨站点升级为契机,下发关于已建站点达标的通知及《息县党员电教与远程教育工作目标管理考评细则》,将考评内容细分为8项28条,规范站点建设。添置价值5万元小高清摄像机1台,拍摄制作“乡土教材”4部。据市远程办的统一安排,分别在城关等6个乡镇建立远程教育信息直报点,随时反馈基层的学用信息。

**【人才队伍】**　一是结合应对金融危机,按照《关于向市级重点服务企业征集人才需求信息的通知》要求,选派专人深入海虹陶瓷有限公司、峰刚面粉有限责任公司等企业,进行人才需求调查。二是对全县4个特色农业人才示范基地建设情况进行走访,了解掌握建设情况,发挥特色农业人才示范基地的示范带动作用。制订下发《关于推荐第三批息县优秀农村实用人才(乡土人才)的通知》,认真做好全县优秀农村实用人才推荐选拔工作。在乡镇推荐人选的基础上,成立5个考察组,按照“公开、公正、公平、择优”的原则,对36名人选进行考察,同时按照分行业类型,采取优中选优的办法,推荐优秀人选作为全市100名优秀农村实用人才候选人。三是利用远程教育网络、农广校、紫东来技校等培训载体,协调涉农部门,开展农村实用人才培训工作,共培训种、养等各类实用人才近千名。四是通过接收选调生、选拔硕士科技乡镇长、招考中小学教师等渠道,加大人才引进力度,全县共引进各类人才312人。

**【自身建设】**　一是围绕提高服务意识,配合县委工作中心和组织工作重点,开展调查研究,为上级机关和部领导决策提供依据,宣传息县党建方面取得的新成效,反映息县党员干部队伍建设新面貌。共上报组工信息65条(篇),其中被《河南组工信息》采用3条(篇),《信阳组工信息》采用15条(篇)。自编《息县组织工作》24期。二是认真做好日常信访的接待处理和信访积案排查工作。共登记来信来访16件次,通过热情接待、耐心解释、积极协调,切实解决实际问题。三是依托“讲党性、重品行、作表率”活动、学习弘扬焦裕禄精神活动、“讲党性修养、树良好作风、促科学发展”主题活动和“组织部长下基层,组工干部察民情”活动等载体,围绕组织工作服务科学发展观和自身如何科学发展两大课题,开展大学习、大讨论、大调研,引导组工干部学习运用改革开放30年和新中国成立60年组织工作的基本经验,深入研究新形势下组织工作的发展规律,推动组织工作科学化、民主化、制度化。

# 宣传工作

部长：裴军

**【简述】** 2009年，息县县委宣传部贯彻中央、省、市宣传工作会议精神，坚持学习宣传贯彻党的十七大和十七届三中、四中全会精神这条主线，突出庆祝新中国成立60周年和农村改革发展综合试验区建设两个重点，着眼服务县委、县政府中心工作，贴近实际、贴近生活、贴近群众，为和谐文明美丽富饶的新息县建设提供思想保证、精神动力和舆论支持。2009年息县县委宣传部被市委、市政府授予"对外新闻宣传工作先进单位"称号，被市委宣传部评为全市"科学理论进基层"集中宣讲活动组织工作先进单位、"魅力信阳"群众文化活动组织工作奖、宣传舆情信息和调研工作先进单位，总体工作和各单项工作均位居全市前列。

**【理论武装工作】** 县委宣传部在抓好每月一次的中心组集中学习的同时，以县委中心组学习扩大会议的形式举办"百姓大讲堂"。每月邀请国内知名专家学者来息开展一次讲座，提升广大干群的文化品位。其中有著名作家二月河、"中国改革开放30年30名农村人物"之一宋亚平、中国应对突发事件首席专家刘鸿雁等大家、名家来息讲座，解读国家政策，分析国际国内形势等，提高领导干部的政策理论水平，增强其决策的科学性、前瞻性。围绕推动党的十七大和十七届三中、四中全会进基层、进企业、进学校开展学习宣讲活动。一是开展"学习贯彻十七届三中全会精神、加快和谐息县建设"主题党课活动。全县县处级领导开展主题党课活动近20场，宣传贯彻十七届三中全会精神，增强息县干群建设农村改革发展综合试验区的决心和信心。二是开展"六个为什么"宣讲活动。举办宣讲活动20多场，受众近3000人，坚定广大干群走中国特色社会主义道路的信念。三是开展十七届四中全会精神集中宣讲活动。举办十七届四中全会学习培训班三期，对全县科级以上领导干部轮训一遍。共开展各类十七届四中全会精神宣讲活动40余场。县电视台围绕主题党课、集中宣传活动开辟专栏，丰富理论传播形式、途径，增强广大干群对相关问题的理解和把握。

**【对外宣传】** 围绕对外宣传息县，在加大新闻报道的同时，精心打造外宣"五个一"精品工程，塑造息县新形象。实施外宣精品工程，全力推介新息县。2009年息县对外宣传工作重点打造"五个一"精品：印制10000份《活力息县》精美画册，对外推介息县的历史文化、物产人情和近年来息县经济社会发生的巨大变化；制作一部电视专题片《天下第一县》，介绍息县的历史沿革，息县的文物遗存、风土民俗，工业经济和各项社会事业的发展；以歌颂和谐文明美丽富饶新息县为主题，录制一张《息县赞》原创歌曲光碟；依照《信阳书》的体例，编辑出版一本系统介绍息县的综合性、散文体文集《息县书》和一本淮河文化的书《我家住在淮河边》。"五大精品"成为对外宣传息县的精美名片。围绕中心加强策划，塑造良好外部形象。围绕县委、县政府的工作部署，宣传息县经济社会建设取得的新成就，发生的新变化，营造浓厚的舆论环境，塑造良好的对外形象。全年在中央电视台、《农民日报》、河南电台、河南电视台、《河南日报》、《信阳日报》、信阳电台、信阳电视台等中央、省、市新闻媒体上共发稿近1300篇(条)。其中《夏粮进入关键时期 多种措施力保丰收》在中央电视台《新闻联播》中播出，在《中国新闻周刊》刊发《息县:生生不息的天下第一县》,在《河南日报》头题刊发《息县:土地流转转出崭新天地》等。在《农民日报》、《河南日报》、《中国河南投资》、《信阳日报》等推出专题报道,集中宣传息县。建立突发性事件报道报告制度。建立突发事件报道报告制度,全县范围内突发事件发生后,负责处置事件的主管部门和事发地党委、政府及时向县委、县政府汇报,同时,向县委宣传部、县外宣办报告,由外宣办统一对外报道口径。针对上级新闻媒体在息县开展的舆论监督,做好沟通协调和化解工作,是年前11个月共接待媒体190多家,350多人(次),化解负面报道120多起。

做好党报党刊征订工作,提前完成2010年党报党刊征订任务。

**【社会宣传工作】** 息县创新开展广场文化活动思路,采取政府搭台,市场中介组织运作,吸引商家广泛参与的方式,走出一条广场文化活动可持续发展的新路,丰富群众的业余文化生活。一、群众文化活动丰富多彩。(一)节日文化活动五彩缤纷。举办迎新春专场文艺晚会、庆"元宵"灯展、庆祝"3·15"、"六一"、"6·25"等专题文艺演出活动,营造欢乐、祥和、喜庆的节日氛围。(二)是广场文化活动异彩纷呈。谯楼文化广场是息县一道亮丽的风景线。每天早晚,成百上千人集聚在谯楼广场,唱歌跳舞、健身休闲;每周周末放映电影;每月举办一场"濮淮风情"广场文艺晚会;传统节日的民间文艺展演形式多样。是年,全县共开展各类广场文化活动379场次。(三)是送文化下乡活动有声有色。来自文化、教育及民营剧团的文艺工作者自编自演、自制服装道具深入全县各乡镇举办演出22场次。组织9个农村电影放映队深入全县各行政村放映电影3880场次,实现一村一月放映一场电影的工作目标。二、举办首届"唱响息州"卡拉OK大奖赛。息县首届"唱响息州"卡拉OK大奖赛于10月21日拉开帷幕,历时一个多月,共300余人参赛,年龄最大的67岁,最小的5岁。从海选、晋级赛、复赛、半决赛到决赛,共计15场赛活动,在丰富群众文化生活的同时,也发现、储备了一批文艺人才。三、举办首届农民健身运动会。于12月9日~10日在谯楼广场举办首届农民健身运动会。全县20个乡镇代表队523名农民运动员参赛。比赛项目有拔河、投篮等5个项目,融体育竞技性、活动趣味性和广泛参与性为一体,开全市农民运动会之先河。四、举办"活力息县"大型主题文化宣传活动暨庆祝新中国成立60周年。为庆祝新中国成立60周年,息县以"活力息县"为主题,精心策划有奖征文、歌咏大赛、摄影展、书画展、篮球比赛、乒乓球比赛、拔河比赛、中国象棋、围棋比赛等十项活动。活动收到征文1000余篇,书画、摄影作品近3000幅(张),一千多人报名参加各类体育赛事。五、文艺创作健康发展。文艺创作队伍进一步加强。六、基层文化阵地建设。新建包信镇、小茴店镇两个综合文化站。新建"农家书屋"23家,并为每个书屋配送1600册图书,60种电子音像制品,20种报刊。150个文化信息共享村的50台投影仪,100台电脑安装到位并投入使用。同时,开展"扫黄打非"专项活动和网吧、音像、娱乐、演出市场专项整治活动,全年共组织检查1200余人次,出动检查车辆60余辆次,检查经营场所300余家次,查处各类违法违规经营单位10余家,停业整顿2家,取缔无证经营6家,收缴各类非法音像制品2000余张,盗版图书6000余册。

**【打造"千古中华第一县"历史文化品牌】** 一、推出"千古中华第一县"历史文化品牌。(一)进行学术论证。为深入研究论证"千古中华第一县",息县在组织人员全面收集相关史料的同时,先后派出考证组,到中国社科院,武汉大学、湖北大学、复旦大学、北京大学,遍访兰桂明、冯天瑜、宋公文、甫祖兴、葛剑雄等著名历史专家学者进行学术论证。是年7月,特邀湖北社科院宋亚平院长一行来息调研,挖掘息县的历史文化,扩大息县的文化张力。(二)在国内各大媒体推介。《大河报》、《信阳日报》等媒体以《生生不息的"天下第一县"》为题,对息县作为"天下第一县"大篇幅宣传。二、围绕论证"千古中华第一县"开展资料搜集。(一)抓好民间美术遗产普查工作。走遍全县20个乡镇,重点走访100多个行政村,拍摄500多张实物图片,筛选、整理出100张具有民间美术推荐价值的照片。(二)开展非物质文化遗产普查和文物普查工作。共搜集非物质文化遗产保护线索近8000条,调查项目涵盖12个门类,包括录音录像150个小时、照片500余张、电子文本20余个,整理文字90万字,收集实物120余件。两次普查的部分成果成为息县作为“千古中华第一县”的佐证。

**【队伍建设】** 一是开展学习实践科学发展观活动。按照县委统一部署，在宣传系统开展学习实践活动，抓好学习提高、查摆问题、制订整改措施和建章立制等重要环节，认真查摆和分析影响全县宣传工作的突出问题，制定切实措施，并加以整改，提升宣传干部引领科学发展的能力。二是抓好人才培养工作。各乡镇、单位均明确1~2名具有良好政治理论素质和文字基础、爱好新闻报道工作的同志担任通讯员，并举办首届息县骨干通讯员培训班。加强网络评论员队伍建设，组织骨干网评员参加全市第二期网络评论员培训班。加强学习型宣传系统建设，提升宣传干部的学习自觉性和学习能力。三是深化干部人事制度改革，增强宣传战线活力。严格按照选拔任用干部的“四化”标准和德才兼备的原则，把能干事、愿干事、干成事的人起用起来。在宣教系统干部选拔中实行“双推双考”（个人自荐、单位推荐、笔试、面试和由宣传部牵头联合考核），把那些工作能力强、自身素质高的年轻同志提拔到中层领导岗位上来。2009年，在宣传系统公开选拔股级干部近30人。

# 精神文明创建

**【简述】** 2009年,息县县委、县政府以科学发展观为指导,加大对各行业先锋模范人物的宣传力度,充分发挥其示范带动作用,不断提升公民文明素质。

**【评选活力息县“十大先锋人物”】** 对为加快科学发展、构建和谐息县做出突出贡献的和在平凡岗位上取得不平凡业绩的广大干群进行筛选,评选出十大先锋人物,宣传社会主义荣辱观,树立先进典型,弘扬社会正气,引领时代发展。

**【文明单位申创】** 向上推荐省级文明单位3个,市级文明单位9个,市级文明乡镇3个,市级文明村3个,市级文明小区2个。

**【群众性精神文明创建活动】** 一是开展环境卫生综合整治。开展“洁面”工程、清除城区“牛皮癣”和空中“蜘蛛网”专项治理行动,先后开展集中行动60多次。二是开展清洁家园行动。把清洁家园行动与“六城联创”、“创满意工程、优化发展环境”、树立健康生活情趣结合起来,清洁农村卫生环境,净化农村干群的思想观念。三是开展精神文明全民共建活动。组织开展“好媳妇”、“好婆婆”、“五好文明家庭”评选活动,引导公民改掉不良陋习。大力倡导诚信意识,深入开展“百城万店无假货”、“争创文明优质服务窗口”、“争当文明优质服务标兵”“等群众性文明创建活动。同时,认真组织全国道德模范评选、全国“双100”、全省“双60”评选活动,在全县营造出学先进、争先进的良好氛围。

**【未成年人思想道德建设】** 一是开展“三理”教育活动。把“三理”纳入学校课堂教学,纳入学校、教师的考核目标,纳入学生的综合评价之中,形成长效机制;注重学校教育与家庭教育、社会教育的相互配合,组织优秀教师、家教专家举办“教孩子学会做人”、“学会赏识自己的孩子”系列讲座,引导学生家长掌握科学灵活的家教方法,形成学校、家长、学生相互促进的良好教学氛围。二是开展净化社会文化环境活动。开展四次网吧整治行动,出动检查车辆136辆,出动检查人员600余人,共收缴电脑主机60台,取缔黑网吧13家,责令停业整顿2家。

# 统战工作

部长:李　卓

【简述】 2009年,息县统战工作在上级统战部门的具体指导和县委的正确领导下,全面贯彻落实科学发展观和中央、省、市统战工作部署,充分发挥统战职能,把服务县域经济发展和农村试验区建设作为统战工作第一要务,把扩大招商引资作为强化统战工作重要抓手,把做好光彩事业作为推进统战工作重要载体,把开展根亲文化活动作为打造统战工作的重要品牌,把维护稳定、构建和谐息县作为统一战线的工作重点,巩固和发展息县统一战线和谐稳定、开拓进取的良好局面。是年4月份息县县委统战部被中央统战部、中国统一战线杂志社评为"中国统一战线宣传先进单位"。

【创建学习型机关】 按照县委统一安排,在全县统战系统大力开展学习实践科学发展观活动,严格执行"五条禁令"和"十不准",落实周一党员学习日、周二业务学习日和周五义务劳动制度,坚持"六城联创"卫生制度。同时,组织统战干部赴固始、鹿邑、广州等地区学习考察,参加新世纪大讲堂论坛3次,组织观看相关学习教育片10场。开展学习型机关创建工作,打造出一支勤奋学习、求真务实、廉洁奉献、开拓创新的统战干部队伍。

【统战宣传、调研、信息工作】 一、统战宣传工作有声有色。围绕学习实践科学发展观、庆祝新中国60周年和新农村试验区建设活动,制定专门宣传计划,有重点地开展一系列统战宣传活动。充分发挥统一战线联系广泛的优势,宣传息县,调动广大非公有制经济人士和境外企业在息投资,参与息县经济建设。是年,先后开展迎春茶话会、圆梦助学和民营企业服务月等十余次大型统战宣传活动,1000余人次参与以上活动。全年向中央、省、市各级报刊上报统战宣传稿件60余篇(条),被采用10余篇。征订2009年度《中国统一战线》杂志105份,完成征订任务。同时有一名部领导获2009年度《中国统一战线》优秀特约宣传员,并被邀请参加在重庆举办的学习培训班。二、统战调研工作。在调整充实统战理论学会会员队伍的基础上,先后召开统战理论调研研讨会和促进会,加强会员之间的交流沟通和合作研究。会员们结合各自工作实际,围绕新时期统战工作中出现的新问题深入开展调查研究,撰写出理论研究文章40余篇,筛选上报市委统战部17篇。县统战理论研究会会员徐泽林研究探讨台湾、新疆等问题,形成5篇学术价值较高的调研文章,获得市县统战部门的高度赞扬。三、统战信息工作。坚持信息工作目标量化制度,健全信息工作奖惩制度,实行统战系统和统战理论研究学会全员办信息的工作机制,配备现代化信息工作办公设施,强化信息质量意识和精品意识,全年共编发《统战工作简报》30期,上报中央、省、市级各类信息60余条。

【根亲文化活动】 为开展好"根亲文化"活动,在加快赖氏文化园规划建设工作的基础上,收集整理赖氏文化研究资料,申报赖氏宗亲联谊总会并在息县注册成功。开展与各地赖氏宗亲的联系联谊活动。10月23日~25日,应"赖氏宗亲联谊总会筹备委员会"邀请,息县人民政府组成以县长余运德为团长、县委副书记杨德付为副团长,市根亲文化研究会和县政府有关部门为成员的代表团,代表祖地人民参加在福建泉州举办的"赖氏宗亲联谊总会筹备委员会成立大会"。代表团全程参加并观摩赖氏宗亲联谊总会筹备委员会的一系列活动。并利用“赖氏宗亲联谊总会筹备委员会成立大会”这个平台，分发“千古中华第一县”、赖氏宣传画册、息县投资考察项目资料等，宣传信阳和息县，与赖氏宗亲交流思想、沟通感情，达到市委提出的“弘扬根亲文化，加强宗亲联谊，宣传魅力信阳，促进经济发展”的主题思想。（注：赖氏宗亲联谊总会成立大会暨第一届会员代表大会于2010年5月1日在息县召开，来自世界各地赖氏宗亲代表在息举行盛大的“纪念叔颖公受封立国3112周年祭祀大典”）这些都为以后加强赖氏宗亲联谊、扩大交流交往，实现文化招商等奠定基础。另外，撰写的《加强宗亲联谊 助推县域经济发展》和《千古中华第一县—息县》两篇根亲文化论文均获全市首届根亲文化研讨会优秀成果奖。

**【党外干部工作】** 一是对党外干部实行动态管理，及时掌握党外人士的基本情况。以无党派人士政治交接主题教育活动为契机，重新规范和充实全县22名副科级以上党外领导干部和32名党外后备干部的档案材料。二是加大联系和培训力度。完善《中共息县县委统战部与党外领导干部联系制度》，通过定期和不定期走访座谈，及时了解掌握党外干部的思想动态，帮助他们解决工作、生活中的困难和问题。结合学习实践科学发展观和无党派人士政治交接主题教育活动，对全县党外干部进行三次集中学习培训，并购买、分发无党派人士政治交接主题教育活动学习资料近200本。提高党外干部的政治把握能力、参政议政能力、组织协调能力和合作共事能力，引导党外干部为党的事业发展献计出力，为息县经济社会建设多做贡献。

**【经济统战工作】** 一是树立参与经济建设的大局意识。教育广大统战工作者以强烈的服务意识、参与意识，投身经济发展主战场。二是发挥职能优势，多方招商。充分发挥统战部门联系广泛的优势，重点发挥工商联作为党委联系非公有制经济的桥梁和纽带作用，引导非公有制经济人士争做合格的中国特色社会主义事业建设者，2009年息县有6名非公经济代表人士被市委、市政府授于“第二届优秀中国特色社会主义建设者”称号。结合开展“光彩事业系列工程”，发挥非公有制经济人士的人才优势和网络优势，实行以商招商，吸引县外资金，全力投身到息县的建设热潮中。是年通过统战系统牵头，引进外来资金签约项目9个，总投资8.71亿元，此项工作位居全市统战系统前三名。

**【民族宗教工作】** 一是各级领导重视，把依法管理民族宗教事务作为重要工作来抓。县委、县政府始终高度重视民族宗教工作，县委书记张富治多次就民族宗教稳定工作作出安排，县委常委、统战部长、副县长李卓多次召开有关单位协调会及专题会议，亲自安排部署民族宗教工作。二是强化法制宣传，为落实民族宗教政策法律法规营造良好氛围。按普法规划和年度培训计划分期分批组织基层分管领导、民族宗教干部进行党的民族宗教政策、方针和有关文件精神学习培训3次；组织举办《宗教事务条例》、《城市民族工作条例》、《河南省少数民族权益保障条例》、《河南省清真食品管理办法》等法律法规培训班2期。坚持利用宗教团体每季度召开例会的时机，组织开展以爱国爱教为主要内容的宣传教育活动，全年组织宗教团体、宗教活动场所负责人和宗教教职人员法制培训班2期，参训率达95％，召开信教群众代表座谈会一次，征求信教群众合理化建议11条。三是贯彻党和国家民族政策，保障少数民族合法权益。是年，县民族宗教局贯彻落实《国务院办公厅关于严格执行党和国家民族政策有关问题的通知》和市民族工作会议精神，切实保障少数民族合法权益，促进平等、团结、互助、和谐的社会主义民族关系。张陶乡胡庄村是一个少数民族（回族）集聚村，通过引导教育，该村少数民族代表、宗教界人士代表等参加政策法规、科技致富培训班3次，在该村形成回、汉民族讲团结、讲发展的良好氛围，回民家家都有种田的农业机械，户均年收入高于周边汉族村民1000元左右，胡庄村也因此成为远近文明的致富村。四是依法管理宗教事务，促进宗教界稳定和睦。通过采取举办培训班等形式，县民族宗教局、县公安局、县委610办公室对教职人员进行爱国主义、社会主义教育，让教职人员了解祖国悠久的历史和灿烂的文化，认清西方敌对势力利用宗教进行渗透的危害。协助宗教堂点搞好组织建设，把堂点建设成为抵御渗透的一道牢固防线。通过法律制度、讲座、爱心和策略等方式来抵御渗透,揭露异端邪说的形式和危害,引导宗教界投入社会公益事业,促进社会和谐,确保民族宗教领域的社会稳定。在宗教"四争创"活动中,全县注重对宗教团体和信教群众的引导,增强他们的奉献意识,积极服务社会,把爱国爱教的情结化作自觉行动。五是加快倒座观音堂风景文化区的开发建设。成立专门领导小组,做好规划拆迁等前期准备工作,把建设"息县倒座观音堂"和"息县黉学书院"作为息县打造"千古中华第一县"的一项重要内容。并被市民族宗教局批准为佛教固定活动点。

**【对台、侨联工作】** 一是加大宣传教育力度。利用统战工作会、党校培训班、新闻媒体等多种形式宣传党的十七大精神和"和平统一、一国两制"的方针,揭露和批驳"台独"势力分裂图谋。紧紧抓住庆祝新中国60周年系列活动和息县的重大建设成就及人民生活的变化,向回乡探亲的侨胞台胞宣传,增强大陆与侨台胞之间的凝聚力。二是发挥侨联、台办的职能作用,积极为息县经济建设服务。经过协调,解决县侨联编制问题,并纳入全县总体编制改革规划之中,为全县侨联工作顺利开展提供组织保障。发挥侨台与海内外独特的联系方式,宣传息县的各项投资优惠政策和发生的巨大变化,特别是全县农村改革发展试验区建设取得的成就,吸引海内外中华儿女回乡探亲、观光旅游,开展商贸洽谈活动。2009年,共与港澳台及海外客商签订意向投资项目7个,总投资14.5亿元。11月份引进台资成立的台湾食品工业园项目落户息县产业集聚区,该项目占地面积280亩,总投资13亿元人民币,建设规模为年加工16000吨饼干生产线,饮料、罐头、保健食品等系列食品生产线。由台胞王廼俊先生捐资成立的"息县统战部(邵志怡·华联英杰人才)光彩助学基金会"开展光彩助学活动,是年,共为50多名品学兼优的贫困中小学生提供资助。三是为侨台胞和侨台属提供服务,着力解决侨台属工作矛盾和生活低保困难。是年初,县委书记张富治亲自到侨属美籍华人赵浩生的胞弟赵复生家中,送去慰问品和党的关怀,当得知其搬迁住房土地使用证办理困难时,当即安排身边工作人员帮助办理,使其及时取得新房土地使用证。在县委统战部、县台办的帮助引导下,台属王建先生在息县创办旭日升页岩砖业有限公司,从项目立项、环评到各种材料申报,都指定专人负责协调,顺利推进项目建设,该公司总投资6000万元,年产1.2亿块页岩砖,年产值5000万元。是年共接待港澳台及海外人员61人次,其中重点对象3人,团队6个26人。四是积极做好为台湾"八八"水灾捐款工作。息县台属企业和个人主动捐款计2000多元。

**【工商联工作】** 一是引导非公有制经济人士向灾区建设献爱心。5月12日,在汶川地震一周年之际,由县委统战部、县工商联(总商会)共同组织的广大非公经济人士向四川灾区建设捐款活动在县华联超市广场全面拉开。县工商联(总商会)各位副主席、执行委员等非公有制经济界代表人士慷慨解囊,为灾区人民重建家园奉献爱心,此次捐资总额达20多万元,彰显息县非公经济人士致富思源、乐善好施、扶危济困、胸怀大局的崭新形象。二是落实"圆梦大学"行动。2009年度"圆梦大学"行动全县共有36名贫困和残疾及残疾家庭大学新生得到非公有制爱心人士2000到4000元资助,圆了他们的大学梦。三是加强对行业商会的管理。是年5月,县民政局以息民字[2009]47号文件下发《息县民政局关于授权息县工商业联合会作为非公有制经济领域内成立的商会业务主管单位的通知》,明确授权息县工商联为行业商会业务主管单位。成立息县粮油工业协会、息县卷烟零售商户协会、息县个体医生协会等三个行业商会。县工商联经常性地对各行业商会的工作开展情况、规章制度执行情况、财务管理情况等进行专项检查,督促各行业商会严格按照自身职能与程序开展工作。四是结合全县招商引资工作,为非公有制经济的发展创造良好环境。县工商联组织6次非公有制经济人士座谈会,县委主要领导亲自参加,听取他们对息县非公有制经济发展的意见,并对息县相关职能部门提出具体要求。2009年,息县工商联为华联超市等14家企业解决乱收费、乱罚款和民事纠纷等16起,维护会员企业的合法权益。五是加大对县非公有制经济人士的学习培训力度。按照上级要求,县工商联积极组织息县非公有制经济人士参加"民营经济"论坛等多项学习培训活动,同时在广大非公有制经济人士中深入开展学习实践科学发展观活动,引导他们树立科学发展的理念,为县域经济发展做出更大的贡献。并于8月和11月份两次组织部分非公有制经济人士到山东、福建、内蒙、山西、深圳、东莞等先进市、县考察学习，为非公有制经济人士与外界的交流交往提供平台，开阔视野。六是加强基层商会工作。以县委名义下发《关于进一步加强新世纪新阶段工商联工作的意见》，明确各乡镇副书记为基层工商联的名誉会长、统战委员为名誉副会长，为乡镇工商联工作顺利开展提供组织保障。同时，还要求各乡镇党委、政府要为各级工商联的工作开展营造宽松环境，提供便利条件。

# 政法工作

书记:吴蕾

【简述】 2009年度,息县政法工作围绕建设"和谐文明美丽富饶新息县"总体目标,树立"发展是第一要务、稳定是第一责任"的理念,抓好平安建设工作,确保全县社会政治和治安大局的持续稳定,2009年全县刑事案件发案率同比下降46.1%,治安案件发案率同比下降19.8%。10月30日,县委书记张富治被省委政法委评为集中处理涉法涉诉信访工作先进县委书记,12月份息县被省委、省政府评委"全省平安建设工作先进县"。

【平安建设】 一是完善组织领导。实施"一把手"工程,县委书记担任平安建设领导小组组长,县长任常务副组长,乡镇和县直单位一把手为本乡镇、本单位平安建设第一责任人,共同承担起"保一方平安"的政治责任。其他县处级领导实行"一岗双责",联系乡镇和县直单位,对平安建设、信访稳定、综合治理等分包负责,督察指导。建立县、乡、村三级联动的工作机制,层层签订平安建设目标责任保证书,将任务分解到各部门和单位。对综治工作进行实绩考评,各乡镇党政主职、县直一把手和主管领导建立综治工作实绩档案,作为干部考核任用和评先表彰的重要依据。组织部门在考核、使用干部时,书面征求县综治委意见。建立述职制度,乡镇党政主职、县直单位主要负责人和主管领导每年对平安建设工作进行述职,报告工作情况。二是完善体制机制。坚持每季度召开综治委全会、五部门联席会议,认真落实一月一督查,一季度一抽查,半年初评和年度考核的工作制度,组织开展专项督导检查。是年,县委、县政府、县委政法委、县综治委先后印发《深入推进平安息县建设工作意见》、《关于建立人民调解、司法调解、行政调解三调联动机制的意见》等十几个文件以推进工作。三是争取支持和保障。县委书记、县长逢会必讲平安,部署工作都要统筹安排稳定工作,牢固树立"平安是第一责任"的思想。凡是有利于平安建设的事情,县委、县政府都优先研究、优先解决。先后召开乡镇党政主职和县直单位一把手会议近20次,安排部署创建工作、集中交办不安定因素。优先安排平安建设工作经费,县综治工作经费按照人均0.5元标准列入财政预算。及时将综治巡防经费、科技创安经费和平安建设奖励基金纳入财政预算。年初,县委、县政府拿出30万元,重奖2008年度平安建设、信访工作先进集体、先进个人。四是强化宣传鼓动。为共建温馨家园、创业乐园,在县电视台开辟息县"政法之窗"专栏,各乡镇、村和县直单位设立固定宣传专栏。组织法制进机关、进社区、进校园、进企业集中宣讲活动138场次,直接受教育干部群众达60万人次,印发"让人民满意活动"倡仪书、打击"两抢一盗"、"平安互助网"等宣传资料30多万份,营造"息县平安人人建,平安息县人人享"的良好氛围。

【基层综治工作】 一是加强组织建设,确保有人管事。各乡镇成立综治委,由党委书记任主任;成立综治中心,由乡镇党委副书记任综治办主任,配备一位副科级专职副主任,配备专职工作人员3~5人。各行政村都设立综治办,明确一名村干部负责综治工作。全面加强村(居)治保和调委会建设,在村组、楼院建立治安员、调解员、信息员队伍,确保基层综治工作有人抓,有人管。二是加强队伍建设,确保有能力办事。为发挥乡镇综治中心作用,县委政法委组织召开全县乡镇综治中心建设现场会,对全县乡镇综治中心工作人员进行培训，并统一印制工作台账，完善相关制度和机制。是年，为提升政法队伍整体工作水平，县委政法委围绕提高“两率”，在政法部门中开展“连心桥”、“让人民群众满意”等创建活动。全县各级政法部门均简化办事程序，制订便民措施，为群众办好事实事30多件。三是加强阵地建设，确保有地方办事。年初，县财政拨付每个乡镇3万元的专项经费，为各乡镇综治工作中心统一配备电脑、柜式空调、打印机、传真电话、办公桌椅、档案柜等设施，达到“八有”“四到位”。加强乡镇“两所一庭”建设，建成标准化基层庭、所28个。建社区警务室5个、农村警务室40个。检察院建立廉政文化长廊警示教育基地。“息县法院网”建成并开通，实现裁判文书上网的承诺。公安局筹措资金124万元购置445套单警装备，民警单警装备达到标准；投资近50万元配置8台警务用车，全部分配到基层单位使用。

**【防控体系建设】** 一是专群结合，共铺平安路。公安机关做到“白天见警察，夜晚见警灯”；组建专职治安巡逻队，在城区划片、包段、定时巡逻，加大对背街小巷的巡防。各乡镇均建立10人以上的专职巡防队，从事本辖区的治安巡防工作。各自然村推行院户联防、邻里关照、打更巡逻等平安互助活动，建立由村干部、治安积极分子组成的志愿巡逻队，加强对村主要道路、主干线路、变压器等重点部位的治安防范，有效预防和减少违法犯罪发生。县公安局组建保安公司，对保安队员实行规范化管理，聘用到机关、企事业单位。二是建立流动人口协管站，开展流动人口专项清理整顿。三是开展“安全生产年”活动，组织专项检查，加强对公共场所、特种行业管理。四是建立覆盖城乡的技防体系。是年，全县投入资金200多万元（其中，县财政投入110万元，社会融资100多万元），新安装摄像头449个，对已建的县治安防控中心监控设备进行升级改造。至年底，全县累计投入科技创安资金1000多万元，在县境出入主要路口、党政机关、企事业单位、主要街道、交通要道、宾馆、大型超市、集贸市场等安装摄像头探头1398个。全县336个村全部安装“平安互助网”。城区技防覆盖率达98.55%。农村技防覆盖率达100%，技防入户率达87.68%。

**【排查化解不稳定因素】** 县委、县政府立足抓早、抓小、抓苗头，落实定期排查调处制度，化解不稳定因素。一是创新信访机制。2008年6月30日，息县在全省率先启动县委书记大接访活动，县委书记、县长亲自接访，包案督办，其他县领导坚持“一岗双责”，按时接访、全力调处；各乡镇、县直各单位每天保证有一名领导班子成员在本乡镇、本单位接待群众来访，构建解决群众合理诉求的“绿色渠道”。全年全县共接待上访群众1060起6371人，所反映的问题均得到圆满答复和妥善解决。结合全县稳定信访形势，县委、县政府在8月份开展“同化积案，共建和谐干部下访活动”，从县直单位抽调近300名干部，组成34个工作队，深入基层、群众，化解一大批信访热点、难点问题。建立健全现场劝返、帮扶救助、联席会议、信访评估、听证、信访问责、三色三级督察令、每日访情等长效机制，信访工作步入制度化、法制化、规范化道路。息县从历史上有名的信访大县，跃升为省、市信访工作先进县，息县信访工作机制被中央联席办命名为“息县机制”予以推广。二是坚持依法治访，规范信访秩序。成立依法处置非正常上访工作领导小组，印发《息县赴京非正常上访集中整治行动工作方案》。县委政法委书记和公安局长分别发表专题电视讲话，形成“非正常上访不但无无助于问题解决，而且要受追究”的正确导向。完善处置机制，从公、检、法、司抽出专人，负责非正常上访人员的警告、训诫和劝导工作。按照“坚决、积极、稳妥、及时、到位”和“全覆盖”的原则，依法处置20名非正常上访人员，其中，训诫13人，拘留6人，劳动教养1人。三是坚持“案结事了、息诉罢访、群众满意”标准，集中处理涉法涉诉信访问题。成立领导小组，制订工作方案，建立执法过错责任追究、政法干警案件终身责任制、案件评查会商、法律救助等制度，采取法律、行政、经济等措施，全力化解信访疑难问题。全年共办理涉法涉诉信访案件61件（其中，省交办案件11件，市交办的案件15件，县政法委受理35件，无中央交办案件），办结率达100%。四是坚持源头预防。首先，抓好矛盾纠纷的排查化解。开展定期排查与集中排查相结合，实行日排查、周报告、月汇总、季分析的矛盾纠纷排查化解长效机制。矛盾纠纷排查工作做到县不漏乡，乡不漏村，村不漏户，户不漏人，不留死角盲点。在特殊敏感时期实行日排查、日报告,重大问题随时报告。对排查出的不稳定因素,逐一登记,逐案明确包案领导、稳控责任人和办结时限。其次,抓好息县北大街、汽车站两个治安乱点的整治。针对这两个地区的治安状况,县委政法委、县公安局联合制订集中整治方案,从5月22日至6月22日对上述两个区域开展专项整治。在两处治安乱点共打击处理8人,破获诈骗手机、摩托、现金等案件10余件。其三,抓好违法犯罪高危人群排查管控。组织专门人员,对“法轮功”等邪教人员、社区矫正人员、吸毒人员、刑释解教人员、社区暂予监外执行人员等进行排查,逐人建立台账,落实教育和防范措施,帮助其解决实际困难,预防和减少个人极端案件的发生。五是开创调解工作新格局,建立人民调解、司法调解、行政调解三调联动机制,拓宽调解工作新领域。共调解化解矛盾纠纷2000多起,化解率为97%,实现“小事不出村,大事不出乡,难事不出县,矛盾不上交”的工作目标。六是妥善预防处置群体性事件。县委、县政府制定《息县突发性群体事件应急预案》,建立党委、政府统一领导下的多部门协调联动处置指挥机构,抓住“事前排查化解苗头、事中控制平息事态、事后稳定消除根源”三个环节,妥善化解“7·10涉军群体性医患纠纷”、“7·30阻挠县城集中供水工程施工纠纷”、“8·17部分事业单位参保人员反映津贴发放问题”及企业改制等群体性矛盾纠纷,维护全县社会大局稳定。息县处置“7·30阻挠县城集中供水工程施工”群体性纠纷的成功经验在省法制频道中播出。

**【严打整治】** 针对危害群众安全感的犯罪行为,公、检、法、司联合行动,先后开展打击“两抢一盗”、打击赌博、治爆缉抢等专项活动,打掉入室盗窃团伙、盗窃摩托车、电瓶车团伙47个,破获盗窃案件455件,抓获犯罪嫌疑人141人;查处赌博案件21起,捣毁赌博窝点7个,收缴赌博机17台;收缴各类管制刀具9把、防真枪25支、电子雷管280枚;开展打击“法轮功”等邪教组织专项斗争,加强对互联网、广播、邮政、电信、移动、联通等部门和设施的监督。抓好无邪教创建工作和教育转化工作,开展反邪教警示教育进机关、进社区、进厂矿、进企业、进学校活动,先后举办警示教育报告十多场,印发宣传资料1万多份,受训人员达3万多人。全年共侦破法轮功等邪教案件15起,集中法轮功等邪教人员33人,累计查获法轮功等邪教反动宣传品600多份;开展“打黑除恶”专项斗争,办结省公安厅打黑办转办黑恶线索2条,打掉涉恶犯罪团伙1个;做好命案侦破工作,全年命案发4破4,破案率100%;追逃工作共抓获各类逃犯138人,尤其是通过健全群众举报投诉机制,于2009年6月3日成功抓获秦玉海副省长亲自批示要求督捕的潜逃12年之久的命案罪犯。2009年,县检察院批准、决定逮捕各类刑事犯罪嫌疑人130案154人,县法院共受理、审结刑事案件137件216人,判处3年以上有期徒刑65人,结案率100%。

**政法委内设机构**

| 科室名称 | 负责人 | 主要职责 |
|---|---|---|
| 纪检组 | 黄颖莉 | 政法纪检监察 |
| 政治部 | 赵　岩 | 政法党风廉政建设、教育培训 |
| 委办公室 | 雷　勇 | 办公室日常工作 |
| 协调督察室 | 时长虹 | 负责涉法涉诉来访接待、转办、督办工作 |

# 县直机关党务

书　记:郝　平

**【简述】** 2009年,县直工委按照县委、组织部的统一部署,围绕加强县直机关党的先进性建设和执政能力建设,服从全县经济社会发展大局,服务农村改革发展综合试验区建设,科学规划县直机关党的建设,保证党的路线、方针、政策和县委、县政府重要决定、决策在县直机关的贯彻落实,指导县直机关各级党组织抓好党的思想、组织、作风建设,搞好县直机关党务干部的政治理论培训工作,开展形式多样的党员教育工作;指导县直机关党组织加强党风廉政建设,实施对党员干部特别是党员领导干部的监督,定期了解县直各部门党员和群众对部门领导的意见;指导县直各级党组织做好党员发展工作,认真做好县直入党积极分子、发展对象和预备党员的培训、转正审批工作。

**【"四帮四促"活动】** 为建立城市党组织和农村党组织互动互联机制,构建城乡统筹基层党建新格局,县直工委在县直单位中开展"四帮四促"活动。在"政法部门帮乱村、经济部门帮穷村、党群部门帮弱村、有专业职能的部门实行对口帮扶"原则的指导下,县直工委统筹科学组织,县直100个单位党组织与100个农村党支部、13个专业协会、5个村卫生室、8所农村中小学建立帮促关系,形成城乡党建优势互补、共同提高的新机制。2009年,县直单位党组织为对口帮扶单位送书刊、化肥等物资折合资金364.56万元,帮助争取上级项目12个,提供致富信息1600多条,举办各类培训887场次,受培训人员达14480人,为对口帮扶单位办实事118件。

**【党员志愿者活动】** 县直工委将党员志愿者按专业、地域分为若干服务队,共建立88支党员志愿者服务队,总人数达1200人,并排定服务项目,定期和不定期开展志愿服务。2009年,共为服务对象送资金20余万元,捐物1251件,赠送资料205996册,办实事1017件。

**【庆"七一"系列活动】** 为庆祝中国共产党建党88周年,县直工委策划并组织庆"七一"系列活动:举行党员志愿者服务总队成立暨授旗宣誓仪式;开展党员服务一条街活动;开展"我为六城联创做贡献"义务劳动活动;举行县直新党员集体入党宣誓仪式;举办预备党员培训班;结合"四帮四促"开展"八送"活动,开展慰问老党员和贫困党员活动。

**【党员发展工作】** 按照发展党员的规定程序和发展党员的"十六字"方针,完善党员发展民主测评、公示和联合审查制度,强化"双推双荐"制度,实行发展党员票决制和责任追究制,2009年培训入党积极分子187名,新发展党员138名,审批预备党员转正115名。

**【党建联系组会议】** 2009年,县直工委在县直单位继续巩固党建联系组制度,并根据工作需要和行业性质,对原划定的党建联系组重新组合,同时增设了副组长单位,分组、分季度召开党建联系组会议,让各单位谈经验,谈做法,谈创新,谈打算,交流经验,安排工作,树立典型,协调解决问题,在比中学、在学中赶、在赶中帮、在帮中超,推动县直各单位党建工作平衡、快速、健康发展。

**【信息宣传】** 县直工委撰写的《加强横向联

系、建立互动机制，努力形成机关党建工作阶梯式上升的新格局》一文，在全市县(区)第六次机关党建工作经验交流会上交流，受到市直工委领导和兄弟县区工委的一致好评。同时，县直工委还收集整理机关党建信息8篇，被市直工委《机关党建信息》刊载5篇。县直工委撰写的研讨文章《以机关党建创新推动新农村建设》和《息县发展党员实行七项制度》被省直工委《机关党建之窗》刊用；撰写的新闻《"四帮四促"助推试验区建设》、《流动红旗别样红》、《息县党员志愿者服务队成立》被《信阳日报》刊发。

**【年度征兵工作】** 2009年县直征兵办公室按照《信阳市征兵工作实施细则》的规定和要求，发挥职能作用，严格程序规定，严把初审、初检关，妥善处理征接关系和错综复杂的矛盾，配合县政府征兵办公室和接兵部队，保证征兵工作正常开展。

(供稿：王　文　尹大为)

# 史志研究

主　任：张锦友

【简述】　2009 年，息县史志研究室在县委、县政府的正确领导和大力支持下，在上级业务部门的指导下，以邓小平理论和“三个代表”重要思想为指导，深入贯彻落实科学发展观，继续学习领会党的“十七大”和十七届三中、四中全会精神，紧紧围绕构建和谐文明、美丽富饶新息县的宏伟目标，以务实创新的工作态度和扎实苦干的工作精神，切实履行史志工作服务经济发展的需要，积极推动史志工作开创新局面，圆满完成 2009 年各项工作任务。

【党史工作】　一、《中共息县历史》（二卷）在 2008 年的基础上，按照上级业务部门和编写的要求，史志室组织专人，查阅资料和走访座谈，并组织撰写人员到兄弟县区学习，借鉴外地的先进经验。先后查阅档案馆藏资料 100 余卷，摘录、复制资料约 30 万字；调访老干部和部分当事人 25 人次，收集资料 6 万字，编写第一稿资料约 5 万字。二、完成《中共信阳历史年编》（2008 年卷）供稿任务，广泛征集资料 13.5 万字，编写报送稿 3.22 万字。

【《息县志》（1986～2000）编纂工作】　一是县委、县政府高度重视，认真贯彻、落实《地方志工作条例》，依法修志，把修志工作纳入议事日程，做到“一纳入、五到位”，修志经费纳入财政预算。二是重新修订工作要点，明确《息县志》主编，及时将续志工作重心转移到市定目标上来。三是明确编撰分工，实行搜集资料、编撰、精修、校对各环节责任制，直到出书；制订《二届息县志初稿编纂质量要求》，从篇目、内容、体例、文字等方面细化质量标准，统一初稿质量要求；制订领导分工责任制、撰稿人员目标任务责任制、奖惩制度，确保续志工作进度；采取走出去、请进来的办法，到续志工作先进的邻县学习、借鉴修志经验。经常深入单位，听取在职领导、老同志及其他知情人员的意见和建议，核实、验证承编单位提供的史实，并将编撰出的初稿反馈到承编单位再次把关。11 月，完成市级评审稿。成稿 28 章，110 万字。12 月 28～29 日，成功召开《息县志》市级评审会。

【旧县志点校】　在档案局、一高、二高、三高的支持配合下，历时半年，点校清嘉庆《息县志》1 部，共 946 页，完成打印清样的点校工作。

【年鉴和大事月报】　一、完成《河南省年鉴》、《信阳市年鉴》息县部分稿件的撰写，成稿 3.5 万字，按期上报上级业务部门。二、按照息政办（2008）100 号文件要求启动《息县年鉴》编纂工作，收集、整理资料约 19 万字。三、2009 年，息县《大事月报》收集资料 10 万多字，整理、印发 12 期，4 万多字。

【用志开发工作】　第一届《息县志》荣获全国新方志优秀成果二等奖，河南省第四届社会科学学会联合会第三次会议优秀成果三等奖。史志室利用这一成果，为论证“千古中华第一县——息县”，县城护城河治理，旅游开发规划，赖、息、白姓氏研究以及其他社会、经济发展等方面提供详实的地情资料。是年，接待外地相关学者、同行 38 人次。

【《岁月》出版与发行】　史志室围绕服务县委、县政府中心工作，发挥《岁月》宣传息县、扩大息县影响的窗口和纽带作用，与息县籍在外地工作的县处级以上离退休老干部、在职领导干部、在息县任过职的县处级干部和社会知名人士以及省、市业务部门、兄弟单位共100多个单位、120人保持联系。尤其是在举办北京、深圳、郑州、上海联谊会中，《岁月》作为“名片”增进息县籍在外人员对家乡的了解。全年出版《岁月》4期，计18万字，发表文章70余篇。同时利用出版的《岁月》，为华中师范大学课题组提供资料近700万字。

# 党校工作

总支书记、常务副校长:朱　健

【简述】 2009年,县委党校以党的十七大及十七届三中、四中全会精神为指导,全面落实科学发展观,认真学习贯彻《中国共产党党校工作条例》和中央、省、市、县干部教育培训工作会议的精神,配合县中心工作,加强自身建设,发挥自身功能,严格按照县委、县政府关于党校工作的一系列指示精神,团结带领全体教职工,积极开展工作,较好地完成县委交付的干部培训教育任务,全面推进党校事业的协调发展。

【干部培训】 2009年根据《中国共产党党校工作条例》和中央省市县干部培训工作会议精神,党校始终把干部教育培训作为主要工作,集中全校人力、财力,确保培训任务圆满完成。2009年举办主体班次3期:学习十七届四中全会精神培训班,轮训、培训副科级干部486人;积极配合县委组织部,举办副科级岗前培训班1期,培训副科级干部90人;举办四期息县农村改革发展综合试验区建设专题培训班,培训学员148人。与县直工委通力合作,举办1期入党积极分子培训班,培训入党积极分子200多人。

【教学工作】 2009年,党校为进一步深化教学改革和师资队伍建设工作,组织教学人员按计划召开教学研讨会议,组织全校教职工参与听、评课活动,通过多次研讨学习,促使全体教师不断改进教学方法,充分利用多媒体教学,在教学中绝大部分教师能够使用课件教学。2009年有目的地选送了3名教师到上级党校和院校深造,系统地,完整地学习一些理论。为配合县委宣传部组织的科学理论下基层活动,党校抽调两名骨干教师深入县直单位和有关乡镇进行宣讲。

【函授教育】 2009年,党校为加强对函授班次的管理,把握好函授考试和毕业关,进一步明确班主任职责,搞好学员管理,确保到课率;安排好毕业班学员的论文撰写和指导工作。党校现有三个年级的法律本科函授班,在校学员130人。

【后勤管理】 2009年,县委党校重新制订《中共息县县委党校内部管理制度》和《中共息县县委党校岗位职责》,对教学、科研、后勤管理等方面全面梳理和完善,加强内部管理的科学性、规律性和纪律性,转变工作人员理念,加强为干部培训服务的思想,2009年为各类班次和会议提供后勤保障15场次左右。

大事记　2009年10月28日上午在中共息县县委党校隆重举行中共信阳市委党校息县分校揭牌仪式。

**党校内设机构**

| 科室名称 | 负责人 | 主要职责 | 备　注 |
| --- | --- | --- | --- |
| 教研室 | 刘占民 | 教学研究 | |
| 教务室 | 甄　俊 | 教学安排 | |
| 总务室 | 王　永 | 后勤服务 | |
| 办公室 | 余　海 | 综合协调 | |

# 老干部工作

局长：张振和

【简述】 2009年，息县老干部工作围绕县委提出的“建设和谐文明美丽富饶新息县”奋斗目标，以服务基层、服务经济、服务老干部为宗旨，以落实老干部政治、生活待遇为重点，以确保三个机制的正常运转为主线，发挥老干部在三个文明建设中的作用，创新管理理念和服务方式，提高人性化服务水平和质量，开展“四就近”工作，老干部工作稳步发展。

【落实老干部的政治待遇】 一是坚持政治理论学习制度。结合老干部和单位实际情况，实行老干部党支部制度化学习。二是坚持情况通报制度。通过召开情况通报会、座谈会等形式，向老干部通报全县经济建设和社会事业发展情况，听取老干部的意见和建议，让老同志及时了解息县在各方面工作上取得的成绩和面临的困难，从而在思想上和行动上关心、支持全县的建设。三是坚持重大节日慰问制度。春节期间，县委组织部、老干部局均发出通知，要求全县各级做好走访慰问老干部工作，县委、县政府主要领导带领四大家领导亲自到老干部家中走访慰问。庆祝新中国成立60周年期间，县委组织部、老干部局、社保局专门发出通知，要求各单位组织开展好走访慰问老干部活动。县委、县政府主要领导带队深入到抗日和享受处级退休老同志家中走访慰问。四是坚持学习参观考察制度。为使老干部及时、实地了解全县各项重点工作的开展情况，县老干局组织抗日、县处级离退休干部参观产业集聚区、新农村建设、城镇建设、交通建设等。

【落实老干部生活待遇】 一是确保保障机制落实。县老干局落实中央、省、市的精神，确保离休费、医疗保障和财政支付三个机制有效运行，确保老干部生活待遇得到全面落实。二是确保解困机制落实。开展经常性走访活动，及时了解老干部的身体、生活和家庭情况，对生活困难的老干部本着“特事特办”的原则，及时向县委、县政府汇报，给予特殊照顾，对身患重病的老干部经常看望慰问。三是确保信访接待制落实。县老干局把老干部反映的“焦点、难点、疑点”问题纳入工作日程，做好信访接待，及时协调解决问题。

【老干部余热发挥】 围绕县委、县政府中心工作，重点发挥一批年纪较轻、身体健康，有一定经验优势老干部的作用，鼓励他们在力所能及的范围内，继续发挥余热，参与到关心下一代工作、农村改革发展试验区建设等公益事业中去，实现老有所为，为全县的三个文明建设贡献力量。一是充分发挥好老干部的政治优势。二是充分发挥好老干部的智慧优势。三是充分发挥好老干部的经验优势。

【老干部文体生活】 为提高老干部保健知识，县老干局邀请县医院专家给老干部上课，传授保健常识，为老干部延年益寿搞好服务。“夕阳红”艺术团经常在县谯楼广场进行文艺演出，跳健身舞，带动一大批老同志参与。为宣传息县经济建设社会发展取得的成就，展现老干部的精神风貌，老干部局、老年书画研究会组织举办息县老年书画展，老干部们踊跃参与。重阳节期间，各单位都举办象棋、扑克、钓鱼等活动，丰富老干部的精神文化生活。

# 档案工作

局长：陈金治

**【简述】** 2009 年，息县档案工作以科学发展观为指导，围绕服务全县工作大局，推进"两个体系"建设，创新档案服务机制和服务方式，在完成年度目标任务的同时，保持全县档案事业持续健康发展。

**【档案管理】** 一、开展档案资料的接收征集工作。按照建立覆盖人民群众的档案资源体系和方便人民群众的档案利用体系的要求，重新修订县档案馆档案接收范围和接收计划。2009 年，县档案馆整理接收息县纪念改革开放 30 周年和信阳建市 10 周年"双庆"活动档案资料，对接收的 402 卷、184 盒 4750 件档案资料进行编目编号整理并上架保管。二、整合馆藏民生档案资源，实现多元服务。（一）在为党委和政府中心工作服务上下工夫。（二）在为人民群众服务上下工夫。县档案馆在开展来馆查阅、送档案上门、委托查档、电话查档等便民服务措施的同时，注重对馆藏下放知青档案、干部人事档案、招工档案等民生档案资源进行整合，为人民群众提供方便快捷的民生档案信息服务。全年共接待查档利用者 700 余人次，查阅档案资料 2000 余卷次。2009 年，县有关部门为解决城关镇、原二工局系统破产集体所有制企业职工及上世纪六十年代下放知青的养老保险问题，查阅馆藏有关单位的人员登记表、花名册、招工通知等档案，县档案馆依据这些档案，及时为他们办理职工养老保险出具档案证明材料。三、做好档案资料的保管与保护工作。2009 年，县档案局先后投入资金近 6 万元，对馆藏字迹褪变的下放知青档案进行复制，购买更换档案防霉防虫药品，更换档案无酸卷盒，为档案馆临时库房安装三副铁制防盗大门。

**【档案业务】** 一、完成 2008 年度文件材料的归档工作。2009 年，县档案局采取分组包单位的方法，整合力量指导业务，规范归档文件。同时，采取小型分片的培训方法，对基层单位档案管理人员开展业务培训，提高档案人员的业务素质。二、开展机关档案工作规范化管理认证活动。2009 年，全县有 20 个单位申报认证省级档案工作规范化管理先进单位，县农联社等单位组织专门人员，投入专项费用，确保认证工作顺利开展。县档案局依据认证标准，对申报认证单位重点指导，经考核验收，县农联社、国税局、国土局、法院 4 个单位达到省二级认证标准，县委办公室、县政府办公室、县审计局、社保局、水利局、工商局 6 个单位达到省三级认证标准。三、切实做好新农村建设档案工作。2009 年，县档案局对新农村建设、林权制度改革等档案工作进行监督指导，全县 336 个行政村有 80% 的行政村建立档案。四、指导民生档案工作。县档案局围绕社会保障、最低生活保障、新型合作医疗、土地征用流转等重大民生问题，与涉民部门加强联系，指导涉民部门收集、整理、保管好已形成的民生档案资料，并提供民生档案为社会大众服务。五、开展档案工作检查。2009 年 11 月，由县委、政府"两办"牵头，组织两个检查组，对全县一级机构档案工作进行督导检查，检查采取百分制，从档案法制建设、档案室基础建设、档案业务建设、完成其他工作四个方面，逐一对照打分，针对存在的问题提出整改意见，限期整改，并下发检查情况通报。

**【档案法制建设】** 2009 年，县档案局采取多种形式宣传贯彻《档案法》、《河南省档案管理条例》及相关法律法规，增强机关工作人员和广大人民群众的档案法规意识。为加强档案法制建设，息县在明确档案局行政执法主体资格的基础上，加强档案执法队伍建设，建立健全档案行政执法检查工作的长效机制。加大档案执法力度，对部分档案工作薄弱的单位进行执法检查，对存在的问题现场提出整改意见，并回访复查，督促其整改。

**【申报息县档案馆建设规划】** 根据国家发改委、国家档案局《关于做好中西部地区县级综合档案馆建设规划编制工作的通知》精神，县档案局组织编制上报《息县县级综合档案馆建设规划项目申报材料》，争取省、市发改委、档案局将息县档案馆建设列入第一批建设规划。申请规划息县档案馆建筑面积4600平方米，申请中央预算内投资补助1288万元。

# 群众工作

部长:黎　璞

【简述】　2009年,县委群众工作部、信访局坚持以党的十七届四中全会精神为指导,深入贯彻落实科学发展观,以“信访积案化解年”活动为抓手,以“基层基础建设年”活动为平台,紧紧围绕新农村试验区建设的中心,不断推动和谐社会建设,圆满完成2009年度各项目标管理任务。2009年,全县共接待上访群众1181起7250人次,其中集体访276起5775人次;县委书记、县长共接访344起1981人次,其中集体访68起1568人次。市以上共交办案件110起,立案率100%,按期办结率100%,群众满意率96%。县本级共立案505件,按期结案率98%,群众满意率88%。县级领导共阅批群众来信960件,其中县委书记阅批255件,县长阅批204件;群工部共受理群众来信155件,其中全国信访信息系统直转78件,网上信访31件,共立案128件,其中省、市交办39件,自立案件89件,按期办结率100%,群众满意率达96%。全县各级领导干部坚持拆阅群众来信,接待群众来访,定期开展矛盾纠纷排查化解,积极解决群众反映的各类问题,维护全县社会大局稳定。

【矛盾纠纷排查化解工作机制】　为严防各类突发事件、群体性事件和赴京上访等信访问题的发生,息县建立健全信访工作例会及矛盾纠纷排查化解机制。乡镇必须每半月、县直部门每一月要召开一次信访工作例会,重点排查群众反映的热点、难点问题,做到及时、准确、无误地上报排查情况。矛盾纠纷排查化解工作坚持单位一把手负总责。对排查出的苗头性、倾向性和不安定因素,要找准症结,制定化解措施,切实把矛盾化解在基层,解决在萌芽状态。乡镇督促指导村级群众工作室建设,明确各村(居)委会群众工作信息员,各村(居)委会要明确各村(居)民小组信息员。抓好“三道保障线”建设。第一道保障线由村委(居)委会负责,调处邻里纠纷,积极化解各类不稳定因素;第二道保障线由乡镇包片科级干部负责,调处村级处理不了或村与村之间发生的矛盾纠纷,及时协调处理各类信访问题;第三道保障线由乡镇主要领导负责,分管领导配合,集中解决本辖区内群众反映的热点、难点问题。2009年,全县共排查化解各类矛盾纠纷350多起,调处成功率为85%,群众满意率为88%。

【依法规范信访秩序】　按照豫公通[2009]290号等中央、省、市有关文件精神和市委信访工作领导小组相关要求,息县及时成立依法处置非正常上访工作领导小组,印发《息县赴京非正常上访集中整治行动工作方案》,广泛宣传,营造党委政府领导、政法部门主导、公安机关主抓、信访部门配合的规范信访秩序氛围。一是广泛宣传依法处置赴京非正常上访(以下简称“非访”)工作。9月17日,政法委召集全县公、检、法、司和纪检、监察、信访、民政等部门,就规范信访秩序依法处置赴京“非访”工作进行部署。9月28日全市规范信访秩序依法处置“非访”电视电话会后,县委常委、政法委书记,县依法处置“非访”工作领导小组组长吴蕾连夜发表电视讲话,并在县电视台播放到10月10日。二是加大问责力度。3月,经县委群众工作领导小组研究决定,对工作被动、问题多发的县市场发展服务中心、县地税局、县自来水公司、县金伦纸业公司4个单位进行信访工作重点管理,管理期限为半年。按照市委信访工作领导小组安排,息县对9月19日赴京“非访”的精神病人冯某某依法处置,并对稳控单位、包案领导和稳控责任人进行问责。先后对2名科级干部进行问责,对3个相关责任单位实施为期半年的信访工作重点管理。在赴京"非访"和缠访闹访依法处置工作中,息县先后劳动教养1人,拘留6人,训诫13人。

**【信访业务】** 一是落实信访评估制度。县乡党委、政府和部门在重要决策、重大项目以及推进重要工作之前,均充分听取群众意见,尊重群众意愿,对有可能产生信访问题的因素进行科学评估,从源头上预防和减少信访问题的发生。2009年,全县先后对城郊乡政府旧城改造和城郊粮管所区域改造建设两个项目进行信访评估,组织人员深入到近200户拆迁群众家中,逐户走访,房屋拆不拆、旧城改不改均由群众说了算。全县2起大型建设项目基本实现无"震动"拆迁。二是开展信访突出问题专项治理活动。为认真落实市委书记王铁重要批示精神,按照信办[2009]41号文件要求,息县强力推进信访突出问题及重信重访案件办理进度。通过调阅案卷、调查取证,在摸清案情基础上,召开相关部门、单位负责人及经办人会议,查找症结,研究方案,细化解决问题、化解矛盾、教育稳控、依法处理等措施,推动信访突出问题专项治理活动开展。国庆节期间,市第二批交办息县重点案件14件,除1件冒名外,全部提前办结。9月28日,市委书记王铁接谈的息县4起信访案件,县群工部连夜办理,29日全部办结,群众满意率100%。

**【"信访积案化解年"活动】** 息县于3月份启动"信访积案化解年"活动,通过健全组织,会商督办,领导包案,帮扶救助,及时化解一大批省、市交办和自查的各类信访积案。5月6日,省信访局《情况交流》第26期以《息县坚持以人为本全力化解信访积案》为题,刊发息县信访积案化解经验材料。6月22日,息县信访积案化解的三个典型案例被中央联席办简报第624期专期刊发。一是召开全市积案化解年现场会。5月26日,全市"信访积案化解年"活动在息县召开现场会。针对近三年来息县成功化解的近3000个积案,群工部撰写出版案例汇编一书《百姓为上 民生为先》。该书选编50个经典案例,介绍了息县积案化解工作的做法和经验。二是组织机关干部下访。为推动信访突出问题及重信重访专项治理活动开展,从8月下旬起,县委、县政府开展为期3个月的"同化积案、共建和谐"机关干部下访活动。全县共抽调222名干部,分为5个督察组、8个县直组和21个乡镇组,带案下访,认真解决各类信访突出问题。活动结束后,干部下访所带的95案,需要的稳控的基本稳控到位,需要化解的均如期得以化解,占全部下访案件的98%,满意率均在80%以上。三是强力进行督察督办。为加快案件办理进度,提高群众满意度,确保案件办结质量,全县抽调十名新任副科级干部组成五个督察组,县委群工部专门成立一个巡回督察组,统一由副部长带队,深入涉案单位,对排查的信访积案、上三级交办案件和新发自立案件开展督察。督察过程中,坚持案件不办结,群众不满意,人员不撤退。并对工作迟缓,拖延怠慢,敷衍塞责的单位和个人,及时下发督察通报;对个别疑难案件,督察组成员进驻到涉案单位,和涉案单位一道,做信访人的疏导化解工作,确保息诉罢访,群众满意。

**【全国"两会"和国庆节期间信访稳定工作】** 在全国"两会"和新中国60周年庆典等重要节点和敏感时期,县委、县政府专题研究,科学部署,狠抓落实,不断强化领导接访、干部下访、矛盾纠纷排查化解等工作,确保全县社会持续和谐稳定。一是召开全县群众信访工作会议。县委、县政府于3月6日召开全县群众信访工作会议,总结成绩,表彰先进,部署工作,重点交办"两会"期间的不稳定因素,启动"信访积案化解年"和"基层基础建设年"活动。县委常委、政法委书记吴蕾代表县委群众工作领导小组做工作报告。县委书记张富治在会上对全县群众信访工作明确新目标,提出新要求。二是层层签订国庆期间信访目标责任书。按照"9·3"省委、市委维稳暨信访工作电视电话会议要求,县委书记张富治、县长余运德代表息县与市委、市政府签订《关于化解处理信访突出问题县区党委政府工作目标责任书》。9月5日,全县21个乡镇党委书记、乡镇长,37个重点县直部门一把手与县委、县政府签订目标责任书。通过层层签订目标责任书,落实国庆期间信访稳定工作的领导责任。三是县委书记、县长主动要求增加公开接访次数。"9·3"会后,县委书记张富治、县长余运德主动要求在国庆期间,增加公开接访次数，由每月一次，增加到每周每人一次。9月7日，是县长余运德的公开接访日，当天共接谈5起60多人次；9月14日，是县委书记张富治增加的公开接访日，当天共接谈11起80多人次；9月21日，是县长余运德增加的公开接访日，当天共接谈11起40多人次；9月29日，是县委书记张富治增加的公开接访日，当天共接谈7起40多人次，基本把重大矛盾纠纷吸附在当地，解决在基层。

**【基层基础建设】** 按照市委信访工作领导小组对基层基础建设的相关要求，息县2月19日党政联席会议研究决定，全县乡镇群工站建设实行“三个统一”，即建设资金统一，建设标准统一，队伍调配统一，切实加强群众工作基层基础建设。4月份，通过“双推双考”为全县21个乡镇配备副科级群工站站长。6月份，按照每个乡镇3万元的标准，县财政统一划拨专项资金，通过政府采购，为各乡镇群众工作站统一配备电脑、空调、打印机、传真电话、办公桌椅、档案柜等设施，改善办公条件，规范文书档案管理。8月份，群工部统一配备各乡镇群工站公章、牌子、版面和各类文书等软件，在全市第一个完成基层基础建设任务。

**【信访信息化建设】** 息县高度重视信访信息化建设，2009年拨10万元专款，先后安装全市视频接访系统，添置县人民群众接访中心电子屏，购置电脑、打印机、扫描仪，从硬件建设上给予保证。群工部选派业务骨干人员，先后到省市参加学习培训。在省市信访部门相关领导同志的具体指导下，群工部依托网上信访室，整合人员力量，强化内部培训，基本达到了人人过关。2009年，县信访信息化建设及应用基本达到“六有”，即有领导小组、有分管领导、有专门场所、有专职人员、有工作制度、有维护经费。同时，对全国信访信息系统转办、交办的相关案件，在立案、交办、调查、办结、上报等环节基本做到无纸化办公，简化了工作程序，节省了行政成本，提高了工作效能。

**【队伍建设】** 县委群工部提出“要想有地位，先要有作为”的口号，倡导全体干部发扬“甘于清贫、乐于奉献、勇于探索、勤于开拓”精神，通过学习实践活动、岗位练兵，内强素质；通过公开接访、公正办案，外树形象，不断提高自身素质和能力。7月，县委一次性为群工部增加10名事业编制，并从全县选拔11名优秀后备干部充实到群工部。县委群工部干部队伍平均年龄约37岁，大专以上学历占92%，形成一支年轻化、知识化队伍。

**群工部内设机构**

| 科室名称 | 负责人 | 主要职责 | 备　注 |
|---|---|---|---|
| 办公室 | 崔万伟 | 协助部领导做好机关日常工作 | |
| 接访室 | 李　娜 | 协助县领导接待群众来访工作 | |
| 办信室 | 张明杰 | 办理各级各类群众来信事宜 | |
| 督察室 | 付　林 | 督察督办上级转交的信访案件 | |
| 案件办理室 | 何　庆 | 办理县级的各类信访案件 | |
| 网上信访室 | 张　鲁 | 办理各类网上信访案件 | |

**群工部二级机构**

| 单　位 | 负责人 | 职责职能 | 人　数 | 备　注 |
|---|---|---|---|---|
| 息县人民群众来访接待中心 | 李　娜(兼) | 负责全县群众的来访接待、协助县领导接访 | 7人 | 5962686 |

# 纪检监察

书记：马富增

【简述】 2009年，息县纪检监察工作坚持以邓小平理论和"三个代表"重要思想为指导，深入贯彻科学发展观，认真落实中央、省、市纪委全会精神，按照标本兼治、综合治理、惩防并举、注重预防的方针，围绕中心，服务大局，突出重点，扎实推进，反腐倡廉各项工作取得明显成效。

【干部作风建设和廉洁从政】 干部作风建设方面。在机制上，围绕市委、市政府"五禁止"、"十不准"，围绕全县重点项目和县委、政府中心工作，实行县处级领导带队督察、督察组日常督察、督察局专项督察的"三级联动"督察推进机制。在手段上，实行电视曝光、督察通报、黄橙红"三色三级"督察令等方式跟踪问效。2009年共查处公务人员违反"五禁止、十不准"等问题18件(数)，处理人员38人，涉及科级干部5人，切实解决一些部门和人员存在的"不作为、慢作为、乱作为"和"门难进、脸难看、事难办"现象。领导干部廉洁从政方面。落实中央《关于党政机关厉行节约若干问题的通知》精神，从源头上制止奢侈浪费行为发生。一是规范公务接待行为。对各单位2009年度招待费列支数额进行定额审批，坚持定点接待、定标准接待，县支付中心建立台账，对招待费支出实行源头控制、限额报销，全县2009年公务招待费比去年同期下降12%。二是严格公务用车管理。坚持公务用车控编控标制度，处级干部用车一律控制在20万元以下，科级单位用车一律控制在15万元以下。加强节日期间公车管控，严禁使用公车旅游和参与婚丧嫁娶，通过明察暗访发现公车私用问题7起，全部纠正处理到位。三是狠刹领导干部收送钱物、公款旅游、奢侈浪费风。2009年共查处科级干部收受礼金问题1起，有4名领导干部主动上交廉政账户礼金12万元。从严控制因公出国活动，2009年县里没有组织安排一起领导干部因公出国活动。大力精简会议和文件，切实改进文风会风，严格控制庆典和评比达标表彰活动。完善党政机关办公楼建设项目备案制度。完善党员干部监督制度。全面推行领导干部重大事项报告、述职述廉、民主生活会、诫勉谈话、领导干部廉政档案等监督措施。全年共进行各种谈话150多人次，领导干部报告个人有关事项133人次，完善民主生活会和述职述廉制度，为全县21个乡镇(区)、110个县直单位的680名科级干部及二级机构主要负责人建立廉政档案，强化对党员领导干部的日常监督和管理。

【查办案件】 息县纪委监察局始终坚持将查办案件工作作为反腐倡廉工作的重中之重，按照"提高质量、改善结构、规范程序"的要求，切实加强对办案工作的领导，以各级领导机关及领导干部中发生的滥用权力、谋取私利的违法违纪案件为重点，主动深入到腐败现象易发多发的领域和部门，查处一批典型案件。2009年，全县纪检监察机关共受理各类来信来访、举报投诉226起，立案查处各类违纪案件90起，其中大要案29起，涉及科级干部17起。给予党政纪处分117人，涉及科级干部20人，其中党纪处分63人，政纪处分56人，党政纪双重处分2人，移送司法机关1人，刑事处理3人，组织处理2人。通过查办案件挽回经济损失489万元，纠正违纪资金1200余万元。其主要做法：一是整合资源，全员办案。在常委会领导下，不分科室、不分岗位，统筹使用办案力量，全员参与案件查处，人人都有查案目标，有效解决了办案力量不足的问题，更好地发挥了职能作用。2009年委局自办案件达45起，占全县总立案数的49%，其中自办大要案29起，占自办案件的72.5%。二是加强协调，形成合力。加强同组织、人事、公安、检察、法院、财政、审计、信访等部门的协调配合，认真落实联席会议制度、定期相互移送案件材料制度、协同办案制度，不断完善办案协作机制，增强突破大案要案的整体合力。2009年，全县反腐败查处大要案协调领导小组成员单位向县纪委移交案件线索17起，县纪委向检察机关移交案件1起，有力地配合查案和反腐败工作的顺利开展。三是依法依纪办案，提高案件质量。推行案件查办质量"一包四定"责任制，"一包"即：每起案件，委局机关都确定一名领导包案；"四定"即：定查案人员、定查案时间、定查案任务、定查案质量。四是实行乡案县审、县直案件协审制度。全年共协审、直审案件46起，发现定性不准、量纪不当以及文书撰写不规范等问题8起，均及时予以纠正。2009年，息县纪委监察局被评为信阳市查办案件工作先进单位，两名办案人员受到市纪委、市人事局、市监察局嘉奖。

**【服务和保障科学发展】** 落实上级资源节约和环境保护相关法规政策。开展"整治违法排污企业、保障群众健康环保"专项行动，共计检查企业近100家，查处各类信访件12起，对检查中发现违法排污，及时责令企业整改。与环保局、发改委、水利局等单位共同组织开展2009年"息县环保世纪行"宣传活动，强化全县党员干部群众的环保意识。加强对耕地保护和节约集约用地政策执行情况的监督检查。督促有关单位严格执行土地利用总体规划，按照中央土地调控政策供应建设用地，坚决停止供应别墅类房地产开发项目用地。2009年，全县公开出让国有经营性土地18宗，面积18.57公顷，招拍挂金额11115.2884万元。开展城区内闲置土地盘清工作，清理出县城闲置土地共计3509.7亩。排查土地案件线索，严肃查处3起土地违法案件，给予纪律处分13人，保障全县节约集约用地工作落实。整顿和规范房地产市场秩序。开展建筑市场执法监察，重点检查12个开发项目，纠正违法违规问题1起，立案查处1起，规范房地产建筑市场。督促相关部门认真贯彻落实上级《廉租住房保障办法》和《经济适用住房管理办法》等法律法规，2009年全县划拨廉租和经济适用住房建设用地68.5亩。开展招投标法贯彻执行情况的监督检查。督促有关部门构建招投标统一平台，遏制建设工程招投标中违法违规行为的发生。全年全县进入有形建筑市场建设项目58项，总造价13604.109万元，通过公开招投标为建设单位节约资金636万元。全面落实矿业权取得和矿产资源有偿开采制度，纠正矿产资源管理中违规问题3项，提出监察建议1项，督促建章2项。开展项目工程建设执法检查。对2006年以来全县投资数额在50万元以上的在建和已竣工项目进行全面检查，共计检查项目80项，提出整改意见76条，纠正建设手续缺项问题35条，认定项目用地手续45宗，规范环评手续11个，帮助项目单位完善规章制度23个，从制度上保障工程建设项目顺利实施。同时通过检查发现案件线索7个，委托审计部门实施项目资金审计1起，立案查处3起，收缴违纪资金281万元。

**【纠风工作】** 规范中小学收费。加强对执行"两免一补"政策的监督检查，对2009年全县中小学校收费情况进行明查暗访，对城区中小学乱办班、乱收费问题进行集中检查，查处6起教育乱收费问题，立案3起，党政纪处分4人，收缴违纪资金14.478万元，退还乱收费资金16.29万元。对重点中小学校实行挂牌保护，严禁任何单位或个人到学校乱检查、乱收费、乱罚款、乱摊派。加强对医疗机构的监管，督促医疗系统严格执行药品集中采购制度和医用设备采购规定，推行医院院务公开，全县全年共集中采购药品4500万元，药品采购费用下降近600万元。新型农村合作医疗实行“一卡通”出院即补制度。监督涉农部门严格落实上级支农惠农政策，查处各类损害群众利益案件9起，立案2起，给予纪律处分3人，保证上级支农惠农政策的贯彻落实，切实维护人民群众的根本利益。公路“三乱”治理方面。对全县干线公路进行全天不间断值班巡查，在电视台向社会公布监督举报电话，对出现公路“三乱”问题的单位，实行领导责任上追一级。制止涉路违规问题20余起，立案查处6起，给予纪律处分5人，组织处理2人。加强对社保基金、住房公积金和扶贫、救灾专项资金的监管。开展“回头看”工作，对全县2008年以来“四项资金”管理和使用情况进行监督检查，发现案件线索3起，立案调查1起，纠正违规资金0.87万元，给予党纪处分1人。组织民主评议政风行风活动。按照程序，完成省纠风部门分配给息县的220份征求意见卡和1500份测评卡的问卷调查工作，共征集意见建议372条，督促相关部门和单位进行整改。

**【优化经济发展环境】**　深化“两转两提”，强化效能监察工作。为转变机关工作作风，提高办事效率，狠抓一周办结制、首问责任制、企业25天宁静工作日制、零接触制、检查审批制、全程代办制等有关制度的贯彻落实。清理行政许可项目，2009年共清理取消行政许可项目27项，调整15项，县级共保留行政许可事项157项。开展专项效能监察，全县统一立项35个“扩内需、促增长”项目，实施跟踪问效，重点解决“恶意阻工”和建设资金“跑冒滴漏”问题。是年，监察发现问题12个，涉及资金1532万元，处理人员4人，收缴违规违纪资金281万元。开展“企业服务年”活动。出台《关于切实加强工业集聚区企业服务工作的通知》，在工业集聚区设立企业服务办公室，全程做好涉企行政审批事项和各种收费事项的公示、代办工作，为企业排忧解难。企业服务办公室为企业解决实际困难30个。综合治理房地产行业经营环境，规范收费行为3项，纠正违规收费1项。设立25个企业生产经营环境监测点，共解决监测点反映的问题68个，规范部门到企业的检查行为。开展优化经济发展环境季度测评工作。从各界人士中聘请1000人为义务监督员，每季度随机抽取200名对全县所有职能部门进行民主测评，加压促进，优化全县的发展环境和投资环境。2009年下半年，为顺应上级政策转变与全县经济发展形势的需要，制定出台《息县行政审批服务中心窗口工作考核细则》，由优化办、审批中心负责对进驻单位窗口服务工作进行监控考评，一季度一考核进行排序。季度测评转变为平时抽查与阶段检查相结合、组织考核与群众评议相结合、精神奖励与物质奖励相结合、奖励与惩戒相结合的方式进行。开展企业周边环境治理。选择重大在建项目和重点工程、重点企业进行重点监控，筛选涉企治安乱点和案(事)件挂号督办、查办，对全县企业周边治安环境集中进行专项整治。2009年，全县共查处涉企治安乱点2个，查处各类案件28起，打击处理违法犯罪人员46人，为企业挽回经济损失30万元。同时健全效能投诉“110”工作机制，加大对涉企“四乱”行为的查处力度。2009年，共受理破坏经济发展环境方面的案(事)件56起，梳理线索29起，查处23起，立案7起，处理人员15人，其中科级干部6人，收缴违纪资金11.65万元。

**【反腐败抓源头工作】**　深化行政审批制度改革。加大进驻力度，确保“应进必进、应进全进”，进驻中心大厅的窗口单位由原来的33个增加到64个，进驻各类服务项目392项，基本涵盖全县所有具有行政许可、审批、服务职能的部门。强化制度建设，完善审批方式，简化办事流程，规范审批程序，积极推行服务承诺、限时办结、全程代办、责任追究等制度，推动行政服务工作上水平、上台阶。改革财政管理体制。深化部门预算改革，细化部门预算编制。全县共纳入财政支付中心管理的单位217个，比上年同期增加6个，全年累计支付资金69000余万元。全面落实“收支两条线”管理规定，行政事业性收费实现收支脱钩，所有收入全部缴入国库和财政专户，解决了收费资金脱离监控、体外循环的问题。实施“阳光政府”采购工程,全年累计支出采购资金1300万元,为采购单位节约资金143万元,综合节约率11%。开展“小金库”专项治理工作,以自查自纠为基础,重点检查全县153个行政事业单位及二级机构。检查发现存在“小金库”问题的单位11个,纠正违纪资金612982元,收缴违纪资金23.1万元,从源头上规范单位财务收支活动,维护财经纪律。改革干部人事制度。为保障干部人事任用工作公开、公平、公正,从源头上防治腐败,息县完善干部人事制度,明确公开选拔干部、竞争上岗的干部人事改革方向。2009年,息县通过“双推双考”公开选拔50名副科级干部,采用“三推一票决”公开选拔3名乡镇长和5名人大、政协内设委员会主任,公开选聘40名新农合监管人员,公开招聘300名中小学教师,面向全国公开招考108名大学生村干部。在每一次公开招考或选聘中,县纪委监察局都积极介入,制定详细的监督方案,全程参与监督,为优秀人才脱颖而出创造条件。推进领导干部经济责任审计工作。全年共委托审计机关对党政一把手调离的21个单位进行离任经济责任审计,对3个单位一把手进行任中审计,查出各类违规资金3529万元,管理不规范资金1049万元。依据审计发现的违法线索,及时移交检察机关,立案逮捕6人。推行党务、政务、村务和厂务公开。按照“公开是原则,不公开是例外”的要求,围绕群众关心的热点、难点问题和人、财、物的管理和使用,拓展公开范围,实施办事公开。在县城中心区域投资60万元建立政务公开电子滚动屏,投资10万元建设县政务公开长廊,建成电子政务信息虚拟网,及时将党务、政务信息和上级支农惠农政策进行公开,将各单位职能、职责、办事程序进行公示。在电业、医院等12个重点单位建立52个室内电子显示屏、11个电子触摸屏,21个乡镇(区)全部建成便民服务中心并投入使用。

**【党风廉政建设责任制】** 出台《2009年全县党风廉政建设责任制工作安排的意见》和《县直单位贯彻落实2009年反腐倡廉工作任务的分工意见》,根据各级党政组织的职能和领导干部的岗位责任,对党政领导班子和领导干部在党风廉政建设方面承担的责任进行细化、量化,把全年41项工作任务分解到15个牵头单位,落实到52个相关单位。县纪委监察局采取跟踪问效、阶段检查和全程监督等方法,加大监管力度,做到履行职责有规定、检查考核有标准、追究责任有依据,推进全县党风廉政建设和反腐败工作落实。年初,县委组成15个考核组,由县处级领导带队,责任制成员单位参与,对全县各乡镇和县直各单位2008年度执行党风廉政建设责任制工作情况进行考核,对各单位副科级以上领导干部勤政廉政情况进行客观公正的评价,将考核情况分优秀、良好、一般、差四个档次记入干部廉政档案,作为干部提拔奖惩的依据。健全责任追究案件联席会议制度和“一案双查”、“一案双果”制度,全县全年共查处责任追究案件9起,分别对14名科级干部进行责任追究。

**【农村基层党风廉政建设】** 制订完善《村干部勤廉双述制度》、《村民询问问责制度》、《村民民主评议村干部制度》、《财务管理制度》等制度,农村基层党风廉政建设的长效机制初步形成。全县配强配齐21名乡镇纪委副书记兼监察室主任、17名乡镇纪检干事,共聘请4490名村组廉政监督员,以解决农村基层纪检组织软弱涣散问题。为提高农村基层干部的政治和业务素质,利用县委党校平台举办4期基层干部培训班,轮训基层干部876人次。建设乡镇便民服务中心以深化农村党风廉政建设。县纪委抽调得力人员组成督导组督导促进,全县21个乡镇(区)全部完成便民服务中心建设任务并投入运行。实行代理员制度,全县共成立346个代理服务点,各村指定一名村干部为代理员,将村民所需办理事项统一到便民服务中心统一办理,确保群众小事不出村、大事不出乡。强化对农村“三资”中心的后续监管。成立农村基层党风廉政建设工作联席会议,制订《关于进一步规范乡村财务管理工作、确保“三资”中心规范运行的意见》,对全县农村基层党风廉政建设工作任务以及各乡镇“三资”后续管理工作进行总体部署。通过举办“三资”业务培训班，培训业务骨干67人，增强业务技能和责任意识。县联席会议办公室成立3个督导组，不定期对全县各乡镇“三资”中心运作情况进行现场检查督导，发现问题当场指出、限期整改，并针对整改情况进行复查。乡镇“三资”代理中心的规范运作，防止了基层财务支出跑、冒、滴、漏现象发生，从源头强化了基层党风廉政建设。

**【廉政文化建设和调研工作】** 以开展学习实践科学发展观活动为契机，利用每周集中学习日这个平台有针对性地在党员干部中开展思想道德教育和党风党纪教育。在电视台开设反腐倡廉专题节目，播放《天鉴》、《内蒙古第一贪》、《走上被告席的大法官》等警示教育片。在县城主干街道设置廉政宣传专栏和广告，构建廉政文化一条街，通过警句格言、廉政诗词等内容，营造廉政文化氛围。制定《廉政文化建设总体规划》和《廉政文化学习教育制度》，推进廉政文化“六进”活动。结合庆祝新中国六十周年“活力息县”活动，联合宣传部、文化局、教体局等单位组织开展歌唱祖国大型歌咏比赛，同时还开展了廉政文艺作品征集活动，“清风颂”群众性廉政文化文艺演出活动被评为信阳市廉政文化工作创新奖。围绕加强政务村务公开、农村“三资”管理、乡镇便民服务中心建设、党风廉政建设责任制实施情况、农村合作医疗等方面进行专题调研，全年共完成13个专项调研课题。其中：在中国共产党新闻网发表信息、评论、调研等各类文章157篇，《息县“三主动”开展行政监察工作效果好》、《息县四举措创新反腐败协调机制》、《息县四抓督查工作优化环境促经济发展》、《河南息县：四举措加强农村党风廉政建设》、《息县“四项制度”促干部廉洁自律》等21篇文章被人民网和上级纪检监察信息采用。

# 督察工作

【简述】 2009年，息县督察局按照“围绕中心，突出重点，抓住关键”的工作思路，全局上下密切配合，齐心协力，围绕县委、县政府中心工作、重大决策和重要工作部署，以领导和群众关心的热点、难点问题为重点，加大督办力度，推动全县各项工作落实。

【督察重点工作】 2009年，县督察局抓住县四大家联席会、县党政联席会、县长办公会、县委常委会、县政府常务会、书记县长现场办公会和其它大型会议确定的工作重点开展督办检查工作，对需要长期落实的省十大实事、市“双十”工程、县“双十”工程、市县重点工程、县人代会确定的重大任务逐项分解，建立台账，定期不定期开展实地督导，并联合人大代表、政协委员视察督导，抓两头带中间，好的表扬，差的通报批评或曝光，有实际困难的，能协调解决的积极协调解决，协调解决有困难的，向县主要领导汇报，然后按县主要领导意见和协调解决的情况跟踪督导落实到位。通过强有力的督导和全县上下的共同努力，不仅全面完成了省十大实事、市“双十”工程在息县的任务，而且全面完成了县定的各项重点工作任务。一是明确最后完成时限，动真格进行督察。逾期不能完成工作任务的，对其进行通报批评，批评后成效不大的，对其下达黄、橙、红“三级三色”督察令，分别按规定对其主要负责人进行诫勉谈话、纪律处分、组织处理。2009年，共对15个单位下黄色督查令，下发《交办通知书》78期、《督查通报》63期、《督查整改通知书》35期、《干部作风建设和优化经济环境督查工作通报》26期，开展决策督查活动175次。二是运用作风建设督察和行政效能监察的功能保证中心工作落实。在督导重点工程进度的同时，联合组织发改、财政、建设等部门对工程审批情况、资金监督管理使用情况、工程质量监理情况进行监督检查，既保证工程快速进展，又保证工程的资金和质量安全。2009年，以中央新增投资项目、省十大实事、市县重点工程为重点，共组织20次综合性的督导和检查，及时纠正存在的问题，完善各类手续证件158件。三是运用科级干部实绩考核打分的功能保证中心工作落实。2009年，对全县村卫生室建设、重点项目建设、干部作风建设和优化经济发展环境工作、集中督办涉及群众利益事项、水稻保险、沼气建设、秸秆禁烧、新农合筹资、林业生态建设等中心工作进行排名打分，报县委组织部公布全县，作为县委、县政府使用提拔干部的重要依据，通过实绩考评排序来推动和保证中心工作的落实。通过督察，2009年共完成林业生态建设工程总规模6.55万亩，在全市率先完成市政府下达的工作任务；被市政府评为“林业生态建设先进单位”并奖励现金10万元。对新农合筹资工作展开督察，按时超额完成县委、县政府下达的目标任务，比去年上升11.41个百分点；全县336个行政村建村卫生室322个；查处超限超载车辆1832台次，卸载货物2300多吨，更正私自改型车辆326台，超限超载车辆从过去的80%降到2%，40余部半挂车因治超而停运，1000余部前四后八全部进行整改，30吨以上的大吨位车辆行驶现象基本消除。

【督察信访案件办理】 县督察局建立批示件登记、交办、催办、审查、回访、定期通报、限期办结和“三查一看一回访”等各项制度，对符合政策规定的合理要求，能帮助解决的及时会同有关单位予以解决；对不符合政策的，耐心说服引导，做好化解劝阻工作，办一件，解决一个问题，消除一个信访源，从制度上予以保证。2009年，办理省、市、县主要领导批示件1275件，其中，办理人民网网民给省委书记留言7批29件，市主要领导批示告果件129件、非告果件241件，及时办结率均为100%。同时，每季度初组织各部门、各乡镇开展信访排查工作，集中开展一次解决群众切身利益问题活动。2009年共有560个问题在集中活动中得到解决，是年，息县督察局被县委命名为2009年度信访工作先进单位，被省委命名为全省党委系统督察工作先进单位荣誉称号。

【督察作风建设】 2009年,县督察局狠抓市委“五禁止”、“十不准”和县委“五条禁令”的贯彻落实,坚持以“禁酒”、“禁赌”为主线,以明查暗访为方式,以从严处理和通报为手段,加大明查暗访力度,加大明查暗访频率,保持高压态势,从而保证市委、县委关于作风建设有关规定在息县的落实。是年,共查处违反市委“五禁止”、“十不准”等问题47件,其中,查处公务人员工作日中午饮酒事件13起,通报8起;查处其它违反“五禁止”、“十不准”规定事件23起,通报15起。处理有关违纪人员100人,其中,受组织处理43人(科级干部23人、一般工作人员20人),党纪处分10人(科级干部1人、一般工作人员9人),政纪处分47人(科级干部4人、一般工作人员43人)。有14个单位因干部作风建设和优化经济发展环境不力,或因工作推动慢,单位一把手在电视上作表态发言。2009年,在市纪委组织的干部作风建设和优化经济发展环境督察工作考评中,息县综合考评得分居全市第一。

【督察优化经济发展环境】 *一是以季度民主测评为抓手,推动发展环境不断优化。*为推动优化经济发展环境,每季度从县人大代表、政协委员、企业业主、基层群众中随机抽取200名义务监督员对各单位执法执纪情况进行综合测评排名,第一名的奖现金1万元,发流动红旗一面,倒数第一名的发流动黑旗一面,单位主要领导上台作表态发言。2009年按要求对4个季度的测评结果进行兑现,共有8个单位因测评名次倒数被责令在全县干部大会上作检讨。为加强行政审批工作,从第三季度开始,将季度民主测评的方式改为对具有行政审批服务职能单位进驻中心情况和执行“一周办结制”等有关规定的考核打分上,通过两个季度的实施,使行政审批中心进驻单位由原来的36个增加到现在的65个,达到应进全进的目的,实现多年未能实现的目标,县行政审批中心的工作由原来的落后状态进入全市先进行列。*二是重视对企业的服务工作。*对招商引资工作中引进的项目,按县委、县政府的要求,指定专人负责,就项目落地的办证、供电、供水、拆迁等工作任务进行督办督导,督促监督各部门提供优质服务,保证项目顺利落地。同时,为了解决企业进驻的后顾之忧,按照县委、县政府安排,由督察局牵头在工业集聚区成立企业服务办公室,实行“首问责任制”、“全程代理制”、“零接触制”、“执法责任制”、“首查不罚制”、“责任追究制”、“一周办结制”、“25天宁静工作日制”、“检查审批制”等12项制度和一站式办公、一窗式服务等措施,并将协调能力强、富有领导经验的督察一组组长派到工业集聚区常住监督,帮助企业解决困难和问题。企业服务办公室成立后,帮助企业解决实际困难30个。*三是高度重视企业周边治安环境综合治理工作。*按照市“两转两提”工作和“企业服务年”活动的要求,组织协调有关部门配合,以公安部门为主,建立经济发展环境监测点和快速反应机制,选择重大在建项目和重点工程、重点企业进行重点监控,筛选涉企治安乱点和案事件挂号督办、查办,对全县企业周边治安环境集中进行专项整治,重点打击盗窃哄抢、诈骗、抢劫企业财产、敲诈勒索、报复陷害企业生产经营者的刑事犯罪;强装强卸、妨碍行政执法人员执行公务,作恶多端危害一方的地痞、村霸、市霸和流氓恶势力;破坏、扰乱企业周边治安环境违法犯罪的惯犯、主犯等。2009年,共查处涉企治安乱点2个,查处各类案件28起,打击处理违法犯罪人员46人,为企业挽回经济损失30万元。*四是及时查处破坏经济发展环境的案事件。*2009年共查处违反“企业25天宁静工作日”规定对企业乱检查乱收费事件11起,通报7起。

# 息县人大常委会

主任:张国辉

【简述】 2009年,县人大常委会以邓小平理论和“三个代表”重要思想为指导,深入贯彻落实科学发展观,把应对国际金融危机、促进经济社会平稳较快发展作为重大任务,把推动科学发展、促进民生改善和社会和谐作为重要责任,认真履行宪法和法律赋予的各项职责,为推进社会主义民主法制建设和全县经济社会又好又快发展做出新贡献。

【息县第十二届人大三次会议】 2009年2月11日~13日,息县第十二届人大代表大会第三次会议在息县县城召开,县十二届人大295名代表组成20个代表团参加会议,出席县政协八届三次会议的全体委员列席会议。大会听取和审议息县人民政府工作报告;审查、批准息县2008年国民经济和社会发展计划执行情况的报告及2009年计划(草案);审查、批准息县2008年财政预算执行情况的报告与2009年财政预算(草案);听取和审议息县人民代表大会常务委员会工作报告;听取和审议息县人民法院工作报告;听取和审议息县人民检察院工作报告。

【依法监督】 一、围绕保增长,在推动经济发展中履行监督职能。2009年,常委会先后听取并审议县政府国民经济和社会发展计划执行情况、财政预算执行情况、审计工作、农村土地流转、政府融资项目建设、“十一五”规划纲要中期评估等报告。在充分审议的基础上,有针对性地提出改进工作的建议和意见,推进全县落实“保增长”等有关经济政策。在县十二届人大三次会议上,夏庄、临河两个代表团联名提出《关于出台优惠政策,支持返乡农民工创业的议案》。大会主席团把这项议案列为一号议案,授权县人大常委会研究办理。常委会在深入调研、认真视察的基础上,审议通过《关于县十二届人大三次会议1号议案的决定》,要求县政府深入研究,认真办理。2009年7月22日,县政府出台《息县鼓励支持返乡农民工就业创业意见》,从帮助返乡农民工实现就业,支持农民工返乡创业和投身新农村建设,在农民工技能培训和权益保障等多个方面,提出具体、明确的优惠政策。截至12月底,全县新注册公司42个、个体工商户1422家。2009年是“十一五”规划纲要贯彻实施的第四年,为加强对规划纲要实施的跟踪分析和研究,促进纲要提出的各项任务的完成,县人大常委会第十七次会议,听取和审议县政府关于“十一五”规划纲要中期评估报告,并形成审议意见,指出规划实施中存在的经济结构不够合理、产业竞争力不强、有些重要目标进展不快等问题,明确保增长、渡难关、调结构、上水平的主要任务,监督地方经济工作。二、围绕保民生,在维护群众利益中履行监督职能。为支持和促进县城集中供水项目顺利建设,尽快解决县城10多万居民的饮用水问题,常委会专门组织视察组,分别在8月、9月和12月,对县城集中供水项目建设情况连续三次专题视察,分别形成审议意见和反馈意见,交由县政府限期办理,并对办理情况跟踪监督。县政府职能部门克服困难倒排工期,加快县城集中供水项目的建设进度。春节前,集中供水项目竣工,并试运行,水压、水量明显改善,局部区域能够上六楼。这种问效监督,开创息县人大跟踪监督工作的先例。为促进《食品安全法》的贯彻落实,县人大常委会组织三级人大代表,综合运用明察暗访、听取政府执法情况汇报等多种监督方式,对全县《食品安全法》贯彻执行情况开展执法检查,对超市、学校食堂、餐具洗涤消毒和集贸市场等重点行业、重点区域集中视察,提出加强和改进食品安全监管工作的审议意见,并将执法检查中发现的具体问题以个案的形式转交县政府,督促有关方面边查边整边改,促使息县食品安全集中整治工作全面启动。截至春节前,县政府出动执法人员210人次,执法检查车辆374台次,检查企业370家,查处无证照企业15户,行政执法立案21起,取得食品安全整治工作的阶段性成果。除此之外,常委会还及时听取县政府关于甲流感疫情防控工作情况的报告,对保障性住房建设、环境保护、老年人权益保障、城区老年公寓建设等方面的工作视察或调研。*三、围绕保稳定,在促进社会和谐中履行监督职能。*常委会以弘扬民主法治、促进司法公正为保稳定促和谐的切入点,先后对《互联网上网服务营业场所管理条例》、《法律援助条例》、《水污染防治法》、《消防法》等法律法规的贯彻执行情况进行检查,对《律师法》、《刑事诉讼法》等法律法规的实施情况调研,纠正一些有法不依、执法不严、违法不纠的问题,推动上述法律法规的正确实施。针对社会各界反映强烈的有证网吧违法经营、屡教不改;"黑网吧"非法经营、屡禁不止;接纳未成年人上网,超时经营等突出问题,常委会组织部分省、市、县人大代表,对落实《互联网上网服务营业场所管理条例》工作开展检查,把检查中发现的问题和常委会第28次主任会议通过的《关于对县政府贯彻实施＜互联网上网服务营业场所管理条例＞情况的审议意见》一并移交县政府办理,并明确办理时限,以确保监督实效。县政府随即启动网吧专项整治工作,共查处问题网吧38家,吊销经营许可证15家,责令停业整顿1家,立案1起,推动《条例》在全县的贯彻执行。通过检查《法律援助条例》,常委会作出审议意见,督促县政府及其相关职能部门及时解决,使需要法律援助的弱势群体能够得到及时有效的法律服务。同时,常委会还根据规范性文件备案审查办法,对县"一府两院"制发的26件规范性文件进行备案审查,维护法制的统一。参与上级人大组织的立法调研活动,完成代表法、选举法、监督法、河南省农村公路条例等多部法律、法规草案或修正草案的征求意见工作,客观反映息县对有关法律、法规制定或修正的意见。

**【重大事项决定和人事任免】** 一、支持县政府举债发展。为支持县政府抢抓国家实行积极财政政策和宽松货币政策的机遇,按照科学融资、良性循环、拉动增长的要求,常委会打破常规依法作出批准县政府关于申请国家开发银行贷款5000万元,用于县医院新址建设项目议案的决定。二、人事任免工作。对提请常委会任免的人员,通过任前法律知识考试和公示、拟任人员与常委会组成人员见面、供职发言、颁发任命书等方式,增强被任命人员的法律意识和责任意识。全年共依法任免地方国家机关工作人员30人,全部实现了县委人事安排意图。

**【人大代表工作机制】** *一、履职方式。*实行常委会组成人员联系代表和常委会主任接待代表日制度,邀请代表列席常委会会议制度,围绕常委会会议议题和人民群众普遍关注的问题,省、市、县人大代表三级联动,开展视察、执法检查和调研活动。全年共安排23批次100余名人大代表列席常委会有关会议,参加常委会组织的各项活动,参与行风评议和其他政务性活动。*二、代表建议、意见办理工作。*常委会对建议内容综合分析,及时交办,注重协调,加强督办,强化实效,促进代表建议的落实解决。7月份,在办理工作的关健阶段,选工委和政府办联合组成检查组,深入到教体局、建设局、公用事业局、交通局等"承办大户"进行督办。截至2009年11月份,县十二届人大三次会议期间代表所提出的82件建议,办结率达到100%,与人大代表见面率达到60%,满意率达到92%。代表建议推动了相关工作,如陈恩志、钱长富等11名代表提出的建议，促使全县将扶贫工作的重点放在淮南地区；李家英等8位代表提出的建议，促成城关镇南关西后街路段的修复等。三、代表建议办理工作评优活动。在全县开展评选优秀县人大代表建议、办理代表建议先进单位和先进个人活动，对评选出的3件优秀代表建议、10个办理代表建议先进单位、11名办理代表建议先进个人进行表彰。

**【参与全县中心工作】** 主任会议组成人员按照县委分工参与全县的中心工作和联系乡镇活动；支持和推动重点项目建设、"六城联创"等工作。特别是在农村改革发展综合试验区建设中，县人大常委会坚决执行县委决定，先后对全县的农村土地流转、新村建设等方面的工作进行视察或调研，并提出许多合理化的建议和意见。发挥人大信访工作的独特优势，化解矛盾，力促和谐。2009年，共接待、处理群众来信36件、来访27人次，对一些重点案件实行跟踪督办机制，解决一部分群众的合理诉求。

# 息县人民政府

县长:余运德

【综述】 2009年,息县人民政府在市委、市政府和县委的正确领导下,在县人大、县政协的监督支持下,团结和带领全县人民,深入贯彻落实科学发展观,在国际金融危机持续蔓延的严峻形势下,科学应对,克难攻坚,全县经济社会保持良好的发展势头,较好的完成县十二届人大三次会议确定的各项工作任务,取得“保增长、保民生、保稳定”的重大胜利。

经济发展迈出坚实步伐 2009年,全县生产总值实现88.6亿元,增长13.2%;财政一般预算收入完成1.6亿元,增长12.3%;全社会固定资产投资89.1亿元,增长34.2%;社会消费品零售总额34.4亿元,增长19.8%;城镇居民人均可支配收入和农民人均纯收入分别达到11525元、4020元,分别增长9.4%和8.3%。

全县工业经济平稳运行 2009年,息县以产业集聚区建设、招商引资、项目建设为抓手,工业经济保持平稳运行态势。一是确立以农副产品深加工和陶瓷建材为主导的产业集聚区定位,完善基础设施建设,集聚效应日益突显。集聚区入住企业52家,建成投产30家,涉及食品加工、建材、轻纺等领域。2009年,集聚区完成工业总产值3.6亿元,实现利税5000万元。二是实行了多层次、全方位招商,吸引和带动一批企业来息县投资发展。2009年,共接待客商2300多人次,引进省外资金5.4亿元;引进外资930万美元,利用外资水平全市排名第一。签订合同项目24个,投资额22亿多元;实现落地项目17个,投资额18.6亿元。三是利用国家实施“扩内需、保增长”的机遇,积极争取项目,加快项目建设。2009年,全县共争取国家政策性投资项目50个,新增中央预算内投资2亿元、省财政专项资金1.4亿元;列入省重大工业结构调整项目3个,完成投资2.4亿元;进入市重点项目5个,完成投资3.8亿元;确定县重点建设项目66个,完成投资21亿元,均超额完成年度计划投资任务。

农业经济稳步发展 2009年,息县种植优质弱筋小麦60万亩,优质水稻52万亩,粮食总产量达91.9万吨,连续4年获得“全国粮食生产先进县”荣誉称号;积极开展粮食最低价收购,全年收购粮食19.7万吨,创造历史最高纪录。全面落实国家粮食补贴政策,发放粮食直补和综合补贴1.1亿多元,小麦、水稻、玉米和棉花良种补贴2514万元,农机购置补贴859万元。认真开展“家电下乡”工作,兑现补贴资金964万元,让发展成果更好的惠及广大农民。畜牧业发展再创新高,实现产值17.3亿元,综合实力位居全市前列。林业生态建设连续获得“市级林业生态建设先进单位”和“省级林业生态县”的称号。实施农业综合开发标准粮田建设、优质水稻繁育项目,累计投资2亿元,改造中低产田30万亩,建成高标准基本农田20万亩,全县有效灌溉面积达到108万亩,旱涝保收面积达到100万亩。积极应对年初罕见旱灾,投入资金5000多万元实施抗旱应急灌溉水利工程,全力抗旱浇麦保丰收,扩大灌溉面积11.9万亩,年增加提水能力3200万立方米。

新农村建设快速推进 在全市率先启动新村建设,全县共有110个行政村开展新村建设,其中,48个新村已粗具规模,数量居全市之最。大力推进金融生态建设,在全市率先成立金融服务办公室,统筹协调金融工作;县域内金融机构新增存贷12.2亿元,新增贷款9.1亿元,拓宽农村融资通道,成立农村资金互助组织23家、担保公司3家,金融创新“底层突破”模式受到市委、市政府的充分肯定，荣获“中国金融生态文明县”称号。推动农村土地流转，全县共流转土地面积78万亩，发展土地信用合作社40家，流转耕地100亩以上或林地500亩以上的经营大户131个。全县注册登记的农民专业合作社总数达到383个，其中，注册农机专业合作社72家，有5家进入全省农机合作社50强。

*城乡面貌焕然一新*　2009年，新开工建设北环路、文化路北段、东环路南段等33个建设项目，续建谯楼街西段、北大街北段等11个重点工程项目。完成护城河治理一期工程，污水处理运营管理工作在全市排名前5位。实施以县乡道路改造为重点的交通建设项目57个，新修和改造农村公路143.2公里，其中，通村公路81.2公里。完成省道S213线息寨路大修改造、息县汽车客运站、货运站建设和大广高速白土店连接线等项目，申请设置2个流动超限超载检测站。以“六城联创”为抓手打造“宜居县城”，新增绿地1.3万平方米，投资100多万元安装路灯，城区路灯亮灯率达95%以上；开展环境卫生整治行动，治理背街小巷24条，修建道路9496米；建立城区卫生保洁市场机制，生活垃圾清扫清运和保洁率达100%。全县所有乡镇进入市级卫生乡镇行列，小茴店镇等3个乡镇成为省级卫生乡镇。

*社会事业全面进步*　科学技术、教育、文化体育与传媒、医疗卫生方面财政支出力度不断加大，分别比上年增长23.3%、9.1%、62.4%、7.3%。科技工作不断进步，被评为“全国科技进步县”。教育工作亮点纷呈，高考本科进线首次突破2000人，职教中心顺利开学，息县教育发展基金会首创成立，接受首批捐赠159万多元。文化工作活力四射，“千古中华第一县”推介宣传活动扎实有效；谯楼广场群众性文化活动精彩纷呈；卫生工作阔步向前，顺利完成新农合参合筹资工作，农民参合率达98%，如期完成324个标准化村卫生室建设，积极应对甲型H1N1流感，息县境内疫情得到有效控制。实施积极的再就业政策，城镇登记失业率控制在3.5%；认真做好低保工作，实现城镇和农村低保双双扩面提标，低保对象分别达到9986人和41024人，累计发放城市低保金1740万元，农村低保金2136万元。全县企业养老、医疗、工伤参保人数分别达到14653人、36406人、13500人。新建、改扩乡镇敬老院37所，五保户集中供养率达到45%，启动新农村养老试点工作。信访局势稳定，荣获全省“平安建设先进县”称号，荣获全省“信访工作显著进步先进县”，获省“优化经济发展环境先进县”。安全生产形势总体平稳，全年没有发生安生生产事故。在全市率先建设800套廉租房，总面积达到4.1万平方米，发放廉租房租赁补贴资金393万元。加强民主法治建设，大力推广村级事务“四议两公开”；切实加强精神文明建设，人民道德水平、文明程度进一步提高。全县人口自然增长率控制在5.5‰，实现创建国家级人口和计划生育优质服务先进县目标。全面落实环境保护工作各项制度，全县环境质量得到了改善。加强土地管理，实现了全县耕地的动态平衡。人防、民族宗教、史志、体育、档案、审计、人事、统计、物价、气象、邮政、商业、外贸、供销、物流管理、老龄和残疾人事业等各项工作均取得可喜的成绩。

*政府自身建设不断加强*　加强学习、提高素质，建设学习型政府。各级政府及其工作人员特别是领导干部，进一步强化学习意识，树立终身学习和创造性学习理念，认真学习党的十六大精神、邓小平理论和“三个代表”重要思想，通过学习，进一步提高理论水平、政策水平，不断增强统揽全局、科学决策的能力。解放思想、与时俱进，建设创新型政府。以“三个有利于”为标准，进一步解放思想，更新观念，通过开展“解放思想、加快发展”大讨论，彻底改变传统的思维定式，坚决冲破一切妨碍发展的思想观念。深入开展“两转两提”，建设服务型政府。按照建立社会主义市场经济体制的要求，实现经济管理由政府主导向市场主导转变，管理方式由行政控制型向行政控制和规范服务结合型管理转变；行政职能由全能政府向主要提供公共设施和公共服务转变。大兴调查研究之风，深入基层，深入群众，切实帮助基层群众解决实际问题。依法行政、讲求诚信，建设法治型政府。继续实施依法治县方略，深入开展“四五”普法教育，大力推进依法行政，建设廉政型政府。全面落实廉政建设责任制，实行领导干部述职述廉制度，健全重大事项报告制度、质询制度和民主评议制度，从点滴小事做起，当好表率，防微杜渐。坚决反对讲排场、摆阔气，坚决反对挥霍奢侈、铺张浪费，以廉洁的政府形象取信于民。

**【国家省市领导来息县视察】**　1月19日，市侨联主席冯磊、副主席梅金星一行来到科技局退休干部、侨属赵复生和原国民党起义投诚人员、黄埔军校十六期毕业学员黄保元的家中，分别送去慰问金和慰问品，并送去党和政府的温暖。

2月10日，省、市危险化学品专家组在市安监局副局长郭其林及县安监局有关负责人的陪同下深入到亚洲新能源(信阳)控股有限公司检查指导节后安全生产工作，并分组对亚洲新能源(信阳)控股有限公司的电气、防火设施、防毒设施和周边环境进行检查，就一些存在的问题提出意见和建议。

2月12日，市委副书记、市长郭瑞民在副市长张杰、市长助理杨六栓及市人行、发改委、财政局有关部门负责同志陪同下到息县部分企业调研企业发展情况。

3月16日，市委书记王铁、市委常委、市委秘书长冯鸣，市长助理郑传德在市农口单位主要负责同志陪同下来息县调研农村专业合作组织建设情况。调研中王铁对息县合作社管理规范、制度健全、规模较大给予充分肯定，并希望合作社迅速发展壮大，给村民带去更多的利益。

4月14日，省粮食局副局长、省粮食清仓查库办公室主任刘大贵在市粮食局副局长、市粮食清仓查库办公室主任周宗海的陪同下来息县检查指导粮食清仓查库工作，并实地查看。

4月22日，信阳军分区党委常委、军分区副司令员王明州一行，来息县就人武系统学习实践科学发展观和全县民兵组织整顿工作检查调研。

5月19日，国家统计局河南调查总队纪检组长张克宁、国家统计局信阳调查队队长秦喜成来息县调研夏季粮油生产情况。张克宁一行深入项店镇、包信镇等乡镇田间地头，详细了解夏季粮油生产情况。

5月31日，市委书记王铁、市长郭瑞民、副市长张继敬在市、县农业部门主要负责同志陪同下，深入到田间地头和正要收割小麦的群众亲切交谈，详细地询问小麦的亩产、收割需要的费用、收割期间遇到的困难等情况。

6月6日，国家粮食局标准质量中心主任杜政等一行在省粮食局副局长葛巧红，市粮食局局长顾志安的陪同下，来息县检查调研夏粮收购质量情况。在县粮油质检中心，杜政一行现场抽检息县收购的小麦质量以及国家小麦最低收购价政策在息县贯彻落实情况。

7月2日，省社会科学院副院长丁同民一行来到息县曹黄林乡冯庄村看望驻村工作人员慰问贫困户，为冯庄村小学送去学习用品。

8月26日，信阳市委常委、市委组织部部长乔新江到息县检查指导基层组织推广“4+2”工作法的实施情况及基层组织建设“三项工作”情况。

9月2日，省水利厅水文局局长杨大勇一行在市水利局副局长饶萍及县水利局主要负责人的陪同下，先后深入路口乡曹庄村、大孙庄村以及关店乡黄滩村检查秋粮夺丰收防洪排涝抗旱减灾工程建设情况。

9月30日，市委书记王铁在市委常委、市委秘书长冯鸣，市委常委、政法委书记高俊峰陪同下深入息县，看望慰问基层干部、信访部门工作人员和广大公安干警。

10月22日，省农业厅厅长助理刘怀攀来息县调研农民专业合作社和农村土地流转情况。刘怀攀对息县的农民专业合作社和农村土地流转所取得的成绩给予充分肯定。

11月3日，省发改委外经处处长魏智勇在县委常委、常务副县长李林军及县发改委主要负责人陪同下对息县工业项目建设工作检查指导。

12月30日，市六城联创检查组组长张明庭一行三人来息县检查指导六城联创工作。张明庭认为，息县变化很大，各项事业蓬勃发展，蒸蒸日上，发展速度令人振奋。

**【县政府领导重要活动】** 1月20日，县长余运德，县政协主席何承惠，县委常委、组织部长孙杰和县人大副主任阎清勇对息县离退休老干部和全国劳动模范进行慰问。余运德希望劳动模范要珍惜荣誉，再接再厉，永葆先进性，为县域经济发展做出新贡献。

2月4日，县长余运德，县委常委、常务副县长李林军，县委常委、统战部长、副县长李卓及有关部门负责人在息县分会场收听收看省政府召开的全省当前重点工作电视电话会议。

3月25日，县长余运德、县长级干部李济民等出席深入学习实践科学发展观活动动员大会暨乡科级主要领导干部专题研讨会。余运德结合息县经济社会发展就深入学习实践科学发展观活动做专题辅导报告。

4 月 27 日，县长余运德，副县长蒋文俊在县环保、国土、发改委等相关部门负责人的陪同下参加收听收看全省污水垃圾处理设施建设运营管理工作电视电话会。会议结束之后，余运德作了重要讲话。

6 月 2 日，县长余运德、副县长董桂英在县农业局、粮食局、统计局等相关负责同志陪同下，深入部分乡镇检查指导“三夏”工作。余运德指出一定要积极开展优质服务，采取各种便民措施，方便群众售粮，促进农民增产增收。

7 月 3 日，县长余运德在县政府办、民政局、教体局相关负责同志陪同下深入关店乡部分敬老院、村卫生室和民办学校检查指导工作。

8 月 26 日，县长余运德，副县长蒋文俊在县政府办、公用事业管理局、督查局、城郊乡相关负责人陪同下深入城郊、城关检查指导城市供水等公用设施建设情况。

9 月 6 日，县长余运德、副县长吴昊到县人民医院，检查督导息县甲型 H1N1 流感防控工作。余运德强调，各级各有关部门要站在讲政治、讲大局的高度，全力以赴做好患者救治工作。

12 月 28 日，县长余运德，副县长蒋文俊在县政府办等部门主要负责人陪同下，深入到城区护城河游园、东环路、北二环、高杆灯、息国故里、息州农贸市场等重点路段，就市容环境卫生和路段绿化情况等工作进行督查。余运德强调，各责任单位在创卫工作中务必要做到思想上更重视、措施上更严格、落实上更彻底、追究上更严肃。

**【县政府 2009 年常务会议】** *息县人民政府第 1 次常务会议* 息县人民政府第 1 次常务会议于 2 月 3 日召开，会议研究安排了政府工作报告起草、抗旱浇麦等具体工作。会议要求，政府工作报告撰写要按照务实、鼓劲、创新的原则，广泛征求意见，修改后报县人大常委会。会议要求，为确保粮食安全，要采取有效措施，动员方方面面力量，全力做好抗旱浇麦工作。

*息县人民政府第 2 次常务会议* 息县政府第 2 次常务会议于 3 月 4 日召开，会议研究讨论了《关于进一步加强社会抚养费征收管理工作的意见（征求意见稿）》。会议认为，依法做好社会抚养费的征收管理工作，对于全面贯彻落实计划生育基本国策，统筹解决人口问题，具有十分重要的意义。会议要求，对《意见》进行认真修改完善，同时整合各方力量，强化管理，严格奖惩，切实做好社会抚养费的征收工作。

*息县人民政府第 3 次常务会议* 息县政府第 3 次常务会议于 3 月 15 日召开，会议研究讨论农村信用合作联社体制改革情况。会议认为，县农村信用合作联社体制改革事关全县经济发展的大局，要抓住这次改革的机遇，更好地为县域经济发展和“三农”工作服务。会议决定，县政府各相关部门要积极配合抓紧时间，争取尽快实现息县农村商业银行股份有限公司的挂牌。

*息县人民政府第 4 次常务会议* 息县政府第 4 次常务会议于 4 月 15 日召开，会议研究讨论县种子公司改制、农村土地经营权流转等具体工作。会议认为，种子公司改革势在必行，要做好种子公司改制后的善后工作。会议要求，由农业部门牵头抓紧制订息县农村土地承包经营权流转工作实施细则，筹建成立农村土地经营承包权流转服务中心。

*息县人民政府第 5 次常务会议* 息县政府第 5 次常务会议于 6 月 16 日召开，会议研究讨论金融工作、决战二季度（经济运行）工作、敬（养）老院建设、新农村居民点规划建设和新型农村养老保险等具体工作。会议认为，金融办和相关部门制定的意见和办法还需要作进一步的完善，然后按试行本印发，以推动息县金融工作开展。会议要求，金融机构要采取有效措施大力支持对县内中小企业的发展，要增强紧迫意识，调动一切积极因素，积极做好决战二季度（经济运行）工作。会议要求，要加强宣传敬（养）老院建设，使敬（养）老院建设工作得到社会各界支持，要以人为本科学设计，各有关部门要做好监管工作。会议要求，要加强宣传科学规划，提高新农村居民点规划建设的可操作性，要加强治理，精心组织，规范农村居民点规划建设工作。会议要求，新型农村养老保险工作要多方筹措资金，形成多方投入的格局，要开展调查研究为科学决策服务。

*息县人民政府第 6 次常务会议* 息县政府第 6 次常务会议于 6 月 25 日召开，会议研究讨论了产业集聚区建设、中小学梯次发展管理和成立教育发展基金会、发展职业教育等具体工作。会议认为要围绕承载建设现代产业体系、现代城镇体系、自主创新体系这个大局，把产业集聚区的发展

扎实、健康地向前推进。会议决定,设立息县教育基金会,并把每年9月8日确定为息县的助教日。会议要求,要探索农村职业教育服务新模式,大力开展职业教育学校创建活动,确保稳定的经费投入,大力支持民办职业教育发展。

*息县人民政府第7次常务会议*　息县政府第7次常务会议于7月7日召开,会议研究讨论创办河南合昌纺织科技实业有限公司等具体工作。会议原则同意引进澳门合德金融投资有限公司投资创办河南合昌纺织科技实业有限公司。在河南合昌纺织科技实业有限公司履行其应尽义务的同时,给予投资方一系列优惠政策。

*息县人民政府第8次常务会议*　息县政府第8次常务会议于7月29日召开,会议研究讨论养老保险、目标工作、住房公积金制度、廉租房分配等具体工作。会议要求,要充分调研摸底,建立机关事业单位缴费财政代扣代缴长效机制,加大对单位小金库的清查力度,对原相关破产企业实行以物抵费变现,加大养老保险金征收力度。会议要求,要提高认识,改变目标管理工作落后状况。科学制定目标,在全市目标考评中争取主动。会议要求,住房公积金工作要扩大宣传,确保所有财政供养人员都能纳入住房公积金的范围,要全力推进,务必从第三季度开始施行,原则同意按工资的8%征收。会议要求,廉租房分配必须坚持阳光、透明、公正、公平的原则,对《息县108套廉租住房分配管理实施办法(试行)》要进一步完善,相关部门要严格把关,确保廉租房分配的公平、公正。

**【息县人民政府重要文件】**　《息县人民政府关于加快农村信用社体制改革的实施意见》(2009年1月10日)

《息县人民政府关于成立息县人民政府驻广东省惠州市办事处的通知》(2009年2月25日)

《息县人民政府关于印发〈开展“农民工服务月”活动实施方案〉的通知》(2009年3月3日)

《息县人民政府关于促进“企业服务年”活动建设工作的意见》(2009年3月25日)

《息县人民政府关于印发〈息县农村五保、农村低保复核及农村低保扩面工作实施方案〉的通知》(2009年4月21日)

《息县人民政府关于印发〈息县2009年公开招聘中小学教师实施方案〉的通知》(2009年5月6日)

《息县人民政府关于印发〈息县农村土地承包经营权流转实施细则〉的通知》(2009年6月8日)

《息县人民政府关于印发〈息县扶持发展壮大农机专业合作社实施细则〉的通知》(2009年6月11日)

《息县人民政府关于印发〈深入开展“两转两提”和优化经济发展环境工作方案〉的通知》(2009年7月29日)

《息县人民政府关于印发〈息县治理车辆超限超载工作实施方案〉的通知》(2009年8月24日)

《息县人民政府关于成立息县甲型H1N1流感防治工作领导小组的通知》(2009年9月5日)

《息县人民政府关于印发〈息县2010年度新型农村合作医疗资金筹集办法〉的通知》(2009年10月16日)

《息县人民政府关于印发〈息县2010年林业生态建设实施方案〉的通知》(2009年11月26日)

《息县人民政府关于印发〈息县职教中心合并综合高中—职高工作方案〉的通知》(2009年12月2日)

# 息县人民政府办公室

县政府党组成员、办公室主任：李洪俊

【简述】 2009 年，息县人民政府办公室在县委、县政府的正确领导下，贯彻落实科学发展观，围绕“建设和谐文明美丽富饶新息县”的奋斗目标和政府中心工作，以服务新农村综合实验区建设为重点，发挥办公室服务领导、服务基层、服务群众的职能，狠抓机关作风建设，完善工作制度，提高综合协调能力、文秘信息处理能力和运行保障能力，实现服务水平和工作职能的新突破。

【文秘工作】 坚持高质量、高标准，快捷高效，服务全局。完成省、市领导来息县检查指导工作等一系列会议和活动的领导讲话、汇报材料的起草工作，完成县十二届人大三次会议《政府工作报告》等重要会议材料的起草工作，完成了县政府常务会议、县长办公会议的会务筹备和县政府、县政府办公室公文的制发工作以及茶文化节等重要文化经贸活动的宣传、组稿工作。2009 年共制发政府各类文件 482 件（其中，息政 5 件、息政文 300 件、息政办 99 件、会议纪要 40 期、政务通报 4 件、通告 3 件、息政函 31 件），起草各类领导讲话和汇报材料 46 件，撰写各类调研材料 29 件。

【信息工作】 围绕县委、县政府中心工作，为领导决策和指导工作提供优质高效的信息、服务。2009 年，信息室累计向省、市上报信息 1240 多条，其中被省市采用 300 余条，调研信息 24 期，下发政务信息 36 期，省、市共计采用专项 5 期，专报 9 期。荣获“河南省政务信息工作先进单位”、“全市政务信息工作先进单位”称号。信息工作连续三年位居省、市先进行列，实现政务信息工作的新突破。

【综合协调、市长热线办理工作】 一是加强综合协调、考勤、信访等日常事务管理工作，保障办公室各项工作的正常运转。二是严谨细致地收转处理各类文电，做到及时无误。2009 年，共收办各类请示报告 1782 份，上级来文来电 653 件，转办领导批文 485 件，收发报刊 30 余种，收发各类信件 1 万多封。三是完善学习制度，强化周一党员学习、周二业务学习制度，工作人员的业务水平、协调组织能力明显增强。四是高度重视信访工作。每天明确一名领导同志在综合室处理群众来访接待和疏导工作，保证了群众反映问题得到及时处理和办公室的正常秩序，是年，办公室共接待群众来访 1600 余人次，均予以有效引导和妥善处理。认真做好市长热线的接转和督办工作。2009 年，共受理群众反映的问题 593 件（次），其中市长热线督办件办理 91 件，接转电话自主立案办理 106 件，解决实事 111 件，接听电话当场解答 398 次，热线件办理率 100%，回访反馈率 100%，群众满意率达 100%。

【法制工作】 一是理清思路，制订全年工作计划。研究制订《关于印发 2009 年度县政府推进依法行政工作意见的通知》，明确 2009 年度推进依法行政 7 个方面 21 项重点工作，为做好全年工作理清思路。二是严格审核，提高规范性文件质量。加强政府规范性文件审查，从源头上纠正不当的抽象行政行为。全年共审核县政府出台的规范性文件 29 件。三是加强监督，规范行政执法行为。强化执法监督，创新执法体制，切实规范执法行为。四是化解争议，积极开展行政复议和应诉工作。畅通复议渠道，研究分析行政诉讼案件，改进部门行政执法。2009 年，累计对 7 起行政复议案件进行复议,代理县政府出庭应诉4起行政诉讼。五是加强宣传,营造浓厚氛围。采取多种形式,广泛宣传依法行政工作。累计向市政府法制办报送法制信息30多篇,被评为“全市法制信息先进单位”。六是加强学习,不断提高履责能力。学习国家新出台的法律法规,积极参加国务院、省政府组织的法制培训,做到知法、懂法、用法,增强履责能力。

**【目标管理工作】** 一是县政府及时将市政府下达息县的5大类46项责任目标进行了分解,并结合息县实际,修订充实完善目标管理体系,与各乡镇政府、县直各目标管理单位签订目标责任书,为更好地做好全县目标管理工作,成立以余运德县长任组长的目标管理工作领导小组。二是加强督促检查,跟踪问效,实行季度检查通报制度。全县重要责任目标完成和超额完成市政府下达息县的各项目标。三是为科学正确评价目标管理工作实绩,激励先进,鞭策落后,县政府制订《息县目标管理考评奖惩办法》(息政文〔2009〕280号),使考评工作进一步规范化、科学化,充分调动乡镇和县直单位干事创业的积极性。2009年息县人民政府荣获“全市完成责任目标先进单位”,目标办荣获“全市目标管理工作先进单位”。

**【网络管理工作】** 一是完善政府网站建设。以县政府网站为窗口,及时宣传报道县委、县政府的重大决策和全县经济社会发展取得的重大成果,为领导决策提供参考,为政府和公众建立一个沟通平台。根据工作需要和公众要求,及时更新改版政府网站,新版政府网站自2008年6月上线后,更新文字270余万字,点击率超过90万次。二是推进电子政务工作。息县电子政务虚拟网工作全面完成。全年共公开政府信息2万余条,其中县政府网站公开1万余条,息县政府信息公开网公开9百余条,其他途径公开近万条,在全市保持先进。市政府专网安全有序运转,全年接发各类文件近2千余件,确保上情及时下达。

**【应急管理工作】** 一是强化训练,提高应急演练队伍素质。2009年,县政府办公室围绕应急实战演练,通过对广大干部职工的应急知识培训和实战演练讲解,建立起一支坚强有力的应急演练队伍。二是加大宣传,提高群众应急意识。抓住“5·12防灾减灾知识宣传周”活动契机,积极创新宣传手段,丰富宣传内容,提高宣传实效,为应急实战演练工作创造了良好的社会氛围。三是突出实战演练,提高应急处置能力。息县先后开展森林火灾、烟花炮竹、危险化学品泄漏、甲型H1N1流感疫情、抗洪抢险、反恐防暴、群体性事件、校园安全等8大项应急实战演练,涉及人员达到1万多人次。四是处置突发事件,检验实战演练效果。积极应对,妥善处理2009年9月在息县息都实验学校发生的甲型H1N1流感事件。

**【息县政府办公室印发的重要文件】** 《息县人民政府办公室关于印发〈息县2009年交通安全管理工作方案〉的通知》(2009年1月9日)

《息县人民政府办公室关于印发〈息县土地利用总体规划修编工作方案〉的通知》(2009年2月20日)

《息县人民政府办公室关于印发〈息县2008年度收费年审工作方案〉的通知》(2009年3月18日)

《息县人民政府办公室关于成立息县农村土地承包经营权流转服务中心的通知》(2009年4月10日)

《息县人民政府办公室关于治理“三夏、三秋”期间公路打场晒粮工作的通知》(2009年5月20日)

《息县人民政府办公室关于印发〈息县安全生产三项行动实施方案〉的通知》(2009年6月23日)

《息县人民政府办公室关于印发〈2009年度县政府推进依法行政工作意见〉的通知》(2009年7月17日)

《息县人民政府办公室关于印发〈息县职教中心合并综合高中—职高工作方案〉的通知》(2009年8月10日)

《息县人民政府办公室关于“三秋”期间秸秆禁烧和治理公路打场晒粮工作的通知》(2009年9月18日)

《息县人民政府办公室关于印发〈息县指纹信息采集工作方案〉的通知》(2009年10月12日)

《息县人民政府办公室关于印发〈息县2009年城镇居民基本医疗保险工作方案〉的通知》

(2009年10月16日)

《息县人民政府办公室关于成立创建市级文明县城工作先进县领导小组的通知》(2009年11月3日)

《息县人民政府办公室关于印发〈息县村公益事业建设一事一议财政奖补实施方法〉的通知》(2009年12月9日)

《息县人民政府办公室关于建立息县政府系统电子政务虚拟网的通知》(2009年12月23日)

# 人事工作

书记、局长:夏明友

**【简述】** 2009年,息县人事局(编办)围绕全县中心工作,以科学发展观为统领,以绩效管理为抓手,不断开拓创新,加强公务员和人才队伍建设,推进人事制度改革,做好工资福利工作,规范机构编制管理,加强人事人才公共服务体系建设,全面完成各项工作任务,为实现息县经济和社会又好又快发展提供人事人才支持和体制机制保障。

**【主要职责】** 贯彻执行国家、省、市、县人事管理政策法规,拟定全县人事制度改革规划、方案并组织实施;负责全县国家公务员队伍的管理工作;负责全县国家公务员培训和专业技术人员继续教育工作;综合管理全县国家公务员、事业单位职员、专业技术人员和机关、事业单位工勤人员的考核工作;编制机关、事业单位人员计划和工资计划,管理机关、事业单位工资总额和工资基金;综合管理全县专业技术人员和专业技术队伍建设工作;管理全县专业技术人员职称、专业技术职务聘任工作;负责全县人才资源规划、开发工作,拟定全县人才流动、人事代理、人才市场管理政策规定和实施办法;负责全县机关、事业单位工作人员工资福利工作;实施国家奖励表彰制度;负责全县军队转业干部安置工作。

**【公务员考核及管理】** 规范考核,完成年度考核及奖惩工作。坚持客观公正、注重实绩,严格按照规定的权限、条件、标准和程序,在指导各单位安装年度考核软件,提高电子政务水平的基础上,于3月份完成全县机关事业单位普通工作人员2008年度考核备案审批工作。共考核90个单位14311人,未参加考核24人。其中:机关工作人员参加考核1275人,优秀191人,占应考核人数的14.9%,称职1075人,占应考核人数的84.3%,不称职1人,未定等次8人;事业单位参加考核人员13036人,优秀1760人,占应考核人数的13.5%,称职11228人,占应考核人数的86.1%,不合格5人,未定等次43人。在完成考核任务的基础上,县人事局还围绕2009年度县委、县政府的重点工作和重点项目抓好考核评奖工作,对评选出的先进单位和先进个人,及时进行审核上报,全年共推荐上报表彰先进单位16个401人,其中县级表彰311人,市级表彰4人,省级表彰86人。推进干部教育培训管理工作。按照《河南省"十一五"人事干部教育培训规划》要求和省、市关于2009年度干部培训教育计划安排,结合息县实际,采取在职培训、短期培训、相互交流等多种形式,制订全年培训计划,狠抓办班管理,确保培训质量,加强对全县公务员的初任培训、任职培训、专门业务培训、知识更新培训,同时建立相应的培训登记管理制度。全年共开展公务员公共管理核心内容培训、知识产权培训、电子政务培训等各类培训12期2263人,《国家公务员培训证书》发放率达100%。公务员日常管理工作。一是落实市委组织部、市人事局《关于认真落实机关事业单位工作人员带薪年休假制度的通知》,完成全县机关事业单位工作人员年休假制度相关文件的起草修订,加强对全县机关事业单位执行年休假制度的检查和指导。二是注重根据《公务员考核规定》的要求,注重年终考核与平时考核的结合,加强对全县公务员平时考核的管理,正确评价公务员绩效,不断提高公务员作风建设和能力建设。三是加强公务员信息库管理工作,根据全县人事变动及调整情况,及时对公务员信息库中机构、人员信息进行修改和更新，实现对信息库的动态管理，为2009年度"双推双考"副科级干部提供个人考核材料280余份。四是做好公务员登记管理工作。根据信组通[2009]56号《关于对<公务员登记表>进行集中审核的通知》，对全县政府系列公务员1480人和参照单位公务员202人的档案材料进行系统整理和自查审核，顺利通过上级部门的检查验收。并于11月份根据上级要求，对符合参照公务员登记管理的县供销社机关人员共计18人进行审核并登记上报。

**【事业单位体制及人事制度改革】**　坚持"凡进必考"，认真组织事业单位招聘工作。2009年7月，为充实全县事业单位人员队伍，优化队伍比例结构，根据全县教育及卫生部门人员缺编及人才需求情况，经县委、县政府研究，报经市人事局、市编办批准，严格按照事业单位进人"凡进必考"的政策规定，同县教育、卫生部门密切配合，在县纪检监察部门的严格监督下，开展面向全省公开招录300名中小学教师和40名乡镇新农合监管人员的组织工作，各个环节工作公平、公正、公开，受到上级的肯定、社会的赞同和考生的认可。此外，还根据全省"特岗教师"招录计划，同县教体局配合，完成分配至息县的130名"特岗"教师的面试及体检、公示工作。事业单位体制及人事制度改革。一是加大事业单位体制及人事制度改革工作力度。在年初根据省市关于深化水利工程管理体制改革的意见，结合息县水管单位承担的任务和实际，对县水管单位职责和性质进行划分，明确6个纯公益性和2个准公益性水管事业单位。在2月份，根据全市森林公安核定政法专项编制暨人员过渡和考试录用工作会议精神，对息县森林公安分局的主要职责、内设机构、专项政法编制进行批复，对符合政法编制的人员、考试录用人员进行审核把关。在6月份根据国家关于交通规费征稽机构改革的意见，把息县交通路政管理机构由交通规费征稽所更名为交通路政管理所（交通路政管理大队），并对其主要职责和人员编制及时批复，出台人员转岗安置意见。二是认真开展义务教育学校实施绩效工资工作。把义务教育学校实施绩效工资作为一项重点工作，会同县财政、教育部门成立专门机构，开展全县义务教育学校工资收入和人员基本情况的调研，核定义务教育教师与公务员工资收入差距，测算绩效工资总量及有关经费数据，严格把握政策和程序，确保政策执行到位，达到深化事业单位收入分配制度改革，促进教育事业发展的目的。三是加强事业单位工作人员聘用合同的签订及鉴证工作。为规范事业单位用人行为，依法保障事业单位工作人员的合法权益，规定事业单位新进人员一律实行人事代理，并签订聘用合同，定期进行鉴证；并把聘用合同的鉴证工作同工资调整、职称评聘、年度考核相挂钩，规定不签订聘用合同、不实行鉴证者不能办理其他业务，全年共为事业单位聘用合同鉴证350余份，全县事业单位聘用合同签订率达95 %以上。事业单位分类调研工作。一是根据豫编办[2009]43号《关于开展中等职业学校基本情况调研的通知》精神，组织专门人员，深入调研摸底，对全县中等职业学校基本情况进行统计，全县共有经编制部门核准的中等职业学校7所，核定事业编制148名，在职在编制人员总数为210人，同时对在校生情况，外聘教师情况，生员比、生师比进行详细统计，并针对存在的问题提出合理化建议，摸清全县中等职业学校的具体情况，对以后职业教育的开展提供翔实的数据。二是根据上级关于开展全市事业单位分类改革调研工作的要求，通过召开会议部署、转发市局文件、下发分类统计表、深入单位调研等方式，对全县事业单位进行分类调查统计，全县共有各类事业单位761个，其中承担行政职能的事业单位101人，从事生产经营活动的事业单位40个，从事公益服务的事业单位620个。

**【机构编制管理】**　落实省市编办关于对乡镇机构编制管理情况进行督察的要求，严格对照上级文件中要求的十一项督察内容，对乡镇机构改革后机构设置情况和人员编制情况进行自查自纠，对每个乡镇的机构、人员编制、领导职数、实有人员逐一进行核定，认真调查乡镇借调、聘用人员，详细登记核查各乡镇机构编制和实有人员情况，建立和完善机构编制管理与财政预算管理相互配套协调的约束机制。同时对各乡镇机关和事业单位实有人员建立"实名制"管理制度，并对变动人员及时进行变更登记上报，确保乡镇机构编制和实有人员在"十一五"期间只减不增。经核查，2009年息县乡镇实有人员除领导干部调动、接收军转干部和选调生外，没有新增工作人员，乡镇机构设置运行良好，不存在超限额设置机构和乱挂牌子现象。原乡镇政府临时聘用人员和已清退超编人员没有“回流”反弹返聘现象，乡镇机构编制管理工作顺利通过10月份省市编办部门的检查验收。开展中文域名报送备案工作。根据中央编办关于进一步加强党政群机关和事业单位网上名称的管理工作的要求，于8月份召开由各乡镇党委秘书和县直各单位人事股长共计90余人参加的全县政务和公益中文域名应用普及工作会议，就中文域名的登记流程、申报注册、注意事项及报送时限进行强调和说明，经过严格审核、及时督促，在规定的时间内完成全县中文域名注册的各项工作，通过全面规范机关事业单位网上名称管理，为公众获取政务公开和公共服务信息提供便利条件，从而提高政府部门的电子政务化水平。开展机构编制日常管理工作。一是加强机构编制纪律要求。坚持机构编制“一支笔”审批制度，即凡有关机构编制事宜由县编委及其办事机构一个部门承办，县编委或县委、县政府审批行文。对有关机构升格、增设机构、增加人员编制和领导职数事宜严格把关审核，并报县编委研究决定。二是切实加强“实名制”台账管理工作。针对全县县直、乡镇机关事业单位人员调动、退休退职、转岗等人事变动情况，通过召开专门会议进行动员部署、下发调查统计表、深入走访调研等方式，与各单位加强联系、沟通和指导，加强和改进全县机构编制“实名制”管理工作，对上报的台账中机构名称、规格、内设机构、经费形式、编制性质、编制数、领导职数、在编人员的身份等内容进行严格审核把关，对变动人员及时进行变更登记，严格控制实有人员在编制核定的范围之内，确保上报数据的真实性和准确性。全县20个乡镇机关事业单位及县直60个单位账全部报送，机构编制实名制管理工作进一步强化。三是加强事业单位登记管理工作。宣传事业单位登记管理有关政策规定，召开各单位人事股长会议“以会代训”，对事业单位法人年检进行动员、强化《事业单位法人证书》的使用管理、对网上事业单位登记管理数据进行整理规范等方式，加强和完善全县事业单位登记管理工作。全县具有事业单位法人资格的事业单位有302家，新办理设立登记35家、变更登记26家；应参加年检的事业单位为265家，台账年检合格265家，年检合格率为100%。四是切实加强行政服务及非行政许可事项的清理整顿工作。为优化经济发展环境，按照县政府关于实行行政服务事项“一周办结制”要求，对全县机关事业单位的行政服务类及非行政许可事项进行清理整顿，共保留125项行政服务类事项、30项非行政许可事项。

**【职称管理】**　组织2009年度全县机关事业单位工人技术等级的报名、培训及考务工作，全县共报名875人，其中高级工531人，中级工278人，初级工66人。经局长办公会研究批准，为全县行政事业单位的61名一般干部确定为科员职务。退休人员审批119人，县水管单位提前退休审批86人；提高遗属补助标准审批1780人。组织完成2009年度共计15人（其中卫生14人、计生1人）的申报高级专业技术人员和16人的执业药师考试报名工作，完成2008年度全县初级教育系列319人、工程系列49人、农业系列18人任职资格的初定及评审工作。全年共推荐申报教育及非教育系列中高级材料共261份，其中教育系列247人、工程、农业、农业科研系列共14人。

**【“人才强县”战略】**　搭建就业平台，开展高校毕业生就业服务活动。认真落实关于做好高校毕业生就业工作“十件实事”的要求，引导、鼓励和支持大中专毕业生就业，建立和完善人才服务体系。一是制订《息县2009年高校毕业生就业服务系列活动方案》，宣传就业政策，鼓励和引导高校毕业生面向基层就业。二是开展未就业高校毕业生登记工作，建立未就业毕业生信息库，为急需人才的企事业单位提供人才资料。三是实施高校毕业生就业见习示范基地建设。按照市局要求，建立县人民医院、县公疗医院、永立建筑公司等第一批高校毕业生就业见习基地7个。四是组织用人单位参加省、市高校毕业生招聘会。通过全市上下联动、统一开展的“就业援助周”、“春风送岗位”、“民营企业招聘周”、“高校毕业生就业服务月”等活动，联系县劳动保障局、卫生局、教育局等相关单位，组织有用人需求的相关企事业单位组织三场就业服务专场招聘会，提供就业岗位160个，签订就业协议130余人。规范人事管理，加强人才市场建设。从加强人事管理的源头做起，全年共接收从全国各高校及市局转来的历年来大中专毕业生学籍档案620余份，按档案管理规定分别进行登记归档，接待大中专毕业生政策咨询235人次，对局干部档案室和人才中心档案进行清理归类，共收集各类干部档案材料600余份，清理不合格归档材料50余份。贯彻执行《信阳市人事代理实施细则》，开展人事代理工作，为教育系统2007年招聘的334名，2008年招聘的150名高初中教师办理转正定级人事代理手续，并为教育系统2006年招聘的203名村小教师办理续聘手续，解除其后顾之忧。注重能力培养，大力开展专业技术人才的选拔及教育工作。5月份，按照市局安排，完成7名"333"人才工程全市中青年学术技术带头人的考核备案工作，开展了全县首批民间艺人技术职称评选工作，推荐上报1名民间艺人并获中级职称。充实并完善全市中高级专业技术人员信息库、全省专业技术人才数据库"两库"建设，全年共录入各类专业技术人员7897人，在此基础上，将专业技术的继续教育情况与其年度考核、工资调整相挂钩，对全县2008年度新晋升职称的680名专业技术人员进行知识更新培训。

**【"三支一扶"大学生管理】** 多方组织协调相关部门，为2009年分配至息县乡镇从事为期二年的支教、支农和扶贫工作的6名"三支一扶"大学生在工资津贴发放、档案托管、业务培训、资金保障等方面提供全方位、多渠道的人事代理服务，解除其后顾之忧。

**【企业军转干部解困工作】** 做到按月按人数及时足额发放生活困难补助金，并在5月份为125名企业军转干部和4名自主择业军转干部及时办理医疗保险，为其进行年度健康体检，在庆祝新中国60周年及其它敏感时期，注重沟通联系、强化"五包一保"、认真落实相关政策、加强日常沟通，保证全县企业军转干部思想稳定，并在10月底顺利通过市局关于企业军转干部解困稳定政策落实情况的的检查验收。

**【自身建设】** 开展学习实践科学发展观活动。在3月份全县第一批学习实践科学发展观活动中，人事局党总支通过制订活动方案，狠抓学习调研，落实整改责任制，边学边议边改，建立长效机制，巩固整改成果等一系列措施。全局人员共撰写心得体会68篇，调研论文8篇，作辅导报告8次，深入基层走访座谈6次，落实整改和取得阶段性成效的事项8项，解决突出问题6个，修订完善各类规章制度15项，达到开展活动与推进工作相互促进、相互提高的目的。转变工作作风、加强系统内部政风作风建设。县人事局将政风行风建设列入重要工作议事日程。在公务员录用、职称评定、年度考核、工资福利等各项工作中，人事局推行"五个一"的服务承诺制度和政务公开制度，接受社会监督，改进工作作风，提高服务水平，规范行政行为。在2009年全县前三季度优化经济发展环境民主测评中，人事局均名列县直单位前列，且4月份顺利通过市级文明单位的检查验收。落实三项制度、开展各种业务理论学习活动。把干部思想作风整顿教育活动同"三项制度"结合起来，利用周一夜晚党员学习日、周二下午业务学习日等理论学习时间，由局班子成员带头，组织全体干部职工专题学习十七大、十七届三中全会、四中全会精神。教育工作人员严格遵守人事编制纪律，组织学习新颁布的《公务员培训规定》、《公务员申诉规定》、《公务员行为规范》、《机关事业单位工作人员带薪年休假实施办法》、《事业单位登记管理暂行条例》等人事编制法律法规，增强依法行政意识。

**人事局内设机构**

| 科室名称 | 负责人 | 主要职责 |
|---|---|---|
| 局　办 | 曾昭平 | 协调落实全局日常工作 |
| 干部调配股 | 刘　锐 | 干部调动、安置 |
| 工资福利股 | 马利军 | 工资调整、工人职称评定 |
| 职称股 | 苏凌云 | 干部职称评定 |

| 科室名称 | 负责人 | 主要职责 |
| --- | --- | --- |
| 公务员股 | 罗新华 | 公务员考核、评定 |
| 人事仲裁股 | 郑凤山 | 人事纠纷仲裁 |

**局属二级机构**

| 单　位 | 负责人 | 职责职能 |
| --- | --- | --- |
| 人才中心 | 王　伟 | 人才交流、人事代理 |
| | | |

# 行政审批服务

**【简述】** 2009年,行政审批服务中心共受理各类行政服务事项25104件,受理咨询人数9769人次,办结24880件,办结率达99.1%,行政事业性收费2114.16万元。行政审批服务中心窗口项目进驻率达95.6%,项目办结率99.1%,提前办结率50%,即办件比例达60%。所有窗口启用“行政审批服务专用章”,投诉率为零,群众满意率达99.8%。

**【项目清理】** 2009年7月,行政审批服务中心会同法制办、财政局、物价局等部门,对全县43个具有行政许可事项的单位和涉及经营服务、罚没类收费的部分单位进行为期两个月的集中清理比对,经初步清理,县本级共保留行政许可事项157项,应进单位由原来的33个增加到64个,窗口人员由43人增加到107人,全部服务项目为392项。

**【整建制进驻】** 按照市委、市政府“一周办结制”相关文件精神,行政审批服务中心按照“集中到位、再造流程、简化环节、应放尽放、强化责权、提高效率”的原则,在中心现有办公条件下,实现房产所、医保中心、国税局、卫生局等窗口单位的整建制进驻,保障“一周办结制”工作实施。

**【窗口建设】** 以建设工程项目和企业登记办理为两条主线。其中建设工程项目办理由发改委、建设局、房产所、质监站、监理公司、国土局、国土执法队、环保局、消防队、人防办、气象局等主要服务窗口组成;企业登记办理由工商局、文化局、公用事业局、卫生局、商务局、教体局、质监局、环保局、国税局、地税局等主要服务窗口组成。电业局、水利局、交通局、林业局、安监局等为主要协助服务窗口。实行“一门受理、抄告相关、同步审批、限时办理”的办理模式,根据各自权限,从受理到办结实行一条龙审批。

**【标准化建设】** 按照各类展示标准化、接待服务标准化、项目管理标准化、办件质量标准化、人员配备标准化、文档管理标准化、设备管理标准化、工作衔接标准化八个方面的标准进行创建,通过工作人员亮牌办公、佩证上岗、项目八公开、制作服务告知牌、启用行政审批服务专用章等多种措施,使大部分窗口达到标准化服务要求。

**【延伸服务】** 行政审批服务中心在县工业聚集区设立分中心,专门负责园区内企业服务事项的受理、办理。

# 机关事务管理

**【基本情况】** 2009年度机关事务管理局设机关党支部1个,有党员7名。息县机关事务管理局设四个股室,办公室、财务股、接待联络股、车辆管理股,机关事务局人员编制13人,实有人员8人。

**【主要职责】** 根据建立社会主义市场经济体制的要求,规范领导机关后勤服务接待工作,加强小车、机关基建、房地产、国家资产及财务管理,实现息县机关事务管理科学化。本着政事、政企分开原则,将机关后勤服务职能从领导机关中分离出来,由所属事业单位承担,增加后勤服务的活力,提高服务质量,自我约束,自我发展,节约经费支出,推进后勤服务社会化。

# 中国人民政治协商会议息县委员会

主席:何承惠

【政协息县第八届委员会第三次会议】 2009年2月10日~12日在县会议中心召开。参加会议政协委员186名。会议听取政协息县第八届委员会常务委员工作报告;听取政协息县提案委员会关于提案工作情况的报告;听取县委书记张富治讲话;列席县人大十二届三次会议,听取并讨论县政府工作报告、县财政工作报告、计划工作报告和其它报告;审议和通过有关决议。

【政治协商】 一是利用政协各种会议进行协商。八届二次全会期间,组织委员就全县经济、政治、文化和社会发展问题进行协商,审议讨论"一府两院"工作报告以及县财政、计划报告。委员们提出的继续加大医疗卫生和教育事业投入,加大背街小巷整治力度等建议丰富了《政府工作报告》的内容。5月份,组织市、县教育界委员召开座谈会,针对全县教育发展过程中存在的困难和问题,提出建议,经整理形成《关于我县教育发展情况的报告》,促进有关问题的解决。二是利用委员及参加单位进行协商。吴方润委员协助党委、政府推广农业科技,联系省社科院专家培训农民5次200多人,直接带动一批种、养殖户脱贫致富。胡在忠委员在污染减排、环境监测等方面充分发挥环保专业的优势,出色地完成各项任务,被省环保局授予"环保专项行动先进个人"称号。三是利用政协领导班子进行协商。县政协主席和各位副主席在参加县委常委会、县四大家联席会、县政府常务会议等重要活动时,都是出良谋、献良策、建诤言,在推进"六城联创"、化解信访矛盾以及加快城镇建设等方面提出许多真知灼见。

【民主监督】 一是参与评议督导活动。在全县优化经济发展环境评议活动中,组织委员参加每季度开展的评议活动,对参评单位进行客观公正、实事求是地评价。6月份,组织委员参加政法系统座谈会,对全县政法工作开展情况进行评议监督。8月份,全县开展民主评议政风行风活动,县政协有一名常委任督察组长,帮助有关单位转变作风,提高工作效率。9月份,县委群众工作部召开信访稳定工作通报会,委员们及时提出做好下一步工作的建议。12月份,在全县林业生态建设督导活动中,县政协又有一名常委任组长,对乡镇进行检查督导。二是发挥提案的监督作用。7月份,组织委员深入到县公用事业管理局、建设局、教体局、卫生局等5个提案承办单位进行督察,促使《县城区域背街小巷治理》、《落实优先发展教育、救助贫困儿童上学》、《新农合农民医药费报销难》等提案得到办理落实。尤其是关于护城河治理的1号提案,促使护城河实现初步治理。三是支持民主监督员开展工作。县政协高度重视民主监督员的选配,多次聘请专家和上级政协领导进行培训,并出台一系列文件保证民主监督员开展工作有章可循,有据可依。在县检察院、法院工作考评会、县烟草局专卖点布局听证会等考评活动中,民主监督员切实履行职能,敢于指出工作中存在的薄弱之处,并提出科学的对策及建议。

【参政议政】 一是引导委员为社会做贡献。在县妇联、教体局组织的救助农村留守儿童活动中,王尚岳、甄广福、喻玺等数十名委员慷慨解囊,资助留守儿童。在秋季"圆梦助学"行动以及光彩助学捐赠活动中,陈福泽、任重功、方学栋、夏高强等委员共资助30多名贫困学生。二是政协领导参与中心工作。县政协一班人按照县委分工,参与招商引资、重大项目建设、信访稳定、六城联创等工作，认真负责，真抓实干，务实高效地完成各项目标任务。根据县委对招商引资工作的统一部署，县政协主席何承惠带领有关部门负责人到平舆、鹿邑两县实地考察皮革深加工项目，收集翔实的第一手资料，为县委决策提供参考依据。三是开展调查研究工作。6月份，县政协常委会组织委员对息县地理标志产品产业化发展情况进行专题调研，提出要多渠道筹集资金，加大对香稻丸、息半夏的保护和开发力度等建议。9月份，对全县农村低保工作进行专题调研，提出严格审批程序和救助机制，加大监管督察力度等建议。11月份又对全县农村食品安全工作进行调研，提出加大资金投入，提高监管检测能力，严厉打击违法违规生产经营等建议。此外，还对职业教育发展、新农村建设、城市管理等议题进行多形式的调研，每次均形成调研报告。

**【提案办理】** 第八届委员会第三次会议委员提案112件，立案112件。其中经济建设方面18件，文化、教育、卫生方面22件，城建、土地、交通方面28件，公用事业、环保方面23件，政法、民政、社保方面11件，其他方面10件。办复112件。

**【文史资料编辑和宣传】** 将文史资料编辑纳入政协工作的总体工作统筹安排。聘请县委、县政府办公室、县委宣传部等21个部门的25名优秀作者作为政协特邀通讯员，邀请离退休的热心文史工作的老同志，以及息县籍在外工作的热心人士作为文史工作特邀顾问。共收到文字稿件近百篇，个人文学专集2部，个人画集两集。宣传方面，县政协机关在《人民政协报》、《政协理论与研究》、《协商论坛》、《河南日报》、《信阳日报》等专业杂志或党报党刊上发表10多篇理论文章、信息及经验介绍材料。

**【政协自身建设】** 一是坚持理论学习不放松。一方面组织委员和机关干部学习邓小平理论、“三个代表”重要思想、中共十七届三中全会精神等政治理论知识，提高思想政治素质，坚定正确的政治方向；另一方面深化对《政协章程》、《中共中央关于加强人民政协工作的意见》等专业知识的学习，提高政协专业理论水平。二是注重常委会和专委会建设。在常委会建设方面，坚持与时俱进，真抓实干，常委会组成人员带头争做自觉学习的模范、团结民主的模范和求真务实的模范。在专委会建设方面，研究制订《县政协专委会工作规则》，对每个专委会的职责重新界定，建立政协各专委会与党政部门的沟通协调机制，以正式文件的形式规定专委会的对口联系单位，支持专委会联系委员开展多种形式的活动。三是加强政协机关建设。在思想作风建设方面，认真执行市委“五禁止”、“十不准”和县委“五条禁令”，坚持党员学习、业务学习和义务劳动，守规矩、不攀比、讲团结、顾大局。充实完善机关内部管理的各项制度，形成用制度规范工作的机制。在干部队伍建设上，机关2名30岁以下的年轻同志通过“双推双考”副科级选拔考试，被县委重用到实职岗位上；1名委主任交流到县直单位担任主要领导职务；对于空缺的内设委主任，县委面向全县公开选拔4名年轻干部充实到政协机关。

# 社会团体

## 息县总工会

主席：戴清金

【简述】 2009年，息县总工会坚持“组织起来，切实维权”的工作要求，全面贯彻落实科学发展观，以组织建设为重点，以开展维权为中心，以强化帮扶为纽带，切实履行工会职能。县总工会获得全市工会工作先进单位称号，并被评为全县目标管理先进单位。

【工会组织建设】 全县各级工会采取措施，加大工会组建工作力度，探索和形成组建工作的长效机制。一是注重创新组建形式，提高建会质量。按照“抓大带小”的组建原则，全县规模以上的非公企业基本按要求建会，对于规模以下的非公企业，采取因企制宜、分类指导、办点示范、拓宽领域等多种形式，把大量分散、流动的职工组织到工会中来，实现工会组建的全面履盖，提高非公企业的工会组建率和职工入会率。全年新建基层工会组织56家，新发展会员5040人，其中农民工会员3120人，分别完成年度任务的104.6%和100.2%。工业集聚区工会联合会树立创新理念，突出组建重点，全年组建工会10家，新发展会员357人，完成县总工会下达的工会组建任务。二是落实建会标准，促进规范建设。按照组织机构健全、工作制度完备、维护机制到位、活动开展经常、党政领导支持、会员群众拥护的要求和“十有”、“五个一”的标准，推动非公企业工会的规范化建设。全县50人以上的非公企业规范面达100%，50人以下的非公企业规范面达85%。三是推介一线职工，提升政治地位。其中彭店种粮大户柳学友、县医院医生李宗卫、联社理事长张永耀、亚洲新能源控股（信阳）有限公司董事长于志洋荣获河南省劳动模范，县总工会副主席许保、县卫校副校长陈军、亚洲新能源控股（信阳）有限公司工会主席谷琼玲、一中教师王萍、电业总公司经理蔡志民、小茴镇农民工蔡强荣获信阳市“五一”劳动奖章，息县总会驻惠州农民工维权服务中心荣获信阳市“五一”劳动奖状。

【宣教活动】 为落实市总工会“关于认真开展工人阶级宣传月活动的通知”和“关于组织职工群众学习党的十七大报告的通知”精神，县总工会紧扣宣传工人阶级和展示工会风采的主题，组织开展宣教活动。一是载体活动出影响。“宣传月”期间，各级工会围绕与职工切身利益相关的法律法规和政策，出黑板报130期，制作橱窗85期，展出展板210块，悬挂横幅标语150条，印发资料5000份，发送短信610条。城关镇、城郊乡工会利用宣传展板、张贴横幅标语、文艺演出等形式，宣传工人阶级和工会法律法规。二是节日活动聚人心。为庆祝五一国际劳动节，县工会按照市总工会《关于开展庆祝五一国际劳动节活动的通知》要求，开展节庆活动。节日中，全县工会系统举办文艺演出、体育竞技、游艺游园、红色旅游、诗歌朗颂、演讲书画赛活动130多场，有14000多名机关事业单位干部职工、企业员工参加活动，职工参与面达85%。县委机关联合工会举办乒乓球联赛，县四大家主要领导为获奖单位和个人颁奖；县教育局、县文化局、县地税局工会相继举办“我心中最好的教师形象”、“我为工业发展献良策”、“十佳和谐家庭”等活动。三是宣讲活动起高潮。全县各级工会采取集中宣讲与分散宣讲相结合，请进来宣讲与走出去宣讲相结合的方式，在全县广大职工中掀起学习贯彻党的十七大精神的高潮。11月30日，县总工会举行工会系统党的十七大精神宣讲报告会。县委宣讲团成员、县委党校讲师作专题宣讲，全县50多名基层工会主席和工会干部聆听宣讲报告。长陵乡、项店镇、杨店乡工会把十七大精神宣讲与创和谐机关结合起来，转变机关干部职工工作作风。四是创学活动有效果。在全县工会系统开展“创学习型组织，争当知识型、创新型、技能型职工”和“创文明行业、树服务型品牌”活动，涌现一批学用结合、业务精湛、服务优良、群众满意的单位和个人典型。电业局王本善等6人获得“信阳市职工读书自学积极分子”。

**【和谐劳动关系建设】** 抓住构建和谐劳动关系这一重点，完善厂务公开民主管理工作。一是强化工作力度。召开县厂务公开领导小组会议，修订县厂务公开工作实施细则，签订集体合同目标考核办法，企业推进工资集体协商工作意见。全县上下采取“四抓”（抓重点、抓典型、抓特色、抓落实）举措，建立健全长效机制，促使各项工作落到实处。二是推进民主管理。宣传、普及《企业工会工作条例》，理顺企业工会和行政的关系，协调劳动部门，定期召开联席会议，帮助和指导企业职工签订劳动合同，建立并落实劳动关系三方协商机制，发挥职代会的作用，保障职工依法行使知情、参与、监督的权利。全县职代会建制率达70%，职工劳动合同签订率达86.5%，集体合同签订率达85%。三是精心打造亮点。围绕提质扩面，采取重点扶持、精心指导、奖励激励等方式，打造出一批新的亮点。

**【帮扶维权】** 一是扶助困难职工。2009年，集中开展“爱心超市”、金秋助学、促进下岗失业人员再就业、女职工特殊疾病保险、非法用工大清查、困难职工和困难劳模帮扶、兴办会员服务基地等爱心活动，全县工会共筹集发放送温暖资金40万元。春节之前，县总工会举办的“爱心超市”，恰逢50年一遇的冰雪灾害，为保证活动如期进行，改变以往的活动形式，改集中发放物质为分散发放，保证1000名困难职工领到过年物质。二是履行维权职能。建立和完善企业劳动争议调解工作机制，全县50人以上的非公企业劳动争议调解组织建成率达100%。倾听职工群众的诉求，通过个案处理，帮助困难职工群体解决实际问题。全年共接待来信来访30多人次，为困难职工免费提供法律援助2件，签订女职工权益保护专项合同35家。三是维护安全权益。宣传国家安全生产法律法规，制订并出台维护职工劳动安全卫生权益的实施意见，并以文件形式下发到基层工会贯彻实施。组织参加省、市“安康杯”竞赛活动，开展日常安全生产监管，从源头上维护广大职工的劳动安全、卫生权益。亚洲新能源控股（信阳）有限公司获得全市“安康杯”竞赛优胜企业；邮政局投递班获得全市“安康杯”竞赛优秀班组；移动公司获得全市“安康杯”竞赛组织工作优秀单位；县建设局局长郑继保获得全市“安康杯”竞赛先进个人。

**【“双联”工作】** 县总工会坚持以“解决企业困难、帮扶困难职工、维护企业稳定”为目标，以推进送温暖和再就业工程为重点，为被联企业和被联职工办好事办实事。一是规范工作机制。健全完善组织领导机制、激励保障机制、督导协调机制。二是创新活动形式。根据新的形势，工会适时调整工作领域、工作对象和工作方式，拓展和延伸“双联”活动空间。全县上下把“双联”工作与“两节”送温暖、金秋助学、“爱心超市”活动有机结合，丰富活动内容。全县通过“双联”筹集的慰问款物53万元，集中慰问困难企业30家，困难职工2100多人次，资助特困子女上学25人。县工会主席戴清金在春节前夕带领机关干部职工走街串巷，到被联对象家上门慰问，为困难户送去价值6000多元的过年物质。三是发挥参联作用。全县被联职工2647人，被联企业51家。通过“双联”活动，全县有423名困难职工得以再就业，近30家企业在招商引资、技改扩建、信息技术等方面得到参联机关单位支持和援助。

**【工会经费】** 县总工会以规范财务管理为核

心，围绕工会经费税务代收这一重点开展工作。一是财务管理有序。本着财务规范和科学理财的原则，坚持一支笔审批和重大支出报告制度，加强项目和预、决算管理，工会经费收入实现稳步增长，经费积累率提高。二是收缴机制创新。采取同定任务、同步考核、同时征收、同表结算、同案稽查的方式，借势创新企业工会经费代收工作机制，与税务部门建立企业工会经费代收定期联系、通报情况制度。三是加大经审力度。坚持以审促收，以审促管、以审促廉的理念。同时，县经审会与地税部门合作，规范和创新基层经审工作，促进经费代收工作的开展。

# 共青团息县委员会

书记：冯　晓

【简述】 2009年，全县各级团组织围绕县委、县政府工作大局，紧跟团市委工作步伐，以党的十七大精神，十七届三中、四中全会精神和团的十六大精神为统揽，以全面学习实践科学发展观为指导，以贯彻省委、市委青年工作会议精神为主线，立足共青团新形势，寻求建团新思路、创建立团新机制、谋划活团新方法，按照“强县、固乡、活村”的思路，推进全县各级团组织建设，狠抓工作落实，开创共青团工作新局面，完成全年的各项工作任务。

【驻外团组织建设】 2009年2月，团市委驻外团组织集中建设月启动，团县委按照“有党组织的地方要有团组织，没有党组织有建团条件的也要建立团组织”的工作要求，在深入调研，协调各方，选贤任能，完善制度上下工夫。先后在北京、上海、深圳、惠州等城市，以采取依托党建和挂靠企业的方式，成立县级团工委8个、团支部28个、行业团总支22个。并协助团市委建立2个市级驻外团工委。各驻外团组织以新中国建立、建党、五四青年节等重大节日为契机，召开座谈会及组织开展一系列的活动，丰富驻外团员青年的生活。

【基层团组织建设】 一是联合组织部下发《关于进一步加强团干部队伍建设的意见》，解决团干部转岗等导致的团组织有阵地、少人员的问题，经各乡镇、县直机关推优荐贤，配强配齐团组织负责人，每个乡镇至少一名优秀大学生村干部兼任团委副书记。下发《关于进一步加强基层团组织建设和基层工作的意见》、《关于进一步加强少先队工作的意见》、《基层团组织规范化建设指导意见》等文件，对机关、乡镇、企业、农村专业合作社团组织的团建进行分类指导，使常规工作规范化、制度化。二是注重提高基层团干部素质。以项店镇和杨店乡为突破点，扎实开展乡镇“双建互联”团建模式，成立乡镇青年工作委员会，把乡镇党政工作与共青团工作紧密结合，提高乡镇共青团工作地位和工作能力。三是以项店李楼村、董围孜村和杨店乡十里桥村为试点，实行村级“121”团建模式；按照地理位置相近，产业特色相同、发展情况相似的原则，以“健全班子、增强能力、创新载体”为出发点，加强村村联建、村社联建和村企联建。全县有160个村建设完成。四是探索合作社建团模式。以团县委为牵引、乡团委为支撑，立足自身优势，坚持“业务互补”原则，完善息县金宝农机合作社团支部、村团支部与杨店乡联丰土地信用合作社团支部“三级联建”体系。金宝农机合作社团支部，为土地信用合作社在“耕”、“种”、“育”、“收”方面，提供一站式服务；村团支部宣传土地流转新政策、新信息，动员村民参与土地信用合作社，达到服务村民、增收致富的目的。全县适合建团的专业合作社有174家，建团的有60家。

【服务青年就业创业】 一是建立县级青年就业创业“三级服务体系”。实行团县委、乡镇团委和村级团支部三级联动，配合有关部门服务青年就业创业，帮助青年树立正确就业观念，获得就业岗位，提高创业技能，增强致富本领。先后发放促进就业政策宣传单4000多张，在共青团网站上增设“就业创业”版块，发布就业岗位信息。二是加强青年就业技术培训工作，开展“春季培训”工作，上半年共培训各类技术青年523人次。联合社保局做好“2009年青春建功新农村就业创业培训”工作，共培训青年农民工510人，其中职业技能培训450人，创业培训160人；组建息县峰刚粮食制品有限责任公司、息县香米贡酒业有限公司、北京永泉建筑物拆迁有限公司3个青年就业创业培训基地，输送见习人员，为青年就业创业提供技能培训和创业指导；成立青年创业导师团，先后8次对创业青年进行“一对一”创业指导扶持。三是联合县农联社，为创业青年提供小额信贷，举行息县青年小额贷款授信仪式，10名有创业梦想的大学生村干部和10名“息县十大创业之星”获得授信证书。团县委以三项创新举措抓落实：（一）实施信用等级评定；（二）实施特色项目服务；三是实施专项体系建设。由团县委直接服务融资项目8个，发生信贷关系的项目有6个，贷款数额60万元，有10个项目通过审核。

**【引导服务青少年】**　全县各级团组织把组织青年、引导青年、服务青年、维护青少年合法权益作为重要工作任务，以“学法律、讲权利、讲义务、讲责任，构建和谐文明美丽新校园”为主题，联合有关部门开展形式多样的“送法进校园，预防青少年违法犯罪”活动，端正学生的思想，净化学生的灵魂，为广大青少年健康成长奠定基础。组织观看预防青少年违法犯罪电影《青涩记忆》，以教育电影为载体，推进青少年思想道德建设工作。以电业局团委为基地，增强团组织对企业青年的引导作用。一是以重大节日为契机，通过开展演讲比赛、读书征文、论坛和建言献策、主题团日活动等形式，深入开展国情、团情教育。针对青年喜欢上网的特点，建立相关主题QQ群，开通信阳供电公司《青年天地》网站，并通过飞信群和《青年沙龙》开展理想、信念、情感等方面的讨论。二是组织发动企业团员青年，深入开展“节约每一张纸、节约每一分钱、节约每一寸导线”（“三节约”）活动。通过开展技术比武、导师带徒和各种竞赛活动，提高团员青年的业务素质和技能水平，搭建青年成长成才的平台。三是举办学习培训。为提高团员青年新闻写作能力，举办青年新闻写作知识培训班；配合工会开展社会主义劳动竞赛，举办优质服务、电工技术、安全知识等方面的培训；配合人力资源部门，继续鼓励团员青年参加后续学历教育，以提高青年的文化水平。四是丰富文体活动。在三八妇女节、五四青年节、十一国庆节期间，通过篮球比赛、乒乓球比赛、拔河比赛、演讲比赛和歌咏比赛，增加团组织的凝聚力，丰富青年的业余生活。五是深化青年志愿者活动。组织青年志愿者来到老干局干休所、敬老院和一些特困户、孤寡老人等弱势群体家中，开展义务服务活动；以“深入社区，服务社会”为主题开展“青春光明行”主题日活动；以重大技改项目、城乡电网建设等重点工程为主战场，发挥“青年突击队”作用；积极参与到关爱留守儿童活动中去，开展与当地留守儿童“结对”、“助学”活动。在6月1日，息县各小学同步举行升国旗仪式，同唱爱党、爱国歌曲，共同铭记好传统，畅想新生活，欢度六一国际儿童节。除组织统一主题队日活动外，息县团委联合教体局在广场组织“阳光下成长 我手画我心”少儿现场绘画活动。10月份，息县中片区共青团联席会议在杨店乡召开，会议的主题是共青团员与留守少先队员助学“一帮一”活动。在杨店乡育才小学开展“一帮一”的助学活动，为孩子们送去书包、文具等学习用品。

**【青年志愿者爱心行动】**　为加强社会主义精神文明建设，弘扬中华民族的传统美德，树立时代新风，促进青年健康成长，团县委在谯楼广场举行“加盟志愿者，牵手青春行”志愿者注册仪式，3000多名息县热血青年加入志愿者队伍；“息州义工”也正式成为息县青年志愿者队伍，在团县委的带领和指导下开展社会帮扶活动，先后在杨店乡、夏庄镇等4家敬老院为老人们送去温暖，六一儿童节期间，为曹黄林乡付店小学捐献100多套文具、书包和400多本图书。为配合全县“六城联创”工作,团县委组织600多人参加争创“市级卫生县城”青年志愿者集中行动,集中清理路段两侧的小广告、纸屑、杂草,劝阻乱扔杂物等不文明行为。以“雷锋纪念日”和中国青年志愿者集中服务日为契机,团县委联合司法系统和卫生系统团组织在谯楼广场举行“弘扬雷锋精神,参与志愿服务”活动,100多名志愿者们共发放宣传资料1500多份,为群众进行义诊170多人次。

为开展“爱心助学”行动。团县委收集贫困学生资料,搭建结对帮扶平台,整合社会资源,筹集救助资金,推进希望工程工作,帮助贫困学生圆读书梦。联合工商联争取发放助学金4万多元,帮助13名贫困应届高中毕业生圆大学梦。另外,团县委积极参与团市委举办的“5·19希望工程助学公益日”活动,动员息县5名青年企业家共捐助学款25000元。

# 息县妇女联合会

主席：李　华

**【简述】** 2009年，县妇联以科学发展观为统领，紧紧围绕全县经济发展大局，秉着“虚事做实，实事做好，好事做精”工作理念，强化“三个服务”，围绕试验区建设，以深化“五大工程”为抓手，以服务妇女创业就业为重点，积极拓展工作思路，创新工作方式方法，认真履行职能，扎实开展工作，全县妇女工作和妇女事业取得了新成绩。

**【“巾帼科技星火工程”】** 2009年，通过实施“巾帼科技星火培训工程”，全县共培训妇女48期，共训人员4600余人次，其中90%的妇女掌握1～2门技术。

**【“留守儿童关爱工程”】** 在“六一”期间开展一系列活动，用活动营造氛围，推动关爱工作落实。为三中100名贫困儿童购买学习用品用具，并公布县妇联联系方式，依托县妇联就业基地—揽月家政为家庭贫困、下岗失业的学生家长提供就业帮助；与教体局联合，在谯楼广场举行“庆六一，阳光下成长，我手画我心”少儿现场绘画活动；与县公安局联合开展“关爱儿童，反对拐卖”活动。各乡镇纷纷开展形式多样的主题活动：关店、张陶、孙庙、陈棚等乡镇配合学校、医院组织乡机关所站干部职工为贫困儿童、留守儿童捐款、开展文体活动或是为孩子免费作健康检查。以“留守儿童之家”为依托，着力推进“123关爱工程”，即：一是开展一项主体活动。继续深化“一帮一”帮扶主体活动。在得知三中的帮扶对象宋晓岩父亲去世，母亲下岗，“代理爸爸”县委副书记杨德付亲自帮助她母亲提供就业信息，协调办理城镇低保。二是坚持学习、健康两手抓。关爱留守儿童，要学习、健康两手抓，依托当地乡镇卫生院为留守儿童免费体检。三是依托三个载体建护网。发挥“家长学校”、“四老课堂”和“关爱室”的作用，营造学校既抓学习又抓心理教育的氛围。

**【联手维权工程】** 一是完善全县20个乡镇妇女儿童权益维护中心，建立维护妇女儿童权益的长效机制。二是强化联手维权，与公安局联合建立“家暴投诉中心”，与法院联合建立“维护妇女儿童权益维护法厅”，与司法部门联合建立“法律援助中心”。

**【“巾帼建功工程”】** 一是在“三八”期间，表彰巾帼建功标兵19人，并请她们中的代表参加“魅力息县、成功女性”巾帼报告会。二是在中、小学女教师中开展争当“名牌教师”，在女职工中开展争当“岗位能手”活动。通过研讨会、技术比武、岗位练兵等形式，还利用节假日开展拔河、跳绳、猜迷语等比赛，激发广大女干部职工的工作激情和活力。三是开展争创市级“巾帼文明岗”活动。对行政审批中心社保局服务窗口、财政局支付中心大厅、新华书店售书柜台等10个单位窗口岗位进行市级巾帼文明示范岗创建。

**【服务妇女就业创业】** 县妇联全年共义务为妇女全民创业、就业提供职介、咨询、协调、宣传等服务455人次，支持妇女兴办创业基地2个，带动女性就业人数1097人。依托在社保部门设立的巾帼再就业培训中心，培训妇女1000余人次，通过再就业岗位的技术培训，县妇联就直接组织劳务输出达2600人次，并支持返乡创业妇女2人，通过她们又解决270名女性的就业安置。服务农村妇女创业就业。一、抓好培训。二、新建培训基地。新建两个县级培训基地:项店镇董围孜村"农村妇女实用技术培训基地"、"农村妇女劳务输出基地"。三、树好典型。树立带头创办"创新土地流转合作社"、参与领办"养猪合作社"的大学生村官郑梦洁;创办"种植合作社"的国家级"双学双比"女能手汤广美等典型。另外,县妇联选派50个县直局委妇委会同50个基础比较差的行政村妇委会结成帮扶对子,开展"以城带乡帮扶工程"。

**【自身建设】** 利用开展"三八"妇女干部座谈会、"魅力息县、成功女性"巾帼报告会、"女性素质大讲堂"等一系列活动,提高女性素质。全县县直妇委会、乡镇妇联、村妇代会组建率分别达到100%、98%和86.7%,有效保证妇联工作的开展。

# 息县文学艺术界联合会

主席:冯　莉

【简述】 2009年,息县文联坚持"二为"方向、"双百"方针,按照党的十七大报告提出的"文学艺术大发展大繁荣"的号召,贯彻落实科学发展观,办好《息壤》杂志、《息县坡》报纸,开展丰富多彩的文艺活动,组织广大文艺工作者投身于农村改革发展综合试验区建设的热潮中,创作紧贴时代脉搏、唱响主旋律的文艺作品,为弘扬民族精神和时代精神、满足人民群众的文化需求做出积极的努力。

【民间美术普查】 河南省民间文化遗产抢救工程经验交流会暨"三个专项"培训会议之后,县文联及时召开各乡镇分管领导、文化站负责人参加的专题培训会议,学习《河南省民间美术遗产普查实施方案》,观看培训光盘,印发民间美术遗产普查登记表。要求各乡镇发挥各村"五老"人员的作用,搞好民间美术遗产的搜集、整理和上报工作。同时,从县民协、美协抽调专业人员组成工作组,根据各乡镇自查上报情况,进行重点实地普查。走遍全县20个乡镇,重点走访100多个行政村,拍摄500多张实物照片,筛选、整理出100多张具有民间美术推荐价值的照片。

【群众文化活动】 节庆文化活动。2009年,县文联把"为老百姓办节"、"让老百姓得实惠"作为节庆活动的出发点和落脚点,突出节庆活动的群众性和地方特色,既弘扬传统文化,又与时俱进,融入现代文化元素,提升节庆活动的质量和品位。如文化遗产日举办根雕、民间美术作品展览,元宵节、端午节、中秋节等传统节日,组织县民间艺术团体开展民俗文化活动:大头娃娃、扭秧歌、打腰鼓、赶毛驴、玩旱船、皮影戏等。是年,新时代艺术团下乡演出33次,喜相逢艺术团下乡演出22次,战友乐团下乡演出112次,共下乡演出167场次。乡镇民间艺术团。各乡镇着手组建民间艺术团,艺术团名称与当地的历史、文化、物产等联系在一起,体现地方特有的文化元素和符号。如:项店香稻丸民间艺术团、包信赖王城民间艺术团、临河白公胜民间艺术团、曹黄林小香瓜民间艺术团、孙庙秦楼民间艺术团等。县文联、文化局聘请专业人员定期对艺术团骨干成员进行培训,每年春季进行文艺汇演。当代名家书画作品展。为庆祝新中国成立60周年,在谯楼举办了为期一周的当代名家书画作品展。展出的作品有中国美术家协会理事韩美林、中国书法家协会顾问欧阳中石、中国书协主席张海等国内知名书画家的精品力作,以及林岫、李刚田、陈天然、唐玉润、赵根成、杨再春、贾诚隽等一批书画家的新作。二月河做客"百姓大讲堂"。借助百姓大讲堂这个平台,文联于8月19日邀请著名作家二月河来息讲座,为全县的文学爱好者提供一个与名家面对面沟通、学习、交流的机会。二月河围绕清代"帝王系列"历史小说的创作,结合具体的历史事件和历史人物,作了题为《历史真实与艺术真实的双重整合》的精彩讲座,为息县的干部群众和文学爱好者送来了一场宝贵的文化盛宴。

【息县文化宣传】 制作五大外宣精品。在宣传部的领导、指导下,全程参与五大外宣精品工程的制作。围绕"千古中华第一县"这一历史文化定位,相继推出"五个一"精品工程,即制作一期介绍息县历史沿革、文物遗存、风土民俗的电视专题片《天下第一县》,录制一张歌颂息县的原创歌曲光碟《息县赞》,印制一本对外推介息县的精美画册《活力息县》，编辑出版一本全面介绍息县历史文化、物产人情的综合文集《息县书》和一本写淮河文化的书《我家住在淮河边》。推出历史文化品牌套餐。坚持品牌特色化、内容多元化的努力方向，推出息夫人和赖氏根亲文化两大套餐，最大限度地把文化资源优势转化为产业优势。继大型新编历史剧《桃花夫人》2008年喜获河南省戏曲大赛“文华奖”之后，完成《息夫人》、《赖国春秋》剧本创作任务。

**【文艺创作】** 2009年，息县业余作者公开出版作品2部，河南省文艺出版社出版县法院李政刚的诗集《李政刚抒情诗》，海风出版社出版八里岔乡徐涛的诗文集《文学的印痕》。是年，息县有1人加入中国民间文艺家协会，1人加入省作家协会、3人加入市作家协会，分别是：车站退休干部符庆国2009年10月加入中国民间文艺家协会，县法院李政刚10月加入省作协，尹振华、吴世成、徐泽林5月加入市作协。省作协主办的《河南作家》诗歌专号选发息县13位诗人的近百首诗歌，以“大息地”栏目在全省推介。车站退休干部符庆国撰写的《严嵩与息县》被江西省《文史天地》2009年5月号刊发。瓮彦君的散文《作秀的鸳鸯》发表于2009年第6期《知识窗》，被2009年第18期《中外文摘》转载。董玲玲、徐涛、李森、李影弟、孙立、吴世成、崔万伟、瓮文宝、符庆国等9位文艺爱好者的诗歌入选首届“唱响信阳”诗歌朗诵会作品并结集成册。孟庆安的山东快书《补瓢劝婆》和相声《圆梦》入选《文化大视野——全国群文系统文艺作品选集》。

# 息县残疾人联合会

支部书记、理事长：陈　涛

【简述】 2009年，息县残疾人联合会（以下简称县残联）紧紧围绕县委、县政府总体工作部署和与市残联签定的责任目标，以创建“白内障无障碍县”工作和残疾人就业工作为重点，切实抓好各项残疾人工作任务的落实。

【创建白内障无障碍县】 息县自2008年秋季开展“白内障无障碍县”创建工作。2009年，息县分阶段进行白内障患者普查、筛查、复明手术等项工作，21个乡镇区共普查各类眼病患者3360名，筛查疑似患者2300名，至11月底，完成复明手2303名，超额完成创建目标任务。一是加强领导，建立组织机构。县委、县政府召开创建工作专题会议，对创建工作具体安排部署，成立以分管县长董桂英为组长，残联、卫生、民政、财政、社保等部门领导成员的息县创建工作领导小组，县政府出台《息县创建“白内障无障碍县”普查工作方案》、《息县创建“白内障无障碍县”工作方案》，成立督察工作组，督导创建工作。二是县创建办出台贫困白内障患者免费手术等一系列优惠政策。三是加强白内障有关知识的宣传。利用手机短信、电视专题讲座、张贴海报、悬挂横幅标语等多种形式，宣传普及白内障知识，开通免费手术、报名的热线咨询电话，扩大白内障知识的知晓率。四是向第二人民医院眼科输送病源，并配合眼科做好术后患者的回访，经过手术的患者康复率均达到100%，无一例医疗和其他责任事故的发生。向市、县报刊、电视台发送创建工作信息6篇，被信阳日报登载2篇，息县坡报登载1篇，县电视台播报3篇。

【残疾人就业和扶贫工作】 残疾人职业技能培训分两期进行，主要培训电脑、缝纫、电器维修、种植、养殖、电焊、摩托车维修、美容美发等8个项目，全年共培训学员187名，超额完成培训任务。城乡残疾人就业201名，资助贫困大学生3名。扶持1866名残疾人解决温饱，建立县级扶贫基地1个，乡级扶贫基地10个。

【残疾人危房改造】 2009年4月～5月，县残联组成危房改造工作组，对有危房改造任务的城郊乡、孙庙乡、张陶乡、杨店乡、项店镇和国营农场的危房户展开摸底，首先由村委会摸底登记危房户，其次将第一次筛选的危房户名单、基本情况报乡（镇）政府，由政府进行第二次筛选，最后由县逐户摸底调查后，确定改造户名单。在施工过程中理事长陈涛、副理事长潘焱多次率领督导组深入乡村，到户检查指导，发现问题现场解决。完成100户危房户的登记建档、照像、施工改造等工作。改造户满意率达到99%以上。

【残保金征收】 2009年6月，息县开展残疾人就业年审和残保金征收工作，县残联将工作人员分成两个组，分别由两名副理事长带队，深入到各单位开展年审和残保金征收工作，至11月底全县共征收残保金10万余元。

【康复工作】 2009年，完成精神病服药78人，低视力配用助视器10名，培训低视力家长2名，收训聋儿22名，智残儿童康复训练13名，肢体残疾儿童训练12名，为13名肢体残疾人安装假肢，残疾人用品用具供应270件。

【选拔推荐残疾人运动员】 全县选拔残疾人

运动员16名，在息县二高集中培训，从中选出5名运动员参加省第五届残疾人运动会，其中举重运动员陈光银为信阳市获首枚奖牌。在市报刊发表信息2篇。

**【助残活动】** 全国助残日和国庆节期间，县残联宣传残疾人事业和自强不息残疾人的模范事迹，开展形式多样的助残活动：5月17日～22日，县政府领导和残联领导携价值4000多元的粮、油等生活用品，走访慰问20多户贫困残疾人家庭；5月18日，县委副书记杨德付、副县长董桂英和民政、教体、残联等部门领导到县聋哑学校看望全体残疾儿童和教职员工，杨德付和董桂英代表县委、县政府给68名聋哑儿童赠送价值4000多元的运动T恤装一套，并观看聋哑儿童精彩的文艺节目表演。同日上午10时，杨德付和董桂英参加台北曹仲植基金会轮椅损赠仪式，为55名下肢重度残疾人免费发放轮椅。国庆60周年期间，县残联对100多名残疾人走访慰问，送去粮、油等生活用品。

# 人民武装

## 息县人民武装部

政委:陈连书

部长:陈维明

【简述】 2009 年,在军分区党委和县委、县政府的正确领导下,全县人武部系统坚持以民兵预备役建设发展为主线,深入贯彻落实科学发展观,着眼全局抓大事,紧贴任务抓中心,改革创新谋发展,改进作风抓落实,完成年度各项工作任务。县人武部被上级军事机关表彰为“先进团级党委”、“军事训练先进单位”、“网络宣传先进单位”,县国土资源局被评为“第九届关心支持国防建设十佳单位”;县委书记、县人武部第一书记张富治被省委、省政府、省军区表彰为“党管武装好书记”,县委常委、县人武部政委陈连书同志荣立三等功一次,县人武部政工科科长吴树君同志被省军区表彰为“优秀政治工作者”,张陶乡党委书记王俊被评为“第九届关心支持国防建设十佳个人”。

【政治思想工作】 县人武部坚持把思想政治建设摆在首位,夯实人武部全面建设的思想基础。一是打牢人员思想基础。认真落实党的十七大精神,狠抓机关的理论学习,坚持党委中心组带机关全体同志学习制度,广泛开展“一邦一、一对红”的“手拉手”学习互助活动,采取集中学习与个人自学、理论辅导与讨论交流、解决思想问题与指导工作实践相结合的形式,结合新中国 60 华诞,重点抓政策法规、科学发展观实践教育活动等,在改造思想和改进工作上下工夫,落实上级“不添乱、做贡献”的要求,干部、职工无一人违法违纪。二是提高人员能力素质。以军分区“三好四优”活动为牵引,以岗位为平台,开展“日写百字,周写一文,每月交流,每季展评”活动,营造勤学习善研究、干一行爱一行、钻一行精一行的浓厚氛围。是年,干部平均写心得体会 22 篇,4 万余字,职工平均写心得体会 18 篇,3 万余字,专武干部平均写心得体会 12 篇,2 万余字,促进学习时间、人员、内容和效果“四个落实”。三是注重用典型推动工作。大力宣扬全县人武系统中的先进典型、好人好事,激发干部、职工立足本职岗位成才的热情,全年在《中国国防报》、《河南国防教育网》、《黄河民兵》、《信阳日报》等报纸刊物见稿 76 篇。

【维护军人军属合法权益】 全年共接到军人军属来电、来信、来访 5 人次,办结率 100%。

【专武干部队伍建设】 每月召开一次专武干

部例会，以会代训。7月份组织3名基层专武干部到省人武学院参加业务培训。8月份选派1名专武干部参加省通信集训。抽调新任职专武干部6人到机关帮助工作，以干代训，提高综合素质。下半年，结合岗位练兵比武活动，对全县46名专武干部集中进行培训。2009年，调整交流专武干部6人。

**【军事战备】** 一是提高战备工作水平。根据省军区系统战时担负的“五项任务”和息县所处的位置，细化量化具体任务，制订完善指挥所编组、兵员动员、抢险救灾等14种战备计划方案。按照《河南省军区战备工作规定》要求，落实战备教育、战备值班、兵员管理等制度，先后投入40余万元建立并开通“三网合一”的国防动员指挥网、征兵体检信息管理局域网，完善“两室一库”，落实各类战备物资器材，建立规范的战备秩序。二是做好动员准备。根据“平时能应急、战时能应战”的要求，按照“五个有利于”的原则（工作稳定、在岗在位、易于抽调、年龄适当、素质较高），把民兵组织建设重心由农村调整到城镇，由抓外出民兵调整到抓在位民兵上来，把退伍军人和各类专业人才编入基干民兵队伍，优化民兵组织布局和结构，息县基干民兵中县城1150人、乡镇所在地990人，占基干民兵总数的49.5％，在位率100%，全县2个应急连和18个独立排配齐服装和装具。三是落实民兵军事训练。贯彻军委胡主席“大抓军事训练”的指示，坚持党委议训，加大经费投入，采取借“才”施教，借“装”施训，借“岗”施练等多种训练手段，抓好民兵军事训练落实。采取机关统筹、分片组训、统一验收的办法，组训各类人员750人，训练合格率100%，优良率达85%以上。上半年，完成淮河抗洪抢险演练，受到分区表彰；承办信阳市民兵防化骨干集训；荣获军分区2009年岗位练兵比武“军事理论”团体第一名。

**【征兵工作】** 针对2009年征兵对象调整改革新形势和人武部担负的试点任务，县人武部多次召开县、乡、局委协调会，安排部署有关工作，采取广播、电视、手机短信、板报、条幅等多种形式，广泛深入宣传“征集各级各类院校应届毕业生”优惠政策等。各基层武装部在人员集中的地方张贴《征兵公告》，与每个应届毕业生预征对象见一次面或发一封信、打一个电话。部机关派专人“进校园、送政策”，把征兵有关政策宣传单送到每个学生手中。全县共张贴宣传标语2万余幅，悬挂横幅200余幅，发放宣传材料5万余份，流动字幕在14个电视频道每天60次滚动播出、在谯楼广场电子广告牌10天共1050次滚动播出、在80辆公交车共10天每天8000余次滚动播出，征兵优惠政策在《息县党建网站》、《息县政府网站》、《息县教育网站》同时发布，完成“三个比例”征兵任务。

**【县人武部机关正规化建设】** 贯彻从严治军方针，注重经常性管理工作，以“四项整治”和“百日安全活动”为牵引，开展安全稳定隐患排查整治工作。为每个科室配发涉密载体资料柜，实行专人管理、专册登记、专柜存放；为作战室配置手机屏蔽仪等，防止失泄密事故的发生；依据条令条例和《河南省军区部队管理规定》，结合实际制订完善干部职工管理、车辆管理、安全保密等16项规章制度，坚持每周一夜晚党员学习、周二业务学习、周五义务劳动和周日民兵训练基地人员班务会制度，做到事事有规范，人人有遵循；结合“两个强化”教育，集中组织全体人武、专武干部和机关职工收听收看省军区颜政委辅导讲课，人人对照规定内容分析存在问题，撰写整改措施，力求教育活动入心入脑。

**【后勤管理】** 坚持党委“联审会签”集体理财和经费预算管理制度，重点抓人武部营院整体搬迁筹备审批工作，大力压缩计划外开支，全年行政性消耗开支控制在3%以内，战备、训练、生活等工作顺利进行。

**【支援新农村建设】** 引导民兵按照“八荣八耻”要求，带头移风易俗，带头学科技，带头脱贫致富。县人武部与陈棚乡结成帮扶对子，组织干部职工为易庙村小学捐赠书籍420册。在“六城联创”活动中，向全县民兵发出《倡议书》，按照要求部机关干部、职工按时上街清扫承包路段；乡镇基干民兵每周五上街大扫除，协助乡政府整治市场。

**【基层建设】** 按照“因地制宜、抓点带面、分步推进”的工作思路，结合县“综合试验区”建设和“六城联创”，重点抓了城关镇、孙庙乡武装部规范化建设。4 月份,在城关镇召开了全县基层建设现场会,结合民兵整组工作,县、乡、村三级统一印制登记簿和卡片,对基层武装部和民兵连的软件建设统一规范,指导乡镇抓一批村民兵连“部、家、室”建设,全县 90% 的乡镇武装部达到“六有”标准。

**【党管武装】** 各级党委、政府落实议军会、军事日、现场办公等党管武装制度,浓厚党管武装氛围。在 2009 年全县武装工作会议上,项店镇党委书记、包信镇党委书记进行党管武装工作述职;在征兵工作中,各乡镇、厂(区)均拿出五千至一万元不等的征兵经费,确保完成征兵任务。县电业总公司为民兵训练基地进出道路免费安装路灯;各乡镇、县直局委利用“八一”和春节等时机开展拥军活动。

**【全民国防教育】** 通过开展国防教育一条街,组织县四大家领导到驻信部队过军事日、组织全县 2680 名高一新生进行军训及评选“关心支持国防后备力量建设新闻单位和人物”等形式,强化广大干部群众的国防观念。

# 人民防空

支部书记、主任:鲍世清

**【简述】** 2009年度,息县人防办围绕建设和谐文明美丽富饶新息县的目标,全面落实县委、县政府和市人防办的工作安排和布置,积极开展工作,完成全年工作目标。

**【人防工程建设】** 坚持"以建为主"的原则,依法强化人防工程审批管理工作。2009年,息县新建人防地下室2200平方米;加强人防易地建设费和人防社会负担经费两项政策性收费征收工作,严格执法程序,加强部门协调,做到立案必查;协调解决人防工程建设前置把关工作。为落实省市有关文件精神,经县政府召开协调会,下发会议纪要,会同发改委、建设局等相关单位将人防行政审批作为规划、建设行政许可的前置条件,并通过人防行政审批窗口办理,规范审批程序。巩固人防工程"三年大清查"成果,建立人防工程建设与管理的长效机制。

**【通信警报建设】** 搞好警报试鸣工作。2009年,人防办筹措资金,新购买一台高架固定电声警报器,总计4台,并有一台车载流动警报器。9月19日,经过精心组织,对现有5台警报器进行试鸣,鸣响率100%,县城建成区警报音响覆盖率达90%,完成市政府下达的目标任务。是年启动"三网合一"建设。

**【防汛抢险】** 2009年,县人防办充实完善《息县人民防空袭预案》,组建息县人防应急防汛抢险专业队,队员50人。

**【招商引资】** 经过沟通和协商,厦门塞尔福汽车有限公司同意在息县工业园区投资1000万元,创办塞尔福息县汽车销售及汽车配件配送中心。

**【人防宣传】** 2009年,息县人防办以各级领导干部为宣传关键,以管理对象为宣传重点,以广大人民群众为宣传基础,采取多种形式,利用县广播电视台流动字幕和手机短信等方式对人防工作进行宣传;利用县组织的法制宣传一条街、灯展等各种机会,出展报、挂横幅标语、设咨询台、发传单资料等多种方式宣传人防法律和人民防空建设成就。为增加中学生对防空防灾知识的了解,组织开展中学生防空防灾知识竞赛活动。以人防法律法规知识进校园、进社区、进企业活动为抓手,推动人防宣传向纵深发展。

# 息县武警消防大队

教导员:李志明

大队长:唐永国

【简述】 2009年武警信阳市息县消防大队坚持以科学发展观和胡总书记“三句话”总要求为指导,以宣贯《消防法》为主线,以深化“三抓三树”主题实践活动为动力,围绕“弘扬公安消防精神、忠诚履行职责使命”、“消防信息化建设”、“执法规范化建设”、“构建警民和谐关系建设”、“迎国庆、保平安、促和谐”等活动,狠抓队伍管理,强化执勤备战,严格消防监督,全面增强综合保障能力,促进部队建设和业务建设,确保队伍和火灾的两个稳定。全年全县火灾23起,无人员伤亡,直接财产损失22万元,过火面积1392.5平方米。

【执勤训练】 2009年,大队共购置大吨位消防水罐车1台和一批消防员个人装备、灭火救援器材。开展市消防支队组织的全员额、全方位的执勤岗位大练兵活动。息县消防大队还有针对性地开展对石油、化工、高层地下建筑、人员密集场所的灭火救援演习,提升实战能力。全年共参加灭火抢险43次,其中灭火23次,抢险救援18次,社会救助2次。共动用兵力280人次,车辆96台次,抢救遇险遇难群众22人,保护财产价值70余万元。

【消防监督】 一、落实社会消防安全责任制。2009年年初,全县召开消防工作会议,各级签订消防工作目标责任书。将安全工作责任制、社区消防建设、消防经费投入、火灾隐患整改、消防监督执法等大项消防工作纳入县政府年度考评目标,把消防工作摆到各级政府的议事日程,为社会化消防工作奠定基础。二、开展消防安全专项治理活动。根据公安部和省市的统一部署,结合辖区单位状况,先后组织开展加油站、液化气经营和储存场所、公共娱乐场所、公众聚集场所、人员密集场所、建筑消防设施、消防产品、夏季麦收防火检查、中小学校舍消防安全等10余个消防安全专项治理,共检查单位326家,发现火灾隐患873处,当场改正531处,下发《责令限期改正通知书》94份,处罚单位41家,处罚个人72人,拘留7人,审核工程24个,验收工程9个。三、圆满完成庆祝新中国60周年期间消防安全保卫任务。自国庆60周年消防安全专项行动部署以来,大队积极参与由县公安局牵头开展的“平安中原”系列行动,立体网格式排查,分级式监督管理,加大消防执法检查力度。与社会单位签订消防安全保卫承诺书34份,开展灭火演练8次,完善灭火演练预案6份,开展“六熟悉”16次,开展夜查15次,发现并整改火灾隐患338处,下发《责令改正通知书》81份,查处违法行为68起,警告96人,拘留2人,责令停业8家。四、深化公安派出所消防分级管理和城市社区消防工作。出台派出所消防分级管理的相关制度规定及考评办法,把消防监督工作纳入派出所年度工作考核和等级评定中。大队将消防监督管理的有关规定和法律文书制成手册,发给基层派出所民警,规范派出所消防执法行为,提高执法质量。在四季阳光家园社区开展社区消防工作试点建设,把基层派出所纵向到底、横向到边的监督管理模式灵活运用到社区消防工作中,辖区派出所直接参与指导社区消防工作,呈现出组织健全、制度完善、宣传氛围浓的社区消防工作新局面。

**【消防宣传】** 消防宣传橱窗建设全部完成,协调7家重点单位联合制作完成消防宣传橱窗10块,分别设立在北街、商贸街、政府路等10余处位置,21个乡镇区均制作消防宣传展板1块。成立消防宣讲服务队,宣贯新《消防法》和消防安全常识,举办培训班11期,培训人员5000余人,发放《麦收防火十要诀》、消防法挂图等宣传资料5000多份,悬挂横幅标语200余条,设置展板20余块,以增强广大群众的消防安全意识。对外社会化宣传方面,共发表各类新闻稿件513篇:支队网446篇、总队网18篇、中国消防在线13篇,《大河报》、《信阳晚报》、《信阳广播电视报》等报刊发文25篇、县电视台发表新闻12篇。

**【大队自身建设】** 大队开展十七大专题教育和"深入学习贯彻落实科学发展观"、"弘扬公安消防精神,忠诚履行职责使命"等教育活动,牢记胡锦涛总书记"忠诚可靠、赴汤蹈火、竭诚奉献"的"三句话"总要求,增强全体消防官兵执法为民的主动性和自觉性。大队大力开展部队正规化建设,规范营区库室场点,规范部队装备设施。大中队分别被评市消防支队评为先进党总支和中队先进党支部,同时被评为全省标兵中队。

# 息县武警中队

**【简述】** 2009年,武警信阳市支队息县中队(以下简称中队)坚持"抓支部、强班子,抓队伍、强素质,抓管理、促规范,抓设施、求配套"的总体工作思路,以科学发展观为统领,树立安全发展理念,坚持以人为本加强部队管理,高标准的抓好营区配套设施建设,实现部队又好又快的发展目标,以值勤和处突为中心的各项工作圆满完成,部队安全稳定,中队全面建设呈健康态势发展。

**【执勤和"处突"】** 在执勤工作中,牢固树立"以人为本,信息主导,正规执勤,确保安全"的执勤理念,完成以执勤和"处突"为中心的各项任务。一是扭住"以人为本"理念不放松,把思想政治建设摆在首位,强化官兵居安思危的忧患意识,报效祖国的职能意识和永远做党和人民的忠诚卫士观念,打牢执勤铸造忠诚之魂;在重大节日、敏感时期、执行重要任务等时机及时开展教育,教育部队提高警惕、保持戒备始终处于良好的执勤战备状况,强化官兵的忧患意识、大局意识和使命意识,夯实思想根基。二是在实际工作中实现信息主导,发挥三级网的作用,发挥网管值班员的监督指导作用,保证三级网查勤畅通,从而走好科技强勤,科技创安之路,确保目标的绝对安全。中队还规定查勤干部每日中午必须对子弹安全箱运行情况进行检查,并经常维护擦拭保养子弹安全箱,同时利用查岗时机经常提问哨兵使用子弹安全箱的时机、程序、方法,确保哨兵熟练掌握使用要领。三是认真贯彻落实《执勤等级评定实施办法》,提高执勤正规化水平。

**【部队管理】** 一是落实各项管理制度,确保部队四个秩序正规。中队在日常工作、生活、执勤训练中严格落实条令条例、正规化执勤标准,训练管理等各项管理制度,支部要求中队干部每天必须管好"六件事":即一日生活、所属人员、安全工作、伙食和农副业生产、室内外卫生、日常养成。每周抓好"五件事":即制订一次周进度表、擦拭保养一次武器、检查一次卫生和警容风纪,召开一次班务会、进行一次中队值班交接。每月落实"六件事":组织一次安全检查、搞一次方案演练、公布一次伙食账目、对班长骨干进行一次培训、召开队务会和军人大会。二是开展军事训练,提高官兵的军事素质。在训练过程中,中队按课表抓落实,并以军事训练为牵引,提高部队管理水平,做到以训促管,以管带训,训管结合,确保军事训练的四落实。在年初的士官体能摸底考核中,中队士官合格率达到95%以上。新兵下队后,中队结合实际开展专勤专训、专哨专训、提高官兵的执勤能力,规范官兵的动作。三是严格安全教育和落实制度.中队成立安全领导小组,中队干部负责到班,各班设立安全员,制订安全工作责任书。从抓教育引导入手,切实打牢官兵安全的发展理念,在教育组织上严把"五关",即学习教育关,组织检查关,形势分析关,制定措施关,搞好总结关;在教育方法上重点抓"四查",即查思想、查作风、查制度、查隐患;在教育内容上突出实效抓好十二个安全方面的防事故教育.并针对人、车、枪弹等十二个方面的安全问题进行责任区分,明确责任人,经常检查,经常讲评,经常宣扬。在枪弹管理方面,中队在加强指纹锁、报警器、三级网、子弹安全箱等维修保养的同时,严格遵守日检查,周保养,三联签等制度,做到控制不留死角和空隙,确保目标和哨兵的绝对安全。严格检查机制,强化责任意识,坚持一级检查一级,一级对一级负责,级级有责任,人人有担子,把安全工作落实到实处,确保部队安全稳定。

**【政治思想教育】** 中队党支部注重政治教育的针对性和实效性,引导官兵树立正确的世界观、人生观,塑造党和人民的忠诚卫士。2009年,中队制订全年教育计划,开展经常性教育。干部做到"会搞思想调查,会计划安排教育内容,会备课授课,会做思想工作。"坚持依托主题教育占领官兵思想主阵地。每月一节尊干爱兵教育课,融洽和谐内部关系；每月一节法纪教育课，增强法纪观念不违法；每月一节心理保健课，维护心理平衡保稳定；每月一节事故案件剖析课，警钟长鸣保安全；每月一节执勤战备教育课，提高警惕确保目标万无一失。开展随即性教育，及时发现倾向性问题和思想苗头，深入战士“三五句话暖暖心、三言两语拉拉家常、三五百米散散步、田间菜地唠唠嗑、娱乐之际旁敲侧击”随时把握每名战士的思想动态。中队党支部还特别重视“两支队伍”建设，专题研究制定培训计划，培养一大批想干会干的思想工作骨干，发挥“两支队伍”的作用。做到高度重视，严密组织，确保时间人员内容效果“四落实”。在内部关系方面，中队党支部要求干部平时为人处事要树立一颗公心，待人要树立诚心。在遇有分歧、发生矛盾时，要讲究方法、注重态度，不凭感情、想当然，用意气办事，站在全中队角度考虑问题、办事情。在日常工作中，中队干部与战士坚持做到“五同”，凡事讲民主，特别是关系到战士切身利益的事情，关系到战士成长进步的敏感问题，中队党支部坚持公开、公平、公正的“三公”原则，秉公处理。

**【支部班子建设】** 2009 年，中队干部调整后，支部及时开会改选，建立健全五人委。新的支部班子以提高一线带兵人的素质为切入点，以筑牢一线战斗堡垒为落脚点，落实十六字方针，狠抓支部班子自身建设。支委成员之间围绕中队建设大局，工作上相互支持，思想上相互帮助，生活上相互关心，以身作则，率先垂范，借鉴探索“一带四”的新方法，注重用自身的实际行动去感染和带动官兵，为官兵作出表率。是年初，总队支队相继召开三级党委扩大会议，中队支部一班人以会议精神为指导，明确各部门工作重点，深入领会党委决策意图，而后通过学习讨论、写心得体会、板报、宣传干部授课讲解等多种形式提高官兵对党委扩大会议的认识。

# 法　制

## 公　安

局长:郑　磊

政委:王明友

【简述】 2009年,息县公安局坚持“科技强警打基础、公正执法树形象、求真务实创佳绩,全力打造平安息县”的工作思路,以命案攻坚为龙头,开展“打黑除恶”、打击“两抢一盗”等多发性犯罪专项斗争,严厉打击各类刑事犯罪,全面提升综合打击效能,完成各项公安保卫任务,为全县经济社会发展做出应有贡献。

【全省平安建设工作先进县】 以化解社会矛盾、维护稳定、促进和谐为主线,着力深化平安息县建设。投入资金200多万元对县治安防控中心监控设备进行升级改造。投入资金1000多万元在县境出入主要路口、党政机关、企事业单位、主要街道、宾馆、超市、集贸市场等安装摄像头探头1398个。336个行政村全部安装“平安互助网”。城区和农村技防覆盖率分别达到98.55%、100%。刑事案件发案率较上年下降46.1%,治安案件发案率较上年下降19.8%,被评为2009年度“全省平安建设工作先进县”。

【情报信息工作】 先后化解涉军、水管所下岗职工等方面人员赴京、赴省上访8次,有效预防和化解因企业改制等引起群体性上访闹事事件7次,“两会”、“6·4”敏感日期全县国保重点人员无一人赴市、省、京上访。打击各种敌对势力、法轮功等邪教组织的捣乱破坏活动。共侦办法轮功等邪教案件39起,抓获邪教人员131人,取缔宗教非法组织7处,抓获宗教非法成员85名。加强信访长效机制建设。共受理信访案件25起(含上级领导批转信件7件),办结率达100%。

【防范和打击犯罪】 共破获各类刑事案件1127起,其中“两抢一盗”案件809起,打掉犯罪团伙51个138人,逮捕各类犯罪嫌疑人195人,起诉各类犯罪嫌疑人238人,其中“两抢一盗”犯罪嫌疑人118人;现行命案发4破4,破命积案2起;打掉涉恶犯罪团伙1个;抓获网上逃犯193人。在防范上,严格公安行政管理。一是加强对场所、特种行业的管理。共组织专项检查25次,下发整改通知书67份。二是强化金融、企事业、党政机关内部治安保卫工作。列管重点单位93家,坚持每月检查或抽查。消除治安隐患。三是开展打击赌博专项行动。查处赌博案件24起捣毁赌博窝点7个,收缴赌博机17台。四是开展治爆缉枪专项行动。收缴各类管制刀具41把、枪支2支、电子雷管280枚、军用子弹139发、仿真枪309支。

**【执法规范化建设】** 采取抓组织制度、抓教育培训、抓考评监督，全力推进执法规范化建设。是年，共审核行政案件818案1297人，刑事案件343案456人，行政复议案件10案11人，全部被维持，下发纠正违法通知书12份，执法过错认定书2份，追究执法过错5人，没有一起行政诉讼和国家赔偿案件。

**【构建和谐警民关系】** 围绕让人民满意这个宗旨，一是推进"心连心"、"大走访"活动。共走访群众近8万人，收到群众意见和建议554条，416条群众意见得到当场答复或解决，为群众解决实际困难258634件，化解矛盾纠纷3627件。二是推出一系列便民利民措施。制定《息县城乡一体化户籍制度改革实施细则》，取消城镇入户条件，实行以居住地登记户口政策。三是开通公安手机报，宣传公安工作。编发47期，发短信20万余条彰显严打成果，展示队伍形象。息县公安局在全县第二季度优化经济发展民主测评中以及全市公安机关执法满意度测评中，均稳居第一。

**【队伍管理】** 一是加强思想教育，全面提升队伍综合素质。二是强化民警基本功训练。三是以等级化管理为突破口，抓好队伍正规化建设。四是突出督察重点，确保局党委各项中心工作和警务活动得以贯彻落实。2009年立功受奖57人，其中有17次为省公安厅表彰，有29人次为市公安厅表彰，获得个人三等功11人。是年，县公安局被县委组织部评为"全县机关党建先进单位"，被市局评为"全市管理监察工作先进集体"。

# 检察工作

党组书记、检察长：彭宗海

**【简述】** 2009年度，息县检察院突出“强化法律监督，维护公平正义”的检察工作主题，坚持“素质强检，办案兴检，服务大局，树立形象”的工作思路，严厉打击严重刑事犯罪，又快又好地查处和预防职务犯罪，强化诉讼监督，维护信访稳定，自觉接受人大及社会各界监督，提高服务经济发展大局的能力和水平，为建设和谐美丽文明富饶的新息县创造法制环境。是年，县检察院获“创建学习型机关”先进单位，检察院反贪局副局长钱勇作为反贪勇士被评为“活力息县”十大先锋人物之一。

**【批捕、起诉】** 依法打击各种刑事犯罪，维护社会和谐稳定。全年共受理提请逮捕155案195人，批准、决定逮捕各类刑事犯罪嫌疑人130案154人；受理移送审查起诉164案227人，提起公诉149案204人。贯彻宽严相济刑事政策，实现办案的法律效果和社会效果的统一。共对虽然涉嫌犯罪但无逮捕必要的25案41人作出不批准逮捕决定，对涉嫌犯罪情节轻微、社会危害较小的6人作出不予起诉决定。

**【查办和预防职务犯罪】** 共立案侦查职务犯罪案件17件24人，其中，贪污贿赂案件13件16人，渎职侵权案件3件8人，侦查终结15件21人，提起公诉15件21人。通过办案为国家挽回直接经济损失150万元。共立案侦查涉嫌贪污、贿赂5万元以上和挪用公款10万元以上大案8件；立渎职侵权重特大案件6件，立案侦查涉嫌犯罪的科级以上国家工作人员3人。参加查办涉农职务犯罪保障社会主义新农村建设、集中查办危害能源资源和生态环境渎职犯罪专项活动，共立案侦查涉农职务犯罪案件7人。有10名职务犯罪被告人被作出有罪判决，未发生严重违法办案和重大办案安全责任事故。

职务犯罪预防工作，在坚持结合办案提出检察建议、开展警示教育等预防工作的同时，围绕土地管理，重大工程建设、医疗卫生等关系国计民生的重大事项和人民群众关心的热点问题开展同步预防，集中开展以“五进入”为主题的预防职务犯罪法制宣传活动。

**【诉讼监督】** 加强刑事诉讼监督。共监督侦查机关立案3件，决定追加逮捕11案15人、纠正追加起诉5人。监督侦查机关立案3件，对认为确有错误的刑事判决、裁定提出抗诉2件，对刑事审判活动中的违法情况提出纠正意见3件次，对违法关押等情况提出纠正意见2件次。受理不服人民法院生效民事、行政裁判的申诉5件，依法提出抗诉2件，依法提出再审检察建议4件，法院采纳4件。坚持诉讼监督与查处司法不公背后的职务犯罪相结合，增强监督实效。共初查涉嫌徇私舞弊、索贿受贿等职务犯罪线索1件。

**【专项检察息县看守所执法活动】** 县检察院严把“五关”，对县看守所执法情况进行检察。严把健康检查关。组织看守所狱医、公安干警等人员，对所有在押人员进行一次健康检查和体表检查。体表验出4人有陈旧性外伤，发现患病在押人员13人，其中重病号5人。根据个人的身体状况，分别向办案单位发出案件催办通知书和变更强制措施意见书，全力遏制非正常死亡事件发生。严把“牢头狱霸”清理关。发现两起利用狱内生产操纵号内事务的事件发生。在调查取证之后，建议看守所对其给予训诫、加戴械具、调号，及时地打击"牢头狱霸"苗头现象。严把押犯生活质量关。建议看守所对监室进行严格消毒，确保在押人员吃够标准，吃熟、吃热、吃卫生。严把安全关。通过查摆和安全检查，发现安全隐患12处并提出整改意见。严把收押检查关。建议看守所，对不符合收押条件的，坚决拒收。如犯罪嫌疑人徐某某，患高血压病三级，检察干警在做好解释工作后，办案单位对其变更强制措施。

**【促进社会和谐机制】** 研究和落实在各项检察工作中化解矛盾纠纷的措施，做好释法说理等工作；贯彻宽严相济的刑事政策，完善相关工作机制；注意在执法中发现带有倾向性、苗头性的民生诉求，创新便民信访方式，妥善处理涉检信访问题，最大限度增加和谐因素，最大限度减少不和谐因素。结合检察工作实际制订提高人民满意率的8项措施。县检察院结合基层院办理轻微刑事案件多、任务重的特点，采取轻案专办，合理组合办案力量；限期结案，做到引导与沟通并举；简化流程，兼顾效率和公正；适度和解，维护权益与化解矛盾并重；内联外动，建立案件办理快车道等措施，加快对轻微刑事案件的审理进程，既最大限度地保证当事人的合法权益，又节约司法资源。开展走百村万户活动，走访群众1万余户，发检务公开手册21000本。

**【涉检信访工作】** 组织开展争创"无涉检进京上访年"和排查化解涉检重信重访案件专项活动，解决群众反映的实际问题。共排查出31件信访案件，结案息诉6件，按规定转出25件。实现无越级赴省进京访。

# 审判工作

院　长：林　群

【简述】 2009年，息县人民法院以”三个至上”为指导，以”公正司法、一心为民“为指针，认真履行宪法和法律赋予的职责，全年共受理各类案件1733件，审结1720件，审结率达99.2%，被河南省高级人民法院授予全省调解工作先进单位，全省行政审判先进集体，全省信访工作先进集体。被信阳市中院评为先进单位，被息县县委、县政府评为平安建设先进集体。全年29人被省、市、县评为先进个人或立功。东岳法庭庭长姜辉同志被评为全国优秀法官、河南省”十佳“法官。

【刑事审判】 全年共审判刑事案件226件294人，其中，判处10年以上有期徒刑10人，判处3年以上10年以下有期徒刑29人。审理“两抢一盗”案件77件89人，审理刑事附带民事案件109件，调解109件，调解率100%，当庭兑现赔偿款141万元，维护了人民群众人身、财产安全。

【民商事审判】 全年共审结各类民商事案件970件，其中调撤761件，调撤率达84%。认真开展“调解年”活动，把调解工作贯穿在立案、审判、执行工作全过程，率先在全市成立社会法庭，依靠社会力量，化解社会矛盾。夏庄镇社会法官易磊被河南省高级人民法院评为全省社会优秀法官。加大对涉及农民工案件的审理，保障民生案件得到及时有效的审理。依法审理商事案件，推动经济又好又快发展，全年审结商事案件126件，审结标的8000万元，保护正常贸易往来，畅通招商投资渠道。积极服务农村改革综合实验区建设，优化农业资源配置，推动农业合作进步。

【行政审判】 全年审、执结行政案件和非诉执行案件258件。在行政审判中，积极探索行政案件协调机制，以“圆桌”审判方式审理行政案件，拓展沟通渠道。全年受理行政诉案件44件，30件通过行政案件协调机制得以和解或撤诉。针对行政机关在执法过程中存在的问题和不足，向行政机关发出司法建议5份，有效促进社会管理的完善和创新。

【执行工作】 2009年共执结执行案件252件，执结标的2032.47万元。70件有财产可供执行的积案全部执结。在执行工作中，实行“五定一包”责任制，成功执结一大批“钉子案”、“骨头案”。倡导和解执行，加强说服教育，减少对立情绪，全执行和解率达67.1%，最大限度地保障人民群众的合法权益。

【综合治理】 全面实行案件评查制度，对审结的1720起案件全部进行评查，针对评查的问题，逐项罗列，分析原因，查找差距，全面整改，从根本上减少问题的重复出现，案件质量、文书制作、说理论证、判后答疑水平提高。

【信访稳定】 全面落实集中接访和“天天院长接待日”制度，确保来访人员个个受到接待。强化“一岗双责”，保证信访接访工作热情、反馈及时、化解快捷、落实到位、准确有序。全年共接待来信来访当事人570人次，成功化解一批老上访户问题,维护了社会稳定。

**【基础建设】** 审判法庭、夏庄、路口、包信法庭全部投入使用,投资126.9万元,新建杨店等三个标准化法庭已破土动工。加强立案信访窗口建设,新建立案大庭和6个信访接待室。开通视频会议室、息县法院网站、局域网和专线电话,实现与上级法院并网办公,购买办案专用车辆6台,为7个人民法庭配备办案用车。

# 司法行政

总支书记、局长:彭　浩

【简述】 2009年,县司法行政机关以提升法律服务管理、法制宣传教育、法律援助、人民调解、安置帮教等业务工作水平为重点,以加强干警队伍建设为保障,以实施"二次创业"为契机,以打造"六大工程"为工作平台,积极开展司法行政工作,拓展和规范法律服务,实现全县司法行政事业又好又快的发展。

【普法工作】 一是开展"民主法治示范村"创建活动,全县338个行政村参加创建活动。2009年,县依法治县办公室被河南省依法治省工作领导小组表彰为全省"五五"普法依法治理工作中期先进集体。县项店镇曹集村、临河乡高集村、小茴店镇陈空村、白土店乡白土店村被省司法厅、省民政厅和省依法治省工作领导小组命名为全省"民主法治村",城关镇被表彰为"全省创建工作先进单位",依法治县办副主任曹跃同志被省依法治省工作领导小组表彰为全省"五五"普法依法治理工作中期先进个人。孙庙乡甘塘村被市局推荐国家级"民主法治村"。二是推进"法律六进"活动。组织"每月一法"、"送法下乡"、"送法进校园"、"小手拉大手、学法同步走"、"忏悔之声"等法律宣传活动,完善中小学校法制副校长工作制度,开展全县农民工法制宣传教育工作。三是围绕保增长、保民生、保稳定,深入开展法制宣传教育。2009年,全县司法行政机关深入机关、单位、企业、学校、农村、社区等集中开展法制宣传教育活动150多场次,出动宣传车300多台次,免费赠送宣传资料50000余份、法制宣传教育覆盖率达80%以上。

【律师工作】 加强律师管理制度建设,建立和完善律师执业年度考核制度,司法行政机关对律师事务所的日常监督制度,律师执业公示制度,形成用制度约束律师,用制度管理律师,用制度规范律师执业作为的机制。加强对律师事务所的管理,加强律师行风建设,加强对律师办理"三类案件"的指导协调,实现法律效果、社会效果和政治效果的统一。组织律师积极参与涉法涉诉信访接待工作,引导当事人依法理性表达利益诉求,促其息诉罢访。建立健全各级政府律师顾问团,为当地政府依法行政服务。2009年,县律师管理工作实现全年无违法违纪案件,7名执业律师、4名实习律师代理刑事诉讼案件32件,民事诉讼案件47件,行政案件4件,法律援助案件22件;在农村社区设立法律咨询服务点2个,解答法律咨询1163人次,法律顾问14家,参与调处涉法涉诉信访案件15件。

【公证工作】 2009年,县公证处办理各类公证2015件,无一例假证,错证率实现零目标。公证处为群众提供法律服务1800人次,为困难群众减免办证费用15000多元。

【司法鉴定】 2009年,司法鉴定机构办理司法鉴定事51件,采信率100%,接待咨询1100多人次。

【法律援助】 一是开通"12348"法律援助咨询电话,保证24小时咨询电话畅通无阻;开展法律援助"双百工程",在全县335个行政村开辟法律援助宣传栏,把法律援助主要内容制成光盘,录音带发放到335个行政村进行有线广播。法律援助公众知晓率达到60%。二是落实相关措施。在全县乡镇建立法律援助工作站21个，在律师所、法律服务所及工、青、妇、残联等社会团体设立法律援助受理点6个，在行政村建立法律援助联系点335个，会同县委组织部、县人事局将39名大学生村官选聘为法律援助志愿者，并在全县各行政村、社区、街道培养400多名法律援助联络员，将法律援助的触角延伸到乡村、社区。2009年，县法律援助工作共办理各类法律援助案件224件，接听咨询电话1200人次，解答法律咨询1323人次。

**【基层司法行政】** 一是抓好司法所项目建设。2009年，国家下达息县司法所项目建设6个，有3个司法所竣工并投入使用，1个司法所正在施工建设中，有2个司法所选址、用地正在协调中。按照市局的统一部署，2009年5月份和10月份开展“基层工作日”活动，推动县基层司法所的全面建设。按照省厅的统一部署，广泛开展示范司法所创建活动，县申报的包信司法所、张陶司法所作为示范司法所已顺利通过省厅的验收，东岳司法所被司法部表彰为全国先进司法所。二是推广“平桥模式”。贯彻落实2009年6月16日在信阳召开的全市推广“平桥模式”暨法律援助应援尽援工作会议精神，围绕当地党委、政府的中心工作和人民群众的法律需求，整合基层资源，形成工作合力，推动城乡司法行政工作统筹兼顾、协调发展。

**【人民调解】** 贯彻调解优先的原则，建立健全“三调联动”机制，推进人民调解与行政调解、司法调解的衔接配合，健全完善矛盾纠纷预警、排查、调处机制，主动做好经常性的矛盾纠纷排查工作，做到早发现、早调处、早解决，及时把矛盾纠纷化解在基层、化解在萌芽状态。2009年，县各级民调组织共调处各类民间纠纷423件，调成403件，调成率达97%以上。各乡镇(办事处)、村(居)调委会组建率达到100%的目标。

**【安置帮教】** 县司法局落实安置帮教工作的“无缝对接”，查找甄别“三假”人员和“见档不见人”人员。落实“帮教社会化、就业市场化，管理信息化，工作职责化”的管理目标，创新安置帮教工作机制。2009年，共核查刑释解教人员98人，接收安置刑释解教人员364人(刑满释放258人，解除劳动教养79人)，对刑释解教人员实现登记、签定帮教责任书和跟踪帮教三个100%，全县刑释解教人员重新犯罪率控制在3%以内。

**【基层法律服务】** 2009年按照省厅和市局的部署，对县基层司法所和基层法律服务队伍清理整顿，理顺司法所与法律服务所的管理与被管理的关系，清理无证执业工作人员，实现司法所与法律服务所的实质性分离，并对基层法律服务所进行资源整合，由原来的21个基层法律服务所整合成5个基层法律服务所。全县现有基层法律服务工作者39名，共担任乡镇政府、村委会、企事业单位119家法律顾问，全年代理诉讼案件238件，代理非诉讼案件154件，调解纠纷276件，协办公证22件，代写法律文书167件，解答法律咨询2594次，办理法律援助案件87件，办理农民工维权案件64件，为人民群众及企业挽回经济损失224.2万元。

# 农村改革发展综合试验区建设

**【简述】** 息县新农村特区筹建办公室于2009年1月25日组建成立。4月23日全市农村改革发展综合试验区建设动员会召开后，更名为"息县农村改革发展试验办"。按照市委、市政府的要求，息县围绕"八篇大文章"、实现"六个突破"的目标，层层发动，认真实施，全面推进，重点突破，取得较好成效。全市秋冬种机械化生产暨合作组织建设现场观摩会、城乡一体化暨农村资金投入现场观摩会相继在息县召开。在全市社会资金投入机制现场观摩会及土地流转工作现场观摩会上，余运德县长、联丰土地信用合作社理事长裴其华分别作典型发言。

**【息县农村改革试验办工作职责】** （1）贯彻落实中央、省、市、县关于新农村建设的方针、政策、措施和县农村改革试验工作领导小组的工作部署、决定事项；（2）承担县农村改革试验工作领导小组办公室的日常工作，及时了解和反映八项改革中的新情况、新问题，为县委、县政府决策提供依据；（3）结合息县实际，研究提出改革试验工作方案、实施意见和具体措施，组织起草相关文件；（4）对改革试验中的重大问题进行调研，并提出建议或意见报领导小组决策；（5）研究制定八项改革发展规划和年度计划，并负责指导、协调、检查、督促八项体制机制创新工作；（6）采取多种方式加强信息交流，及时上报工作信息，定期编发工作简报，及时掌握全市改革试验动态，切实做好上情下达，下情上报；（7）负责综合、联系八个专项改革领导小组办公室的工作；（8）承办中央、省、市的各项改革检查调研工作及其他省、市、县的考察交流工作；（9）承办县委、县政府和上级业务主管部门交办的其他事项。

**【金融改革】** *一是发展投资担保公司。*是年，息县成立融信投资担保、金财担保、金锋牧业等3家投资担保公司，总注册资金达1.3亿元，累计为亚洲新能源、海虹陶瓷等15家企业提供贷款担保24笔，担保总额达6200万元。*二是发展乡镇、村级资金互助组织。*县财政出台优惠政策，对成立的前10家资金互助组织分别奖励5万元、3万元作为入股资金，激活底层，鼓励乡镇、村级资金互助组织发展。全县共发展夏庄镇万兴店村民生资金互助社、岗李店乡惠民资金互助社等23家资金互助组织，每个乡镇均成立1～2家资金互助组织，其中夏庄镇成立6～8家资金互助组织。总注册资金达1502万元，资金发展达1690万元，贷出746万元，吸收社员1304人。息县资金投入创新的"底层突破"模式受到市委、市政府的充分肯定。*三是鼓励金融部门支持试验区建设。*出台《息县县域内金融机构新增存款用于当地放贷的实施办法》，县财政每年拿出100万元，奖励当年新增贷款存贷比达到70%的金融机构。同时，从每年的利息税中再拿出至少100万元，对储户存款进行加息奖励，鼓励和引导储户把资金存入到全县贷款最多的金融机构。对当年不达标又倒数第一的金融机构实行一票否决，单位和个人不得参与县内评优评先。县农行、农联社、农行、农发行、工行等金融部门累计发放贷款9000多万元，用于支持中小企业发展、林权抵押、专业合作组织建设和种粮大户等，满足试验区建设的资金需求。截至11月底，新增存款11.82亿元，新增贷款8.5亿元，新增存贷比为71.5%。年底息县新增存贷比达到86.73%。*四是推进村镇银行落户。*鉴于设立村镇银行发起人或出资人中至少应有1家银行业金融机构的要求，12月3日，县委书记张富治带队到宁夏黄河农村商业银行考察并签订协议，注册资金2000万元至3000万元，通过增资扩股达到1亿元左右。是年，县农联社启动改制成立农村商业银行工作。

**【土地流转】** 息县制订"土地流转面积要达到60万亩,占全县耕地面积40%"的目标任务,按照全市土地流转现场会议精神,抓住秋收秋播土地腾茬的有利时机,推动农村土地流转。共流转土地面积78.01万亩,其中耕地60.91万亩,林地11.6万亩,荒山、荒坡、荒滩及水面5.5万亩;发展土地信用合作社40家,流转耕地100亩以上或林地500亩以上的经营大户131个,完成下达任务的103%;流转耕地1000亩以上或林地5000亩以上62个,完成下达任务的112%。

**【合作组织建设】** 通过采取宣传引导、设立奖励资金扶持、政府职能部门免费服务等措施,推广大户群体扩张、基地农户合作、龙头企业带动、特色产业开发、政府行政引导等多种典型模式,带动合作组织发展。全县共登记成立农民专业合作组织383家,覆盖全县21个乡镇区近300个行政村。其中种植类147家,农机类76家,养殖类110家,其它类专业合作组织50家;共吸纳会员达7.7万多人,会员入社率37.6%,带动农户8.7万户,约占全县总农户的42.4%,涉及粮棉油、蔬菜、林果、畜禽、水产、花卉苗木、农机及土地等多个领域。在全面发展的同时,重点发展农机专业合作组织,县委、县政府和农机部门拿出340万元专项资金扶持农机合作社上档次、上规模,采取以奖代补的办法重点扶持17个基础较好的农机专业合作社。由乡镇在新农村规划区提供3亩以上建设用地,统一规划,统一图纸,统一标识,统一验收。其中有15个合作社当年建成并投入使用。向上级农机部门争取扶持资金17万元用于完善农机专业合作社办公设施,争取秋季购机补贴资金300万元用于农机专业合作社更新大型农机具。2009年河南省农业机械化银企合作对接会上,息县杨店乡金宝、金青,张陶乡金穗,项店镇金泰和孙庙乡金翔等5家农机专业合作社进入全省农机专业合作社50强行列,16家农机专业合作社均获得省财政贴息的授信额度不少于100万元的优惠政策。

**【社会保障】** 在标准化村卫生室建设方面,县财政拿出1620万元作为奖补资金用于推动村卫生室建设,全县324个村均建成标准化村卫生室。在敬(养)老院建设方面,全县新建、改扩建和完善配套设施乡镇敬老院37所,集中供养对象1960人,五保户集中供养率达40%,其中项店镇建成敬老院3所,供养率达到60%。鼓励社会资金兴办敬(养)老院,土地一律由所在乡镇村按社会事业用地免费供应,对入院人数达到100人以上的敬(养)老院,县财政奖补20万元。是年有5所可容纳百人的民办敬(养)老院在规划建设中。

**【城乡统筹】** 息县以新村建设为突破口,推进城乡居住、产业、就业、保障等一体化进程。坚持因地制宜、群众自愿、统筹安排、分步实施的原则,制定出台《息县新村居民点规划建设实施细则》,选择群众基础好、位置较优越的项店镇作为新村建设示范点,积累经验,带动全县。项店镇利用整合项目资金,发挥集聚效应,探索出"群众集资联建、市场开发带动、成功人士回归开发"等建设模式。该镇李楼、李店、董围孜、曹集等新村建设均粗具规模。在李楼新村,敬老院、卫生室、学校、文化大院、中心超市、新型公厕等设施一应俱全,搬迁入住的60户家家开通宽带网络,用上太阳能热水器,生活质量显著提高。是年,全县有110个新村开工建设,其中粗具规模48个,入住6900户,复耕土地1.2万亩。

**【人才创业】** 2009年,全县有472名优秀创业人才投身试验区建设,其中返乡创业人员135人,机关、事业、企业各类人才228人。如:创诚牧业合作社董事长靳国栋就是在政策的吸引下放弃外地的高薪聘请,回乡创办合作社,注册资金200万元,发展社员356人,年出栏商品猪10万头,其中有1家种猪场通过无公害认证。

**【农村基层组织】** 一是紧扣创新农民专业合作社党组织设置这个关键,扩大党组织的覆盖面。截至11月份,息县建立农民专业合作社383家,其中,成立党组织的有31个。坚持"业余、灵活、多样、实效"的原则,围绕农民专业合作社生产经营来安排活动,围绕增强党员的先进性来开展活动,充分发挥党组织和党员的作用。二是借助推广实施"4+2"工作法,优化村级管理民主化形式和途径。息县各村级组织均推广运用"4+2"工作法,在新村规划、卫生室建设、农村土地流转、合作社成立等方面发挥指导作用。全县运用"四议两公开”工作法解决实际问题3076件。如小茴店镇乌龙店村运用“4+2”工作法实施“周转猪”养殖，夏庄镇梅楼村运用“4+2”工作法破解新村建设难题等做法，分别被市推广实施“4+2”工作法办公室《简报》和《信阳组织工作》刊载。三是建立村干部队伍激励保障机制，解决村干部的生活保障问题。

**【文化建设】** 息县牢固树立特色文化理念，深挖文化资源，创新文化载体，以打造特色文化品牌为着力点，推进全县经济文化一体化发展，促进经济社会与文化的协调发展。一是打造“千古中华第一县”金名片。围绕息县是中国历史上最早实行“县制”的地方，组织策划一系列卓有成效的宣传推介活动，着力打造“千古中华第一县”这张名片。组织人员全面搜集相关历史资料，先后派出考察组到中国社科院、武汉大学、湖北大学、复旦大学、北京大学，遍访著名历史专家学者进行学术论证；在河南日报、河南电视台、信阳日报等多家媒体撰文推介；推出“四个一”精品工程，即制作一期介绍息县历史、文物遗存、风土民俗的电视专题片《天下第一县》，录制一张歌颂息县原唱歌曲光碟《息县赞》，印制一本对外推介息县的精美画册《活力息县》，编辑出版一本全面介绍息县历史文化、风土人情的综合性散文集《息县书》。二是叫响“百姓大讲堂”金品牌。2009年，息县“百姓大讲堂”先后邀请清华大学全球新闻研究室主任、国际传播研究中心研究员董关鹏，湖北省社会科学院院长、“中国改革开放30年30名农村人物”之宋亚平，著名作家二月河等17位国内知名专家学者授课。三是搭建群众文化活动“金舞台”。每周末放映一场广场电影、每月举办一场“濮淮风情”广场文艺晚会，为庆祝新中国成立60周年开展“活力息县”系列文化宣传活动和全县农民运动会，在全县上下营造了大团结、大欢乐、大和谐的社会氛围。

# 农　业

## 种　植　业

书记、局长：卢保荣

**【简述】** 2009年，息县农业局认真履行工作职责，全力推进农村改革发展综合试验区建设，落实国家支农惠农政策，推动农业稳步增产和农村经济良好运行。息县连续四年被农业部授予"全国粮食生产先进县"（农发[2009]9号），被省委省政府授予"全省粮食先进县"（2010年2月），先后被市农业局授予"农产品安全生产先进单位"、"粮食生产工作先进单位"、"招商引资工作先进单位"、"农民专业合作社工作先进单位"、"农村土地承包经营权流转工作先进单位"、"农情信息先进单位"、"小麦高产创建先进单位"，被县委县政府授予"全县支持农村改革发展试验区建设先进单位"、"平安建设先进单位"。

**【新农村特区建设】** 按照建设河南省农村改革发展综合试验区的总体要求，县农业局承担创新农村土地流转体制机制和创新农村社会化服务体制机制"两篇文章"的具体工作。一、创新农村土地流转体制机制。（一）是建立健全土地流转服务体系。6月初，县农业局与县国土局联合在国土局五楼挂牌成立"息县农村土地承包经营权流转服务中心"，设立土地流转大厅和土地仲裁大厅。各乡镇、村也分别成立土地流转机构。2009年，全县共流转土地78万亩。（二）是认真开展土地承包纠纷调解仲裁工作。共接待农村土地承包纠纷案件16起，结案15起。二、创新农村社会化服务体制机制。（一）是大力发展农民专业合作社。县农业局加大《农民专业合作社法》的宣传力度，各乡镇也把发展农民专业合作社作为一项重点工作来抓，促进农民专业合作社发展。在合作社数量剧增的同时，其经营能力逐步增强，经营范围和带动力度逐步扩大。是年，全县注册登记的农民专业合作社总数达到383个（2009年新增362个），涉及种植、养殖、农机服务、林业、农技服务、农产品加工、沼气技术服务、土地信用等多个行业，辐射21个乡镇300多个行政村，吸收成员7.7万户，带动8.7万户，农户入社率37.6%。（二）是推进农业产业化经营。全县大、中型农业产业化经营企业达到56家，其中农业产业化经营市级重点龙头企业达9个（2009年新增5个，它们是息县通利黄麻精纺织有限责任公司、亚洲新能源控股（信阳）有限公司、息县蓝星面业有限责任公司、河南源沣科技有限公司和河南惠生牧业有限责任公司）。农业产业化经营基地面积70万亩，带动11.3万农户。（三）是大力推行种植业保险。2009年，与保险部门协作开展水稻、玉米种植保险，水稻参保35.2万亩，玉米参保19.8万亩，合计参保55万亩。

**【粮食生产】** 2009年粮食总播种面积234.94万亩，总产91.87万吨，平均单产391.04公斤/亩，实现2004年～2009年连续六年粮食种植面积、总产、单产稳定增加，2006年～2009年连续四年获得“全国粮食生产先进县”和“全省粮食生产先进县”荣誉称号。

【特色农业】 一是重点抓好优质粮食生产。夏粮主要抓好弱筋小麦生产，秋粮主要抓好超级稻生产，努力提高粮食产量和品质。2008 年～2009 年度推广弱筋小麦 58.41 万亩，比其他小麦产量每亩高出 18 公斤，亩增收 30 元，共实现增收达 1752 万元。全县种植超级水稻 54 万亩，在遭受风雹灾害的情况下仍然获得较高产量，平均亩产 580 公斤。在水稻高产创建中，1 个百亩示范片、1 个万亩示范片和 2 个 2.5 万亩示范片的产量分别达到 810 公斤/亩、718.8 公斤/亩和 634.7 公斤/亩、619.5 公斤/亩，均达到 800 公斤/亩、700 公斤/亩、600 公斤/亩的规定标准，顺利通过省农业厅验收。二是做大做强特色产业。香稻丸、西瓜、小香瓜、息半夏、尹湾蔬菜等各种特色作物获得丰收，农民增收效果显著。实行香稻丸订单生产和规模种植，种植面积扩大到 1000 亩，与国家杂交水稻工程技术中心协作，改良香稻丸品种。尹湾土豆亩产量达 3000 斤以上，亩纯收益超过 2000 元。

【农村沼气建设】 一是推进全县沼气建设工作。通过与新村建设相结合等方式建设沼气池 5000 座，完成建设任务的 100%。建设“一池三改”800 座，完成项目建设任务的 100%。二是提高沼气建设服务水平。通过沼气服务体系项目新增关店、城郊、张陶等三个乡镇的沼气服务网点，完善县、乡、村三级网络服务体系，为全县沼气用户提供全套的规划、设计、安装、调试、管理和技术指导服务。

【“阳光工程”培训】 全县共培训阳光工程学员 1352 人，其中计算机专业 316 人，电动缝纫 675 人，汽车驾驶与维修 361 人。

【农业项目】 实施 2009 年新增农业项目标准粮田建设和农产品质量安全检验检测体系建设项目，建成 1.1 万亩的标准粮田和标准的农产品质量检验检测室，提高农业生产的“硬件”水平。实施食用油生产倍增计划项目，落实 4 个花生千亩高产示范片和 6 个油菜千亩高产示范片。

【农业科技推广】 一是开展科技培训，提高农民素质。通过中专学历教育、开展“万名科技人员包万村”行动和新型农民科技培训等途径，采用举办培训会、开展电视技术讲座等多种形式，广泛开展技术培训和技术指导。2009 年，县农业局农广校共招收中专学员 161 人。县农业局共派出技术人员 300 人次，开展各类培训 400 场次，培训人员 10 多万人次（其中通过新型农民科技培训工程培训农民 12000 人），制作播放电视《农业科技》讲座 30 期，印发《农业技术推广》、《植保动态》、《良种补贴技术服务明白卡》等技术资料 30 万余份。二是开展生产试验示范，带动新品种、新技术推广。共开展各类试验、示范 50 多项，建立小麦、油菜、水稻高产创建万亩示范片各 1 个，建立水稻高产创建 2.5 万亩示范片 2 个。推广先进实用技术 400 万亩次以上，其中：小麦“一喷三防” 115 万亩，小麦、水稻配方施肥 110 万亩，病虫害统防统治 40 万亩，水稻盘育抛秧 18 万亩、机械插秧 5100 亩。

【农业行政执法】 一是做好农业法律法规的宣传贯彻工作，增强农民的法制观念和自我保护意识。二是实施农资打假护农专项治理行动。按照省、市、县农资打假工作的总体安排部署，在春耕备耕和秋冬种期间，为“打假护农、维权增收”，县农业局联合工商、质监、物价等部门，以打击销售假冒伪劣种子、农药、肥料和毒鼠强为重点，对全县 21 个乡、镇、区的农资市场进行清理整顿，确保全县农民用上放心农资。三是加强农资和农产品质量监管。对小麦良种补贴种子进行 100 %监督检验，对全县进入超市的蔬菜进行农药残留检测，保证全县农业用种安全。全年共出动执法车辆 100 多辆次，出动执法人员 1000 多人次，发放宣传材料 3 万余份，开展电视讲座 4 期，立案查处违法经营农资案件 3 起，检验检测农资和农产品 1200 万公斤以上。

【良种补贴】 在财政局和各乡镇的密切配合下，实施 2008 年～2009 年度油菜良种补贴、2009 年度水稻、玉米、棉花良种补贴和 2009 年～2010 年度小麦良种补贴项目，合计补贴面积 225.323 万亩，发放补贴资金 1733.9 万元，其中：2008 年～

2009年度油菜补贴面积10万亩,资金100万元;2009年度水稻补贴面积64.48万亩,资金96.72万元;玉米补贴面积24.8万亩,资金248万元;棉花补贴面积5.75万亩,资金86.25万元;2009年～2010年度小麦面积120.293万亩,资金1202.93万元。

**【农民负担监督】** 加大专项治理工作力度,确保各项惠农补贴资金发放到位,发放农民负担监督卡19.2万份,接待群众来信来访78人次,立案8起,结案8起,党政纪处理8人,诫勉谈话或通报批评6人,清退减负资金1万多元,对群众反映强烈、问题突出的5个单位实施重点监控。

**【种子公司改制】** 在县委、县政府的高度重视下,息县种子公司改制工作稳妥进行。经改制,息县种子公司整体转化为息县种子技术服务站,原种子公司全部干部职工以上岗、待岗、停薪留职、内部退养等形式给予安置,总体形势稳定。

**农业局内设机构**

| 科室名称 | 负责人 | 主要职责 |
|---|---|---|
| 办公室 | 杨红卫 | 机关文秘、机要、保密、档案、信访、目标管理。 |
| 人事股 | 陆　勇 | 机关和直属单位的人事管理。 |
| 财务股 | 谢尚珍 | 局属单位财务管理,县国有农茶场生产与经营管理。 |
| 法制股 | 张　勇 | 农业法制体系建设和农业法律、法规条例的宣传教育。 |
| 业务股 | 段清斌 | 农业产业化经营,农业生产情况的收集与通报;绿色食品的申报、认证和管理工作。 |
| 农监办 | 闫新立 | 宣传贯彻减轻农民负担的法律、法规政策;减轻农民负担工作。 |
| 综治办 | 王新民 | 社会治安综合治理、平安建设。 |
| 计生办 | 徐　敏 | 局机关与二级机构计生管理。 |
| 纪检监察室 | 陈　化 | 纪检、监察、信访稳定。 |

**农业局二级机构**

| 单位 | 负责人 | 职责职能 |
|---|---|---|
| 农技站 | 付青盛 | 农作物新品种的试验示范推广与农作物栽培技术的示范推广。 |
| 土肥站 | 张燕飞 | 土壤改良、土壤肥料新技术新成果推广、肥料行政执法。 |
| 植保植检站 | 刘国定 | 农作物重大病虫害的监测防治。农产品质量安全监测,农产品认证和监督管理。 |
| 种子管理站 | 樊中平 | 种子市场管理。 |
| 农经站 | 张　帆 | 农业经济管理。 |
| 种子技术服务站 | 阮新建 | 种子技术服务。 |
| 农广校 | 任永峰 | 农民科技教育培训。 |
| 农茶场管理站 | 胡国富 | 协调管理息县棉花原种场、息县稻麦原种场、息县濮山茶场;承担息县茶产业和息半夏产业开发。 |
| 能源站 | 杨保全 | 农村沼气建设,农业污染普查。 |
| 茶场 | 王　勇 | 息县茶叶生产开发。 |
| 稻麦原种场 | 岳海彤 | 小麦、水稻等农作物的试验示范和良种繁育工作。 |
| 棉花原种场 | 徐　杰 | 棉花原种的试验、示范和良种繁育工作。 |

# 林　业

总支书记、局长：杨廷松

**【简述】** 2009年，息县林业部门以科学发展观为指导，大力推进集体林权制度改革，带头开展“双创”工作，“四帮四促”工作，坚持做好综治、平安建设、政风行风和安全生产工作，完成各项工作任务。是年，息县林业局被信阳市人民政府授予“2009年度林业生态建设先进单位”；被信阳市林业局授予“2009年度目标管理优秀单位”；被息县委、县政府授予“2009年度平安建设工作先进单位”；被息县县委组织部、县直工委授予“2009年度机关党建先进单位”。

**【春季植树造林】** 2009年全县共完成林业生态建设总面积6.55万亩，其中，农田防护林体系改扩建工程造林2.2万亩，生态廊道网络工程造林1.65万亩，环城防护林及城郊森林工程造林0.06万亩，村镇绿化工程造林0.84万亩，林业产业工程1.8万亩。被市政府评为林业生态建设先进单位，并奖励现金10万元。

**【林木管护】** 一是动员林农对新造林苗圃进行松土、除草、施肥、打杈等夏季林地管护。二是开展全县林木和苗圃地病虫害监测、预报工作及时发布病虫害监控情况，全县未发生大面积林木病虫害。三是抓好夏季护林防火和“三夏”期间林木管护工作，及时消除公路林带，林地内火火隐患，严禁在田间林网燃烧秸秆，未发现一例林地重大火灾事故。2009年共查处涉林业案件67起。其中刑事案件20起，刑事处罚28人，行政案件47起，行政处罚51人。

**【林权交易服务中心】** 2009年6月1日，县林业局挂牌成立息县林权交易服务中心。接待县内外各界人士200多人次；受理5年以上树龄的林权储备申请27份共6768.4亩；成功实现林地流转面积10.8万亩；符合林权抵押贷款条件的有11份共6500亩，贷款额1200多万元。是年底，按照林权抵押贷款程序规定，金融部门对7户造林大户的3585亩林地发放贷款892万元。

**【集体林权制度改革】** 按照省、市林业主管部门对平原县集体林权制度改革的要求，为确保林权制度改革的质量和进度，林业局抽调10名业务骨干，分5个组分赴各乡镇免费办理林权证。全县有林地面积21.525万亩，其中集体林地面积20.5875万亩。确权林地面积21.525万亩，办证面积21.525万亩。

**【通过林业生态县检查验收】** 2009年，息县林业健康、快速、可持续发展。全县共有林木面积51.58万亩，活立木蓄积180多万立方米，林木覆盖率为18.2%，全县林业服务体系设施初步建立，基本形成以“杨树”、“三杉”为主，林种树种结构比较合理，具有豫南特色的农田林网化、路渠林带化、经济林基地化、村庄林场化、林农经营立体化、机关园林化的点、片、带、网相结合的农田生态综合防护体系，于当年10月顺利通过省级林业生态县检查验收。

**林业局内设机构**

| 科室名称 | 负责人 | 主要职责 |
| --- | --- | --- |
| 办公室 | 洪　军 | 办公室日常运转工作 |
| 资源林政管理股 | 张　涛 | 林业资源管理 |
| 计划财务管理股 | 桂　斌 | 审核林业生产计划,机关财务和国有资产 |
| 人事老干部管理股 | 万丽英 | 机关和直属单位人事编制、离退休干部工作 |
| 监察室 | 魏春荣 | 纪检检察 |

**林业局二级机构**

| 单　位 | 负责人 | 职责职能 |
| --- | --- | --- |
| 森林公安局 | 卢　峰 | 林区治安 |
| 林业科技推广站 | 黄　魁 | 林技推广　良种繁育 |
| 森林病虫防治检疫站 | 桂　冬 | 病虫防治 |
| 岗李木材检查站 | 李中建 | 木材运输检查监督 |
| 林政稽查队 | 陈　洁 | 林政稽查、监督 |
| 苗圃场 | 陈明智 | 育苗 |
| 林业科学研究所 | 陈卫军 | 林业新品种的引进、培育、繁殖、示范、推广 |
| 森林资源调查设计队 | 尚永霞 | 林业生产规划设计。 |
| 种苗站 | 黄　魁 | 林木种苗生产、经营和质量管理 |

# 林业开发总公司

**【简述】** 国有息县林场成立于1960年,现有干部职工71人,其中干部8人,工人63人,退休职工28人。在职职工中,有本科学历2人,专科学历2人,中专学历4人,高中学历30人,初中以下学历33人。有林业各类专业技术人员14人,其中工程师2人,助理工程师9人,技术员3人。林场下设办公室、项目办、计生办、财务股、森林防火队、森林公安派出所。下设王竹园、杨店、彭店、濮公山、庞湾五个林区。全场经营面积625公顷。森林覆盖率95%。

**【植树造林】** 2009年,林场共完成造林任务2800亩,成活充率达93%,保存率为96%。在造林生产中,严把造林质量关。采用机械挖穴,规格为80公分见方,冬季提前挖穴,挖出土方形成冻土,改善土壤物理性状;造林用苗采用3.5米高,地径2.5公分,无病虫害、无机械损伤的优质壮苗。造林时采用“三埋两踩一提苗”法栽植,最后封土,封土高度在20公分以上。

**【森林资源管护】** 一是发挥林业公安依法管理森林资源的作用,严厉打击非法侵占林地和偷砍盗伐林木案件。二是把加强资源管护与增加职工收入相结合。新造幼林由林场和护林员签订林木管护合同,护林员成块、成片管护林木,每株每年管护费0.3元。成活率在90%以上者,每超过一个百分点,奖励管护费5%。三是实行“双重管护”。即除了与护林员签订管护合同以外,林场与林区还签订目标责任书,把造林成活率、保存率、幼林抚育管理纳入年终目标考核,根据绩效,兑现奖惩。四是及时防治森林病虫害。针对杨树病虫害的发生规律,场森防队和技术员下到林区,对症下药,提前防治。五是加强中幼林抚育。主要采用以耕代抚的方式进行。是年共完成中幼林抚育面积2000亩。

**【采伐】** 2009年,林场主要对彭店林区1林班(8、11、13小班)面积34公顷、杨店林区2林班(2、4小班)面积4.67公顷、庞湾林区4林班4小班面积15公顷和濮公山林区5林班2小班0.27公顷杨树林进行间伐,总采伐面积53.94公顷,总采伐蓄积766.4103立方米。施工中主要间伐枯死木和霸王木,间伐后及时对林地进行清理。

**【森林防火】** 以宣传预防为重点,与各林区签定防火责任书,坚持“谁主管、谁负责”、“纵向到底、横向到边”的制度,成立安全领导小组和森林防火应急队,张贴防火宣传标语300条,做护林防火牌80多块,出动宣传车20台次,扑火把40把,消除火灾隐患15处。每月召开一次护林员会议,林场班子成员下林区讲安全、督生产,场部与各林区、加工厂签定安全生产责任状,完善护林防火值班制度。2009年,实现森林火灾为零,森林受害面积与受害率均为零的好成绩。

**【平安建设】** 牢固树立“稳定压倒一切”的思想,认真执行政务公开,严格工作程序,坚持按制度办事,保障职工的参与权、知情权。加强有关政策的宣传,增强职工对各项工作的理解和支持,从源头上减少信访问题的发生。开展摸底排查,了解和掌握动态,提前介入,超前工作,把不稳定因素消灭在萌芽状态、控制在较小范围内。同时设立信访信息员,及时排查收集信访信息,掌握动态,增强信访工作的预见性、主动性。开展棚户区改造工作,完成国有林场现有职工住房情况摸底调查和各种准建手续。

（林业开发总公司　冯　婵）

# 水利、渔业

书记、局长:谢　浩

**【简　述】** 2009年,息县水利建设完成各类投资11920.36万元,其中:中央投资4957万元,省市投资1320.26万元,县乡投资355.2万元,群众自筹5287.9万元。新增有效灌溉面积15.16万亩,改善除涝面积15.93万亩,发展高效节水灌溉面积4.1万亩,改造中低产田面积2.4万亩;解决农村2万人的饮水安全问题。防汛抗旱、水政水资源管理、渔业生产等工作取得明显成效。

**【抗旱浇麦】** 2008年11月至2009年2月累计降水量仅为20.1毫米,比常年偏少79.3%,是自1961年以来冬旱最严重的一年。全县小麦干旱面积64.5万亩,占总面积的50%;油菜干旱面积7万亩,占播种面积的66.6%。面对灾情,县委、县政府贯彻落实省委、市委抗旱电视电话会议精神,全力以赴开展抗旱斗争,力争把灾害损失降到最低限度。全县累计启用机井4200多眼、投入肥料1061吨、投入人力37万人(次)、动用机械4万台(次),从南湾灌渠引水7320万立方米,浇地72.39万亩,并分别于2月7日和13日成功实施2次人工增雨作业。

**【防汛】** 是年,息县6月~9月份总降雨量499.3毫米,比常年同期(521.8毫米)偏少。6、7、8、9月份降雨量分别为82.3毫米、179.7毫米、191.8毫米、45.5毫米。7、8两个月份降雨较多,但时空分布均匀,淮河息县水文站最高水位38.53米(8月30日20时),相应流量2070立方米/秒,全县没有出现大的汛情。在防汛工作中,贯彻执行"安全第一,常备不懈,以防为主,全力抢险"的方针,及早制定工作方案,抓好防汛责任制等各项防汛措施的落实,保证防汛工作顺利进行。

**【重点工程建设】** (一)完成李洼水库除险加固工程,完成投资676万元。(二)完成第二批淮河滩区移民迁建工程,修筑泥结石道路2300米,架设照明线路3000米,安置1166户、4911人,完成投资2379万元。(三)完成年度农村饮水安全项目,共打取水井5眼,铺设输水管道107898米,建管理房400平方米,配套提水设备3套,完成投资1000万元。解决城郊、小茴店、项店3乡镇8个村2万人的农村安全饮水问题。(四)完成现代农业生产发展资金粮食产业类项目,在项店镇李店、路楼、李楼、陈大庄、项店5个村,新打机井40眼,建井房40间,配套机泵40套,硬化渠道28.52公里,配套建筑物280座,铺筑水泥路10公里,完成投资900万元。(五)完成抗旱应急灌溉工程建设任务,共新打机井397眼,维修机井1453眼,更新改造沿淮机电灌站2处,改造南湾灌区渠系1条(分干1支渠),疏浚渠道12.7公里,硬化渠道5.7公里,新建、维修桥、涵、闸建筑物161座,全面完成建设任务。完成土方69789立方米,混凝土3098立方米,砌体1478立方米。完成投资经费954万元,新增和扩大有效灌溉面积11.98万亩。(六)完成清水河治理项目年度建设任务,新建路口乡土桥村清水河大桥,完成投资346万元。(七)农业综合开发项目在东岳镇和包信镇,改造中低产田面积2.4万亩,配套建筑物808座,新打机井200眼。完成经费1172.76万元,其中:中央投资655.5万元,省市投资246.26万元,群众自筹271万元。

**【项目建设】** 全年共争取项目资金6000多万元。其中大型项目有:抗旱夺丰收应急灌溉工程、农村安全饮水项目、灾后重建、现代农业项目等。

**【农田水利建设】** 2009年息县县委、县政府以项目为依托,创新水利投入新机制,坚持大搞农田水利基本建设,增加灌溉除涝面积,提高农业抗灾夺丰收的能力。全县共实施现代农业生产发展资金粮食产业类项目、农业综合开发、农村饮水安全、坑塘改造及小水库除险加固、机电灌站整修、南湾灌区支斗渠整修、打井配套、面上除涝等8项重点工程。除险加固小水库1座,新挖改造坑塘203口,维修配套机电灌站8处,新打配机井590眼,新挖整修排灌沟渠265条、450.9公里,配套建筑物1088座。总工程量256.47万立方米,总工日154.7万个,总经费8241.36万元。其中:中央投资2405万元,省市投资366.26万元,县乡投资182.2万元,群众自筹5287.9万元。新增有效灌溉面积3.18万亩,改善除涝面积15.93万亩,发展高效节水灌溉面积4.1万亩,改造中低产田面积2.4万亩。解决农村2万人的饮水安全问题。一是科学规划,严格质量。制订农田水利规划和实施方案,做到规划具体、任务明确,县、乡有重点,村村有工程。县农田水利基本建设指挥部制订严格的质量检查验收标准,实行包工程、包质量、包安全承包责任制。二是项目带动,整合资金。在全县实施现代农业生产发展资金粮食产业类项目、农业综合开发、农村饮水安全、坑塘改造等工程,争取国家投入2405万元。在东岳、包信两个镇的农开项目区,县委、县政府把财政资金、配方肥料等各项涉农资金捆绑使用,发挥最大效益。三是锐意改革,激活机制。按照"谁建设、谁管理、谁受益"的原则,把小型水利工程产权推向市场,明晰产权,激活机制。农村饮水安全项目建成的供水点工程,均进行"管理权、使用权、收益权"三权转让。四是落实责任,强化督导。县农田水利基本建设指挥部实行联片包乡责任制,实行山、水、田、林、路综合治理。县委、县政府把农田水利基本建设纳入乡镇目标考核内容,对完不成任务的乡镇,单位不能评先,领导干部不能评优。五是细化任务,齐抓共管。县委、县政府实行县、乡领导和县直单位分包农田水利建设工程。有联系示范村任务的县级领导干部,每人承包1口大塘;县直各单位实行对口支援,每个单位承包1口大塘。此外,淮南和南湾灌区内乡镇,除市县领导联系的示范村外,每个村要新挖、整修1口大塘,其他乡镇的党政主职联系的村要新挖、整修1口大塘。每口坑塘均编号建档,乡镇党政主要领导分包到人,确保完成。各单位、各部门从大局出发,以捐款捐物等不同形式支持水利建设,促进农田水利建设深入开展。六是强化宣传,鼓动干劲。利用报纸、广播、电视对全县水利建设进行全方位宣传报导。增强水患意识,激发农民群众自觉参与水利建设热情。

**【水政水资源管理】** 一是结合"世界水日"、"中国水法宣传周"活动,广泛深入宣传水法律、法规,提高广大群众的法律意识。二是加大水行政执法力度,严厉查处水事违法案件,维护水事秩序。三是执行取水许可审批和水资源费征收制度,促进水资源可持续开发利用。四是加强河道采砂管理,保证河道行洪安全。

**【渔业生产】** 落实《渔业法》,加强渔政管理,维护渔业生产秩序。抓好水产示范基地建设,扶植养殖大户,加快养殖结构调整。完成全县老化池塘的摸底调查,结合省市有关文件精神申报息县池塘改选项目。清除迷魂阵、刺网60多张,电船5艘,在汪湖修建上下游拦鱼设施1600多米,投放中华绒毛蟹200多万只,大规格花鲢17000斤、草鱼11000斤、白鲢4500斤,水花150万尾。推进汪湖无公害水产品生产基地建设,打造息县水产品牌。全年全县水产品产量达到14874吨,其中名、特、优水产品总产量3600吨,水产良种覆盖率达54%,水产品总产值1.7亿元。

# 畜　牧　业

总支书记、局长：付明辉

**【畜牧业生产完成情况】** 2009年，息县畜禽养殖总量达到1963.31万头（只）。其中：生猪出栏85.6万头，存栏68.5万头，与2008年同比分别增长9.6%和9.8%；商品肉牛出栏6.1万头，商品肉牛存栏14.21万头，与2008年同比分别增长7.8%和7.5%；家禽出栏1100万羽，存栏637万羽，与2008年同比分别增长10.3%和9.5%；羊出栏26.3万只，存栏25.6万只，与2008年同比分别增长7.8%和7.6%；肉类总产达9.63万吨；禽蛋产量4.24万吨；奶类产量800吨。2009年畜牧业产值突破17.34亿元，可占农业总产值的37%，比2008年增长8.6%，完成目标任务的132.3%，畜牧业综合实力位居全市前茅。

**【养殖场区建设】** 全县共新建各类养殖小区（场）50个，其中养猪小区（场）38个，养牛小区（场）5个，养羊小区（场）3个，养禽小区4个。共新发展年出栏生猪50头以上大户115户，新增千头猪场9个。特别是能繁母猪存栏达6.38万头，是历史最高水平。全县生猪规模养殖户达到2350户，规模养殖比例达50%，比去年同期提高8个百分点；新增年出栏50头以上的养牛大户100多户，全县规模养殖户达到3126户，规模化养殖比例达55%；新增年出栏100头以上肉羊养殖户26户，全县规模养殖户达145户，规模化养殖比例达40%；新增年出笼禽1万只以上的肉鸡养殖户6户，其中，年出笼20万只以上的1户，全县规模养禽户达499户，规模养殖率达35%。是年，引导建成1个奶牛养殖小区，配套建设了挤奶厅。重点实施投资100万元的5个生猪标准化规模养殖场（小区）建设项目、投资72万元的乡镇兽医站基础设施建设项目。

**【品种改良】** 建立健全良种猪人工改良体系，猪、牛、羊人工授精稳步发展，畜禽良种覆盖率有较大提高。全县家畜人工授精体系建设不断加强，是年新建3个人工授精点，改扩建了2个人工授精点，总数已达14个，全部达到标准化要求，分别完成目标任务的300%和200%。全年完成猪、牛、羊人工授精数量分别达到2.7万头、0.8万头、1.3万只。其中细管冻精推广占98.7%以上，牛的人工授精准胎率达79.2%。在推广畜禽新品种、新技术的同时，提高畜禽良种覆盖率，全县猪、牛、禽、羊的良种覆盖率分别达到96.8%、66.9%、90%和85%。

**【重大动物疫病防控】** 重大动物疫病免疫密度达到100%。上半年完成市政府下达的防控任务，在全市检查评比中，息县荣获全市第三名。秋季防控工作，2009年12月22日通过市里的检查验收。

**【质量监管】** 加强畜产品质量监管，确保不发生因畜产品质量引发的责任事故。通过采取相关措施，2009年动物产地检疫面达到100%，运输检疫、市场检疫、屠宰检疫率达到100%，全县没有发生因畜产品质量引发的责任事故。引导扶持畜牧企业开展无公害畜产品产地认定，全年新增无公害畜产品产地认定企业11家。13家养殖企业向畜牧局提出认定申请，有11家通过省畜牧局的无公害畜产品产地认定，完成目标任务的220%。

**【协会建设】** 引导扶持畜禽养殖协会、养殖专业合作社等农民合作经济组织发展，新组建105

个畜禽养殖协会或养殖专业合作社,总数达到117个,完成目标任务的210%。

【科技兴牧工程】 推广畜牧新标准,畜牧局先后开展送科技下乡4次,开办养殖技术培训班8次,培训农民5000人次,发放技术资料10000余份,完成目标任务的100%。推广秸秆青贮养畜技术,搞好秸秆养畜和种草养畜工作。2009年9月~10月份,畜牧局组织干部职工包乡指导养殖场户开展秸秆青贮工作,引导养殖场户全年完成青贮秸秆2万吨,氨化微贮秸秆1万吨,种草0.2万亩。围绕规模养殖场和养殖小区建设新建100立方米以上青贮池3个,完成目标任务的150%。

【畜牧执法】 县畜牧局严格执行兽药经营许可制度,并组织执法人员每月对全县兽药、饲料、疫苗市场进行一次大检查,全年没有发现违禁兽药和饲料添加剂问题,在送市局的生猪尿样中没有检出瘦肉精等违禁兽药和饲料添加剂,瘦肉精污染监测合格率达到100%,饲料抽检合格率达到97%。县畜牧局贯彻"依法治牧"的理念,推行行政执法责任制,层层签订目标责任书,严禁上路执法。全年共办理案件57起,其中立案查处50起,已结案50起。新办理发放各种证照297份。查处病害肉3.45吨,其中猪肉1.2吨、牛肉0.4吨、羊肉0.7、狗肉等1.25吨。检查兽药、饲料经营门店121家,养殖小区、规模场217家,抽检动物产品、兽药、饲料66批次,查收伪劣兽药47件(2000多支)、不合格及霉变饲料1120公斤、非法经营生物制品1300多瓶。全年没有出现一起违规执法案件。

【招商引资】 2009年,共引进各项资金773万元,是畜牧部门争取资金最多的一年。其中能繁母猪补贴396万元,雪灾补助165万元,蛋鸡"以奖代补"资金20万元,生猪标准化规模养殖小区(场)资金120万元,乡镇兽医站改扩建项目资金72万元。在畜牧局与有关单位的密切协作下,是年5月19日上午,江苏雨润集团息县誉昆肉类加工有限公司年屠宰200万头生猪生产线项目落户息县工业集聚区。该项目总投资3亿元,占地150亩,工程建筑面积35000多平方米,生产规模为年屠宰加工200万头生猪。

**畜牧局内设机构**

| 内设机构 | 负责人 | 职　责 |
|---|---|---|
| 办公室 | 杨　光 | 协助局领导开展工作 |
| 畜牧股 | 冯　涛 | 负责畜牧发展规划 |
| 防检股 | 李传宝 | 协调防疫检疫工作 |
| 医政药政股 | 洪庆武 | 协调医政药政管理 |

**畜牧局二级机构**

| 机构名称 | 负责人 | 职　责 |
|---|---|---|
| 动物卫生监督所 | 姜树斌 | 动物检疫监督 |
| 动物疫病预防控制中心 | 邹　军 | 动物防疫监督 |
| 畜牧工作站 | 陈　亮 | 畜禽品种改良 |

# 农业综合(扶贫)开发

主任:耿　健

**【简述】** 2009年,息县农业综合开发(扶贫开发)领导小组办公室贯彻执行国家、省、市有关农业综合开发、扶贫开发的方针政策,积极应对国际金融危机对县域经济的影响和冲击,响应国家拉动内需的政策,围绕加强农业基础建设,大力实施农村民生工程,以项目建设带动农民生产和生活条件的投入,促进农村经济的发展。开展以中低产田改造项目建设为主的农业综合开发和以扶贫整村推进项目建设为主的扶贫开发建设,全面完成省市下达的项目建设计划任务。

**【农业综合开发项目】** 2009年,息县共争取上级农开项目资金1217万元(其中:中央财政826万元、省财政331万元、市财政60万元),用于2.4万亩中低产田改造(其中:东岳镇杨庄村和包信镇的后楼、大李庄三个村中低产田改造2.3万亩,彭店乡金王楼村种粮大户中低产田改造1000亩)。是年春季,息县小麦遭受特大旱灾,农办提前实施应急抗旱打井水利工程,3月份完成打井160眼,并及时发挥抗旱作用。在麦播前项目区各村对主干道路和重点桥涵整修,为工程施工进料和机械顺利进入创造条件。农开工程完成土方工程42万方,占总土方任务42万方的100%;完成桥涵修建728座,占总任务728座的100%;实施抗旱应急水利工程新打机井200眼,占新打机井总任务200眼的100%。

**【扶贫整村推进建设项目】** 2009年争取省财政扶贫项目资金400万元,用于实施省财政投资的10个整村推进村的村内水泥道路建设,硬化水泥道路20公里,占省财政扶贫计划投资20公里任务的100%。为1.3万贫困人口解决温饱和增收脱贫创造条件。

**【“雨露计划”扶贫培训】** 息县2009年的“雨露计划”扶贫培训指导性计划任务2190人,各级培训基地共完成培训学员2210人,占总任务的100.9%。同时带动劳务输出农民工3000人,其中外输农民工1500人,本地务工1500人。在培训过程中,按照需求进行分类培训,加强与劳务输出地的对接,采用“定单式”、“定向式”培训。同时,建立和完善培训促就业、劳务输出帮就业、优惠政策扶持创业的长效机制。分别输入上海、江苏、浙江、福建等地务工,在服装生产、计算机应用、医疗护理、园林绿化等不同行业各显身手。经过培训的农民工工资由过去的每月700~800元提高到1000元以上。

**【小额扶贫贴息贷款】** 2009年计划财政到户贴息40万元,扶持贫困农户450户。扶贫到户贷款贴息工作,主要用于支持贫困农户发展种植业和养殖业。2009年金融部门向全县103个贫困村发放到户贷款890万元,扶持480户贫困户,占全年任务的111.3%。

**【扶贫帮扶】** 2009年,县农办配合组织部门开展省、市、县三级对贫困乡村的对口帮扶工作,全县贫困村争取社会和部门的资金26万元、项目4个。如:市农科所向定点帮扶的八里岔乡景美店村农民开展农业技术培训,并向贫困农户提供水稻、黄豆、花生等种子(折合人民币2万余元);市环保局向定点帮扶的曹黄林乡凉亭村提供帮扶资金6000元。

# 农机管理

书记、局长：张　鸣

【简述】 2009 年，息县农机化作业水平达 55%。农机补贴、农机合作组织建设、农机安全生产、农机化技术推广培训等工作均呈现出新的局面。

【农机购置补贴】 2009 年，息县争取农机购置补贴补贴专项资金 860 万元，共补贴农业机械 323 台，其中拖拉机 159 台，联合收割机 135 台，插秧机 26 台，奶业机械 3 台/套。在实施补贴项目工作中，农机局坚持三公示原则和国务院"三个禁止"、农业部、财政部"五项制度"、农业部"四禁止"和农机系统"八个不得"等政策、规章制度。对补贴机械坚持进村入户核查制度。实行五对照，即：对机型，对发动机号，对车架号，对全省统一补贴编号，对牌号。核查无异议后拍取机主和机械合影照片存档。核查实行首问负责制和责任追究制。

【农业机械】 2009 年，息县农业机械总动力 99 万千瓦，比 2008 年增长 6 个百分点。全县拥有农业机械 4.5 万台，其中：大中型拖拉机 2752 台，联合收割机 2200 台，比 2008 年增长 28.5%；水稻插秧机 36 台比 2008 年增长 26%；大中型农机具 3577 台，比 2008 年增加 52.7%；农业机械原价值 6.4 亿元，比 2008 年增加 9.4%。

2009 年，息县农机化作业水平：小麦机耕 92%，小麦机播 70%，小麦机收 96%，水稻机耕 92%，水稻机播 0.3%，水稻机收 83%，玉米机耕 91%，玉米机播 20%，玉米机收 1.6%，耕、种、收综合机械化水平 55%，比 2008 年增长 3 个百分点。

【农机合作组织建设】 2009 年，息县已登记注册农机专业合作社 78 家。入社社员 1500 多人，入社大中型农业机械 1600 多台，固定资产原值 1.5 亿元。农机合作社是息县农村改革发展综合试验区的综合抓手。县委、县政府出台了《息县扶持发展壮大农机专业合作社实施细则》，制订一系列扶持措施。县财政拿出 300 万元专项资金用于促进农业专业合作社上规模、上水平、上档次，采取以奖代补的办法在条件成熟的乡镇扶持 15 个规范的农机专业合作社。由乡镇在新农村规划区提供 3 亩以上建设用地，统一规划，统一图纸，统一标识，统一验收。先后有 5 家农机合作社进入省 50 强行列，9 家农机合作社得到省级奖励，15 家农机合作社被评为全市示范农机合作社。息县农机合作社成为全市唯一形成规模的亮点，为息县试验区建设增光添彩。

【农机安全监理】 一是大力宣传农机安全生产，印发农机法规、安全生产知识资料 5000 多份。二是利用以修代训，向广大农机手宣传农机安全生产各项安全要领，使农机手听得懂、记得牢。三是充分利用展示板、警示教育图片等，向农机手广泛宣传教育。四是"三夏""三秋"成立安全生产检查小组，深入各乡镇送法到田间地头，一手抓宣传，一手抓违章，全年共抽调执法人员 40 多人次，共查各类违法违章作业 172 起，下达期限整改通知书 68 份，纠正违章作业 42 起。五是进村入户，送"检"下乡，现场办公，服务到户，以村为单位，集中时间、集中地点、集中教育、集中检测，既方便机收又提高检审率，从源头上遏制无牌证驾驶操作现象。2009 年，农业机械新入户 1250 台，新考驾驶员 1250 人，年检机械 1200 台，年审驾驶员 220

人。

**【农机化技术培训】** 2009年共举办各类管理及农机技术人员培训班21期，培训2580人。其中农机管理干部66人，农机执法人员54人，农机合作社理事长35人，农机驾驶、操作、维修人员2129人。

**【农机信息宣传】** 2009年，县农机局共编印各类宣传资料10000份，编发农机信息38期，被农业部和省农机局《农机信息网》选用2条，县委《工作信息》和县政府《政务信息》各选用5条，新闻搞件分别被《河南日报（农村版）》和《信阳日报》选用，“三夏”小麦机收工作被省电视台新农村频道报道。

**【农机技术推广】** 2009年，共推广插秧机36台实现机插1700亩，同时在项店镇、孙庙乡举办机插秧现场会。实现装备水平、推广规模和综合效益的大跨越。

# 农　场

**【简述】** 2009 年,息县农场以邓小平理论和“三个代表”重要思想为指导,坚持以科学发展观统领发展全局,以“农产品质量安全整治与农产品质量安全执法年活动”为主线,加快实施科教兴场,民营兴场,富民强场三大战略,突出招商引资、工业发展、农业服务、基础建设、项目建设五大重点,促进农场经济又好又快发展。

**【抗旱浇麦保丰收】** 2009 年春季,由于遭遇特大干旱,农场干部农工为缓解旱情,共打深井 3 眼、洗井 3 眼,浇麦 1800 亩,确保小麦丰产丰收。

**【农工技能培训】** 为拓宽农工增收的渠道,引导农工科学种养,实现多业致富,6 月上旬农场与县社保局联系,请专家来场为农工进行技能培训,共培训 200 人次,发放培训清册 500 余册。

**【农工新居民点建设】** 为改善农工的生活、生产环境和居住条件,农场将三分场 2 4 户农工搬迁到场区附近集中居住。

**【服务平台建设】** 一是多方筹措资金建设“党员之家”、“农工之家”。二是整修场部办公室,营造良好的办公环境,办公区窗明几净。三是加强同县残联沟通联络,为 6 户残疾人争取到危房改造资金。四是加强同民政部门联系,帮助残疾人、特困户解决低保问题。

**【惠农政策落实】** 根据县政府统一安排部署,农场对种粮农工直接补贴和综合直补落实工作分三个阶段进行。第一阶段,宣传发动。第二阶段,加强领导,组织落实。第三阶段,粮食补贴资金兑现到户,做到“四到户”。即:政策宣传到户,清册编制到户,张榜公布到户,资金兑付到户。保证补贴资金顺利发放到农工手中。

**【招商引资和项目建设】** 一是开展招商活动,搞好产业对接。二是做好高产农田地、村组道路改造等项目的建设和申报工作,上报人畜安全饮水项目 1 个。三是实施回归创业工程。利用亲情、乡情、友情、加强信息交流,吸引更多的农场在外人士回场办企业。

**【信访稳定工作】** 为确保全场稳定,农场党支部一班人把排查出的不稳定因素,疏理分类,一一进行落实,将问题消化在萌芽状态。认真接待农工来信来访,将每周一、周三定为场长接待日,集中受理群众的来信来访,对群众反映的热点、难点问题给予妥善处理,做到小事不出场,大事不出县。

**【学习实践科学发展观活动】** 一是及时传达贯彻中央和省委、市委、县委关于开展学习实践活动的有关精神。二成立学习实践活动领导机构和工作机构。三是开展调查研究,确定活动主题,找准需要破解的难题,明确实践载体和具体目标。四是在征求意见的基础上,从实际出发制订切实可行的实施方案。围绕“推动科学发展,奋力建设新息县”这一主题,与“讲党性修养、树良好作风、促科学发展”主题教育活动相互衔接、统筹推进。共上报信息 6 条,采用 2 条。

(供　稿:王红燕)

# 工　业

## 工业经济运行情况

**【简述】** 2009年,工业运行局坚持工业立县、工业富县、工业强县不动摇,开展工业运行监测、分析工作,为全县经济发展提供服务;开展企业服务年活动,营造企业生产经营环境;加快企业改制步伐,盘活企业资产,优化企业组合,增大、增强企业活力;切实做好信访稳定工作;兼顾计划生育、社会治安综合治理、安全生产等一系列日常工作,加强党的建设,完成县委、县政府下达的各项工作目标任务。

**【工业经济效益】** 一是工业产值有新增长,全县112家规模以上企业1月~11月份完成增加值201974万元,比上年同期增长18.1%。二是1月~11月份全县规模以上工业主营业务收入676955万元,同比增长31.77%,利润42922万元,同比增长50.46%。三是1月~11月份全县供电量累计完成42586.37万千瓦时,同比增长-1.9%。2009年,息县规模以上工业企业有124家;规模以上工业企业年总产值693090万元;规模以上工业企业年增加值234627万元。

**【工业运行协调与指导】** 一是坚持每月对全县工业企业经济运行分析,掌握工业运行中出现的问题,并及时指导加以解决。二是对主要工业的生产要素、生产情况、销售变动情况等实行月报制度。三是对亏损企业实行动态监控,指导企业采取相应措施,实现扭亏增盈。四是加大企业煤、电、气、运等生产要素的协调力度,保持全县工业正常运行。

**【重点工业项目】** 2009年全县重点工业项目9个,总投资88300万元,2009年计划投资42860万元,截至11月底完成投资40662万元,占年计划的95%。(一)亚洲新能源控股(信阳)有限公司,氮肥生产综合技改项目总投资9200万元,2009年计划投资5760万元。累计完成投资7562万元,占年计划131%,完成造气炉况寻优改造项目,低压联醇新工艺投产运行。氨合成塔串联新工艺已调试成功。(二)海虹陶瓷生产线项目总投资36000万元,2009年计划投资12000万元,累计完成投资12000万元,占年计划100%,该项目一期工程竣工投产。(三)六一麻纺厂年产麻纱2900吨生产项目总投资1600万元,2009年计划投资1600万元,累计完成1900万元,占年计划119%,该项目竣工投产。(四)息县年屠宰200万头生猪项目总投资30000万元,2009年计划投资14000万元,累计完成投资11600万元,占年计划83%.屠宰车间、冷库封顶,建成生猪待宰圈,四幢职工宿舍楼开工建设,污水处理厂基础开工。(五)天盛冷冻食品厂蔬菜肉食加工项目总投资2500万元,2009年计划投资2500万元,累计完成投资2000万元,占年计划80%,该项目一期工程竣工。(六)福鑫商品混凝土厂建设项目总投资4000万元,2009年计划投资2000万元,累计完成投资2600万元,占年计划130%,该项目竣工投产。(七)源丰油脂厂食用油加工生产线总投资2300万元,2009年计划投资2300万元,累计完成投资2300万元,占年计划100%,该项目竣工投产。(八)息县再生纸建设项目总投资2200万元,2009年计划投资2200万元,累计完成60万元,占年计划3%。(九)息县路口乡尚庄嘉隆针织厂项目总投资500万元,2009年计划投资500万元,累计完成600万元,占年计划120%,该项目竣工投产。另外双龙水泥公司水泥粉磨站项目建成投产。峰刚面粉厂系列食品深加工项目进展顺利,完成新建仓库任务。

**【企业改制】** 坚持“依法、公正、公平、公开”的原则,推进全县企业改制工作。一、金达公司破产工作基本完成。破产程序基本终结。结束职工安置工作。编制完成破产财产分配方案,待县法院裁定后执行。二、自来水公司破产工作在实施中。职工安置工作基本结束,足额兑付拖欠的职工工资、集资、养老保险金。破产程序基本完成。三、豫南微粉厂启动破产工作相关程序。职工安置工作在进行中。四、息县第二麻纺织厂破产工作稳步推进,职工安置工作于年底前结束。五、息县灰沙砖厂进入破产清算程序,其资产于5月15日经信阳市阳光拍卖公司公开拍卖,以171万元出让。六、金伦纸业公司改制工作。6月17日金伦公司9名职工代表到法院递交申请变更主体,息县人民法院裁定受理,同时指定息县金恒破产事务所为管理人。6月18日,息县金恒破产事务所全面接管金伦纸业安全保卫工作,组织60名职作为工护厂队开始工作。七、塑料厂改制工作。股权(资产)出让金全部到账,“三金”测算结束,职工大会讨论通过了《职工安置方案》。

**【信访稳定工作】** 2009年,息县有11家企业开展企业改制工作,来局上访285起,1860人次;赴市上访11起,98人次;赴省上访9起,212人次;赴京3起,10人次。对此,工业运行局一是成立信访工作领导小组,专门设立信访室,有2名专职信访人员负责日常工作。二是实行领导包案责任制,领导包厂责任制、矛盾纠纷排查制、领导接访制、信访登记制、例会制、督办查办制、承办交办制、权利告知制、呈阅制等,且各项制度都固定上墙。三是热情接待,认真登记,及时组织调查,及时研究处理,对符合政策的合理诉求,严格按政策处理到位,对不符合政策、无理要求的,做好解释、说教工作。四是在信访工作上,工业运行局优先保证办公经费,全年办案经费达16万元。五是速查快办,对来局上访的285起信访案件,妥善查处结案282起,结案率达98.94%。县群工部转来信访件38起,均及时调查处理,结案率达100%,化解信访苗头200余起,化解群体性事件17起等。

**【参保和帮扶、救助】** 开展城镇未参加基本养老保险人员和漏保人员调查摸底登记工作。经调查,有近千人未参保,涉及13家企业。工业运行局组织人员查阅未参保人员档案,对其基本情况(出生年月、参加工作时间、工种等)逐一核实,并按本人档案填写各种报表,落实相关待遇。开展帮扶、救助工作:(一)共建特困职工档案3200余人,在春节前后,开展访贫问苦、送温暖活动,发放救助和救济款达15.8万元。(二)5月30日,赴陈棚乡开展对所联系的4名留守儿童献爱心活动,给每位儿童发放价值60元的学习用品和100元现金。(三)局成立党员志愿者和服务队,制作队旗,参加县党员志愿者总队授旗仪式,开展党员服务一条街活动。为庆祝“七一”和建党88周年,局开展慰问老党员和特困党员活动。

**附:息县规模以上工业企业**

**息县规模以上工业企业**

| 单位名称 | 法人代表 | 电话号码 | 资产总计(千元) | 从业人员 | 地　址 |
|---|---|---|---|---|---|
| 1. 亚洲新能源(信阳)控股有限责任公司 | 于志洋 | 5851123 | 574562 | 1340 | 县　直 |
| 2. 息县双龙水泥有限责任公司 | 王福友 | 6136688 | 102438 | 400 | 县　直 |
| 3. 海虹陶瓷有限责任公司 | 周玉海 | 13703767585 | 693205 | 360 | 工业园 |
| 4. 峰刚粮食制品有限责任公司 | 李　刚 | 5865869 | 6000 | 361 | 工业园 |
| 5. 金伦纸业有限公司 | 马海建 | 5852242 | 65600 | 499 | 县　直 |
| 6. 电业总公司 | 蔡志民 | 5951414 | 46040 | 543 | 县　直 |

| 单位名称 | 法人代表 | 电话号码 | 资产总计（千元） | 从业人员 | 地　址 |
|---|---|---|---|---|---|
| 7. 正兴集团有限公司 | 张　勤 | 5855903 | 53718 | 140 | 县　直 |
| 8. 粮食局综合加工厂 | 张　勤 | 5855903 | 4500 | 386 | 县　直 |
| 9. 外贸定点屠宰场 | 张国广 | 5866566 | 5728 | 94 | 县　直 |
| 10. 国营石灰厂 | 宋春生 | 5867123 | 4030 | 145 | 县　直 |
| 11. 天健照明器材有限公司 | 庞　斐 | 5858269 | 7500 | 130 | 工业园 |
| 12. 创新塑胶管业有限责任公司 | 潘建英 | 13507615122 | 7300 | 68 | 工业园 |
| 13. 息县福特教育印刷有限责任公司 | 刘继华 | 13903979683 | 13640 | 61 | 工业园 |
| 14. 怡芳卫生用品有限公司 | 程定书 | 13903767926 | 43202 | 46 | 工业园 |
| 15. 息县六一麻纺厂有限责任公司 | 郑六一 | 13603978195 | 42000 | 66 | 工业园 |
| 16. 息洲新型建材有限责任公司 | 李宗辉 | 5855005 | 42000 | 30 | 工业园 |
| 17. 信阳颐和非织布有限责任公司 | 刘树青 | 13839710888 | 41742 | 36 | 工业园 |
| 18. 息县立嘉新型建材有限责任公司 | 王　俊 | 13703767319 | 42800 | 30 | 工业园 |
| 19. 河南新南天然气开发有限公司息县分公司 | 段传强 | 13937619616 | 41325 | 38 | 工业园 |
| 20. 信阳大河人家饮品有限责任公司 | 张　豪 | 13598560218 | 42300 | 200 | 工业园 |
| 21. 息县杨店乡鑫源粮食加工厂 | 王克锋 | 5155975 | 19000 | 93 | 杨　店 |
| 22. 息县杨店乡永祥制品公司 | 张从云 | 13569719958 | 14930 | 351 | 杨　店 |
| 23. 杨店乡舒雅织带有限责任公司 | 徐　超 | 5155302 | 7335 | 35 | 杨　店 |
| 24. 息县杨店乡富祥精米加工厂 | 时继友 | 13033719566 | 8631 | 38 | 杨　店 |
| 25. 息县福祥精米面粉厂 | 时继平 | 13253818698 | 3971 | 35 | 杨　店 |
| 26. 息县杨店合兴砖厂 | 士明合 | 13193871815 | 3800 | 50 | 杨　店 |
| 27. 息县杨店乡亿鼎新型墙体材料厂 | 士　杰 | 5156669 | 3358 | 50 | 杨　店 |
| 28. 息县裕达粮食制品有限责任公司 | 徐　超 | 13598560666 | 8225 | 56 | 杨　店 |
| 29. 息县蓝星面粉厂 | 张锦斌 | 5012266 | 28100 | 80 | 岗　李 |
| 30. 岗李店乡唐刘庄水泥砖厂 | 王　鑫 | 13949161785 | 980 | 80 | 岗　李 |
| 31. 息县岗李富祥毛织厂 | 姚树勇 | 13949161388 | 3200 | 130 | 岗　李 |
| 32. 岗李乡永辉食品加工厂 | 孙　辉 | 13937630199 | 4100 | 60 | 岗　李 |
| 33. 息县龙岗面粉厂 | 孙学潮 | 13939792528 | 5560 | 50 | 岗　李 |
| 34. 大众沙厂 | 陈金权 | 5200609 | 5460 | 838 | 长　陵 |
| 35. 息县正达粮食制品有限责任公司 | 杨富理 | 5209966 | 63600 | 42 | 长　陵 |

| 单位名称 | 法人代表 | 电话号码 | 资产总计（千元） | 从业人员 | 地　址 |
|---|---|---|---|---|---|
| 36. 锐利达塑料制品有限公司 | 张　锐 | 5200999 | 8008 | 36 | 长　陵 |
| 37. 息县陈棚乡华园沙厂 | 鲁中建 | 13346759666 | 6000 | 40 | 陈　棚 |
| 38. 息县陈棚乡王庄沙厂 | 王从友 | 13569774099 | 5800 | 30 | 陈　棚 |
| 39. 息县陈棚乡华店街南沙厂 | 叶克虎 | 5077412 | 2082 | 37 | 陈　棚 |
| 40. 通利黄麻精纺织有限责任公司 | 房治斗 | 5077666 | 20000 | 76 | 陈　棚 |
| 41. 息县陈棚乡华店李堆沙场 | 李少甫 | 13937666473 | 6000 | 64 | 陈　棚 |
| 42. 易庙村沙场 | 刁民杰 | 5077070 | 4600 | 240 | 陈　棚 |
| 43. 息县临河乡玉刻精米厂 | 张玉克 | 13803768292 | 9740 | 38 | 临　河 |
| 44. 息县临河乡郑楼沙场 | 陈同立 | 13523889848 | 8499 | 50 | 临　河 |
| 45. 信阳市息县福鑫混凝土有限公司 | 王从亮 | 15839770608 | 15750 | 50 | 工业园 |
| 46. 黄沙开发有限公司 | 罗文峰 | 5244028 | 42680 | 1027 | 临　河 |
| 47. 双淮面粉厂 | 陈家清 | 5300666 | 5807 | 76 | 关　店 |
| 48. 士新有限责任公司 | 李　志 | 13839789551 | 6300 | 60 | 关　店 |
| 49. 息县坤盛有限责任公司 | 关登坤 | 13703762532 | 3700 | 60 | 关　店 |
| 50. 息县宏达精米加工厂 | 兰志兵 | 13949165839 | 4500 | 60 | 关　店 |
| 51. 息县向龙食品有限责任公司 | 谷正海 | 13839768008 | 4600 | 45 | 关　店 |
| 52. 关店乡自强木业有限责任公司 | 张自强 | 5300666 | 7223 | 112 | 关　店 |
| 53. 许店乡砖窑厂 | 曹永龙 | 5255688 | 13244 | 60 | 曹黄林 |
| 54. 息县火车站新区新型墙体材料厂 | 石　超 | 13839776381 | 3353 | 45 | 曹黄林 |
| 55. 玉山粮食制品有限公司 | 黄玉山 | 13703767662 | 5453 | 74 | 曹黄林 |
| 56. 金磊石灰厂 | 任重功 | 13608475078 | 17918 | 81 | 八里岔 |
| 57. 息县八里岔振强予板厂 | 余振强 | 5288869 | 5381 | 37 | 八里岔 |
| 58. 息县八里岔小围孜黄沙有限公司 | 徐朝来 | 5288130 | 17834 | 37 | 八里岔 |
| 59. 幸福精米加工厂 | 蒋幸福 | 5155975 | 11757 | 41 | 八里岔 |
| 60. 旭日新型建材厂 | 李新福 | 13101768888 | 5666 | 35 | 八里岔 |
| 61. 张陶乡海力仕太阳能热水器厂 | 叶云飞 | 5102081 | 5949 | 37 | 张　陶 |
| 62. 息县富华针织服装公司 | 蒋富华 | 15837671533 | 4505 | 50 | 张　陶 |
| 63. 息县张陶乡富民精米厂 | 徐力功 | 5861234 | 6125 | 40 | 张　陶 |
| 64. 息县福利食品有限责任公司 | 王雪彬 | 13033785868 | 3494 | 40 | 张　陶 |
| 65. 息县鸿翔木业加工厂 | 武　勇 | 5102081 | 3560 | 50 | 张　陶 |

| 单位名称 | 法人代表 | 电话号码 | 资产总计（千元） | 从业人员 | 地　址 |
|---|---|---|---|---|---|
| 66. 息县张陶乡兴达精米厂 | 盛　明 | 5862314 | 6200 | 45 | 张　陶 |
| 67. 息县夏寨村免烧砖厂 | 司明立 | 13937627098 | 3705 | 50 | 白　店 |
| 68. 息县骏强新型建材厂 | 曹明义 | 13782901891 | 3065 | 65 | 白　店 |
| 69. 息县白土店乡金华木材制品有限公司 | 王金华 | 13703767205 | 8640 | 79 | 白　店 |
| 70. 息县夏庄镇金元宝新型墙体建材厂 | 鄂　元 | 13523568974 | 1700 | 76 | 夏　庄 |
| 71. 息县夏庄镇兴隆面粉厂 | 叶小平 | 5066496 | 1700 | 37 | 夏　庄 |
| 72. 夏庄镇免烧砖厂 | 熊邦强 | 13569719586 | 2833 | 49 | 夏　庄 |
| 73. 息县夏庄镇麻纺织厂 | 尹振锋 | 5066082 | 23160 | 88 | 夏　庄 |
| 74. 息县夏庄镇红星面粉厂 | 张宏伟 | 5066588 | 8443 | 100 | 夏　庄 |
| 75. 息县夏庄镇张保山面粉厂 | 张保山 | 5066588 | 6091 | 100 | 夏　庄 |
| 76. 息县埠口黄沙开发有限责任公司 | 陈珠刚 | 13569754503 | 3171 | 70 | 城　关 |
| 77. 息县香米贡酒业有限责任公司 | 张　军 | 13903979181 | 4000 | 168 | 城　关 |
| 78. 息县埠口船业有限责任公司 | 王文华 | 13193858813 | 3742 | 55 | 城　关 |
| 79. 息县濮公山管理区彭文根碎石场 | 彭文根 | 5867375 | 900 | 30 | 濮管区 |
| 80. 息县濮公山管理区中濮建材有限公司 | 申　军 | 5867375 | 86500 | 144 | 濮管区 |
| 81. 息县濮公山管理区柯宝采石场 | 柯　宝 | 13837679253 | 203 | 60 | 濮管区 |
| 82. 宋春生采石厂 | 宋春生 | 5867123 | 1750 | 50 | 濮管区 |
| 83. 息县濮公山管理区刘保卫采石场 | 刘保卫 | 13839776197 | 928 | 37 | 濮管区 |
| 84. 四通精制面粉厂 | 梁雪峰 | 5013699 | 7791 | 63 | 包　信 |
| 85. 聚和麻纺制品有限公司 | 刘　玉 | 13937619616 | 32580 | 88 | 包　信 |
| 86. 裕鑫麻纺制品有限责任公司 | 刘树青 | 5377258 | 47139 | 107 | 包　信 |
| 87. 息县包信黄沙开发有限公司 | 王少华 | 13607513989 | 3257 | 70 | 包　信 |
| 88. 恒泰面业有限责任公司 | 任希恒 | 5011985 | 4037 | 93 | 包　信 |
| 89. 息县东岳镇建筑材料厂 | 孔卫保 | 5133688 | 8499 | 63 | 东　岳 |
| 90. 息县东岳镇豫港纸箱厂 | 李月梅 | 5131868 | 9916 | 90 | 东　岳 |
| 91. 息县东岳镇机砖厂 | 岳　俊 | 5133196 | 8499 | 93 | 东　岳 |
| 92. 息县双丰机械有限责任公司 | 刘春生 | 5155886 | 8499 | 76 | 东　岳 |
| 93. 东岳镇乌庙村窑厂 | 王贺华 | 5132949 | 8499 | 76 | 东　岳 |
| 94. 息县项店友峰精米厂 | 项友峰 | 5266602 | 6943 | 63 | 项　店 |
| 95. 息县超强木业有限责任公司 | 潘良丰 | 5012266 | 10651 | 189 | 项　店 |

| 单位名称 | 法人代表 | 电话号码 | 资产总计（千元） | 从业人员 | 地　址 |
|---|---|---|---|---|---|
| 96. 息县项店镇九龙新型环保建材厂 | 曹清武 | 15837671333 | 2268 | 50 | 项　店 |
| 97. 息县项店利世灰沙砖厂 | 万仲国 | 15083471786 | 13882 | 76 | 项　店 |
| 98. 项店镇郜楼村免烧砖厂 | 和　晶 | 5266602 | 7508 | 63 | 项　店 |
| 99. 息县小茴店镇农工商综合开发公司 | 张殿杰 | 5033660 | 9348 | 108 | 小　茴 |
| 100. 息县科达麻纺有限责任公司 | 张　科 | 5033001 | 11871 | 46 | 小　茴 |
| 101. 息县众鑫木业有限责任公司 | 张明文 | 5858197 | 11333 | 123 | 小　茴 |
| 102. 息县东升木业公司 | 赵安新 | 5011399 | 9774 | 119 | 小　茴 |
| 103. 息县三英禽业有限公司 | 张　斌 | 5344887 | 41191 | 100 | 小　茴 |
| 104. 息县城郊乡船业开发有限公司 | 赵承友 | 13603978503 | 3212 | 55 | 城　郊 |
| 105. 息县城郊乡河砂开发有限公司 | 李　雁 | 13608475311 | 3150 | 60 | 城　郊 |
| 106. 息县孙庙乡益民粮食加工厂 | 谢大玉 | 5377518 | 4529 | 69 | 孙　庙 |
| 107. 胜龙米厂 | 王胜明 | 5370399 | 5194 | 76 | 孙　庙 |
| 108. 息县孙庙乡新型建材厂 | 刘胜利 | 13839710715 | 3825 | 57 | 孙　庙 |
| 119. 息县孙庙乡国丰米业公司 | 方正涛 | 13949161926 | 11786 | 69 | 孙　庙 |
| 110. 息县孙庙乡沙场 | 易本和 | 5377518 | 41160 | 145 | 孙　庙 |
| 111. 息县孙庙乡范楼沙厂 | 范军云 | 5377518 | 3682 | 147 | 孙　庙 |
| 112. 息县孙庙乡赵店村信誉沙厂 | 赵礼忠 | 5377518 | 2833 | 145 | 孙　庙 |
| 113. 息县路口乡嘉隆针织有限公司 | 骆树民 | 5329006 | 5305 | 76 | 路　口 |
| 114. 息县楼元免烧砖厂 | 张中华 | 13703767416 | 3494 | 60 | 路　口 |
| 115. 息县兴晟农牧科技饲料厂 | 柳志友 | 13523973768 | 6900 | 70 | 路　口 |
| 116. 息县路口乡银兴面粉厂 | 王京波 | 5322311 | 11786 | 63 | 路　口 |
| 117. 息县彭店乡力源胶合板厂 | 马　刚 | 5198666 | 11615 | 76 | 彭　店 |
| 118. 息县彭店乡六分厂砖厂 | 许文德 | 5199058 | 7593 | 45 | 彭　店 |
| 119. 息县彭店乡沙场 | 徐　平 | 5199056 | 2692 | 49 | 彭　店 |
| 120. 息县彭店乡五分厂砖厂 | 夏堂华 | 13839770218 | 9066 | 37 | 彭　店 |
| 121. 息县彭店乡砖厂 | 马　健 | 5199056 | 8359 | 63 | 彭　店 |
| 122. 息县彭店乡仲理面粉厂 | 吴仲理 | 5268888 | 10340 | 49 | 彭　店 |
| 123. 息县彭店玉亮面粉厂 | 吴　超 | 5199056 | 10270 | 30 | 彭　店 |
| 124. 濮公山红光碎石厂 | 闫正光 | 5867375 | 958 | 25 | 濮管区 |

# 中小企业(非公有制经济)服务

**【简述】** 2009年,息县中小企业服务局坚持“支持、协调、服务”中小企业发展的宗旨,围绕着县委、县政府的中心任务,坚持“在解放思想中发展,在改革中创新、在扶持引导中壮大”的原则,在全县开展“企业服务年”活动,探索中小企业融资难、贷款难问题,支持全县中小企业的发展。全县中小企业个数发展到26376个,同比增长9.9%;企业从业人数达122100人,同比增长11%;完成增加值521520万元,同比增长23%;实交税金5808万元,同比增长13%。

**【调研企业】** 为了详细掌握息县民营经济发展的新动向、新情况,当好领导的参谋助手,县中小企业服务局把深入企业调研作为加快中小企业、非公有制经济发展的切入点,以搞好服务为突破口开展工作。如,在贯彻落实“企业服务年“活动中,县中小企业服务局制订关于落实“企业服务年”活动的实施意见,提出工作目标,制订工作措施,对全县77家重点企业进行调查摸底。经调查了解,有90%的企业需要融资,有13家企业要求办理土地使用证,有一家企业要求办理采矿许可证,有一家企业反映办理准建证收费高,有一家企业反映因扩大生产规模需新征土地3亩,有一家企业反映要求按照有关政策给予税收优惠。县中小企业服务局如实向县“企业服务年”活动领导小组办公室汇报情况,并把县“企业服务年” 活动领导小组限期解决有关问题的通知分别送达有关部门。

**【融资培训】** 按照县委、县政府主要领导的安排,县中小企业服务局于元月份在会议中心举办全县中小企业融资服务培训。来自全县63家中小企业112名企业法人和财务人员参加了培训,并发放培训资料112份。各金融部门的信贷人员分别介绍对中小企业信用贷款的要求和业务流程,局长刘学才就全县中小企业融资情况,面临的问题以及今后的建议谈了自己的看法。

**【融资担保】** 2009年,县中小企业服务局创新融资担保方式,引导金融部门对中小企业的投入,争取银行对担保机构的放大倍数,实现金融机构对中小企业的信贷比逐年提高。与金融机构开展担保业务的有工商银行、农村信用联社、农业银行,其中争取到农村信用联社、农业银行对中小企业服务局担保的放大倍数,并签订合作协议。县中小企业服务局共为17家企业办理32笔贷款担保业务。

**【招商引资】** 全县招商引资工作动员会后,县中小企业服务局及时制订招商引资工作实施方案。一是强化责任,把招商引资放在工作的第一位,一把手亲自招商,用主要精力招商。二是创新招商方式,采取走出去,请进来,在经济发达地区举办“项目推介会”,利用大型“中博会”、“东西部合作会”等形式开展以情招商,以商招商活动。是年,局主要领导先后多次到福建的泉州,晋江,陕西的咸阳,西安等地开展招商。共接待来访的客商计42人次,签订协议8个,其中落地项目有两个,如:陕西咸阳康美特陶瓷有限公司,福建远方陶瓷有限公司。

# 产业集聚区

主任：乔启廷

【简述】 2009年，息县产业集聚区管委会结合农村改革综合试验区建设，推进工业化、城镇化，大力实施项目建设推进年、招商引资攻坚年活动，以保增长、促发展为目标，加强对重点企业的支持，加快项目建设步伐，加大招商引资力度，增强产业集聚区的工业企业活力，稳步推进集聚区的开发建设工作。

【集聚区拓展和规划建设】 一、拉开集聚区建设框架。2009年以来，集聚区新建4条道路，总长5公里。先后整合征收土地3000余亩。建成区规模扩大至3平方公里。二、加大基础设施建设力度。包括路基建设、路面硬化、美化、亮化、电网完善及安置房建设等基础设施项目完成总投资1.3亿元。高标准建好5公里道路，并完善供水、排水、供电等配套设施；新建标准化厂房20000平方米；总面积59000平方米的关庄新村、农家乐园安置小区及配套水、电、路工程全部竣工。三、完善集聚区规划工作。《息县产业集聚区发展规划》、《环评》文本报省政府待批。

【招商引资和项目建设】 一、招商引资。2009年，共引进江苏雨润集团、台湾食品工业园、远方陶瓷、虹博陶瓷、合昌纺织等5个重大项目，合同投资额14.55亿元，完成投资2.6亿元。集聚区累计引进项目52个，协议总投资27.28亿元，其中亿元以上项目6个，完成投资额7.9亿元。建成投产企业30个，涉及粮油加工、建材、轻纺、新型墙材等领域。2009年，集聚区完成工业总产值3.6亿元，实现利税5000万元。二、项目建设。集聚区成立重点项目、重点企业建设指挥部，明确江苏雨润集团等企业的建设任务，跟踪服务，加快项目建设进度。江苏雨润集团、远方陶瓷、虹博陶瓷、合昌纺织、海虹陶瓷二期工程项目开工建设。

【服务企业】 县成立企业服务办公室，采取帮助招工、协调融资、挂牌保护、跟踪服务、驻厂帮办等措施，为在建项目和投产企业提供最优环境和最佳服务，创建“引得进、留得住、发展好”的一流投资发展环境，营造“重商、亲商、安商、富商”氛围。多数投产企业克服金融危机的不利影响，扩大企业规模。海虹陶瓷等企业积极增添设备、新上生产线，拓宽生产经营范围，提高企业产能和效益。落实《息县鼓励外来投资优惠办法》及《息县优化经济发展环境十条措施》等一系列优化经济发展环境的规章制度，对产业集聚区入驻企业实行封闭式管理，使企业与职能部门和群众两个零接触。围绕“五禁止”、“十不准”，执行并强化“企业25天宁静工作日”、“检查审批制”、“首问负责制”、“一站式办理制”等一系列服务企业的工作制度，营造有利于客商投资兴业的政策环境、人文环境和法制环境，为县域经济发展和集聚区企业建设生产提供保障。创新机制。一是建立项目融资机制。发挥中小企业融资担保中心和金财担保有限责任公司两个融资平台的作用。县中小企业融资担保中心为7家企业提供贷款担保11笔，担保总额2565万元。二是完善项目审批服务制度。开展全程代理服务，实现项目审批、办证“体内循环”。三是完善岗位目标管理考核机制。加强效能建设，实施服务承诺，创优投资软环境。

# 安全生产监督

支部书记、局长:方学群

【简述】 2009年,安监局认真履行县政府安全生产委员会办公室综合协调职能和安全生产综合监督管理职能,坚持"安全第一,预防为主"的方针,围绕"抓安全,保稳定,促发展",打造"平安息县、小康息县"这个目标,以突出长效机制为战略,以落实安全生产责任制为中心,以专项整治为重点,以宣传普及安全生产法律、法规及安全知识为基础,抓责任落实,突出目标管理;抓宣传,突出安全知识普及;抓培训,突出提高素质;抓基础,突出日常监管;抓执法,突出监察监管;抓队伍,突出树立形象;抓督查,突出隐患治理。保持全县安全生产形势稳定,年度各项安全生产指标均控制在市定目标任务内,在全市安全生产年度考核中被市政府评定为"安全生产优秀县"。全县共发生各类事故42起,死亡12人,其中道路交通事故19起,死亡11人,受伤13人,直接经济损失1.3万元,分别同比下降30%、上升10%、下降45%、下降2%;消防事故22起,无伤亡;工矿商贸企业发生安全生产事故1起,死亡1人,同比持平。没有发生重特大安全生产事故,各项指标控制在市定目标内,其中亿元GDP死亡率为0.14(GDP数以年初预计87亿元),远低于0.31的目标,各类事故死亡人数12人,低于市定21人的指标,全县安全生产指标好于2008年,实现市政府下达的控制目标。

【安全生产责任】 各乡镇、各部门坚持"抓经济发展是政绩,抓安全生产也是政绩"的理念,把安全生产工作放在十分重要的位置。

政府的领导责任:息县坚持把安全发展作为重要内容纳入经济社会发展的总体布局,强化领导干部"一岗双责",执行安全生产年度履职报告制度,健全"责任明确,管辖清晰"的安全生产责任体系。县委、县政府把安全生产工作纳入《乡局级领导班子和领导干部工作实绩考核办法》予以考核,各乡镇和县直各部门通过层层签订责任书的形式,狠抓指标控制,强化目标管理,县政府对较大以上事故"一票否决"。

部门的监管责任:县安委会成员单位按照"谁主管谁负责"、"谁发证谁负责"的原则,指导和督促企业认真开展隐患排查治理,加强对危险源的控制。监管部门之间密切配合、齐抓共管,形成部门监管和综合监管相结合的监管体制。

企业的主体责任:各生产经营单位主要负责人切实履行第一责任人的责任,夯实基础,保证投入,完善规章制度,加强教育培训,严格安全生产管理,提高安全生产管理水平。

【"安全生产年"活动】 一、及早部署。县委、县政府在年初的全县安全生产工作会议上对"安全生产年"工作进行部署,制订下发《关于印发<息县安全生产"三项行动"实施方案>的通知》(息政办[2009]46号);县安委会印发安全生产执法行动实施方案、安全生产治理行动实施方案和安全生产宣传教育实施方案,强调"三项行动"主要内容,明确工作职责,提出工作要求。二、县安监局针对危险化学品的企业和非煤矿山春节后复产的实际,深入企业检查,指导企业在生产、使用、储存危险化学品等环节的安全生产事项和矿山排险等工作。共走访重点企业12家,帮助企业整改隐患34处。针对烟花爆竹安全监管存在的薄弱环节,联合公安、工商等部门,对烟花爆竹运输、储存、销售等环节开展安全监管，并发动群众举报违法行为，查处非法经营、运输、储存烟花爆竹案件4起，查扣销毁烟花爆竹1360余件，消除安全隐患16处。县交通局开展超限超载治理，强化旅客道路运输安全管理，先后排查道路运输企业3家，对排查出的7处隐患当即整改，对重点隐患实行挂牌督办、跟踪治理。县交警大队抓好“人、车、路、管”等方面的综合治理，将更多的警力投入一线，强化道路交通安全宣传，完善安全设施和警示标志，整治重点车辆、重点交通违法行为。县消防大队对重点消防单位严密监控，对人员聚集场所重点排查，消除安全隐患231处，下达整改指令163份，责令当场整改27处。县建设局把建筑施工现场安全作为重点，开展防坠落事故专项整治行动，共排查施工单位27家，查出隐患156条，对使用不符合安全要求的竹支架工地16家责令限期整改。县质量技术监督局开展锅炉、压力容器、气瓶、电梯等特种设备的专项整治，共排查企业19家，设备182台，整改隐患71处。县气象局开展防雷安全专顶检查。从5月份开始，县气象局、安监局、教体局组织专门人员对全县186栋教学楼防雷设施全面检查一次，对新建、改建、扩建的大型建筑物、医院以及易燃易爆等危险的生产储存场所进行防雷防静电专项检查。县农机局以创建平安农机乡镇和平安农机村为切入点，在服务“三夏”的同时，对1729家大型农机进行安全检查，对排查出的1773处一般隐患当即整改，对排查出的15处重大隐患整改14处，1处列入治理计划。县电业总公司巡查拆迁线下违章建筑，消除隐患131处。三、健全工作机制，严厉打击非法生产经营行为。是年，县政府明确各部门和乡镇的打击非法生产经营行为。工作职责，健全联合执法机制，促进打非工作深入开展。安监局、公安交警、消防大队、治安大队、交通局、农机局、工商局等部门着重抓好危险化学品、烟花爆竹、建筑施工、交通运输、消防等重点行业和领域以及近年来事故多发行业领域以及人员密集场所等打击非法违法工作。先后打击安全生产非法违法行为61起，其中烟花爆竹16起，非法超限超载17起，公共聚集场所6起。四、隐患排查。息县采取“领导包片盯隐患、专家诊断查隐患、人人参与纠隐患”的方式排查治理隐患。结合安全生产许可证集中换发的时机，局班子成员深入所包企业，会同专家查隐患，及时发现隐患并提出整改措施。亚洲新能源有限公司整改隐患396处，非煤矿山整改隐患181处。五、严格按照《行政处罚法》、《安全生产法》、《安全生产违法行为行政处罚条例》规定的法定程序进行执法，依法检查和处罚，做到程序到位，处罚适当，明确专人负责事故统计。是年对安全事故责任人分别进行罚款和责任追究，事故如期结案率达100%，事故责任人处理意见落实率达100%。同时，借鉴外地先进经验，结合息县实际，试行委托乡镇执法工作。六、加强特殊时段的安全监管。加大对春节、“两会”、“五一”黄金周和茶文化节、国庆节等节庆期间安全生产监管力度。特别是新中国六十周年大庆，是年8月份，县安委会制订下发《国庆节安全生产督查检查方案》（息安委[2009]8号），对全县国庆节期间的安全生产提前安排部署，全县组织相关职能部门对重点领域开展20项专业检查，同时组织多个督察组对各乡镇、各单位安全检查情况开展督察活动。平顶山市新华四矿井下瓦斯爆炸事故发生后，县委书记张富治、县长余运德当即在全省安全生产电视电话会议后作详细安排，9月9日，县政府再次召开安委会各成员单位会议，县委常委、统战部长、副县长李卓对国庆节期间安全检查工作再安排、再部署，县安委办又下发《关于进一步开展安全生产检查工作的紧急通知》（息安办[2009]12号）。

**【安全生产宣传教育】** 一、广泛宣传，营造氛围。为普及安全知识，全县利用广播、电视、广场文化等多种媒体，向社会广泛宣传安全生产的法规政策和安全知识。采取设置公益广告牌，刊登公益广告，悬挂横幅标语和张贴安全警示标语，举办宣传栏等形式，营造隐患治理的氛围。全县共设置公益广告牌12处，刊登公益广告30余次，悬挂横幅标语，张贴警示标语860多条（幅），出墙报、通报、黑板报1200余期，组织安全警示巡回展18次。在1月～3月份，全县组织120块警示展板，在重大节日、两会和“双节”集市日集中巡展。同时，继续开展“千场讲座送基层”服务活动，累计进行各类讲座18场次。在6月12日安全生产咨询日活动中，县安委会围绕“关爱生命，安全发展”这一主题，组织安委会成员单位、部分企业共57

个单位在谯楼街开展咨询一条街活动，共出展板138块，宣传车16台次，126名工作人员参与咨询，接受市民和过往群众现场咨询，讲解安全生产应急防范知识，发放各种宣传资料3600多份，免费为近二千名市民提供现场咨询。二、突出文化建设，营造安全氛围。全县上下通过安全文化进部门、进企业、进校园、进社区、进农村的"五进"途径，广泛宣传教育。县安监局、总工会组织企业开展安全知识竞赛；县教体局、交警大队开展交通安全护学行动和安全知识教育活动；县电业总公司举办大型安全知识竞赛活动；亚洲新能源把"安全"送给全厂的家家户户活动。三、开展培训，提高素质。（一）印发法律宣传资料。县安办针对烟花爆竹行业，编印了包括《烟花爆竹安全管理条例》、《烟花爆竹经营许可实施办法》、《息县打击非法生产经营烟花爆竹工作通知》等内容的安全生产法规资料2000多册，发放到执法人员和经营户手中。（二）"走出去、请进来"培训监管干部。参加上级部门举办的培训班17人次，县局组织一期企业法人培训班，培训法人76人次。（三）加强从业人员培训。结合安全许可证换发工作，全县组织一期烟花爆竹专题培训班，对510家经营户的负责人进行安全培训，对126名危险化学品从业人员，36名非煤从业人员参加市局组织的业务培训。县质监局对64家特种设备使用单位的管理人员进行专题业务培训，公安、交通、建设等部门也对危险品运输、道路交通、建筑施工等人员培训1000余人次。

**【安全隐患排查】** 息县以许可证换发和企业标准化达标为抓手，认真对照申报条件和标准，严把准入关，严格审查。通过对一家危险化学品生产企业、32家危险化学品经营企业、2个烟花爆竹批发企业和11家非煤矿山等行业许可证延期换证和507家烟花爆竹零售户的发证。督促企业加大投入，改善安全生产条件，改进装备和工艺，加快隐患整改。对矿山企业，采取"宣传发动、学习标准、参观考察、对照检查、帮助指导、专家会诊、加大投入、狠抓整改"等多种方式，请"专家坐诊"帮助企业对照标准找差距。通过大力加强安全标准化工作，夯实全县非煤矿山安全生产基础。

**【应急工作】** 按照国家规定，息县开展重大危险源的新增和核销工作。对19处重大危险源登记建档，当年新增重大危险源二家，并对十二家重大危险源进行评估。针对不同危险源，指导企业制定完善应急预案，并通过演练增强处置突发事件的能力。按县政府应急办的规定，安监局还完善了危险化学品、非煤矿山、烟花爆竹及全县重特大安全事故的应急救援预案，加强高危行业应急预案的备案工作，将应急管理纳入日常安全检查范围。

**安监局内设机构**

| 科室名称 | 负责人 | 主要职责 |
|---|---|---|
| 办公室 | 黄　勇 | 文　秘 |
| 商业、市场运行监督股 | 喻泉学 | 商业、市场运行监督 |
| 招商引资与经济协作股 | 王　玮 | 招商引资与经济协作 |
| 财务股 | 王　莉 | 财　务 |

# 交　　通

书记、局长:邱兴义

【主要职责】 按照国家交通事业发展要求负责辖区内国道、省道及地方道路的建设及养护道路运输市场管理,汽车运输,维修企业的行业管理,公路水路运输安全生产的监管,交通发展规划的编制及落实。

【交通基础设施建设】 一、农村公路建设项目,完成县农村公路改造工程57个项目,总里程143.2公里,总投资4151.6万元。其中:县乡公路8个项目,总里程62公里,总投资3100万元;村村通公路49个项目,总里程81.2公里,总投资1461.6万。完成危桥改造项目11个,492米,总投资2235万元。2009年,全县公路里程达2536.5公里,其中:高速公路51.9公里,国省道174.8公里,县道66.8公里,乡道381.9公里,村道1861.1公里。二、投资4850万元,完成大广高速息县白店连接线建设和S213线息寨路大修改造项目,建设二级公路15.899公里。三、息县客货运站建设项目。按照二级建设标准建设息县汽车客运站、息县货运站,总建筑面积5000平方米,建设总投资2504万元,其中:息县汽车客运站建设项目总投资1615万元,息县货运站建设项目总投资889万元 。

【公路养护】 一、推进干线公路管养一体化进程。在养护资金缺口十分大的情况下,公路部门多方筹措资金,投资76万元,对G106线包信镇大桥南头加铺砼路面287米,修补夏庄街转盘处砼路面625平方米,填补路面坑槽、翻浆28900平方米;投资60万元,挖补S337线路面坑槽5120平方米,修补工业园区环形岛四周砼路面120平方米。二、强化农村公路养护,明确交通主管部门和乡(镇)、村各级工作职能。按照乡村道养护管理办法及相关法律法规开展工作,落实养护责任制,全县县乡公路好路率达78%。三、加强路政管理,规范路政执法,拆除违章建筑,保护路产路权。全县共拆除非公路标志牌126块,拆除控制区内的临时建筑物74处,清除路边占道建筑材料3584立方米,制止打场晒粮630多起,处理损坏公路案件20起。四、开展超限超载集中整治活动。(一)组织执法人员开展行政执法,查处违法超限超载运输车辆。(二)对执法中发现的非法改装车辆依法予以处罚,并配合公安、工商、质检部门将非法改装车辆强制恢复原状。(三)加强站点执法和流动稽查工作。抽调局属各单位70名人员,参加14个源头治理工作小组,与公安、工商等部门一起进驻各类黄砂收费站点,对各砂场进行监控,严禁砂场为无牌无证、证照不全、非法改装的车辆装载,加大源头监管和治理力度。同时抽调20名执法人员,开展路面流动稽查工作,增加上路频次,扩大稽查范围,重点查处绕道、闯卡、聚集堵路的超限超载车辆,做到治超执法"无缝隙、无死角"。共查纠超载车辆1532台次,卸载货物1300吨,更正私自改型车辆126台。

【道路运输】 一、规范客运经营许可,严把市场准入关。在实施客运经营许可时,严格按照省、市有关文件精神执行,保证客运经营许可从严、公平、公正。全县新增、更新营运客车95辆,共1600

个座位，新开通客运班线 7 条，新增货车近 500 辆，3200 吨位。二、健全和完善营运车辆基础管理工作。落实专人负责营运车辆管埋工作，对全县所有营运车辆证照、保险等基础信息建立台账。三、规范客运经营行为。启动道路旅客运输经营业户质量信誉考核工作，并对客运经营业户的经营行为通过多种形式实行全程监督，设立旅客运输服务质量投诉电话。通过群众举报、投诉和运政执法人员稽查等方式，对经营户的经营行为和服务质量进行监督，共查处非法营运车辆 28 辆次，查处乱停乱靠等违章行为 173 起。四、加强执法监督和开展业务培训，对执法岗位进行监控，全年参与监督检查人员达 200 多人次，出车 90 台次，全年共培训行政执法人员 270 人次，其中 150 余人参加全县统一业务考试。

**交通局内设机构**

| 科室名称 | 负责人 | 职　责 |
|---|---|---|
| 办公室 | 万久春 | 机关管理、文秘等 |
| 人事股 | 刘　铭 | 党务、人事 |
| 财务股 | 何桂兰 | 财务管理 |
| 政策法规股 | 和自声 | 普法、执法 |
| 项目办 | 任春光 | 项目规划和实施 |

**交通局二级机构**

| 单　位 | 负责人 | 职责职能 |
|---|---|---|
| 公路局 | 杨　宏 | 干线公路养护和管理 |
| 运管所 | 胡宗前 | 道路运输管理 |
| 农村所 | 杨　亮 | 农村公路管养 |
| 路政所 | 王明刚 | 农村道路路政管理 |
| 航运公司 | 雷建成 | 航运管理 |
| 装转公司 | 席自清 | 货物装卸 |

# 邮政　电信

## 邮　政

总支书记、局长：黄　鹏

【简述】　2009年，息县邮政以邮政改革发展为中心，坚持“制度管人，数据说话，报表就是成绩单”的发展思路，按照“月计划、周安排、日写实”的工作要求，树立“发展是硬道理、实干是硬措施、制度是硬保障、数字是硬指标”的发展观，围绕“实现一个总体目标，着力突出两项重点，全面推进三项工作”，各项业务均保持又好又快发展，全年完成业务总量排全市同行业第一位，全省第24位，比2008年增长16.08%。邮政服务综合满意度94.64分。

【邮政储蓄】　以余额净增、发卡、商易通为抓手，分析市场，制订措施，瞄准大客户，寻找突破口。深挖内力，巧打职工“牌”。对外，加大开门红邮储宣传力度，以电视广告、广播、专送广告、挂历、宣传袋等多种形式，多角度、全方位推广邮储业务；对内，开展邮储竞赛活动，狠抓农村、城市网点两个市场和绿卡发放“工程”。通过商易通、基金等理财的发展，抓住“双节”机遇拓展业务。全年邮储净增余额突破1.89亿元，邮储余额累计达到17.54亿元。

【保险业务】　坚持不看计划看市场，跳出息县看息县，以点带面，以城带乡，实行每天通报，每天总结。及时对出单好的单位和个人进行通报表扬，把好的经验在全县及时推广。同时把县局网点专柜人员进行分组，下乡对落后支局进行帮扶，促进全县网点发展，单点平均出单500万元以上，推动保险业务联动快速发展。实现代收保费1.78亿元，实现业务收入1120万元，完成保费绝对值排全市第一位，全省第五位。

【大项目开发】　县邮政局利用县委、县政府宣传“千古中华第一县”这一机遇，推介邮政贺卡的文化品位和宣传作用。县委办公室、政府办公室联合下发息办文[2009]53号《关于加强息县“千古中华第一县”文化宣传的通知》文件，要求各乡镇、县直各单位都要印制明信片，由县委办公室审定，邮政局监制，同时由县督察局和邮政局组成联合督导组，对文化宣传明信片印制和发放情况检查通报，确保贺卡印制的印量和速度。全县共计有110个单位定制明信片，实现收入72万元。

【获奖选介】　一、在省市局的正确领导下，在全局干部职工的共同努力下，息县邮政局2009年的工作得到政府的高度肯定，被市总工会授予“五一劳动奖状”荣誉称号。在省级文明单位再届验收中，一举通过，被评为精神文明建设先进单位。二、长陵邮政支局被评为群众满意基层站所，该支局坚持“人民邮政为人民”的服务理念。在服务好地方群众的同时，也得到长足发展，从全县一个落后的支局发展成为全县乃至全市先进的邮政支局，各项工作均得到很好贯彻和落实，树立了邮政良好的社会形象，被评为群众满意基层站所。三、全县邮政部门及个人的先进事迹在《观察与研究》、《河南科技报》、《信阳晚报》、信阳电视台、息县电视台等县级2起、市级9起、省级4起共计15起媒体上刊登表扬，其敬业爱岗、甘于奉献的优秀品质，拾金不昧、助人为乐、扶危济困的感人事迹，感动一方百姓，受到新闻媒体的关注，得到地方党委政府和人民群众的一致好评。四、"情系老区，邮报联手送科技"颁奖仪式在息县邮政局隆重举行，息县邮政本着"人民邮政为人民的服务"的宗旨，致力于地方经济发展，畅通邮政服务三农渠道，送科技，送文化下乡，利用邮政在农村网点的优势，第一时间把致富信息送到农民手中，得到广大农民朋友的普遍认可，也赢得各级政府肯定。"情系老区，邮报联手送科技"奖项再次花落息县。颁奖仪式在息县隆重举行，赢得政府、报社、邮政、用户四方满意的效果。

# 联通公司息县分公司

总经理:李进忠

**【业务运行】** 2009年,联通息县分公司累计完成收入2801.65万元,完成预算的102.2%,居全市第2位,累计上缴款率完成99.15%,累计欠费率0.85%。GSM手机卡发展38190户,售卡总量居全市第3位;宽带净增3052户,占年计划102%;完成电脑销售464台,居全市第2位。

**【建设运维工作】** 2009年完成2G基站建设10个,新建小区EPON建设完成12个小区,提供宽带端口1080个;背街小巷线路延伸完成工程量的80%,宽带扩容1万线;宽带畅通工程完成762个分线盒的更新,完成用户线更换8万米;完成移网基站资料的整理、核对、建档,并全部录入电子地图系统;配合省、市公司完成数字工商工程建设;网络接通率平均完成99%。

**【服务工作】** 成立装维中心和装机、修机、测量三个班,实行装维分离,充实装维人员6名。装维中心内部强化绩效考核,实行派单制和计件工资,开展宽带装维金牌服务活动,缩短宽带装机时限。建立服务联席会制度,定期召开服务落后单位、各专业部门负责人、分管领导参加的服务联席会,服务落后单位在会上表态发言。制订并落实提升服务计划。

**【基础管理】** 加强企业人、财、物管理,先后制定"纪律管理规定"、"招待费管理办法"、"车辆管理办法"、"成本费用管理办法"等一系列规章制度,以制度规范管理。制订领导包片、管理人员包点制度,包点管理人员月绩效工资的30%挂靠支局。开展机房整治达标活动,定期检查作业计划执行情况,规范通信机房资料填写。开展综合检查,每月定期不定期检查各单位卫生、秩序、人员上岗情况,并在办公网通报。

**【安全生产】** 增加安全投入10余万元,新增电缆防盗器40多台,电缆盗窃案件得到根本控制,发案率减少90%以上。是年,公司资金、人员、设备实现安全无事故。

# 移动公司息县分公司

支部书记、总经理：黄　琼

【简述】 2009年，息县分公司从增强企业源动力入手，以价值最大化为目标，以品牌营销为重点，以强化基础管理为突破，围绕集团和家庭两大市场，加大市场开拓力度，增强信息运营支撑，强化能力精细营销，坚定信心谋发展，创新模式求增长，把控节奏稳中取胜，变实力为优势，化被动为主动，带领全体员工坚定信心，尽职尽责，团结协作，奋力拼搏，保持市场竞争主导地位，完成全年各项经营目标，运营收入增幅全市排名第一，全省排名第三。分公司陆续被省公司党委授予"优秀基层党支部"称号；被共青团河南省委、河南省青年文明号活动组委会授予"河南省青年文明号"荣誉称号；被息县县委、人民政府、人民武装部授予"关心支持国防建设先进单位"称号；被息县县委授予"创建学习型机关活动先进单位"称号。行风评议综合得分在服务业位居第一位。

【企业运营】 2009年，分公司坚持规模发展，以培育和满足客户需求为中心、以品牌营销为重点，以专业化运作、精细化营销为手段，提高片区管理水平和业务渗透力，提高新增市场占有率，扩大客户规模，三方累计净增市场占有率76.4%；客户发展全市排名第二；运营收入完成计划的110.16%，收入较2008年同期增幅24.88%，收入增幅全市排名第一，全省排名第三；主要经营目标全部按年计划进度完成，全年累计上缴税收200余万元。

【企业管理】 分公司以做好各项基础管理工作为前提，提升管理效率。完善各种管理制度和工作流程，为业务发展奠定基础。培养和激励员工，给员工提供发展的机会和创新的舞台。2009年分公司有2名员工得到提拔重用，走上中层领导岗位。以人为本，理解员工、尊重员工、关心员工，赢得员工的信任和理解，增强员工的责任感和归属感，为分公司创造健康和谐的内部环境。组织劳动竞赛，助推分公司又好又快发展。分公司坚持开展各种文娱活动，营造创业氛围。加强网络基础管理，狠抓网络安全，规范操作，改进和完善支撑手段、管理手段、考核手段。加强网络建设，确保网络深度和广度覆盖，在网基站总数达到117个。加强网络维护能力，培养和提升技术人员的能力，承担各种大型活动的应急通信保障工作。

【优质服务】 分公司坚持"三满意原则"，让客户满意、员工满意、企业满意，以客户感知为中心，坚持每星期二、四开展业务培训，特别是对各种新政策、新活动、新业务的培训，提升员工服务客户的能力；夯实基础服务，提升营业厅服务水平，提高客户满意度；建立回访制度，收集客户意见和建议，以便改进服务；提高投诉处理效率，促进客户满意度稳步提升；组织开展模拟竞赛活动，提升营业员服务营销水平。为县公安局量身定做"公安手机报"，得到市政府李长根副市长和市公安机关认可，并在全市推广应用。

【党的建设】 2009年，息县移动分公司党支部以邓小平理论和"三个代表"重要思想为指导，深入贯彻党的十七届三中全会精神，以加强党的执政能力和先进性建设为核心，围绕履行工作职能，全面加强党的思想、组织、作风和制度建设，不断增强公司党支部的创造力、凝聚力和战斗力，为圆满完成年度目标工作任务提供强有力的政治保证和组织保证。一、坚持“三会一课”制度，开展政策理论学习活动，切实加强党员思想建设。全年分公司党支部组织党员理论学习46次，开通“移动网上学院”系统，组织党员干部上网学习。编制下发2009年“移动网上学院”学习课程表，要求党员干部严格按照课程表进行学习，并每月进行检查。全年党员干部共学习课程46课(篇)，学习时长506.94小时。抓好组织建设，增强公司领导班子的创造力、凝聚力和战斗力，扩大党的工作覆盖面，2009年度转正党员一名。二、开展深入学习实践科学发展观活动、“四帮四促”、庆“七一”系列活动、党员志愿者活动等活动。“四帮四促”活动中深入帮扶村长陵乡街村，根据农村实际在当地营业厅配置一台专用电脑，做为农村信息采集点，供群众上网查询致富信息和技术；还在帮扶村扶持一批村级代办，为当地提供就业岗位10余个。党员志愿者活动中，成立分公司党员志愿者服务队，制作队旗一面，参与党员志愿者各项活动；为庆祝新中国六十周年，开展“国家·爱——神州行欢庆国庆60周年电影展映”活动，党员志愿者服务队先后深入到27个行政村流动放映，为广大人民群众送去精神食粮。参与县庆祝新中国60周年“红歌”“红舞”大家唱大家跳大型文艺演出活动，选送的群舞《康定情》，获得各界好评。

# 电　力

书记:胡义明

总经理:蔡志民

**【简述】** 2009年,在化肥厂用电量大幅减少、造纸、水泥等息县骨干企业破产的不利影响下,息县电业总公司提出"保市场、扩增长"的发展目标,开展契约式服务和技术帮扶,开辟绿色服务通道,推行"零距离"服务,企业经营效益稳中有升。公司先后荣获省公司农网建设管理先进单位、省公司行风建设先进单位、省公司"党建带团建"工作先进单位、郑州电监办河南省电力安全生产先进单位、信阳市政务公开工作先进单位、信阳市创建和谐劳动关系模范单位、市公司纪检监察工作先进单位、市公司行风建设先进单位、市公司先进集体等荣誉称号;夏庄供电所被全国总工会授予"全国职工模范小家"称号;公司工作在2009年全县经济工作会议上受到县委、县政府通令嘉奖;有1人受到河南省质量技术监督局表彰、3人受到省公司表彰、7人受到市公司表彰、1人受到市审计局表彰;1人被信阳市委、市政府、市总工会评为"五一劳动模范"。同时,公司作为信阳县级供电企业代表,参加省公司科学发展观调研成果交流,受到好评。

**【经济目标运行情况】** 完成供电量4.78亿千瓦时,占年计划4.72亿千瓦时的122.6%,同比增长4.23%;完成售电量4.35亿千瓦时,同比增长3.92%;电费回收同步结零。

**【安全生产】** 一是调整、健全公司三级安全网络,提高执行力。根据人员变动情况,及时调整、充实公司三级安全网络,重新明确岗位管理职责。二是完善制度,消除管理漏洞。相继出台《息县电业总公司安全生产抵押办法》、《息县电业总公司安全生产奖惩实施细则》、《息县电业总公司两票填写与使用管理规定》等制度,为安全监管提供标准和依据。三是综合考评奖罚。公司领导、机关部室对口帮联,统一考核,责任共担。四是开展标准化作业,加强现场安全监督。全年完成206处作业现场的安全监督,反违章纠察169次,查出违章2起。五是集中治理隐患。把"春秋季安全大检查"与"两清理"、安全隐患专项治理等活动相结合,排查消除各类隐患、缺陷共100余项。六是强化安全培训。创新培训方式,把课堂开办到工地。七是加强应急协作。各部门快速反应,主动出击,高效协作,确保新中国国庆60周年等特殊时期安全供电。实现连续安全运行3416天,刷新9年安全生产无事故的良好记录。

**【供电服务】** 加强95598监督、服务、协调、指挥职能,实行闭环管理。严格兑现服务承诺,规范服务行为;维修及回复率均100%,基本做到故障抢修不过夜。以95598为平台,定期向全县客户发布电力供需信息，推行个性化服务，引导客户有序用电。开展“电力助推家电下乡”，满足农民群众用电需求，拓展电力市场。

面对年初息县50年一遇的特大旱灾，公司派出抗旱保电服务小分队，开辟电力服务绿色通道，确保农灌设备可靠供电；配合做好城镇开发和招商企业电力配套工程建设；全力保证路灯亮灯率达100%；深入工矿企业调研，帮助解决生产用电技术难题。县委书记张富治在相关材料上亲笔批示：县电业局近年来围绕中心、顾全大局、贡献很大。为鼓励这种顾全大局、积极奉献的精神，特给予全县通报表扬。在2009年行风评议活动中，再创佳绩，获得“七连冠”。

**【电网运行水平】** 完成张陶110千伏变电站建设；完成彭园110千伏变电站、包信和路口35千伏变电站增容改造工程；争取资金1903万元，全力实施“拉动内需中西部电网完善”等工程；电网完善工程合格率100%，总体工程优良率占92%的成绩顺利通过市公司验收并被评为优良工程。2009年，息县电网供电可靠率达95.2%，综合电压合格率达96.2%。

# 建设　环保

## 城 乡 建 设

书记、局长：郑继保

**【简述】** 2009年，息县建设局坚持以科学发展观为指导，以统筹城乡协调发展为目标，以“河南省农村改革发展综合试验区”建设为契机，推进城镇化建设，提升城镇综合功能，开拓创新，扎实工作，促进全县城乡建设快速发展，城镇面貌焕然一新。

**【城乡规划】** 2009年，县建设局树立规划先行的理念，加强规划的引导和调控，优化资源空间配置，做到“规划上台阶，城建树形象”，是年共发放《选址意见书》、《规划用地许可证》各175份。完成东环路南段、北环路道路规划；锦绣花园二期、人民医院新址、城郊乡政府、金色家园二期、教育园区、电业大厦、沿河路重点地段、城郊粮管所区域等一批重点工程项目的选址及规划，规划总面积870亩；完成东城产业集聚区内远方陶瓷、雨润集团等招商引资项目的规划，规划面积961亩；完成火车站新区10平方公里的规划设计。邀请上海同济大学参与息县的“龙湖”（原五一水库）景观规划设计，完成“龙湖”景观带概念性规划，规划区域面积176公顷，其中水域面积46公顷。为新农村建设提供高标准的规划服务，按照“城乡规划全覆盖”的要求编制新农村规划，指导农民集中居住点建设，完成96个行政村的地形测绘，办理新农村《选址意见书》、《规划用地许可证》113份，配合河南省信豫规划设计院对全县113个行政村进行详细性规划修编。项店镇李楼、李店、董围孜，杨店乡十里桥，城郊乡关庄等48个行政村的新村建设已粗具规模。健全规划人员学习交流和业务培训机制，通过请进来、走出去的方式，先后组织考察学习44人次，聘请专家60人次，以开阔的视野、开放的态度，高起点、高质量地编制各项规划，提升全县城乡规划设计水平。实行“一书两证”的规划管理制度，维护城乡规划的权威和严肃性。2009年，城建局在城乡规划监察执法中着重抓三个方面工作：一是加大法律法规宣传力度。利用电视、广播、专栏、宣传车和设置咨询台等多种形式，大力宣传《城乡规划法》、《建筑法》等建设法律法规，使大家遵守建设法律法规的意识得到进一步增强，全年共发放《建设工程规划许可证》559份，征收基础设施配套费510万元。二是加强执法队伍建设。通过全省建设行政执法队伍规范化达标验收为目标，充实硬件，规范软件。组织全局执法人员进行为期1个月的理论和业务技能培训，整顿执法队伍，规范执法程序，做到亮证执法，文明执法，公开、公平、公正执法。三是加大规划监察力度。严格规划审批程序，启动全日制巡查和违章建筑应急拆除机制，对违章建筑发现一起拆除一起，规范建设环境秩序。全年共查处违法违章建设262起，强制拆除违规建筑48处，建筑面积达1834平方米。

**【城市建设及管理】** 2009年，县建设局把创建宜居环境作为城市建设的重点，加大县城基础设施配套和重点工程建设的资金投入。在基础设施配套建设方面，投资1200万元完成护城河治理一期工程，在护城河水域栽种莲藕，投放鱼苗，对两岸进行硬化和绿化；完成文化路北段、东二环路北段道路工程；配合城关镇、城郊乡实施背街小巷治理工作，全年共投入资金600万元，修建道路9496米。在重点工程建设方面，县委、县政府通过对有形无形资产的市场化运作，吸纳大量外资，打造一批精品、亮点和特色建筑。全年共有44个重点工程建设项目，全年共完成建设投资4.8亿元，其中新建工程33个、续建工程11个。完成谯楼街东西段、北大街北段、东环路北段、锦绣新城等建设项目。

**【房地产管理】** 随着城镇建设的发展，房地产市场投资主体增多。2009年，县房管部门加大房地产市场管理力度，全年共办理房屋权属登记面积52.80万平方米，颁发《房屋所有权证》2446件；办理《房屋其它权项证》494件，抵押价值10160万元；办理二手房交易780件，交易金额6240万元；新建商品房交易320件，交易额4800万元；房产测绘零测31万平方米，新建商品房测绘32.614万平方米；依法办理《商品房预售许可证》6件，预售面积14.51万平方米；进行商品房合同备案630户，备案面积81270平方米，无一差错和投诉；接受委托房地产评估13宗，评估面积8万平方米，评估价值7200万元；受理委托测绘大宗商品房8宗，成果面积28.089万平方米，受政府委托测绘拆迁安置房、廉租房4宗，面积1.627万平方米。

**【建筑市场管理】** 按照《建筑法》、《招投标法》和《建设工程质量管理条例》等法律法规，对建筑业进行规范管理。一是参与招投标工作。2009年招标工程45个，招投标率达100%；新开工报建工程项目33个，发放《施工许可证》33份，总投资16042万元，建筑面积217429平方米。加强了工程取费类别审定及工程造价的审核力度，完成工程造价咨询成果文件46份；接受委托制作标底预算20余次，完成各类建安工程面积20万平方米，造价约1600万元。二是严把工程质量。对在建工程实施质量监督。2009年，共组织工程质量检查7次，查处质量隐患6起，下达整改通知46份，受理质量投诉5件，对房屋安全鉴定19件；2009年接受监督工程（新开）78项，建筑面积351500平方米，工程投资23651.8万元，竣工验收工程51项，建筑面积238100平方米，工程投资14757.2万元，备案率为100%。完成工程监理项目15个，建筑面积315947平方米，工程总造价18956.8万元，工程监理率达100%。全年无重大工程质量事故。三是采用建设局设计室设计工程图纸，满足建设单位需求，保证工程项目实施。设计室全年共设计建筑工程图纸46项。四是加强安全监督。开展安全生产宣传活动，建立健全安全监督管理机制，严格安监申报程序，并对重点部位进行跟踪监督和防护。对全县在建工程和私人建房开展8次安全生产检查行动，消除安全隐患15起，处罚施工企业违规行为9起，项目经理一般不良行为记录2人次。2009年，息县创建“市级文明工地”9处。

**【拆迁安置】** 按照阳光拆迁、和谐拆迁、人性化拆迁的原则，配合工业集聚区拆迁征地，组织实施城郊乡政府、城郊粮管所等区域的拆迁安置工作。全年共发放拆迁许可证7份，拆迁安置群众167户，拆迁面积3万平方米。为提高业务水平，加强拆迁队伍建设，多次组织拆迁工作人员参加省、市执法和业务培训。组织受理行政裁决前和强制拆迁前听证会2次，为推进城市建设提供舆论支持。

**【廉租住房建设】** 在全市率先启动108套5616平方米廉租住房的抽号分配工作。2009年息县廉租住房项目共开工800套22幢4.11万平方米，其中5幢土建工程完工、其余17幢分别施工到2至5层，完成投资2300万元。

**【建筑节能及墙改】** 全县建筑节能图纸设计执行率100%，工程建设执行标准达到55%；规模以上新材企业32家，其中有17家取得《河南省新型墙材确认证书》，新型墙体材料年生产能力达到

3.8亿块标砖；县城规划区内建设工程中90%以上使用新型墙体材料，乡镇新农村建设80%以上的工程使用新型墙体材料；全年共征收墙改基金63万元。

**【息县处理城建遗留问题办公室】** 2006年7月，新一届县委、县政府决定建立息县处理城建遗留问题联席办公会议制度办公室，成立了以县委常委、纪委书记马富增、县委常委、常务副县长李林军、县委常委、政法委书记谢天学、吴蕾、县人大党组成员鲁好友、副县长吴昊、蒋文俊等领导为召集人的息县处理城建遗留问题联席办公会议，抽调专职人员12名，有德高望重退休的老同志，有年富力强的优秀干部。坚持“尊重历史、实事求是、规范运作、妥善处理”的原则，工作中做到“四落实、五有”，即：对原城建指挥部或领导已做出处理决定给予落实；对原指挥部或领导多次做出处理决定的，以最后一次决定给予落实；对没有做出决定的，要重新调查，依据调查结果落实；对上访人提出的问题时间跨度过长，按照“老问题、老办法，新问题、新政策”落实。五有：有信访交办、有调查报告、有处理决定、有终结协议书、有立档归卷。达到“本人翻不了、别人比不倒”，一次性消除不稳定因素。共受理群众来访1368起，2783人次，截至年底共妥善处理1269起，2563人，受理领导批示件36件。集中解决了拆迁补偿不到位的327户、拖欠工程款的28户、安置不到位的263户、土地纠纷的139户、竞买土地不能建设的276户、安置调换门面225间、安置住宅11处。总付补偿费、拖欠工程款815.2万元，为县财政创收土地出让金初步统计：4583万元。经过排查、摸底，除几个圆弧段外，还存门面地基30余间，价值1000多万元，城建遗留问题得到有效解决。为县委、县政府解了忧，为群众解了难，探索出一套解决城建遗留问题的路子，为全县的信访稳定做出了贡献。

（供稿：王　涛　黄明银）

**建设局内设机构**

| 科室名称 | 负责人 | 职　　务 |
| --- | --- | --- |
| 办公室 | 乐秀国 | 主　任 |
| 人事股 | 付超平 | 股　长 |
| 建管股 | 黄建新 | 股　长 |
| 规划股 | 刘喜峰 | 股　长 |
| 计财股 | 贾　茹 | 股　长 |
| 监察室 | 李天华 | 主　任 |

**建设局直属单位**

| 单位名称 | 负责人 | 主要产品业务 | 固定资产万元 | 人　数 |
| --- | --- | --- | --- | --- |
| 城乡规划管理监察大队 | 简树山 | 规划监察 | 86 | 42 |
| 城市房屋拆迁管理办公室 | 赵　林 | 房屋拆迁管理 | 1.2 | 5 |
| 城建档案馆 | 赵大玲 | 建设档案管理 | 3 | 3 |
| 物业监管中心 | 杨崇峰 | 物业临管 | 5 | 5 |

| 单位名称 | 负责人 | 主要产品业务 | 固定资产万元 | 人　数 |
|---|---|---|---|---|
| 城乡规划设计室 | 刘喜峰 | 城乡规划 | 8 | 11 |
| 建设工程质量监督站 | 代　民 | 工程监督、建材试验 | 36.2 | 36 |
| 基本建设标准定额管理站 | 冯　建 | 定额管理、价格信息 | 2 | 19 |
| 建筑勘察设计室 | 熊学峰 | 勘察、建筑设计 | 51 | 27 |
| 建筑节能与墙体材料革新办公室 | 熊树友 | 建筑节能\墙材革新 | 1.1 | 5 |
| 建设工程招投标管理办公室 | 黄建新 | 招投标管理\合同管理 | 0.5 | 2 |
| 建设工程安全监督站 | 刘　政 | 工程安全监督 | 1 | 3 |
| 房地产管理所 | 和贵明 | 房产管理 | 345 | 258 |
| 建设工程监理有限责任公司 | 黄　诚 | 建筑工程监理 | 137.8 | 22 |
| 建筑工程公司 | 王　军 | 房屋建筑 | 998 | 162 |
| 永立建筑工程有限责任公司 | 尹金平 | 房屋建筑 | 880 | 260 |

# 城市公用事业

局长:展怀宇

**【简述】** 2009年,县公用事业管理工作以科学发展观为指导,着力解决制约公用事业发展的突出问题,促进城市公用事业健康发展。是年,被信阳市公用事业管理局授予“2009年度全市公用事业管理工作先进单位”,被息县县委、息县人民政府评为“2009年度精神文明建设先进单位”。

**【城区基础设施建设】** 一是按照《全省污水垃圾处理设施管理年活动方案》要求,抓好污水垃圾处理设施运行管理,确保稳定运营。2009年,县污水处理厂进行氧化沟污泥培养工作,1号、2号氧化沟污泥浓度基本持平,达到双线运行要求。日集中处理污水2.16万吨,达到设计能力的85%。11月份,息县污水处理厂通过信阳市环保局代表省环保厅进行的整体环评验收;垃圾处理场严格按照《生活垃圾填埋无害化评价标准》进行规范作业,共处理城市生活垃圾46600多吨。在2009年省、市污水垃圾处理绩效考核中,息县污水处理运营管理取得全市第五名。二是供水项目建设。完成水厂、水源地征地及高压配电建设;厂区2座净水池、吸水井、加氯间、机修间、综合楼、配电间、泵房、食堂等主体工程基本完工;水源地深水井完成12眼,输水管道铺设5.6公里;配水管网铺设48.2公里。完成投资2260万元。三是完成北高杆灯以北和息夫人像以北与罗淮路贯通建设工程,增加出城道路,拓宽交通网络。同时安装路灯及栽植行道树、花木,对新建街道进行亮化、美化。四是投资1000多万元,改造护城河1000米,清出淤泥20余万吨;投资68万元,将新世纪商贸城长约1100米主下水道疏通改造一遍,恢复正常排水功能;疏通改造城区下水道20多处。投资200多万元,对仓库路、西后街施工建设,方便人民群众和南小师生。对双赢小区、南双缸路等拆迁安置区道路、下水道分期维修、改造,增强城市服务功能。

**【街道综合整治】** 城管大队树立“管理就是服务,服务就是为了更好的管理”的理念,加强内部管理,严格考勤制度,规范管理,文明执法。先后开展集中行动40多次,治理店外经营、占道经营、违章摊点1000多处,取缔违规洗车点26余处,纠正乱停乱放违章车辆500多起,整治违章占道建筑工地20余处。按照县政府《关于统一设置门面牌匾的通知》文件精神,对城区的门面牌匾、墙体广告进行集中清理整顿,共拆换门面牌匾160余处。在大十字街、千佛庵路口、交通局等交通路口实行早6:30、晚9:00定人定岗制度,实行中队正常管理和全队统一行动管理相结合的办法,缓解交通要道堵塞问题。巩固车辆停放秩序,对摩托车、电瓶车、自行车乱停乱放现象进行管理,对不按规定停放车辆的耐心说服教育。出动宣传车20多次,上街宣传《河南省城市市容市貌和环境卫生管理条例》、《县城居民十不准》等,印发《致县城居民一封信》宣传单4000多份。制作“门前五包”牌5000个,安装在沿街各门店前,并严格管理。

**【城区绿化】** 以创建市级园林城市为契机,大力开展城市绿化美化。一是投资300多万元,在沿河路东段、息夫人大道北段、北大街北段等新建道路栽植香樟、广玉兰、红玉兰、重阳木等乔木1545棵;栽植红枫、小叶女贞、洒金柏等花灌木

151713棵。二是投资700万元,在息国故里、百合苑、息夫人大道、三高门前等,新建绿地10多处,栽植各种乔木4329株、花灌木143840棵。三是利用人行道硬化之机,在东大街、西大街、车站路等道路补栽香樟、银杏3380棵。并对全城的行道树按统一高度、统一标准进行防虫涂白。四是巩固城区绿化成果,对随意在树上牵绳钉钉、践踏绿带等行为进行处罚。五是开展申报工作,息县有19个单位和小区通过市级园林单位、园林小区达标验收,淮河路、息州大道被评为市级达标道路。息县也于12月4日顺利通过市级园林县城考核验收。县城建成区绿化覆盖总面积达4959835平方米,绿化率为33.05%;绿地总面积达4089400平方米,绿化率为27.25%;公共绿地达851283平方米,人均绿地为8.94人/平方米,"三绿"指标达到并超过市级园林县城标准。

**【城区保洁】** 一是提高道路清扫标准,坚持"二清扫、四洒水",18小时保洁,坚持垃圾日产日清,全年清运垃圾46600吨。二是建立环卫工人作业考评制度,抽专人负责对清扫情况进行检查。三是开展"门前五包"活动,与门店业主签订责任书4000多份。四是加大卫生宣传力度,出动宣传车4辆、制作大型展板2块、挂设条幅240余条,对《河南省城市垃圾处理管理办法》和《息县县城管理办法》进行宣传,增强城区居民的卫生意识、城市意识、文明意识。五是参与各项活动。坚持分段、包干、巡查制度,为息县创建省级卫生县城、通过市创园专家组考核验收及各种"六城联创"评比提供服务。

**【城区供水】** 由于自来水公司处于破产改制阶段,全县仅有供水老井11眼,且又年久失修,无力满足广大用户需求。为确保群众夏季正常用水,县公用事业局组织人员采取多种措施。一是延长供水时间,为保证高层用户能用上水,白天开足马力满负荷运行,深夜保留4眼井,24小时不间断供水。二是加强对"跑、冒、滴、漏"的管理,成立稽查小组,夜以继日地沿供水管线排查,共查处60余起偷盗水行为;组织人员每周一、三、五夜晚9:00以后沿主干道查找漏水地点,共查找、维修破损管道300余处。三是投资20多万元,租借和启用旧机井三眼,通过以上措施使城区自来水供水量由7000吨/日提高到12000吨/日,缓解了供水压力。

**【城区亮化工程】** 一是投资37万元,在职高路、东二环路中段新修安装路灯76盏,方便人民群众。二是应群众的要求,投资24万元在西街百合苑安装3杆18盏照明灯和新增10个景观灯,为周边市民娱乐创造条件。三是投资45万元,在县委、县政府及谯楼广场安装景观灯和自动控制系统,提升城市品味。四是履行路灯监管职责,协调电业部门对城区3257盏路灯进行管护,全年共维修路灯1000多盏,使城区路灯亮灯率达到95%以上。

**【城区防汛】** 为确保全县城区汛期安全,县公用事业局成立防汛工作领导小组,制订防汛工作预案,明确要求汛期所有人员通信工具全天保持畅通,人员24小时值班。接通城区主干街道下水道16处,疏通改造下水道7处,投资1000多万元治理护城河。

# 环境保护

总支书记、局长：温玉堂

**【简述】** 2009年，息县环境保护工作紧紧围绕全县经济和社会发展大局，狠抓国家生态示范区建设总体规划的编制和设施，巩固“一控双达标”成果，加强行业作风建设和精神文明建设，强化管理，依法行政，完成各项工作任务。

**【环保行政执法】** 2009年，县环保局开展环境水污染、噪声污染和大气污染等行政执法工作。共查处行政违法案件31起，限期改正31起，改正率100%。

**【环境综合整治】** 根据市政府确定的2009年环保综合整治工作重点，结合息县实际，确定亚洲新能源控股（信阳）有限公司和河南省金论纸业有限公司废水深度治理，息县环境监控系统建设、农村环境综合整治等三大环境综合整治工作。为推进综合整治工作开展，县环保局、发改委、监察局等单位联合拟定《2009年息县环境综合整治实施方案》，由县政府以息政文［2009］80号转发实施。《方案》明确各项整治工作任务、完成时间和工作责任。一是亚洲新能源控股（信阳）有限公司废水深度治理工程在新的河南省《合成氨工业污水污染物排放标准》（DB41 / 538－2008）实施后，按照市、县环保部门的废水限期治理的要求，该公司于2009年又投资90万元对水系统闭路循环系统进行改造，于6月份完成改造，9月份完成竣工验收环境监测。公司各种治污设施稳定正常运转，污染物排放达到规定的要求。二是根据省市《2008年～2010年环境自动监控系统建设规划》的要求，县环保局会同发改委、财政局拟定《河南省息县2008年～2010年环境自动监控系统建设规划》上报县政府审查批准实施。县重点企业亚洲新能源控股（信阳）有限公司、县污水处理厂按照上级要求安装初频设施，河南省金伦纸业有限公司处于停产状态，此项工作没有开展。三是推进农村环境综合整治。是年，小茴店镇三英禽业有限公司完成规划畜禽养殖污染治理，城关镇完成省级环境优美小城镇创建并通过考核验收，项店镇李楼村创建省级生态文明村，杨店乡十里桥村和孙庙乡甘塘村创建市级生态文明村。环保部门根据《2009年息县环境综合整治实施方案》向三英禽业有限公司下达污染治理通知书。项店镇李楼村完成省级生态文明村创建并通过省级验收。杨店乡十里桥村和孙庙乡甘塘村市级生态文明村完成各项创建工作，城关镇完成省级环境优美城镇创建规划的编制工作。

**【污染物减排】** 为完成总量减排任务，息县制定下发《关于下达2009年全县主要污染物排放总量的通知》和《关于印发息县2009年主要污染物总量减排实施方案的通知》，明确减排重点和内容。一是实施工程减排项目。按照省政府主要领导对污水处理厂提出的“建得成、配得齐、转得开”的要求，息县城市污水处理厂全面通过省级整体环保竣工验收，实现削减生活COD排放量，另一方面推进亚洲新能源控股（信阳）有限公司废水限期治理工程及合成氨气节能改造工程，及时投入运行并通过环保验收，实现削减工业COD、$SO_2$排放量，实施河南京信农业科技发展有限公司废水深度治理工程。二是实施结构减排项目。执行环保法律法规和环保政策标准的规定，关闭污染严重治理无望的县粮食局正兴集团兴旺养殖场、外贸局繁殖种猪场，实现削减 COD 排放量。三是实施监管减排项目。对河南省金伦纸业有限公司实施原料由麦草改龙须草及清洁生产审核，减少废水排放量，降低 COD 排放，实现削减 COD 排放量。

**【建设项目环境管理】** 2009 年，县环保局对 36 个项目办理环境影响评价手续，环评执法率 100%。组织开展全县建设项目环境管理执法培训，提高环境管理人员执法水平。2009 年对国家明令取缔、关停的“十五小”，严把审批关，防止低水平重复建设，保证当年投产项目达标排放，加大对违反环境管理规定的项目查处力度，立案查处 66 起。

**【环境监察】** 2009 年，县环境监察大队先后到亚洲新能源控股（信阳）有限公司、息县双龙水泥有限责任公司对污染源和污染防治设施运转情况，限期治理任务完成情况进行现场检查，及时解决群众投诉的环境热点、难点问题。开展环境监察标准化建设，不断提高现场执法能力。建立和完善各种规章制度，规范执法行为，购置执法装备，提高现场执法快速反应能力。加强人员培训，不断提高执法人员业务素质。全面实施政务公开，实行持证上岗、亮证执法，广泛接受社会监督。

**【环境监测】** 县环境监测站对县内大气、水体、土壤、噪声等各种环境要素的质量状况，按国家规定要求进行监测。2009 年县环境监测站先后完成全县地表水常规监测，环境空气监测，噪声普查及重点污染源监测等各项环境监测任务。全年共取得有效监测数据 680 个，完成 18 个断面和点位的监测任务。通过环境监测，摸清全县饮用水水源的安全情况。2009 年，环境监测站担负全县秸秆禁烧和综合利用的监督、指导、宣传、实施等工作。

**【环保信访稳定】** 2009 年，共接到群众重点来信来访 3 起，查处环境信件案件 3 起，查处率 100%。共接待 12369 环保热线电话举报 16 起，查处率 100%，信访稳定率 100%。

# 六城联创

【简述】 2009年,息县以争创市级园林县城为目标,乡镇创建工作以巩固、完善、提高为重点,采取得力措施,城乡面貌日新月异,广大群众的卫生意识、文明意识大大增强,促进了全县经济社会又好又快发展。2009年11月17日,息县顺利通过了创建省级卫生县城年审。

【创建省级卫生县城】 息县提出"政府组织、社会参与、市民为主"的指导方针,广拓宣传渠道,丰富宣传形式,努力营造"人人都是城市主人、人人争当创建先锋"的良好氛围。在具体工作中,息县坚持集中整治与长效管理相结合,严管重罚与攻坚破难相结合,努力把六城联创工作推向纵深。一是强化整治。把城乡结合部、背街小巷、集贸市场作为治理的重点,突出抓好"治脏、治乱、治差"工作。组织城建、工商、交通等部门,不间断对城区进行督促检查,重点整治乱摆摊、乱张贴、乱倒垃圾现象,清理卫生死角,清除占道经营,拆除违章搭建。2009年,共取缔占道经营、违章摊点800多处,纠正乱停乱放违章车辆300多起,清除小广告600余处,清除各类违章建筑物、构筑物400余处。二是加强督察。在县六城联创办专门成立乡镇和县城2个督察组,分别负责乡镇和县城创建工作的组织、指导和督促,及时解决创建活动中存在的困难和问题;实行县六城联创办和县督察局联合办公,对创建工作中存在的问题,立即向责任单位下发督察通知单、督察令,要求按时、按质完成,并跟踪问效;县六城联创办实行定人定责,主任、副主任分片包干,分包城区4大区域,不间断进行督察。同时,还充分发挥人大代表、政协委员和新闻记者的监督作用,帮助发现问题,查找原因,及时解决问题,提高创建成效。三是建章立制。建立城区环卫保洁市场机制,与保洁公司签订合同,由保洁公司承担城区卫生保洁,做到全日保洁,垃圾日产日清,是年保洁公司共清运垃圾5万余吨;完善领导分包路段责任制,由31位县处级领导、87个单位分包城区17条主次干道,划定卫生责任区,延伸到背街小巷,加强路面保洁、修剪花带等项工作的检查评比;落实"门前五包"责任制,与门店业主签订责任书4000多份,对相关责任人实行动态管理,切实做到人行道整洁有序。2009年11月17日,息县顺利通过创建省级卫生县城年审。

【创建市级园林县城】 年初,县委、县政府召开全县创建工作大会,对全年创建工作进行安排部署,提出创建市级园林县城、市级文明县城先进县的目标,明确各单位创建工作职责,层层分解任务,狠抓工作落实。调整充实县六城联创指挥部,县委、县政府主要领导分别任政委、指挥长。县委常委、县政府常务副县长李林军同志任办公室主任,县委常委、宣传部长裴军,副县长吴昊,副县长蒋文俊,县委宣传副部长夏玉立四位同志任副主任,成立综合组、宣传组、督察组、创园组。在2008年投入近2亿元的基础上,进一步加大资金投入,累计投入资金9000多万元,加强城市基础设施建设。一是加快护城河治理。累计投资2000多万元,疏通改造护城河600多米,在护城河水域栽植莲藕,在道路两边种植花木。二是加强城市绿化和美化。累计投入700多万元,对息县三高门前、息夫人大道、沿河路等进行绿化,新增公共绿地面积3.5万平方米;对护城河两侧进行绿化,新增绿地面积3.1万平方米;对城区各街道缺株进行补栽,增加绿地面积3500平方米。城区建成区绿化率、绿化覆盖率、人均公共绿地分别达到27.5%、33.05%和8.94平方米,"三绿"指标等基本达到市级园林县城标准。三是完善基础设施。投资2700多万元,建设县城一流的新客运站;投资70

多万元，新按装路灯 80 多盏。投资 2600 万元的城区集中供水项目已完成。四是着力开展背街小巷整治。按照“谁受益、谁出资”原则，采取“依靠群众、政府奖励”的办法，累计筹集资金 700 余万元，对城区棉麻南路、双缸路一巷、金盛宾馆路、杨鹏路等 24 条背街小巷进行整治，共硬化道路 9800 多米，修建下水道 6000 多米，修排水沟 4210 米。12 月 4 日，息县顺利通过市级园林县城考核验收。

**【乡镇六城联创】** 2009 年，各乡镇均成立由党政主要领导负责的六城联创指挥部，做到创建工作有专人负责，创建任务有专人落实，形成全县上下齐心协力、共同创建的工作格局。各乡镇也均以争创红旗乡镇、先进乡镇为目标，不断加大投入，全年全县各乡镇先后投入创建资金 3000 多万元，完善基础设施，建设农贸市场，硬化街区路面，创建水平进一步提高。

# 经济贸易

## 商务工作

支部书记、局长:邹忠清

【招商引资】 2009年,县商务局把招商引资作为工作中的重中之重来抓,发挥招商引资项目建设对息县经济社会发展和结构调整的促进带动作用。自7月9日全省大招商动员会召开后,改进工作方法、创新招商方式,加大招商宣传力度,优化投资环境,推进招商引资项目建设。在引进省外资金工作中位居全市前列,实际完成上报5.4亿元。

【外资外贸】 受全球金融危机影响,息县原本落后的外贸工作陷入困境。面对息县外贸工作的严峻局面,县商务局进行认真的分析和梳理,在危机中寻找转机。一是召开有关金融部门和企业参加的协调会,帮助企业解决部分出口产品所需的流动资金问题。二是协调解决息县超强木业出口产品商检中遇到的问题。该企业于2008年初获得进出口贸易经营权的同时,就接到美国52万美元订单。2009年又接到20多万美元订单,由于种种原因,在报检中未能通过商检部门批准,只能委托江苏一家贸易公司代理出口。县商务局主要负责人会同市商务局领导到信阳市商检部门进行协调。通过协调,该企业的出口商检问题基本得到解决。三是培养引进有出口能力的企业落户,先后有河南省合昌纺织科技有限公司、信阳瑞华进出口贸易有限公司落户息县。

【"家电下乡"和"万村千乡市场工程"】 一是提高认识,把各项优惠政策及时落实到位,把农民应得的补贴补贴到位。二是切实负责,把"家电下乡"和"万村千乡市场工程"各项工作落实到位。三是加强宣传引导,营造良好的舆论氛围。利用广播、标语、过街横幅、宣传栏、宣传单、海报等各种方式进行宣传。四是加强沟通协调,顺利开展"家电下乡"和"万村千乡市场工程"工作。

【成品油市场管理】 2009年,为加强对成品油市场经营秩序的监管,对全县成品油经营站点进行年度年检。于5月份对全县成品油市场进行专项整治。结合《河南省成品油市场专项整治方案》和息县实际情况,制定下发《息县成品油市场进行了专项整治工作方案》。按照方案的要求,由商务局牵头组织发改委、公安局、工商局、安全生产监督管理局、质量技术监督局、国税局、中石化、中石油等有关部门,于5月6日~25日对全县80家加油站、点进行逐户检查。通过检查,有7家加油点超范围经营,县商务局对其下达整改通知书,责令其限期整改。

【市场运行监测】 县商务局设立4个市场运行监测点,负责市场调查及数据报送工作。对生活必需品实行日监测、周报、旬报、月报分析制,对全县消费品市场运行情况进行周分析制,结果供县委、县政府参考,同时引导全县居民正常消费。

# 物资流通

【简述】 2009年,息县物流中心围绕物流系统“稳定、扭亏”的总体目标,加强思想政治工作,突出企业党建工作,强化内部管理,推进下岗职工再就业,做好企业职工的养老保险工作,狠抓企业稳定和信访工作,为企业办实事,为特困职工办好事,全心全意为退休人员服务。完成计划生育、企业信访稳定、下岗职工再就业、煤炭监管、物资行业管理、职工养老、退休、“深入学习实践科学发展观活动”、精神文明建设等工作,保持全系统基本稳定,各项工作正常运转。

【主要物资经济指标运转情况】 2009年,物资系统各企业处于停业关门状态,其经营、生产全部停止。下面的主要物资经济指标数字来源于本系统下岗职工个体经营提供的数字,不代表单位的经济指标。

物资购进:完成3200万元,占年计划3200万元的100%

物资销售:完成3000万元,占年计划3200万元的93.75%,利润持平。

【物资行业管理】 2010年,在市物资行业管理办公室指导下,加大对全县物资行业管理力度,规范市场经营秩序,推进依法行政,及时查处、打击各种不法行为。一是整顿煤炭市场,重新修改煤炭整顿方案,巩固城区煤炭市场整顿成果,调整煤炭执法人员,启动乡镇煤炭经营整顿工作。二是开展报废汽车(回收、拆解)工作,清理整顿报废汽车回收市场,对无照经营、非法拆解等违法行为,联合公安、商务、交通、工商等部门进行严厉查处,报废汽车回收拆解市场秩序好转。

【信访稳定】 一是做好退休人员和下岗职工的思想政治工作,为他们解决实际问题,变职工上访为机关工作人员下访。党组要求机关分包公司公司人员每月下基层调研5~7天,重点掌握下岗职工活动动态,特别是年老体弱的职工。分包公司的同志到特困职工家里了解情况,传递就业信息。中心党组能解决的问题及时解决,解决不了的问题报请县有关部门给予救助。春节前夕,共救助特困职工46人,上门慰问10人,慰问特别困难的军转干部2人,妥善解决企业原遗属生活费补助3人5000多元,全系统没有一人越级上访,保持系统基本稳定。二是抓好本辖区内的安全保卫工作。物流中心领导要求,各企业在与租赁人签订合同时,将安全工作列入合同条款,引起租赁人高度重视。要求企业指定专人负责安全工作,定期不定期的检查,发现事故苗头及时纠正处理,堵住安全隐患,确保本辖区干部职工学习、工作、生活安全。

【党建工作】 1992年~2008年,物资企业处于停业停产状态,没有发展党员。2009年,在县直工委指导下,组建4个基层联合党支部,1个机关党总支,培养5名入党积极分子,发展2名预备党员。自此,联合党支部利用各种渠道同系统115名党员保持联系,带领全系统下岗职工摆脱困难局面。

# 供销合作

书记、主任:邹忠峰

【简述】 2009年,息县供销社坚持"夯实基础上台阶,凝聚精神拓发展"的总体思路,创新经营观念,整合系统资源,服务试验区建设,推进新网工程,盘活存量资产,开展政风行风评议,尝试拓展新业,支持发展公益事业,塑造了"团结、务实、创新、奋进"的供销形象。

【目标运行】 县供销社把年初市社下达的各项目标,逐一分解,并制订措施,在实施过程中,社领导和业务科室与目标单位同评比、同考核、同奖惩,完成各项目标任务。商品总销售完成8.4238亿元,占年计划8.4亿元的100%;商品纯购进完成7.0894亿元,占年计划7.0亿元的100%;实现利润32万元,占年计划32万元的100%;示范专业社2个,完成全年目标;规范发展专业合作社6个,完成全年目标;招商引资800万元(驻信办事处),占年计划800万元的100%。

【新型业务】 息县供销社为贯彻落实省总社、省民政厅《关于联合开展即开型福利彩票销售业务活动的通知》精神,利用系统上下的联合优势和网络资源,坚持开放办社,开展即开型福彩销售活动。息县供销社与市福彩中心签订业务协议,成立由省总社统一编号的息县供销社即开型福彩中心站,启动彩票传递、中奖兑现、无线扫描认定系统;在全县供销社网点布设"统一许可、统一标识、统一规范、统一专柜"的销售点75个,并下达年售1000万元的总销目标。12月25日在息县谯楼广场举行以"坚持开放办社,发展公益事业,扶老助残济困,再展供销辉煌"为主题的盛大启动仪式。省社副主任李若砚、市社领导、县四大家领导、各县(区)社主任参加启动仪式,销售福利彩票68万元,为社会募集福利基金13.6万元。

【服务试验区建设】 在农村改革发展综合试验区建设中,供销社从"推进新网工程、引导发展合作组织、实施项目兴社"等方面发挥作用。一是将新网工程作为服务试验区建设工作的重中之重。构建"生产资料、再生资源、烟花爆竹、工业品"网络体系,拓展主营业务,强化为农服务。其中:息县金农生产资料公司拓展品牌代理,采取统一配送的方式,在息县农资市场形成由供销社系统占主导地位的品牌农资统一配送购销链条。在全县20个乡镇、街村,布设农资批发配送中心1个,中转库4个,经营网点176个。与新乡心连心,山东利丰、湖南岳阳等3家化工公司签订息县总代理,销售碳铵、复合肥、磷肥、尿素、农药等2600余万元,为春季农业生产提供生产资料。同时实行连锁配送经营,促进农资流通现代化发展,开展"放心农资下乡"活动和"联村、联户、预约送货上门"等服务,其中有70%以上的化肥是通过配送中心、经营网点或送货服务车直接送到农民手中。开展技售结合,组织庄稼医生开展坐堂问诊、下乡巡查、测土施肥、配方施肥、试验示范等服务,提高农民科学用肥用药水平。再生资源利用管理方面,成立息县金环再生资源回收利用公司,按照信息化的要求筹办息县再生资源回收利用互联网站,构建再生资源回收利用网络体系。烟花爆竹配送中心布设307个经营网点,共配送销售烟花爆竹600万元,实现利润28万元。供销社工业品配送中心采取连锁经营,连锁配送,总经销和总代理等现代营销方式,年配送经营额500余万元。二是农民专业合作社健康发展。是年,共引导农民和供销社职工创办各类专业合作社32个,其中:种植专业社14个,养殖专业社8个,专业合作社社员290人。成立生产资料、再生资源、烟花爆竹、工业品等行业协会4个,发展会员566人,并按照示范标准,认真指导农民专业社规范发展,引导农民专业社逐步走上规范化轨道。举办农民专业社规范发展培训班11次,培训社员1000余人次。

**【服务“三农”】** 息县供销社在创新和提升村级综合服务社服务中,从增强服务内容着手,细化和完善村级社的“日用品销售、农资供应、科普宣传、集贸流通”等一系列为农服务功能。其中:在关店、张陶、曹黄林、路口、陈棚、临河、彭店、夏庄等乡镇街村创办13个以提供“副食、百货、日用杂品”为主的供销社农家小超市,经营总面积1600平方米,并在每个超市设立免费茶水点,购物方便车等便农设施;在长陵、孙庙、张陶、八里岔(李塘)等设立的一网多用农资点,采取“预约定购,送货到户”的服务措施,惠农供应化肥、农药、农膜,并免费为农民维修各种中小农机具;包信、东岳、岗李、白店等植棉乡镇,为当地棉农提供“种子引进,地膜栽培,灭虫治病,新药推广”等一系列服务措施;项店、许店等社拓宽服务领域,兴办农贸大市场,并将其拓展为农村居民生活用品的综合集市。

**【多种经营】** 息县供销社坚持“主营业务不放松,多种经营要突破”的指导思想,开展多种经营。其中:包信轧花厂利用空场和区域优势,向县粮食局争取粮食代购业务;小茴轧花厂与街村养殖大户合作养殖生猪5000余头;项店社速生林种植90亩,息半夏人工栽培300亩。

**【盘活存量资产】** 县供销社审核和认定各基层单位的账务,建立二级账和账务审核报账制。通过对系统内现有资产的审核登记,将审核确定后的社有存量资产,建立固定资产台账,纳入县社党委垂直监控管理。其中:城郊供销社工业品配送中心建设面积12860平方米,可实现社有资产增值200万元;棉麻公司门面楼改建工程共1 4间6层,建筑面积4134平方米,一、二层为商铺,三至六层为住宅,可实现资产增值136万元;土产公司临街门面改建项目共12间9层,建筑面积7900平方米,整体资产增值率可达到300%;驻信办事处(息县供销大厦)工程项目为19层商住楼,1~2层为门面,3~19层为住宅,建筑面积19000平方米。

**【企业改制】** 通过推进企业改制,解决驻信办事处和息州大酒店的租赁合约和银行诉讼问题,收回办事处和大酒店的整体资产,对两个单位的人员进行分流和安置,并启动驻信办事处改建项目。

**【其他】** 2009年,县供销社为确保干部职工共享改革发展成果,为310名职工解决养老统筹问题和478名老同志医药费问题,为226名养老保险漏保人员解决参保问题。

**息县供销社2009年主要经济指标**

| 指　标 | 单位 | 年　份 | | |
|---|---|---|---|---|
| | | 2008年 | 2009年 | 比上年±% |
| 商品购进 | 万元 | 44350 | 70894 | +59.9 |
| 商品销售 | 万元 | 50780 | 84238 | +65.9 |
| 利润 | 万元 | 21 | 32 | +52.3 |

**息县供销社2009年下辖单位**

| 单位名称 | 负责人 | 主要产品（业务） | 固定资产（万元） | 人　数 |
|---|---|---|---|---|
| 城郊供销社 | 闻世水 | 日用品、农资 | 80 | 176 |
| 孙庙供销社 | 项光顺 | 日用品、农资 | 1 | 128 |
| 路口供销社 | 高　辉 | 日用品、农资 | | 126 |
| 彭店供销社 | 李中华 | 日用品、农资 | | 121 |
| 杨店供销社 | 王立科 | 日用品、农资 | | 118 |
| 白店供销社 | 鲁　峰 | 日用品、农资 | | 123 |
| 东岳供销社 | 李金峰 | 日用品、农资 | 1 | 144 |
| 张陶供销社 | 钱荣进 | 日用品、农资 | | 156 |
| 岗李店供销社 | 宋天洲 | 日用品、农资 | | 86 |
| 包信供销社 | 邹洪辉 | 日用品、农资 | 1 | 97 |
| 夏庄供销社 | 张　勇 | 日用品、农资 | 3 | 189 |
| 长陵供销社 | 卢　伟 | 日用品、农资 | | 110 |
| 陈棚供销社 | 陈　卓 | 日用品、农资 | | 105 |
| 临河供销社 | 王　辉 | 日用品、农资 | 10 | 113 |
| 项店供销社 | 韩从茂 | 日用品、农资 | 2 | 120 |
| 关店供销社 | 任玉方 | 日用品、农资 | 3 | 144 |
| 许店供销社 | 汪源峰 | 日用品、农资 | | 85 |
| 曹黄林供销社 | 何　俊 | 日用品、农资 | | 127 |
| 八里岔供销社 | 余振江 | 日用品、农资 | | 95 |
| 李塘供销社 | 朱云飞 | 日用品、农资 | | 66 |
| 棉麻公司 | 张洪明 | 棉麻收购 | 260 | 272 |
| 土产公司 | 陈义山 | 日杂、烟花、废品 | 240 | 216 |
| 贸易中心 | 夏明山 | 日用品 | | 105 |
| 供销社建筑公司 | 刘　刚 | 建筑安装 | | 111 |
| 息州大酒店 | 任　勇 | 服务 | 700 | 53 |
| 驻信办事处 | 邹忠峰(兼) | 服务 | 600 | 13 |
| 金农生产资料有限责任公司 | 邹忠峰(兼) | 农资购销 | | 10 |
| 金环再生资源回收有限责任公司 | 邹忠峰(兼) | 废旧物质回收 | | 10 |
| 城关轧花厂 | 谢　云 | 棉麻购销 | 30 | 231 |
| 包信轧花厂 | 徐　振 | 棉麻购销 | 80 | 160 |
| 岗李收购站 | 刁卫萍 | 棉麻购销 | 50 | 219 |
| 东岳收购站 | 秦仁华 | 棉麻购销 | | 230 |
| 小茴收购站 | 李　斌 | 棉麻购销 | | 149 |

# 粮食流通

书记、局长：张树林

**【简述】** 2009年，县粮食局按照服务三农和省、市、县建设农村改革发展综合试验区要求，突出依法监管、托市收购、企业改革和安全储粮四大重点。全年共收购粮食196726吨，其中：小麦175726吨，稻谷21000吨，创历史最高纪录；实现“四无粮油”率100%；储备粮“一符三专四落实”达到100%；企业安全生产、信访稳定和计划生育工作及其他各项工作继续保持好的成绩。

**【仓房建设】** 2009年，县粮食局推进以仓房建设为重点的项目工程建设。为提升仓储水平，增加储粮规模，结合息县粮食仓储设施建设规划需要，利用息县1702河南省粮食储备库原副营业务土地，进行异地扩建。还分别在城郊、白店、岗李、小茴、曹黄林开工建设6栋24×60米的现代化标准钢屋架仓房。这些单位建设的仓房，均实现当年建设，当年装粮的目标。息县2009年新增仓容1.6亿斤，总仓容规模达到5.6亿斤，一年所建仓容规模超过过去30年所建仓容。

**【申报国家级粮油质量检测项目】** 2009年，息县粮油质量监督检验中心在通过河南省技术监督局计量认证后，又顺利通过国家级质量认证，该中心具备国家有关法律、行政法规规定的基本条件和检测能力，向社会出具的检验数据和结果具有法律效力。

**【清仓查库】** 2009年4月1日，国务院在全国范围内开展粮食清仓查库工作。县政府成立由副县长赵君峰任组长，有关单位为成员的清仓查库工作领导小组，并以息政文[2009]33号文件下发各有关部门，明确职责分工，细化工作要求。4月11日~25日，市级普查工作组对息县进行全面普查。4月26日~5月5日，省级复查组对金谷公司和彭店分公司进行复查。在检查过程中，各单位精心组织，经过努力，顺利通过县级自查、市级普查和省级复查各个阶段的检查。通过检查，澄清了全县粮食库存的数量、质量情况，辖区所有存粮数量真实，质量良好，储存安全，中央储备粮轮换管理规范，政策性粮食财政补贴资金拨付及时到位，达到了预期目的。

**【小麦最低价收购工作】** 2009年小麦最低价收购预案启动后，县粮食局严格执行最低价收购政策，确保托市收购工作顺利进行。其一是及早动手，做好准备。(一)是做好腾仓并库，并对现有仓储设施进行维修改造。全县共备仓容2.4亿斤，并全部安装地上笼通风设备。(二)是做好各类物资、器材的准备。共配置输送机56台，清理筛30台，检测仪器35台，容重器28台，磅秤132台，汽车衡13台，麻袋3万条，油毡360捆，塑料布2.1吨，篷布46块。(三)是做好收购前的人员培训工作。5月24日，粮食局举办由各委托收储企业的仓储管理人员参加的培训班，针对国家粮油质量标准、粮油检验方法和安全储藏措施等方面进行了培训。同时，采取以会代训的方式对财务人员进行了收购政策、资金安全及手续传递等方面的培训。四是设置便民服务设施。有样品台、咨询台、休息棚、茶水站、医药点、整晒场地等便民服务设施，积极为售粮农民提供周到服务。其二是加大宣传力度，让托市收购政策家喻户晓。(一)是各单位组织所有参与收购的人员，学习小麦最低收购价政策，掌握收购工作业务流程、政策要求和业务规范，准确把握政策要点。(二)是通过多种渠道和多种形式广泛宣传政策，制作宣传横幅132条，张贴标语500余张，还印制《息县粮食局服务农村改革发展试验区建设承诺》1万余份，宣传国家支农惠农政策。各委托收购企业做到收购政策、价格水平、质量标准、结算办法和服务承诺“五上墙”，让农民售明白粮、放心粮。(三)是在各收购企业政策咨询台和样品台，指派专人负责对售粮农民进行讲解。其三是统一思想，提高认识，严格执行托市收购政策。县粮食局成立以党委书记、局长张树林为组长的小麦托市收购工作监督指导小组，全程督导各企业收购工作。其四是严格执行价格政策，严把入库质量关。以质定价，合理定等，确保入库小麦质价相符。在收购过程中坚持手续规范，验粮公开，作价公平，以质论价，不压级压价、抬级抬价、缺斤短两、计量公正，现金结算，不代扣各项收费及其他物项，把国家的支农惠农政策落到实处。

**粮食局内设机构**

| 科室(股) | 负责人姓名 | 职　务 |
|---|---|---|
| 办公室 | 谢　玮 | 主　任 |
| 纪检监察室 | 张其栋 | 主　任 |
| 财务统计股 | 罗　明 | 股　长 |
| 人事保章股 | 曾　鑫 | 股　长 |
| 储运股 | 孙　炳 | 股　长 |
| 行业发展股 | 倪万春 | 股　长 |
| 老干部股 | 曾　鑫 | 股　长 |

**粮食局二级机构**

| 单位名称 | 主任(经理) |
|---|---|
| 正兴集团有限责任公司 | 朱　林 |
| 息县粮油质量监督检测中心 | 陈晓峰 |
| 龙门宾馆 | 杨继安 |
| 金穗粮油贸易有限责任公司 | 刘　林 |
| 金穗粮油贸易有限责任公司城关分公司 | 姚凤杰 |
| 金穗粮油贸易有限责任公司城郊分公司 | 熊其斌 |
| 金穗粮油贸易有限责任公司彭店分公司 | 姬　涛 |
| 金穗粮油贸易有限责任公司路口分公司 | 罗长地 |
| 金穗粮油贸易有限责任公司杨店分公司 | 张春林 |
| 金穗粮油贸易有限责任公司白店分公司 | 刘志华 |
| 金穗粮油贸易有限责任公司东岳分公司 | 杨文友 |
| 金穗粮油贸易有限责任公司岗李店分公司 | 王华兵 |

| 单位名称 | 主任(经理) |
| --- | --- |
| 金穗粮油贸易有限责任公司包信分公司 | 汪　建 |
| 金穗粮油贸易有限责任公司长陵分公司 | 瓮海峰 |
| 金穗粮油贸易有限责任公司临河分公司 | 胡新民 |
| 金穗粮油贸易有限责任公司陈棚分公司 | 张　英 |
| 金穗粮油贸易有限责任公司曹黄林分公司 | 周宗新 |
| 金穗粮油贸易有限责任公司李塘分公司 | 刘广东 |
| 金穗粮油贸易有限责任公司许店分公司 | 赵　磊 |
| 河南息县国家粮食储备库 | 陈　斌 |
| 金隆粮油贸易有限责任公司分公司 | 杨建中 |
| 金源粮油贸易有限责任公司分公司 | 徐　斌 |
| 金裕粮油贸易有限责任公司分公司 | 赵长青 |
| 金泰粮油贸易有限责任公司分公司 | 张卫国 |
| 金禾粮油贸易有限责任公司分公司 | 卢　娟 |
| 金谷粮油贸易有限责任公司分公司 | 赵　彬 |
| 息县1702河南省粮食储备库 | 郭　强 |
| 汇丰粮食仓储物流有限责任公司 | 田立武 |
| 托管中心 | 刘志英 |

# 烟草专卖

党组书记、局长:张祖亮

**【简述】** 2009年,息县烟草专卖局(分公司)按照"卷烟上水平、税利保增长"的总体要求,围绕实现跨越式发展的工作目标,坚持以人为本,突出利润指标,狠抓规范工作。烟草局在经济运行、专卖管理、卷烟销售、安全保卫、信访稳定、精神文明建设等方面,完成市局(公司)、县委、县政府下达的各项工作目标。

**【卷烟销售】** 一是加强网络建设。按照"村村通"工作目标,组织有关人员深入乡村市场调查摸底,细化农村市场管理,为200人以上的烟草商户"空白村"符合办证条件的商户办理卷烟零售许可证和入网销售手续,并制订相应的管理服务措施。二是调查研究,助推企业跨越式发展。为应对卷烟税费调整后的形势、任务要求,掌握卷烟市场情况,局(分公司)成立三个调查组,走访10个乡镇、1条街道、社会2万人(户)。为科学制定三年跨越式发展规划提供依据,理清以重点骨干品牌为抓手,以提升卷烟结构为动力,以提高经营管理水平为保障的总体发展思路。全年共完成卷烟销售17127箱,完成销售金额18193.6万元,同比增长18.21%,完成一、二类卷烟销量809.87箱,占年销售量的4.73%,较上年同期上升61.3%,实现电子结算率99.55%,网上订货1275户,占商户比重的65.38%,较去年同期的888户增长43.58%。

**【专卖管理】** 2009年专卖管理工作针对新形势、新问题,党组及时调整工作思路,制订一系列措施和制度。一是狠抓许可证经营商户守法经营管理。二是注重专卖管理与协会自治相结合。三是惩防并举严厉打击无证经营。四是抓学习、培训,全面提升干部、职工素质。五是抓监管、建立内管工作反馈机制。六是抓保障、建立工作长效机制。全年共查办各类案件116起,查扣各类违规卷烟753.2条,总案值48403.05元,其中无证经营案件52起,无标案件64起,移交工商无证经营案件52起,判刑1人,违规商户停货30户,责令整改53户,延续行政许可1418户,新办许可证567个,注销行政许可302户,焚烧假冒卷烟1415.4条。全县商户持证经营率达100%,持证商户满意度达98%以上,市场净化率达98%以上。

**【文化建设】** 按照"立足实际搞创建、整体推进求发展"和"抓基础、建机制、创特色、增实效"的工作思路,以业务工作带动文明创建,以文明创建促进全面工作,实现精神文明与物质文明的双丰收。一是遵循"用文化管企业"、"以文化兴企业"的理念,让企业文化深入人心。二是认真开展学习贯彻科学发展观、"两个至上"、"四要"大讨论活动。三是举办丰富多彩的业余文体活动。营造"企业有生气,管理有名气,领导有正气,职工有士气"的发展环境。

# 食盐专营

【简述】 2009年,息县盐业局把保增长,保民生,保稳定各项任务落到实处,力保食盐专营工作向健康发展。市局下达年销售食盐计划3600吨的任务,经过全局员工共同努力,加大了宣传法规和市场整治的打击力度,完成年销售食盐3600吨任务。实现销售额78.4万元,实现利税47万元与2008年度持平。

【盐政管理】 2009年5月10日~25日,局领导班子转变经营方式,转换宣传手段,将“5·15”碘缺乏病日在街道办展台宣传,改为全体盐政和销售人员到农村,逐乡村户宣传,并带着食盐和宣传品到庭院服务。零距离向群众指导真假碘盐识别方法,让群众远离私盐,举报私盐,打击盐贩子。2009年10月5日夜,接群众举报,一辆安徽籍盐贩子从湖北应城盐厂套购的32吨无营运证工业盐,在息寨路加油站加油时被局稽查队查获。2009年10月26日夜,一辆河南太康籍盐贩子从湖北应城盐厂套购的无营运手续的13吨工业盐,被局稽查队在罗淮路项店境内截获。2009年11月25日夜,一辆驻马店正阳籍盐贩子,用厢式车从湖北应城盐场套购的无营运手续10吨工业盐,在孙庙路口加油站加油时被查获。

盐业局内设机构

| 科室名称 | 负责人 | 主要职责 |
|---|---|---|
| 办公室 | 敖中华 | 上传下达、综合协调 |
| 业务股 | 吴志强 | 购销调存 |
| 财务股 | 马　玲 | 财会管理 |
| 盐政股 | 魏　豪 | 盐政执法稽查 |
| 稽查队 | 李　伟 | 盐业行政执法 |
| 人事保卫股 | 彭义海 | 人力资源调配 |

# 市场发展服务

总支书记、主任:喻　玺

【简述】 2009年,息县市场发展中心(以下简称中心)党总支坚持以党的十七大精神为指导,深入学习实践科学发展观,围绕全县工作大局,一手抓稳定,一手抓发展,较好的完成年初制订的各项工作计划和目标任务。

【市场建设】 2009年,中心党总支根据年初制订的市场建设规划,采取中心挤一点,职工集一点,施工方垫一点和向县政府争取一点等多种形式筹集资金建市场,先后建成路口农贸市场、包信农贸市场、临河农贸市场、白店农贸市场、长陵农贸市场和小茴农贸市场等6个专业市场,总投资达100多万元。既完善乡镇农贸市场基础设施,又扩大服务阵地。

【市场管理】 2009年,按照县"六城联创"指挥部总体要求,加大对全县农贸市场,尤其是城区农贸市场的管理力度。中心成立市场监察督导组,指定一名副主任负责,不定期对全县各乡镇和城区农贸市场进行检查,每星期通报一次。6月和10月,在全系统开展两次市场环境整治专项活动,各市场管理所都制订详细的活动方案,将任务细化到人,区域责任到人。中心机关工作人员也全部下到所联系的市场蹲点,督导市场环境整治工作,对全县24个农贸市场重新进行划行归市、经营秩序整顿和市场卫生整治,基本上杜绝乱摆乱卖、乱拉乱搭和市场外溢等现象。息州农贸市场还在市场大门东侧设置300平方米的停车场,解决车辆乱停乱放堵塞交通问题。与此同时,中心物业股还定期对市场设施进行检查,发现安全隐患,及时消除,维护市场的安全稳定和繁荣。

【优化创业环境】 2009年中心党总支提出"内增素质、外树形象"的工作目标,结合自身工作特点,中心领导班子成员经常主动深入到各乡镇,各市场,各基层所,调查研究,广泛征求社会各界意见。一是加强同各乡镇党委、政府的联系,取得党委、政府对市场发展中心工作的理解和支持。二是加强同广大个体工商户的联系,多宣传、多解释,争取商户对市场管理和收费工作的配合。三是加强与基层单位职工的联系,经常与系统干部职工谈心交流,赢得干部职工的理解和信任。

【稳定工作】 根据市场发展中心系统的特殊情况,年初,经中心党总支研究,成立中心信访室,配备信访室主任,由信访室负责全系统信访件的查处工作。一是坚持每月对系统内不稳定因素进行全面的摸底排查,将排查情况和结果及时上报县委群工部,并妥善解决。二是坚持重大节日和全国、省、市、县"两会"期间的重点排查工作,实行每日零报告制度。三是对系统内部少数思想不稳定的重点人员,多做细致的思想教育工作,尽力帮助其解决反映的一些实际困难和问题。四是坚持实行中心领导包案责任制,对信访人和信访件做到每件必复,来访必接,直至满意为止。2009年未发生一起越级上访事件,确保系统大局稳定。

【队伍建设】 中心党总支在年初研究制订《关于加强全系统干部职工学习教育活动的意见》,把对干部职工的学习教育工作摆到重要位置,要求各基层单位都要利用周一党员学习日和周二业务学习日,组织职工学习上级的有关文件,学习法律法规和业务知识。同时,中心党总支利用每月的所长例会、会计报账日对基层所长、会计以会代训。4 月份,结合学习实践科学发展观活动,分片对全县 24 个基层单位的 300 多名干部职工集中进行培训,中心党总支成员每人授课半天。通过学习教育,统一干部职工的思想,增强干部职工的法制观念,提高依法办事能力和市场管理水平。2009 年,全系统没有发生一起影响单位形象的人和事,第三季度的行风评议,比第一季度上升 29 个位次。

# 外 贸

**【简述】** 2009年,外贸围绕企业的稳定和发展这个中心,以发展保稳定,以稳定促发展,努力开创各项工作新局面,提前20天完成全年各项目标任务。

**【各项目标完成情况】** 2009年,累计完成现价工业产值7124.24万元,占年度目标6000万元的118.7%,较上年同期6816.8万元同比增长4.51%;累计定点屠宰生猪40546头,占年度目标43000头的94.29%,较2008年同期屠宰生猪39472头,增加1074头,同比上升2.6%。财务收支:全系统31个独立核算单位盈亏相抵后,累计亏30万元,较2008年同期亏损33.8万元,相比减少3.8万元,减亏11.24%。完成物价调解基金占年度目标的100%;完成生猪屠宰税40.55万元,同比增长2.65%;完成县委县政府交办的其他各项工作任务。

**【内部管理】** 2009年,外贸局党委制订创建以"政治素质好,经营业绩好,团结协作好,作风形象好"为内容的"四好"班子建设,在发展中寻思路。结合干部作风整顿工作,"明确职责、尽职尽责"和"讲正气、树新风"主题教育活动,一是从清理企业财务账目和建立各项管理制度为切入点,完善各项管理机制,规范财务管理行为。二是是加强企业管理人员的思想教育、法规和业务知识学习,培育自主创新能力,从思想上净化企业管理人员,增强自身素养。三是采取竞争机制,实行末位淘汰、竞聘上岗。(一)完成局机关末位淘汰。转变机关工作作风,提高工作效率,塑造整体形象。(二)对竞聘上岗的二级机构负责人、基层屠宰场场长(主任)全程跟踪管理,及时表彰先进,鞭策后进。激发各单位负责人干事创业的热情,增添企业活力。四是建立和完善目标管理网络,落实目标监控督导报告制度。

**【生猪定点屠宰】** 一是宣传生猪定点屠宰管理《条例》,达到家喻户晓。二是贯彻落实《国务院关于加强产品质量和食品安全跟踪的通知》和全国肉品质量安全专项整治行动电视电话会议精神,制订《息县肉品质量安全专项整治工作方案》,抽调一名党委成员会同局生猪屠宰及肉品流通管理稽查队及县相关职能部门组成肉品专项整治联合办公室,对全县生猪屠宰企业建立健全肉品检验制度、生猪进场验收制度、台账管理制度、不合格肉品召回制度、病害肉无害化处理制度、出厂肉品发放与肉同行的《肉品检验合格证》及《检疫合格证》等制度进行检查落实验收,确保屠宰企业实现产地检疫证回收率100%,屠宰检疫率100%。落实《信阳市生猪产品市场准入制度》,建立进肉台账和销售台账登记制度,执行进肉检验索证索票。三是为落实市屠宰办创星达标要求,筹资17.36万元,对临河、夏庄、东岳等生猪定点屠宰场更新改造。四是强化业务知识学习和技能培训,严把肉品流通关。加强对各屠宰场、肉品检验人员及商品经营户的监管。五是增强服务意识,在规范屠宰工艺上,提高服务质量上很下工夫。六是严把质量关,确保无疫病和劣质肉品上市。七是监管市场,杜绝白条肉上市,维护广大消费者合法经营户的权益,受到上级主管部门嘉奖。

**【固定资产处置】** 局党委本着加强管理,规范经营并兼顾国家、单位、职工三方利益的原则,结合单位的实际情况,就资产配置管理问题,组成专门人员,深入一线职工中去,广泛征求意见和建议,在征得县国有资产管理部门同意后,合理配置固定资产和土地资源,为职工办好事,办实事。一是对夏庄、东岳、临河等乡镇经营处零星资产纳入规划和管理范围,公开透明地盘活,维护单位的稳定、解决单位的遗留问题和养老金的上缴问题。二是对局机关大院、车队、畜产公司、饲料公司等规模资产加大招商力度,最大限度挖掘其增值空间。改变企业职工住房条件,解决单位的遗留问题,确保低保职工养老金的上缴。

**【稳定工作】** 针对企业摊子大、矛盾多、反映问题突出、遗留问题复杂这一实际，着重开展以下几个方面的工作：一是局党委把稳定工作列入议事日程，在老干部中选聘两名老同志作为联络员，负责党委与老干部的沟通联络工作，定期召开例会，针对问题及时研究并提出具体解决办法。二是做好养老保险金的征缴工作，确保离退休人员兑现“两费”，480 名离退休人员的工资按月足额发放。三是做好来信来访工作，变上访为主动回访，把问题化解在基层。并责成乡镇二级机构负责人妥善处理上访遗留问题，杜绝因工资、药费引发越级上访问题。四是做好军转干部的思想政治工作，在军转干部中选聘两名同志作为党委联络员，负责军转干部与党委之间的联系工作，专门召开党委扩大会，具体研究军转干部工资及各项待遇落实。五是建立日常信访联络员制度，通过反馈的信息，党委及时针对不同情况进行化解，给予妥善处理。

# 息县人民法院

XIXIANRENMINFAYUAN

院长　林　群

2009年，息县人民法院以“三个至上”为指导，以“公正司法、一心为民”为指针，认真履行宪法和法律赋予的职责，全年共受理各类案件1733件，审结1720件，审结率达99.2%，被河南省高级人民法院授予“全省调解工作先进单位”，“全省行政审判先进集体”，“全省信访工作先进集体”。被信阳市中院评为先进单位，被息县县委、县政府评为“平安建设先进集体”。全年29人被省、市、县评为先进个人或立功。东岳法庭庭长姜辉同志被评为“全国优秀法官”、河南省“十佳”法官。

# 息县检察院

XIXIANJIANCAYUAN

检察长　彭宗海

2009年度，息县检察院突出“强化法律监督，维护公平正义”的检察工作主题，坚持“素质强检，办案兴检，服务大局，树立形象”的工作思路，严厉打击严重刑事犯罪，又好又快地查处和预防职务犯罪，强化诉讼监督，维护信访稳定，自觉接受人大及社会各界监督，提高服务经济发展大局的能力和水平，为建设和谐美丽文明富饶的新息县创造法制环境。是年，县检察院获“创建学习型机关”先进单位，检察院反贪局副局长钱勇作为反贪勇士被评为“活力息县”十大先锋人物之一。

县检察院严把“五关”，对县看守所执法情况进行检察。严把健康检查关。组织看守所狱医、公安干警等人员，对所有在押人员进行一次健康检查和体表检查。体表验出4人有陈旧性外伤，发现患病在押人员13人，其中重病号5人。根据个人的身体状况，分别向办案单位发出案件催办通知书和变更强制措施意见书，全力遏制非正常死亡事件发生。严把“牢头狱霸”清理关。发现两起利用狱内生产操纵号内事务的事件发生。在调查取证之后，建议看守所对其给予训诫、加戴械具、调号，及时地打击“牢头狱霸”苗头现象。严把押犯生活质量关。建议看守所对监室进行严格消毒，确保在押人员吃够标准，吃熟、吃热、吃卫生。严把安全关。通过查摆和安全检查，发现安全隐患12处并提出整改意见。 严把收押检查关。建议看守所对不符合收押条件的，坚决拒收。如犯罪嫌疑人徐某某，患高血压病三级，检察干警在做好解释工作后，办案单位对其变更强制措施。

# 息县公安局

局长　郑　磊

政委　王明友

全警参与公安信息化

2009年，息县公安局坚持“科技强警打基础、公正执法树形象、求真务实创佳绩，全力打造平安息县”的工作思路，以命案攻坚为龙头，开展“打黑除恶”、打击“两抢一盗”等多发性犯罪专项斗争，严厉打击各类刑事犯罪，全面提升综合打击效能，完成各项公安保卫任务，为全县经济社会发展保驾护航。

警营文化活动丰富多彩

全力构建和谐警民关系

抓获命案逃犯张某某

息县公安局大楼

# 息县人口计生委

主任　潘超楼

人口计生委办公大楼

2009年，息县的人口和计划生育工作以稳定低生育水平、提高出生人口素质、促进人的全面发展、努力创建国家级优质服务先进县为目标，建立和完善以“阳光计生”为重点的工作机制，强化领导责任，严格组织保障，强化部门配合，抓重点、克难点、显亮点，实现全县人口计生事业“综合工作出成效、主体工作创一流”，完成各项工作任务。县人口计生委被分别授予“国家级计划生育优质服务先进单位”和“省级文明单位”荣誉称号；被市委、市政府授予“信阳市职业道德建设十佳单位”和“信阳市五一劳动奖状”。

花园式机关大院

绿树掩映的机关大门

# 息县民政局

XIXIANMINGZHENGJU

团结奋进的新一届民政局领导班子

全市民政工作年中观摩考察分析会在息县召开（省厅、市局领导，县区分管副县长，民政局长，办公室主任参加）

民政局办公大楼

规范化管理的南山陵园

民政局现有干部职工219人，8个二级机构，12个股室。

工作性质：是政府主管社会行政事务的职能部门。履行着“上为政府分忧，下为群众解愁”的重要职能，主管救灾救济、双拥优抚安置、民间组织管理、基层政权建设、城市农村居民最低生活保障、社会福利和社会事务、区划地名等工作。

息县南山陵园，坐落在濮管区尹山西山，西与素有“东南第一峰的濮公山齐眉相望，九曲淮河绕山北东去”，南邻尹山水库，库水碧波荡漾，园内亭阁辉映其中，陵园依山傍水，风景秀丽，松柏长青，环境幽静，堪为逝者理想安息之地。整个陵园（按八卦布局）依山造型，协调完美，大型建筑融仿古和现代建筑风格为一体，即座落有致、美观大方、又古朴典雅、气势雄伟。共建高、中、低十多个档次的墓地3000多个，依陵园总体规划，使其建设达到标准化、规范化。南山陵园正像它的青石牌坊两边楹联题词一样“八卦通地理九曲淮河来风水，太极蕴天文四方英灵汇仙山”。

又好又快发展的

# 中国人寿息县支公司

总经理　程　超

服务大厅

办公大楼

中国人寿保险股份有限公司息县支公司是连续八年入选世界500强、世界品牌500强、中国上市公司十强之一的中国人寿保险股份有限公司在地方的分支公司。

作为息县保险业的主力军，自1996年国务院批准产寿险分业经营以来，在地方各级党委、政府和上级公司的正确领导和支持下，公司秉承“诚信为本，稳健经营”的企业宗旨和“成已为人，成人达已”的核心理念，取得了有目共睹的业绩，保费收入逐年增长，人员素质和服务客户水平明显提高，综合实力大大增强，年保费收入1.5亿元，各类寿险代理人员600余人。

多年来，中国人寿息县支公司坚持经济效益、社会效益两手抓，实现了“帮政府分忧，为人民谋利，促经济发展”的立司初衷，经济“助推器”和社会“稳定器”的作用得到充分发挥。公司先后获得总公司“青年文明号”、“省级文明单位”、“市公司双文明单位”、“综治模范单位”等荣誉称号。

**携手中国人寿，助您一生无忧！**

**地　　址：息县淮河路中段88号**
**电　　话：5951042　5957719　5957729**
**服务热线：95519**

# 中国人民财产保险股份有限公司
## 息县支公司

公司经理、党支部书记　李卫国

2009年，中国人民财产保险股份有限公司息县支公司坚持以市场为导向，客户至上的经营理念，搞好市场调研和保源分析，强化窗口意识，服务意识，开展行业树新风活动，强化管理，提高效益，计划生育、综合治理、优化经济环境均取得新成绩，为保一方平安，支持地方经济建设发挥保险的经济补偿作用。

公司经理室坚持科学发展观思想，联系金融经济和保险业的发展形势，围绕业务发展，分析业务形势，捕捉市场信息，调整展业计划。业务工作做到千斤重担大家挑，人人肩上有指标，长计划、短安排，把任务分解到每一个人，公司党支部带头到基层、下厂矿，找保户座谈了解对保险的需求和反映。在市场竞争激烈的形势下，以全新的服务，客户至上的经营理念，打造宽广的客户群体，截至2009年12月31日，保费收入1118万元，比2008年同期增长7%。

理赔大厅业务人员处理理赔工作

公司召开班子会研究公司业务发展

承保大厅业务人员在办理车辆保险手续

办公大楼

# 中华联合财产保险股份有限公司

ZHONGHUALIANHECAICHANBAOXIAN

公司召开班子会研究业务发展

理赔大厅

办公大楼

中华联合财产保险股份有限公司始创于1986年7月15日，是经中国人民银行批准，由国家财政部、农业部专项拨款1.1亿元成立，是新中国成立后的第二家具有独立法人资格的保险公司。公司首次注册的名称是“新疆生产建设兵团农牧业生产保险公司”，2002年9月20日，经国务院同意，中国保监会批准，新疆生产建设兵团农牧业生产保险公司更名为“中华联合财产保险公司”，是全国首家也是唯一一家以“中华”冠名的全国性保险公司。2006年5月30日，获中国保监会批准，中华联合财产保险公司整体改制设立中华联合保险控股股份有限公司。2006年9月6日，经中国保监会批准，同意中华联合财产保险股份有限公司开业，注册资本金为人民币15亿元。根据改制方案，控股公司正在组建人寿保险股份有限公司、资产管理公司等。公司正朝着构建现代一流金融保险集团的目标大踏步前进。

多年来，公司发扬“团结、负责、勤奋、进取”的企业精神，恪守“稳健、创新、持续、高效”的经营理念，坚持“服务至上、信守承诺、回报社会”的服务宗旨，全面落实科学发展观，以清晰的思路，明确的目标，坚定的信心，全面加强经营管理，团结和带领广大干部员工，努力拼搏、开拓进取，取得了卓越的成效。中华保险已由一个起家于遥远的新疆，名不见经传的区域性小公司发展崛起，从无到有，发展成为一个业务经营区域扩大到全国，保费规模过百亿，稳居全国40家中外产险公司第四位的全国性保险公司，并开始由市场追随者向市场引领者转型，公司的知名度得到了迅速提升，在业内外获得越来越高的美誉度。

展望未来，中华保险息县公司将在息县县委和县政府的关心支持下，乘保险业大发展的东风，加快改制转型，完善治理结构，积极创造条件加快发展，力争把公司建成一个治理结构完善、管理机制科学、偿付能力充足、经营效益良好、综合竞争力较强，充满生机和活力的现代金融保险公司，为息县的社会经济建设做出积极的贡献！

中华联合财产保险股份有限公司息县支公司
地址：息县城关沿河路东段
电话：（0376）5963080 传真：（0376）5966600

# 息县新时代理财公司

XINSHIDAILICAI

总经理　牛世群

前台业务咨询台

息县新时代理财公司成立于2007年，位于息县政府路护城河畔红绿灯西南角四楼，交通便利，办公环境优美。该公司是息县首家证券中介机构，由具有多年投资经验和专业知识精英组成的团队管理。该公司业务粗具规模，是新时代证券公司代理公司，息县工商银行为本公司特别指定的第三方存管银行。

随着全县人民金融资产的增加，投资者趋向于投资多元化来实现金融资产的保值增值，新时代理财公司就是站在中立客观的立场上，为客户提供科学的投资建议和合理的风险管理办法，致力于培养客户的理财习惯，普及理财观念。

客户培训中心

服务范围：

1.预约开立证券账户和资金账户开户手续。

2.根据客户的基本情况，财务状况，分析客户的收入和消费状态，资产负债情况，量身定做一份理财报告书并提出最适合的资产配置和投资建议，免费为客户培训股票、基金、国债、企债、黄金、商品期货及现货操作。

3.为客户提供及时的资讯信息和全方位的咨询业务。

4.为客户提供代客委托理财业务。

公司办公区

公司所在位置

**客服热线：0376-5953360　13849750995　13723120300　13937696856**

# 亚洲新能源控股（信阳）有限公司

董事长　于志洋

总经理　杨洪涛

亚洲新能源控股（信阳）有限公司是一家外商独资企业，2007年整合资源、优化重组了拥有近四十年化肥生产经营历史的河南省世纪金源化工有限责任公司，主要从事尿素、碳铵等肥料和甲醇、二甲醚等替代能源产品的生产及销售。公司坐落于淮河北岸、黄淮平原南缘的息县城关镇罗淮路99号，交通运输便利，地理条件优越。公司占地45公顷，现有装置年合成氨20万吨、尿素25万吨，甲醇20万吨、二甲醚20万吨的生产能力，总资产7亿元。现有员工1120人，其中硕士、博士学历5人，本科学历36人，大专学历189人，各类技术人员320人，中高级技术职称人员130人，农民工260人。

近年来，公司通过技术改造、产业结构调整，步入发展的快车道，跻身中国中小企业100强，跨入全省化肥行业前10强，甲醇产量挺进全国50强。公司还获得了“中国石油和化学工业先进集体”、“2009中国化肥企业100强”、“2009年中国民营化工企业60强”、“全国全面质量管理和普及教育先进单位”、“河南省最佳先进企业”、“河南省优秀民营企业”、“河南省诚信民营企业”、“河南省利用外资先进集体”、“信阳市农业产业化龙头企业”等20多项国家、省、市、县荣誉称号；公司主导产品天地牌尿素被评为省优、部优和河南省知名产品，并获河南省农村科技博览会金奖和全国高产、优质、高效“支农产品”等称号，“天地”商标获“河南省著名商标”称号。

公司下一步将按照国家有关政策要求，顺应世界煤化工产业向能源替代产品方向转变的发展趋势，依托现有煤化工产业良好的基础、人才优势、技术优势和区位优势，转变发展方式，大力发展高新技术产业，走资源消耗少、环境污染小、经济效益好的新型工业化道路，保持经济持续快速平稳发展。“十二五”期间，力争实现在海外上市，实现原料路线本地化和动力结构调整，发展清洁能源产业，提升产品竞争力，努力打造年销售收入30亿元，年利税7亿元，以氮肥产业为核心，以醇醚洁净能源为补充的大型化工集团。

# 福鑫商砼

## 息县福鑫混凝土有限公司

总经理　王从亮

王从亮总经理与客户在一起交流

福鑫混凝土公司位于河南省息县工业园区，注册资本1080万元，设计生产能力240m3/h，两条混凝土生产线，可年产混凝土50万立方米，主要设备采用中联重科生产线，工艺控制采用全电脑配料、计量和控制，自动化程度高，试验室按建筑业一级实验室配置，质量保证能力强；可承担C60及以下等级的普通混凝土和有特殊要求的混凝土，能满足不同用户、不同建（构）筑物的需要。为息县的建筑事业的发展及本地经济繁荣起到了推动作用。

福鑫混凝土搅拌站选用带有自动控制工艺，可进行准确称量的国内生产设备，采用密封式搅拌站，原材料由封闭料仓，通过全封闭传送输入计量秤进入搅拌机，工艺密封性能好，并设置除尘机杜绝粉尘发生，并将噪音控制在国家标准以下。

公司现有员工40余人，均取得上岗资格，其中大中专以上学历26人，高级职称3人，中级职称4人，有泵送高度100M、水平泵送300M，运输距离80多公里的工作经历。公司秉承“尊重员工、尊重用户”的文化理念，员工团队意识和敬业精神强。公司坚持“科学管理、创造一流、持续改进、满足用户”的质量方针，投产以来，先后成功完成息县峰刚面粉厂建筑工地、息县东方瑞景十五区工地，息县职业教育中心、息县自来水工地、息县关庄新村、临河中学、罗山县新都铭苑、罗山县新都大酒店（五星级）等工程，已经进入房屋建筑、水工、道路桥涵等工程领域。

王从亮总经理与工程技术人员在一起探讨问题

产品检验室

福鑫混凝土有限公司

地址：息县工业集聚区创新路1号　电话：0376—5852555　5852333　手机：15939787999

# 息县源丰油脂有限责任公司

Xixian Yuanfeng Youzhi Youxian Zeren Gongsi

执行董事、总经理　汪荣刚

息县源丰油脂有限责任公司成立于2008年8月，注册资本2000万元，是息县唯一一家农副产品收购、加工、销售、储存为一体的民营农业产业化企业。

## 一、公司概况

公司位于息县工业园区，占地面积35亩，建筑总面积2万多平方米，主营食用植物油加工、销售业务，及油脂代储业务；现拥有年加工5万吨食用植物油生产能力，具备2万吨油脂储存能力。截至2009年底，公司资产总额2794万元，其中流动资产1057万元，固定资产1689万元；负债总额361万元，资产负债率12.9%。

## 二、股权结构

公司注册资本2000万元，由两名股东以货币方式出资。其中股东汪荣刚投资1200万元，占公司股权的60%；股东周风光实际投资800万元，占公司股权的40%；现根据公司生产及长远规划，企业拟再新增投资4000万元。

## 三、组织结构

公司按照国家工业企业现代管理制度的要求，建立权责分明、管理科学、相互激励、互相制约的内部管理体系；制定全体股东共谋发展以及责、权、利相结合的公司章程，设立股东会、董事会、监事会以及各司其职、各负其责的组织领导机构，实行董事会领导下的总经理负责制，分别设置生产经理、供应经理、销售经理负责公司的生产、原料收购和产品销售。下设质检科、财务科、办公室、企管科、保卫科等部门，为业务部门提供服务和保障。

## 四、经营者素质

公司现有职工86名，其中：大专以上学历23名，占公司总人数的26.74%；专业技术人员35名，占公司总人数的40.70%；工作人员中绝大多数拥有多年的食用植物油加工或营销经验。公司执行董事、总经理汪荣刚，男，现年35岁，大专学历，从事植物油加工行业十余年。

## 五、近期规划

为了进一步开拓市场，利用当地的优质原料资源，公司计划在近期年再投资4000万元，在厂区西面再征土地100亩，新上当前国内最先进的大型食用油生产线5条，研发花生油、大豆油、米糠油等产品新品种，提升产品核心竞争力，达到年产销食用油5万吨、饼粕15万吨的生产规模，通过规模生产带动农民增收、企业增效、社会受益，真正把公司做成“产业龙头、行业高地”，力争成为全省最具影响力的食用植物油加工企业。

# 息县 JINLIFANGDICHAN 金立房地产开发有限责任公司

息县金立房地产开发有限责任公司系国家房地产开发三级资质企业。公司成立以来，坚持以人为本，文明和谐，求实创新，追求卓越的开发理念，打造精品楼盘，为客户提供优质服务。2008年鼎力打造的黄金地段百亩大盘［文博苑］地处息县北大街北段与罗淮路交叉口东南角，比邻名校息县三高和息都实验学校，设计超前，交通便利，环境优雅，全方位服务，是息县首席音乐主题花园独一无二的洋房社区，也是息县社区建设的一个亮点，引起业界和消费者的广泛关注和追捧，所建商住楼房已抢购一空，三栋十二层电梯洋房正在热销中。

近年来，公司创建开发的各项工程竣工验收合格率达100%，优良率达65%。2007年～2009年连续三年被信阳房地产协会评为“优秀企业”、“先进施工企业”、“工程质量先进企业”、“施工安全管理先进企业”。公司文化《建现代化园林化都市社区》刊登在省政府“三农”杂志上。

# 息县行政审批服务中心

息县行政审批服务中心（以下简称中心）挂牌成立于2005年11月，系县政府直属正科级事业单位。主要承担县政府赋予的行政服务事项的组织、协调、管理、监督和全县优化经济发展环境考核等职能 ，是全县唯一集信息与咨询、审批与收费、管理与协调、投诉与监督、服务大厅与计算机网络为一体的综合性行政服务窗口。

中心位于县城老十字街，使用面积1600平方米，共三层，其中二层为企业证照办理服务区，三层为建筑工程项目服务区，四层为联合审批、投资代办、招拍挂中心等综合服务区。现进驻涵盖行政许可、非行政许可、行政服务、行政收费、效能监察等部门单位65个，常驻窗口工作人员107人，各类服务事项392项。2009年度共受理各类服务事项25100项，办结24880项，累计收取各类行政事业性收费8132.8万元。

近年来，中心以应进必进、应进全进、一周办结为重点，以效能督察为抓手，以一个窗口受理、一条龙服务、一站式办结、一次性收费为基本运作模式，以规范、便民、高效、廉洁为理念，狠抓项目进驻、规范化服务工作，中心建设日臻完善。2009年，中心基本达到凡有行政审批权项的部门均整建制进驻大厅、凡与群众关联密切的部门均集中大厅受办理、凡市县属重点项目工程开通绿色通道实行容缺预审、凡外商投资均实现预约办理定时定点服务等预期目标。其中国税系统、教育系统、金融系统、房产系统整建制进驻和投资代办、招拍挂中心的运行为全市县区行政服务中心所独有；中心为办事大厅布设监督台、咨询导报台、LED大屏幕、电子触摸屏、IP电话、自动取款机、邮政速递、饮水机等便民设备，最大限度地方便办事群众；中心以“宾至如归”为基本服务理念规范服务行为，窗口工作人员做到统一持证上岗、统一着装、统一文明用语、统一办事流程；中心窗口工作人员每季度进行一次红旗窗口、先进工作者、全勤标兵评比表彰，窗口单位每季度召开一次全县优化经济发展环境考核奖惩兑现大会；中心整个办事大厅做到了窗明几净、四季常青、整洁温馨。

宗旨：面向法人、面向公民、面向社会，提供便捷、优质、高效服务

承诺：实行一门受理、一周办结制

追求：打造阳光政务、优化发展环境

业务咨询：5963316　服务热线：15565560078

投诉评议：5953053　电子邮箱：xxxzspzx@163.com

工作人员解答咨询

服务大厅

前进中的——

# 息县畜牧业

局长　耿　健

息县畜牧局是县政府主管全县畜牧兽医行政工作的职能部门，主要担负着全县畜牧业发展规划、动物防疫检疫、畜禽品种改良、畜牧业科技推广、畜产品质量安全监管等畜牧兽医卫生行政管理工作，是《畜牧法》、《防疫法》、《种畜禽管理条例》、《兽药管理条例》、《饲料和饲料添加剂管理条例》、《河南省畜产品质量安全管理办法》等畜牧法律法规的执法主体。畜牧局内设办公室、畜牧股、防疫检疫股、医政药政股四个股室，下设动物卫生监督所、动物疫病预防控制中心、畜牧工作站三个事业二级机构。全局现有在职干部职工128人，另有离休干部2人、退休干部职工26人，其中高级畜牧兽医师8人、中级职称22人、助理畜牧兽医师19人。

2009年，县畜牧局坚持“依法治牧、依法治疫，严格执法、热情服务”的方针，围绕“养殖富群众，加工富财政”的目标，秉承“发展与保护并重”的原则，调整产业结构，强力推进息县由畜牧大县向畜牧强县迈进，息县畜牧事业呈现出良好的发展态势。2009年底，全县规模养殖场达到3100多个，养殖小区达到40个，猪、禽、牛规模养殖比重分别达到50%、36%和55%；养殖专业合作组织发展到117家；全县畜禽养殖总量达1963.31万头（只）；肉类总产量达9.63万吨，禽蛋产量4.24万吨，奶类产量800吨。2009年畜牧业产值达17.34亿元，占农业总产值的37%。畜牧业拉动第一产增长3个百分点，拉动全县GDP增长0.6个百分点，养殖业实现数量、质量和效益的同步增长，为农业增效和农民增收做出积极贡献。全县农民人均牧业收入1800多元，养殖业成为农民现金收入的主要来源之一。

畜牧局办公大楼

举办“息州牧歌”文艺晚会

中国审计

# 息县审计局

局长　易善东

2009年，息县审计局坚持“依法审计，围绕中心，求真务实，突出重点，服务大局”二十字方针，正确处理监督与服务的关系，并将“依法、程序、质量、文明”作为加强审计队伍建设和提高审计工作质量的核心内容，按照“严”、“细”、“深”、“实”和“用心工作、用力工作、主动工作”的要求，实施审计项目81个，审计和审计调查单位176个，查出各类违纪违规资金13278万元，损失浪费资金1993万元，管理不规范资金2710万元，应上缴财政113万元，应归还原资金渠道385万元。完成县委、县政府临时交办的审计和审计调查项目23个。

# 息县地税局

局长　陈诗洋

党风廉政建设工作会

表彰先进

2009年，息县地税系统贯彻落实省、市局的各项决策部署，完成各项地税工作任务。息县地税局先后被省委、省政府命名为省级文明单位、被市局授予目标管理工作先进单位、党风廉政建设先进单位、政风行风建设优秀单位，被县委、县政府授予纪检监察先进单位、“四帮四促”先进单位、妇女工作先进单位，被市审计局、市审计师协会联合表彰为全市内审工作先进单位。

企业所得税培训会

参加大合唱

征税大厅一角

开展纳税咨询

奋力拔河

# 息县农业综合开发（扶贫开发）领导小组办公室

主任　喻　玺

2009年，息县农业综合开发（扶贫开发）领导小组办公室贯彻执行国家、省、市有关农业综合开发、扶贫开发的方针政策，积极应对国际金融危机对县域经济的影响和冲击，响应国家拉动内需的政策，围绕加强农业基础建设，大力实施农村民生工程，以项目建设带动农民生产和生活条件的投入，促进农村经济的发展。开展以中低产田改造项目建设为主的农业综合开发和以扶贫整村推进项目建设为主的扶贫开发建设，全面完成省市下达的项目建设计划任务。

2009年，息县共争取上级农开项目资金1217万元（其中：中央财政826万元、省财政331万元、市财政60万元），用于2.4万亩中低产田改造（其中：东岳镇杨庄村和包信镇的后楼、大李庄三个村中低产田改造2.3万亩，彭店乡金王楼村种粮大户中低产田改造1000亩）。是年春季，息县小麦遭受特大旱灾，农办提前实施应急抗旱打井水利工程，3月份完成打井160眼，并及时发挥抗旱作用。农开工程完成土方工程42万方，占总土方任务42万方的100%；完成桥涵修建728座，占总任务728座的100%；实施抗旱应急水利工程新打机井200眼，占新打机井总任务200眼的100%。

2009年争取省财政扶贫项目资金400万元，用于实施省财政投资的10个整村推进村的村内水泥道路建设，硬化水泥道路20公里，占省财政扶贫计划投资20公里任务的100%。为1.3万贫困人口解决温饱和增收脱贫创造条件。

2009年，县农办配合组织部门开展省、市、县三级对贫困乡村的对口帮扶工作，全县贫困村争取社会和部门的资金26万元、项目4个。如：市农科所向定点帮扶的八里岔乡景美店村农民开展农业技术培训，并向贫困农户提供水稻、黄豆、花生等种子（折合人民币2万余元）；市环保局向定点帮扶的曹黄林乡凉亭村提供帮扶资金6000元。

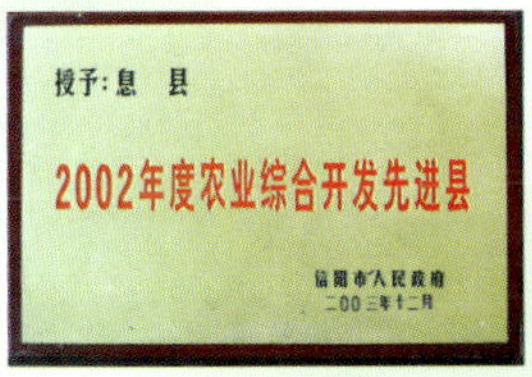

# 息县质量技术监督局

XIXIANZHILIANGJISHUJIANDUJU

息县质量技术监督局（简称质监局）主要工作职能是打假治劣、依法维权、保障民生。质监局主要职责是：贯彻执行国家有关质量技术监督工作的法律法规和方针、政策。负责《中华人民共和国标准化法》、《计量法》、《产品质量法》、《中华人民共和国食品安全法》、《中华人民共和国特种设备安全监察条例》、《河南省贸易计量监督管理条例》、《河南省惩治生产销售假冒伪劣商品行为条例》等法律、法规、行政规章的组织实施和行政执法工作。综合管理和指导全县质量工作，推进名牌战略，管理工业产品生产许可证和计量许可证工作。统一管理全县质量监督、计量、标准化、质量认证和食品生产企业产品质量与卫生监管工作，组织实施国家产品质量监督检查制度，推行法定计量单位，组织量值传递和计量器具强制检定工作，依法监督管理计量产品和商品量计量工作；组织推广采用国际标准和国外先进标准，负责全县企业产品标准备案，组织、监督标准的贯彻实施，管理全县的组织机构代码和商品条码工作。综合管理锅炉、压力容器及压力管道、电梯、起重机械、厂内机动车辆等特种设备的安全监察监督工作，负责特种设备操作人员的培训、考核和发证工作。依法查处违反质量、标准化、计量法律、法规的行为，根据政府授权，组织实施全县有关专项打假活动，负责全县打假领导小组办公室的日常工作。

质监局办公区

# 国家统计局息县调查队

队长　戴　明

2009年，息县调查队紧紧围绕“管理上水平，业务上台阶，人员提素质”的工作目标，规范调查工作行为，开拓进取，各项工作均取得较好成绩。

在完成调查任务的基础上，提高统计分析研究水平，加强对调查资料的分析与整理，对各项统计资料进行分析研究。全年共撰写调查分析信息29篇，河南调查总队网采用20篇。针对党政领导关心的问题和经济发展中的热点、难点问题，围绕农村改革发展综合试验区建设这一系统工程，结合经济运行中的热点和难点，开展专题性分析，共撰写调研报告11篇，被《信阳调查》采用5篇，河南调查总队网采用8篇。围绕新中国成立60周年庆祝活动，撰写出5篇专题分析资料，展示息县各行各业的骄人业绩。

团结奋进的领导班子

检查基础数据质量，确保源头调查数据真实。整理和审核调查数据，避免部分关键数据编报错误。跟踪监测重大数据，掌握全县有关行业的生产形势。分析评估主要调查指标，确保全县农民人均纯收入、农村居民可支配收入、农村固定资产投资、夏秋粮食种植面积和产量、农产品中间消耗等涉及全县农村经济的重要发展指标的调查数据符合实际，从而反映全县社会经济发展形势。

按照有关工作规范化建设的要求，以健全规章制度为突破口，建立和完善队内学习、工作、财务、党风廉政、车辆等九项政务管理制度；调查队网点管理、基础工作检查、调查数据现场采集、工作责任追究、岗位目标考核等九项调查管理与业务工作制度；农产量、农村住户、农户固定资产、价格消耗、工业品价格、畜禽监测、农民工监测等七项主要专业岗位目标管理与规范制度。建立与实施这些制度，实现了队伍管理的科学化、规范化。

# 奋力扬帆春满园

# ——息县教体局

县委书记张富治、县长余运德和“名牌教师”合影

县委书记张富治，县委常委，宣传部长裴军深入学校调研

参加全县“活力息县”歌唱祖国大合唱比赛

社会各界踊跃为息县教育发展基金会捐款

全县“书香校园”活动启动仪式

息县历史悠久，人杰地灵，具有深厚的教育传承和丰富的文化积淀。全县共有各级各类学校310所，在校学生195609人，在岗公办教职工8837人。

县十次党代会以来，在县委、县政府的正确领导下，教体局团结带领全县广大教职员工，按照科学发展观的要求，加强队伍建设，深化人事改革，推进梯次管理，提高教育质量，全县教育事业实现了跨越式发展。

教育质量稳步提高。过本科线人数逐年递增，一年上升一个台阶。2010年高考，全县本科过线人数达2369人，其中普通类2231人，较2009年净增457人，增长25.76%，在全市又上一个新台阶，跃居全市第七位，取得历史性突破。

学校管理明显规范。深入推进梯次发展管理，实行多层次评价模式，调动了方方面面的积极性，广大教师和学生工作和学习的热情空前高涨。认真开展“和谐校园”创建活动，精心打造“书香校园”，全县中小学面貌焕然一新。

办学条件逐步改善。四年来，全县教育事业累计投入资金3.42亿元，消除危房6.8万平方米，新建校舍31.42万平方米，办学条件明显改善。政府一次性投资近2000万元，采取买断方式化解初中后勤服务社会化遗留问题。

发展环境不断优化。开展“蓝天行动”，整治校园周边环境，挂牌保护重点学校；妥善解决初中后勤服务社会化遗留问题；成立“息县教育发展基金会”，把9月8日定为“助教日”，鼓励社会各界捐资助学。

地址：河南息县息州大道西段
电话：0376—5858197　　5869995（传真）
网址：www.xxjy.xxjyw.cn
邮箱：xxjtj8197@163.com
邮编：464300

# 河南省息县第二高级中学

校长　张其煌

书香校园

开展“励志远足”活动

元旦联欢会

河南省息县第二高级中学，是一所信阳市市级示范性高中。校园占地面积150余亩，建筑面积50000平方米，现有70个教学班，在校学生5000多人，教职工236人。息县二高以人为本实施精细化、规范化管理，成效显著。

先后被信阳市委、市政府授予“普通高中教育先进单位”、“文明单位”、“花园式文明学校”、“花园式单位”、“安全文明学校”、“社会治安综合治理先进单位”，被河南省委宣传部、省教育厅等单位授予“五爱教育先进集体”，被省爱卫会授予“省级卫生先进单位”等荣誉称号，多次在县优化经济发展环境民主测评中获得第一名，2008年、2009年连续两年被县委、县政府授予“高考突出进步奖”荣誉称号。

诗歌朗诵

课间操

# 息县三高

XIXIANSANGAO

校长　郑永和

校领导班子

息县三高是一所省级示范性高中，占地200亩，建筑面积10万平方米，由上海同济大学建筑设计院负责设计，各种教育教学设施均按省级示范性普通高中的标准配备。现有宽敞明亮的标准化教室56个，并全部安装多媒体设备，另有计算机教室2个，物化生实验室12个，图书阅览室藏书达11万册。学生餐厅由大公司经营，服务温馨周到、饭菜品种齐全、价格公道合理，赢得了广大师生和前来学校检查指导工作的市县领导高度认可，学校也因此被县领导誉为息县的“创卫窗口”。学生公寓配套设施齐全、管理精细，内务管理“三线一面”。新建的学校操场，配套设施先进、齐全，不仅有标准化的400米塑胶跑道，还有铺着人工草坪的足球场，在全市同类高中中独一无二。3号学生宿舍楼、2号餐厅可轻松解决5000余名学生在校食宿问题。新建的“心灵家园”园林小品内有亭台水榭、假山奇石、花草树木三十多种，树木近千棵。整个园区五步一景点，十步一惊喜，既是天然氧吧，又是高档公园，是师生们休憩谈心的理想场所。进一步美化、优化了学校的环境，提升学校的文化品位和发展空间。

学校现有教学班56个，在校生3600人。在岗教职工218人，其中，高级教师24人，研究生学历10人，本科学历教师比率100%。学校大力推行“先学后教 当堂训练”教学模式，落实堂清、日清、周清、月清，改变了教师教的模式和学生学的方式，教育教学成绩得到大面积提高。

德育研讨会

艺术节

跑操比赛

教学楼

# 息县职业教育中心

ZHIYEJIAOYUZHONGXIN

中心主任　吴国荣

市教育局领导来校检查指导工作

合作办学签约仪式

息县职业教育中心是按照国家级级示范性职业学校标准，由江苏大丰教育集团投资兴建的一所以中等职业教育为主，集职业高中、普通高中、职业中专和各类社会技能培训为一体的民办公助性质学校。学校位于息县文化路北段，东倚桃花园，西邻森林公园，交通便利，布局合理，环境优美。

学校于2009年8月投入使用。现有教职工125人，其中硕士研究生学历2人，专业教师46人，"双师型"教师29人。开设有电子电工、数控、机电、高级海员、计算机应用、旅游与酒店管理、园艺、烹饪与营养、市场营销等十多个专业，建成有数控、钳工、普车、电子电工、焊工等多个实训室和高级海员、酒店管理实训基地。目前已被认定为信阳市"511"工程示范性职业学校、　"雨露计划·金蓝领"培训基地。

学校坚持"升学有保证，就业有保障"的双轨运行机制，保证学生升学或就业，坚守"教你学会一门技术，帮你找到一份工作"的承诺，入学签订《就业协议》，确保毕业生100%就业。2010春季就业示范班的学生经过技能培训，已全部通过职业技能考核，提前被LG国际公司录用。学校在坚持"知识+技能"的前提下，教会学生做人、学会做事，积极提高学生素质，开好文化课、开齐专业课、开全素质课，开放"第二课堂"，丰富学生文化生活。

为加快学校发展，中心董事会决定提前启动"二期"工程，加快实训基地建设，确保2010年顺利进入"河南省示范性职业学校"，并将尽早进入"国家级示范性职业学校"行列。

学生在数控车间实训

学生在普车车间实训

职业教育中心

# 息都实验学校

董事长　付同波

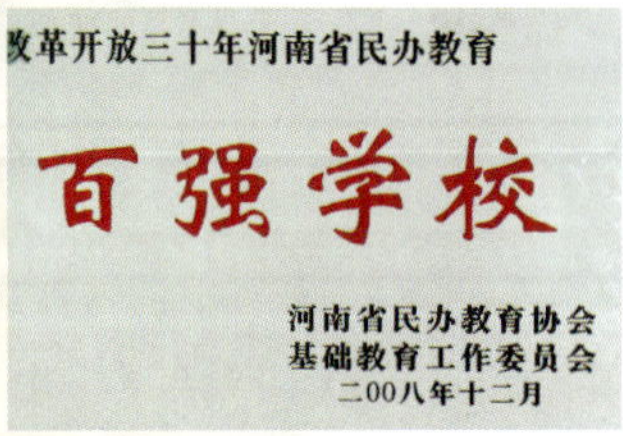


息都实验学校是2008年息县政府通过"5+2"经济合作活动招商引资新建的一所十二年一贯制教育学校，由江苏教育集团付同波等人全额投资。学校实行董事会领导下的校长负责制，自主管理，自负盈亏。

该项目总投资6000万元，总建筑面积43000平方米。其中：2008上半年投资2500万元，完成一期工程，新建校舍20000平方米；2009年投资1500万元，完成二期工程，新建校舍6000平方米及其附属设施。2010年计划投资1600万元，开工建设两幢教师公寓楼和一幢综合楼，建筑面积为17000平方米，秋季投资400万元建设300米塑胶运动场。

该项目已于2008年秋季招生投入使用，现有在校学生2623人，教职工230人。学校全部建成后，每年可招生1200名小学生、初中生，可有效缓解城区义务教育学校紧缺的矛盾，尤其是填补了息县城区没有寄宿制义务教育学校的空白，为留守儿童撑起一片蓝天。

该学校致力于推行素质教育，在教学设施、教师队伍、教学质量、校园环境、后勤服务等方面达到河南省一流水平。积极引进人才和先进的教育管理理念，创建优质教育学校，引领息县民办教育事业健康发展。2009年被河南省教育厅评为"民办教育先进单位"。

# 息县 城关镇群力学校

校长　王斌

团结奋进的领导班子

学校大门

教学大楼

城关镇群力学校创建于1984年。南临千佛俺西路、北依息州大道、西与汽车站为邻、东与群中相望。学校占地面积20000平方米，建筑面积6000平方米。开设31个教学班，在校学生2100余人。现有教师108人，中学高级15人、中级职称教师70人、省市级骨干教师及学科带头人17人。是一所正在建设发展中的城区学校。

学校坚持"以人为本，注重发展"的办学理念，以办让人民满意的教育为宗旨，关注学生成长、教师成才、学校成名的工作思路。狠抓管理，努力打造文明、和谐、一流的特色城区学校。学校教育教学工作扎实有效、教育教学质量逐年提高；文体活动独具特色，运动健将辈出。学校分别被授予"办学管理规范化学校"、"市级文明学校"、"省级德育工作先进学校"、"市体育运动先进学校"等称号。

# “淮南明珠” 勇立潮头

## ——不断奋进中的八里岔中学

法制教育宣传进校园报告会

七年级新生军训

隆重举行元旦联欢会

县乡领导莅临元旦联欢会现场

濮山巍巍，淮水泱泱。息县八里岔中学(以下称八中)始建于1968年，位于八里岔乡街道与交通便利的省道213两侧，占地40余亩。自1998年通过省级“普九”验收以来，八中师生同心协力，勤奋拼搏，学校硬件建设和教育教学质量均得到长足发展。学校有教学楼、综合办公楼各一栋，男女生住宿楼各一栋，学生餐厅一个，教师住宿楼两栋，项目楼一栋；多媒体室、微机室、图书室、理化生仪器室、实验室齐备。硬件建设处于农村中学一流。学校先后荣获市级“教学管理示范学校”、“文明学校”、“花园式学校”；县级“教学质量先进单位”、“综合治理先进单位”、“综合目标考评先进集体”、“教育教学质量突出进步奖”等殊荣，并多次受到乡党委政府表彰。

学校现有学生1300余名，教职工70余人。其中省级骨干教师2人，市级学科带头人2人，市级骨干教师8人，县级骨干教师4人；中学高级教师9人，中学一级教师18人。教师学历达标率95%，学历提高率30%以上。广大教师敬业乐教，全体学生勤奋好学，形成了“学风浓、班风正、教风精、校风严”的良好局面，教育教学质量连续九年处于全县农村中学前列。2010年中招，在学生基础较差和学校极端困难的情况下，仍然取得参试266人中，500分以上42人、重点高中正式录取143人、重点高中过线176人的好成绩。

在校长胡斌的带领下，学校树立“以心育人、以人为本、以德树人、以质立校、和谐发展”的办学理念，确立“德育为首、教学为主、育人为本”的办学思想，制定培养“品质高尚、志向高远、身体强壮、心理健康、会学习、会动脑”的创新型人才的育人目标，力保学校“淮南明珠”地位，争创息县一流学校。为响应教体局大力倡导“梯次管理”，学校全体教职工树立忧患意识，变压力为动力，竞争合作，奋力拼搏。锐意进取的八中人一定能够在时代的激流中扬帆前进，勇立潮头！

参加县第二届中小学文艺比赛荣获团体二等奖

## 鲜花在这里绽放
# 息县第一实验小学

校长　冯仁堂

息县实验小学是县直重点小学。学校现有35个教学班，在校学生3600多名；教职工115人，专任教师学历达标率100%。其中，特级教师3人，中学高级教师2人，小学高级教师46人，省、市级学科带头人、骨干教师15人，县名牌教师3人。是一支师德高尚，教育教学水平较高的教师队伍。美籍华人耶鲁大学教授赵浩生，共和国将军黎原曾经在息县实验小学度过金色的童年，接受进步思想的启迪，走上治学报效祖国之路。

学校先后荣获河南省“中小学现代教育技术实验学校”、“河南省家长示范学校”、“十三届全国六一计算机比赛先进学校”、“全国青少年读书教育活动优秀组织奖”、“河南省艺术教育先进单位”、“河南省青少年科技创新大赛优秀组织奖　”、信阳市“文明单位”　、“文明学校”、“德育工作先进单位”、“红领巾示范学校”，“办学水平示范性学校”；学校是《小学生学习报》小记者站基地；2008、2009年全县小学梯次评估第一名。教师的优质课，教科研论文在省、市级比赛中成绩优异；特长学生的技能竞赛有多人获国家、省、市级奖励。

电脑室

阅览室

庆祝“六一”儿童节

# 团结务实创新奋进的息县供销社

供销社党委班子

息县供销合作社联合社现有干部职工4946人，核算单位33个（其中：基层供销社20个，社直单位7个，棉花厂站6个）；下伸经营网点665个（其中：完善的供销社农家店23个，村级综合服务社206个，一网多用配送点436个）；创办专业社26个，行业协会4个；固定资产5652万元；实现资产盘活增值800万元；年购销总额10亿元；机关编制18人，内设科室9个，是息县重要的涉农服务部门，担负着沟通城乡市场，服务农业生产和农民需求的重要责任和义务。

息县供销社新一届党委、理事会坚持“一心一意论供销，凝神聚力谋发展”的总体思路，不断创新经营观念，积极整合系统资源，在服务试验区建设，强力推进新网工程，有效盘活存量资产，狠抓政风行风评议，有效尝试拓展新业，投身公益事业中，全面塑造“团结、务实、创新、奋进”的供销新形象，不断提高供销社的社会知名度和影响力。被市社评为“综合目标考评先进单位”；被县委、县政府评为综合治理、安全生产、信访稳定、计划生育、目标达标及各项主题教育活动先进单位。

储供配送：化肥、复合肥、农药、种子。
回收利用：生活性、生产性再生资源。
归口配送：烟花爆竹、工业品。
引领创办：农民专业合作社、村级综合服务社。

# 息县卫生局

局长 施庆华

2009年度息县的卫生工作紧紧围绕县委县政府的中心工作任务和上级下达的各项卫生工作目标，认真开展医政医改、新型农村合作医疗、爱国卫生运动、基层卫生与妇幼保健、疾病预防控制、卫生监督、项目工作等。

县政府制定《息县公共场所禁止吸烟管理办法》《息县2007—2009年全民开展健康教育规划要点》卫生局下发《关于各医院对35岁患者执行首诊测量血压制度的通知》、《关于开展创建“无烟医院”活动的通知》、《关于开展中小学生不吸烟签名活动的通知》等。健全健康教育网络体系，利用电视、板报、宣传单、咨询服务等形式宣传常见传染病，慢性病防治知识，印发手足口病、甲流、艾滋病、结核病、狂犬病、碘缺乏病、高血压、糖尿病、免疫规划等防治知识宣传单30余万张，小册子5000余本，制作广播电视讲座宣传8周次，流动字幕20余条，开展大型宣传和健康咨询活动10余次，固定宣传栏县、乡、村各医疗卫生单位每单位宣传10期以上，举办健康知识讲座和培训班20余期，培训业务人员1000余人次。

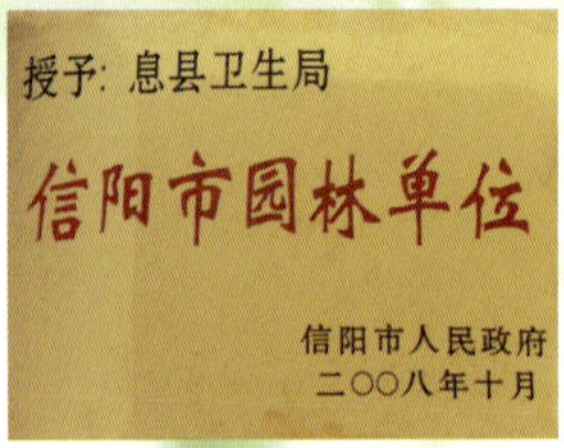

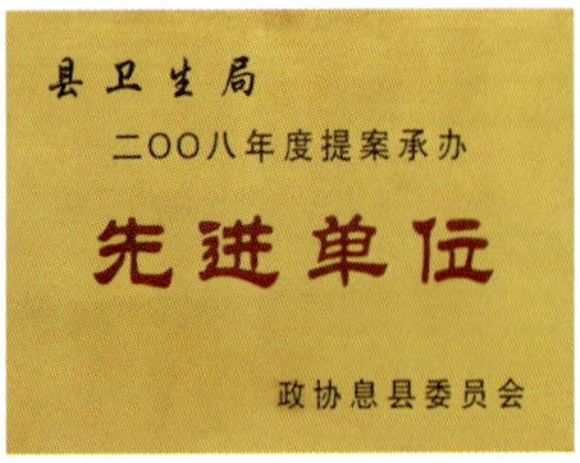

# 息县第二人民医院

院长　贾　建

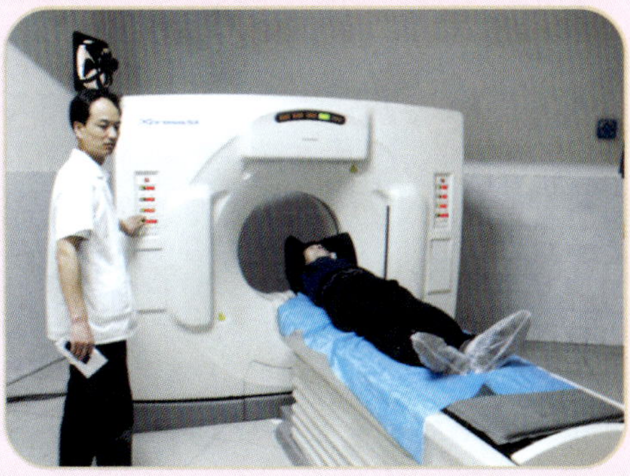

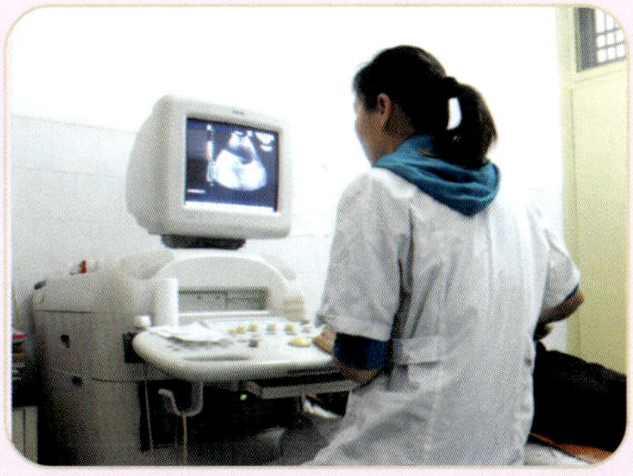

息县第二人民医院是集医疗、保健、急救为一体的二级综合医院，是职工及城镇医保、新型农村合作医疗定点医院，是上级主管部门指定的“平价医院”。医院现有职工160人，其中高级职称13人、中级职称46人。科室设有：内科、外科、妇产科、儿科、急诊、五官、中医、皮肤科、理疗、血液透析及超声波室、心电图室、脑电图室、TCD室、化验室、胃镜室、X光室、螺旋CT、碎石中心等20余个临床及医技科室。

医院占地15000平方米，12000平方米的医疗用房，全县一流高档标准病房、层流手术室，配套设施齐全，拥有日本进口东芝全身螺旋CT、血液透析系统、飞利浦彩超、X光影像后处理系统（CR）、奥林巴斯电子胃镜、德国狼牌腹腔镜手术系统、大型体外碎石机、妇科多功能射频治疗仪（自凝刀）、眼AB超、双人双目手术显微镜、鼻内窥镜手术系统、德国百康（BICOM2000）过敏原检测治疗系统、白癜风表皮移植机、日本进口五分类血球分析仪、全自动化分析仪等，这些高尖设备的使用，为临床的诊断和治疗提供有效的保证。

多年来，息县第二人民医院坚持以低廉的价格、高效优质的医疗服务，“一切以病人为中心”办老百姓信得过的医院，办“平价医院”，立足息县，服务息县人民。该院是职工及城镇医保、新型农村合作医疗定点医院。医院急救中心24小时值班，救护车免费接诊城乡急诊病人，急救电话：5869999。

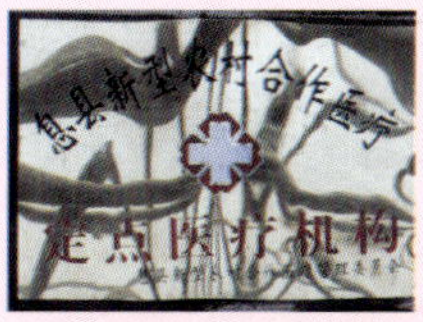

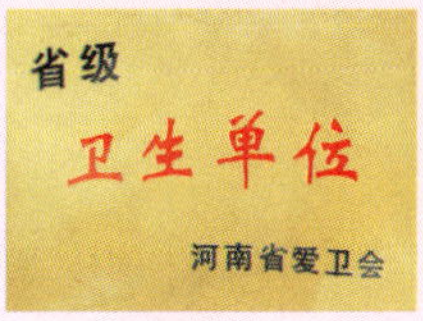

# 息县妇幼保健院

院长　刘建华

息县妇幼保健院现建设成为集医疗、保健、教学、康复为一体的综合性县级妇幼保健院。占地面积4620平方米，建筑面积7312平方米，业务用房面积5422平方米，内设有中央空调、中央给氧、电梯。现有干部职工132人，专业技术人员106人，副主任医师3人、主治医（护）师48人，医（护）师28人，医（护）士20人，占80以上。设有妇科、产科、儿科、内科、外科、保健科、检验生化、医技等17个科室，设有120张床位，有钼靶机、腹腔镜、阴道镜、CTC、可视人流仪、进口彩超、母婴中央监护系统。全自动生化仪，重症心电监护系统、全自动血球仪病理图像分析系统等10万元以上大型医疗设备20余（台）件。近年来，息县妇幼保健院坚持以保健为中心，以保障妇幼健康为目的，保健与临床相结合，面向群众，面向基层和预防为主的妇幼卫生工作方针，坚持把妇女儿童的需要作为工作目标这一主导思想贯穿于工作始终。先后被国家卫生部，联合国儿童基金会，世界卫生组织授予为爱婴医院，国家卫生部授予为二级甲等妇幼保健院，被省卫生厅评为“创十佳妇幼保健院”先进单位，县、市文明单位，县物价信得过医院，连续五年在全市妇幼卫生工作检查评比中名列前三名，业务收入逐年递增，由2006年300多万元增至2009年的1400余万元。

医院大楼

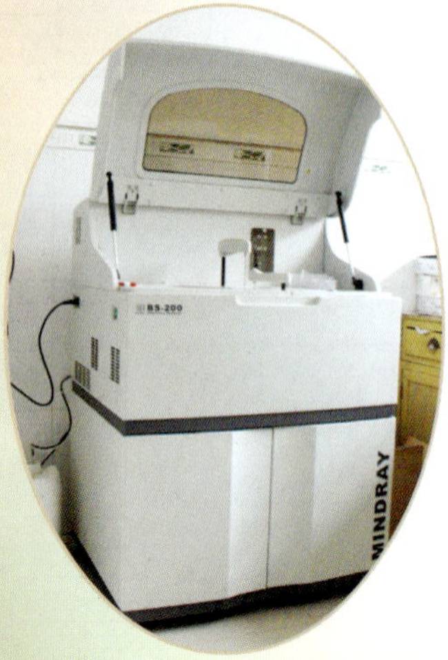


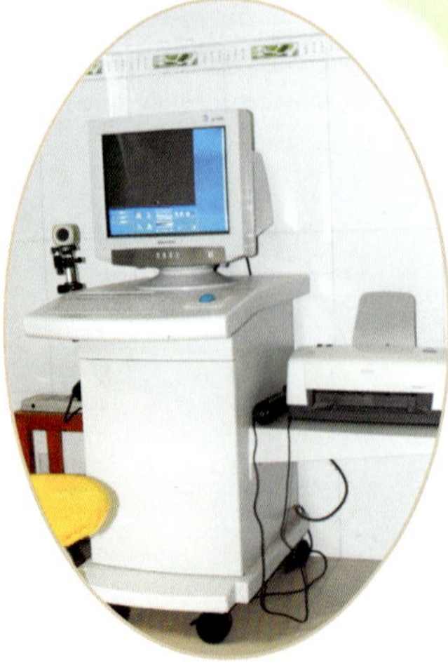

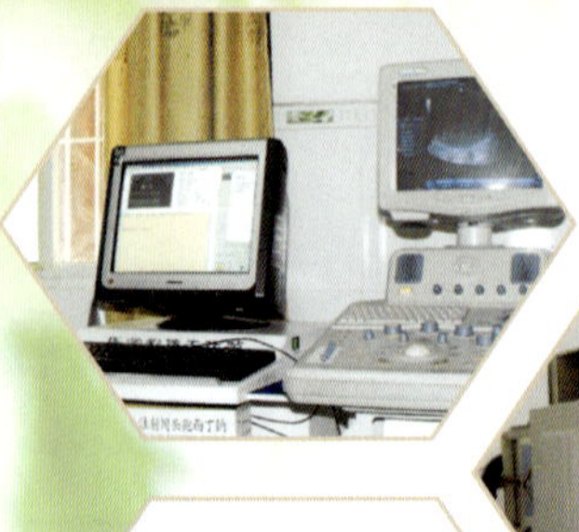

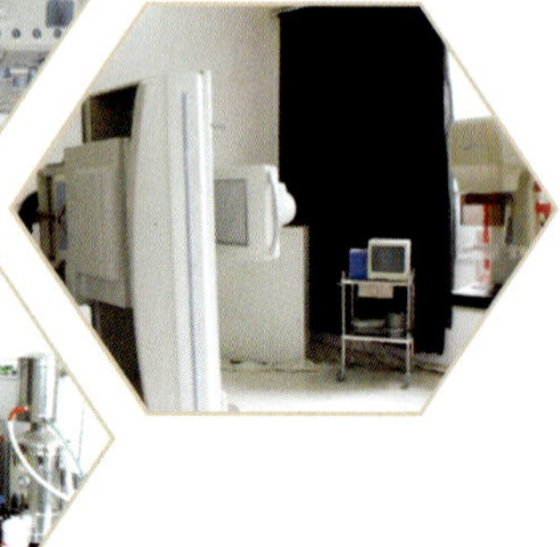

# 息县公路管理局

1956 年 3 月，建立息县公路段（地址在西关外 43 号）。1958 年 7 月，撤销公路段，其业务由交通运输局管理，1960 年 7 月，成立工程养护股。1962 年 8 月，设立罗淮公路管理段，同期建立息县分段。1976 年 7 月，撤销罗淮公路管理段，设立息县公路管理段。1998 年 2 月 28 日，搬迁到淮河北路新办公大楼。2000 年全省统一更名撤段为局。

息县公路管理局，为隶属信阳市公路管理局和息县交通运输局双重管理的副科级事业单位。公路部门的宗旨是为公路畅通提供养护与路政管理保障。其主要工作职能是公路养护、路政管理，公路行业信息管理。现管养 4 条干线公路全长 174.7 公里，其中：国道 G106 京广线 42.3 公里；省道 S213 吴黄线 51.6 公；省道 S336 马息线 36.1 公里；省道 S337 王罗线 44.7 公里。

该局现有干部职工 543 人。现任领导及职务情况：杨宏（党支部书记、局长）、程刚（副支书、副局长）、周顶峰（支部委员、副局长）、李志军（支部委员、工会主席）、王照明（副局长）、杨明敬（副局长）、吴春林（办公室主任）。

局机关设置 11 个股室，主要业务部门是养护公司和路政大队，养护公司下设 11 个养护道班，路政大队下设 3 个路政中队。另有通达公路工程有限责任公司（二级资质）和弘通路桥养护工程公司（三级资质），拥有摊铺机、拌和机等大型工程机械，技术力量雄厚，可对外承揽公路工程，养护工程及市政工程等。

电话：0376-5852710　传真：0376-5856057　邮箱：xxglglj@163.com

# 息县公路运输管理所

交通局副局长、运管所所长　胡宗前

息县公路运输管理所，现有干部职工442人。息县公路运输管理所担负《中华人民共和国道路运输条例》和行使政府对公路运输行业的监督管理功能，对全县从事道路经营的企业、客运站点和车辆进行管理，对货车、出租车驾驶员进行资格培训，对汽车修理、汽车配件，物流中心进行规范，监督管理客运站。

息县新汽车站是县委，县政府2007年十大重点工程之一，占地面积为45亩，总投资2200万元，现已建成并于2010年7月1日正式投入使用，为方便群众出行和改变息县城市面貌做出突出贡献。

团结奋进的领导班子

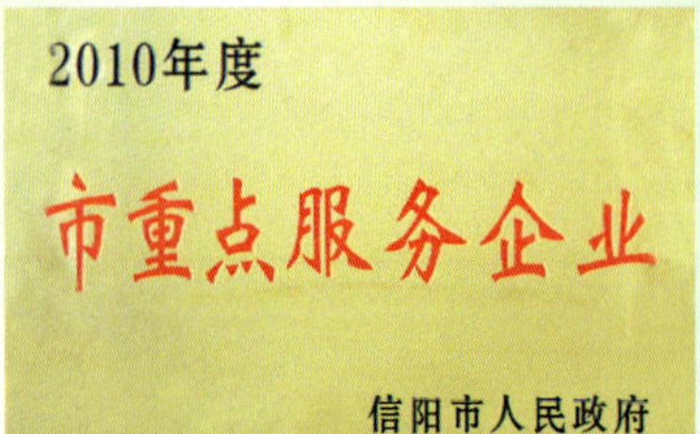

# 旅　游

**【简述】** 2009年,息县认真学习和贯彻省、市旅游产业发展大会精神,立足息县实际,创新工作思路,围绕市委王铁书记的"把旅游立市的理念树实,把旅游发展规划做实,把旅游立市项目做实,把旅游要素充实"的要求,狠抓工作落实,各项工作均有新的起色。

**【旅游业发展思路】** 县委、县政府在统一认识的基础上,提出三大发展战略。一是文化品牌战略。息县作为历史上最早建县的地方之一,三千多年"息"字、地域未变,有"天下第一县"之称。古代史上曾是息国和赖国故里,赖、白、息三姓发源地,一个县内,存在过两个国(一个侯国,一个是子国)实属少有,近现代又是刘邓大军千里跃进大别山的渡淮地,文革时期有七个部委在此设"五七"干校,社会学科中一大批"泰斗"级的人物在此生产生活过。通过打造有形的景点,宣传开发息县无形的"县制文化、姓氏文化、烈女文化、红色文化"及"五七"干校文化等,进而通过文化的崛起,来提高息县旅游的知名度。二是龙头带动战略。通过研究国家政策和市场需求,结合息县实际对息县旅游发展方向进行定位,把文化和生态作为旅游发展的立足点,在全县挑选切实可行的项目,打造龙头旅游景点,从而带动息县旅游业发展。三是产业协作战略。将息县一产、二产充分调动起来与旅游实行"产业协作,协同发展",和农村改革发展综合试验区建设及城镇开发相结合,赋予历史文化内涵,优化特色从而形成"特色农业观光"、"生态林渔业体验游"等旅游项目,将单纯的农业产品向旅游商品转化,加速息县旅游业发展。

**【制订旅游规划】** 为做好旅游总体规划,县财政拿出六十多万元资金,经旅游文化部门的负责同志多方筛选,最后确定北京江山多娇规划院为息县做旅游总规。9月~10月份规划院派出多名专家在息县调研,相关部门紧密配合,收集资料,11月调研论证结束,"规划院"拿出第一阶段总规初稿。同时,还投资近50万元请河南豫建设计院等单位为古赖国叔颖公陵园和古赖国文化园作详细规划设计,此方案得到世界赖氏宗亲代表的一致好评,并在2010年举行的赖氏宗亲代表大会上付诸实施。请同济大学设计院为息县东城区"龙湖"(原五一水库)景观带作祥规设计。

**【旅游资源开发】** 一是由县委常委办公室主任伍存强牵头,对息县作为"天下第一县"进行论证。二是在福建泉州同赖氏宗亲会举办世界赖氏宗亲代表大会筹备会。三是开展息县文化遗产普查复查工作,截至11月底复查了原来的近百处文化遗址,新发现文化遗址500多处。四是开展城区东部"龙湖"景观带,城区西北部森林公园,城区南大街特色小吃一条街,城区南部沿淮生态林带,刘邓大军渡淮纪念馆,古息国项目的规划申报和招商工作。

**【基础设施建设】** 一是星级饭店建设步伐加快,规模开发的中小型饭店和农家饭庄规模扩大。息州宾馆(二星级)经装修改造,提升了档次;三星级名扬大酒店建成开业;三星级华逸大酒店装修完工;城郊桃花源大酒店作为星级农家饭店业已建成。息县在接待能力上有较大提高。二是交通基础设施建设稳步推进。全年全县修公路159.2公里,投资8411.6万元;改造和新建桥梁16座,投资3535万元。其中从大广高速到包信古赖国遗址附近和东岳"五七"干校附近的公路近20公里,总投资4211万元。是年,县内公路总里程达2539.515公里。三是城市中心区设施进一步完善。护城河治理第一期工程完工,完成投资3600多万元,"龙湖"景观带新建桥梁通车使用,在息州大道和淮河路新建大型购物中心两个。谯楼广场文艺活动丰富多彩，涌现出一批各具特色的演员，活跃了群众文艺生活。

**【旅游队伍建设】** 息县有60多人参加市、县政务讲解员培训。2009年，有20位同志拿到政务讲解员证书，在信阳市首届明星导游大赛中，息县获得市旅游局颁发的“优秀组织奖”。息县旅游产业呈现良好发展势头，为发挥旅游业对经济社会发展的带动作用，是年8月，县委对旅游工作进行调整，把旅游局从文化局中分离出来。

# 财政　税收

## 财　　政

总支书记、局长：陈卫华

【简述】　2009年，财政部门学习贯彻落实科学发展观，落实积极的财政政策，加强收入征管，争取上级财政支持，调整支出结构，统筹兼顾，突出重点，保增长、保民生、保稳定，完成了全年各项财政工作任务。

【财政体制改革】　一是全面深化预算管理制度改革。推进综合预算，细化部门预算编制，编实编细部门预算，按照预算执行。二是国库集中收付范围扩大。2009年，支付中心累计支付资金7.7亿元，对资金流向适时监控，提高财政资金使用的安全性和规范性。三是加强对政府采购资金的监管。政府采购规模和范围扩大，2009年累计支出采购资金1360万元，综合节约率11%。四是开展财政投资评审和国资管理。全年共完成评审项目48个，送审总金额1653.59万元，审减金额243.79万元，审减率14.74%；处置国有资产14宗，处置资金1662万元，较中介机构评估额增值547万元。

【预算管理】　2009年，县财政局争取各项补助收入116780万元，比2008年增加25190万元，增长27.5%。在预算执行中，坚持统筹预算内外资金，量入为出，突出保工资、保民生、保稳定，执行非生产性支出零增长的要求，确保财政供养人员工资、津补贴按时足额发放，确保党政机关正常运转，确保县委、政府重点项目顺利实施，科技、教育、卫生、社保等支出均达到法定增长比例。全县财政一般预算支出完成140540万元，为年预算的134.3%，比2008年增长30.04%，增支32467万元。

【税收征管】　一是完善税收征管办法。通过建立“联合办公、税检同步、源头控税、协同管理”的征管新机制，配合税务部门开展发票专项检查，完善财税征管台账，加强个体税收管理，对营业税、城建维护税、车船使用税、个人所得税等实行一体化征收，防止跑冒滴漏。在契税、耕地占用税征管方面，财政、国土、房产等部门相互配合，执行“先税后证”的征管原则，规范征管秩序。此外，加大对私买私卖、偷逃漏税的稽查力度，确保应收尽收。二是加强非税收入的征管。按照“收支两条线”管理规定，有重点地对部分执收、执罚单位和乡镇的非税收入征管情况进行监督检查，从一定程度上防止乱收、滥罚、截留、挪用等问题，保证各项非税收入及时足额入库。2009年，全县地方财政一般预算收入完成16051万元，为年预算的100.26 %，比上年增长12.28%。

【财政监督】　2009年，县政府把争取到的各类专项资金共计14991.64万元，投入到乡镇卫生院、村级卫生室、村村通、农村沼气、林业良种繁育、水稻良种繁育、污水处理厂、垃圾处理厂、城河清淤、节能减排、生猪养殖、黄淮四市发展等重点项目建设。在项目实施过程中,财政局积极落实配套资金,认真执行县级报账制、投资评审制、跟踪问效制,按工程进度及时拨付资金,通过预算管理、跟踪检查监督,确保资金专款专用,带动社会投资和消费,拉动经济增长。

**【保障民生】** 财政收入"取之于民,用之于民"。县财政以民生为重,安排使用财政资金。

向"三农"倾斜。严格执行"一分钱不能少、一户不能落下、一天不能耽搁"的要求,各项惠农补贴政策全部落实到位,累计发放各种惠农补贴资金1.5亿元。其中直补和综合直补资金1.1亿元;小麦、玉米、水稻、棉花良种补贴资金2514.38万元;家电下乡补贴资金964.43万元;汽车、摩托车下乡补贴资金402.90万元。落实农业综合开发资金3014.18万元,投入到东岳镇、包信镇2.4万亩中低产田开发,新增种植业总产值12490万元。落实扶贫资金472.7万元,修建乡村水泥道路20公里,实施农民职业技能培训800人。向教育事业倾斜。2009年在确保教育支出增长高于财政经常性收入增幅的基础上,提高生均公用经费标准,全年共拨付资金6070.2万元。落实免教科书资金1525万元,资助贫困生27.7万人次;落实农村贫困寄宿生补助资金790.2万元,资助贫困生2.2万人次;落实校舍维修改造资金1060万元,改造项目28个,建设面积2.2万平方米。向社会保障和弱势群体倾斜。(一)是保障城乡弱势群体基本生活,拨付最低生活保障资金3829万元,其中城镇低保金1739万元;农村低保金2090万元。(二)是促进再就业工作,拨付再就业资金688万元。(三)是深化基本养老和失业保险制度改革,拨付养老、失业、医疗、工伤等社保基金9425万元,发放五保供养金510万元,基本实现应保尽保的目标。(四)是增加公共卫生投入,全面实施新型农村合作医疗,支出新农合资金8797万元;投资374.7万元用于村卫生室基础设施建设,投资20万元专项用于乡村医生培训。向民生公益事业倾斜。(一)是实施县城集中供水项目。县财政依托发投公司采取融资、担保等方式,完成总投资4000万元的县城集中供水项目。(二)是开展保障性住房建设。2009年共拨付廉租住房建设资金1488万元,发放廉租住房补贴资金430万元。(三)是实施县人民医院新院基础设施建设项目。该项目是息县重点项目和2009年十件实事之一,计划总投资8186万元,为确保项目顺利实施,从省开发银行争取金融贷款5000万元,主体工程将于2010年初开工建设。(四)是落实石油价格补贴政策。对受成品油调价影响较大的城市出租车、客运等公益性行业发放石油价格补贴资金116.23万元。

# 国　　税

党组书记、局长:王保学

**【简述】** 2009年,息县国税工作坚持依法治税,从严治队,以组织收入和发挥税收调控职能为中心,狠抓工作落实,推进国税工作和谐发展。2009年县国税局被信阳市国税局评为纪检监察工作优胜单位、行风评议优胜单位,有2人被县纪委监察局评为党风廉政建设先进个人。在全省组织的"人民满意的基层站所"评选活动中,夏庄分局是全市国税系统唯一获此殊荣的分局。

**【税收收入】** 2009年,国税局上下不等不靠,从强化税收收入分析入手,运用纳税评估和专项整治这一"抓手",发挥稽查以查促收的"拳头"作用,加强内部管理,提高征管质量,完成信阳市国税局确定的收入考核目标。全年累计组织税收收入2848.23万元,其中:"两税"完成1643.53万元、企业所得税完成349.99万元、个人利息所得税完成621.57万元、车购税完成233.11万元。其中地方级完成796万元,超额完成信阳市国税局确定的770万元目标。

**【征收管理】** 一是形成重点税源驻厂管理、大宗税源专业管理、一般税源户籍管理的"组合式"税源管理模式,税源管理进一步细化。二是实行"票税联动",发挥"以票控税"功能,加强发票管理。三是坚持征管数据质量定期通报、问题限期整改,结果跟踪到位,征管质量"三率"方面达100%,位居全市前列。四是开展税收专项整治,专项整治累计入库税款489万元,其中,重点税源整治入库税款111万元,房地产企业整治入库税款292万元,农副产品加工行业入库税款5万元,其他行业81万元。专项整治工作综合评比在全市位居前列。五是推行个体双定户批量扣税,有46户成功运行,2009年12月份成功率达到100%。

**【税收法制建设】** 一是做好执法考核工作,年度内执法考核指标均达到上级要求。二是开展执法检查,查找执法工作的不足,提升执法质量,防范执法风险,促进平安国税建设。三是加强案件审理工作,全年无税务行政诉讼案件发生。四是开展所得税纳税评估工作,全年所得税纳税评估入库税款347.54万元。五是完成全县115户企业所得税汇算清缴工作,年度汇算清缴入库税款630.82万元,减免企业所得税664.03万元。六是金税工程、四小票采集比对等工作实现零过错。

**【税务稽查】** 2009年,国税局开展对房地产行业的税收专项检查和日常检查,完成稽查各类考核指标。年度内共查结26户,查补入库收入295.1万元,较2008年增长2.2倍,增收156.4万元,打击各类涉税违法活动,整顿和规范税收秩序,发挥税务稽查的以查促收、以查促管功能。是年息县稽查工作各项指标在全市处于领先位置,并于潢川召开的全市稽查工作会议上作经验介绍。

**【信息化建设】** 2009年,全县税务分局网络升级工作全面完成。建立健全各项管理制度,对计算机机房、计算机、网络、UPS等实行定期不定期的安全检查,实现安全无事故。按信阳市国税局统一部署,分别对CTAIS2.0系统、车购税、以票控税等软件进行升级,并按时完成各种数据的传输工作。

【纳税服务】 落实总局《纳税服务工作规范》,大力推行政务公开,实施公开办税,加强执法监督,为纳税人创造公平竞争的税收环境。推行多元化申报方式,落实以"一站式"、"一窗式"和"限时制"等为主要内容的纳税服务直通车制度。开展涉税咨询,加大税收优惠政策的宣传。按照县政府的统一要求,国税局办税服务厅全部进入县行政审批大厅,为纳税人提供集中服务。

# 地　　税

党组书记、局长：董立新

【简述】 2009年全县地税系统贯彻落实省、市局的各项决策部署，完成各项地税工作任务。息县地税局先后被省委、省政府命名为省级文明单位、被市局授予目标管理先进单位、党风廉政建设先进单位、政风行风建设优秀单位，被县委、县政府授予纪检监察先进单位、“四帮四促”先进单位、妇女工作先进单位，被市审计局、市审计师协会联合表彰为全市内审工作先进单位。

【税收收入】 2009年，息县地税局累计组织税收收入6993万元，同比增长13.7%。其中：中央级税收504万元，同比增长11.8%，地方级税收6489万元，同比增长14%，占年计划6378万元的101.73%，增收793万元。各税种除房产税、土地使用税与资源税由于同期存在一次性税源的不可比因素，同比略有下降外，其余各税均实现大幅增收。

【税收征管】 夯实税源管理基础。年初，县局部署全县拉网式税源排查，做到边清查、边登记、边清缴、边上网，对漏征漏管户进行全面清理。在此基础上，对税源实施分类管理，建立各种税源台账，明确区域管理责任。监控重点税源征收，规范重点行业、重点税源的管理。强化行业税收管理。一是加强车辆税收管理，通过开展“税法宣传万里行”活动、搭建外出经营车辆回乡纳税服务平台。促使外出车辆回息县缴纳税款。对无牌无照、套牌、未年检车辆的纳税情况进行清理。采取辅导、检查、处罚等措施，加强对保险公司代扣代缴车船税管理。全年实现交通运输业税收562万元，同比增长41%。二是强化住宿与餐饮业税收管理，严格落实行业管理办法，开展税源排查，建立税源管理台账，重新核定税负，实施动态管理，全年实现住宿与餐饮业税收411万元，同比增长21%。三是推进房地产业税收规范化管理，制订《息县房地产业税收管理暂行办法》，组织召开房地产企业代表座谈会，宣传税收政策；加强与国土、城建、房管部门之间协作，依据相关部门提供信息，结合税源排查情况，建立《房地产开发企业税源台帐》和《房地产开发企业一览表》；落实房地产行业实地巡查制，规范房地产业税收管理。全年实现房地产业税收1490万元，同比增长81.8%。四是规范行政事业单位税收管理。先后召开两次行政事业单位法人代表或财务人员座谈会，借助纪委清理“小金库”之机，对各单位税收专项检查。对拒不交纳税款的单位，由财政局直接扣缴税款。2009年征收行政事业单位税收126万元。五是强化建筑安装业税收管理。建立工程项目登记制度，加强重点工程项目管理，对辖区内的10万元以上工程项目明确税收管理责任人，依法实施跟踪管理，全年征收建筑安装业税收1778万元。六是强化以票控税力度，采取内控外查和开展严厉打击发票违法犯罪活动等措施，规范发票领购、发售、代开等各环节的管理，实现“以票控税”“以票促收”。规范整顿税收秩序。在个体税收清理整顿中，强制执行纳税户12户，依法扣押物品60余件，追缴税款、滞纳金10余万元，刑事拘留1人；在房地产业规范整顿中，通过宣传政策与规范整顿相结合，对清查出的应缴未缴税款与涉税问题，及时采取催报催缴和责令限期改正等措施，对催缴未果的纳税人，税警联手依法采取税收保全与强制执行措施。是年，共通过银行与财政扣缴税款400余万元。

**【依法治税】** 加强税法宣传。一是认真开展税收宣传月活动，通过悬挂宣传条幅、摆放宣传版面、发放宣传资料和接受政策咨询等多种形式，做好税收知识与最新政策的宣传。二是利用全省打击发票违法犯罪集中宣传活动为契机，在县谯楼广场开展集中宣传活动，并利用宣传车在主要街道宣传广播，同时，在县电视台设置宣传专栏，增强广大群众抵制假发票、依法索要发票的意识。三是创新方法，多种形式开展宣传与辅导。南下广州进行车辆税收宣传，组织召开由人大代表、政协委员和行政事业单位代表参加的"税收－发展－民生"座谈会，召开教育劳务税收座谈会，房地产业税收座谈会，讲解新政策，开展面对面纳税辅导；开展个人所得税软件培训等等。全年共组织各种座谈会6次，对外组织税收知识培训活动4次，受训人数200多人次。开展执法自查。按照市局执法检查工作要求，县局成立执法检查组，对全县税收执法、代开发票、个体定税、征管资料、税收票证填开等情况开展执法检查和专项检查。通过落实整改，提高基层税务干部对依法治税的认识，增强法制观念；针对计算机执法考核，地税局坚持"重错重罚"原则，定期通告，严格落实执法责任追究和相应的经济处罚。

**【基层所建设】** 一是明确目标，制定方案。通过认真学习相关文件精神，结合息县实际情况，研究制定息县基层建设的工作目标和实施方案，成立基建领导小组。二是认真调研，科学规划。通过调查全县各所土地面积、房屋状况、产权情况，开展资产评估，摸清基础设施现状，结合本单位实际，制订基层建设整体规划。三是确定试点，以点带面。按照结合实际、统筹兼顾、有序推进的工作思路，确立夏庄中心所等一批基层规范建设先行示范单位，通过典型示范，指导和推进全县基层所建设工作。是年，按照计划完成夏庄所、中渡店所、城关税务分局征收大厅规范和修缮工作。曹黄林所办公楼正在建设中。四是真抓实干，稳步推进。县局投入20余万元为各单位配备计算机、打印机、保险柜、文件柜、装订机和日常办公设备。

**【省级文明单位创建活动】** 一是营造创建氛围。县地税局制作名人名言、廉政警句、道德行为规范等地税文化牌匾，悬挂在办公楼墙壁、楼梯口醒目处；在迎宾墙安装电子显示屏，不断播放地税文化内涵的宣传字幕，制作固定标语、地税文化宣传专栏，营造地税文化氛围。二是双管齐下，全力推进。先后制订《省级文明单位创建规划》、《省级文明单位创建实施方案》等一系列创建制度，建立"省级文明单位"档案专柜，完善各项文明创建资料；健全和改善各项文体设施，新建荣誉室、阅览室、文体室，购买篮球、羽毛球、乒乓球等各种文体和健身器材；结合基层所规范化建设，对机关办公楼、办税服务大厅、办公楼后院进行装饰、装修和粉刷。三是开展多种形式的文体和公益活动。举行庆三八妇女节老子故里游、开展党员志愿者活动、开展"四帮四促"活动向结对帮促村捐献农资、参加县政府"活力息县"歌咏比赛、参加市局新中国60周年"红歌大家唱"歌咏比赛。地税局精神文明创建成果受到市、县领导肯定，并一次性通过省级文明单位合格验收。

**【清理编外人员】** 一是做好政策宣传与思想疏通工作。县局采取各种形式，通过多种途径，多次对相关人员宣传政策，说服劝解，帮助其认清形势，正确看待问题，取得他们对规范管理工作理解。二是加强与外部门沟通与协调。多次向县委、县政府领导汇报与请示，协调相关部门为编外人员办理失业保险、养老保险与部分低保手续。三是执行完各项法律程序。截至2009年底，县局按照省、市局的统一部署，在司法公证人员见证下，把责成限期领取补偿金的通知、一整套政策宣传资料、各项通知和文书送达到相关人员手中，并按照法律程序办理补偿金提存公证手续，走完各项法律程序，结束编外人员清退规范工作。

# 金融　保险

## 人民银行息县支行

行长：黄忠新

**【指导金融机构健康发展】** 为贯彻适度宽松的货币政策。一是出台《2009年金融机构信贷投向指导意见》和《2009年度人行息县支行货币信贷工作指导意见》等指导性意见，引导金融机构突出信贷支持重点，发挥金融对经济发展的支撑作用。二是组织召开金融工作座谈会、企业服务年座谈会和息县金融业支持牧业座谈会等，搭建政、银、企沟通交流平台。三是加强对辖内货币政策实施、金融机构流动性、信贷投放结构的监测分析，并对经济金融热点问题深入开展调查研究，为正确执行适度宽松货币政策提供参谋作用。

**【全力打造金融稳定平台】** 一是密切关注农行和农村信用社的改革进展和实际效果，深入调查了解辖区各类担保机构、资金合作社等运行情况，密切监测金融业出现的新情况和新问题。二是协调成立反洗钱和反假人民币领导小组，形成多部门整体联动、快速反应机制，认真做好大额和可疑支付交易监测工作。三是加强对金融机构的社会监督，建立举报查究制，公开举报电话，对举报的违规行为，做到举报必究、依法严惩。

**【创新金融服务】** 一是加快国库电子化发展步伐，试点国库直接支付，息县城镇1000多名离退休教师工资直接拨付其在银行开办的个人账户上。开展“送国债进乡村”活动，拓宽农民投资理财渠道，提高农民投资收益，其经验在固始县召开的现场会上做经验介绍。二是推进农村金融产品和服务方式创新工作，制订《息县农村金融创新发展实施意见（试行）》、《息县林权抵押贷款管理办法（试行）》、《息县农村住房抵押借款暂行办法》和《息县农户联保贷款创新工作实施方案》等，改善农村金融服务方式和提高服务水平。三是开展息县企业服务年活动，人行就如何拓宽融资渠道，为企业融资贷款献计献策。

# 工商银行息县支行

行长：何　伟

**【简述】**　2009年，息县工行贯彻落实省市行行长会议精神，以科学发展观为指导，盯客户，盯市场，盯目标，盯同业，抓管理，抓服务，抓内控，抓建设，促进各项业务又好又快发展，完成年度主要目标任务。

**【经营效益】**　全年实现利息收入1071万元，完成市行下达全年任务的97%，实现利润1612万元。中间业务收入：县工行大力发展理财、基金、保险、电子银行、银行卡、投行等优势业务品种，全年完成中间业务收入436万元，完成市行下达全年任务的97%。灵通卡新增发卡13326张，完成任务的147%，代理寿险765万元，完成任务的77%，对公结算帐户净增66户，完成任务的120%。

**【信贷与存款】**　2009年年底，各项贷款余额16533万元，较年初增加1829万元，其中不良贷款占比为零。办理票据贴现2360万元，办理银行承兑7800万元。县工行树立存款立行的思想，促进存款与相关业务同步增长。至年底各项存款为78743万元，较年初增加13762万元，完成市行下达全年任务的113.34%。

**【安全保卫】**　县工行坚持内部风险控制与业务发展并重，严格内部控制，严防经营风险，切实增强全员风险管理理念，加强内控文化建设，提高员工制度执行力。围绕廉洁从业和防范案件，全面落实党风廉政建设责任制和各项案防措施，正确处理业务工作与党风廉政建设的关系，以党风带行风，以廉政促业务。落实安全责任制和各项安全防范措施，全年未发生任何案件和重大责任事故，实现第十九个安全年。

**工商银行内设机构**

| 科室名称 | 负责人 | 主要职责 | 联系电话 | 备　注 |
|---|---|---|---|---|
| 办公室 | 宋效杰 | 负责全行安全保卫、党务、教育培训、纪检监察、后勤、工会、信访、文秘宣传、人事、档案和保密、印章管理、总务等工作。 | 5951242 | |
| 业务管理部 | 于　伟 | 负责县行综合经营计划、财务计划编制、考核，费用报账、税务申报与缴纳，业务印章、空白重要凭证、密押及机具领取、发放和上交；银保和中间业务。 | 5951242 | |
| 业务营销部 | 程　建 | 负责全行贷款、存款及中间业务营销管理，票据业务营销，信贷业务审查申报、授信；外汇业务营销管理、指导与监督；全行公司、机构、同业存款；不良资产的管理和法律诉讼。 | 5961172 | |

# 农业银行息县支行

【简述】 2009年,农行息县支行以科学发展观为指导,以严格控制各类风险,强化管理为保障,以经营效益为核心,以资产业务为突破口,以负债业务、电子银行业务、中间业务、服务“三农”为重点,实现“发展提速”和“效益提升”两大核心目标,开创息县农行各项工作的新局面。

【目标运行】 截至12月底,各项存款余额达215112万元,较2008年净增26456万元,占市行年任务的105%。其中公存款净增5609万元,占市行年任务的103%,储蓄存款净增20847万元,占市行年任务的105%。实现账面利润2908万元,占市行年任务的181.75%。

【服务县域经济】 服务“三农”。为贯彻落实面向“三农”的市场定位,围绕“3510”战略目标,发挥在农村金融体系中的骨干和支柱作用,全面实施“三农”和县域蓝海市场发展战略,支持息县农村改革发展综合试验区建设,探索出一套适合息县农行实际的服务地方经济发展的有效模式,实现全行资产业务又好又快发展。一、找准服务“三农”的目标市场。(一)是更新思维,转换观念。(二)是结合县域经济的特色和发展现状,突出支持重点。坚持实施“四个一批”的信贷发展战略,优先支持一批具有一定规模和效益的种植大户、养殖大户、收购大户,引导全行找准服务“三农”的切入点,扩大农行在县域市场的影响力,如支持县种粮大户柳学友等一批示范户,在社会上起到了积极的宣传效果。借助农业产业化龙头企业这个平台,坚持以政府关注的项目为重点,建立项目储备库。二、积极探索实施服务“三农”新模式。(一)是积极探索建立村级联络员制度。(二)是采取就近网点辐射办法,把撤并网点乡镇就近划入现有网点服务范围。扩大基层网点服务半径。(三)是摒弃只重数量不重价值的粗放做法。把发展负债业务同电子银行业务、中间业务有机结合起来,充分利用农行的网络结算、网上银行、务工汇兑、中间业务等优势把农行的金融产品服务延伸到农业产业化经营的各个环节,农村城镇化建设的各类企业,特色资源开发的各个层面,提高贷款的经济增加值,使资产业务由一种粗放式的经营转化为集约式的经营。三、制定措施,快速启动。为做好“三农”工作,年初县行与各网点负责人签订支持“三农”工作《责任状》,实行月考核、月通报、季兑现、年终统算的考核办法,对任务完成好、质量高的单位,给予通报表扬,每季度对惠农卡授信、小额农户贷款发放、惠农卡发行、转账电话四项业务完成当期任务且排名第一的单位,分别给予奖励。对完成任务差的单位,按季度月排名最后一名的单位负责人分别给与通报批评、问责、并做表态性发言。四、建立六项制度,构建服务“三农”的长效机制。(一)是实行定期例会制度。每周五下午按时召开“三农”工作例会,总结成绩,分析问题,制订措施。(二)是建立合作机构联系制度。将各村委会干部的姓名、联系方式、常住地址等装订成册,经常联系,听取意见和建议,及时改进工作方法。(三)是建立农户信息档案制度。(四)是实行跟踪检查制度,规避信贷风险。(五)是实行限时办结制度,提高工作效率。(六)是采取白加黑、五加二工作日办法,延长工作时效,加快支持和服务“三农”的步伐。截至12月底,惠农卡发行7981张,净增4703张,占市行年任务的79.7%,各项贷款余额8515万元,较上年净增7789万元,占市行年任务的197%,其中小额农户贷款完成7097万元,占市行年任务的293%;大额农户贷款200万元,占市行年任务的125%;个人贷款1167万元,占市行年任务的204.7%;小企业贷款150万元,占市行年任务的18.75%。

服务企业。一是深入调查,优选企业服务对象。按照县政府提供的《2009年息县重点服务企业基本情况及资金需求调查表》中农行面对的二十六家企业,县行采取行长、分管行长带队,包人包企业,逐一走访调查的方式,对符合贷款条件的企业,优先向市行申报,支持企业发展。二是积极为中小企业与个体工商户提供信贷服务。重点支持信阳大河人家饮品有限责任公司等小企业贷款,金额 150 万元。

服务农村改革发展综合试验区建设。一、先行先试,创新服务模式。(一)是创新金融产品。县行结合息县是全国粮食主产区的实际,锁定种粮大户重点,按种植规模核定贷款额度,支持种粮大户上规模上水平,形成集约化经营。(二)是创新担保方式。对小额农户贷款,在风险可控农户自愿的情况下,推行农户联保和公务员担保等方式,全年对 2000 多户农户办理授信,授信额突破 5000 万元以上。(三)是创新服务模式。县行成立由 23 名客户经理组成的贷款营销小组,配置专门的费用,变坐等客户为走村入户上门营销,为符合贷款条件且又急需信贷支持的广大农户办理了小额贷款。二、真抓实干,做好三个对接。(一)是主动汇报工作,做好与县委政府的对接,在县委、县政府关注的重点项目上求突破。(二)是寻找潜在客户,做好与政府职能部门的对接,通过与县直有关部门联系,收集整理全县 2009 年种粮面积在 300 亩以上的 45 户种粮大户、19 家经工商部门注册的农民专业合作社、11 家经农机部门登记备案的农机专业合作社、41 家规模养殖场的基本情况,并汇总下发各营业网点,要求各单位主动联系,从中优选客户寻求合作。(三)是围绕中心工作,做好与重点项目的对接。其一是做好与种粮大户的对接,支持种粮大户提高土地集约化经营水平,形成息县亮点。其二是做好与农机专业合作社的对接,支持做大做强。其三是做好与有关乡镇的对接。根据县规划方案,选择 4 个乡镇率先在农村融资体制创新等方面进行改革试验,在每个乡镇选择一个村作为农户小额贷款的整体推进村。对示范村,经村两委推荐的农户,县行在严格审查的基础上,对 60% 以上农户进行授信,示范村总授信额突破 300 万元以上。"建立示范一点带面"的做法,被《息县政府网》、《息县新农村建设网》登载,同时被市行 34 期《简报》转发。

**【负债业务】** 实施品牌营销,打造品牌效应。一是扎实开展"金钥匙春天行动"。与县人寿公司联手制作惠农卡、保险等产品宣传展板八块,组织机关人员与人寿公司人员一起成立营销宣传队到各乡镇所摆设宣传展板,设立宣传台,筑起农行"金钥匙春天行动"宣传阵地。二是开展再牵手活动。营销宣传队到撤并网点乡镇设立宣传阵地,散发宣传单,赠送宣传品,把营销的触角渗透到全县各个乡镇。三是派员到县工业园区等中小企业聚集地走访慰问。元旦放假期间县行派人与工业园区领导一起到工业园区 28 家开业单位,给他们送去挂历等宣传品,架起银企之间的友谊之桥。四是开展"三个一"拜店活动。活动主题是"送一对春联,揽一笔存款,道一声问候"。通过开展活动,城区商贸街、夏庄镇等主要街道的商户大门上均张贴农行的春联,打造农行"一条街"的靓丽风景。五是参与元宵节灯展活动,把"大兴德广,伴你成长,中国农业银行"等喷制在灯笼上,向全县人民展示农行企业文化。同时还开展"返乡务工接送访"、"进门有礼"等活动。强化服务,树立形象。一是制定措施。年初农行制定出台《关于进一步加强优质服务管理工作的通知》,要求全行上下树立"向服务要客户,向服务争资源"的意识,严格执行服务规范要求,为提客户供满意的服务。大堂经理要当好"迎宾员、引导员、管理员、调解员、营销员、咨询员",为客户提供方便、快捷、优质、高效、愉悦的金融产品和服务;柜员要文明用语,热情待客,提高柜面服务。各网点要做好基础性工作,提升网点竞争力。同时县行还加大优质服务检查的频率和力度。服务规范管理力度的加大,为业务发展提供软实力,硬环境。二是深入开展"网点靓丽"工程。对全行各个网点进行一次标准化的装修,营业室内摆放客户休息椅,全行除一个网点待建外,其它网点全部进行装修。三是发挥科技产品优势,提高同业竞争力。县行给城区网点全部配足、配齐大堂经理、电脑等,每天大堂经理给客户进行网上银行业务演示等。健全机制,考核引领。一是制定《息县支行营业所综合营销业务进度榜》,激励员工进取意识。县行为各网点制作进度榜,钉在单位最显眼处,把任务、完成、占比填列进去,让网点员工及时了解自已任务完成情况和占比。二是设立龙虎榜,按旬排名、通报。三是引入折效存款考核机制,降低存款成本。在提高负债业务对全行经济价值贡献的同时,"开门红"期间,全行紧紧抓着务工人员集中返乡的大好时机,通过抓宣传促营销,仅用 48 天时间就完成各项存款"开门红"计划,被市行 2 月 23 日以第10期《简报》刊发。

【中间业务和电子银行业务】　提升银行卡综合市场竞争力，增加银行卡手续费收入。围绕增加银行卡经营收入这一中心，重点抓好借记卡、惠农卡、贷记卡工作和银行卡收单业务，创造用卡环境，扩大用卡商户；改善银行卡客户结构、收入结构、产品结构，提升银行卡综合市场竞争力。一是发挥优势多发卡。为发挥县行网点、网络优势及借记卡在产品功能、附加服务、个人理财、网络等方面优势，发挥借记卡一卡多币种、一卡多功能、一卡多账户产品功能，加大银行卡与网上银行、手机银行、电话银行、基金、银证转账等方面的捆绑营销力度，重点做好系统性、集团性客户、企事业单位工资代发等营销工作。同时，乡镇网点还加大农村市场拓展力度，进村、入户，把乡村干部、外出务工人员、种养殖大户、运输户、加工企业、个体工商户、外出经商、上学等类群体作为营销重点，进一步扩大银行卡市场份额。二是方便农户多发卡。深入做好惠农卡发卡工作，拓展县域和“三农”蓝海市场。三是优化结构多发卡。以公务卡、旅游卡等特色产品为重点，做好行政事业单位、学校、医院、移动、通讯、烟草、电力等优势行业贷记卡发卡工作。四是引导多发异地卡。五是下力消灭“睡眠卡”。县行要求各网点要关注“睡眠卡”客户的相关情况，进行必要的引导和宣传，提高银行卡的有效使用量。保险代理业务。一是加强和保险公司的密切合作，代理营销具有投资价值的保险产品，开发中高端市场。二是抓住全行信贷资产有效投放，“三农”业务加快发展的有利时机，以代理信贷客户抵、质押资产投保，严格落实“双单运作”和代理借款人意外伤害保险为重点，力争使产险业务有较大突破。三是随着保险业产品结构的调整，由过去以趸交为主转为以期交为主，县行及时引导柜员快速适应保险缴费的新变化，开展保险业务的适路营销。同时，县行还分别与太平保险公司、人寿保险公司，联合开展为期半个月的产品营销活动。至12月底，中间业务收入达443万元，占市行年任务的76.25%。电子银行业务。引导客户认识电子银行的功能，基本能够替代网点服务甚至优于网点服务，推广现金管理平台、95599在线银行等网上银行平台，把电子银行业务纳入资产客户综合服务方案，纳入个人客户贷记卡、基金销售、个人按揭贷款捆绑营销方案，纳入农户惠农卡和小额农户贷款发放方案，提供一站式、一揽子便捷服务，实现电子分销渠道的多功能发展。在减少柜员处理低价值交易数量、为员工创造更多销售机会的同时，增加中间业务收入，拉动存款、代理基金等其他业务的发展。全行通过“电子产品百日竞赛”活动，形成以电子产品营销业务的浓厚氛围。全年发放借记卡23276张；网银1523个；电话银行1165部；手机银行271个；贷记卡176张；转帐电话63部；短消息5327个；POS机5个。

【内控管理机制】　落实《员工违规行为积分管理办法》。县行把贯彻落实《员工违规行为积分管理办法》作为纪检监督的一项主要工作内容来抓。一是建立《员工违规行为积分管理》台账。适时监督员工的从业行为，把违规违纪行为，通过积分这一管理形式，告知员工积分到了什么程度将要受到什么样的处罚，对全行员工起到警示作用。二是严格按照《员工违规行为积分管理办法》的要求，对违规违纪员工进行积分管理，全年对6人违规行为进行积分，共积分77分。

开展风险排查，及时消灭风险隐患。是年通过案件风险排查和案件风险排查“回头看”活动的开展，全行共排查出风险隐患6个，消化风险点6个，对3名责任人进行通报批评。同时县行党委按季召开风险排查例会，分析全行业务经营的风险点，研究制订整改措施。强化财会基础管理。充分发挥系统监控与人员管理双重功效，堵塞各类风险隐患。坚持预警核销及审核，保证核销及时；对不合规操作及时纠正和规范；发挥监管员现场监管职能，保证按月巡回监管到位，做到问题早发现、早规范；按季进行账务展评，展开风险分析，并将展评结果纳入绩效工资考核；加强各类检查发现问题的整改力度，保证能整改问题整改到位。落实信贷管理新规定，强化贷后管理。一是全年将新发放贷款全部集中县行管理，成立15个以客户部经理为组长，所主任、客户部和基层单位经办客户经理为成员的客户经理组，客户部经理承担经营主责任人责任，基层经办客户经理承担管户主责任人责任，强化对每笔贷款的管理。二是加强信贷在线监测，县行客户部指定专人对新发放贷款进行每日监测，定期发布监测报告，发现欠息、到期等异常情况，及时通知所主任和客户经理，要求及时处理，限期收回，消除异常问题。三是强化到期贷款管理。按贷款发放机构建立到期贷款台账，及时提示客户经理及所在单位负责人催收即将到期贷款。四是提前下发《贷款到期通知书》。每月客户部人员配合客户经理对后两个月到期贷款进行全面催收，下发《贷款到期通知书》，由客户亲自签收后存入信贷档案，确保新发放贷款无逾期无欠息，收回率达100%。

**【作风建设】** 坚持以“树正气、做表率、求实效、促发展”为主题，以树立和弘扬良好作风为目标，以县行领导班子、领导干部和县行本部为重点，着力解决全行在作风建设上存在的突出问题，努力造就一支政治坚定、思想过硬、作风优良、纪律严明、恪尽职守、清正廉洁的领导干部队伍，为全行又好又快发展提供坚强有力的思想和政治保障。推行县行领导一线工作法，坚持“五个一”活动。县行班子成员坚持每月到包片网点开展“一看一访一查一谈一听”活动，即暗访一次规范化服务、调阅一次监控录像、检查一次内控制度落实情况，与员工座谈一次思想、听取一次主任汇报。做到决策在一线落实、问题在一线解决、成效在一线检验，实现支行党委与基层零距离、穿透式管理。推行网点负责人每周“五个必须”的工作倒逼办法。网点负责人每周必须亲自组织召开一次晨会、亲自打扫一次卫生、当一次大堂经理、检查一次内控、安排一次集中学习，并认真做好记录，用实际行动感染激励员工。下发“履职尽责”专用笔记本为强化领导的履职意识，县行党委为每名班子成员和网点负责人配发“转变作风、向我看”活动履职尽责笔记本，并在笔记本上首页印制“提示语”，要求班子成员和网点负责人认真落实，并月检查季小结，县行以《学习交流》的形式印发，以此提高县行中层以上管理人员的执行力，促进工作作风的转变。以人为本，强本固基。一是加强员工培训，全年共选派员工参加省市行业务培训70多人次，县行培训50多人次。二是关心员工生活困难，解决员工的疾苦。在7至8月份全行绩效工资较低的情况下，县行积极向市行争取费用，每人每月补发绩效工资100元，又在11月份每人补发绩效工资200元。三是组织员工健康体验。让全行员工了解自己的健康状况，真心实意地为员工办实事办好事。

**【党风廉政建设】** 为达到党风廉政建设的制度化、规范化，年初县行统一制订党风廉政建设责任目标，并对责任目标细化分解到部门、岗位具体落实到每一责任人。在年初工作会议上，行长和主管行长分别与基层营业单位、机关各部室签订《党风廉政建设暨合规操作防范案件责任书》，把党风廉政建设提到党委议事日程，纳入本年度总体工作目标管理，为党风廉政建设奠定组织保证。一是成立党风廉政建设领导组织，县行党委始终把党风廉政建设作为党的执政能力和保持共产党员先进性的一项重要内容，摆上工作的重要日程，确定工作目标和每一位班子成员及业务主管部门的责任，促进“一岗双责”的落实，形成反腐倡廉，齐抓共管的新格局。二是建立信访案件查处岗位责任制。在党委与员工之间架起“绿色桥梁”。三是发挥民主监督职能。四是实行党风廉政建设诫免谈话制度。按照干部管理权限，在全行建立并实施对下一级领导干部每年不少于两次的廉政诫免谈话制度。五是关口前移，实行廉政提示。年初对全行副股级以上领导干部下发《息县农行领导干部廉政提示函》，促进中层领导干部遵守廉政纪律，严格执行《廉政准则》的自觉性。全年实现无经济和刑事案件。

# 农发行息县支行

**【简述】** 2009年，农发行息县支行以大力支农、夯实基础、好字为先、稳中求进为中心，坚持至诚服务，有效发展的核心理念，统一思想、明确任务、突出重点、细分措施，完成年度各项工作任务。

**【各项业务指标完成情况】** 一、利润收入。至年末，农发行实现各项业务收入1303万元，各项业务支出1941万元，实现利润-637万元，完成市分行下达任务的100%。二、不良贷款清收。市分行分配县发行全年不良贷款下降额为276万元，县发行实际完成276万元，完成任务的100%。三、不良贷款下降比率。县发行不良贷款较年初下降2909万元（其中现金清收276万元，核呆2783万元），降幅为5.18%。四、人均存款。市分行下达县发行全年日均存款任务为8017万元，实际完成日平均余额为15029万元，完成市分行下达任务的187.47%。五、中间业务收入。市分行下达县发行中间业务收入任务4.89万元，至2009年末县发行实现中间业务收入3.60万元，完成市分行下达全年任务的73.50%。

**【营销同业存款】** 按照市分行的统一部署，农发行把营销同业存款作为改善负债结构、提高经营效益的一项重要工作。县行成立"一把手"为组长的领导小组，合理细分同业存款的目标市场，列出重点对象（信用社、邮政储蓄、保险公司等），制订营销策略。是年，市分行分配息县发行存款任务日均余额8017万元，实际完成19561万元，占任务的224%。

**【优化资产结构】** 息县不良资产基数大。县发行经过对不良资产分类排队分析，逐笔、逐企业确定清收方式、任务、责任人。截至9月底，通过现金清收方式清收贷款276万元，提前三个月完成全年任务。对符合条件的不良资产认真的立项选材，通过申报呆账、核销处置一部分不良资产。2009年，核销呆账10970万元，通过总行验收9010万元。

**【新业务拓展】** 息县是产粮大县，县发行把做好托市收购工作作为一项政治任务，早筹划、早准备，完成托市收购任务。粮食企业夏季有效仓容为19955万公斤，实际收购入库17573万公斤，价值31139万元。秋季收购稻谷720万公斤，拨付收购资金1310万元。在资金供应上，按收购进度供应价款，收购费用由潢川储备库验收后统一结算。确保总体上不超额供应资金，并尽量协调收回一部分贷款和利息。

息县支行新业务发展在全市处于落后水平，商业性贷款余额仅为1500万元。为了加大客户营销力度，县发行结合县域实际，细分目标市场，确定营销重点，筛选一批符合农发行业务范围和贷款条件的企业纳入项目库，并按照贷款具体要求进行跟踪培育。是年，发行跟踪培育的客户6家，向市行推荐上报的客户有2家。

**【安全保卫】** 县发行坚持"预防为主、群防群治、标本兼治、安全第一"的方针，强化全员安全意识，层层签订安全目标责任书，狠抓寄库、营业场所、微机室、档案室、节假日值班等重点环节，利用岗位练兵契机，组织员工加强学习，切实提高发行安全防范整体能力。

# 建设银行息县支行

支部书记、行长:耿晋中

【简述】 2009年,建行息县支行认真贯彻执行市分行新一届领导集体的各项战略部署,以市分行党委制定的"32字"工作目标、"16字"经营方针为指导,以市行下达的年度经营计划为目标,牢固树立以市场为导向、客户是最重要的人的经营理念,转变业务发展方式和盈利模式,推进个人银行业务发展转型,发展对公业务、中间业务,深入开展团队建设,提高精细化管理水平,全面提升服务水平,各项业务呈现持续、快速、健康发展的强劲态势。

【工作成绩】 以不断提高经济增加值为导向,不断提升全行各项业务价值贡献度,全年实现账面利润801万元。个人负债业务实现历史性突破,个人存款10月21日时点余额较年初新增10243.50万元,为建行息县支行历史以来且只有一个营业网点的情况下个人存款年度新增首破亿元大关,全年个人存款时点新增8562万元。10月底,建行对公存款较年初新增15294万元,此新增额占辖区新增额的67.3%且系统领先,全年对公存款时点新增13351万元。截至12月底,实现中间业务收入177万元。全年营销各类基金8986.13万元、寿险产品1258.30万元、利得盈962万元、黄金946.64克、代工户372户、CTS79户、发售公积金龙卡1767张。电子银行业务全年营销企业高级版网银8户(计划完成率100%)、企业短信26户、个人短信3676户、个人网银1226户、手机银行1211户、在市行未分配计划的情况下营销E路同行17户。一日流程工作取得213分(满分215分)的优异成绩。全年实现无事故安全运营。

【营销工作】 2009年,建行利用一切机会,将全行员工的工作理念、工作行为、工作效率、工作效果,逐步引领、规范到"做客户、抓高端、借外力、做批量"的营销工作思路上来,并将其作为全行的经营定位,以此为突破口,推动支行各项经营工作全面、高效开展。随着"做客户、抓高端、借外力、做批量"思想的深入贯彻,建行以个人高端客户、公务员群体、住房公积金客户、建筑行业业主、个体商户、私企老板、企事业单位工作人员、乡镇企业管理者、农副产品收购大户、乡村干部为主体的客户群体和目标客户逐渐形成。在此基础上,建行认真开展个人高端客户的推荐、识别、筛选、建档、联系、走访、相关产品配比工作,加大对个人高端客户的客户关系建立、维护和营销工作力度,至12月底建行个人高端客户数为395户,较年初新增169户,增长率达42.78%,其中钻石级新增1户、白金级新增50户、金级新增118户。在对财政客户和重点企业客户营销工作方面,建行采取高端营销、分层营销、组合营销、定期走访、上门服务、小范围联络等营销策略,稳定和扩大财政客户和重点企业客户群体。是年,建行先后开展诸多营销活动:在县检察院、县龙门宾馆、夏庄镇开展金融课堂活动,在县阳光小区开展社区营销活动,在县城街道开展手机银行清街、清户活动,在县区开展支付宝进网吧、进学校活动,在县城区开展龙卡通进家庭活动。至10月底,建行对公存款较年初新增15294万元,此新增额占辖区新增额的67.3%且系统领先,个人存款10月21日时点余额较年初新增10243.50万元。

【"一日流程"工作】 根据市分行统一部署,10月份以后,按照《信阳分行营业机构柜面操作流程规范》内容,建行开展"一日流程"工作。一是充分做好工前准备，做到取物归位，减少拿错凭证次数，提高业务办理速度，对业务环节进行细化和明确，从凭证入手，严格审核每笔业务。二是规范流程，一笔一清、一事一清，杜绝差错。要求柜员认真审核各种凭证要素填写的规范性、完整性、一致性；对开销户、更换印鉴、冻结扣划、挂失、修改户名、客户编号等特殊事务，认真核对客户提供的所有资料真实有效性。在办理业务过程中，会计主管随时关注柜员办理业务的情况，督促柜员按章操作，对不规范的业务操作及时指出和督促纠正。加强对业务授权范围的控制和检查监督，对需要授权的业务认真复核，会计主管不定期查看现场操作是否符合业务管理制度，行使权限是否到位。三是营造氛围，培养自信心。通过表扬、激励，调节员工情绪，帮助员工释放压力，从而保持员工心情愉快、头脑清醒和态度专注，提高工作质量。四是日终执行双人勾对流水。日结后，柜员按照当日凭证顺序，逐笔勾兑柜员流水账，确保每笔账务性交易流水有相对应的凭证。换人勾对时，必须按流水逐一勾对，对没有流水的，要仔细审核办讫章或公章、私章是否齐全，签名是否相符等，审核完毕，要求勾对人在稽核本上登记，以明确责任，实施奖惩。五是强化对员工的业务培训。坚持每天晨会学习规章制度，及时传达上级行业务操作新要求及稽核发现问题提示要点；利用周例会进行培训省分行下发的会计主管答疑手册、信阳分行会计主管经验交流，尤其是对省市分行的稽核情况通报、疑难问题案例等组织员工剖析、座谈，提高柜员解决疑难问题的能力。六是建立抽查稽核差错通报和奖罚制度，把好重点环节关。日终后主管重点对柜员经办的开销户、信息变更、挂失、重建磁条、重新认证、大额存取款、转账汇款、错账冲正、自制记账凭证、业务授权等重点环节进行重点核查；复核勾对确保凭证要素齐全，附件清楚，各类印章清晰。对于抽查中发现的差错第二天晨会中通报批评，当月累计2次以上视同一般差错扣罚100元。年底在信阳分行对所属营业机构进行的“一日流程”工作检查验收中，建行息县支行取得213分（标准分为215分）的优异成绩，且取得会计稽核工作连续六个月零差错的系统优异成绩。

**【基础管理】**　一是加强包括考勤制度、考核制度、奖惩制度等方面的制度建设，从制度层面保证支行各项工作开展。尤其制订、完善千分制员工绩效考核方案，从工作导向上、员工全方位工作发展上考核员工工作，兑现员工绩效工资。二是加强以积极主动、爱岗敬业、注重执行、力求实效、团结协作为主要内容的文化和团队建设，树立以大局意识、协作精神和服务精神为主要内容的团队精神，从文化层面上推动支行各项工作开展。三是加强以标准化、精细化、个性化、差别化为特质的柜面服务建设。四是加强以连续零差错为终极目标的风险防控建设。五是加强以一日流程为主要内容的日常营运操作流程规范建设。

**【服务型机关建设】**　2009年，建行采取“优化服务环境、整合服务人员、固化服务流程、细化服务标准、强化服务监督、兑现服务奖惩”等工作推进措施，强化柜面服务工作，在辖区金融机构中，树立具有核心竞争力和体现“错层”竞争特质的建行服务品牌，推动各项工作开展。

# 息县农村信用联社

书记、理事长:黄明君

副书记、主任:祁家云

【简述】 2009 年,息县农村信用联社落实省联社、市办工作会议精神,坚持以市场为先导,以服务"三农"为宗旨,以质量效益为目标,深化管理体制改革,强化机制创新、服务创新和合规文化建设,加大经营结构的战略性调整,提高经营水平,突出重点抓落实,创新经营促发展,各项工作均有新突破。

【业务工作】 一、存款:2009 年底,全县信用社各项存款余额 287781 万元,较年初净增 29541 万元,占市办任务 56.17%。其中低成本存款净增 8937 万元,占存款净增额的 30.25%。二、贷款:各项贷款余额为 187851 万元,较年初净增 52332 万元,其中,农业贷款余额为 170193 万元,比年初增加 30788 万元,占新增贷款的 58.83%。贷款增量、增幅实现历史性突破。三、资产质量:全县信用社五级分类不良贷款余额 9034 万元,较年初下降 20085 万元,占比 4.81%,较年初下降 15.08 个百分点;资本充足率 8.38%,同比上升 12.06 个百分点;贷款损失专项准备充足率 114.05%,同比上升 89.78 个百分点。四、经营效益:全县信用社实现各项业务收入 16891 万元,其中贷款利息收入 14358 万元,收息率达 8.47%,同比多收 1860 万元,利润总额为 861 万元,实现经营利润为 2872 万元,占市办任务的 124.86%,也是历史性突破。五、银行卡业务:布放并投入使用 ATM 机 5 台,发展收单商户 8 家,布放固定 POS 机 9 台,金燕卡存量 55980 张,卡存款 16219 万元,增强自助产品对传统柜面业务的替代效应,联社营业部 ATM 机月交易量居全省农信社前列。六、"两大工程"创建:探索尝试林权抵押、与县担保中心合作创新服务,推行"十大信贷品牌";全县信用社创建信用户 86195 户,信用村 71 个,信用街道 2 个,信用乡 4 个;18 个"阳光信贷"服务大厅启用。

各项筹建商行指标均已达标。不良贷款占比为 6.05%,低于农商行 8% 要求 1.95 个百分点;资本充足率为 9.68%,高于农商行 8% 要求 1.68 个百分点;核心资本充足率为 9.69%,高于农商行 4% 要求 5.69 个百分点;计提贷款专项准备 4558 万元,损失准备充足率达到 111%;股金结构、相关比例均符合相关规定。

【中间业务】 联社与人寿保险公司合作,将代理业务量化到人,严格考核,开展代理保险业务。八月份以后,联社与工行开展企业理财业务。至 12 月底,全县农村信用社实现代理保险业务收入 5.9 万元,企业理财收入达 80 万元。

【规范化服务】 一是限时服务。一般事项 3 个工作日答复,重大事项 5 个工作日答复。二是窗口服务。在县服务中心设立窗口值班,指派专人解答咨询及问题。三是按照《息县联社规范化服务实施细则》和《关于认真做好营业服务客户口投诉处置工作的通知》,信用社工作人员一年之内因服务被客户投诉并查证属实者:第一次投诉罚款100元;第二次投诉罚款200元;第三次投诉,下岗一个月(只发生活费),下岗期间态度态度端正,主动改正错误者,方可上岗。对态度恶劣,拒不接受处理者,一年内查实累犯4次以上者(含4次),一律开除,解除劳动合同。

**【内部管理】**　完善绩效工资考核办法。按岗位定工资,不分代办员和临时工,实行按劳取酬、多劳多得、效益公平的分配考核机制,制订新的薪酬考核机制,拉开员工工资档次,杜绝把奖励当福利的思想,做到"基本工资保吃饭,岗位工资看表现,效益工资靠实干,奖励工资凭贡献",调动员工工作积极性。规范内部管理。落实前台服务、后台管理,实行岗位轮换、强制休假、亲属回避"三项制度"。全县农村信用联社建成电视网络监控系统,提升科技防范手段,实现安全运营。稽核监督。重点放在对案件专项治理、经营成果真实性检验,新发放大额贷款方面。同时,联社按照"预防为主、打防并举、标本兼治,综合治理"的原则,加大安全保卫检查力度和重点部位、重点时段的案件防范工作。

**【下岗及双退人员的稳定工作】**　一是做好下岗人员的返岗工作。根据下岗人员存在的不同问题,制订新的管理办法,明确上岗条件,达到条件的上岗,期限内达不到条件或不愿达到条件的离岗,稳定员工思想情绪。二是做好双退人员的养老保险金的移交工作。按照省联社、市办的有关要求,认真核对、精心核算,完成向信阳市社保局的移交工作。三是开展"送温暖、献爱心"走访慰问老干部、老员工、老党员活动。

**农村信用社二级机构**

| 单　位 | 负责人 | 职责职能 | 人数 | 电　话 | 备　注 |
|---|---|---|---|---|---|
| 城关信用社 | 李　兵 | 加强内部管理,提高经营效益 | 25 | 13903979609 | |
| 振兴信用社 | 文学仁 | 加强内部管理,提高经营效益 | 25 | 13803768661 | |
| 北桥信用社 | 庞清远 | 加强内部管理,提高经营效益 | 23 | 13607613392 | |
| 东郊信用社 | 王国耀 | 加强内部管理,提高经营效益 | 40 | 13903979873 | |
| 城郊信用社 | 尹振中 | 加强内部管理,提高经营效益 | 32 | 13507614685 | |
| 孙庙信用社 | 王　雷 | 加强内部管理,提高经营效益 | 8 | 13803768761 | |
| 路口信用社 | 余金友 | 加强内部管理,提高经营效益 | 7 | 13937666093 | |
| 彭店信用社 | 任平照 | 加强内部管理,提高经营效益 | 11 | 13723145555 | |
| 杨店信用社 | 李　靖 | 加强内部管理,提高经营效益 | 10 | 13839710568 | |
| 白店信用社 | 郑　勇 | 加强内部管理,提高经营效益 | 8 | 13608475394 | |
| 张陶信用社 | 汤玉伟 | 加强内部管理,提高经营效益 | 10 | 13949161281 | |
| 东岳信用社 | 龙　涛 | 加强内部管理,提高经营效益 | 10 | 13703767048 | |
| 岗李信用社 | 方新勇 | 加强内部管理,提高经营效益 | 8 | 13949150691 | |
| 包信信用社 | 陈世军 | 加强内部管理,提高经营效益 | 10 | 13033775023 | |
| 小茴信用社 | 王　磊 | 加强内部管理,提高经营效益 | 10 | 13598560888 | |
| 乌龙店信用社 | 任学功 | 加强内部管理,提高经营效益 | 8 | 13569716955 | |
| 夏庄信用社 | 曹远明 | 加强内部管理,提高经营效益 | 10 | 13937630938 | |

| 单　位 | 负责人 | 职责职能 | 人数 | 电　话 | 备　注 |
|---|---|---|---|---|---|
| 长陵信用社 | 潘必亮 | 加强内部管理,提高经营效益 | 6 | 13839725280 | |
| 陈棚信用社 | 周世豹 | 加强内部管理,提高经营效益 | 9 | 13703767923 | |
| 项店信用社 | 尹金基 | 加强内部管理,提高经营效益 | 11 | 13937627309 | |
| 临河信用社 | 全东超 | 加强内部管理,提高经营效益 | 11 | 13839780666 | |
| 关店信用社 | 蒋福明 | 加强内部管理,提高经营效益 | 11 | 13683766088 | |
| 曹黄林信用社 | 杨志平 | 加强内部管理,提高经营效益 | 11 | 13839717952 | |
| 八里岔信用社 | 徐　恒 | 加强内部管理,提高经营效益 | 9 | 13937627318 | |
| 李塘信用社 | 张　波 | 加强内部管理,提高经营效益 | 7 | 13507615405 | |
| 联社营业部 | 宋克勤 | 加强内部管理,提高经营效益 | 13 | 13903979530 | |

# 中国人民财产保险股份有限公司息县支公司

党支部书记、经理:李卫国

【简述】 2009年,中国人民财产保险股份有限公司息县支公司坚持以市场为导向,客户至上的经营理念,搞好市场调研和保源分析,强化窗口意识,服务意识,开展行业树新风活动,强化管理,提高效益,计划生育、综合治理、优化经济环境均取得新成绩,为保一方平安,支持地方经济建设发挥保险的经济补偿作用。

【经营业绩】 公司坚持科学发展观思想,联系金融经济和保险业的发展形势,围绕业务发展,分析形势,扑捉市场信息,调整展业计划。业务工作做到千斤重担大家挑,人人肩上有指标,长计划、短安排,公司党支部带头到基层、下厂矿,找保户座谈了解对保险的需求和反映。在市场竞争激烈的形势下,以全新的服务,客户至上的经营理念,打造宽广的客户群体,截至2009年12月31日,保费收入1118万元,比2008年同期增长7%。

【农村种植业保险】 继2008年在全县开办水稻保险业务以后,2009年息县继续开办水稻、玉米保险业务,为落实好这一惠农政策,人保财险息县支公司印制30000份宣传单,到各乡镇张贴,发放到种植户手中,让农民了解党的惠农政策。息县支公司从自身业务实际出发,制订服务三农的保险保障服务措施。一是认识到位,在业务工作中尤其是在开展农业保险和政策性水稻、玉米保险和能繁母猪保险工作中,一切从服务三农支农、惠农出发。二是服务措施便民、快捷,快勘查、快理赔,体现亲情化服务。2009年由于受暴风雨的影响,息县承保的水稻、玉米出现大面积倒伏,公司启动灾情应急预案,抽调责任心强、技术能力捧的业务人员组成勘查小分队,分赴各乡(镇)实地勘查、丈量 。三是提升服务水平,加强员工专业知识和专业理论的学习。四是在员工队伍建设方面体现人性化管理,发挥员工的主观能动作用。

【业务运作】 实行领导带班、跟班作业制,坚持双人勘查现场、城区15分钟到达现场,县境内40分钟以内到达事故现场,为合理定损,准确赔付掌握第一手资料。还实行周二、五领导接待日活动,处理涉农保险赔案。实行责任追究制。实行二十四小时值班电话,方便群众报接案件,开通绿色通道和小额赔款现场处理。

财险内设机构

| 科室名称 | 负责人 | 主要职责 | 联系电话 | 备注 |
|---|---|---|---|---|
| 管理部 | 刘树松 | 理赔签单 | 13193851653 | |
| 办公室 | 雷道福 | 后勤、文秘 | 13839709703 | |
| 营销部 | 彭　菁 | 营销人员管理 | 13507615307 | |
| 农村业务部 | 刘　艳 | 农村业务管理 | 13569719777 | |

# 中国人寿保险股份有限公司息县支公司

经理：程　超

【简述】 2009年，中国人寿息县支公司在全球金融危机持续蔓延和加深的大背景下，积极应对日益激烈的保险市场竞争，深入贯彻落实科学发展观，下大力气调整业务结构、转变发展方式、提高经济效益、防范经营风险、强化企业管理，全面完成市公司下达的业务计划，各项工作均取得非凡业绩，实现年初公司提出的“化危为机，困境突破，做大做强基础性工作”的目标。城镇职工大额医疗保险、城乡困难群众住院医疗保险、在校中小学生平安保险等服务和谐社会建设的险种经营良性运转，发挥了保险的经济补偿和补充功能。是年，中国人寿息县支公司被息县县委、县政府授予“关心支持国防建设先进单位”、“创建学习型机关先进单位”称号；顺利通过“总公司级青年文明号”年度复检。

【业务发展】 围绕“加大业务推动力度，调整优化险种结构；狠抓基础管理，深化各项改革；做大做强期交业务，提高创佣(金)增效能力；苦练内功强素质，提升服务塑形象”几个着力点，稳步推进各项业务发展。2009年，中国人寿息县支公司全面落实和深化个人代理《基本法》，变单一的企划推动为企划与《基本法》考核双轮驱动，个险期交业务夹缝中求出路；面对激烈和残酷的生产竞争，灵活应对，银邮代理在竞争中谋突破；克服重重困难，全力开发新险种，团险渠道稳中求进；规范流程，强化服务，健康险业务逐步完善。与此同时，公司认真落实省市总公司“巩固城区、抢占‘两乡’”战略，把公司的业务向广大农村市场延伸。2009年中国人寿息县支公司实现保费收入1.503亿元，较2008年增长20.5%。其中：个险期交1182万元、短期险312万元、基金业务236万元、银邮代理9620万元、续期保费3680万元。

【经营企管】 2009年，中国人寿息县支公司认真执行国家保险行业监管政策，坚持依法合规经营。加强新单业务的核保回访，保证业务的良性健康；科学规范理赔，控制经营风险；恪守各级公司财务预决算政策，严控财务资金运营。客户服务、政策业务、单证票据等基础工作均得到较好发展和落实。规范健康的经营管理让中国人寿息县支公司成为全省系统少有、全市系统仅有的经营费用良性运转的县级支公司。

【员工队伍建设】 2009年，中国人寿信阳分公司系统进行人力资源和薪酬体制改革，规范员工队伍和薪酬管理，公司还强化代理人员和内勤人员的社会公德、职业道德、家庭美德的教育培训力度，树立全员敬业爱岗意识和主人翁意识，为企业发展提供强有力的政治和人力支撑。

【企业形象建设】 2009年，中国人寿息县支公司借助信阳被批准为河南省农村改革发展综合试验区契机，发挥中国人寿世界双500强企业的品牌优势，积极投身和服务于息县的新农村建设，在全市系统率先在各乡镇设立“中国人寿服务三农保险驻村工作室”60个，为广大农民提供党的政策宣传、保险知识传播、理赔跟踪服务，成为全市保险业务的一个亮点。

（供稿：郑　峰）

# 经济管理

## 发展改革工作

主任:施庆华

**【简述】** 2009年,县发改委围绕县委经济工作目标,坚持科学发展观,创新思路、创新职能、创新理念、创新自我,转变作风,以发展为己任,视管理为服务,发挥谋划大计的“参谋部”作用,反馈经济动态的“信息部”作用,项目开发的“作战部”作用,促进县域经济和社会事业发展。

**【全县综合经济指标】** 2009年,息县围绕“保增长、保民生、保稳定”的总体目标,克难攻坚,锐意进取,经济社会发展保持平稳较快的发展势头。生产总值完成88.6亿元。同比增长13.2%。社会消费品零售总额完成34.4亿元,增长19.8%;城镇固定资产投资完成92.2910亿元,增长40.2%。主要效益指标和产销率增长平稳。

**【重点项目建设】** 一、省重大工业结构调整项目进展情况:息县列入省重大工业结构调整项目3个,总投资103640万元,2009年计划投资19000万元,至12月底完成投资23822万元,占年度计划的125%。二、市重点项目进展情况:列入市重点项目5个,总投资74980万元,2009年计划完成投资30317万元,至12月底完成投资37511万元,占年度计划的124%。三、市“8218”项目进展情况:列入市“8218”项目8个,总投资146200万元,2009年计划完成投资53500万元,至12月底完成投资65262万元,占年度计划的122%。四、市重点工业项目进展情况:列入市重点工业项目8个,总投资88600万元,2009年计划完成投资40560万元,至12月底完成投资45962万元,占年度计划的113%。五、“茶文化”签约项目进展情况:第十七届“茶文化”息县签约项目6个,均为独资,项目总投资27232万元,客方到位资金27632万元,占客方到位资金的101.5%,其中:竣工投产项目5个,在建1个。六、“5+2”项目进展情况:2009年“5+2”经济合作论坛息县签约项目1个,总投资3000万元,竣工,完成投资3500万元,占客方资金的117%。七、县重点项目进展情况:是年息县重点建设项目66个,总投资379983万元,2009年计划完成投资190032万元,至12月底累计完成投资211066万元,占年度计划的111%。

**【项目策划和资金争取】** 2009年,受国际金融危机影响,国家发改委提出“扩内需、保增长”经济举措。县发改委把跑项目、争资金当作工作的重中之重来抓。在抓争取国家项目工作上,一方面,千方百计收集国家投资信息,根据国家投资导向,做好项目的前期准备工作;另一方面,经常上郑州、跑北京,向上级汇报息县的项目情况,争取理解和支持。2009年,全县共争取国家政策性投资项目50个,总投资67443万元,其中中央预算内投资20192万元,省财政专项资金14153万元。为方便县领导、相关单位出外招商发改委还筛选一批对外招商项目,编印成项目册对外推介。

**【项目建设监管】** 县委县政府先后成立争取中央新增投资领导小组、息县重点项目建设领导小组、息县整合项目资金领导小组,加强对项目建设工作的领导。一是加强基本建设程序和专项资金管理。对在建的政府投资项目,发改委针对项目报批、争取、资金下达、项目进展、项目验收,从改革体制、机制、制度入手,进行行政审批改革,减少行政审批事项,简化审批环节,开展集体会审,规范审批行为,强化行政审批事前事中事后的监管。通过建立行政审批过错责任追究制,推行首问负责制、公示制、限时办结制,提高行政审批效率。通过理顺各项业务流程,制订办事标准和法定文本,使全委各项行政审批业务法定化、制度化、标准化、规范化,克服办事随意性和有效扼制"自由裁量权"。对照各类项目建设内容和规模,按照"六项制度"对项目实行管理,即项目法人责任制,工程招投标制,工程质量监理制,工程质量终身追究制,竣工验收审计制,资金拨付报账制。从强化项目及资金管理入手,把好"五关",即强化计划管理,严把规划关;强化预算管理,严把工程造价关;强化资金管理,严把资金拨付关;强化施工管理,严把竣工验收关。在项目实施的全过程中,实行"四位一体",即发改、财政、技术部门、项目单位联动的管理办法,严格把关,以确保工程高标准建设。二是履行《招标投标法》及相关法律法规,制订一系列招投标管理办法,加强各类招投标活动的组织协调、现场监督、问题查处及后期管理,对招标范围、组织形式、招标方式等实行事前核准,对项目招标的预审、开标、评标、定标实行全过程监督,确保招投标过程公开、公平、公正。探索并推行网上招标、投标、评标以及清单报价、电子评标等先进办法,查证有关举报,全县各类招投标活动步入规范化、制度化轨道。三是加强重点项目管理,实行重点项目建设目标考核、县级领导联系重点项目制度,落实目标考核责任制及重点项目建设进度和资金使用情况月报制度,对不符合建设程序和质量要求的项目采取责令停工、限期整改、停拨资金等处罚措施,保证重点建设的顺利进行。四是不断深化投资体制改革。认真贯彻落实《国务院关于投资体制改革的决定》和《省政府关于投资体制改革的实施意见》,对社会投资实行核准备案制,扩大投资者的自主决策权,加强对社会投资的引导和调控,规范政府投资管理。

**【筛选和论证2010年项目】** 2010年国家产业政策和资金投向与2009年基本保持一致,国家继续实施积极的财政政策和适度宽松的货币政策,突出财政实施重点,加大对民生领域和社会事业支持保障力度,增加对"三农"、科技、教育、文化、卫生、社会保障、保障性住房、节能环保等支持力度,结合息县实际,筛选出符合国家产业政策投向的项目75个,总投资601055万元,其中拟争取上级政策性投资461380万元。经筛选列入2010年省市重大建设项目。*省重大工业结构调整项目*:2010年息县拟报省重大工业结构调整项目4个,总投资157970万元,2010年计划完成投资47000万元。*省重点项目*:2010年息县拟报省重点项目1个,总投资30000万元,2010年计划完成投资16000万元。*市重点项目*:2010年学习县拟报市重点项目8个,总投资130769万元,2010年计划完成投53740万元。*市重点工业项目*:2010年息县拟报市重点工业项目6个,总投169802万元,2010年计划完成投52000万元。2010年县发改委从投资500万元以上和中央新增投资项目中筛选规划重点项目119个,总投资1386502万元,2009年年底完成投资53730万元,2010年计划完成投资815200万元。续建项目15个,总投资131378万元,2009年底累计完成投资53730万元,2010年计划投资60328万元;新建项目104个,总投资1255124万元,2010年计划投资754873万元。*2010年以工代赈项目建设计划*,申报省总投资570万元,其中:乡村道路560万元,农田水利10万元。

**【企业服务年活动】** 一是成立企业服务年活动领导小组,出台《息县开展企业服务年活动实施方案》,制订《息县金融机构支持县域经济发展考核奖惩办法》。二是筛选出一批符合国家产业政策,发展前景好、吸纳就业多、具有一定规模和实力较强的企业作为本地重点服务企业。在征求各部门意见的基础上,全县确定9家市级重点服务企业和77家县级重点服务企业。三是县领导和县政府职能部门通过到企业现场调研企业生产经营情况和项目建设进度情况,多次召开企业服务年工作座谈会,了解企业生产经营中的问题,帮助企业查找问题，理清思路。四是搜集梳理问题，归纳分类，以企业服务年领导小组的名义发文督促有关职能部门限时解决或答复，及时反馈情况。五是真抓实招解难题。共收集梳理企业反映的问题共7类46个，解决问题41个，正在解决的问题2个，另外3个问题不符合国家政策规定范围。企业服务年领导小组办公室共发督办文件16期，情况通报14期。全县金融机构累计与32家企业签订贷款合同，合同金额达2.78亿元。

**【协调服务】** 一是引导中小企业快速发展。鉴于全县中小企业投融资难的问题，发改委组织召开息县中小企业投融资培训会，加强对息县中小企业投融资政策辅导，对金融机构进行项目融资介绍，为息县银企交流搭建平台。二是牵头组织有关乡镇、部门和单位赴外地招商推介项目，广交商界朋友，吸纳发展经验。瞄准重点区域招商、突出产业集聚区招商，围绕重点产业招商。采取网络招商、定点招商、节会招商等多种形式推进招商。息县2009“5+2”经济合作论坛签约项目1个，即县城保洁及垃圾压缩站建设项目，总投资额3000万元，是年投资额达3500万元，资金到位率117%，项目竣工投产。息县第十七届茶文化节签约项目6个，总投资额27232万元，到位资金27632万元，占客方投资的101.5%。年产200吨禽蛋加工项目、年产40万混凝土项目、蔬菜肉食加工项目、年产30000吨植物油生产线建设项目、年产5万吨软质碳酸钙建设项目、新型墙体材料建设项目均竣工投产。

**【以工代赈】** 2009年，县发改委对上级计划按规定、政策要求，及时转发下达，对所有项目均予以公示。是年省下达以工代赈资金290万元，其中：省财政配套资金125万元，省交通配套资金165万元。

**【支持农村改革发展试验区建设】** 制订《息县发展和改革委员会关于从十个方面支持息县农村改革发展综合试验区建设的意见》，为新村建设立项178个，全县开工建设新村110个，总投资达到20多亿元，并做好息县新农村建设八篇文章之一的创新城乡一体化建设办公室日常事务工作，研究制订《关于创新城乡一体化建设的实施意见》、《关于创新城乡一体化发展2009年工作计划和措施》、《关于创新城乡一体化建设专题学习制度》等，并在息县农村改革发展试验区办公室工作信息上发表专题信息5篇，在全市对息县2009年城乡一体化发展机制体制考评中，编印《息县2009年城乡一体化发展体制机制考评材料汇编》，为息县创新城乡一体化发展奠定基础。

**【自身建设】** 2009年，发改委坚持以强化服务为宗旨，以“内强素质、外树形象”为目标，加强党的建设、班子建设和队伍建设，转变机关工作作风。坚持以基层和群众满意不满意为根本标准，以行风评议活动为契机，大兴学习之风，狠抓干部的理想信念、法纪观念、廉政意识、宗旨意识教育，查找工作中存在的突出问题和薄弱环节，积极整改。在机关开展转变观念、转变职能、转变作风，争创文明机关、争做优秀公仆，创新工作方式方法的“三转两争一创新”活动，推行首问负责制、限时办结制、行为规范制、重点项目跟踪帮办制“四制”工作法，严格执行市“十不准”和县“五条禁令”，全委上下无一人违纪。开展审批制度改革，按照市政府的统一要求，行政审批事项全部集中到县行政服务中心办理，杜绝“体外循环”和“双头受理”。执行《项目审批、核准、备案和审核申报管理办法》。简化办事程序，提倡急事急办、特事特办，今日事今日办。2009年，在中心共受理行政审批事项324件，办结324件，办结率达100%，群众满意率为100%。每季度测评均在前十名以内，在全县第三季度优化发展环境测评中荣获全县第一名。

（发改委　王蕾）

# 物价管理

【价费监管】 2009年,县物价局按照上级要求,开展收费年审工作,对全县61个行政事业性和经营服务性收费部门的《收费许可证》进行年度审验。共换发《收费许可证》49个,审验《执收公务证》78个。落实上级收费文件39份,执行国家和省政府取消和停止征收及降低的收费项目200项。不越权审批一个价费项目,不越权办理一个《收费许可证》。督促落实下岗职工再就业优惠政策,共督促6个部门为下岗再就业人员减免费用。清理和规范经营服务性收费和社团组织收费行为。发放宣传及征求意见建议资料达3000多份,开展"明码标价、诚信经营"宣传教育活动。开展节假日市场价格、农资价格和惠农政策、教育收费、药品价格和医疗服务收费、电信资费专项检查,共受理群众价费举报投诉案件26件,处理26件,举报案件办结率达到100%。接受政策咨询52件,查处价格违法案件113件。配合省、市检查组开展专项检查工作。落实"企业服务年"优惠政策,执行《企业缴费明白卡》制度。争取黄淮四市优惠电价政策,有4家工业集聚区企业符合政策规定,享受每度优惠0.13元的电价政策。

【工农业产品成本调查和价格成本预审监测】 息县物价局按照国家、省、市的要求健全市场价格动态监测体系,提高监测工作水平,为上级部门决策提供依据。坚持《主要副食品价格监测表》工作日日报制度。2009年,采集上报市场价格动态监测86次,得到省、市有关部门好评。

【价格评估、认证、鉴定和拍卖工作】 2009年,物价局以服务全县经济为大局,服务于司法鉴定为己任,坚持客观、公平、公正、科学的原则。全年共受理公、检、法等部门委托的价格鉴定、认证162起,标的额达4972万元;协助市拍卖行对9件拍卖物进行拍卖,成交价1135.7万元,实现增值49万元。

【价格调节基金】 2009年,按照市、县政府的有关要求,物价局加强价格调节基金的征收和管理工作,充实和调整价格调节基金工作人员,共征收价格调节基金近12万元。

（物价局　鲁锐）

# 工商行政管理

党组书记、局长:王志忠

**【简述】** 2009年,息县工商行政管理局按照"四个统一"、"四化"建设、"四高"目标工作要求,践行"立足工商抓工商、跳出工商抓工商"的工作理念,弘扬新时期河南工商精神,以开展"服务科学发展年"和"基层业务建设年"活动为贯穿全年工作的主线,以推进职能转移为动力,以执法监管为抓手,服务地方经济社会发展,开展市场执法监管和消费维权,创新体制机制,规范基层建设,加强班子队伍建设,各项工作呈现新亮点,开创新局面。

**【市场监管】** 一、流通领域食品安全监管。以贯彻落实《食品安全法》为契机,加大食品安全监管力度,维护食品市场秩序。开展食品安全专项执法检查活动,先后集中开展春节食品市场、滥用食品添加剂、奶制品市场、茶叶市场、蜂胶市场,"五一"和中秋节、国庆节市场等8次专项整治行动,查扣假冒伪劣和不合格食品3000公斤,案值15万元。强化食品质量检测和市场巡查工作,坚持定期开展检测活动,规范市场巡查行为,加强食品安全日常监管。推进食品安全监管创新机制,推行"一票通"监管模式。实施流通环节食品经营许可证制度,规范食品经营者市场准入行为。认真做好甲型H1N1流感防控商品监管工作,维护市场稳定。抓好"放心酒"工程,规范酒类市场秩序。二、开展虚假违法广告专项整治。以医疗、药品、美容、保健食品,化状品等5类广告为重点,加强广告监测,抓好广告的日常监管,监测电视媒体广告104次,下发违法广告停止发布通知书12件,责令整改发布广告通知书19件。三、商标专用权行政保护工作,坚持把关系人民生产和生命安全的商品发生商标侵权行为作为重点,集中开展3次专项整治,检查各类农资市场19个,食品交易市场24个,超市39家,企业商户829家,查处商标侵权案件27件。与企业联手开展商标侵权行动,与郑州第二电缆厂联手开展侵权"全水"牌商标专项整治,查获假冒电缆268包,案值3.2万元。与青岛啤酒股份有限公司联手开展侵权"青岛啤酒"商标专项整治行动,查获假冒青岛啤酒65箱,案值0.46万元。四、巩固打击"传销"成果。开展"打击'传销'百日执法"行动,始终保持打击"传销"的高压态势。大力营造舆论宣传声势,推进创建"无'传销'社区(村)"活动,建立完善群防群治工作机制。与公安部门配合,先后在春节期间,"五一"和"十一"长假期间等易发生"传销"时期开展5次专项打击行动,对全县出租屋、车站、学校、宾馆、旅店等重点场所进行排查,防止"传销"活动在息县落地生根。五、社会治安综合治理工作。加强互联网上网服务营业场所整治,查处取缔黑网吧17家,查扣电脑主机58台,促进网络市场秩序好转。开展"扫黄打非"专项斗争,开展针对非法出版物,盗版教辅书籍等专项执法检查,查缴各类盗版书籍268册,教辅磁带150盘,光碟50余张。参与平安建设工作,取缔违法成品油零售站点32处,消除安全隐患。开展娱乐场所专项整治活动,取缔无照经营户43户。联合相关部门治理超限、超载工作,取缔运输车辆无照经营行为,取缔非法砂场,打击非法拼装车行为,超载超限现象得到遏止。截至2009年12月中旬,全系统共查处各类经济违法违章案件1080件,其中无照经营案件686件,超范围经营案件165件,不合格商品案件53件,不正当竞争案件25件,未建立食品购销台账案件40件,销售无质量检验报告案件45件,销售无中文警示标志案件26件,未建立种子经营档案案件6件,隐瞒真实情况骗取登记案件14件,广告违法案件2件。

【服务县域经济发展】 一、支持各类市场主体健康平稳发展。通过下移注册登记权限,降低门槛,简化程序,营造宽松环境。是年,全系统新登记个体工商户2173户同比增长50%,个体工商户总数达到6258户,注册资金6982万元;新登记各类企业200户,其中私营企业162户同比增长75%,企业总数达到953户,注册资金40360万元。二、开展"农民工服务月"活动。结合工商职能,从市场准入、减免费用、热情服务等方面向县委、县政府提出16条措施,为返乡农民工就业创业创造条件。以"送政策、送服务、送信息、送温暖"为主题,开展"一带四重点帮扶农民工"工程,系统230名在职干部职工引导和帮扶920名返乡农工在个体私营领域创业或就业。三、支持农村综合改革试验区建设。(一)是支持农民专业合作社发展,通过政策宣传,放宽准入条件,免收注册登记费,开展送照上门服务等措施,截至12月,全年发展各类农民专业合作社361家,加入农户1.2万户,为市局目标任务数的12倍,位居全市前列。(二)是开展"红盾护农"行动,先后开展"打假冒保春耕"、"打假冒、保三夏"、"打假冒、保秋收"专项整治活动,抽检农资商品167个品牌(批次),查处农资违法案件187件,为农民挽回经济损失186万元,其中一次为种粮大户挽回经济损失100万元。(三)是打击以"家电下乡"名义销售翻新家电行为,确保"家电下乡"惠农政策落实到位。四、为企业融资,助推企业发展。利用动产抵押登记,股权出质登记,商标注册专用权质权登记,以及与邮政储蓄银行联手开展小额贷款活动,帮助企业解决融资难问题。为息县峰刚粮食制品有限公司、亚洲新能源控股(信阳)有限公司等7家重点企业办理抵押登记,抵押物总值达3.5亿元,融资1.75亿元,通过向邮政储蓄银行推荐诚信经营户优先为其发放小额贷款近亿元。五、帮扶企业创品牌,助推企业做大做强。实施商标战略,以县委、县政府确定的5家创新型企业为重点,帮助申请注册商标,争创知名商标、驰名商标。2009年,新注册商标11件,帮助亚洲新能源控股有限公司,信阳怡芳卫生用品有限公司完成河南省著名商标申报工作,3家骨干企业申报信阳市知名商标,使息县注册商标总量达到50件,知名著名商标达到6件。六、服务招商引资工作。按照大招商的要求,规范行政审批行为,认真落实一周办结制,对外来投资者注册登记,坚持特事特办,急事急办,从注册登记的各个环节提供具体帮助,注册登记外来企业20家,引进资金3.5亿元。

【基层业务】 一、扩大基层工商所管理权限。下放基层工商所执法办案权,制订出台《息县工商系统关于进一步加强执法办案工作的通知》,重新界定工商所执法办案范围,办案权限,建立机关业务股室,经检队和基层工商所各有明确分工,各有侧重的执法办案工作模式,加强基层执法办案工作职能,提升基层执法办案的数量和质量。下放个体工商户注册登记权,对所有中心工商所全部实行个体工商户委托注册登记,直接颁发个体工商所营业执照,强化基层工商所市场主体准入监管职能。二、创新基层监管服务模式。推行网格化监管,将每个工商所辖区划分为若干个区域,通过签订责任书,对每个区域明确监管责任人、监管职责、监管目标,并由县局统一制作监管区域划分和责任人示意图,形成基层人员监管范围清晰,职责明确,有目标方向的监管格局。三、完善基层制度建设。在工商行政管理业务方面,建立完善市场巡查制度,经济户口管理制度,12315消费投诉申诉处理制度,并为基层工商所统一印制《市场巡查登记表》、《网格化工作日志》、《案件来源登记表》。在内部管理方面,建立健全考勤请销假制度、半军事化管理制度、学习制度、财务管理制度、卫生管理制度、绩效考核制度、车辆管理制度、档案管理制度。四、推进基层信息化建设。加快网络建设,为各工商所安装内部光纤,实现省、市、县、所工商系统4级联网。加快硬件建设,分别为各工商所配备3台电脑、一台打印机、一台扫描仪,实现信息化建设的新突破。五、开展争创"规范化管理达标示范工商所"活动。严格按照市局达标标准,发挥典型示范作用,在全系统基层工商所深入开展规范化达标活动,抓好"基层业务建设年"的各项工作,以达标促规范,以规范促基层建设上台阶,有2个基层工商所顺利通过市局达标考评验收。

【12315消费维权】 2009年,县工商局建立

完善工作机制，推进12315行政执法体系建设，保护消费者合法权益。按照“六个一”标准，建立完善12315消费维权联络站35个，覆盖率达到100%，畅通消费者投诉渠道。受理消费者投诉申诉，全系统共受理投诉、申诉282件，办结280件，为消费者挽回经济损失15.7万元。抓好市场消费信息汇总分析，通过电视媒体及时发布消费警示8期。在“3·15”消费维权日之际，开展一系列形式多样声势浩大的宣传活动，展示打假维权风貌；举办消费维权宣传一条街活动，在县城中心街道设立工商法规咨询台、现场受理投诉台、假冒伪劣商品展示台等服务咨询台10个，同时，还举办息县名优产品展示一条街活动。

**【政风行风建设】** 围绕“免评之年，再夺第一”的工作目标，加强政风行风建设，确保免评而名次不下降。加强“窗口”单位建设，建立完善各项服务制度，认真落实一次告知制、首问负责制、限时办结制、超时默认制、岗位责任制、服务承诺制、过错责任追究制等制度，提高办事效能。开展争创“群众满意的基层站所”活动，对照创建标准，认真查找不足，强化规范建设，提升基层整体形象。针对省纠风办5万份征求建议卡对全市工商系统反映的32条问题，以及息县优化经济发展环境所反映的工商部门存在的问题，逐条对照，认真整改，并及时反馈整改结果，让人民群众满意。在2009年民主评议政风行风中，在连续6年群众满意率第一名的情况下，又保持了好的成绩。

（工商局　宋中治）

# 质量技术监督

**【主要职责】** 息县质量技术监督局(简称质监局)主要工作职能是打假治劣、依法维权、保障民生。质监局主要职责是:贯彻执行国家有关质量技术监督工作的法律法规和方针、政策。负责《中华人民共和国标准化法》、《计量法》、《产品质量法》、《中华人民共和国食品安全法》、《中华人民共和国特种设备安全监察条例》、《河南省贸易计量监督管理条例》、《河南省惩治生产销售假冒伪劣商品行为条例》等法律、法规、行政规章的组织实施和行政执法工作。综合管理和指导全县质量工作,推进名牌战略,管理工业产品生产许可证和计量许可证工作。统一管理全县质量监督、计量、标准化、质量认证和食品生产企业产品质量与卫生监管工作,组织实施国家产品质量监督检查制度,推行法定计量单位,组织量值传递和计量器具强制检定工作,依法监督管理计量产品和商品量计量工作;组织推广采用国际标准和国外先进标准,负责全县企业产品标准备案,组织、监督标准的贯彻实施,管理全县的组织机构代码和商品条码工作。综合管理锅炉、压力容器及压力管道、电梯、起重机械、厂内机动车辆等特种设备的安全监察监督工作,负责特种设备操作人员的培训、考核和发证工作。依法查处违反质量、标准化、计量法律、法规的行为,根据政府授权,组织实施全县有关专项打假活动,负责全县打假领导小组办公室的日常工作。

**【服务企业】** 年初,局党组召开由企业厂长经理参加的服务企业座谈会,征求企业业主对质监部门服务工作的要求和建议。同时还在全县选择具有代表性的30家企业作为重点服务对象,本着"一厂一策、有所侧重"的原则,实行不同的帮扶措施。针对困难企业开展"六个优先"服务。(一)优先为困难企业办理有关业务。进一步简化行政审批手续,提高办事效率。(二)优先为困难企业搞好技术培训。针对相当一部分企业开工不足状况,开展质量培训。(三)优先为困难企业提供各种质量检测、计量检定、法律咨询服务。帮助困难企业配备和完善计量、质检检测手段,提供从设计、设备购置到安装、调试全方位的服务。(四)优先为困难企业创名牌实施服务,帮助企业建立健全质量保证体系。(五)优先为困难企业开展"打假保优"服务。将困难企业生产的名优产品优先列入保护对象,对制假售假违法行为实行严厉打击。(六)优先为困难企业提供节能减排服务。派出专业技术人员深入企业调查研究,寻找开展节约能源、降低生产成本的新途径、新办法、新措施。关心民营企业,倾心助其发展。对息县产业集聚区的福鑫商仝开展一条龙式服务,对息县金濮建材水泥厂开展地磅检定工作和质量检验工作,对息县香米贡酒业有限公司及时变更组织机构代码证保证企业正常运行。

**【打假治劣】** 抓住食品质量安全这根主线,围绕人民群众饮食安全这一主题相继开展春季农资专项执法检查、食品质量安全检查、食品添加剂专项执法检查、乳制品及饮料专项整治、仿瓷餐具专项执法检查、建材产品专项整治、加油机专项执法检查、定量包装商品净含量专项检查、夏粮收购计量器具专项执法检查等各项执法打假活动,使打假治劣的内涵不断得到拓展,外延不断得到延伸。在农资执法打假活动中,质监局执法人员严把生产源头关,盯住息县唯一一家农资生产企业亚洲新能源信阳(控股)有限公司,做好化肥生产环节的质量把关工作,加大抽查频次,确保化肥氮成分的有机含量。开展"进百村、入千户、抽千样"活动,主动上门为农民免费提供检测、咨询、辨假知识服务。在食品质量安全监管上,加大无证查处力度和证后监管工作,杜绝无证生产,确保质量安全;加大对食品生产加工小作坊监管查处力度,特别是对滥用食品添加剂,使用非食品原料加工食品,掺杂掺假,冒用他人厂名厂址名优标志等违法行为的查处和打击力度,依法取缔2家无证生产大桶水的窝点。针对息县境内免烧砖质量状况良莠不齐的现状，开展免烧砖专项整治工作。在春季抗旱保苗和夏收工作中，质监局组织稽查队和流量室工作人员开展加油机的计量监督检查工作，燃油加油机的受检率和合格率均达到100%。

**【节能减排】** 一是开展节能减排宣传日和知识竞赛活动。二是加强水电管理。采取经常检查督促的办法，加强对单位各个办公室空调温度的设置、照明灯使用等情况的检查力度，夏季空调温度不得低于26度，冬季不得高于24度。利用深入企业指导工作之际，宣传《中华人民共和国节约能源法》、《公共节能条例》和市局印发的《节能减排、从我做起》等。三是加强耗材管理。严格控制文件印发（资料复印）数量，减少不必要的发文，所有文件用纸均采用双面印刷，复印纸及草稿纸均双面使用，提倡无纸办公、网上办公。四是加强通信和邮资费用管理。与县电信局联系设立固定电话虚拟网，平均每月节约通信费用600余元。局机关通过息县政府网站发布有关通知和信息，以节约费用。五是加强公务接待管理。严格执行上级有关公务接待的管理办法，系统各二级机构均严格执行公务接待审批程序。六是加强旅差费用管理。机关股室、稽查队、检测中心工作人员出差学习实行审批制度，外出公差人员乘坐交通工具、住宿标准严格按有关财务规定执行。七是加强公务车辆费用管理。公务用车统一调度，合理安排，执行公务派车及审批登记制度，落实上级有关车辆费用管理的“三定”工作要求，所有公务车辆做到定点维修、定点保险、定点加油。

**【特种设备监管】** 一是以使用环节为重点，组织开展“双节”、“五一”、“六一”、新中国六十周年大庆等节假日期间的特种设备安全检查活动，杜绝事故隐患，规范操作行为。二是开展特种设备定期检验工作。全年共检查锅炉30台、压力容器36台、起重机械22台、压力管道11.5KM，电梯11台，检验液化气钢瓶6000余只，对存在安全隐患的特种设备下达《安全整改通知书》。三是开展落实特种设备安全生产，使用单位安全主体责任活动，要求企业在内部自查自纠，制订完善各项安全规章制度。四是邀请市局安监科特种设备作业专家在县龙门宾馆举办特种设备安全操作知识培训班。全县40余家涉及特种设备使用单位的操作人员参加学习。

**【食品安全监管】** 一是落实食品质量安全监管责任制，将全县划分为六个责任区，明确责任区“一把手”、主管领导、直接责任人的三级联动机制，层层签订责任状。采取定区域、定企业、定人员、定责任的“四定”监管模式。二是摸清底数，建立台账，实施动态管理。质监局组织执法人员对全县所有食品生产加工企业展开调查，进村、进乡、进企业，挨家挨户登记造册，摸清本辖区食品生产企业的数量、所加工产品的类别、规模和质量状况。建立食品生产企业台账，并录入微机，实行动态化管理。三是搞好普查建档，打牢监管整治基础。四是加大对无证食品生产企业的查处力度。2009年在监管无证食品生产企业工作中，质监局对无证食品生产企业予以处罚和取缔。五是规范生产，引导食品生产小作坊办证。2009年，有7家食品生产小作坊通过审核验收，取得《食品生产许可证》。六是加强对获证企业的后续监管，采取巡查、监督抽查、强制检查、执法检查和定期回访等措施，对获证企业实行动态管理，促进获证企业持续保持生产合格产品的能力。

**【计量、检定】** 一是开展医用计量器具的强制检定工作，维护患者的生命安全。上半年质监局对医用计量器具开展普查，对城关区域内七个医疗机构在用的计量器具强制检定，共检定血压计、血压表、B超机103台，检定率达到100%。二是新上水表检定项目。2009年4月份质监局邀请河南省计量科学研究院的工作人员对新购置的XB系列水表检定装置首次强制检定，启动息县检定水表工作。三是深入企业，开展计量检定服务。对亚洲新能源信阳（控股）有限公司、双龙水泥厂的计量器具检定维修，检定电子磅20台（件），添置零配件100余件，对吨位电子汽车衡开展检定服务。针对企业使用的压力表进行强制检定，保证企业安全生产。四是开展夏粮收购期间的计量器具专项检定，维护卖粮农民的合法利益不受侵害。

**【标准化和条码、代码】** 一是监督检查生产企业，掌握企业产品执行标准的状况，并履行标准化管理职能，开展查处无标生产行为，特别是对获证食品企业开展标准体系建设工作。二是开展农业地方标准制定与农业标准实施推广工作。标准计量股与农业部门配合，加大农业标准的实施建设工作；开展农业标准化人员培训，培养一批既有标准化知识，又懂专业技术的队伍。三是结合产品采标，鼓励和引导企业建立、采用国际标准，提高产品质量和管理水平。四是做好条码代码工作。是年，质监局电子代码办理年检工作按程序进度完成，全年累计录入扫描1000多家，工作完成率达到98%以上。全年新增办理代码证书157份，年检代码267条；条码全年共发展新户2户，有3家企业履行续展工作，续展率达到70%以上。

**【技术水平】** 2009年，息县质监局检测中心化验室具备检验大米、面粉、植物油、酱油、食醋、白酒、糕点的七大类35种商品的能力。是年春建立水表的检定装置。

**【质量兴县战略工作会议】** 2009年10月29日下午，息县质量兴县战略工作会议在县龙门宾馆会议室召开。信阳市质监局党组书记、局长陈世勋，县委常委、副县长、县委统战部部长李卓，县人大、县政协、县直各单位、各乡镇主管质量工作的领导同志和50多家企业共100多人参加会议。会前，下发息县人民政府（息政文［2009］238号）文件《关于成立息县质量兴县战略工作领导小组的通知》、根据息县实际制订的《息县人民政府关于实施质量兴县战略的意见》（征求意见稿）。会上，息县开展质量兴企活动的5家企业代表分别作典型发言，信阳市质监局党组书记、局长陈世勋在发言中从开展质量兴县工作的战略背景、基础、条件、注意的问题等不同侧面阐述开展质量兴县工作的重大意义和今后努力的方向。息县人民政府副县长李卓结合息县农副业产品的地域特色、工业产品实际及周边市县开展质量振兴工作的情况，讲解开展质量兴县工作的重要性、必要性，并对息县今后的质量兴县工作提出要求。

（质监局　吴世成）

# 食品药品监督管理

党组书记、局长:刘明星

**【简述】** 2009年,药监局根据省、市局关于"两确保、两着力"的总体工作要求,结合本局实际,提出"抓稳定、促改革;抓监管、促规范;抓管理、促发展;抓学习、促改变"的"四抓四促"工作思路,完成全年各项工作。

**【药品监督检查】** 一是加强执法队伍建设,整合执法资源。近年新录用的公务员全部充实在执法第一线,五名局领导班子成员中,3人坚守在执法办案岗位,药检所2名骨干坚持一岗双责,协作稽查队抽样,保障打假治劣工作开展。二是实行监管责任制,将稽查队划分为两个小组,实行包干负责制。各小组划片分区,责任到人。三是加大监管检查和办案力度。是年,日常监管检查涉药单位2246家次,共办理违法违规案件419起,其中一般程序案件204件,简易程序215件,受理举报核实数96件,办理协查数154件,假劣药案件追踪查源案件办结177件,收缴罚没款37634元。四是以针对性抽样为切入点,完成针对性抽样196批,检出不合格药品155批,命中率73.1%,完成原药抽样20批。五是适时开展专项治理活动。除年初开展手足口病用药专项治理活动,八、九月份开展甲流用药专项活动外,还根据县政府要求,开展终止妊娠药品及医疗器械专项整治工作。查处违规使用终止妊娠药品缩宫素注射液2起。

**【药品流通】** 一、抓"两网"建设,推进农村药品管理进程。(一)对各乡镇卫生院进行宣传指导,对协管员、信息员进行培训,构建农村药品"两网"建设信息平台,实现监管信息、手段和监管资源综合利用。(二)完善农村药品供应网,发展乡村药品零售店,力争药品配送至行政村达到100%。新开办乡村药店7家。(三)监管药品使用环节,推动药房规范化建设,开展乡镇医疗机构规范化建设达标活动。二、抓GSP认证工作,整顿药品经营秩序。(一)采取"明察暗访"、"倒查"等方法,重点检查药品批发企业——息县民康药业有限责任公司。对检查中发现的问题,下达限期整改通知书,并派出专业人员深入企业,指导该公司的GSP复认证工作。(二)整顿药品零售企业,重点检查不凭处方销售处方药、超范围、超方式经营等违反GSP认证的经营行为。检查实行全覆盖,全县73家药品零售企业无一遗漏,并对其中3家违规销售处方药的行为给予行政处罚。(三)开展经营企业GSP管理和复认证工作。2009年药监局三次举办GSP培训班,对涉企质量管理等相关人员进行GSP培训,在工作中对企业实施GSP跟踪检查,使批发企业和零售企业均一次性地通过GSP认证。(四)开展药品经营许可证到期换证工作,2009年底,全县有37家企业需进行药品经营许可证换证,药监局从强化培训入手,认真准备,严格监管,达到以换证促规范目的。三、抓广告监测,查处违法违规药械广告。上半年,共检测到违法药品广告39件,并全部移送工商行政部门查处,其中抽验劣药一件移交稽查立案查处。

**【食品安全综合监管】** 一是先后开展元旦、春节、端午、"五一"等重大节日及"中、高考"期间的食品安全专项整治活动。二是打击违法添加非食用物质和滥用食品添加剂专项整治活动,出台《息县打击违法添加非食用物质和滥用食品添加剂专项整治工作方案》。该活动分为自查、普查、督查三个阶段,未发现重大违法违规事件。三是大力开展食品安全宣传活动，营造安全的食品消费环境。是年6月1日《中华人民共和国食品安全法》实施。食品安全监督委会各成员单位采取专项培训、印发传单及“三进”活动（进社区、进农村、经学校）等方式宣传新食品安全法。为增强公众的食品安全意识和维权意识，先后组织开展“3·15”、食品安全文化广场，食品安全周等大型宣传活动。是年，市政协巡视组一行前来息县检查指导食品安全工作。巡视期间检查华联超市、京信猪厂、三高食堂及峰刚面粉厂等具有代表性单位、企业，未发现违规事件。

# 国土资源管理

书记、局长：申　军

**【土地总量】** 息县地跨淮河干流，河之北为平原，河之南多丘陵。全县土地面积1892.46平方公里，其中耕地面积128264.87公顷，占全县土地面积的67.78%，人均耕地面积1.9亩；基本农田保护面积109790公顷，占全县耕地面积的85.6%。林地面积6934.04公顷，建设用地面积24385.38公顷，未利用土地面积11730.8公顷。

**【耕地保护】** 2009年，完成全县110225公顷基本农田划定目标任务，耕地保有量维护在12.8万公顷以上，实现耕地"占补平衡"。

**【地籍管理】** 一是做好第二次土地调查工作。农村土地调查工作数据库建设通过省级数检并报国家核查，完成基本农田上图工作。城镇地籍调查工作，完成城区土地调查面积36平方公里权属调查和细部测量及地图编绘工作，控制测量全县D级网布网工作，并通过省级核查预检验收。二是加强地籍管理工作。县局全年共召开12次会审会签工作例会，对1421宗国有和集体土地使用权登记会审会签。三是开展农村集体土地所有权登记。2009年，发放集体土地使用权证9025宗，发放国有土地使用证276宗。

**【建设用地管理】** 2009年，全年共上报城市建设用地和乡镇建设用地4批次，用地面积82.6公顷。全县通过"招拍挂"公开出让土地20宗，面积26.7301公顷，出让金额13805.9064万元，单宗最高价7936.5079元/平方米。全年无违法批地行为，建设项目占用耕地控制在市下达指标内。

**【土地综合整治】** 2008年，息县开展土地综合整治工作。2009年，息县先后组织实施土地整理项目27个，投入资金9850万元，整治土地63858亩，新增耕地面积14792亩。其中，国家投资和省投资项目4个，整治土地面积13812.6亩；基本农田整治项目5个，整治面积32019.45亩；大广高速公路占补平衡项目1个，整治土地7865.46亩；未利用地、废弃地、滩涂整治项目2个，整治土地面积1608亩；拆除黏土砖瓦窑厂复耕面积2360亩，复耕率达到82%；整治"空心村"项目14个，整治土地面积5990亩。

**【执法监察】** 一是实行土地违法案件会审会签制度。二是推行预案制度。三是实行动态巡查制度。四是实行土地违法案件月报制度。全年共组织召开案件会审会议8次，会审各类案件162起；上报市局立案案件28起，审核下达停止违法行为通知书164件，处理12336举报案件12宗。2009年，息县国土资源局被信阳市政府评为"信阳市违法违规使用土地专项清查工作先进单位"。

**【信访工作】** 一是实行领导包案制度。二是落实信访问责制。三是强化信访工作督办制。2009年，因违法违规用地、破坏耕地导致赴省上访1起。共接待和处理信访案件122起，结案121起，结案率99%，信访处理率100%。被县委、县政府授予"2009年度信访工作先进单位"，被河南省国土资源厅授予"信访稳定工作先进单位"。

（国土局　张隶君）

# 河砂资源管理

主任:李曙光

【河砂资源】 息县位于信阳市的东北部,有两条市管河道流经息县。一条是淮河干流自西向东从息县孙庙乡南湾干渠渡槽处流入,至长陵乡闾河堤灌站入淮河口处流出,流经孙庙、城郊、城关、濮管区、八里岔、关店、项店、临河、陈棚、长陵10个乡镇,长75.4公里。另一条竹竿河自南向北贯穿息县八里岔乡境内,从景美店村流入,至莲花村提灌站处汇入淮河,流经八里岔乡5个行政村,长13公里,沿河堤灌站3座,跨河无主要交通工程设施。息县淮河干流、竹竿河河道蕴藏着丰富的河砂资源,河砂总储量为2850.78万立方米。息县现有砂场42个,主要分布在孙庙乡、临河乡、城郊乡、长陵乡、陈棚乡、项店乡等乡镇。已开采砂场河砂资源总储量为1808.2万立方米,占全县河砂总储量的63.4%;年计划开采总量为95.10万立方米,占全县河砂总储量的3.3%。

【采砂管理】 一是组织专门人员对息县境内沿淮75.4公里砂场逐一摸底排查,实地勘测砂储量、年开采量及GPS定位绘制详图,合理制订年开采计划,确定年开采量,避免掠夺性开采。按照市、县要求规范河砂开采秩序,科学划定可采区和禁采区。二是建立健全法规信访制度,为各砂场和运营司机、河砂经营户提供法律、法规和投诉服务,及时调解各种涉砂矛盾和纠纷,促进河砂开采管理秩序健康协调发展。

【费税征管】 一是科学设立收费站、点。为严防河砂费税跑、冒、滴、漏,年初,淮管办办组织人员对沿淮砂场分布情况进行实地勘测,根据全县砂场分布特点及砂车运销路线,合理设立源头收费管理站,实行源头征收。同时规范收费标准,落实全市"一票通"。二是加强队伍管理。本着"公开、公平、竞争、择优"的原则,采取"本人申请竞聘、群众评议、党总支审核"的程序选定管理站站长;采取双向选择的办法择优录用工作人员。印发100余套《河道采砂管理相关法律、法规、政策汇编》内部学习资料,购买《河道泥沙工程与采砂规划编制及监督检查工作实务》、《构建和谐社会与行政执法》等专业书籍,聘请县法律专家开展法律知识讲座,开展岗位培训,提高干部职工队伍的整体素质。三是规范征管行为。上岗时着装整齐,做到文明管理、亮证收费、收费出具票据。四是杜绝公路"三乱"行为。费税征收在源头站、场进行,禁止越界收费,严禁在国道、省道等主干道拦车收费,杜绝公路"三乱"行为。五是坚持验票稽查。由分管领导带队,协同监察大队、公安等人员,采取定时查验与突击检查相结合,对各站收费、开票等情况进行管控。

【治理湿砂】 成立治湿办公室,配备专职人员,明确责任、目标和措施,建立长效工作机制,遏制湿砂上路。一是多措并举、广造声势。印发宣传资料10000余份,悬挂过街标语,埋设警示牌和召开砂场业主会议,营造人人皆知,人人参与的舆论氛围。二是集中治理。分东、西两个工作区域,集中人员、集中精力,全面治理,重点打击,查处一例,当即处罚。三是实行站长负责制。各源头管理站站长为第一责任人,负责对所辖砂场和运输车辆的管理,装载滴水湿砂车辆一律不允许上路。

【防汛】 一是汛期停采。成立汛期禁采治理领导小组,并制定实施方案,印发宣传材料,张贴县政府通告,并对各砂场负责人下达禁采通知,组织工作人员对砂场昼夜巡查,加强对停采船只的安全监管和从业人员的教育,查处对违禁船只。二是确保关店堤防工程安全渡汛。贯彻省、市、县防指精神,组织下属二级单位关店防洪工程管理所加强对堤防工程的管理,开展巡堤查险,对每一座排涝闸、穿堤涵进行擦油试车,保证堤防工程完整和涵闸的启闭运行,并组织工程人员编制《息县关店防洪工程防汛预案》,淮河主汛期间,关店堤防及涵闸工程没有出现大的险情。

**淮管办内设机构**

| 科室名称 | 负责人 | 主要职责 |
|---|---|---|
| 综合股 | 吴　静 | 处理日常事务,综合协调 |
| 财务股 | 赵　锋 | 财务预算、编制管理,固定资产及流动资金合理运用 |
| 项目管理股 | 高玉成 | 负责淮河主干、支流河道整治;项目申报和审核。淮河主干洲道砂石开采市批管理 |

**淮管办二级机构**

| 单　位 | 负责人 | 职责职能 |
|---|---|---|
| 淮河主干砂石管理所 | | 负责砂石开采和管理代收管理费和资源税 |
| 淮河河砂资源管理监察大队 | 时　平 | 河砂资源管理监察,监督办理河砂证及税费征收 |
| 关店防洪工程管理所 | 刘志国 | 堤防工程维护及管理 |

# 审　计

局长:易善东

【简述】　2009年,息县审计局坚持“依法审计,围绕中心,求真务实,突出重点,服务大局”二十字方针,正确处理监督与服务的关系,并将“依法、程序、质量、文明”作为加强审计队伍建设和提高审计工作质量的核心内容,按照“严”、“细”、“深”、“实”和“用心工作、用力工作、主动工作”的要求,实施审计项目81个,审计和审计调查单位176个,查出各类违纪违规资金13278万元,损失浪费资金1993万元,管理不规范资金2710万元,应上交财政113万元,应归还原资金渠道385万元。完成县委、县政府临时交办的审计和审计调查项目23个。

【预算执行审计】　2009年,审计局从全局抽调骨干力量,成立审计组,局长任组长,并对应财政、税务、国库及相关审计调查对象,分设若干小组,局审理会每周一集中听取审计情况汇报,对发现的问题集体把脉会诊,安排布置下一步工作重点。同时,合理调剂力量,对县人大、工会、群工部等单位的预算执行情况进行审计,审计国有资产流失和重大损失浪费问题,查出违规资金3633万元,管理不规范资金2454万元,损失浪费1625万元。向县政府报送审计结果,全面客观地反映预算执行中存在的问题,实事求是地进行处理、处罚和纠正,并提出整改建议。

【经济责任审计】　2009年,对县委调整的18名科级干部、1名处级干部(原科级岗位)实施任期经济责任审计,并对3名科级干部实施任中审计。查出违规资金3529万元,管理不规范资金1049万元,损失浪费资金1438万元。在实施审计过程中,发现并移交违法犯罪线索3起,检察机关立案批捕相关人员6人。此外,还向相关部门移交违规违纪线索2起,对拖延提供会计资料的2名科级干部责任人依法给予经济处罚。

【专项资金审计】　2009年,按照省审计厅和市审计局的统一部署,先后实施计划生育经费、排污费征收使用、城市低保资金、农作物良种补贴等专项资金审计。累计审计调查20个乡镇215个村和部分机关企事业单位。向县委、县政府和被审计单位提出审计建议15条。排污费审计,查处扩大支出范围资金1641780元,未交国库资金10万元,收费无票据19520元等;计划生育经费审计,查出挤占挪用计划生育经费67.6万元,乱收费285479元等;城市低保资金审计,发现资金发放不及时,审核手续不健全,档案资料不完善,低保对象没有完全实行动态管理等。此外,在对卫生、农业、林业等财务审计中,查出挤占挪用专项资金10多万元。

【重点建设项目审计】　根据县政府要求,县财政、审计、地税三部门联合发文,规定:凡使用财政专项资金、预算资金及国家机关、事业单位自筹资金投资建设的工程,工程项目款决算必须经审计机关审计后,方能获得地税部门发票,财政部门凭审计结论和完税发票拨付工程资金。审计机关针对政府投资热点,开展重点项目审计工作。2009年共实施投资审计项目和县委县政府交办的投资审计及调查项目20个,审减资金1263万元。

【企业审计】　2009年,先后参与自来水公司、微粉厂、灰砂砖厂、造纸厂、外贸猪场、种子公司、政府招待所等企业的资产债务审计认定,维护职工的合法权益,保证企业改制顺利进行。

**【行政事业审计】** 2009年，先后对供销社、食品药品监督管理局、救灾办、人防办、卫校等36个行政事业单位进行审计，查出违规违纪资金4117万元，损失浪费资金1556万元。

**【内审工作】** 围绕内部审计监督向提高经济效益和促进两个根本转变的指导思想，指导内部审计机构实施审计项目216个，纠正违规违纪资金485万元，促进增收节支466万元。

# 统 计 工 作

党组书记、局长:刘国富

**【简述】** 2009年,息县统计工作坚持以提高统计数据质量为核心,加强统计队伍建设,夯实统计基层基础,精心组织第二次全国经济普查工作,加快统计信息化进程,加强对经济运行和社会发展的统计监测,狠抓各项工作落实,完成年度各项工作任务。

**【统计报表】** 精心组织做好2008年统计年报和2009年定期报表的收集、审核、汇总和上报工作。在工作中,注重审核基层统计报表,注重年度、季度、月度间的数据衔接,规范新进入规模工业和固定资产投资项目单位的统计,注重抓好统计台账、原始记录的完善。2008年统计年报和2009年的各项统计数据均准确地反映县域经济运行状况,为各级党委、政府和有关部门应对金融危机提供准确的统计数据。

**【统计调查】** 2009年,统计局先后组织实施能源消耗、贫困监测,人口与城镇化调查、外出务工人员情况调查、群众安全感、科学试验与发展、成品油销售、限额以下商业住宿餐饮业、旅游业、规模以下工业、乡镇统计基础建设、城乡划分、农村住户调查、城镇住户调查等统计调查,开展规模工业企业摸底调查,完成调查监测任务。

**【统计法制】** 2009年,统计局印发统计法制工作意见,学习新修订的《统计法》和三部委的统计违规违纪处分规定,开展统计法制宣传,组织统计执法检查,纠正一些单位的统计违法行为,规范统计行政行为。

**【创新性工作】** 一是推行在地统计方式。规模工业统计、固定资产投资统计、农业统计、农村住户调查、商业及成品油调查、劳动工资统计、贫困人口监测等均实现在地统计,规模工业统计、农业统计、农村住户调查、贫困人口调查等实现在地处理,劳动工资统计实行网上直报。二是实行分析交流。县局按季度召开分析交流会议,对各专业统计数据和统计分析实行把关、点评,使各专业之间的数据更加衔接,减少数据矛盾,提高核算质量。三是实行通报交流。县统计局按季、按月对规模工业产值、固定资产投资、农村住户现金收支等进行通报反馈。加强与乡镇、有关部门的沟通联系,推进县域经济发展。

**【综合性普查】** 2009年元月1日开始普查登记,按照工作要求,完成数据审核、编码录入、差错改错、汇总上报、个体抽查、总结表彰、资料整理等工作。第二次全国经济普查全面完成。

**【统计服务】** 一是强化贴近服务理念。2009年,统计局以"贴近中心工作、贴近领导需要、贴近现实生活"为目标,围绕提高数据质量,提高服务水平为重点,强化"贴近服务"这一理念,为宏观管理和科学决策提供依据,发挥统计部门参谋助手的职能作用。二是深化统计服务内容。是年,统计局除对提供一些常规性的数据进行分析,同时还深化服务内容。一方面,深入调研。围绕各级领导关心、关注的热点、难点问题,由局领导带队,相关专业人员参加,到周边县市和部分乡镇开展乡镇统计基层基础工作的调研,了解全县乡镇统计基层基础工作的现状,学习其他县市的先进经验、方法,形成高质量的调查报告,促进全县乡镇基层基础工作建设。另一方面,加强与县直部门、相关企业协作。积极为各单位、各部门提供相关数据和文字资料，为各单位决策提供依据。

**【机关建设】** 一是加强规章制度建设。年初，局办公室制订《内部主要工作措施》、《2009年工作要点》、《2009年学习计划》、《2009年法制工作计划》等各项工作措施、工作要点、工作计划，完善《工作制度》、《统计报表、资料管理制度》、《信息考核管理制度》等一系列制度，确保2009年整体工作早计划、早安排，有章可循。二是加强党风廉政建设。贯彻落实各级关于党风廉政建设一系列文件精神，强化党风廉政建设责任分解、考核和责任追究制度，增强局全体干部职工特别是领导干部党风廉政建设的意识和责任。是年县统计局被授予“全市统计系统2009年度政风行风建设先进单位”称号。三是加强机关党建工作。为增强机关党组织的创造力、凝聚力和战斗力，提高干部职工的思想素质，年初，局党组制订《文明机关创建方案》。开展“四帮四促”活动，局明确一名领导负责帮扶工作。四是加强统计队伍建设。局党组针对不同层次的干部和工作要求，加强业务、政务等各个方面的培训。其一，安排一名领导干部到党校学习三个月，提高政治理论素养。其二，组织全体机关干部开展各种政策法规、专业知识的学习。其三，实行目标管理，责任追究。把每个干部职工的工作目标具体化、量化，制订奖惩办法，增强全体干部职工做好本职工作的责任心和使命感。

# 国家统计局息县调查队

队长：戴　明

**【简述】** 2009年，息县调查队紧紧围绕"管理上水平，业务上台阶，人员提素质"的工作目标，规范调查工作行为，开拓进取，各项工作均取得较好成绩。

**【调查数据分析和专题调研】** 在完成调查任务的基础上，提高统计分析研究水平，加强对调查资料的分析与整理，对各项统计资料进行分析研究。全年共撰写调查分析信息29篇，河南调查总队网采用20篇。针对党政领导关心的问题和经济发展中的热点、难点问题，围绕农村改革发展综合试验区建设这一系统工程，结合经济运行中的热点和难点，开展专题性分析，共撰写调研报告11篇，被《信阳调查》采用5篇，河南调查总队网采用8篇。围绕新中国成立60周年庆祝活动，撰写出5篇专题分析资料，展示息县各行各业的骄人业绩。

**【反映息县农村社会经济发展】** 检查基础数据质量，确保源头调查数据真实。整理和审核调查数据，避免部分关键数据编报错误。跟踪监测重大数据，掌握全县有关行业的生产形势。分析评估主要调查指标，确保全县农民人均纯收入、农村居民可支配收入、农村固定资产投资、夏秋粮食种植面积和产量、农产品中间消耗等涉及全县农村经济的重要发展指标的调查数据符合实际，从而反映全县社会经济发展形势。

**【综合调查业务和计算机应用知识竞赛】** 为做好河南调查系统组织的此次竞赛活动，息县调查队分16次42个学时，系统地学习经济理论、微机操作等专业业务和实际操作技能知识，同时先后进行6次住户、农民工监测、农产量、播种面积、畜禽监测等基层辅助调查员的培训工作，提高全体人员的专业业务能力。取得此次竞赛全省综合平均分数第12名，全市第一的好成绩。

**【队伍管理】** 按照有关工作规范化建设的要求，以健全规章制度为突破口，建立和完善队内学习、工作、财务、党风廉政、车辆等九项政务管理制度；调查队网点管理、基础工作检查、调查数据现场采集、工作责任追究、岗位目标考核等九项调查管理与业务工作制度。农产量、农村住户、农户固定资产、价格消耗、工业品价格、畜禽监测、农民工监测等七项主要专业岗位目标管理与规范制度。建立与实施这些制度，实现了队伍管理的科学化、规范化。

# 科学技术

## 科 技 工 作

党组书记、局长：陆东升

**【简述】** 2009年度，科技局按照年初县政府工作报告对科技工作的安排和市科技工作会议的部署，实施“科教兴县”战略，全面推进各项科技工作。

**【通过科技进步县考核】** 组织申报《国家科技进步县》，通过全局干部职工的不懈努力和有关部门的大力协助，在完成相关材料的搜集、统计、整理、修编等工作并报国家科技部和省科技厅验收，经考核，息县达到全国科技进步县指标要求，通过全国“科技进步县”考核。

**【科技成果奖】** 息县人民医院的《不同剂量纳洛酮治疗急性脑梗死临床研究》和项店镇广永专业种植合作社的《珍稀水稻品种香稻丸高产栽培技术研究与推广》分别获市科技进步二等奖和市科技进步三等奖。

**【科技特派员】** 按照县委、县政府及市科技局的要求及时成立“息县科技局关于成立推进息县农村改革发展综合试验区建设领导小组”并制订《中共息县科技局党组关于推进息县农村改革发展综合试验区建设的意见》、《息县农村特派员管理办法》等文件，经市科技局批准，息县共聘用7名科技特派员，其中市级科技特派员2名，县级科技特派员5名。

**【科技项目实施】** 县科技局协助省农科院和市农专两个省科普示范项目承担单位做好《2009年科普示范项目》的实施工作，项目涉及息县曹黄林和孙庙两个乡6个自然村的种植、养殖项目六个。

**【科技成果推广及网站建设】** 为进一步提高科技进步在全县经济发展中的主导和优势作用，科技局坚持以“百千万”科普推进工程为契机，加快科技成果网络建设步伐，利用科技成果网络传播平台促进科技成果的推广转化，利用20个农科示范基地实施转化利用新技术，推广粮食、蔬菜、食用菌等新品种30余项。

**【高新技术、农村科技及知识产权】** 围绕企业增效和科技创新继续利用高新技术推进传统产业改造和技术升级，在亚洲新能源引进实施高新技术成果项目两项；农村重点开展农业技术培训。联合农、林、水、渔、牧等部门在全县15个乡镇设立咨询点，举办农业科技咨询，为农民现场解答农业生产过程中遇到的各类问题，参加培训咨询活动的农民超过4000人；知识产权保护工作在县法制办指导下，对科技执法依据、执法人员等方面进行了梳理、公示，增强了执法透明度，在2009年4月份的知识产权宣传月活动中，会同有关部门宣传《科技进步法》和《专利法》等系列科技法律法规,营造科技执法氛围。

**【防震减灾】** 防震减灾工作重点抓防震减灾网络建设,按照市局和市地震办的部署,为加强防震减灾工作,局内部设立防震减灾办。同时在全县各乡镇建立防震减灾网络体系,每个乡镇均配备一名防震减灾速报员,并明确职责和任务,纳入乡政府和县科技局共同管理,参加市地震办公室组织的业务培训,促进全县防震减灾工作正常开展。结合"汶川地震"一周年纪念活动,在全县开展"地震科普活动周"活动,增强防震减灾意识。

**【科技扶贫及帮扶工作】** 科技扶贫及帮扶工作重点对农村计生"三结合"户、特困户及军烈属优属户进行调查摸底,同乡镇一起制订相应的帮扶计划,落实帮扶项目和经费,免费为帮扶户送去农业技术图书等科技扶贫资料三十余种3000余册。

**【科技服务与培训】** 围绕"科技活动周"和"三下乡"及"地震科普宣传活动周"活动,精心组织科技服务活动。坚持"实际、实用、实效"的原则,举办以种植业为主要内容的农作物栽培,小麦、水稻病虫害防治、大棚蔬菜、食用菌栽培、经济林栽培与管理、畜禽养殖、水产养殖等各类农村实用技术培训班28期,培训学员13000人次。全县农村党员、基层干部、种养专业户参加科技培训达50%以上,参加培训人员至少掌握1~3门农村实用技术和经营管理知识。

(科技局:万保华)

# 科学技术协会

**【简述】** 2009年,息县科协以贯彻实施《全民科学素质行动计划纲要》精神为重点,全面推进公民科学素质建设,围绕科技兴县、人才富县的战略,促进科协工作全面开展。

**【协会建设】** 县科协加强与各部门的联系和对学(协)会的业务指导,恢复与发展新学(协)会。先后对县级学会、协会进行业务培训,有12个部门会员参加培训。县科协注重与科技工作者沟通,从工作、学习和生活上给予关心,并随时征集科技工作者意见、建议和要求,通过整理向县委反馈。实现三个转变,变人才资源为人才资本。

**【科普示范基地建设】** 全县共建科普示范基地8个,县科协在陈棚乡叶楼村、岗李店乡李营村等处建有8个以种养殖为主、具有代表性的科普示范基地。其中3个科普示范基地又被市科协列为示范基地。县科协通过抓科普示范基地建设,一是把基地试验取得的成功经验、先进技术、规范种植和科学管理方式传授给农民,二是引导农民走依靠科技脱贫致富道路。

**【科普惠农兴村项目】** 为推动农村改革发展,县科协实施"科普惠农兴村服务站、宣传栏、技术员"建设项目。全县有84个村成立科普惠农兴村服务站,配备一名科普技术员并设立科普宣传栏。

**【农村专业合作组织】** 2009年,息县农村专业合作组织发展较快,比较规范的专业合作组织有112个,注册成员1683个,总产值高达两亿多元。岗李店乡李营村的息县天源牧业有限公司,以公司为依托创办肉牛养殖、加工科普示范基地,创出"科普提素质—自主创新—示范推广—产业优化—持续发展"的新思想,辐射带动周边40个村肉牛养殖户走合作发展的新路子,其中带动本基地100多户养殖户,人均年纯收入以高于全乡农民人均年纯收入的22%增长。

**【科普宣传】** 一农村科普。县科协以"建设社会主义新农村,大力推广农村实用技术,确保农民依靠科技致富增收"为主题,采取形式多样的科普宣传:一是开展送科技、文化、卫生和法律的"四下乡"活动。二是利用科技周、科普日进行宣传。三是平时的日常科普宣传活动。2009年共出动各类科技人员、机关干部300人次,深入全县乡镇,该科普活动出动科普宣传车65辆次,发放科普科技资料7万份;政策法律法规资料2万多份;出科技展版、科普和计生挂图5500份、义诊1000多人次,咨询2000多人次,张贴宣传标语200余条,发放计生用具2000余盒。

二、青少年科普。一是在全县各中、小学校认真开展"七巧科技"系列活动,通过各乡(镇)学校初赛、复赛后共推荐出156名优秀选手进行县级比赛,并分别以一、二、三等奖进行表彰;实小、三中被县组委会授予"七巧科技"示范学校。二是在全县中小学校开展以"节约、创新、发展"为主题的青少年科技创新大赛,并对获奖作品进行表彰。三是组织青少年科技辅导员参加县市的业务培训并学习观摩全国青少年科技创新大赛。

三、全民科普。全面贯彻落实《中华人民共和国科学技术普及法》和《全民科学素质行动计划纲要》,提高全民科学文化素质,以乡村作为科普的基点,对农村干部进行科技培训,并通过乡村组织面向社会开展科普宣传。一是对农村干部进行科技培训。二是建立乡村科普专栏。三是举办科技知识讲座,发放科普挂图、科技小册子等科普宣传资料。

**【科技培训与推广】** 全年共开展各类培训536次,接受培训43650人次,其中县科协培训28次,培训人员约10000人次。为将科技成果尽快转化为现实生产力,引进、推广与应用新技术62条,新品种4个,其中有优质水稻糯优一号、高产玉米、生猪养殖零污染排放技术、优质獭兔饲养技术等。

(息县科学技术协会　高培礼)

# 农业科技

所长:程光焰

【简述】　2009 年,息县农科所围绕加快现代农业发展、推动社会主义新农村建设的目标,把粮食增产、农业增效、农民增收和农村经济发展的需要作为工作的中心,坚持科研开发并重,加速科技成果转化,为推动全县现代农业发展和农村发展改革综合试验区建设提供科技支撑。

【良种供应与服务】　2009 年,息县农科所参与省政府组织的科技人员下乡服务"千、百、万"工程,把技术服务前移,组织技术人员分包乡村,深入田间地头具体指导。秋季,根据县政府部署,完成 14.6 万亩的小麦良种补贴供种工作。

【科技企业经营】　2009 年,"息县农科种业有限责任公司"(2008 年农科所筹资 100 万元注册成立)发挥技术、信息、人才优势,利用订单生产、技术承包、全程服务、技物结合、生产示范等形式开展技术服务型种子经营工作,实现"育、繁、推"一体化,"产、供、销"一条龙,成为息县"三分天下有其一"的种业公司。实现销售收入 1200 万元。

【农作物新品种示范】　2009 年,息县农科所承担省市农作物新品种联合区域试验项目 6 项科技示范推广项目 10 项,国家技术产业体和综合试验站项目 2 项。承担并完成市农科所争取的国家产业技术体系中的水稻、红麻和油菜试验站项目。收集 30 多个品种开展大宗农作物的新品种引种试验,筛选出有苗头的新品种 3 个。打造特色品牌,开展优质弱筋小麦郑麦 004 千亩高产攻关研究;优质弱筋小麦新品种郑丰 5 号适应性研究;郑麦 336 千亩示范和百亩高产攻关建设。杂交粳稻新品种 9 优 418、金津优 68 高产栽培技术研究与示范;杂交玉米新品种洛玉 4 号研究与示范;杂交红麻新品种杂红 305、杂红 0318 高产栽培技术研究与示范。

【科技推广】　一是建立不同作物新品种的展示田。县农科所分别在包信、白店、小茴、项店、杨店、陈棚、孙庙等乡镇建立小麦、玉米、棉花、水稻、花生、红麻等作物新品种的展示田 3000 亩。在这些展示田里,选出有苗头、群众认可的新品种进行推广。二是建立高产示范样板田。县农科所选择交通便利、农业生产条件较好的地方,连片建立小麦、玉米、棉花、水稻、花生、红麻等作物高产示范田。在包信镇包庄村建立弱筋小麦新品种郑丰 5 号 100 亩,平均亩产 516.5 公斤;在孙庙乡甘塘村、路口农场分别建立超级杂交水稻 II 优 7954,Y 两优 1 号高产样板田 300 亩;在孙庙乡甘塘村建立优质杂交粳稻 9 优 418、金津优 68 高产示范田 500 亩;在包信镇包庄村建立杂交玉米新品种洛玉 4 号、栗玉 2 号高产示范田 1000 亩;在小茴店镇易老庄村建立杂交红麻新品种 200 亩,红麻 200 亩。农科所通过建立示范田,达到"品种一次更新,技术一次扎根,效益一次翻身"的效果。三是开展技术服务活动。农科所采取电视专题讲座、下乡赶集、集中培训、发放各类资料等形式,向农民宣传农业政策,传授科学技术,传递科技信息。印发各类技术资料50多万分,技术培训30余场次,出动宣传车50余辆次,受训人员60万人次。四是科技示范村建设。农科所在12个乡镇建立40个科技示范村,为这些村联系项目、提供信息、开展全方位技术培训通过物技结合的形式率先在这些村应用新品种、新技术。

**农科所内设机构**

| 科室名称 | 负责人 | 主要职责 |
|---|---|---|
| 办公室 | 王广书 | 机关事务工作 |
| 科研股 | 陈道玉 | 科研工作 |
| 人事股 | 陈世雄 | 人事工作 |

**农科所二级机构**

| 单　位 | 负责人 | 职责职能 |
|---|---|---|
| 良种供应站 | 李　强 | 良种供应 |
| 良种繁育场 | 詹中华 | 良种繁育 |

# 气 象 工 作

局长:罗玉平

【简述】 2009年,气象局在提高气象科技服务水平上下工夫,增强气象为防灾减灾服务的能力,完成预报预警、防汛抗旱、自动站建设、区域气象站建设等工作任务。

【基础业务】 2009年,气象局组织业务人员学习观测规范和自动站运行维护、各类天气报、预警信号的发布流程、区域气象站的应用与维护等业务知识,有两个同志获河南省气象局颁发的地面测报百班无错劳动竞赛荣誉证书。全年地面测报、发报和机制报表上传业务错情0.0%,短期一般降水预报准确率86.7%,短期灾害性天气预报准确率87.9%。共编发53期农业气象周报,一份水稻育秧期预报,小麦收获期预报9份,小麦病、虫调查专题各一份,连续干旱灾害农业气象专题一份,冬小麦适宜播种期预报和旱情调查服务材料一份,水稻收割期预报10份,农业气象测报错情0.0‰。

【监测网点建设】 2009年7月,完成国家投资的息县自动气象站、息县小茴店多要素气象站、息县关店多要素气象站的施工、安装、调试任务。

【预警预报】 2009年,气象局按照"一年四季不放松,每一次过程不放过"的方针,为政府和有关部门提供干旱气象服务、麦收专题气象服务、高,中招气象服务、节假日专题气象服务和灾害性天气气象服务等。预报采取七天滚动预报和24、48、72小时预报相结合的方式,遇有重大天气过程提供早、中、晚预报和临近预报,并提供准确及时的应急服务;采取文字材料、口头汇报、电子邮件、手机短信、短信息电子显示屏等手段,将最新气象信息传递到县有关领导、县有关部门和种粮大户的手里,并通过县电视台向社会传播。2009年气象局发布道路道路结冰预警信号2次,大雾预警信号3次,暴雨预警信号7次,雷电预警信号15次,寒潮预警信号2次,高温预警信号2次,大风预警信号2次。

【人工影响天气】 2008年10月~2009年2月,息县遭遇严重的干旱。在此期间,气象局和县农业局合作向县政府递交调查分析报告,建议县政府做好人工增雨的前期准备工作。为缓解息县小麦旱情,县气象局作业人员于2月8日~19日先后三次实施人工增雨作业,受到市委王铁书记的表扬和县领导以及县有关部门的充分肯定。

【防雷行业管理】 2009年,气象局按照《气象法》、《行政许可法》、和《河南省防雷减灾实施办法》(省政府81号令)的要求,经与县建设部门协商,将防雷工程图纸审核和竣工验收工作,纳入到县行政许可程序。完成全县187栋中小学防雷工程任务,为全县广大中小学师生搭起一道防御雷电灾害的安全屏障。息县气象局负责实施的项店、路口中小学防雷示范工程,因设计布线合理、安装规范、系统屏蔽和等电位连接措施得当而受到省检查验收组表扬。

(撰稿:王文平)

# 教育　体育

书记、局长：何　枫

**【简述】** 2009年，息县教体局党委团结带领全县广大教职员工，坚持以学习实践科学发展观活动为契机，以办人民满意教育为目标，以提高教育教学质量为中心，以推进梯次发展管理为载体，突出教学管理和队伍建设，狠抓教学教研、教育督导和人事改革，努力做好其他各项工作，完成预定的目标任务。县教体局先后荣获全国第十六届爱国主义教育读书活动优秀组织奖、教育部"祖国万岁"歌咏活动优秀组织奖、河南省安全生产先进单位、卫生先进单位、"三八"红旗集体、河南省教育宣传特优先进县、信阳市文明单位、园林单位、"五好"基层党组织、高中教育先进集体、息县"党建"工作先进单位、"学习型机关"先进单位、关心国防建设先进单位等国家、省、市、县表彰奖励60余项。

**【基本情况】** 2009年，全县共有各级各类学校310所，在校学生195609人。其中普高4所，在校学生15885人；职高（含职专、体校）7所，在校学生8279人；初中32所（含民办3所），在校学生48672人；小学243所，在校学生111587人（含社会力量办学）。全县教育部门公办教职工人数8837人，中小学专任教师学历达标率分别为高中98.91%，初中98.62%；小学98.92%，高学历比率分别为：高中2.05%，初中41.12%，小学60.08%。

**【德育工作】** 2009年，息县教育系统开展了形式多样的德育教育活动。4月份开展"红领巾读书月活动"。5月份开展"第16届青少年爱国主义教育读书活动"。6月份开展"向国旗献礼、做一个有道德的人"网上签名寄语和"庆祝改革开放30周年少儿现场绘画"活动。7～10月份开展"我爱我的祖国"主题征文、演讲、绘画、摄影系列活动。9月份开展"弘扬和培养民族精神月"活动。11月份开展"争当四好少年"主题活动和评选"优秀少先队员、优秀少先队辅导员、少先队红旗大队、优秀少先队工作竞赛项目"活动。

**【幼儿教育】** 2009年全县共有幼儿园、学前班198个。其中学前班121个，幼儿园77所，在园幼儿5267人，其中公办（含公办民助）幼儿园13所，在园幼儿2812人，民办幼儿园17所，在园幼儿2146人。学前班在班幼儿5160人，幼儿教育教职工528人。

**【教科研工作】** 一是深化教学改革，深入开展"有效教学年"活动，全面提高教师业务素质，有5人次代表信阳市参加省级优质课大赛并获一等奖。二是构建教学案教学模式，学习推广课改成果，提高广大教师的备课质量和课堂教学效率。三是加强课题研究，推进教科研一体化进程。组织成立学科课题研究小组，对"梯次管理"、"有效教学""教学案教学"等课题进行重点研究。2009年有23项课题被省教科所和省教研室立项。四是做好统改统评工作。在提高小学、初中、高中毕业班统考统评工作的同时，把初中七八年级和高中一二年级期中期末也纳入统改统评范围，为提高教学质量做好过程监测。

【新课程改革】　息县推进高中新课程改革主要通过新课程培训、集体教研活动、课堂教学大赛和新课程专题研讨会等多种形式，聚焦课堂，追求高效，推动息县高中新课程改革的有序开展。2009年全县共举行高中新课程研讨会四次，大考分析总结会四次，高中教学视导两次，有效课堂教学大赛一次。是年全县高中共申报河南省教育科学研究优秀成果8项，河南省教育科学研究课题4项。

【学科竞赛】　2009年息县高中参加省市县数学、物理、化学、生物和英语等学科竞赛获奖人数近千人。息县二高教师刘丽代表信阳市参加河南省语文学科优质课大赛荣获一等奖，息县一高教师徐智辉代表信阳市参加河南省历史学科优质课大赛荣获一等奖。

【落实"两免一补"政策】　一是"两免一补"政策落实到位。落实免费教科书资金1525万元，落实贫困寄宿生生活补助资金790.2万元，资助贫困生21721人，并将补助标准提高到小学每生每期250元，初中每生每期375元。二是农村中小学生均公用经费落实到位。全年共落实公用经费补助资金6551.2万元，严格按省定标准，小学标准提高到300元/年，初中标准提高到500元/年，并足额落实生均30元的取暖费。三是中职助学金落实到位。按每生每期750元的标准，为全县2000余名中职学生发放助学金300余万元。四是严格落实上级教育收费政策，义务教育阶段学生全部免费上学。同时，对农民工子女入学问题高度重视，一律按其常住所在地就近安排入学，取消借读费，并和城区学生一样，享受国家相关的免补政策。

【农村中小学校舍维修改造工程】　一是推进中西部农村初中校舍改造工程。2009年，息县实施初改项目9个，其中2008年新增中央预算内投资项目5个，总投资689万元，新建校舍面积9170平方米。2009年新增中央预算内投资项目4个，总投资711万元，新建校舍面积7890米。二是认真抓好明德小学建设项目。2009年共实施明德小学建设项目2个：白土店乡明德小学和小茴店乡明德小学，总投资230万元，新建校舍面积2260平方米。三是落实薄弱学校改造工程。2009年共安排薄弱学校改造工程项目学校三所：城关镇东街小学、城郊乡中心小学和张陶中心小学，投资550万元，建筑面积5173平方米。四是全面实施中小学校舍安全工程。委托省建筑科学研究院建筑工程质量检测中心对全县中小学校校舍逐一排查鉴定，做好《息县2009～2011年校舍安全工程规划》工作。

【教育督导】　一是开展卫生专项治理活动。组织人员对全县550所（次）学校进行明查暗访，并定期召开小结会，全县中小学环境卫生状况明显好转。二是加强校园文化环境建设。组织全县中小学校长到江苏沭阳参观学习，并召开校园文化建设动员大会，下发《关于在全县中小学开展和谐校园环境建设活动的通知》。各级各类学校共投入资金917.49万元，油漆大门、粉刷墙壁、刷写标语、硬化路面、建文化橱窗，全县中小学校园面貌焕然一新。三是深入开展"争做文明教师、争做文明学生、争做文明班级、创建文明学校"为主题的"三争一创"活动。把和谐校园建设引向深入，推动全县中小学校提升管理水平。

【关爱留守儿童工作】　出台《息县中小学生学籍管理办法》，防止学生辍学、流失。开展关爱留守儿童爱心工程，全县工会干部为留守儿童捐赠书包213个，学习类书籍184本，文具279套。

【关工委工作】　积极开展"我是90后"读书征文活动，全县共有300多名中小学生的优秀作文参加国家、省、市读书征文活动。举办喜迎新中国60周年"人寿杯"中小学生绘画、书法、作文比赛，共收到优秀绘画、书法、作文作品400多幅，并评选出300幅优秀作品上报省、市。继续开展家庭教育论文评选，组织编写家庭教育优秀论文集，推广家庭教育成果，使全县家庭教育工作再上新台阶。

【职业教育】　一是县职教中心顺利开学。由江苏大丰教育投资集团投资8000万元创办息县职业教育中心，该项目占地200亩，分两期工程建设，全部建成后，可容纳学生8000～10000人。在

5月份召开的全市县域经济工作会上，受到王铁书记、郭瑞民市长等与会领导的高度赞扬。二是整合职业教育资源。将县综合高中、县一职高与息县职教中心资源整合，发挥息县职教中心的龙头作用。三是不断规范紫东来技校、缝达技校等社会培训机构。息县呈现出中等职业学校、社会办学机构齐头并进、百花齐放的可喜局面，服务农村改革发展综合试验区建设的能力大大增强。

**【社会力量办学】** 2009年，全县现有各级各类社会力量办学机构32所，在校学生10469人，教职工689人。引资1200万元兴建息县中心幼儿园，是年六一儿童节正式开园。同时，按照《中华人民共和国民办教育促进法》，依法加强民办学校的指导和服务，推动全县民办学校的健康发展。县教体局、息都实验学校分别荣获河南省“民办教育先进单位”称号。

**【师资队伍建设】** 一是加强教师岗位管理。组织23个工作组深入到学校，对全县中小学教师逐人核查，维护教师队伍的稳定。二是面向社会公开招聘300名中小学教师和130名特岗教师，充实到农村教学一线，初步解决息县教师数量不足、结构不合理问题。三是完善教育系统干部公开选拔机制。连续组织3次公选，有24名德才兼备、群众公认的教师走上学校副校长、校长和局机关中层管理岗位。同时，出台《关于规范全县中小学中层干部管理的实施意见》，对各校中层干部配备情况进行考核，并对条件成熟的予以发文任用。

**【师资培训】** 一是与华中师范大学共建国家教师教育创新与服务综合改革试验区。利用暑假，集中15天时间，对全县7000多名中小学教师进行业务知识培训和师德师风教育。二是开展“十佳师德标兵”评选活动，并组成师德报告团在全县中小学巡回演讲。三是开展“我为祖国站讲台”征文活动，增强广大教师的职业光荣感、历史使命感和社会责任感，坚定爱岗敬业的信念和无私奉献的精神。四是组织青年教师参加河南省第三届农村青年教师技能大赛，共有21名教师荣获得省一、二、三等奖，17名教师获得市级一等奖，26名教师被评为县级“教学新秀”，33名教师被评为县级“教学能手”。

**【校长队伍】** 一是开展村级小学校长培训。邀请全县知名中小学校长授课，共培训村级小学校长166名。二是开展中小学副校长培训。局党委书记、局长何枫亲自授课，共培训中小学副校长180人。三是开展中小学校长培训。由何枫局长带队，把全县67名中小学校长送到华中师范大学，接受为期一周的高端培训，提高全县中小学校长的管理能力。

**【梯次管理】** 全面推行梯次发展管理，把全县各类学校认真分类排队，按梯次明确质量标准，提出目标要求，让不同基础的学校、不同起点的教师和学生看到进步的希望。实施梯次管理后，全县各级各类学校都在原有基础上有明显进步，经过综合考评，对进步较大的息县三中、夏庄中学等7所学校授予“梯次发展管理先进单位”称号，对李淮、张生柏等11名同志授予“教学管理创新先进个人”称号，对闫中河、李莹等近200名教师授予“提高教学质量先进个人”称号，兑现各类奖金18万元。

**【教育质量】** 2009年，息县把提高教育教学质量作为教育管理工作的灵魂，全力以赴抓管理，集中精力抓质量。多次召开高中、中招复习备考会，组织高、初中招复习备考工作，高中招成绩实现新的突破。2009年，全县本科进线首次突破2000人大关。全县参加中招考试7687人，500分以上达2147人，比2008年增长24.3%，小学的语数及格率和优秀率也有较大的提升，均超额完成既定的目标任务。

**【优化发展环境】** 县委书记张富治、县长余运德等领导，多次听取教育工作汇报，专题研究解决实际问题。一次性投入近2000万元，采取买断方式解决初中后勤服务社会化遗留问题；召开高规格、大规模的全县庆祝第25个教师节表彰大会，评选出韩中强等10大“名牌教师”，并分别给予2万元、1万元和5000元不等的奖励；创建“息县教育发展基金会”，把9月8日定为“助教日”，县四大家领导和各个乡镇、县直各部门踊跃捐款；实施教师“安居工程”，解决教师住房问题，教育发展的环境空前优化。

**【信访稳定及安全工作】** 一是坚持依法办理信访。采取领导包案和轮流接访日制度，制作《息县教育系统信访咨询电话牌》320 面，发放到全县各级各类学校。二是召开治理教育乱收费工作会议。联合县纪委、县纠风办、县农监办等部门，对全县中小学收费情况进行专项检查，规范教育收费行为。三是认真执行"五禁止"和"十不准"的各项规定。坚持政务、校务公开制度，广泛接受社会监督，在全县优化经济发展环境测评中，多次名列前茅。四是加强安全工作。多次组织开展安全检查和隐患排查工作，改善学校的安全环境。配合卫生部门，采取积极的防控措施，严格落实晨检、因病缺勤随访、卫生大扫除和定期消毒等制度，有效地控制甲型 H1N1 流感疫情在息县的蔓延。

**【教育宣传】** 一是通过"濮淮风情"教育专场晚会、高中招宣传一条街、手机短信和电视滚动字幕等形式，广泛宣传教育改革与发展取得的成绩。二是以教育类报刊为主阵地加强宣传。在《教育时报》、《信阳日报》、《息县坡》等各级报刊发表文章 40 余篇。三是教育信息工作取得新进展。全年收集、整理、上报教育信息 200 多篇，被市教育局和县委、县政府采用 56 篇。同时，加强内部信息资料的编发工作，共编发教育信息 45 期，通报情况，交流经验；编印《息县教育》内刊 9 期。四是教育网站建设加强。日点击率超过 1000 人次，发挥网站为教育行政部门和学校服务的作用，为社会公众服务的功能。五是认真办理人大代表建议和政协委员提案工作，办结率 100%，赢得了社会各界对教育工作的关心、理解和支持。

**【体育和艺术】** 一是成功举办息县第二届中小学生田径运动会，有 12 人 13 次打破 8 项中小学田径记录。组队参加信阳市第八届中学生田径运动会，取得省级示范性高中组团体一等奖，县区组团体二等奖的好成绩。二是根据县领导安排，组建息县代表队，参加信阳市第三届全民运动会，比赛成绩较上届市运会提高两个台阶。尤其是篮球代表队勇夺冠军，获得自新中国成立以来的历史最好成绩。三是艺术教育方面。成立"息县书画教育学会"，举办息县第二届中小学生艺术作品展和第三届艺术作品比赛；开展庆"六一"展板一条街和"少儿现场绘画"活动；邀请北京四海经典教育中心主任冯哲和清华大学科技园文化总监李林博士作"国学经典"文化主题报告；邀请全国著名家庭教育专家许建国老师来息县作家庭教育专题讲座；参加全县喜迎新中国六十周年"活力息县"大合唱比赛，并获得一等奖；成功主办"肩负教育神圣使命，祝福祖国繁荣昌盛"濮淮风情教育专场文艺晚会，全面展现息县教育事业的发展成果及广大师生奋发进取、争创一流的精神风貌。

**【特殊教育】** 2009 年，息县特殊教育学校现有教职工 32 人，专任教师 27 人。其中中学高级教师 4 人，小学高级教师 5 人，小学一级教师 14 人；在校学生 112 人，其中男生 62 人，女生 50 人。随班就读学生 205 人，其中中学 41 人，小学 164 人，共 9 个教学班。

**【高中教育】** 全县高中在校生近 20000 人，高中教职工总数约为 900 余人。2009 年，息县参加高考 5775 人，本科进线首次突破 2000 人大关，达到 2016 人，比 2008 年增长 25.5%，其中一高王琦同学以 618 分名列全市文科第三名，越过北大录取分数线，另有两位同学跃居全市理科前二十名，均超额完成既定的目标任务。

**【高中选介】** 息县一高 2009 年息县一高以"打造省内区域名校，争创国家级示范性高中"为办学目标，坚持科学发展观，在规模质量、效益上都有大幅度的提高，各项工作都取得令人瞩目的成绩。是年 7 月，学校创新管理体制，将管理系统调整为"决策与领导、管理与执行、服务与反馈"三个系统，内部设置为"三会三部六大中心"。"决策与领导"系统设置"三会"，即党总支委员会、校务委员会、教代会。"管理与执行"系统设置"三部"，即一、二、三年级学部，进一步加强过程管理、微观管理。"服务与反馈"系统设置"六大中心"，即行政服务中心、质量监控中心、课程资源中心、教师发展中心、学生发展中心和后勤保障中心，"六大中心"通力合作、协调运行，促进师生和谐发展。是年，息县一高在职教职工 248 人，专职教师 196 人，职工 52 人。具有中、高级职称教师 118 人，占教职工总数的 47.58%，其中特级教师 3 人，国家、省、市各级学科带头人、骨干教师共69人，研究生学历19人。党员110人。学校获省级表彰两次。学校的教职工有2人获国家级表彰，22人获省、市奖励。2009年高考，一本进线104人，三本进线949人，本科进线率48.16%。王琦同学（文科）以618分的优异成绩位居全市第三名。

息县二高　二高占地面积达到150余亩，建筑面积50000平方米，现有教学楼3幢，学生公寓7幢，行政办公楼一幢，实验楼一幢，学生餐厅一幢，微机室2个，美术室1个，多媒体教室3个，图书阅览室1个；400米标准环形田径场、足球场、篮球场、乒乓球场。教职工236人，其中，“特级”和“全国优秀”教师4人，河南省优秀、文明教师11人；县“十大名牌教师”3人，高级职称教师41人，中级职称教75人。70个教学班，在校学生达5125多人。2009年，息县二高全面贯彻党的教育方针，紧跟县委、县政府的工作部署，以三个发展（教师专业发展，学生全面发展，学校整体发展）为办学指导思想，开拓进取，积极探索，坚持教书育人，管理育人，服务育人，环境育人，以人为本的办学理念，进一步改善办学条件，优化教书育人环境。是年高考，各类本科进行626人，超额完成县委、县政府下达的450人的目标任务，实现连续三年高考成绩翻番，被县委、县政府授予“高考突出进步奖”，奖金10万元。在2009年9月29日召开的全市普通高中教育工作会上荣获2009年度普通高中教育先进奖（一等奖）。在2009年息县优化经济环境第一季度“民主测评”获得第一名，在第二季度“民主测评”获得第三名。被县委、县政府授予2009年计划生育工作先进单位。被县人民政府授予2008年精神文明建设先进单位，被县委组织部授予创建学习型机关先进单位称号。被信阳市委、市政府授予信阳市“花园式单位”荣誉称号和市级“文明学校”荣誉称号。被信阳市纪委、信阳市监察局授予“信阳市廉政文化建设示范点”荣誉称号。在2009年县教体局举办的第三届农村青年教师技能竞赛中，二高教师孙荪获得高中组信息技术一等奖。

息县三高　2009年，三高坚持以科学发展观指导学校工作，以办全县人民满意的教育为宗旨，将2009年确定为学校的“质量年”，教育教学质量得到进一步提高，学校管理机制得到进一步完善，育人环境得到进一步优化，各项工作均取得可喜成绩。一、队伍建设。在教职工中开展“管理大讨论、工作大反思、观念大转变、思想大解放”活动。全体教职工通过活动树立新的教育观、教师观、教学观、学生观和质量观，进一步理清工作思路，推动学校解决发展中存在的突出问题；推行三个测评（学生对老师的满意度测评；家长对老师的满意度测评；教师对行政工作的满意度测评），让全体师生共同参与学校的管理；建立质量责任制和强力推进“问责制”，实施“一谈、二警、三停”惩戒措施。二、新课程改革。抓住全省高中课改机遇，乘势而上，强力推行“先学后教，当堂训练”新课改教学模式。辅以“四清”（堂堂清、日日清、周周清、月月清）作保证，环环相扣，突出学生主体地位，形成师生互动的合力，追求课堂效率最优化。校领导节节巡查督导，天天随堂听课，周周召开教改工作联席会，互通有无，确保新教学模式高效率推进。教法上强调“三个注重”：注重对学生的学法指导，注重发散性思维的训练，注重对知识的扩展延伸；教学过程中突出“三个为主，八个让”：启发式为主，讨论式为主，学生的自控性学习为主，目标让学生明确，问题让学生提出，疑问让学生讨论，过程让学生参与，学法让学生领悟，规律让学生总结，情感让学生体验，效果让学生评价。三、德育工作。坚持“育人为本，德育为首”的观念。优化德育工作制度，形成一支以政教处、团委、班主任、任课教师为主体的，德育目标明确，有责任心、方法科学的骨干队伍，努力创设各方面关注的、全员参与的良好的育人环境。通过周一早集国旗下的讲话、周日主题班会、校园广播、校园文化长廊、校园文明监督岗、疯狂英语活动、慰问福利院、班级文化大赛、观看教育片、开展纪律安全月活动、健康讲座、艺术设计讲座、班级文化展示大赛、开展健康上网倡议等不同形式的活动，加强学生养成教育和自我教育，达到育人的目的。四、后勤管理。学校强化人文服务意识，加大投入改善餐厅设施，健全制度规范管理，打造特色的餐厅文化，安装大型冷暖空调等措施。餐厅服务周到，饭菜品类齐全，价格公道，文化氛围浓厚，受到广大师生的赞誉。2009年高考，各类本科进线379人，进线率37.6%，位居全县应届生榜首，其中，本一31人，本二以上155人，本一、本二进线人数与2008年相比有较大突破。

息县职业教育中心　该校是按照国家级级示

范性职业学校标准，由江苏大丰教育集团投资兴建的一所以中等职业教育为主，集职业高中、普通高中、职业中专、和各类社会技能培训为一体的民办公助性质学校。学校位于息县文化路北段，东倚桃花园，西邻森林公园，交通便利，布局合理，环境优美。学校于 2009 年 8 月投入使用。有教职工 125 人，其中硕士研究生学历 2 人，专业教师 46 人，其中"双师型"教师 29 人，开设有电子电工、数控、机电、高级海员、计算机应用、旅游与酒店管理、园艺、烹饪与营养、市场营销等十多个专业，建成有数控、钳工、普车、电子电工、焊工等多个实训室和高级海员、酒店管理实训基地。被认定为信阳市"511"工程示范性职业学校、"雨露计划·金蓝领"培训基地。学校坚持"升学有保证，就业有保障"的双轨运行机制，保证学生升学或就业，坚守"教你学会一门技术，帮你找到一份工作"的承诺，入学签订《就业协议》，确保毕业生 100% 就业。学校在坚持"知识 + 技能"的前提下，教会学生做人、学会做事，提高学生素质，开好文化课、开齐专业课、开全素质课，开放"第二课堂"，丰富学生文化生活。

**教体局班子成员及分工**

| 姓　名 | 职　务 | 分　工 | 备　注 |
|---|---|---|---|
| 何　枫 | 党委书记、局长 | 主持全面工作 | |
| 张会群 | 党委委员、副局长 | 教师培训、人事工作 | |
| 潘红波 | 党委委员、副局长 | 职业成人教育、社会力量办学、体育卫生艺术教育、青少年活动中心 | |
| 张传周 | 副局长 | 基础教育、教育科研、招生工作 | |
| 李宏忠 | 党委委员、副局长 | 电化教育、督导工作 | |
| 万　明 | 党委委员、纪检书记 | 办公室、工青妇、"六城联创"工作 | |
| 冯勇堂 | 党委委员、工会主席 | 纪检监察、信访稳定、安全治理、勤工俭学仪器装备 | |
| 洪海滨 | 党委委员、招办主任 | 具体负责招生工作协助张传周局长工作 | |
| 张俊杰 | 副主任科员办公室主任 | 具体负责办公室、"六城联创"工作 | |
| 刘　臻 | 副主任科员财务股长 | 负责教育系统财务及发展规划工作 | |

**教体局机关股(室、站)设置**

| 股(室、站) | 负责人 | 备　注 | 股(室、站) | 负责人 | 备　注 |
|---|---|---|---|---|---|
| 办公室 | 张俊杰 | | 纪检监察室 | 易　杰 | |
| 财务股 | 刘　臻 | | 工青妇(老干部) | 何冬梅 | |
| 人事股 | 杨保云 | | 招生办 | 洪海滨 | |
| 发规股 | 喻家宝 | | 电教馆 | 刘续乐 | |
| 基教股 | 彭松林 | | 卫生保健站 | 彭明春 | |
| 督导室 | 刁明江 | | 教研室 | 司　明 | |

| 股(室、站) | 负责人 | 备　注 | 股(室、站) | 负责人 | 备　注 |
|---|---|---|---|---|---|
| 职教股 | 王世亮 | | 勤管站 | 陈文俊 | |
| 体育股 | 杨新民 | | 师训中心 | 陈　虎 | |
| 师训股 | 王道祥 | | 青少年活动中心 | 何　燕 | |
| 社管股 | 杨鑫武 | | | | |

**全县中小学校及负责人**

| 学校名称 | 负责人 | 备　注 | 学校名称 | 负责人 | 备　注 |
|---|---|---|---|---|---|
| 息县一高 | 王　群 | | 包信中学 | 易长海 | |
| 息县二高 | 张其煌 | | 包信中心校 | 夏明月 | |
| 息县三高 | 郑永和 | | 岗李店中学 | 邹培武 | |
| 息县四高 | 何立同 | | 岗李店中心校 | 崔国臣 | |
| 息县五高 | 余珍贵 | | 小茴店一中 | 高永峰 | |
| 职教中心 | 吴国荣 | | 小茴店二中 | 陈士平 | |
| 县卫校 | 程明华 | | 小茴中心校 | 范国华 | |
| 县一中 | 鲁　伟 | | 项店一中 | 王海滨 | |
| 县三中 | 李　淮 | | 项店实验学校 | 洪有益 | |
| 县实验小学 | 冯仁堂 | | 项店中心校 | 王　峰 | |
| 县特殊学校 | 付保民 | | 夏庄中学 | 张生柏 | |
| 城关中心校 | 蔡　群 | | 夏庄中心校 | 黄海东 | |
| 东街小学 | 裴长虹 | | 临河中学 | 姬学刚 | |
| 西关外小学 | 杜兰斌 | | 临河中心校 | 张玉龙 | |
| 南街小学 | 王加龙 | | 陈棚中学 | 魏运峰 | |
| 北街小学 | 王　晶 | | 陈棚中心校 | 冯　匡 | |
| 群力学校 | 王　斌 | | 长陵中学 | 卢耀旭 | |
| 城郊中学 | 谢殿选 | | 长陵中心校 | 项子强 | |
| 城郊中心校 | 周宗星 | | 濮管区中心校 | 张　艳 | |
| 路口中学 | 王德位 | | 李唐实验学校 | 徐长珠 | |
| 路口中心校 | 邱兴习 | | 八里岔中学 | 胡　斌 | |
| 彭店中学 | 尹亮基 | | 八里岔中心校 | 付克诚 | |
| 彭店中心校 | 孙同立 | | 曹黄林中学 | 冯有升 | |
| 杨店中学 | 崔国治 | | 曹黄林中心校 | 张卫中 | |

| 学校名称 | 负责人 | 备　注 | 学校名称 | 负责人 | 备　注 |
|---|---|---|---|---|---|
| 杨店中心校 | 付从林 | | 许店实验学校 | 杨志明 | |
| 白土店中学 | 祝　超 | | 关店一中 | 潘　杰 | |
| 白土店中心校 | 陈　珂 | | 关店二中 | 王治新 | |
| 张陶一中 | 孙　杰 | | 关店中心校 | 段宏伟 | |
| 张陶中心校 | 张树同 | | 息都实验学校 | 付同波 | |
| 东岳中学 | 邹　清 | | 县中心幼儿园 | 易本耀 | |
| 东岳中心校 | 黄国峰 | | 体　校 | 付保升 | |

# 文化　卫生

## 文　化

局长：姜学志

**【简述】** 2009年，县文化局坚持贴近实际、贴近群众、贴近生活，在繁荣文化市场，丰富人民文化生活，整合文化资源，服务科学发展方面取得新成就。

**【乡镇文化站建设】** 2009年，息县新建小茴店镇和包信镇综合文化站，两个综合文化站总建筑面积600平方米，共投资40万元，其中，中央补助资金32万元，乡镇配套资金8万元。为保证按时完成工作任务，县文化局成立工作小组，实行每星期报工程进度和不定期检查的方法，两个综合文化站分别于2009年6月和8月顺利建成，为农村文化活动开展提供阵地。

**【“农家书屋”建设】** 2009年全县共投资46万元新建“农家书屋”23家，分别为每个书屋配送1600册图书，60种电子音像制品，20种报刊。通过“农家书屋”建设，营造读书求知的良好社会风尚，推动全县新农村建设发展。

**【文化信息共享工程】** 2009年11月，县文化信息共享工程与农村党员干部远程教育共建，全县总投资75万元，确定150个村为文化信息共享村，其中，50户村级站点的设备为投影仪，100个村级站点的设备为电脑。

**【非物质文化遗产普查】** 全年共搜集非物质文化遗产保护线索近8000条，调查项目涵盖12个门类，包括录音录像150个小时，照片500余张，电子文本20余个，整理文字90万字，搜集实物达120余件。其中方言715条，旧戏班行话班规63条，谚语3872条，歇后语692条，民歌510首，故事传说272条，民间舞蹈100个，传统体育23项，民间习俗27项，民间信仰6项，民间知识68条，传统医药4项，基本上掌握全县非物质文化遗产的种类、分布状况、项目名称和部分传承人情况，获得第一手资料。共立项编辑整理成册，制作电子文本2825条，其中申报市级第二批“非保”项目14个。同时建立县级“非保”名录，绘制“非保”项目分布图，制定保护计划，保护和传承息县非物质文化遗产。

**【节庆文化活动】** 新春佳节，由文化局承办的迎新春专场文艺晚会，邀请省、市一些名家名角加盟演出，县委书记张富治为晚会创作的歌曲《息县赞》，把晚会推向高潮；由县委宣传部主办、文化局承办的“元宵节”灯展一条街活动，吸引全县各乡镇、县直各企事业单位、人民团体近100盏灯笼参展；由工商局、县消费者协会举办的“3·15”维权大行动、商品展销一条街、专场文艺演出，深受百姓赞誉；六一儿童节，由文化局、教体局举办的中小学生广场书法绘画活动，抒发少年儿童对“魅力息县”崇敬之情；由县国土局举办的“6·25”土地日专题文艺演出，唤醒民众珍惜土地、保护耕地。

**【谯楼广场文化活动】** 每天早晚，成百上千人集聚在谯楼广场，唱歌跳舞、健身休闲；周末放映电影；每月一场“濮淮风情”广场文艺晚会；传统节日期间民间文艺展演形式多样、异彩纷呈；庆祝新中国成立60周年“活力息县”大型主题文化宣传活动共有十大文体活动，歌咏比赛、摄影展、书画展、篮球比赛、乒乓球比赛、拔河比赛等；息县首届“唱响息州”卡拉OK大奖赛于10月21日拉开帷幕，历时一个多月，共300余人参赛，计12场赛事，年龄最大的67岁，最小的5岁。全年共开展各类广场文化活动379场次。

**【“舞台艺术送农民”活动】** 县文化局组建文艺演出小分队，先后到小茴、包信、夏庄、陈棚等20个乡镇演出，表演人员分别来自文化、教育以及全县民营剧团的文艺工作者，每天演出两场。包括市豫剧团《茶乡月明》等6场演出，舞台艺术送农民活动共演出22场次。

**【文艺创作】** 县文化局按照上级业务部门的具体要求，抓好“魅力信阳”新农村建设文艺题材的创作和文艺赛事人才的选拔。五月份由市群艺馆上报省社文处“新农村改革发展”文艺作品征集，全县共选送曲艺、小品、剧本、歌曲等7个艺术门类参评。2009年10月，由退休干部孟庆安创作的曲艺作品《圆梦》、《补瓢劝婆》和专业人员彭城创作的歌曲《老家》、《河南人》被文化部《文化大视野》群文作品第十一卷出版。由彭城创作的二胡独奏曲《风雨同舟》、歌曲《山乡迎春曲》同期获得市级文艺作品大奖。在市广场歌曲大家唱活动中，息县选送的和柳、李向阳分获一、二等奖；市戏曲票友大赛中，息县选送的康美华、邹红分获一、二等奖，彭钟锋、姜霞获优秀奖。

**【农村电影“2131工程”】** 息县9个农村电影放映队深入全县各乡村，放映3880场次，基本实现一村一月放映一场电影的工作目标。

**【文化市场管理】** 开展“扫黄打非”专项活动和网吧、音像、娱乐、演出市场专项整治活动。全年共组织检查1200余人次，出动检查车辆60余辆次，检查经营场所300余家次，查处各类违法违规经营单位10余家，停业整顿2家，取缔无证经营6家，收缴各类非法音像制品2000余张，盗版图书6000余册。一是开展网吧市场管理。加大春节、“五一”、“十一”等节假日期间的整治力度，全年共查处违规网吧7家，责令停业整顿2家。二是加强娱乐场所管理。坚持整治和宣传相结合，先后组织4次集中行动对全县娱乐场所进行拉网式排查，对无证经营的歌舞厅予以取缔。三是加强演出市场的管理。严格规范古庙会、交易会文化演出市场经营活动，打击非法演出2次，取缔无证演出场所3家。

**【文物保护】** 一是继续组织开展第三次全国文物普查工作。进入田野文物调查阶段后，文物普查工作完成18个乡镇，新发现文物点500处，复查70处，登记可移动文物15件，文物普查工作分别获得省、市文物局“第三次全国文物普查集体奖”和“第三次全国文物普查先进个人奖”。二是文物库房安全工作连续实现第9个安全年。三是开展文物保护工作。2009年9月，在县公安局配合下，追缴杨店乡汪楼村明代弘治和正德年间石佛像7尊。是年10月，在城郊乡徐庄村淮河两岸发现古代沉船。

# 新华书店

支部书记、经理:李 彤

【简述】 2009年,息县新华书店坚持图书发行事业的“两为”方针,强化市场意识,参与市场竞争,围绕年初全省新华书店工作会议精神,通过全店上下的共同努力,完成全年工作任务,取得可观的社会效益和经济效益,实现商品销售码洋3111万元,销售收入净额261万元,实现利润74万元。

【一般图书发行】 一、强化管理促销售。制定完善门市部各项规章制度,强化制度建设,规范员工行为;实施精细化管理,调整卖场图书格局;拓宽多种服务项目,开通网上查询、预定、送书上门等业务。引入激励机制。给每名职工定任务、定职责,个人的工作业绩和绩效工资紧密挂钩,奖罚分明。二、特色营销聚人气。灵活销售手段,抓住市场商机,突破传统促销方式,在元宵节、六一儿童节推出挂灯笼、猜灯谜及文艺汇演等促销活动.书店专门配置一辆宣传工具车,每周二、周五到全县逢集乡镇巡回展销图书。三、提升素质练内功。每星期开展岗位练兵活动,内容涉及图书上架、售书连续作业、图书五知、服务礼仪等,严格制订学习制度,建立合理培训方案,完善月考核工作,达到提升服务,推动工作的目的。是年 书店突破星级空白,荣获二星级门市称号。

【教材发行】 实行班子成员包片,各联络组包乡包校,上下联动、同奖同罚。2009年,息县新华书店完成全县教材教辅发行工作,教材发行300多万册,综合指标优于2008年。根据国家政策,加大与教育部门的合作,坚持做到送书到校,送书到班,送书到人,及时调剂余缺,达到老师、学生、家长的满意,确保“课前到书,人手一册”。

【教辅发行】 一、村小教辅实行直发销售。2009年,教辅图书市场竞争激烈,书店采取村小教辅由发行员直接到校销售的办法。二、收费公开。为切实保障学生家长利益,使教辅收费公开透明,书店首次将1~9年级所有书款在春季开学前把农监办、教育局、新华书店的电话在县电视台公布。为加快图书周转速度,书店把仓库搬迁到新华工业园新综合办公楼,加强硬件、软件建设。利用工具车,为城关校发运教材、教辅读物。2009年共销售各类教辅图书200万册。

【企业管理】 制订完善一系列规章制度,逐项监督落实,实现用制度管人、用制度约束人的科学规范的现代企业制度。基本建设、水电费、微机、保卫安全、计划生育等各项工作均责任到人,分工明晰,做到事事有人管、有人问、有人干。书店综治和计划生育工作连年评为全县的先进单位。

【文化建设】 严格落实书店各项规章制度,加强作风建设,开展深入学习科学发展观等主题活动,打造文化型企业,培养知识型员工,开展岗位练兵、竞技比赛、红色旅游等形式多样的教育活动,提升员工的综合素质,为建设和谐的企业文化奠定基础。在全县举办的“活力息县”、庆祝新中国60周年系列活动中,书店鼓励职工参与乒乓球、钓鱼、篮球、拔河等一系列有益比赛。为谯楼广场捐赠篮球架两副,助推广场文化活动开展。

# 广播电视

局长：王　磊

【简述】　2009 年，息县广播电视工作以科学发展观为指导，宣传工作再上新台阶，事业建设迈出新步伐，机关作风明显转变。是年，广播电视局（以下简称广电局）获对外宣传先进单位、信访工作先进单位、工会工作先进单位。

【宣传工作】　加强宣传管理，牢牢把握正确舆论导向；加强广告播放管理，净化荧屏声频；加强安全播出管理，确保节目安全播出；加强卫星收视管理，开展境外卫星电视传播秩序整治工作。重大宣传：搞好新中国 60 华诞的宣传活动；精心组织县人代会、政协会的宣传活动；开展第十七届茶文化节的宣传活动；搞好学习实践科学发展观活动的宣传；搞好农村改革发展综合实验区的宣传；做好甲流防控工作的宣传；搞好建设和谐、平安活力息县的宣传。常规宣传：深入全县农村改革发展试验区、城市建设、招商引资等重点工作的主战场，从“学习实践科学发展观活动”、“农村改革发展综合实验区建设”、“甲流防控”、庆祝新中国 60 周年等重大题材中推出吸引人、感召人、震撼人的好节目。对外宣传：2009 年，广电局在市台以上发稿 138 篇，广播电视外宣在全市广电局系统一路领先。《夏粮进入关键时期 多种措施力抗旱保苗夺丰收》、《河南省领导分赴各地检查指导抗旱浇麦》、《打造国家粮食生产核心区 河南粮食新品种选推广加速》在河南卫视新闻联播中播出。其中在央台发稿 1 条，省台发稿 3 条。

【新业务拓展】　一是把广播信号从城区向农村延伸。二是筹资 40 余万元，改造 1 台电视发射机，扩大发射功率，提高传输效果。三是巩固城区有线数字电视平移成果。2009 年，全县各新建小区和单位住宅均安装有线电视网络，延伸主支干线路 40 公里，新发展用户 1200 户，拆迁移机 300 户，新设光接点 7 个，架设光纤线路 10 公里，用户扩展到 14000 余户。四是发展农村数字电视（MMDS），增加陈棚乡、包信镇大李庄村 2 座数字电视转移站，农村用户增加到 700 余户。五是强化科技武装，对摄、编、播设备升级改造。

【队伍建设】　以开展学习实践科学发展观活动为契机，剖析自身存在问题，制定整改措施，提高干部职工素质。通过学习和加强队伍建设，推进各项工作。加强党的建设，增强党组织的凝聚力、向心力和号召力，充分发挥共产党员的先锋模范作用。加强精神文明建设，树立新闻工作者的人生价值观和职业道德观。开展向困难职工献爱心活动。大力开展“四帮四促”活动，把党的关怀与温暖送到帮扶村。

# 卫　　生

书记、局长：黄贤威

【简述】 2009年度息县的卫生工作紧紧围绕县委县政府的中心工作任务和上级下达的各项卫生工作目标，认真开展医政医改、新型农村合作医疗、爱国卫生运动、基层卫生与妇幼保健、疾病预防控制、卫生监督、项目工作等。

【医政医改】 一、建立门诊处方评价公示制度，加强抗菌药物合理应用管理、麻醉药品和精神药品的使用管理、单病种质量控制及医院感染管理工作。二、在全县范围内组建突发公共卫生事件应急救治队伍和应急救治后备队伍，制定培训方案，培训人员，筹备应急药物和器械。三、落实艾滋病病人和艾滋病病毒感染者“四免一关怀”政策（一免：对农村居民和城镇未参加基本医疗保险等医疗保障制度的经济困难人员中的艾滋病病人免费提供抗病毒治疗药物。二免：为自愿接受艾滋病咨询检测的人员免费提供咨询和初筛检测。三免：为感染艾滋病病毒的孕妇提供咨询及免费母婴阻断治疗。四免：对艾滋病患者遗孤实行免费的义务教育。一关怀：将符合救助条件的艾滋病病毒感染者和艾滋病病人以及因艾滋病致孤儿童和老人纳入政府救助范围，按照国家有关规定给予必要的生活救助。）2009年累计确认HIV阳性者220人（死亡54人现症病人115人，未发病51人）接受免费抗病毒治疗138人，累计监测自愿咨询244人，娱乐场所从业人员318人，性病病人541人，被监管人员116人，孕产妇6262人，确认HIV阳性27人；母婴阻断工作，累计检测孕产妇6085人。发现一例HIV阳性孕妇，采取阻断措施。随访HIV阳性育龄妇女540人，未发现怀孕妊娠现象；随访夫妻单方HIV阳性者的配偶166人次，未发现婚内性传播者。规范了艾滋病救治程序，加强艾滋病病人管理，落实感染管理各项措施。抗病毒治疗12个月以上的艾滋病病人的存活率和坚持治疗率高于95%。四、成立“120”急救指挥中心，具备条件的县直医院及部分乡镇卫生院设立急救站。五、加强农村卫生工作。县直医院和乡镇卫生院开展医疗卫生服务和技术培训工作，形成一帮一制度。2009年下乡医疗队员共诊治患者1005人次，培训医务人员238人次，开展适宜技术12项，帮助建立特色专科2个。12月份115名乡村医生被送到河南职工医学院进行为期三个月的业务技能培训。六、规范血液管理。加大血液监督管理力度，确保临床用血需要与安全。

【新型农村合作医疗】 建立5家县直医疗机构、20个乡镇卫生院和321所村卫生室，共346家医疗机构为息县新农合定点医疗机构。实施“一卡通”、出院即补制度，及时进行补偿。实施微机管理、网上办公。实行公示举报制度，补偿公开，接受社会和群众监督。在县民政局的协助下，全面落实五保户、特困户民政救助。在息县外出务工农民比较集中的上海嘉定区、广东惠州市、东莞市、武汉市、郑州市、北京市设立定点医疗机构，开通参合患者直接补偿工作和办理外出务工农民就地参合工作。推广门诊统筹补偿制度，濮阳、许昌、驻马店等市卫生局先后组织各县区卫生局局长、农合办主任到息县学习、调研。截至2009年11月30日，对全县参合农民409970人次进行补偿，累计补偿医疗费用7538.13万元，其中住院大额补偿39620人次，补偿费用5995.15万元；住院分娩补偿6904人次，补偿金额420万元；慢性病门诊补偿6708人次，补偿金额102.1万元；门诊统筹补偿356738人次，补偿费用1020.88万元。补偿金额达到封顶线3万元的参合农民47人次，参合农民受益率达到53.67%。

**【创建卫生城市和爱国卫生运动】** 把巩固省级卫生县城创建成果作为工作重点，协助“六城联创”办公室开展五项综合整治（城区环境卫生整治，城区主次干道和街道卫生整治，落实沿街单位门前五包责任，整治市场及周边环境卫生，整治食品、烧烤、饮用水卫生）。推进农村改水改厕工作。共改厕5000余户，其中“一池三改”（将沼气池建设与改厕改厨改栏圈同步设计同步施工）800余户，20个乡镇新建和改建公厕30余个，县直机关及城区公厕全部改为水冲式。开展爱国卫生运动，全县参加卫生大扫除有10万余人次，共清理卫生死角5000多处，清除污水坑1000多处，清理垃圾1000余吨。开展健康教育，提高人民群众的健康素质。主要措施有：卫生局、广电局联合开办息县健康专题栏目，爱卫办印制《防控甲型H1N1流感倡议书》10万余份，教体局在全县中小学校开设健康知识课，全县各单位、机关均设立固定的卫生知识专栏，定期更换内容。全县各医疗单位普遍推广健康教育处方，定期对病人和医务人员进行卫生科普知识的宣传和培训，全县各医疗卫生单位还组织专家深入各机关、厂矿、学校、社区、村庄进行健康教育讲课，传播预防保健知识。

**【基层卫生与妇幼保健】** 一、开展乡镇卫生院“七有两化一温暖”（一个标准的手术室、一个规范的急诊室、一个温馨的产房、一个达标的X线室、一个舒适的输液室、一个方便的自炊厨房、一个干净的卫生厕所、卫生院美化、净化、取暖设施）建设。对孙庙、彭店、张陶等3所乡卫生院下达目标责任书，定期组织有关人员进行督查。二、开展乡镇卫生院、村卫生室人员培训工作，组织完成农村卫生人员岗位培训项目，乡镇卫生院管理人员22人、儿科医生22人、麻醉医师和护理人员44人及乡村医生35人，分别在河南省农村卫生人员培训中心、信仰职业技术学院、息县卫生职业中专等专业学校接受专业技术培训，培训工作完成率达到100%。三、严格《出生医学证明》发放工作，杜绝违规发放《出生医学证明》、非法途径购进、高价收费及搭车收费等现象。四、卫生室建设。按照“三统一”（统一采购、统一供应、统一价格）和“三个一”（一张设计图纸、一个不能少、一个不能变）要求，全县应建321个村卫生室，截至2009年10月31日，全部竣工并投入使用。每个村卫生室投入建设资金约15万元，县政府拿出奖励资金每村5万元，其中1万元为每个村卫生室配备设备。五、启动农村妇女病免费普查工作，成立妇科疾病检查小组。对小茴店、夏庄、包信、白土店、项店、八里岔6个卫十一项目试点乡镇38个行政村的育龄妇女集中进行生殖健康保健免费检查，历时30天共查5123人，查出患妇科病1780人，患病率34.7%，患病种类主要为宫颈疾患、阴道疾患、乳腺疾患、子宫肌瘤等。六、规范孕产妇系统管理。为落实《息县妇女发展纲要》、《息县儿童发展纲要》、《女职工劳动保护法》，县妇幼保健院在三八妇女节期间对县直机关及企事业单位6082名妇女进行生殖道健康查治，并建立健康档案；与乡卫生院建立围产期保健门诊，开展产前、产时、产后保健“一条龙”服务；通过孕妇摸底进行早孕建档立卡，孕12周初检率达85%以上，整个孕期确保产前检查5次以上，产时住院分娩、产后7天、14天、28天，上门访视42天母婴健康体检一次，对高危孕产妇实行专案管理，管理率达到89.5%。，产后访视计3843人，产后访视率89.78%。七、“降消”（降低孕产妇死亡率，消除新生儿破伤风）项目运作方面，2009年共实施农村产妇救助997人次，救助金额29.91万元。

**【疾病预防控制】** 按照年度责任目标2009年度疾病预防控制工作开展计划免疫、传染病、地方病慢性非传染性疾病的防治等。

一、计划免疫　（一）常规免疫接种：全年共完成六次冷链运转，“五苗”基础免疫累计应种95615针（剂）次，实种94351针（剂）次，接种率98.68%。（二）脊灰强化免疫：2008年～2009年度两轮累计应种儿童89273人次，实种88659人次，服苗率99.31%。其中：常住儿童强化免疫应种87984人次，实种87373人次，接种率99.30%；流动儿童强化免疫应种1289人次，实种1286人次，接种率99.77%。两轮共发现“零”剂次儿童1411人次，免疫1411人次，服苗率100%。（三）计划免疫监测：开展AFP、麻疹、新生儿破伤风主动监测，坚持脊灰、麻疹、新生儿破伤风的旬月报和"0"病例报告制度。通过监测,共发现 AFP 病例 3 例,标本正规采集率、及时送检率、60 天随访率均达 100%。网络直报及主动搜索共发现麻疹病例 185 例,本地网报 122 例,外地报至本地 63 例,标本采集、送检 79 例,实验室确诊 68 例,排除 11 例。新生儿破伤风未发现病例。(四)乙脑监测:息县为河南省唯一一家国家级监测点,按照全国乙脑监测方案的要求,每周对县直医疗单位开展一次乙脑(包括病脑)主动监测,1 月 ~6 月共发现 19 例乙脑病例。开展健康人群乙脑抗体水平监测,采集血样 407 份。同时,开展动物宿主监测,每旬采血一次,累计采集血样 94 份,送省站检测;开展乙脑媒介蚊密度调查,每月两次,累计捕蚊 2365 只。(五)新生儿信息收集:疾控中心成立"新生儿信息采集"小组。分别于每月上、中、下旬对县直医疗机构妇产科和各乡镇上报新生儿信息,进行搜集并录入新生儿资料库,充实《儿童预防接种信息管理系统》;全县 20 个乡镇均建立预防接种信息网络,基本完成儿童预防接种信息录入工作。(六)麻疹查漏补种:开展两次麻疹查漏补种工作。两次共调查 37397 人,实种 31277 人,接种率 83.64%。其中,流动儿童应种 1862 人,实种 1681 人,接种率 90.28%;常住儿童应种 35535 人,实种 29596 人,接种率 83.29%。二、手足口病防治:在全县实行"零"报和晨检制度,全县共报告手足口病临床诊断病例 197 例,院内门诊留观 119 例,住院隔离治疗 78 例,均痊愈出院,实现"零"死亡。三、甲型 H1N1 流感防控:2009 年 5 月 19 日召开全县甲型 H1N1 流感防控专业技术培训会,制订并下发《息县甲型 H1N1 流感防控预案》,《息县甲型 H1N1 流感诊疗指南》,印发宣传单 10 万余份,成立防控领导小组和医疗救治领导小组,实行日报制度,开展医疗救治和疾控队伍应急演练。9 月 1 ~3 日组织人员对全县 3 所高中、3 所中学、7 所小学、22 所幼儿园进行甲型 H1N1 流感防控督导。全县共发生一起甲型 H1N1 流感及流感样病例(息都实验学校)累计报告 105 例,经上级实验室确诊 9 例,经县医院住院治疗均痊愈出院,没有蔓延。四、传染病疫情网络直报:全县共发生法定传染病 17 种 2928 例,其中:乙类 12 种 2567 例,丙类 5 种 361 例。发病率 368.11/十万,发病率比去年同期上升 5.53%。报告死亡病例 12 例,死亡率 1.51/十万,病死率 0.41%。五、结核病防治:加强结核病的归口管理,提高病人的发现及转诊率。全年共接收就诊肺结核、疑似肺结核病人和结核病可疑症状者 3325 例,确诊为活动性肺结核病人 721 例,落实"三免"(血常规、尿常规、肝功能免费化验)政策,提高新涂阳病人发现率,在 721 例肺结核病人中查出涂阳病人 382 例,其中新发涂阳肺结核病人 346 例。初治涂阴活动性肺结核病人 339 例。活动性肺结核病人 DOTS(全程督导管理)覆盖率达 100%,落实系统管理 712 例,系统管理率 98.75%。督导访视活动性肺结核病人 2060 人次,新涂阳肺结核病人治愈率达 85% 以上。六、地方病防治:(一)碘缺乏病防治:对县盐业公司生产加工的碘盐进行抽样检测,2008 年 11 月 ~2009 年 10 月,每月抽取 9 份盐样,共 12 批 108 份,经检测合格率 100%。对岗李、包信、长陵、夏庄、项店、八里岔、曹黄林、孙庙、彭店等 9 个乡镇 288 户居民食用盐抽样检测,抽取盐样 288 份,经检测合格 285 份,合格率 98.96%。对包信、临河、项店、孙庙、八里岔 5 乡 20 个行政村 300 户居民盐样 300 份,进行现场碘盐半定量检测,合格 299 份,合格率 99.67%。开展地甲病防治知识教育,5 月份对三乡镇中心小学五年级 88 名学生、家庭主妇 45 人进行地甲病防治知识测试,相关知识知晓率分别为 52.28%、11.85%。通过健康教育和宣传,11 月 2 日对三乡镇健康教育工作进行评估,调查 5 年级学生 89 人、家庭主妇 44 人,健康知识知晓率分别为 67.36% 和 80.96%。对重点人群尿碘检测 48 份,检测结果为 115.7 ~218.7ug/L,中位数为 167.2 ug/L。对 5 乡 5 所小学五年级学生尿碘检测 91 份,检测结果为 54.1 –461.9ug/L,中位数为 258ug/L,基本达到了消除碘缺乏病指标,11 月份通过省级验收。(二)肠道寄生虫驱治:发放塞斯特驱虫药 292000 人份,7 月上旬各乡镇共服药 80965 人份。(三)疟疾防治:对全县 5 ~10 月份发热病人进行血检。同时,对 5 乡 5 村 3000 名居民进行调查与筛查,未发现疟疾现症病人。七、慢病防治:结合新农合工作,全县开展慢性病筛查。共查出慢性病患者 37103 人,其中高血压 24629 人,糖尿病 4894 人,肿瘤 1593 人,重性精神病 511 人,其他如心脑血管病 5476 人。利用卫 XI 项目对夏庄、小茴、八里岔三个试点乡镇的六个试点村开展高血压社区管理,对筛查出的高血压患者进行分级建档,出院管理方案,开展随访服务，健康生活方式和行为干预及健康教育。在城区和农村社区还开展合理膳食指导，慢性病防控知识健康教育，发放限盐匙罐、控油壶以及宣传资料等。

**【卫生监督监测】** 一、为打击非法行医，卫生局6名班子成员带队，多次深入一线打击城关非法行医工作。共出动车辆110辆次，卫生监督执法人员820人次，对城区个体诊所进行调查摸底，按照程序对非法诊所下达执法文书972份，依法取缔无证行医33户，移送司法机关7家，拆除医疗匾牌73快，没收药品器械52箱、手术器械16把、微波治疗仪17台。二、加强公众食品卫生监督。印发宣传单8020份，制作宣传板块14块，设立咨询台30余次，接受群众咨询3000余人次，换发《食品卫生许可证》589份。出动人员9660多人次，车辆276辆次，下达现场笔录、意见书13450份。三、对12户食品、公共场所从业户的53份样品进行检测。其中：餐饮、副食业8户，采样45份；公共场所4户，采样8份。体检从业人员98人，合格98人，办理健康合格证98人。四、对曹黄林、路口、临河、项店、小茴五乡镇自来水进行采样检测，每井采样1份，共采水样5份。经试验室检测，出口水水样的理化和毒理指标及末梢水微生物检测全部符合国家生活饮用水卫生标准。五、对全县26所中学、100所小学常见病、传染病防治加强督导，掌握全县中小学校常见病、传染病防治工作开展情况、各项防治措施落实情况以及学校健康教育、健康体检工作落实情况。同时开展学校手足口病、甲型H1N1流感防治工作以及小学、幼儿园学生预防接种证查验和麻疹疫苗查漏补种等项工作。六、对学校、医院、家庭等人群集中的场所、房间消杀除“四害”工作，房间药物喷洒1000余间，指导公共场所消杀3处。

**【健康教育】** 县政府制订《息县公共场所禁止吸烟管理办法》《息县2007—2009年全民开展健康教育规划要点》，卫生局下发《关于各医院对35岁患者执行首诊测量血压制度的通知》、《关于开展创建“无烟医院”活动的通知》、《关于开展中小学生不吸烟签名活动的通知》等。健全健康教育网络体系，利用电视、板报、宣传单、咨询服务等形式宣传常见传染病，慢性病防治知识，印发手足口病、甲流、艾滋病、结核病、狂犬病、碘缺乏病、高血压、糖尿病、免疫规划等防治知识宣传单30余万张，小册子5000余本，制作广播电视讲座宣传8周次，流动字幕20余条，开展大型宣传和健康咨询活动10余次，固定宣传栏县、乡、村各医疗卫生单位每单位宣传10期以上，举办健康知识讲座和培训班20余期，培训业务人员1000余人次。

**【项目建设】** 2009年国债建设项目涉及小茴、白店、关店3个中心卫生院。村卫生室建设项目总建筑面积810平方米，涉及临河乡单台等9个村卫生室。县妇幼保健院利用国债项目资金及自筹资金建设病房大楼一栋。乡镇卫生院建设：总建筑面积8648.18平方米（改建724平方米）。八里岔乡卫生院病房楼新建1054平方米，完成投资60万元；曹黄林乡卫生院病房楼新建675.4方米，改造500平方米，竣工完成；东岳镇中心卫生院医技楼新建744.48平方米，改造224平方米；岗李乡卫生院综合楼异地新建2024.3平方米；小茴镇中心卫生院病房楼新建1026平方米，完成投资120万元；白店中心卫生院病房楼新建1200平方米，主体施工；关店中心卫生院病房楼新建1200平方米，主体施工。村卫生室建设：每个村卫生室新建90平方米。世界银行贷款/英国政府赠款.中国农村卫生发展项目（卫XI项目）进展顺利。

**【卫生整顿】** 一、民主评议行风政风：（一）是向社会作出政风行风建设的公开承诺。（二）是增强行政审批中心窗口的透明度，建立情况通报、责任追究制度，审批中心窗口受理办结率100%。（三）是抓好政风行风评议。通过采取走出去请进来的方式，广泛征求人民群众的意见和呼声，针对暴露出来的问题进行认真的梳理归类，能解决的解决，不能解决的要给予答复。（四）是突出信访件的办理。完善领导信访接待日制度、主要领导阅批来信制度、信访接待登记受理制度。（五）是切实加大监督力度。多层次地聘请政风行风监督员以及社会知名人士、民主人士对卫生系统的政风行风实行监督，虚心听取他们的意见。二、选聘乡镇卫生院院长。针对项店镇卫生院院长岗位空缺，卫生局党委按照选聘乡镇卫生院院长方案在全县范围内进行公开选聘，经过报名、资格审查、面试、考核、公示和确定聘用对象，确定一名竞聘对象担任院长职务。三、全面推进制度建设。卫生局党委制定十项管理制度,对全县卫生系统各方面的工作进行规范。局督察室重点督察各项制度的落实,共从专业技术岗位清退非专业技术人员15人,查处违纪案件3起,纠正违反制度规定的行为5起。四、开展治理商业贿赂工作。对3个单位违规使用药品问题进行处理,对责任单位和责任人进行经济处罚。

# 息县人民医院

总支书记、院长:张　泉

【业务开展情况】　医院门诊、急诊共接诊141257人次,比2008年同比增长0.8%,住院病人12604人次,比2008年同比增长31.3%,其中治愈9302人次,治愈率91.2%,病床使用率97.1%,病床周转次数53.9%,实际开放床日71980天,平均住院天数5.7天。其它各项医疗指标均保持或超过2008年水平。全院业务总收入6928万元,同比增加36.8%。通过增收节支,开源节流,工资、奖金按时发放,药品、福利、职工养老保险金,医疗保险等费用均能按时支付。

【医疗、护理、控感工作】　2009年,县人民医院的医疗、护理、控感质量管理,围绕医院管理年活动开展工作。为提高病历书写质量和临床合理用药,先后出台《息县人民医院临床用药督导制度》、《病历书写质量考评细则》、《息县人民医院处方书写质量考评细则》,印发《关于进一步加强抗菌药物合理使用及违规处罚的通知》等。职能科室严格管理,全体医护人员努力工作,县人民医院各项医疗、护理、控感质量指标完成情况均有较大的提高。

【传染病防治】　一、手足口病防治情况。为完善应急组织体系,做好准备和救治工作,一是明确分工,责任到人,针对手足口病疫情,分解任务到各职能科室,做好消毒药剂的储备,救治所需的药品、器械,急救车辆等的准备工作。二是加强培训,院感管科、医务科定期进行全员培训,针对不同季节疫情变化,开展针对性培训,并派6名救治骨干人员参加省市培训。三是加强宣教工作,在门诊固定宣传栏,电子显示屏及时宣传传染病防治相关知识,让公众认识手足口病是可防、可控、可治的,避免社会恐慌。四是加强预检分诊和门诊工作,医院在门诊大厅设立预检分诊台,指定专人负责预检分诊工作,避免院内交叉感染。五是加强住院救治工作,医院设立专门留观、隔离病房。期间,县医院共收治手足口病147例,其中门诊62例,住院69例,留观16例,无1例病人死亡。二、甲型H1N1流感防治情况。9月5日,县疾控中心从息都实验学校随机抽样检查11例学生,送市疫控中心作H1N1流感病历筛查,有9例确诊为甲型H1N1流感病例,需要送到县医院隔离治疗,县医院接县卫生局紧急通知后,启动传染病防治紧急预案,建立有13名医护人员组成的传染病隔离区,救治5例甲型H1N1流感学生。经过17天救治,县医院传染病区隔离学生全部康复出院。

【新型农村合作医疗】　县人民医院按政策规定规范药品使用,广大患者在治病的同时,还享受到优惠政策。截至2009年12月中旬,全院参合患者补偿8545人次,总医疗费用2818.8万元,为参合农民补偿医疗费用1399.7万元。此外,补偿农村孕产妇住院分娩专项资金82.6万元。

【服务社会】　一是为基层卫生院及医疗院校培养合格进修、实习生62人次。二是做好计划生育技术指导和四项手术,做好突发性急、危、重患者的抢救治疗。三是做好农村和城镇社区医疗巡回义诊工作。上半年,医院巡回医疗车和专家义诊组先后3次深入城乡社区和谯楼广场,义务为群众看病和免费发送药品,发放医疗科学读物等近500本。此外,为给全县心脏病患者带来福音,再次邀请上海东方医院安国医院医疗专家来息县人民医院开展义诊活动,共为城乡患者200余人次义诊。

# 息县卫生职业中等专业学校

**【职业教育】** 2009年，息县卫校（息县卫生职业中等专业学校）继续与焦作职工医学院、河南省卫生学校实行联合办学，切实抓好秋季招生工作，共招新生138名，是联合办学以来生源最好的一年。

**【专业技术培训】** 开办成人大专、“雨露计划”、乡村医生培训等不同层次、不同形式的培训班，共培训各类专业技术人员410人。

**【增加师资力量】** 从校外调入高、中级职称教师各1人，接收应届本科毕业生1人。

**【申报职业教育攻坚建设项目】** 近年来，随着国家对职业工作的逐步重视，各级对职业教育的经济投入也不断增大，卫校抓住这一发展的有利时机，2007年~2009年申报6千万的职业教育攻坚建设项目专项资金。

# 息县中医院

**【医院概况】** 医院占地面积 6066 平方米，建筑面积 2700 平方米。人员编制 55 人，实有人数 90 人（其中干部 41 人、全民工 17 人、合同工 32 人），内设职能科室 13 个（院办公室、医务科、财务科、后勤科、监察室、合管科、医保科、药剂科、院感管理科、护理部、门诊部、住院部、保卫科）、临床科室 20 余个（急诊科、中西医内外科、妇产科、儿科、手术室、麻醉科、推拿按摩、骨伤、理疗、碎石、肛肠、皮肤性病、不育不孕、气管炎科等）、医技科室 6 个（放射、检验、B 超、心电、胃镜、CT）。拥有 500mAX 光机、美国 GE1600CT、日本富士能超细经鼻电子胃镜、日本东芝全数字化彩超、意大利全自动生化分析仪等万元以上设备 20 余台件，核定床位 80 张。

**【业务开展情况】** 2009 年，医院业务总收入 242 万元，同比增长 48.3%。其中，医疗收入 121 万元，同比增长 105%；药品收入 121 万元，比 2008 年同期增长 16%，药占比 49.9%，比 2008 年同期下降 14.1%，门诊人次 15459，比 2008 年同期增长 8.64%，住院人次 454，比 2008 年同期增长 100%，床位使用率 39.2%，比 2008 年同期增长 21.8%。

**【医德医风建设】** 开展治理商业贿赂活动，从源头治理，建立长效机制。制订治理商业贿赂工作方案，向社会公开服务承诺和投诉电话，全员参与抵制商业贿赂。

**【健康教育】** 充分利用电视媒体、宣传栏、展版等宣传平台，普及健康知识。如在门诊大厅建立卫生保健宣传栏，根据季节变化定期更换宣传内容；在病区、门诊走廊制做宣传展板，向广大患者宣传中医防病治病、健康饮食等保健知识，倡导和推进全民健康生活方式。参加国家中医药管理局“中医中药中国行”活动，组织单位知名中医专家在谯楼广场开展免费咨询义诊，义诊人数 100 余人。

**【医护质量建设】** 一、抓基础，练技能，提高全院医护人员的基本业务素质。坚持每周四科室业务学习，对门诊和病区临床医护人员进行有关心电图知识、院感防治知识、彩色多普勒的临床应用的培训与演练，以提高救治能力。先后组织学习并印发《病历书写质量考评细则》、《抗菌药物的合理应用》，提高病历书写质量和指导临床合理用药。

二、抓关键、堵漏洞，保证医疗安全。（一）是完善门诊、住院病人的工作流程，使工作环节衔接更加紧密。（二）是每月至少开展一次业务工作大检查，量化医疗质量检查标准。（三）是汇集《医院各级各类岗位职责和规章制度》，开展医疗质量安全集中行动，把查问题、摆不足、找症结、定措施、改缺陷、保安全放在活动的首位，全面加强医疗质量安全工作。

三、引进息县知名专业技术人才和招聘专业技术人员。2009 年，县中医院先后聘用退休中医副主任医师、外科主任医师、放射科主治医师各一名，同时还招聘一批医学院校毕业生及其他专业技术人员，缓解医院专业技术人员匮乏的现状。

四、加强院感防控工作。在生物监测、消毒、医疗废物回收、销毁等方面严格落实有关制度，对全院人员进行传染病知识培训考核，提高全员预防意识，于 2009 年 12 月与信阳市中环公司签定医疗垃圾无害化处理合同。

**【新型农村合作医疗】** 2009 年补偿参合人数 386 人，补偿费用 63 万元，补偿比例达 63.40%。

**【突发公共卫生事件处理】** 做好手足口病防治、甲型 H1N1 流感防治工作。针对地 009 年手足口病、甲型 H1N1 流感疫情，中医院按照上级要求，进行防治知识培训。及时抽调专人坐诊，无一人漏诊、误诊。同时抽调副主任医师李荣参与总　　院手足口病、甲型 H1N1 流感救治工作。

**中医院内设机构**

| 科室名称 | 姓　名 | 职　务 | 备　注 |
|---|---|---|---|
| 合管科 | 段　刚 | 行政副院长 | 合管科科长 |
| 医保科 | 马新建 | 业务副院长 | 医保科科长 |
| 医务科 | 马国学 | 科长 | 门诊部主任、医技科主任 |
| 监察室 | 徐云龄 | 主任 | |
| 护理部 | 计　红 | 主任 | 医院感染科科长 |
| 内　科 | 刘续冰 | 主任 | |
| 外　科 | 刘殿民 | 主任 | |
| 药剂科 | 刘　峰 | 主任 | |
| 检验科 | 刘　丽 | 主任 | |
| 外　科 | 孙伟佳 | 副主任 | |
| 妇产科 | 晏　丽 | 主 任 | |
| 护理部 | 岳　敏 | 护士长 | |

# 社会生活

## 人口和计划生育

主任：潘超楼

【简述】 2009年度，息县人口和计划生育工作以稳定低生育水平、提高出生人口素质、促进人的全面发展、努力创建国家级优质服务先进县为目标，建立和完善以“阳光计生”为重点的工作机制，强化领导责任，严格组织保障，加强部门配合，抓重点、克难点、显亮点，实现全县人口计生事业“综合工作出成效、主体工作创一流”，完成各项工作任务。县人口计生委被分别授予“国家级计划生育优质服务先进单位”和“省级文明单位”称号；被市委、市政府授予“信阳市职业道德建设十佳单位”和信阳市“五一劳动奖状”。

【创建国家级计划生育优质服务县】 在“省优”的基础上，结合息县实际，开展“国优”创建工作。召开创国优专题会议，对乡镇下一步工作进行安排部署，要求各乡镇把关注群众需求、提升服务意识，完善生育证管理以及各种统计报表的衔接、统一工作作为创国优工作的重中之重。深化创国优工作理念，深化计算机信息引导服务，推行群众需求信息搜集、分析、汇总反馈制度，提高信息化服务水平。各乡镇以此为契机，完善计生阵地配套设施，加强计生知识培训，全力整理好各种资料。治理整顿生育环境。一是对持2009年度二孩生育证人员逐人登记，建立二孩生育对象全程跟踪服务登记簿，做到孕前、孕后、产前、产后跟踪服务，及时掌握他们的孕情、产后情况，对生育后的对象进行及时上报、入库。二是合理安排生育证发放工作。是年全县发放一孩生育证4987张，二孩生育证543张。完成两证校验工作。按照信人口[2009]8号文件精神，对县站、乡所的《计划生育技术服务机构执业许可证》，县站、乡所技术人员获得的《计划生育技术服务人员合格证》校验，并对需要校验《合格证》的技术人员进行专业知识的书面考试、实践技能的考核。经市计生委最终审核，县站及20个乡镇取得《计划生育技术服务机构执业许可证》，全县43名同志获得《计生育技术服务人员合格证》。是年，息县被授予“国家级计划生育优质服务先进单位”。

【人口统计】 2009年，全县总人口974829人，已婚育龄妇女210686人，共出生婴儿10628人（其中一孩9010人、二孩及以上1618人，男孩900人、女孩718人），人口出生率10.90‰，死亡5920人，自然增长4708人，自然增长率为4.83‰，符合政策生育率为99.29%，出生人口性别比为109.67:100，完成各项人口指标和工作任务。

【依法行政】 一、加大培训力度，提高执法队伍素质。一是学习计划生育有关法律法规，统一办案标准、程序和要求。二是及时听取各乡镇每月的执法情况及案件处理情况，交流办案经验，部署下步工作。三是指派技术熟练、业务精湛的骨干人员备课、讲课，提高计划生育执法队伍的政治素质和业务水平。四是加强责任，规范执法队伍的管理，凡工作不称职或责任心不强的及时予以调整。二、规范办案程序。按照办案要求，统一规范全县计划生育案件的办理程序，即查案程序统一、文书样式统一、装订标准统一、文书编号统一、案卷审核统一。三、监督依法行政。对行政执法人员定人定向统一管理，适时召开依法行政工作会议，经常下乡全程监督乡级依法行政工作人员的执法过程，对乡镇出现的程序不合法现象及时予以纠正。

**【生殖健康检查与节育措施】** 按照《信阳市人口和计划生育委员会关于规范计划生育生殖健康检查的通知》要求，加强对单月康检工作检查和业务技术指导。通过排查已婚育龄妇女，澄清漏管已婚育龄妇女底数，澄清四术底数，提高当日康检参检率、避孕措施及时率、落实率、有效率。在2009年生殖健康进家庭计划生育优质服务活动中，按照上级要求，对全县各乡镇四项手术的日进度进行汇总、统计、上报，为各级领导提供全县各乡镇四项手术开展情况。截至秋季集中服务活动结束，全县共完成四项手术15085例，其中结扎4038例(双女户结扎689例)、上环9510例、人流1394例、引产143例。

**【成人伤病残鉴定】** 2009年，全县共通过成人伤病残鉴定520人，经过张榜公布，群众认为医学鉴定准确、无误。同时，组织县站成立病残儿医学鉴定小组，做好初筛工作，确保病残儿身份真实和病情可靠。

**【流动人口管理】** 2009年，县人口计生委从建设社会主义新农村和构建和谐社会的高度出发，以科学发展观统领人口与计划生育服务管理工作，扎实落实“六个一”、“五把关”、“五关爱”、“两验证”制度。建立“双向”区域协作工作机制，采取“走出去、电话联系或邮寄信函”等方式，与息县籍人口流入集聚地建立区域协作机制，签订协议书，实行“双向”管理，“双向”服务。息县2009年外出育龄人员为24.05万人，其中已婚育龄妇女9.41万人，外出育龄人口办理《婚育证明》24.01万人，办证率为99.83%，外出已婚育龄妇女签订合同率为100%，寄回合格康检证明率达到99.8%以上。流入人员为354人，其中已婚育龄妇女169人，流入人口管理率达100%。

**【打击“两非”专项治理】** 2009年，县委、县政府把打击“两非”的专项治理工作纳入全县工作的总体目标。以领导到位、整合措施为主线，以培训、宣传为先导，以部门协调、综合治理为动力，以严格制度、强化管理为手段，扎实开展工作。一、狠抓宣传和培训。(一)是在全县广泛开展婚育新风进万家活动，建设新型生育文化，利用一切宣传形式，宣传“以人为本，关爱女孩，生男生女都一样，女儿也是传后人”等新观念，营造有利于女孩生活、发展的舆论氛围和社会环境。(二)是宣传《人口与计划生育法》、《母婴保健法》、《服务条例》等有关禁止非医学需要鉴定胎儿性别的法规，维护妇女的合法权益。利用县电视台开设的《计生时空》栏目，对综合治理出生人口性别比失调的意义、目的、任务和措施进行宣传。(三)是对全县的B超医生进行清理和资格认证，并对取得资格认证的B超医生进行培训。二、集中开展专项治理工作。由县政府牵头，以计生委法制信访股为主，抽调公安局、卫生局、药监局及各乡镇计生执法人员共36名，组成6个专项治理小组，对全县的医疗单位和个体诊所清理清查。全年共查处“两非”案件103起，对违法人员给予经济或行政处罚，涉案仪器及药品全部依法没收，对黑诊所予以取缔，对查出问题的诊所责令其停业整顿。

**【利益导向机制】** 一是实行奖惩制度。为使全县的奖扶对象真实、不参水分，在上报材料上层层把关，最后由计生委抽调40多名骨干下乡入村逐户逐人进行走访核查，凡上报人员不符合实际，每查掉一人，扣除所在乡（镇）年终考评总分总分1分，同时奖励该调查员100元。2009年全县共新增奖扶对象289人。二是加强监督。为保证利益导向各项优惠政策落到实处，县计划生育工作领导小组专门组织人员，对相关涉农部门向农村计划生育家庭承诺的优惠、救助等政策监督检查，保证农村计划生育家庭奖、优、免、保、助的目标得到全面落实。

**【计划生育协会】**　2009年，息县计生协坚持以实践科学发展观为主线，以稳定低生育水平为首要任务，以宣传教育为载体，狠抓组织建设，深化服务活动，创新工作思路，协会各项工作有序开展。一、协会组织建设。（一）是协会参公工作顺利完成。县编委于5月19日以息编字[2009]9号文件形式正式下发《关于县计生协会人员编制的通知》，明确县计生协人员编制2名，参照公务员管理，经费实行财政全额预算管理。（二）是开展计生协会会员登记工作。经过县、乡、村各级人口计生及协会工作人员近一个月的工作，全县102415名协会会员全部登记、录入完毕，占全县总人口的10.53%，初步实现会员管理微机化。三是开展村级协会规范化建设。县计生协会按照辉县、商城协会规范化建设模式，于9月下旬在113个行政村（居）委会开展协会规范化建设工作，占全县行政村总数的32.85%。县人口计生委把协会规范化建设工作设置一定分值，纳入全县年终目标进行专项考核。四是开展乡、村两级协会换届选举工作。十一月初，县计生协对全县乡镇计生协换届选举工作下发专题通知，对换届工作的实施方案、宣传发动、组织领导、选举事项等进行指导。21个乡镇（区）按照要求，先后召开会员代表大会，进行换届选举，一大批热爱计生事业、有一定技术专长的人员进入协会组织。同时，344个行政村、居委会也召开会员大会，进行换届选举，实现新老交替。二、开展“5·29”宣传服务活动。在2009年度“5·29”计生协会会员活动日宣传活动期间，息县计生协依托各级基层协会组织，精心准备，认真实施，宣传服务活动达到预期目的。三、启动计生系列保险工作。由于各种综合因素，息县计生系列保险工作在2009年以前没有真正开展起来。2009年6月份在全省计生系列保险工作会议之后息县城郊乡、白土店乡、孙庙乡等3个乡镇计生办、计生协为39名基层计生工作者购买保险。县计生协分别在独生子女健康保险、计生家庭意外伤害保险和计划生育手术意外伤害保险工作方面做了有益探索。是年，全县计生系列保险保费达4260元，并全部汇到河南省盛裕保险代理公司。四、协会信息工作。全年县计生协共上报信息13篇，其中被中国人口报、中国人口网、省人口网各采用一篇，被《黄河、黄土地、黄种人》杂志和市人口计生委各采用一篇。

**【宣传工作】**　按照《信阳市人口计生委2009年宣传教育工作意见》安排，息县围绕稳定低生育水平，统筹解决人口问题，创建国家级计划生育优质服务先进县的目标，在贯彻和学习《中共中央国务院关于全面加强人口和计划生育工作统筹解决人口问题的决定》精神的基础上，突出抓好婚育新风进万家活动、关爱女孩行动、幸福家庭行动等宣传教育活动，推动宣传教育工作向纵深发展，为计划生育工作的开展营造宣传舆论环境。借助媒体优势，人口计生委挖掘、总结反映息县计生工作的精品，编印成册，并聘请省计生宣教中心专业人员拍摄“用优质服务奏响构建和谐社会的乐章”创国优专题片，及“心血浇灌文明花”创省级文明单位专题片，宣传关爱女孩、优生优育、少生快富的典型事例。是年全县有293名符合条件农村女孩获得中招加分的优待。为推动计划生育幸福家庭行动，息县以“五送五评”活动为抓手，出台《息县计划生育幸福家庭行动“五送五评”活动方案》，配套完善“联邦”（联合帮扶）机制，督导机制、考核评估机制和奖惩机制，用制度来保障幸福家庭行动的落实。2009年息县人口计生委根据市计生委统一安排，下发《息县人口计生委关于认真办好<信阳日报·人口计生专栏>的通知》，推荐四名具有一定文字功底，勤于动笔、善于动脑的专职通讯员参加全市计生宣教干部培训班。全年采写稿件

292篇,被国家、省、市级新闻单位采用202篇,通过大众传媒宣传报道,展示息县计生工作亮点,树立息县计生队伍新形象。

**【信访工作】** 一、落实问责听证制。(一)是实行领导接待日制度。由委领导班子成员轮流值班,每天都有领导专门接访,对来访群众反映的问题,按照“谁接待,谁负责,谁处理”的原则,由值班领导接待包化解、包处理、包稳定,一包到底。(二)是实行领导阅批群众来信制度。对重要来信随阅、随批、随交办,决不拖延、推诿。(三)是实行首访首问制度。(四)是实行信访公示。(五)是实行案件汇报、公审。(六)是实行信访疑难案件听证制度。对一些计生信访案件处理难、终结难、息诉罢访难等特点,改革和创新工作方法,化解许多信访问题。(七)是定期研究信访工作制度。每月召开一次信访工作专题会议,研究突出性问题和疑难案件的处理办法,责任到人,每季度召开一次形势分析会。(八)是实行有奖举报制度。二、查处信访案件。狠抓党员干部和国家公职人员、下岗职工、个体户以及流动人口违反计划生育政策法规的案件,狠抓上级批转或领导批示要结果的案件,狠抓了老上访户的稳定工作;严查弄虚作假、非法开展非医学需要鉴定胎儿性别的行为。2009年,县人口计生委共接待来访群众17起59人次,接待集体上访1批,6人次。

# 劳动和社会保障

局长:邹 勇

书记:顾 勇

【简述】 2009年息县劳动保障工作围绕保增长、保民生、保稳定的目标,以保持就业局势稳定为中心,把扩大统筹城乡就业摆重要位置,推进社会保障制度建设和基层建设,落实服务农民工的各项政策,加强劳动保障法制建设,维护劳动者合法权益,推动劳动保障工作全面进展。

【就业再就业】 2009年,息县劳动保障局坚持把促进就业作为改善民生的重中之重,以贯彻落实《就业促进法》、《河南省就业促进条例》为主线,以促进创业带动就业为重点,强化公共就业服务,扩大就业规模,全面完成目标任务。一是实施积极的再就业政策。城镇新增就业人员8512人,下岗失业人员再就业2165人,其中就业困难对象再就业1126人,分别完成市目标任务5570人的153%、1616人的134%和750人的150%,城镇登记失业率控制在3.5%。二是加大政策扶持力度促就业。对97名灵活就业人员发放社保补贴17.58万元,对49名从事社区保洁、保绿等公益性岗位发放岗位补贴17.64万元。对有创业愿望或已创业的下岗失业人员发放小额担保贷款共74人324.7万元。三是创新培训工作促就业。下岗失业人员再就业培训及创业培训分别为1622人、90人,职业技能鉴定301人,培养新技师25人,均完成目标任务。四是举办城乡就业招聘会促就业。2月至9月,共举办四场就业招聘会,共组织县内58家用工较多的民营企业提供岗位825个,有485人被用工单位录用。3月份局有关领导随县招商团到广东、深圳推介劳务,有520人被省外用工单位录用。

【劳动保障平台建设】 一是强化统筹城乡就业服务职能。按照“制度化、专业化和社会化”管理要求,完善各类人员登记台账建设,开展办理社保、求职登记、职业指导、用工信息发布等一系列服务。二是加强乡镇(社区)基层劳动保障基础建设。对30个基层单位统一规章制度和工作流程,规范管理。在杨店乡建成高标准平台,配置现代化设施。在项店镇等五个单位建成功能齐全的劳动保障平台。

【劳务输出和农民工工作】 2009年,息县劳动保障局立足地域和资源优势,完善技能培训、输出运作、管理服务“三位一体”模式,提高劳务输出的组织化程度和管理服务水平。全年农村劳动力转移就业总量26.7万人,新增转移就业0.91万人,累计创收约20.6亿元。一是拓宽输出空间。通过举办专场劳务招聘洽谈会,参加市里组织的农民工风采展及全国总工会举办的全国农民工技能成果展,并慰问在北京的部分农民工等形式,提升息县形象,优化输出环境,扩大输出范围。二是优化农村劳动力就业环境。成立由县委领导任组长的农民工工作领导小组,全面负责全县农民工工作,加强全县返乡农民工就业工作的统筹指导,协调解决工作运行中的困难和问题。建立农民工工作联席会议制度,劳保、农业等30个单位参与,实行部门联动,解决农民工返乡就业问题;建立县、乡农民工返乡信息定期报告制度,安排专人负责调查统计,完善基础台账,全面掌握农民工失业返乡情况;建立跟踪服务制度,通过各种手段促进返乡民工就业,缓解就业压力。印发《关于切实做好当前农民工工作的意见》,落实农民工失业返乡监测、县内就业岗位调查等相关工作,安排部署开展“农民工就业服务月”活动。依托各乡镇劳动保障事务所(站)引导和鼓励社会力量开办职介所,开展职业介绍。加强职介机构的监管,对输出人员去向、工资待遇、劳动保护、收费标准、服务承诺等情况进行全程监控,防止外出务工欺诈行为的发生。依托在深圳、广州、上海、郑州等地建立的劳务工作站,成熟一批输送一批。三是开展农民工职业技能培训。按照“政府扶持、齐抓共管、统筹规划、分步实施、整合资源、注重实效”原则,开展一系列的培训。农村劳动力技能就业计划培训4200人,完成目标任务105%;发放农民工创业小额担保贷款累计245人1209.18万元;阳光工程培训1400人,享受补贴70万元;雨露计划培训2900人,享受补贴32.7万元。四是建立维护农民工合法权益绿色通道。宣传《劳动法》、《劳动合同法》、《劳动保障监察条例》,增强农民工的维权意识。完善农民工工作协调机制,加强组织协调和统筹指导,建立和完善权益保障制度和机制。开展农民工维权专项检查。内容涉及用工单位遵守劳动保障法规、用工、签订劳动合同、工资支付方面,共检查130户。通过专项检查,督促用工单位补签续签劳动合同173份,纠正违法合同70人,清理童工3人,为430名农民工追回工资51.18万元。受理群众投诉举报,涉及农民工19起,全部结案。

**【社会保险】** 按照“强力征缴、积极扩面、规范管理、加强服务”的思路,以强化服务管理为核心,以加强扩面征缴为重点,采取各种有效措施完善社会保险体系,增强保障功能,维护广大群众的社会保险权益。

企业养老保险。(一)是全面完成业务目标。全县参保职工14623人,新增扩面职工920人,完成目标任务153%;征收养老保险费4573万元,完成市目标任务109%;按时足额发放退休金6587万元。(二)是新增退休人员养老金。从2009年元月、2008年10月份起分别为5097名企业单位退休人员及677名机关事业单位退休人员月人均增加退休养老金105元和403元。(三)是做好未参保及漏保职工的参保工作,新增收保险费720万元,减少县财政转移支付基金缺口部分395万元。(四)是变现原11家以物抵费资产共计925万元,理清其多年的产权关系。

职工医保、生育保险及城镇居民医保。(一)是职工医保、生育保险面扩大。职工医保参保人员累计36406人,生育保险参保人员累计14521人,均完成目标任务。(二)是狠抓医疗、生育保险基金征收工作。分别征收2043万元、49万元,完成目标任务93%和81%。(三)是提高职工医疗待遇。统筹报销由原来每人每年最高限额23488元提高到26000元;大额医保赔付由原来每人每年最高限额15万元,提高到16万元。(四)是严格门诊重症慢性病鉴定。组织有关专家对12个病种的648名参保人员的病历等情况进行鉴定,其结果向社会进行了公示。四是巩固城镇居民医保成果。在2008完成36556人的基础上,2009年累计完成登记参保50126人,完成目标任务82%。

失业保险。征收358万元,完成目标任务118%;发放750万元,发放率及社会化发放率均为100%。加大争取调剂金力度,向省厅争取失业金360万元,全部到位。做好红麻造纸厂及自来水公司破产发放失业金的预案工作,对2465人的身份进行了核实和登记。

机关事业养老保险。参保单位63个,参保人员4747人,征收基金1378万元,完成目标任务103%;发放退休人员950人,支付1595万元。财政专户基金滚存结余2189万元。

工伤保险。征收21.1万元,完成目标任务70%。累计参保13500人,其中农民工3900人,全部完成目标任务。

**【劳动仲裁】** 一是加强劳动争议调解仲裁工作。受理仲裁案件62起,其中:拖欠工资申诉40起,社会保险10起,工伤赔偿4起,其他8起,涉及劳动者87人。追回拖欠工资26.4万元,赔偿医药费30.6万元,撤销违法合同21份,确认劳动关系42人。二是审查和完善各类用人单位集体合同。对县粮食局等32家用人单位的千余名劳动者进行劳动合同签证和审查,并实行劳动用工备案,规范其用工行为。三是做好劳动保障信访稳控工作。共接信访件102起,其中县处级领导批转20起,市局批转14起,县信访及督查局批转52起,本局16起,全部按期结案。

**【新增退休退职人员】** 2009年,共接收退休退职材料385份,已审批315人,其中:正常企业退休265人,特殊工种12人,病退1人,事业单位退休37人。另外,工伤认定10件,因病退休退职36人正在申报中。

(供稿:田　丰)

# 民政工作

总支书记、局长：甄广福

**【救灾救济】** 县民政部门把冬春荒困难群众生活安排作为最现实最紧迫的民生工作，切实保障冬春荒困难群众生活。一是摸清底数，制订方案。年底组织各乡镇反复摸排核实，全县缺粮人口7564户17500人，缺粮800000斤；缺衣被人口3700人，衣被救济5720（件）床。建立《冬春荒困难群众花名册》。二是落实资金，开展捐助。按救济粮每市斤1.4元、棉衣每件50元、棉被每床100元计算，及时下拨冬春荒款共计158万元。由各乡镇秉着公平、公开、公正原则将救灾款发放到困难群众手中。三是及时救助，加强督察。按照"突出重点、分类指导、统筹安排、分步实施"的原则，区别情况，对因遭受轻灾造成临时缺粮的一般农户通过开展生产自救解决；对受灾较重造成缺粮、自救能力薄弱的农户，通过生产自救、互助互济和政府救助相结合的方法解决；对既缺粮又完全没有自救能力的五保户、优抚对象和低保户全部由政府救济和发动社会力量捐助加以解决。县民政、财政、粮食、审计、监察等部门成立联合检查组对各乡镇的救灾款到位情况和各项救灾措施落实情况进行抽查。对灾民救助实行《灾民救助卡》管理，接受群众和社会舆论监督。"双节"期间，组织开展慰问和送温暖活动，确保困难群众过个和谐年、安详年。

**【农村低保对象核定】** 对农村低保对象复核认定，并在原有基础上进行扩面。按照省、市的统一部署，息县从4月15日开始，利用一个半月的时间，采取"一听、二查、三看、四访"的工作方法，对原有的农村五保和农村低保对象复核整顿，按照"三级审核、三榜公布"的审批程序，重新认定，并在原有的基础上进一步扩大农村低保救助面。全县共清理不符合条件的农村低保对象1892户4211人，新纳入农村低保对象6436户13013人，全县农村低保对象总数达到41024人，占全县农业人口的4.5%。通过此次核查整顿，达到政策落实到位，施保人员合理，保障对象有进有出，实施动态管理下的应保尽保，促进全县农村改革发展有序进行。按照《河南省人民政府关于全面建立农村最低生活保障制度的通知》（豫政〔2006〕21号）和《信阳市人民政府关于印发〈信阳市农村居民最低生活保障制度〉的通知》要求，经过科学的调查分析，按照农村低保"补差"原则，以低保对象家庭实际人均收入合理分类，确定低保补差标准，一类对象为长期重点保障户，补助标准为60元；二类对象为长期保障户，补助标准为50；三类对象为短期保障户，补助标准为40元。全年共组织发放农村低保金2136万元。

**【农村五保供养和敬老院建设】** 年初，县委、县政府把提高五保集中供养率、改善敬老院生活设施做为改善民生的头等大事来抓。将集中供养的五保户年供养经费由每人每年1400元提高到1600元。全县有五保户4547户4879人。共组织发放五保供养资金604.8万元。城郊乡闫寨村敬老院、东岳镇徐围孜村敬老院、小茴镇李甲道村敬老院、曹黄林乡敬老院，具备入住条件。入住后全县农村五保集中供养率提高到45%。关店乡吴村铺敬老院十一月底建成完工，年底实现人员入住。白店乡米围孜村敬老院处在动工兴建之中。

**【城市低保】** 县民政局坚持"三级审核、两榜公布"的原则，审批办理城市低保工作。2009年10月份，民政局、城关镇居委会成立9个调查组，利用一个月时间对全县城市低保对象进行复查，共清理不符合条件的城市低保对象 676 人，新纳入符合条件对象 580 人。全县共有城市低保对象 9986 人，全年共组织发放城市低保金 1746 万元。

**【医疗救助】** 2009 年上半年，息县共实施大病医疗救助 343 人次，共发放医疗救助金 18.6 万元。共有 45903 人从中受益，共理赔金额 428 万元。

**【优抚安置】** 一是对伤残、复员、参战、涉核、"三属"、红军失散人员等 4500 多名优抚对象的抚恤和补助金全部发放到位。二是农村合作医疗制度实现军人共享。1～6 级革命伤残军人全部纳入息县大地医疗保险，全年共发放优抚抚恤金 1050 万元，老复员军人和其他重点优抚对象"解三难"（生活难、住房难、治病难）资金 150 万元，"八一"、春节慰问和临时性困难救济计 20 万元。退伍安置方面，通过会同编办、财政、劳动等部门对安置对象进行资格审查和确认，为 2008 年退役的 6 名三级以上转业士官（伤残军人）安排工作，对 15 名自谋职业的城镇退役士兵发放自谋职业一次性经济补助 23.8 万元。2009 年共接收退役士兵 342 人，符合政策安置的对象有 62 人，有 16 人选择货币安置方式，共领取一次性自谋职业经济补助 32 万元。

**【婚姻登记】** 2009 年，县民政局对行政审批中心二楼婚姻登记所进行装修，婚姻登记信息系统实现全省联网。全年共办理结婚登记 4925 对，离婚登记 784 对，合格率达 100%。

**【社会事务管理】** 殡葬改革方面，全年共计火化遗体 593 具，城区治丧秩序和殡葬市场管理进入依法依规轨道。民间组织管理方面，重点培育和扶持行业协会、公益慈善组织、农村专业经济协会、社区社会组织，全县 63 个社团、31 个民办非企业单位在促进社会和谐和新农村建设中发挥积极作用。基层政权建设方面，完成第三届社区居委会换届选举，实行"直接、平等、差额、无记名"的选举方式，共选举出社区主任 10 名，副主任 10 名，委员 23 名，年龄和文化结构较上届均有较大程度优化。老龄工作在继续搞好百岁老人服务和保健金发放、老年证办理等工作的前提下，注重和低保等制度的配套衔接，使困难群体老年人优先纳入低保范畴，保障老年人在医疗、社保等方面的优先权。勘界工作，从 9 月开始，历时 3 个月，县民政局会同罗山县、潢川县共同完成行政区域界线的联合检查，对破损和遗失的界碑进行恢复，对可能存在的边界纠纷进行调查和了解，最大限度地促进边界和谐。

**【信访稳定】** 2009 年，县民政局落实常年接访、预约接访、重点走访和专案询访的"四访"制度。全年共接待上访群众 1856 名，发放临时性救济费 3 万多元。

# 乡、镇、管理区概况

## 城关镇

书　记:王金利

镇长:张　波

**【概况】** 城关镇位于县境偏西南部,淮河北岸,罗淮路穿境而过,息正路、息淮路、息包路交汇于此,区位优越,交通便利;城镇建设日新月异,基础设施建设日臻完善,城市服务功能不断提高,形成了“六纵六横”的城市建设格局,是息县政治、经济、文化中心。辖9个社区居委会,即车站路、淮河路、埠口、东大街、西大街、南大街、南关街、北大街、大何,共74个居民组。辖区总面积15平方公里,可耕地1512亩,总人口94638人。辖区居住有回族、蒙古族等少数民族,人口373人,其余为汉族。

2009年,城关镇实现国内生产总值52580万元,同比增长13.5%;农业总产值796.9万元;第二产业生产总值23408.1万元,同比提高17.2%;第三产业生产总值28375万元,同比提高14.1%;实现全社会固定资产投资35800万元,同比增长28%;实现财政收入732.7万元,同比增长12%;农民人均纯收入4986元,同比增长18.2%;城镇居民人均纯收入11525元,同比增长9.4%。经济和社会各项事业稳步发展,年度各项目标全部完成,被县政府评为“2009年度完成责任目标优秀单位”。

**【农村综合改革发展试验区建设】** 结合城关镇实际,确定以培育和发展合作经济组织、城市建设和管理、社区服务体系建设为重点,以创新文化引领社会经济发展体制机制为突破口,加大农业结构的调整力度,发展壮大“合作社+养殖户”、“支部+合作社+农民”等新型合作经济组织和农民经济人队伍。由13户生猪养殖专业户共同出资635万元,注册成立城关镇万达养殖专业合作社,使全镇生猪养殖业向规模化发展。合作社吸收生猪养殖户会员30余户,年出栏生猪近4万余头,年创利润400余万元,资产达1100余万元,并带动周边生猪养殖户发展生猪养殖业发家致富。利用民间资金,支持扶持创办2所民办敬老院,促进社会保障体制创新发展。通过广场晚会等大型文化活动、丰富多彩的文化踩街活动、传统民间文艺活动、送戏下乡、群众性体育活动等形式深入开展群众性文化活动,创新文化引领社会经济发展体制机制,提高公共文化服务水平。被县委、县政府评为“2009年度试验区建设创新文化引领社会经济发展体制机制”一等奖、“2009年度精神文明建设先进单位”;被县委宣传部评为“2009年度群众文化活动先进单位”。

【招商引资】 牢固树立“工业富镇，建设区域强镇”的发展理念，凭借区位优势，坚持以招商引资为中心，围绕发展工业为中心，经济发展以项目建设为中心，确立招大商、上大项目，工业强镇、工业富镇的工作思路，坚持书记、镇长带头招商，全员参与招商，全程跟踪服务招商，落实优化经济发展环境各项规定，协调处理各种矛盾，在全镇营造亲商、尊商、安商、富商的良好氛围，优化经济发展环境。建成华联超市运营良好；南街改造、谯楼街西段建设稳步推进；投资5000万元建设的息县三星级华逸大酒店建成投入使用；10亿元台湾食品工业园项目积极推进；新培育两个规模以上工业企业。这些项目为镇域经济发展奠定基础，被县委、县政府评为“大招商工作”先进单位。全年实现工业生产总值23408.1万元，同比增长17.2%。

【六城联创】 以改善群众居住环境、卫生状况和生活质量为目标，以治理“脏、乱、差”为突破口，强化领导，落实责任，开展创建卫生乡镇、创建园林单位、园林小区工作，推行“门前五包”责任制，举行文明社区、文明小区、“星级文明户”、“五好家庭”、“文明商户”等评选活动，北街社区评为信阳市“绿色社区”，淮河路阳光小区评为信阳市第三届文明小区。开展健康教育，举办健康知识讲座20余次，制做版面30余块，散发《创建卫生社区致全镇市民的一封信》、《健康知识三十问》、《灭鼠技术问答》等各种宣传单近5万余份，印发健康教育调查问卷500余份。城区居民健康知识知晓率、健康行为普及率达到90%以上。创省级卫生县城工作中，组织80多人，机动车9辆，人力车20余辆，分别对辖区背街小巷进行清扫整治，投入专项资金2.2万元用于垃圾清运、设置隔离栏等。对辖区14条背街小巷进行综合整治，共硬化道路6424.9米，修建水泥路面32476.92平方米，修筑下水道3953.9米。建立健全背街小巷保洁长效机制，加强保洁员日常管理，确保整治效果。

【科学教育】 利用党校、社区人口学校、现代远程教育网络等开展各种培训教育活动，对社区党员分期分批开展法律政策、种植养殖技术、科技教育等培训。其中举办无公害蔬菜等农村实用技术培训12次，现场培训16次。城关镇被省科学技术协会评为“2009年度河南省农村科普宣传工作先进单位”。

【计划生育】 狠抓计划生育工作，切实稳定全镇低生育水平。认真执行人口与计划生育法规，健全规章制度，完善居民自治，规范居务、政务公开制度。采取镇班子成员包街、社区干部包组到户的工作方法，把工作重点放在流动人口和常住育龄妇女服务管理上，狠抓春秋优质服务活动和四项手术任务的落实，落实城区计划生育属地化管理，规范社会抚养费征收，全面完成非税征收任务。接受省对全县城区计生工作半年目标考核、市城区人口计生年度考核，被市委、市政府评为“2008年全市人口和计划生育工作优质服务乡镇先进单位”，连续第十年被县委、县政府评为“年度人口和计划生育工作先进单位”。

【平安建设】 认真落实社会治安综合治理各项措施，维护城区社会稳定。推进“五五”普法和“三五”依法治镇工作；切实抓好人大代表建议、议案办理工作；强化社区管理，尊重居民自治制度，认真落实政务、居务公开，健全完善镇、社区、组三级治安巡逻制度；贯彻“严打”方针，开展专项斗争，共破获各类刑事案件78起，逮捕10人，起诉15人，劳动教养9人。查处治安案件512起，其中行政拘留83人。被省司法厅、民政厅、依法治省工作领导小组评为“全省民主法治村创建工作先进单位”；被县委、县政府评为“平安建设”工作先进乡镇。信访稳定工作，建立健全信访信息网络，定期召开信访稳定工作专题例会，掌握社会动向，排查各类不稳定因素20余起；办理各类信访案件32件；调处各类矛盾纠纷62件（其中镇矛盾调解中心调处20件），通过镇矛盾调解中心开展调解工作，其中98%以上的矛盾纠纷均得到及时妥善的化解和调处，真正做到小事不出社区，大事不出镇。全市信访工作现场会在城关镇召开，被市委、市政府评为“2009年度信访工作‘四无’乡镇”。高度重视安全生产工作，排查消除安全事故隐患4起，辖区内无安全事故发生，被县政府评为“2009年度安全生产工作先进单位”。

【民政和社会保障】 坚持以人为本，做好民政和社会保障工作。开展第二代《残疾人证》办证换证工作,为980余名残疾人进行换发、新办二代《残疾人证》登记、初检。做好居民城市最低生活保障工作,对低保户严格按照政策进行全面核查,对273户344人因死亡、不符合条件、家庭经济情况明显好转的低保对象取消低保待遇。登记审批4166人的廉租房申请,为108户低收入家庭住房困难群众解决廉租住房。支持扶持民办敬老院扩大规模,两所民办敬老院累计入住老人130余人,解决30余人再就业。

**【公益事业】** 坚持教育优先发展战略,努力深化教育体制改革,不断优化教育教学环境,大力推行素质教育。扎实开展手足口病和甲型H1N1流感等疫病的防治宣传工作,城镇居民基本医疗保险参保人数增加。切实维护妇女儿童合法权益,妇女工作被县妇联评为“2009年度全县妇女工作特等奖”。搞好民兵整组工作,组织民兵参加各项应急演练和“六城联创”、平安建设等工作,被县委、县政府、县人武部评为“2009年民兵预备役工作先进单位”。

**【镇政府自身建设】** 开展“深入学习实践科学发展观”活动,,牢固树立科学发展理念,围绕服务型政府建设,公开政府信息,优化服务环境。自觉接受人大代表及人民群众监督,支持工会、共青团、妇联等群众团体发挥作用。围绕节约型政府建设,推进党风廉政建设责任制,强化行政监察、审计监督和财政管理。强化公务员队伍的政治理论和业务学习,健全机关各项管理和学习制度,完善干部的任用和管理办法,健全绩效考核机制,强化干部队伍建设。

**2009年城关镇主要国民经济指标**

| 项　目 | 单　位 | 2009 | 比上年±% |
|---|---|---|---|
| 国内生产总值 | 万元 | 52580 | +13.5 |
| 第一产业 | 万元 | 796.9 | +14 |
| 第二产业 | 万元 | 23408.1 | +17.2 |
| 第三产业 | 万元 | 28375 | +14.1 |
| 工业增加值 | 万元 | 3896.6 | +18 |
| 农林牧副渔业产值 | 万元 | 796.9 | +14 |
| 粮食总产量 | 吨 | 356 | |
| 夏粮 | 吨 | 100 | |
| 秋粮 | 吨 | 256 | |
| 全社会固定资产投资 | 万元 | 35800 | +28 |
| 全社会消费品零售总额 | 万元 | 344259 | +19.8 |
| 地方财政收入 | 万元 | 732.7 | +12 |
| 地方财政支出 | 万元 | 732.7 | +12 |
| 农民人均纯收入 | 元 | 4986 | +18.2 |
| 城镇居民人均可支配收入 | 元 | 11525 | +9.4 |
| 职工人均工资 | 元 | 24043 | +21 |
| 居民储蓄存款余额 | 万元 | | |

### 2009 年城关镇镇直机构主要负责人

| 单　　位 | 姓　　名 | 职　　务 |
|---|---|---|
| 农村经济发展服务中心 | 张　勤 | 主　任 |
| 文化事业发展服务中心 | 张定锋 | 主　任 |
| 计划生育服务中心 | 赵　昆 | 主　任 |
| 村镇建设发展服务中心 | 方　庆 | 主　任 |
| 民政与劳动保障所 | 夏　辉 | 所　长 |

### 2009 年城关镇各社区主要负责人

| 单　　位 | 负责人 | 职　　务 |
|---|---|---|
| 车站路社区居委会 | 侯海亮 | 支　书 |
| | 张永健 | 主　任 |
| 淮河路社区居委会 | 徐长敏 | 支　书 |
| | 熊树华 | 主　任 |
| 埠口社区居委会 | 王文华 | 支书、主任 |
| 东街社区居委会 | 李　健 | 支　书 |
| | 李贤发 | 主　任 |
| 西街社区居委会 | 赵素丽 | 支　书 |
| | 许银华 | 主　任 |
| 南大街社区居委会 | 邢振堂 | 支　书 |
| | 陈　敏 | 主　任 |
| 南关街社区居委会 | 李家英 | 支　书 |
| | 李忠志 | 主　任 |
| 北街社区居委会 | 冯兰英 | 支　书 |
| | 方进宇 | 主　任 |
| 大何社区居委会 | 王世安 | 支　书 |
| | 何永超 | 主　任 |

# 包信镇

书　记：贾　设

镇　长：陈全成

【**概况**】　包信镇位于息县东北35公里处，系周封赖国故地，是河南省三大古镇之一，与回郭镇、朱仙镇并列为河南省三大名镇。东、北分别与淮滨县、新蔡县相邻，西、南分别与东岳镇、小茴镇接壤。全镇行政区域面积87平方公里，耕地面积7.3万亩，辖19个行政村，1个居委会，312个村民组，总人口5.6万人。106国道穿境而过，息包公路、包防公路、包东公路、马包公路、包姜公路交会于此，村级公路纵横交错，交通便利，四通八达。镇域物产丰富，名吃众多。盛产小麦、棉花、玉米、红薯、芝麻、甘蔗和红麻，是一个典型的农业大镇。闻名风味小吃有百鸡块、肉馅烧饼、小猪肉、烩面、小磨油、地锅狗肉、油杠馍、剔骨肉等在周边县、市都享有较高的声誉。1500门光缆程控电话，移动、联通无线电话基站6个，便利的交通和快捷的通信条件，为包信镇的改革开放和经济建设奠定良好基础，近年来经济发展迅速，成为全县经济实力较强的乡镇之一。

2009年，包信镇党委、政府坚持以经济建设为中心，突出“改革、发展、稳定、和谐”的主题，开展农村综合改革。全镇社会生产总值完成50768万元，同比增长13%；其中一、二、三产值分别完成23353.28万元、17261.12万元、11168.96万元，一、二、三产占生产总值的比例分别为46%、34%、22%，二、三产同比各提高一个百分点，第三产业增加值增长14%。

【**农业生产**】　2009年，镇党委、政府投资500万元，在后楼村、大李庄村实施农业开发工程。共清洗机井200眼，新打机井110眼，修建桥涵300座，新挖水渠3.5公里；全镇发展优质小麦5万亩，发展优质玉米2万亩；养殖业方面，先后成立宏扬养鸡专业合作社、兴农养猪专业合作社、宏兴蜂业专业合作社等，对养殖户进行技术指导和服务。兴办大型养殖场12户，扶持培育鸡、猪、牛、羊等规模养殖专业户900多户，养殖黄牛近2万头，猪存栏达10万头以上，蛋鸡存栏达200万只之多，日供鲜蛋50余吨，注册的“包信”牌鸡蛋不但供应息县、淮滨、新蔡等附近市场，还远销到武汉、合肥、上海等大中城市。

【**林业生态建设**】　2009年，全镇共实现造林4653亩，植树353600多株。其中生态廊道完成造林891.4亩，用材林完成479.5亩，村镇绿化完成595.7亩，建成2041亩农田防护林体系，育苗面积完成645.6亩，林木成活率达到90%以上。是年末，共完成挖穴2.3万个，开挖护林沟4万米。

【**工业企业**】　2009年，包信镇党委、政府以工业兴镇为经济总抓手，乡镇企业从业人员3570人，实现镇企业生产总值12467万元，年收入10000万元，上交利税123万元。新增规模以上企业3家，规模以下企业18家。是年，全镇工业企业达到175家，工业生产总值20020万元，共实现利税320万元。至年底包信镇兴办企业236个，上规模企业有100多家，主要有粮食加工、木材加工、砖厂、予制厂、麻纺、油料、养殖厂、甘素钠厂、食用菌等。以几家骨干企业为依托，组建三大企业集团，即：以恒泰等六家大型面粉厂为依托，组建面粉加工销售集团；以裕鑫、聚合两家麻纺厂为依托，组建麻纺集团；以广大养鸡户为依托，组建禽蛋养殖集团，提升工业强镇地位。2009年，包信镇四通面粉厂引进资金500万元，新上日产200吨面粉生产线一条，并于10月份投入使用。与青岛颐和装制品有限公司合作，在息县工业园区投资建设信阳颐和无纺布公司。

**【农村综合改革试验区建设】** 一是加大支农惠农力度。落实各种惠农政策：种粮直补资金200万元，油菜补贴2万元，植树补贴10万元，抗旱补贴30万元，能繁母猪补助款20万元，农村合作医疗报销380多万元，春荒救灾款4万元。二是建立农村土地流转机制，成立土地流转服务中心，全镇共流转土地32000亩。三是推动农村宅基地科学管理模式，提倡通过宅基地互换，实施村庄整治，到村镇规划点集中建房。2009年度包信镇徐楼村、张郑庄、徐围孜、腰庄、朱围孜等村开展新村建设。四是成立各种农民专业合作社，健全农村社会化服务体系。2009年度包信镇共成立各种农民专业合作组织17个，如达源资金合作社、金盛特色农业种植合作社、金刚农机合作社、宏扬养鸡合作社等，农村社会化服务体系逐渐完善。五是加强农村组织建设。在20个行政村全面推行“4+2”工作法，加强基层民主和基层组织建设。县委组织部援建的姜寨、腰庄、徐围孜三个党员活动室全部完工。健全村民自治制度，完善民主选举、民主决策、民主管理和民主监督机制，推动农村改革发展综合试验区建设。

**【社会事业】** 一、文化、教育：全镇现有高级中学、初级中学、小学22所，在校学生9580人，适龄儿童入学率达100%，全镇在职教职工378人。22所学校配套建设都达到县级要求，分别建有教学楼、办公楼、实验楼、宿舍楼、现代化多媒体电教楼等。省广电厅希望小学、地区农行希望小学分别建成并投入使用。在文化事业上，设有广播站、有线电视播转站、综合文化站、农家书屋、数字电影放映队、现代远程教育、民间艺术团体等，丰富群众的文化生活。2009年新建标准化文化大院一处，通过省、市验收。2009年包信镇新建四高、中心校教师宿舍楼两座，绿化中学操场1050平方米，修缮教学活动场所760平方米。并在四高创办职业教育，开设各类技术培训课程。二、卫生、医疗：2009年，严格防疫措施，预防春秋季流行病发作。在手足口病及H1N1病毒高发期，每天为易感人群测试体温，做到早发现，早报告，早治疗，扼制手足口病及H1N1病毒向包信镇传播。通过创建卫生乡镇，全镇参加新农合人数5.3万人，参合率99%。同时，严格贯彻落实《食品安全法》，加强药品监管，没有发生重大食品药品安全事故。农村食品抽检合格率分别比2008年增长3个百分点，药品质量评价性抽检合格率为98%。三、民政、救济：2009年共发放“五保金”400400元，供养五保老人318人。建成功能完备的敬老院，集中供养五保老人47名，在此基础上又新投入资金25万元，用于敬老院二期工程建设。建立健全农村生活最低保障制度，2009年度，共有1907人被纳入低保，全年发放低保金111750元，发放救济金76000元。四、道路、交通：硬化四高－卫生院路面1公里，修建大李庄村村通道路1.5公里。投资30万元，动工修建周庄村3公里公路。五、计划生育：人口自然增长率严格控制在8‰以内，流动人口办证率，育龄妇女参检率，准生证发放率均达到100%。宣传计生政策，完善人口信息化管理，落实计生奖励扶助政策。在狠抓“四术”工作上下工夫，开展婚育新风进万家访谈服务活动。2009年，共投入经费23万元，落实四术措施240例，征收社会抚养费132万元。六、综合治理：建立健全综治工作机制，发挥公、检、法、司的综合职能作用，及时解决群众反映的热点难点问题。推进平安建设，全镇20个村均开通平安互助网。2009年度，包信镇发案率较下文2008年减少40%。开展“两抢一盗”专项行动，打击各种违法犯罪行为。投入综治经费7万元，查处治安案件44宗，侦破刑事9起，调解民事纠纷94起。七、人民武装：征兵工作，2009年度包信镇选送11名兵源，有10名为高中应届毕业生，1名为本科在读生。选送基层专武干部1名到郑州培训，提高专武干部水平。加强民兵预备役建设，4月份完成民兵整组工作，完成县武装部的民兵点验、集训工作。八、城镇建设:(一)是拉大镇区建设框架,新建一条南北长1400米的商业街兴业大道,并在两旁新盖商品房120套。(二)是对街区文化路、和平大道、防胡路、向阳路、沿河路等旧街道进行路面硬化,并新建下水道。(三)是实施自来水工程,完成3000多米200多户的自来水安装到户工程。(四)是大广高速公路连接线建设工程,包信境内4公里路基全部硬化完毕,连接线街区段16000平方米开发改造工程竣工。(五)是开展六城联创工作,实施"绿化工程"、"亮化工程"、"硬化工程"、"净化工程"、"美化工程"等,完成南北两大标准化农贸市场建设。

**【根亲文化】** 息县包信镇系周封赖国古都,是赖、罗、付姓氏的发源地,是河南省三大古镇之一。近年来,随着赖、罗、付国内外华人华侨来此拜谒寻根问祖,为包信镇的旅游开发创造便利条件,也为包信的发展带来商机。2009年,镇党委、政府为"开发赖氏文化,打造旅游产业",成立以镇党委书记为组长,其他班子成员为副组长,有关职能部门为成员的"赖氏文化产业开发建设领导小组"。由河南省豫建设计院精心组织对赖氏文化产业园规划设计,完成赖氏文化产业园规划,总占地为1072亩,位于包信镇街区106国道西600米处,大广高速连接线南北两侧。南侧为赖氏文化园,北侧为赖氏陵园。赖氏产业园发展定位为:挖掘赖、罗、付历史文化,丰富文化旅游,推出包信特色小吃,集休闲、娱乐、旅游为一体,打造新兴旅游胜地。全部按照古代的建筑以中轴线向两边辐射,形成一个集观光、旅游、购物、小吃、休闲娱乐为一体的新兴旅游景点。

**2009年包信镇国民经济主要指标**

| 项　目 | 单　位 | 2009 | 比上年±% |
|---|---|---|---|
| 国内生产总值 | 万元 | 50768 | +13% |
| 第一产业 | 万元 | 2335.28 | +1% |
| 第二产业 | 万元 | 17261.12 | +1% |
| 第三产业 | 万元 | 11168.96 | +14% |
| 工业增加值 | 万元 | 2312 | +23% |
| 农林牧渔业产值 | 万元 | 2335.28 | +1% |
| 粮食总产量 | 吨 | 63000 | +1.3% |
| 夏　粮 | 吨 | 39200 | +1.3% |
| 秋　粮 | 吨 | 23800 | +1.3% |
| 社会固定资产投产 | 万元 | 50103 | +27% |
| 社会消费品零售总额 | 万元 | 28760 | +23.4% |
| 地方财政收入 | 万元 | 205 | +12% |
| 地方财政支出 | 万元 | 316 | +11% |
| 农民人均纯收入 | 元 | 3824 | +13% |
| 城镇居民人均可支配收入 | 元 | 9850 | +9% |
| 职工人均工资 | 元 | 1450 | 12% |
| 居民储蓄存款余额 | 万元 | 6520 | +9.8% |

## 2009 年包信镇直各部门主要负责人

| 单　位 | 姓　名 | 职　务 |
|---|---|---|
| 农发中心 | 马光宇 | 主　任 |
| 文化中心 | 路　华 | 主　任 |
| 国土所 | 瓮运书 | 所　长 |
| 村镇规划中心 | 付　刚 | 主　任 |
| 民政所 | 邹安业 | 所　长 |
| 计生中心 | 蒋　诚 | 主　任 |
| 工商所 | 李　伟 | 所　长 |
| 地税所 | 徐长得 | 所　长 |
| 电管所 | 金　涛 | 所　长 |
| 网通公司 | 张中合 | 经　理 |
| 中心校 | 夏明月 | 校　长 |
| 初　中 | 易长海 | 校　长 |
| 四　高 | 何立同 | 校　长 |
| 粮管所 | 汪　建 | 经　理 |
| 供销社 | 邹洪辉 | 主　任 |
| 外　贸 | 徐耀武 | 主　任 |
| 棉　厂 | 徐　震 | 厂　长 |
| 卫生院 | 李文明 | 院　长 |
| 营业所 | 管　伟 | 所　长 |
| 派出所 | 罗　洛 | 所　长 |
| 信用社 | 陈志军 | 主　任 |
| 财政所 | 姚　俊 | 所　长 |
| 法　庭 | 李鸿华 | 庭　长 |
| 司法所 | 史志豪 | 所　长 |

## 2009 年包信镇各村主要负责人

| 村　别 | 负责人 | 职　务 |
|---|---|---|
| 朱围孜村 | 李殿发 | 支书、主任 |
| 包庄村 | 包　伟 | 支书、主任 |
| 邹楼村 | 汪殿芝 | 支　书 |
| | 吴　松 | 主　任 |

| 村　别 | 负责人 | 职　务 |
|---|---|---|
| 付庄村 | 邹树合 | 代支书 |
| | 张　松 | 主　任 |
| 街道居委会 | 丁其洲 | 支　书 |
| | 刘　杰 | 主　任 |
| 徐楼村 | 张　琳 | 支书、主任 |
| 管楼村 | 管　钊 | 支书、主任 |
| 周庄村 | 王新民 | 支书、主任 |
| 姜寨村 | 余少海 | 支　书 |
| | 蔡振群 | 主　任 |
| 张郑庄村 | 周登役 | 主　任 |
| 王庙村 | 王树彬 | 支　书 |
| | 徐如尧 | 主　任 |
| 王平楼村 | 张树辉 | 支书、主任 |
| 姚庄村 | 李东杰 | 支　书 |
| | 谷继臣 | 主　任 |
| 北街村 | 张　锐 | 代支书 |
| | 张树中 | 主　任 |
| 后楼村 | 陈俊中 | 支　书 |
| | 付超业 | 主　任 |
| 香卜园村 | 李好中 | 支　书 |
| 马庄村 | 王少华 | 支　书 |
| | 温俊友 | 主　任 |
| 腰庄村 | 陈雪芳 | 支　书 |
| 徐围孜村 | 瓮登明 | 支　书 |
| | 陈明华 | 主　任 |
| 大李庄村 | 杨春光 | 支　书 |

# 小茴店镇

书记:张生日

镇长:郭大伟

【概况】 小茴店镇地处息县东北部,106国道南北穿境而过,距县城29公里,南以白马港为界,与夏庄镇的罗围孜、范老庄村向望,西与张陶乡的钟庄、温围孜、薛庄村接壤,北与包信镇的朱围孜、邹楼村为邻,东以闾河为界,与淮滨县的新里毗连,东西长15公里,南北长10公里,呈平行四边形,总面积138.22平方公里,辖25个行政村,454个村民组,16390户,总人口72360人。

2009年,小茴店镇党委、政府深入贯彻落实科学发展观,全面贯彻党的十七大和十七届三中、四中全会精神,围绕农村改革发展综合试验区建设和县委、县政府提出的发展思路和发展战略,紧扣发展与和谐两大主题,领导全镇干部群众,与时俱进,开拓创新,团结一致,真抓实干,不断提升社会主义新农村建设水平,全镇经济社会又好又快发展。2009年度,小茴店镇获得县级农村改革发展综合试验区建设"综合先进三等奖";"创新农村资金投入体制机制一等奖";"人口和计划生育工作先进单位";"民兵预备役工作先进单位";"纪检监察工作先进单位";"对外宣传工作先进单位";"精神文明建设先进单位"。2009年度,获得市级"安全生产工作先进单位";"平安建设工作先进乡镇";获得市级信访工作"四无"乡镇。全镇生产总值完成7.34亿元,增长13%;地方财政一般预算收入完成112.7万元,增长2.8%;农民人均纯收入达到4240元,增长7%。粮食生产再夺丰收,产粮大镇地位进一步巩固。全镇规模以上企业增加至5家。

【农村改革发展综合实验区建设】 在试验区建设上,围绕八篇大文章,全面推进,重点突破。截至2009年底,全镇成立农民专业合作组织26家,流转土地面积5.4万亩,成立1家资金互助组织,建成标准化村卫生室25个,新建和改扩建乡镇敬老院2所,农村五保户集中供养率达到45%,新型农村合作医疗参合率达到99.7%。新民居建设,有7个新村粗具规模。

【"六城联创"】 以巩固省级卫生镇创建成果、创建市级文明镇为目标,开展六城联创工作。完成106国道整治亮化工程,农贸市场投入运行,建立镇区环卫保洁市场机制,实行全天保洁。

【社会民生】 教育、文化、卫生、计生等各项事业协调发展。中招过线人数首次突破2000人,扩建中心校教学楼,建成文化综合服务站。建立健全信访稳定工作长效机制,在新中国成立60周年庆典期间没有来自小茴店镇的干扰。开展平安创建活动,公众安全感指数达到95.05%。落实安全生产责任制,全镇未发生重特大安全事故。

# 东 岳 镇

书　记:范　军

镇　长:周俊峰

【概况】 东岳镇位于息县北部,南以闾河为界,与张陶乡隔河相望;北依倒流水,与新蔡、正阳两县毗邻;东与包信镇、岗李乡为邻;西与白店乡接壤;中间是被誉为“四十五里扁担城”的老唐坡。镇政府驻地东岳集,距息县城30公里。南北长14公里,东西宽8公里,总面积106平方公里,耕地面积8.2万亩。现辖20个行政村,355个村民组,14136户,总人口5.5万人。

2009年,东岳镇党委、政府始终把经济建设置于中心地位,坚持“打基础、调结构、建支柱、增效益”的方针,促进地方经济发展。是年,东岳镇固定资产投资完成2.4亿元。地税收入54.6万元,完成上级下达任务的102%;契税收入7.8万元,完成任务的195%;耕地占用税收入20.6万元,完成任务的114%。

【农业生产】 一是农作物科技推广。根据市场需求,进一步调整种植结构,推广弱筋小麦种植面积5万亩。二是防汛抗旱工作。针对春季严重旱情,开展抗旱浇麦工作,共浇麦5万亩;制订完善防汛预案,积极筹备防汛抗灾物资,坚持24小时防汛值班制度。三是秸秆禁烧工作。从镇直单位和机关抽调人员组成4个秸秆禁烧工作队,将全镇4条主干路、20个行政村、大广高速沿线分成4个区域,分别由秸秆禁烧工作队负责管理,共发放《息县秸秆禁烧工作宣传提纲》5000张,《火灾隐患整治通知书》2000张,张贴《息县禁烧秸秆通告》200张。四是夏秋农业生产。认真贯彻落实全县“三夏”抢收抢打工作和“三秋”生产会议精神,及时召开党政班子成员紧急会议,实行党政班子成员责任制,镇干部包村、包路段,并将工作任务明确到人,工作责任细化到人。组织40名党员干部组成4个帮扶工作队,帮助困难群众搞好抢收抢打;发挥东岳镇民心农机专业合作社的技术优势对全镇农机具进行全面检修调试。全镇投入大型收割机械370台,收割农作物16万亩,占种植总面积100%。

【农田水利建设】 全镇共完成打井47眼、洗井210眼,改善灌溉面积5万亩。推进肖庄、秦围孜、李庄3村项目区林网配套建设,启动杨庄村农开项目建设,在8条路旁和2条东西港上植树3.5万株,完成5公里泥结石路铺设,打井56眼,实现旱能浇,涝能排。

【生态林业建设】 一是做好植树造林工作。全面完成23万株春季植树造林工作任务。二是强化对林政工作的管理。及时查处4起林政案件。三是认真做好森林防火工作。召开全镇林业防火工作会议,签定防火目标责任书,共发放各种防火宣传资料4000份,全年无重大森林火灾案件发生。

【畜牧养殖业】 以镇养猪协会为依托,组建

4家养殖合作社,推广猪、牛、鸡等畜禽科技实用养殖技术,做好春秋季疫病防范工作,免疫率达95%以上;培植畜牧养殖大户,扶持30户养殖大户,在肖庄村、大房庄村、乡企办建立标准化养殖小区,示范带动畜牧业发展。

**【农村试验区建设】** 结合东岳镇实际,制订全镇农村改革发展综合试验区实施方案,落实"1234"新农村建设工程:一是村级卫生室建设。按照市县的标准,多方筹措资金,统一规划,统一设计,统一标准,严格工程监理,严格督导检查,确保工程质量,20个村的卫生室如期开工建设,是年通过验收。二是精神文明建设。在基础条件较好的杨庄村,协调镇中学、中心校、信用社、计生服务中心、文化服务中心等单位,对口支援农家书屋建设,建立村级阅览室50平方米,藏书10000余册;组织24名农民运动员参加息县第一届农民运动会。三是合作组织建设。全镇成功注册12家合作组织。其中养殖类4家:金峰养殖专业合作社、亿农养殖专业合作社、大旺牧业养殖专业专业合作社、天蓬乐园养殖专业合作社;种植类3家:科旺种植专业合作社、万顺种植专业合作社、春晖蔬菜专业合作社;农机类2家:民心农机专业合作社、金博农机专业合作社;金融类2家:亿农资金互助合作社、八方资金互助合作社;其它类1家:八方土地信用专业合作社。其中亿农资金互助合作社向20余户种养殖户发放贷款60余万元。四是农民新居建设。采用开发带动型、群众联建型、能人牵头型,确立大刘庄、郭围孜、夏围孜、刘湾、肖庄、秦围孜6个村为农民新村建设示范点。是年建设房屋100多套,建筑面积达20000平方米,示范点各项基础设施配套建设同步进行,第一批农民搬进新居,成为全镇农民新居样板。土地流转工作。镇村分别成立土地流转服务中心和土地流转服务站。2009年,全镇流转土地37678亩,其中耕地30978亩,林地6700亩。特别是东岳镇八方土地信用合作社成功流转耕地1200亩,成为全镇土地流转典范。

**【惠农政策】** 一是综合直补资金发放工作。严格执行操作规程,切实做到"六不准"。对享受补贴农户的种粮面积、补贴金额在村务公开栏上公示,及时将667.6万元直补资金及时发放到群众手中。二是粮种补贴工作。严格执行良种补贴政策,按照标准收取差价,全镇落实优质小麦面积5万亩。三是玉米保险工作。开展玉米保险政策宣传,全镇玉米参保面积3.4万亩,占总播种面积的60%。

**【计划生育】** 坚持巩固"三为主",推进"三结合",贯彻"奖、优、免、补"政策,加大宣传和执法力度,控制人口增长,提高人口素质,落实计生工作责任制,全镇完成四项手术任务675例,超额完成上级下达任务,计划生育工作步入经常化、规范化和法制化轨道。

**【基层卫生工作】** 为改善医疗环境,投资50万元建设卫生院影像楼和20个村级卫生室;加大卫生部门的内部管理,改变服务态度,提高服务质量;开展妇幼保健和防疫工作,高度重视预防禽流感、H1N1等疫病的宣传防治工作;推进新型农村合作医疗工作,全镇参合人数达到48816人,筹资总金额1405860元,参合率达到99%以上;以推进"六城联创"工作为契机,开展全民环境卫生整治活动。

**【社会保障】** 2009年,镇敬老院竣工并投入使用。为扩大农村居民最低生活保障范围,对农村低保人群进行核实登记。全年共发放低保资金98.79万元,五保户救助资金31.49万元,优待金117人次36万元。

**【平安建设】** 一是开展"平安东岳"创建活动。从制定计划、健全机构、完善制度、落实措施、开展活动等方面入手,组织开展"综治宣传月"和"打击两抢一盗"等平安专题活动,提高群众治安满意率和知晓率,宣传工作横到边,纵到底,不留死角,不留隐患。二是信访稳定工作。加大对《信访条例》的宣传力度,创新"五人联议处理信访问题"机制,把问题化解在基层和萌芽状态。2009年共发生41起,其中群工部信访案件20件;市长热线2起;网络案件3起;县督察督办案件11起;县纪委督办5起,结案率达到98%以上,满意率达到90%以上。三是安全生产。认真落实安全生产目标责任制,建立健全安全生产防范网络,开展生产安全隐患的排查整治工作，重点对加油站、学校、银行和公共场所不定期地检查，及时排除生产事故隐患，遏制各种事故发生。四是改善综治部门办公条件。为派出所购买警车1辆，为司法所配备专用办公桌椅、空调、电脑。是年，镇司法所被评为"2009年全国先进司法所"、"省级示范司法所"、"省级文明司法所"称号。

**【"六城联创工作"】** 2009年，镇政府调整六城指挥部成员，抽调机关干部参与市场秩序、垃圾清运、车辆管理、店外经营四项内容管理与整治。全镇街道分成六个区段，明确1～2名党政班子成员负责，将任务细化到每个镇直单位、每个人，及时清扫街道，保持车辆畅通，维护正常秩序；配备专门垃圾清运车5辆，组织人员专门清扫街道，坚持一天一次全面清扫；对街道树木更新整治，绿化街区。

**【劳务经济】** 2009年，全镇对外输出农村劳动力1.8万人，占全镇农村劳动力总量的35%，挣回劳务收入9000多万元。

**【招商引资】** 由广州市叶氏服装辅料有限公司投资1000万元在东岳镇建设年生产2000万块新型墙体砖厂，该项目建成投产。

**2009年东岳镇直部门和各村负责人**

| 镇直单位 | 负责人 | 村　别 | 支书 | 主任 |
|---|---|---|---|---|
| 财税所 | 毛　勇 | 街　村 | 夏明举 | |
| 民政与劳保所 | 李春文 | 杨　庄 | 黄树挺 | |
| 国土资源所 | 王　强 | 石菜园 | 刘发中 | 刘效中 |
| 计生服务中心 | 王　伟 | 小黄庄 | 黄树建 | |
| 农村发展中心 | 卢　斌 | 大刘庄 | 徐培芝 | 刘洪仪 |
| 村镇建设中心 | 王　辉 | 大邹庄 | | 夏明志 |
| 文化事业中心 | 顾　智 | 黄　岗 | 鲁　伟 | 刘维学 |
| 司法所 | 余新忠 | 夏围孜 | 夏照松 | |
| 邮政支局 | 张　昕 | 邱　庄 | 杨　平 | |
| 电管所 | 贾良汉 | 刘　湾 | 陈国学 | 陈玉喜 |
| 派出所 | 张海燕 | 郭围孜 | 郭　振 | |
| 中心校 | 黄国锋 | 罗　楼 | 郭振河 | |
| 中　学 | 邹　清 | 小于寨 | 于少昕 | 王玉清 |
| 地税所 | 姚明霞 | 乌　庙 | 徐锋 | 徐成安 |
| 卫生院 | 岳　良 | 大房庄 | 黄树杰 | 谢中林 |
| 供销社 | 李金红 | 小房庄 | 赵树星 | 吴明文 |
| 外　贸 | 王建新 | 肖　庄 | 肖俊本 | 杨　俊 |
| 信用社 | 龙　涛 | 李　庄 | 李春文 | |
| 粮管所 | 杨文友 | 秦围孜 | | 刘继发 |

# 夏　庄　镇

书记：黄树伟

镇长：张培建

【概况】　夏庄镇，地处淮河之滨，汪湖环绕于南，闾河绵延于北，国道106线、省道337线纵横交汇于镇中心，区位独特，风景秀丽，地势平坦，交通便利，是全县重要的客货两运集散中心。总面积78.5平方公里，耕地面积5.79万亩。全镇辖16个行政村，224个村民组，4.22万人。

2009年，夏庄镇党委、政府贯彻落实党的十七大、十七届三中、四中全会精神，紧紧围绕经济建设和社会和谐这个中心，扎实推进试验区建设，解放思想，转变职能，团结协作，开拓创新，全面完成年初制定的各项目标和任务，为建设和谐、文明、美丽、富绕的新夏庄打下坚实的基础。2009年，夏庄镇国民生产总值达31174万元，同比2008年增长16%，全社会固定资产投资38198万元，地方财政收入166.6万元，比上年增长13%；农民人均纯收入3780元；储蓄存款余额38985万元；工资性收入占纯收入比重32.97%；财政收入占GDP的比重0.53%，非农业产业占GDP的比重79.09%，工业增加值占GDP的比重47.96%。

【农业生产】　2009年，夏庄镇党委、政府通过调整种植业结构，小麦、水稻的良种覆盖率进一步提高，高达88%，粮食总产量达3912.8吨，均创新纪录。畜牧养殖业、经济林种植蓬勃发展，全镇新增加规模养殖户130户，涌现一批养殖专业户，形成两个规模较大的生猪养殖基地，注册三个畜牧养殖专业合作社，形成产、供、销一条龙的产业链条，生猪年出栏1.2万头，存栏9000头，畜牧养殖业成为夏庄经济发展的支柱产业之一。镇水产业向立体化养殖、多元化经营的方向发展，汪湖淡水养殖年产值突破900万元。生态林业建设，片林6800亩，生态廊道590亩。

【劳务经济】　夏庄镇利用交通地理位置优势发展运输业，建成标准化客运站一座，豪华大巴20余辆，把运输业作为带动镇区经济快速发展的链条之一。健全外出务工人员维权网络。全年外出务工人员达到31000人以上，实现收入2.17亿元以上。利用北京外建党总支、东莞外建党支部解决外出务工就业难问题，宣传引资优惠政策，鼓励外出成功人士回夏庄创办引办经济实体，带动镇区经济发展。

【招商引资】　在招商引资工作中做到抓大不放小，大小一起抓。北晨建筑有限公司和恒丰建筑有限公司分别入驻夏庄镇，规划政治、经济、文化、社会发展一体化的格局，建成镇直单位集聚区和综合农贸市场，总投资1200万元。该项目完成工程的80%。

【农村改革发展综合试验区建设】　一、创办合作社。2009年，全镇共创办各类专业合作组织34个，涉及种植、养殖、农机农艺、土地流转、资金互助等诸多领域。对验收合格的互助社给予5000

元奖励，以奖代补。注册资金互助社8家，注册资金476万元，入股会员467人，涉及12个行政村，存贷交易资金87万元。为推动土地流转工作，镇成立土地流转领导小组、土地流转服务中心、村级土地流转服务站，并拨出3万元专款，用于完善镇土地流转服务中心和村级服务站的档案柜、制度版面、合同文本等。是年，全镇流转土地16000余亩，其中1000亩以上1户，500亩以上2户，成立2个土地信用合作社，签订土地承包合同2000余份。养殖专业合作社有淡水养殖合作社、波尔山羊养殖专业合作社，其中，波尔山羊养殖专业合作社整合临河、长陵、包信等乡镇资源，形成统一供种、统一养殖、统一销售的新模式，创利润80余万元。二、建好卫生室，助推试验区。夏庄镇党委、镇政府把村卫生室建设工作作为试验区建设的突破口，严把质量、狠抓落实。镇党委把村支部书记作为村卫生室建设工作的第一责任人，保证按时交付使用。全镇村卫生室均验收合格并交付使用。三、新村建设。梅楼、万兴店、范老庄三个行政村先行先试，新农村建设工作走在全镇前列；肖围孜、李双楼、刘庄等完成设计规划、土地置换互换工作，其余行政村均完成整体规划。其中梅楼村新农村建设一期新村全部竣工，可安置42户，已入住15户；二期新村可安置40户，已建6户。

**【"六城联创"】** 夏庄镇地处106国道和337省道交叉路口，按照县"六城联创"指挥部工作部署，结合全镇实际，先后开展"五项治理"：一是开展道路交通秩序的专项治理，规划机动车辆和非机动车辆停车位。由派出所牵头成立车辆整治小分队，对乱停乱放车辆集中管理。二是对市场外溢、店外经营开展专项整治。建立专业农贸市场，由县工商局配合，镇政府牵头，三个执法中队，定期或不定期对市场秩序进行整治。三是开展环境卫生专项治理。镇政府制订《夏庄镇集镇管理暂行规定》等六项创卫工作制度，与千余户商户签订"门前五包，门内达标"责任书，沿街增设垃圾筒，垃圾池，垃圾箱等设施，及时清理日常生活垃圾。加强两座标准化水冲式公厕管理。组织开展拉网式食品卫生检查活动，对不符合卫生标准的旅店、理发店，饮食摊点下发整改通知书，限期整改。二是镇党委政府整合全镇执法力量，成立综合执法大队，大队下设三个中队，轮流负责106国道和337省道夏庄段及镇区的环境秩序整治，防止骑路市场反弹，杜绝市场外溢。镇成立考评组对三个综合执法中队的执法效果实行每天检查，随机抽查，定期督察，月评比，月奖惩。三是成立市政管理办公室，作为镇辖区环境美化、镇容镇貌改善的主导力量，联合镇综合执法大队进行协调管理，完善联创工作机制，把"六城联创"工作做为一项长期性、社会性的民生工程延续性的开展下去。四是强化环卫工作的规范化。镇政府每年拔付资金80000元用于又清保洁公司的正常运转，督促又清保洁公司制定订保洁制度，每天早晚在街道清理垃圾。新建成一座垃圾处理场，配备垃圾清运车，促进环卫工作正常化、制度化、规范化、社会化。2009年8月份，夏庄镇顺利通过市级卫生乡镇的检查验收，12月份申报创省级卫生乡镇，被市委、市政府评为市级文明村镇。

**【基层组织建设】** 一是深入学习和贯彻落实党的十七大、十七届三中、四中全会精神及科学发展观，以周一夜晚党员学习、周二下午业务学习为契机，提高全镇广大干部、职工的理论学习水平，特别是科学发展观，要求全镇888名党员要认真学习科学发展观读本，做到有学习笔记、有读书心得、有调研报告，结合当前试验区建设工作，真正做到学以致用。二是加强基层组织建设，充分发挥村党支部的战斗堡垒作用。成立6个专业合作社党支部，涉及农机、种植和资金互助社，发挥党员的先行先试和先锋模范带头作用。深化"三级联创"创建，抓好"双强"干部的培养和选拔，培养和明确4名村支部书记，使其成为农村改革发展试验区建设的领头羊。三是落实市委制定的"五禁止""十不准"和县委制定的"五条禁令"、"三项制度"。四是加强党员队伍的教育和管理。以农村党员现代远程教育为基地，加强对村两委班子、入党积极分子的培养，强化基层党员的管理，全年共发展党员34人，培训入党积极分子98人，培训农村党员干部820人。

**【社会事业】** 1.继续加大计生工作力度，计划生育工作保持一类镇。镇计划生育工作代表全县顺利通过"创国优"检查，人口增长控制在计划范围内，计划生育管理水平稳中有升。2.各项惠农政策全面落实。一是各项补贴落实到位，是年共发放粮补资金4715591.98元,油菜补贴43000元、玉米补贴30000元,水稻补贴810000万元,在资金发放过程中,没有发生截留、代扣问题。3.文教、卫生等社会公益事业取得长足发展,卫生院完成住院部的征地规划工作。4.新型农村合作医疗工作,全镇农民参合率达98%,居民达100%。5.开展救助农村弱势群体活动,全年共发放五保金231人27.51万元,农村低保金2512人75.36万元,城镇低保金45人6.21万元。6.争取项目资金70万元,用于兴建村级卫生室,缓解近4万人的卫生医疗及农村医疗保障问题,提高群众的生活质量。7.做好矛盾纠纷和不安定因素的排查调处工作。一是12位班子成员轮流在信访室值班、接待群众来访。二是各村、各单位负责人实行信访案件包案到人,实行责任追究。安全生产坚持排查和整治相结合,对安生生产重点单位进行经常性检查,及时发现及时处理,全年没有出现安全事故。

**2009年夏庄镇国民经济主要指标**

| 项　目 | 单　位 | 2009年 | 比上年±% |
|---|---|---|---|
| 国内生产总值 | 万元 | 31174 | 16% |
| 第一产业 | | | |
| 第二产业 | | | |
| 第三产业 | | | |
| 工业增加值 | | | |
| 农林牧渔业产值 | | | |
| 粮食总产量 | 公斤 | 3912800 | |
| 夏　粮 | 公斤 | 1156000 | |
| 秋　粮 | 公斤 | 2755800 | |
| 社会固定资产投产 | 万元 | 38198 | |
| 社会消费品零售总额 | | | |
| 地方财政收入 | 万元 | 166.6 | 13 |
| 地方财政支出 | | | |
| 农民人均纯收入 | 元 | 3780 | |
| 城镇居民人均可支配收入 | 元 | | |
| 职工人均工资 | 元 | | |
| 居民储蓄存款余额 | 万元 | 38985 | |

**2009年夏庄镇二级机构主要负责人**

| 单　位 | 负责人 | 单　位 | 负责人 |
|---|---|---|---|
| 夏庄镇村镇建设服务中心 | 张丰豪 | 夏庄镇民政与劳动保障所 | 王学武 |
| 夏庄镇农村经济发展服务中心 | 杨加明 | 夏庄镇计划生育服务中心 | 姚　波 |
| 夏庄镇文化事业发展服务中心 | 崔　华 | | |

**2009 年夏庄镇各村主要负责人**

| 村 别 | 支 书 | 主 任 | 村 别 | 支 书 | 主 任 |
|---|---|---|---|---|---|
| 街西村 | 范文田 | 范文田 | 梅楼村 | 张 超 | 张 超 |
| 肖围孜村 | 肖定国 | 肖 刚 | 罗围孜村 | 姚 波 | 王彦华 |
| 熊大寨村 | 丁新国 | 丁新国 | 范老庄村 | 杨亚非 | 范振中 |
| 陈楼村 | 杨洪才 | 杨洪才 | 街 村 | 张生永 | 张生永 |
| 李双楼村 | 文 峰 | 文 峰 | 街东村 | 张玉俊 | 张玉俊 |
| 万兴店村 | 姚明杰 | 姚明杰 | 冯寨村 | 冯 涛 | 冯学亮 |
| 姚围孜村 | 姚汉友 | 姚汉友 | 汪桥村 | 冯 涛 | 冯 涛 |
| 刘庄村 | 杨加坤 | 杨加坤 | 梅竹园村 | 梅西金 | 梅西金 |

# 项 店 镇

书记：洪有强

镇长：宋 超

【概况】 项店镇位于息县中部，淮河北岸。全镇辖18个行政村，324个村民组，共11609户，5.1万人；总面积120.6平方公里，可耕地面积89775亩，是典型的农业大镇，盛产小麦，水稻，油菜。项店镇交通便利，大广高速纵贯南北，省道337横穿东西。区位优势突出，自然条件优越，水美地肥，民间素有“一块香稻香满坡，一撮香米香满锅”之美誉的米中精品“香稻丸”就产于此地。

2009年，项店镇全年生产总值完成5.949亿元，同比增长12.7%；固定资产投资3.5234亿元，同比增长75%；财政收入180.29万元，同比增长%；农民纯收入 元；畜牧业产值达6636.6万元，同比增长8.3%。2009年，镇党委先后被评为全省“五个好”乡镇党委、全市“五好”乡镇党委、全市乡镇党建工作示范点、“省级卫生乡镇”、“市级文明村镇”、“市级卫生先进镇”、“全市试验区建设先进乡镇”；获全县农村改革发展综合试验区建设一等奖、创新城乡一体化一等奖和创新文化引领社会经济发展二等奖。2009年被市委、市政府确定为“农村改革发展试验区建设综合试点乡镇”，被县委、县政府确定为“农村改革发展试验区建设样板乡镇”。

【“六城联创”】 2009年，全镇共投入六城联创建设资金1700余万元，其中政府投资530余万元，吸纳社会资金1170万元，用于六城联创改扩建工程。新建了瑞和路、人和路、康和路、祥和路、康和东街、育和西路等六条街道，硬化面积22582平方米，修建下水道3504米；改造了通和北路、通和南路、育和路、政和西路、政和东路五条旧街道，硬化面积24996平方米，修建下水道1362米，新安装路灯118盏，铺设马路彩砖带2400米，栽植绿化树1200棵；新绿化街区休闲小区150平方米，整修十字街休闲小区700余平方米，更新行道树穴500余个，补栽街道两侧行道树120余棵，统一标高，统一刷白；搭建集贸市场大棚100余平方米，规范了农贸市场；投资15万元新建水冲式公厕两个，投资万余元将公厕接上自来水；争取40万元新建垃圾中转站一处，投资5万余元进行配套；新购买160个垃圾箱，垃圾车25辆，与福生保洁公司签订保洁协议，成立13人的保洁队伍，统一着装，统一工具，统一管理，街道卫生打扫步入日常化管理，垃圾日产日清，实现一街一品、一街一景、五纵四横的镇区格局，镇区面积达3平方公里。在全市六城联创年终考评中，项店镇获全县乡镇第一名，进入全市先进行列，成功创建“省级卫生乡镇”。

【新村建设】 坚持政府引导、群众自愿、以群众联建为主导的原则实施新村建设，确定以李楼、董围孜、李店等村为试点，先行先试、以点带面、点面结合、全面铺开。2009年，全镇18个行政村均完成新村规划，其中14个村开工建设新居民点，建成住房596套，入住375户，在建366套。各村把完善新村功能作为建设新村的重要内容,科学规划、精细施工,李楼、董围孜、曹集新村敬老院、文化广场、中心超市等一应俱全,并全部实现绿化、美化、亮化。其中,李楼新村初步达到便民、保障、环卫、安全、文明、民主的“六新”标准。在集中建设新村的同时,镇党委、政府因势利导,推动空心村的整治、复耕工作,是年复垦土地800余亩。根据规划,全镇新村建成后,新增耕地可达1.5万亩。

**【社会保障建设】** 坚持把社会保障工作当作试验区建设的优先课题,在深入推进、扩大受益面上大做文章。全镇特困人员972户1729人被纳入低保,参加农村合作医疗农民48286人,参合率达100%,建敬老院3所,集中供养五保老人132人。第四敬老院建成后,全镇235位五保老人将达到100%集中供养。根据规划,第四敬老院将参照上海郊区敬老院的设计风格和管理模式,探索新形势下适合农村的社会化养老模式,破解困扰外出务工家庭留守老人“老有所养”的难题。新建标准化卫生室18个,全部通过验收并投入使用。

**【村级活动场所建设】** 通过自筹资金,全镇新建村部、村文化广场、文化大院9个;占地1000平方米的花园式小游园2个。其中曹集新建文化娱乐活动广场1200平方米,乒乓球台、篮球场等配套设施一应俱全;李楼村新建“农家书屋”1个,藏书价值2万元。全镇共举办各种文化活动120多场。

**【农民合作组织建设】** 围绕“提高农民组织化程度,推进农业产业化进程”这一目标,大力扶持,积极发展各类农民专业合作社建设。全镇涌现出以金泰农机专业合作社、广永香稻丸开发种植合作社和富民农业资金合作社等为代表的各类专业合作社24家,遍及种植、养殖、农机、农村金融、土地流转等诸多领域,发展社员1408户,带动群众8635人。

**【安全饮水工程】** 2009年,镇党委、政府针对部分行政村存在的饮水难等实际问题,把“安全饮水工程”作为“为民办实事”的重要工作来抓。镇政府多方筹措资金,先后投资460万元,新建自来水厂2个,新打机井165眼,改造万方大塘33口,初步解决89个村民组,1.05万人的饮水问题。其中街村、李楼、李店三村饮水问题全部解决;曹集、董围孜饮水工程进入规划阶段,建成后将解决1.63万人的饮水问题。

**【兴教工程】** 2009年,项店镇共投资233万元项目资金,新建、改建了项店镇实验学校及李楼村、李店村、董围孜村等3个村小学;兑现“两免一补”资金220万元,覆盖面达到100%;镇一中连续四年在全县农村中学的排名中位列第一,先后获得“全市文明单位”、“基础教育先进单位”、“师德建设先进单位”、“农远教建设与应用工作先进集体”、“全县综合一等奖”等荣誉。

**【农田水利建设】** “以项目带动建设,借工程整治村庄”已成为项店镇建设新农村,推进一体化建设的宝贵经验。2009年10月财政部支农项目——息县2009年度现代农业生产发展资金粮食产业类建设项目正式落户项店,项目总投资900万元,涉及5个村。全镇仅此一项,新增灌溉面积10000亩,节水灌溉面积25000亩,受惠群众15400人。

**2009年项店镇主要经济指标**

| 项　目 | 单　位 | 2009年 | 比上年±% |
|---|---|---|---|
| 国内生产总值 | 万元 | 59490 | 12.7 |
| 第一产业 | | | |
| 第二产业 | | | |
| 第三产业 | | | |
| 工业增加值 | | | |

| 项　目 | 单　位 | 2009 年 | 比上年 ± % |
| --- | --- | --- | --- |
| 农林牧渔业产值 | | | |
| 粮食总产量 | 公斤 | | |
| 夏　粮 | | | |
| 秋　粮 | | | |
| 社会固定资产投产 | 万元 | 35234 | 75 |
| 社会消费品零售总额 | | | |
| 地方财政收入 | 万元 | 180.298 | |
| 地方财政支出 | | | |
| 农民人均纯收入 | | | |
| 城镇居民人均可支配收入 | | | |
| 职工人均工资 | | | |
| 居民储蓄存款余额 | | | |

**2009 年项店镇直部门主要负责人**

| 单　　位 | 负责人 | 职　务 |
| --- | --- | --- |
| 计划生育服务中心 | 和进声 | 主　任 |
| 民政与劳动保障所 | 栗建华 | 所　长 |
| 财政所 | 卢建国 | 主　任 |
| 村镇建设发展中心 | 崔　伟 | 主　任 |
| 文化中心 | 周桂枝 | 主　任 |
| 农发中心 | 李旭红 | 主　任 |
| 国土资源所 | 易　勇 | 所　长 |
| 派出所 | 尚明伟 | 主　任 |
| 地税所 | 汤玉峰 | 主　任 |
| 一　中 | 王海斌 | 校　长 |
| 二　中 | 洪有益 | 校　长 |
| 中心校 | 王　锋 | 校　长 |
| 卫生院 | 王　晋 | 院　长 |
| 营业所 | 琚海斌 | 主　任 |
| 电管所 | 何　政 | 所　长 |
| 电信所 | 张玉勇 | 所　长 |
| 工商所 | 孙　京 | 所　长 |
| 司法所 | 张　健 | 所　长 |
| 邮政所 | 付世东 | 支局长 |
| 信用社 | 尹金基 | 主　任 |
| 粮管所 | 卢　娟 | 经　理 |
| 外　贸 | 李　军 | 主　任 |
| 市场服务部 | 付亚军 | 主　任 |

**2009年项店镇各村主要负责人**

| 村　别 | 支　书 | 主　任 |
|---|---|---|
| 项　店 | 项广海 | 项有新 |
| 朱　店 | 王尚永 | 张继朝 |
| 李　楼 | 李　锋 | 李　锋 |
| 路　楼 | 路文奇 | |
| 陈大庄 | 陈守国 | |
| 董围孜 | 董长科 | |
| 朱　楼 | 朱安林 | |
| 齐　寨 | 李永华 | |
| 邵　楼 | 赵长宇 | |
| 魏　店 | 魏　红 | |
| 高　庄 | 李付国 | |
| 任大寨 | 张　健 | |
| 曹　集 | 梁　明 | |
| 黄围孜 | 张姚明 | |
| 张　庄 | | 姜德军 |
| 徐　集 | 徐　军 | |
| 杨　楼 | 和其华 | |
| 李　店 | 和　伟 | |

# 城 郊 乡

书记:姚成山

乡长:谢　建

**【概况】** 城郊乡地处淮河北岸,城乡结合部,环状分布于县城周围。罗淮、息包、息正、息寨、环城公路穿境而过,交通便利,信息灵通,人流量、物流量大,具有得天独厚发展市场经济的地理交通条件。乡政府驻息县息州大道中段,境域东西长9公里,南北长10公里,总面积87.2平方公里,辖16个行政村,233个村民组,10601户,总人口54662人。

2009年,城郊乡实现生产总值38444万元,较2008年增长13%;固定资产投资总额完成25083万元。工业总产值达16387万元,占全乡GDP总值的42.6%;工业增长占全乡GDP增长总额的29%。乡镇企业总产值达到9311.3万元,限额以上增加6941.3万元,限额以下增加2370万元;固定资产计划总投资58286万元,累计投资达25083万元;规模以上工业增加值7359.9元。

**【新农村建设】** 2009年,城郊乡党委、政府响应新农村建设号召,突出"富裕农民、改善环境、社会和谐"三个重点,实施新农村建设项目。确定新农村建设规划项目15个,其中徐庄新村、三里新村、曹园新村、关庄新村、顿庄新村、洪庄新村、花园新村7个新农村建设项目开工建设。新农村规划征地810亩,累计投资30980万元,2009年共完成投资13820万元;尹湾村移民迁建工程,涉及700户,4000余人,总建筑面积140000平方米,计划投资17500万元;全部按照新农村新村标准开工建设。

**【基础设施建设】** 2009年,城郊乡总共治理背街小巷11条,总长度3331.5米,路均宽4.2米,排水沟总长4210米,总投资225.595万元,政府补贴132.4万元。农田水利建设方面,新打机井10眼,新挖和改造3000方左右大塘30多口,完成旧塘改建2420亩,基本完成7个重点村整体推进扶贫工作任务。乡村交通网建设粗具规模,所有行政村通公路。

**【农业产业化发展】** 夏粮产量达16452吨,秋粮产量23352吨;粮食总产量达到39804吨,较2008年增长2.23%;农民人均收入4279元,较2008年增长12.9%;全乡三禽饲养量达136万只,大家畜存栏7.8万头;全乡6000多亩宜渔水面得到开发,建成标准化养殖场4座,养殖专业合作社2家,产值达到7000万元,直接受益群众800余户;农林牧副渔产值达12620万元,农林牧副渔产值比重较2008年增加6个百分点,占全乡总产值的32.8%;林业新增植株50万株。积极推进优势特色产业基地建设,发展培育"无机绿色蔬菜",尹湾萝卜、关庄西瓜,新铺、庞湾的花生、顿庄食用菌、五一水产等农业项目。王湾、尹湾蔬菜基地产值达850多万元,效益较上年增长13%。

**【招商引资】** 峰刚面粉厂追加投资600万

元,新购面粉加工设备,年可增产面粉800吨,已建成投产;誉昆雨润项目总投资30019万元,其中建设投资21219万元,流动资金7500万元,预备费1300万元,正在年屠宰加工200万头生猪产业化项目。

【社会事业】 总投资6000万元建设息都实验学校,一期工程新建校舍建筑面积3.5万平方米竣工并投入使用,在校学生近2000人;总投资6000万元的息县职业教育中心正式投入使用,2009年计划投资2800万元新建实训大楼,完工投入使用;一般公共服务支出201.77万元。农村劳动力转移就业1020余人,完成农业知识培训231人,农机技术培训128人,农村劳动力转移就业技能培训620人;农村低保参加人数达到1460人,发放低保金额94.87万元;五保参保206人,发放五保金额27.95万元;优抚金37.7578万元,城市低保发放16.3万元,建成敬老院1座,赡养老人48人;农村医疗保险参保5.1383万人,参保率达到99%。

【平安建设】 全年乡、村两级共排查调处各类矛盾纠纷50起;为人民群众提供法律咨询320人次;为妇女、老年人、残疾人、未成年人等弱势群众提供法律援助45起;为两劳回归人员解决生产生活和经营中遇到的困难42件,收集人民群众意见和建议120条;查处各类治安案件120起,较2008年下降15%;未发生在市以上有重大影响的六类案件,公众安全群众满意度为99%;全年未发生特大刑事案件,无到京上访事件发生。

2009年城郊乡国民经济主要指标

| 项　目 | 单　位 | 2009年 | 比上年±% |
|---|---|---|---|
| 国内生产总值 | 万元 | 38444 | 13 |
| 第一产业 | 万元 | 17338.2 | 34.8 |
| 第二产业 | 万元 | 16387 | 52.3 |
| 第三产业 | 万元 | 4718.8 | 11.2 |
| 工业增加值 | 万元 | 7359.9 | 32.9 |
| 农林牧渔业产值 | 万元 | 12610 | 6 |
| 粮食总产量 | 吨 | 39804 | 2.23 |
| 夏　粮 | 吨 | 16452 | 1.43 |
| 秋　粮 | 吨 | 23352 | 3.03 |
| 社会固定资产投产 | 万元 | 25083 | 32.4 |
| 社会消费品零售总额 | 万元 | 54000 | 10.2 |
| 地方财政收入 | 万元 | 408.6 | 15.9 |
| 地方财政支出 | 万元 | 201.77 | 2.7 |
| 农民人均纯收入 | 元 | 4279 | 12.9 |
| 城镇居民人均可支配收入 | 万元 | 1.02 | 21 |
| 职工人均工资 | 元 | 900 | 5 |
| 居民储蓄存款余额 | 万元 | 55816.1 | 20.6 |

**2009 年城郊乡二级机构负责人**

| 单　位 | 负责人 | 职　务 |
|---|---|---|
| 农村经济发展服务中心 | 许怀渠 | 主　任 |
| 村镇建设发展服务中心 | 王海洲 | 主　任 |
| 文化事业发展服务中心 | 曹玉平 | 主　任 |
| 计划生育服务中心 | 张红杏 | 所　长 |
| 民政与劳动保障所 | 王海丽 | 所　长 |

**2009 年城郊乡各村主要负责人**

| 村　别 | 负责人 | 职　务 |
|---|---|---|
| 曹园村 | 王友华 | 主　任 |
| 洪庄村 | 余学青 | 支书、主任 |
| 三里村 | 高俊东 | 支书、主任 |
| 关庄村 | 何志国 | 支　书 |
| | 计　刚 | 主　任 |
| 王湾村 | 崔学忠 | 支　书 |
| | 王家庆 | 主　任 |
| 八里村 | 王清林 | 支　书 |
| | 范书保 | 主　任 |
| 尹湾村 | 尹为友 | 支　书 |
| | 尹振军 | 主　任 |
| 新铺村 | 李　峰 | 支　书 |
| | 孙醒华 | 主　任 |
| 庞湾村 | 刘圣荣 | 支　书 |
| | 刘彦毕 | 主　任 |
| 顿庄村 | 倪国清 | 支　书 |
| | 倪凤启 | 主　任 |
| 十里村 | 王金华 | 支　书 |
| | 方守臣 | 主　任 |
| 徐庄村 | 翟耀平 | 支　书 |
| | 张广照 | 主　任 |
| 大何村 | 和应启 | 支书、主任 |
| 五一村 | 夏玉龙 | 支　书 |
| | 王培堂 | 主　任 |
| 花园村 | 周国栋 | 支书、主任 |
| 闫寨村 | 孙树仁 | 支　书 |
| | 吴新家 | 主　任 |

# 孙 庙 乡

书记:张 巍

乡长:赵 刚

**【概况】** 孙庙乡位于息县西部,乡政府驻地孙庙村,距县城7公里,处北纬32°22′,东经114°40′。南以淮河为界,与罗山县东铺乡相望;西部与正阳县大林、铜钟二乡毗邻;东与城郊乡接壤;北邻路口乡。境内东西宽8公里,南北长12公里,呈不规则多边形,总面积97.12平方公里。辖13个行政村,8429户,总人口34756人,男18282人,女16474人。其中,农业人口33930人,非农业人口826人。少数民族20人,其中蒙古族1人,壮族1人,布依族5人,朝鲜族3人,满族1人,土家族1人,黎族7人,傈僳族1人,其余均为汉族。

2009年,孙庙乡共完成生产总值3.406亿元,同比增长13.5%;财政收入完成188万元,同比增长13.5%;全社会固定资产投资完成3.2亿元,同比增长107%;农民人均纯收入实现4326元,同比增长15.7%。

**【工、农、商建设】** 2009年,孙庙乡党委、政府积极引导农民扩大种植优质品种水稻5.3万亩,其中优质粳稻1.2万亩,优质品种小麦4.2万亩,“双低”品种油菜5000亩。完善农田林网网格7000亩,生态廊道3000亩,村镇绿化4000亩,初步形成以范楼为中心,何营、赵店为支撑的100亩花木精品园、200亩香樟、金桂圆、300亩苗圃园,在范楼村建立500亩蔬菜种植基地;在何营村扩大种植优质甘庶1500亩。全乡共发展培育牛、羊、鸡、猪、水产品等养殖大户180多户,人均增收600多元。发展规模粮食加工厂6家,木材板厂、电子装配厂、新型建筑材料厂、木器制品厂、工业小门店、工业小作坊等30家。开发黄砂采集场3个,新筹建开发一座集商业、住户、贸易于一体的农贸大市场。利用4条街道,积极鼓励发展小加工、小门店,新增个体工商户81户,全乡个体工商户数发展到980多户,从业人员达2600多人。

**【“六城联创”】** 2009年,“六城联创”工作在2008年投入的基础上,增加投入80余万元,将街道死树弱株全部更换为8公分以上大苗,扩大树穴,施肥刷白。新绿化单位院内面积2200平方米;更换街道垃圾筒40个;疏通下水道1600米;新修下水道2000米;更换路灯60盏;完成400棵行道树安装栽植,新建两座水冲式公厕。

**【农村改革发展综合试验区建设】** 2009年度,完成土地流转4300亩;完成12个村级标准化卫生室的建设;成立农民专业合作社25家,带动农户1450余户,成员4800多人;全乡注册种植类农民专业合作社5个,养殖类4个,林业类1个,农机类7个,土地信用合作社5个,农民用水协会1个,水稻良种协会1个和1个农村资金互助社。其中甘塘村金翔农机专业合作社获国家补助资金30万元,建现代化农机大院一座。引导农民扩大种植优质品种水稻5.3万亩。修建道路、渠道、桥涵,全乡共硬化渠道3000米,修建桥涵3座,新打机井3眼，新增“村村通”2.4公里。

**【综合治理】** 全年共解决12人群众急需要办的热点、难点问题。全乡没有发生一起越级上访案件。是年6月乡拨出专款5万多元，配齐综治办公设施。组织建立30人的治安巡逻队，各村综治组织建全。

**【武装工作】** 通过本年度兵役登记，全乡共有服兵役183人，其中2009年应征432名，通过初审，择优确定预征对象48名。进站30名，体检合格17名，通过严格政审，为国家输送合格兵员15名，圆满完成新兵征集任务。全乡共有民兵256名。

**【基层组织建设】** 2009年，继续实行“三项制度”，即：每周一党员学习，周二干部职工业务学习，周五下午义务劳动。严格落实“五禁止”“十不准”和县委“五条禁令”要求，加强干部的学习，继续抓好党风廉政建设和反腐败工作。在全乡13个行政村内推行“4+2”工作法，实行“四议”、“两公开”，甘塘村新村建设通过“4+2”工作法，每套房售价降低2.1万元，农田水利建设群众自愿筹资20多万元。是年甘塘村被评为全国民主法制建设先进村，市委书记王铁、政法委书记高俊峰、组织部长乔新江，县委书记张富治等多次深入甘塘村调研。加强“三资”管理，乡成立“三资”管理中心，对县直各单位和各村的资金、资产、资源统一管理，各村各单位成立3～5人的民主理财小组和村务政务公开监督小组，加强审计监督。组织建设，以党委建设为核心，影响带动村级组织建设，92%的村支部达到“五个好”，乡党委被评为市级先进党委。同时，创新设置形式，不断扩大农村基层组织覆盖面，先后在2个农村合作社成立党支部，对10个专业合作组织派驻党建指导员，在外出务工人员集中地郑州建立“郑州宏达孙庙党支部”，吸纳务工党员16名。

**2009年孙庙乡乡直属部门主要负责人**

| 单　位 | 负责人 | 职　务 |
|---|---|---|
| 计划生育服务中心 | 董亚辉 | 主　任 |
| 民政与劳动保障所 | 熊　建 | 所　长 |
| 农村经济发展服务中心 | 杜彦平 | 主　任 |
| 文化事业发展服务中心 | 谢　辉 | 主　任 |
| 乡村镇建设发展服务中心 | 郭　飞 | 主　任 |

**2009年孙庙乡各村主要负责人**

| 村　别 | 支　书 | 主　任 |
|---|---|---|
| 何营村 | 何名发 | 黄公印 |
| 范楼村 | 范军云 | 范军云 |
| 赵店村 | 赵圣堂 | |
| 顺何村 | 宋久荣 | |
| 月儿湾村 | 汤广美 | 汤广美 |
| 龙庙村 | 刘金建 | 刘金建 |
| 甘塘村 | 王保峰 | 王保峰 |

| 村　别 | 支　书 | 主　任 |
|---|---|---|
| 孙庙村 | 谢大玉 | 杜继龙 |
| 胡庄村 | 管学礼 | 管学礼 |
| 付寨村 | 郑　健 | 郑　健 |
| 周围孜村 | 杜万明 | 杜万明 |
| 李庙村 | 杜国富 | 杜国富 |
| 段庄村 | 谢帮明 | 谢帮明 |

# 路 口 乡

书记:裴仁胜

乡长:邵永峰

**【概况】** 路口乡位于息县城西北12公里处,地处黄淮海平原,东靠杨店乡,南邻城郊乡,西濒清水河与正阳县铜钟镇相望,北与彭店乡毗邻。全乡总面积124.31平方公里。全乡耕地面积79616亩,辖20个行政村,296个村民组,9546户,446642万人。路口乡历史悠久,物阜粮穰,人杰地灵,有名垂千古的汉文化遗址,有息县八大名胜之一的"竖斧村",有贯通南北的息正路,有绿树成荫的林网,有星罗棋布的水利设施。

2009年,路口乡国民生产总值达44088万元,其中农业收入1.59亿元,民营经济收入1.68亿元,劳务输出收入7749万元,人均纯收入4238元。

**【"三农"工作】** 一是加强农业结构调整,确保农业增效、农民增收。2009年,突出抓好优质小麦、水稻种植,大力实施科技兴农战略,不断引导农民加大产业结构调整步伐,全乡小麦种植达7万多亩,良种覆盖率达100%。全市小麦秋冬播现场会连续五年在路口乡召开。二是开展农田水利基本建设和生态环境建设。是年,全乡共完成植树32.8万株;新挖、维修排水沟、渠68公里;维修大方路28公里。引导群众采取入股、引资等多种形式鼓励群众积极投入农田水利和植树造林工作。同时健全管护队伍,落实管护责任,强化管护措施,积极开展集体林权制度改革。三是发展畜牧养殖业。2009年全乡200头以上养猪场39家,养牛30头以上专业户5家,养鸡场7家。集中搞好防疫工作,防疫生猪46000头,黄牛863头,羊1560只,鸡130000只。不仅仅满足本地市场需求,还远销外地。四是搞好良种供应,调整产业结构。2009年共发放小麦良种1074000斤,(53700亩,水稻良种17000亩,玉米良种24000亩)完成水稻保险10100亩,玉米保险24000亩。

**【招商引资】** 2009年以来,乡党委政府结合实际,突出重点,明确责任,按照县委、县政府关于招商引资工作的总体部署,实施"工业优先"战略,把招商引资作为经济发展的重中之重来抓。是年,通过与台商联谊会联系,签订合同1.2亿元,在息县工业集聚区建立台湾食品工业园,第一个项目信阳市立翔食品有限责任公司投资1500万元饼干生产线正式注册、立项,通过环评,准备投产。

**【人口和计划生育】** 2009年,路口乡计划生育出生统计准确率为100%,二孩符合政策率达100%,数据库信息准确率为100%,避孕落实率达98%,全乡共落实四项手术521例,全乡新出生婴儿425人,出生率控制在12‰以内。全乡已婚育龄妇女9649人,外出人口11580人,其中已婚育龄妇女3077人,已婚育龄妇女寄回合格康检证明率达98%。

**【"六城联创"】** 2009年,路口乡以改善民生，提高人民生活质量为重点，狠抓“六城联创”长效管理，探索建立“六城联创”长效管理机制。一是建立经费投入机制。乡政府从财政上拿出一定比例资金投入“六城联创”工作，从经费上保证六城联创工作有效开展。在亮化上，路口乡投资10万元，新建息正路两边路灯，修缮主街区路灯，投资4万多元，制做48块路灯宣传牌；在民生设施上，投资3万多元，新建息正路口车辆隔离栏和隔离墩；投资8万多元兴建游乐园一个，健身活动场两个；在绿化上，新栽植香樟树和广玉兰100余棵，在息正路与西街交叉口、北街小花园和北街花池花带，栽植小叶女桢，大叶黄杨、紫微1万多棵；在硬化上，投资5万多元新建老干部公寓路一条。在创卫活动中，动员和组织学生360名到背街小巷和路沟拾捡破塑料袋、纸屑、生活垃圾等脏物杂物2000多斤。全年共集中6次乡直单位干部职工300余人（次），出动推土机10辆（次），清理占道建筑材料近1600立方；粉刷北街及乡政府旧墙1万平方米。二是乡政府出台《路口乡集镇管理试行办法》，对集镇管理各个方面都作出明确、详细的规定，使集镇整治管理工作有据可依。三是建立保洁和综合执法队伍。成立18名保洁员和2名清运工组成的保洁队伍，实行全天候卫生保洁；从乡机关各单位抽调10名精干人员组成乡综合执法大队，每年拨付3万元的执法经费长年从事集镇管理工作，主要负责《集镇管理试行办法》的实施，维护集镇正常秩序。四是实行三级督查。从乡到各单位再到各具体责任人“三级督察制”。工作中发现问题后及时对单位下发《督察通报》和《限期整改通知书》，单位则立即根据责任分工，具体督查到每一位相关责任人。是年，共编发督察及各类简报30多期。每次督察的情况直接在“六城联创”大会上宣布，并根据相关制度兑现奖惩。

**2009年路口乡国民经济主要指标**

| 项　目 | 单　位 | 2009年 | 比上年±% |
|---|---|---|---|
| 国内生产总值 | 万元 | 44088 | 12.9 |
| 第一产业 | 万元 | 20592 | 6 |
| 第二产业 | 万元 | 12093 | 21 |
| 第三产业 | 万元 | 11403 | 18.1 |
| 工业增加值 | 万元 | 8092 | 20.9 |
| 农林牧渔业产值 | 万元 | 20592 | 6 |
| 粮食总产量 | 公斤 | 59650 | 12.8 |
| 夏　粮 | 公斤 | 30570 | 3.4 |
| 秋　粮 | 公斤 | 29080 | 25 |
| 社会固定资产投产 | 万元 | 22400 | 21 |
| 社会消费品零售总额 | 万元 | 2410 | 19 |
| 地方财政收入 | 万元 | 115.1 | 1 |
| 地方财政支出 | 万元 | 288 | 1.2 |
| 农民人均纯收入 | 元 | 4238 | 8.2 |
| 城镇居民人均可支配收入 | 元 | 6731 | 5.7 |
| 职工人均工资 | 元 | 19782 | 2.5 |
| 居民储蓄存款余额 | 万元 | 8388 | 14.5 |

## 2009 年路口乡直各部门主要负责人

| 单　位 | 负责人 | 职　务 |
|---|---|---|
| 督察办 | 赵　勇 | 主　任 |
| 医疗合作管理办 | 王　敏 | 主　任 |
| 便民服务中心 | 岳　猛 | 主　任 |
| 计划生育服务中心 | 吴世明 | 主　任 |
| 农民经济发展服务中心 | 张宏涛 | 主　任 |
| 村镇建设发展服务中心 | 胡　锋 | 主　任 |
| 文化事业发展服务中心 | 岳　猛 | 主　任 |
| 民政与劳动保障所 | 吴忠勇 | 所　长 |
| 司法所 | 张　群 | 所　长 |
| 财税所 | 张　英 | 所　长 |
| 国土资源所 | 胡德华 | 所　长 |

## 2009 年路口乡各村主要负责人

| 村　别 | 支　书 | 主　任 |
|---|---|---|
| 路　口 | 晏培良 | 刘玉强 |
| 胡围孜 | 张荣清 | 张荣清 |
| 魏　庄 | 胡应喜 | 胡应喜 |
| 陈　庄 | 陈进凡 | 陈进凡 |
| 刘老店 | 王金福 | 王金福 |
| 大孙庄 | 孙　华 | 孙　华 |
| 周　庄 | 李东永 | 李东永 |
| 田　庄 | 李学智 | 李学智 |
| 王围孜 | 吴士先 | 吴士先 |
| 土　桥 | 顿林军 | 李自来 |
| 曹　前 | 胡德新 | 胡德新 |
| 岳　庙 | 胡明柱 | 胡明柱 |
| 前赵楼 | 刘殿华 | 刘殿华 |
| 弯柳树 | 杨　林 | 杜彦生 |
| 罗　庄 | 王本正 | 王本正 |
| 小何楼 | 胡海斌 | 徐新富 |
| 楼　元 | 杨志发 | 杨志发 |
| 王大塘 | 代学仁 | 代学仁 |
| 孟　店 | 孟　平 | 孟　平 |
| 尚　庄 | 谢建华 | 谢建华 |

# 彭　店　乡

书记:张　涛

乡长:黄　明

**【概况】** 彭店乡位于息县西北部,总面积120平方公里,其中耕地67020亩。辖14行政村,199个村民组。总人口　3.4万人,其中乡村人口3.1万人。人口自然增长率为4.54‰。有汉族、回族2个民族,其中汉族人口占99.8%。

2009年,彭店乡生产总值完成35538万元,较2008年增长15.2%,财政一般预算收入完成120万元,较2008年增长10%;全社会固定资产投资完成15730万元,较2008年增长32.9%;城镇居民人均可支配收入10534元,较2008年增长28%;农民人均纯收入4047元,较2008年增长7.8%;城乡居民年末储蓄余额达19523万元,较2008年增长26%,招商引资完成700万元。2009年,彭店乡先后获"县统战工作先进乡"、"县人口和计划生育先进乡"、"县安全生产先进乡"、"县民兵预备役先进乡"、"县畜牧业发展先进乡"、"市文明村"等称号。

**【农业生产】** 优化特色农业布局,大力发展花生、西瓜等高效产业,主要农作物优良品种覆盖率达95%以上;扶持发展农副产品专业批发市场、农民专业合作社和专业协会,带动1000余农户参加合作社,集中进行种养殖科学技术知识培训。

**【工业】** 非公有制经济产值在国民生产总值中占47.6%的比例,高出既定目标2个百分点。二产完成15298万元,三产完成7264万元,其中第二、三产业共占GDP的比重为64.6%;第三产业增加值增长14.6%。限额以上工业企业增加值完成13065万元,同比增长33%,新增培育规模以上工业企业1家(创诚食品厂)。限额以上工业企业实现利润增长13%,比同期目标高出3个百分点。

**【农村改革发展综合实验区建设】** 一、农民专业合作社发展情况。2009年彭店乡发展农民专业合作社17家,带动农户1250余户,成员4200多人,其中农产品种植植保专业合作社6家,畜产品养殖专业合作社3家,食用菌养殖专业合作社1家,农机专业合作社6家。农产品种植专业合作社成员承包100亩以上的大户有19户,畜产品养殖专业合作社成员养殖500头以上生猪的有3户,农机专业合作社平均每户拥有大型农机2台。其中学友种植植保专业合作社、道青种植专业合作社、创诚牧业专业合作社、金同农机专业合作社管理规范,示范带动能力强,深受市县领导好评。二、新村建设情况。在新村建设中,尊重群众意愿维护农民利益,坚持因地制宜、分类指导原则。对于不符合新村规划的违章建筑予以拆除。根据各村实际情况,在建设速度、规模、标准等方面区别对待,采取引建、自建相结合,条件成熟、经济实力相对较强村,新村建设速度可快,力度可大,采取旧村拆建、人口迁移、改造"空心村"等进行新村建设。是年解决2个村的新村规划建设用地。三、村卫生室建设情况。把标准化村卫生室建设工作作为全乡创建农村改革发展综合试验区的重点突破口，推进村卫生室建设。村卫生室建设采取多方筹集资金的办法，以村医自筹为主，乡财政和村集体适当投入，实行以奖代补，村卫生室建成达标验收后，乡政府对卫生室建设先进村以奖代补奖励10000元。按照村卫生室建设标准"一个都不能少，覆盖率100%；一个都不能变，严格按照标准建设；一个都不能差，确保建设质量"，9月初全部完成建设任务。

**【"六城联创"】** 深化"六城联创"，创建市级卫生乡镇，着力提升乡镇整体水平 在乡主要入口设置"创卫"公益广告牌。2009年，投资20余万元整修背街小巷一条，新植绿化苗木234棵。实现街道的亮化、绿化、美化、硬化。采取市场化运作方式，聘请14名保洁人员对乡镇区主次街道和人行道实行全天候保洁；集中清理乡镇区小广告和积存垃圾，开展交通集中整治活动18次，顺利实现上级卫生乡镇创建目标。

**【社会保障、支农惠农】** 2009年共实现320人脱贫。缴纳企事业单位养老保险金17.8万元。农民人均纯收入达4047元，同比增长7.8%，现金收入达3889元，同期增长7.6%。2009年落实各项补贴和减轻农民负担政策方面，全年共计发放各项补贴552.5万元。

**【干部队伍建设】** 2009年乡党委、政府切实加强党风廉政建设，严格落实廉洁从政规定，规范村三资管理，全面落实"4+2"工作法，全年实现无一起重大廉政违法案件发生。采取述职述廉、民主测评、问卷调查等形式，邀请人大代表、政协委员、特邀监察员参与同级事务监督，加大干部廉政建设监督管理。坚决执行市委"五禁止"、"十不准"和县委"五条禁令"、"三项制度"规定 。

**【文化、教育、卫生、计生等事业】** 2009年全乡共新增出生婴儿361人，确保人口出生率控制在12.1‰以下。全乡新农合参合率达98.6%，高出预期目标2.6个百分点。初中生毕业升学率达到78%，比预期目标高出3个百分点。全年实现GDP万元生产总值能耗下降4.66%。2009年全乡共完善农田林网网格1634亩，生态廊道1000亩，村镇绿化460亩。

**2009年彭店乡国民经济主要指标**

| 项　目 | 单　位 | 2009年 | 比上年±% |
|---|---|---|---|
| 国内生产总值 | 万元 | 35539 | +8.2% |
| 第一产业 | 万元 | 12975 | +8.1% |
| 第二产业 | 万元 | 15299 | +7.9% |
| 第三产业 | 万元 | 7265 | 13.6% |
| 工业增加值 | 万元 | 7025 | +8.1% |
| 农林牧渔业产值 | 万元 | 26946 | +8% |
| 粮食总产量 | 公斤 | 42754000 | +8% |
| 夏粮 | 公斤 | 25872000 | +8% |
| 秋粮 | 公斤 | 16882000 | +8% |
| 社会固定资产投产 | 万元 | 13000 | +5% |
| 社会消费品零售总额 | 万元 | | |
| 地方财政收入 | 万元 | 131 | +8% |

| 项　目 | 单　位 | 2009 年 | 比上年±% |
|---|---|---|---|
| 地方财政支出 | 万元 | 131 | +8% |
| 农民人均纯收入 | 元 | 4048 元 | +9% |
| 城镇居民人均可支配收入 | 元 | | |
| 职工人均工资 | 元 | | |
| 居民储蓄存款余额 | 万元 | 14750 | +8% |

**2009 年彭店乡二级机构主要负责人**

| 单　位 | 负责人 | 职　务 |
|---|---|---|
| 计划生育发展服务中心 | 崔振环 | 主　任 |
| 民政与社会保障所 | 高试明 | 所　长 |
| 农村经济发展服务中心 | 李海峰 | 主　任 |
| 文化发展服务中心 | 李新兰 | 主　任 |
| 村镇建设发展服务中心 | 李传勇 | 主　任 |

**2009 年彭店乡各村主要负责人**

| 村　别 | 支　书 | 主　任 |
|---|---|---|
| 彭店村 | 张世斌 | 应良平 |
| 尹庄村 | 孙玉峰 | 邓现福 |
| 金王楼村 | 高金平 | 杨　武 |
| 史楼村 | 史久忠 | 杨文豪 |
| 范庄村 | 邵国信 | 邵金龙 |
| 张庄村 | 刘金田 | 刘金田 |
| 郑庄村 | 马　剑 | 马　剑 |
| 方围孜村 | 夏堂华 | 方国朝 |
| 七里湾村 | 时在忠 | 时在忠 |
| 柳围孜村 | 王全意 | 王全意 |
| 陈瓦房村 | 杨　勇 | 杨　勇 |
| 王庄村 | 王金同 | 王金同 |
| 丁王庄村 | 刘耀忠 | 丁庆霞 |
| 谢楼村 | 罗宏彩 | 罗宏彩 |

# 杨　店　乡

书记:李学超

乡长:陈　静

**【概况】**　杨店乡距县城10公里,息包路和杨白路穿境而过。现有国土面积96.9平方公里,耕地面积83000亩,其中旱地41000亩,水田42000亩。辖20个行政村,261个村民组,现有乡中心、所7个,乡直机关单位17个,总人口43318人,其中男23458人,女性人口19860人,劳动力19331人,其中外出务工人口12500人,年创劳务收入8000万元。现有党委1个,支部31个,党员911名。全乡17所中、小学有80%建成花园式学校,适龄人口入学率达100%。

2009年,杨店乡国内生产总值(GDP)实现43550.7万元,同比净增6778.8万元,增长率为18.4%;人均GDP达到15584元,同比增长11.2%;农民人均纯收入增加265元,达到3953元,增长7.1%;农村固定资产投资完成42535万元,同比增长26%;地方财政收入完成225万元,增长91.9%;国税收入完成16.52万元,超额完成11.52万元;地税收入完成494.6万元,超额完成0.67万元;二、三产业占生产总值的比重比2008年提高一个百分点,第三产业增加值同比增长16%,比预定目标提高2个百分点;非公有制经济占地区生产总值的比例提高1.29个百分点,比预定目标提高0.29个百分点;限额以上工业企业实现利润增长13.02%,比预定目标增长3.02个百分点;新增规模以上工业企业一个,累计达9家。各项惠农政策全面落实。全年共发放小麦良种补贴628683元、玉米补贴628683元、油菜补贴74375元,水稻补贴958621.20元。发放五保金362400元,农村低保金1080550元,城镇低保金111915元。加强计划生育基层基础建设,整体水平明显提高,人口出生控制率在4.40‰,计划生育工作保持全县一类乡镇目标。林业生态建设位居全县第一名,获县委、县政府奖金8万元。2009年,先后获"全市信访工作四无乡镇"、"全市平安建设先进乡镇"、"全市农村改革综合实验区建设先进乡镇"、"安全生产先进乡镇"、"先进基层人武部"、"宣传工作先进单位"、"县纪检监察工作先进单位"、"县计生工作先进乡镇""工会工作先进单位"等称号;并获"全县林业生态建设一等奖""全县农村改革发展综合试验区建设创新农村土地流转体制机制三等奖"、"全县农村改革发展综合试验区建设创新农村社会化服务体制机制一等奖"、"全县农村改革发展综合试验区建设综合先进乡镇二等奖"。

**【"六城联创"】**　在2008年投入200多万元的基础上,2009年累计投资600多万元,对不适应本地生长的街道绿化树种全部更新,对农贸市场、水果市场、小商品市场、富杨大道、政府大道进行亮化、美化、硬化、绿化;新修杨棠路、中学路,打通政府路、金和市场北段至息包路、金祥市场北段至息包路。六城联创工作在县年终考评中获全县第一名。

【农村改革发展综合试验区建设】 一是全乡19个村级卫生室全部建成并投入使用。二是全乡共流转土地37600亩,占全乡土地面积的42%。三是全乡共发展农民专业合作社14个,其中农机专业合作社2个,种植专业合作社9个,金融专业合作社1个,养殖专业合作社2个。四是有序推进新农村建设,全乡新村居民点开工9个。

【平安建设】 一是实行班子成员信访值班制度,每天有两名党政班子成员值班,负责全乡信访稳定工作,对群众电话、信件反映的问题,值班人员采取下访制度入到田间地头,农户家中,有效化解矛盾,调处纠纷,确保了全乡政治大局稳定。2009年,全乡未发生一起越级访、集体访。二是打击“两抢一盗”保护人民生命财产安全。以派出所为依托,严厉打击抢劫、抢夺、盗窃等侵财犯罪,全乡打掉团伙犯罪1起,抓捕网上逃犯10名。三是科技创安保平安。截至2009年,全乡20个行政村全部建立了平安互助网。公众安全感群众满意率达100%。是年,杨店乡被市委、市政府评为“四无”乡镇和“平安建设先进乡”。

【民兵武装工作】 对全乡复员军人重新核对登记,全乡落实35周岁以下预备役人员65人,36周岁至45周岁预备役人员45人。征兵工作开始后,报名人数达49名,乡确定预征对象39人,进站体检33人,体检合格25人,超额完成19名新兵征集任务。

【党建工作】 一、深入学习和贯彻落实党的十七大、十七届三中、四中全会及科学发展观精神实质,以周一夜晚党员学习、周二下午业务学习为契机,全乡广大干部、职工的理论学习水平提高。二、加强基层组织建设,充分发挥村党支部的战斗堡垒作用。深化“三级联创”创建成果,继续抓好“双强”干部的培养和选拔,培养和明确3名村支部书记,十里桥村支部书记全华被乡党委、政府顺利推荐为副科级干部,任乡党委委员。三、严格落实市委制定的“五禁止”“十不准”和县委制定的“五条禁令”、“三项制度”。继续抓好党风廉政建设和反腐败工作,以党风带政风促民风。在县优化经济发展环境年度目标测评中获全县先进单位。四、全面推广实施“4+2”工作法,着力探索加强农村基层组织建设的新路子。把推广实施“4+2”工作法,作为加强农村基层组织建设的一个重要抓手,全面铺开。其中十里桥村、杨店村、李大庄村、双河村、喻庄、张围孜村、安寨村、何庄村、杨围孜村等村先后运用这一工作法解决“村村通”配套资金的筹集、新村街道的拓宽改造、空心村治理、旧房拆迁、土地流转等重大事项。五、加强党员队伍教育和管理,以农村党员现代远程教育为基地,对村两委班子、入党积极分子进行培养,全年共发展党员26人,培训入党积极分子38人,培训农村党员干部97人。

**2009年杨店乡国民经济主要指标**

| 项　目 | 单　位 | 2009年 | 比上年±% |
|---|---|---|---|
| 国内生产总值 | 万元 | 411845 | |
| 第一产业 | | | |
| 第二产业 | | | |
| 第三产业 | | | |
| 工业增加值 | | | |
| 农林牧渔业产值 | | | |
| 粮食总产量 | | | |
| 夏　粮 | | | |
| 秋　粮 | | | |

| 项　目 | 单　位 | 2009 年 | 比上年 ± % |
| --- | --- | --- | --- |
| 社会固定资产投产 | | | |
| 社会消费品零售总额 | | | |
| 地方财政收入 | 万元 | 128.92 | |
| 地方财政支出 | | | |
| 农民人均纯收入 | 元 | 4001 | |
| 城镇居民人均可支配收入 | 元 | 11377 | |
| 职工人均工资 | | | |
| 居民储蓄存款余额 | | | |

**2009 年杨店乡乡直部门负责人**

| 单　位 | 负责人 | 单　位 | 负责人 |
| --- | --- | --- | --- |
| 城建所 | 张从水 | 电管所 | 张　华 |
| 市场办 | 全孔一 | 粮管所 | 张春林 |
| 计生所 | 肖　华 | 派出所 | 徐　扬 |
| 流动办 | 张文华 | 司法所 | 陈彦新 |
| 民政所 | 和新立 | 法　庭 | 李浩波 |
| 农业中心 | 马　龙 | 邮　政 | 李　锐 |
| 财政所 | 代金鹏 | 网　通 | 李　军 |
| 土地所 | 陈　涛 | 信用社 | 李　靖 |
| 文化中心 | 侯金明 | 工商所 | 栗　军 |
| 中　学 | 崔国治 | 供销社 | 王立科 |
| 中心校 | 付从林 | 卫生院 | 鲍瑞生 |
| 外　贸 | 魏金虎 | | |

**2009 年杨店乡各村主要负责人**

| 村　　别 | 支　书 | 主　任 |
| --- | --- | --- |
| 李围孜村 | 易　勇 | 蔡正明 |
| 棠 集 村 | 陈世功 | 霍长友 |
| 李大庄村 | 吴　庆 | |
| 喻 庄 村 | 朱　彬 | 李清香 |
| 安 寨 村 | 韩从耀 | 韩从理 |

| 村　　别 | 支　书 | 主　任 |
|---|---|---|
| 龙 庙 村 | 张志栋 | |
| 何 庄 村 | 马明勇 | 丁明业 |
| 双 河 村 | 刘建业 | |
| 杨围孜村 | 王凤高 | |
| 时围孜村 | 时在业 | 时在义 |
| 汤　湾　村 | 沈连梅 | 王金河 |
| 街　　村 | 李敬中 | 周广才 |
| 张 围 孜 | 沈连彬 | 朱　永 |
| 李　　寨 | 夏玉良 | 付从全 |
| 时大庄村 | 时华富 | |
| 汪 楼 村 | | 李廷国 |
| 朱 合 村 | 陈树友 | 赵芳平 |
| 徐 楼 村 | 陈保杰 | 徐耀仕 |
| 十里桥村 | 全　华 | 李永香 |
| 永 红 村 | 郝中魁 | 王克强 |

# 张　陶　乡

书　记：王　俊

乡　长：李　军

**【概况】** 张陶乡位于息县东北部，距县城20公里，息包公路（省道）穿境而过，乡政府驻地张陶村五队。南临项店镇，西与杨店乡接壤，西北同白店乡以莲花港为界，北同东岳镇隔河（闾河）相望，东与包信镇、小茴店镇毗邻。全乡东西长11公里，南北宽10公里，总面积99平方公里，耕地面积84970亩，集镇总体规划为3.5平方公里。张陶乡辖18个行政村，288个村民小组。全乡总人口51210人。

2009年，张陶乡完成国内生产总值44529.2万元；全社会固定资产投资23995.9万元；农民人均纯收入4137元；全年农林牧渔业总产值25218.8万元，粮食总产分别达到61396000公斤；招商引资3000万元；地方财政收入101.9万元。

**【“六城联创”】** 一年来，按照市县部署在全乡开展开展绿化、美化、亮化、硬化、净化等工作，基础设施建设投入60余万元，建水冲式公厕二座，建设农贸市场1个，新植绿化树300余棵，对行道树穴进行了扩穴施肥。被市爱卫会授予“卫生文明乡镇”。

**【林业生态建设】** 按照县委、县政府打造林业生态强县的工作要求，张陶乡在2009年超额完成林业建设任务，种植林木16.8万株，种植面积2400亩，顺利通过省、县林业验收。落实林权制度改革政策，办林权证230本，共12000亩，做到“不造无主林、不栽无主树”。

**【招商引资】** 按照县委、县政府部署，开展“大招商、招大商”工作，通过全乡干群共同努力玉龙面业有限责任公司落户息县，该公司总投资3000万元，占地面积80亩，计划建厂房5000平方米，该厂建成后日产达360吨。

**【减轻农民负担】** 兑现种粮农民综合直补资金699.9万元；落实良种补贴面积7.5万亩，补贴金额75万元；参加水稻保险15.6万元，5.2万亩；落实水稻补贴面积5.8万亩，补贴金额87万元；家电下乡补贴50万元；开展“千乡万村”工程，农民负担监督卡入户率达100%；建立机关、事业单位和村委会政务公开栏制度，完善便民服务中心职能；农村义务教育得到加强，足额发放“两免一补”资金，中小学入学率达100%。

**【综治工作】** 2009年综治工作，紧紧围绕全乡工作大局，以维护全乡社会政治稳定为目的，坚持“打防结合，标本兼治，重在治本”的方针，努力使综治整体工作达到“四个领先”“六个不发生”“三个遏制和减少”，开展“两抢一盗”活动，深化基层平安创建活动，动员各方面力量齐抓共管，为全乡的社会稳定和经济发展提供法律保障，创造良好的外部环境；在信访稳定上，健全和完善群众工作网络，发挥新的信访工作机制作用，解决涉及群众切身利益的疑难问题和历史遗留问题，坚决控制违法滋事、闹访、缠访行为，同时建立预防排查信访网络，减少赴京、赴省、赴市县集体访和越级访。在新中国60年周年大庆期间，张陶乡在全乡开展信访排查工作，开展"书记大接访"工作，建立预防、包案跟踪机制，成立稳控工作组，确保新中国60年周年大庆期间全乡的社会稳定。

**【基层党组织建设】** 2009年，张陶乡党建工作紧紧围绕乡党委、政府中心工作，坚持创新，狠抓落实，加强领导班子、干部队伍、党的基层组织和党员队伍建设，为全乡的经济和各项社会事业的健康发展提供坚强的组织保证。推行"4+2"工作法和"三级党建联创"工作；做好优秀农村实用人才的选拔与推荐工作；建立息县机关干部创业园和大学生村官创业园；积极开展非公党建工作，新建立3个非公党组织，培养10名非公经济中优秀的人才做为入党积极分子和培养发展对象；加强党建示范村和后进村支部建设，增强村党支部为民服务的能力；开展"百千帮富"活动，加快农村党员带头致富步伐。

**【各项社会事业】** 一是人口和计划生育工作。围绕计生优质服务为目标，落实目标责任制，狠抓经常性和基础性工作。加强计划生育队伍和软硬件建设，组织开展计生清查清理，落实"四项手术"措施，组织开展春秋计划生育集中服务活动，完善乡所村室基础设施建设。加大社会抚养费依法征收力度，提高人口和计划生育工作水平。二是农村社会保障工作。2009年全乡新农合直接受惠46351人，累计发放医疗补偿金400多万元；共发放五保、低保救助资金113万元；完善曹林村红星敬老院配套设施，入住五保48户。三是组织全乡干部、职工和群众参加事业单位养老保险、大额医疗保险和城镇医疗保险。四是创建"市级卫生乡镇""市级文明乡镇"。五是开展"巾帼星火培训工程"、"关爱留守儿童"和"双学双比"活动；举办"农村妇女科技致富"培训班；实施劳务输出战略，组织农村劳动力培训，提高劳务输出质量。六是修建三条村级公路，解决4个行政村出行难问题。七是新建中心校教学楼一栋，新建中学食堂一个和中学教师宿舍楼二栋。八是为提升集镇整体形象，新修建一条长600米的和谐大道，张陶街区形成"三纵三横"框架。

**2009年张陶乡国民经济主要指标**

| 项　目 | 单　位 | 2009年 | 比上年±% |
|---|---|---|---|
| 国内生产总值 | 万元 | 44529.2 | +8.3% |
| 第一产业 | | 16879.1 | +7.9% |
| 第二产业 | | | |
| 第三产业 | | | |
| 工业增加值 | 万元 | 8975.9 | +8.6% |
| 农林牧渔业产值 | 万元 | 25218.8 | +9% |
| 粮食总产量 | 公斤 | 61396000 | +9.6% |
| 夏　粮 | | | |
| 秋　粮 | | | |
| 社会固定资产投产 | 万元 | 23995.9 | +7.1% |
| 社会消费品零售总额 | | | |
| 地方财政收入 | 万元 | 101.9 | |

| 项　目 | 单　位 | 2009 年 | 比上年 ± % |
| --- | --- | --- | --- |
| 地方财政支出 | | | |
| 农民人均纯收入 | 元 | 4426 | +9% |
| 城镇居民人均可支配收入 | | | |
| 职工人均工资 | | | |
| 居民储蓄存款余额 | 万元 | 32716.9 | +8.6% |

**2009 年张陶乡直部门负责人**

| 单　位 | 负责人 | 单　位 | 负责人 |
| --- | --- | --- | --- |
| 国土资源所 | 张学军 | 派出所 | 杨　巍 |
| 计划生育服务中心 | 刘　鑫 | 司　法 | 刘华杰 |
| 村镇建设中心 | 贾　超 | 市场服务中心 | 王红军 |
| 财税所长 | 夏玉明 | 工商所 | 孙希国 |
| 农村经济发展服务中心 | 徐继奎 | 卫生院 | 徐继刚 |
| 民政与社会保障所 | 张　灿 | 外　贸 | 徐培超 |
| 文化事业发展服务中心 | 易　军 | 邮政支局 | 张国齐 |
| 粮管所 | 赵长青 | 中心校 | 张树桐 |
| 营业所 | 陈　勇 | 网通公司 | 李　华 |
| 一　中 | 孙　杰 | 供销社 | 钱　进 |
| 供电所 | 吕　东 | | |

**2009 年张陶乡各村主要负责人**

| 村　别 | 支　书 | 主　任 | 村　别 | 支　书 | 主　任 |
| --- | --- | --- | --- | --- | --- |
| 街　村 | 徐洪俊 | 陈　浩 | 曹林村 | 李殿学 | 夏照阳 |
| 圈行村 | 杨继友 | 尹振英 | 钟庄村 | 徐继奎 | |
| 胡庄村 | 胡国民 | | 裴寨村 | 裴广堂 | 刘志伟 |
| 刘楼村 | 刘现友 | | 温围孜 | 钟凤金 | 黄维洲 |
| 江庄村 | 贾　超 | | 薛庄村 | 孙耀军 | 温其月 |
| 王堰村 | 刘　波 | 王泽贤 | 孙寨村 | 张　平 | |
| 大陈庄村 | 陈明宇 | 彭　国 | 赵楼村 | 温在杰 | 裴仁胜 |
| 佘老庄 | 佘运合 | 邹　军 | 文庄村 | 文学清 | 陈锋 |
| 大邹庄 | 邹　耀 | 朱振杰 | 徐长庄 | 徐培志 | 张卫同 |

# 岗李店乡

书 记:李 华

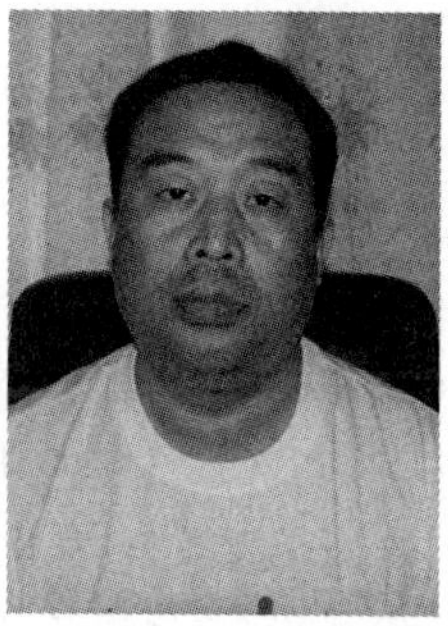

乡 长:余 宏

**【概况】** 岗李店乡位于息县的东北部,北与驻马店的新蔡县交界,东和淮滨县的张里乡毗邻,西与正阳县、东岳镇接壤,南和包信镇相依,距县城43公里,是息县的北大门。全乡东西长12.5公里,南北长5.53公里,106国道贯穿南北,总面积69.14平方公里,耕地6.7万亩。辖20个行政村,312个村民组,总人口57543人。

2009年,岗李店乡国内生产总值完成5.09亿元,较2008年增长13%,非公有制经济占地区生产总值的比例提高1.22个百分点,二、三产业占生产总值的比重为54.96%,较2008年提高1.04个百分点,第三产业增加值为1.87亿元,同比增长20.9%,限额以上工业企业工业增加值4420万元,较2008年增长38.3%,限额以上工业企业实现利润较去年增长29.02%,财政收入完成120万元,占年目标的112%,财政部门组织的地方税收完成21万元,比2008年增长12.3%,地税部门组织的地方税收完成48万元,较2008年增长12%。全社会固定资产投资完成1.95亿元,占年目标的135%,万元生产总值能耗下降4.75个百分点,农民人均纯收入4046元,较2008年增长8.8个百分点。

**【综合治理工作】** 2009年,岗李店乡党委、政府提出"一年保稳定,二年促发展,三年大跨越"的工作目标。落实领导干部信访接待日制度、领导包案制及首问责任制,变群众上访为领导下访,及时把群众反映的问题解决在基层,结案的信访件群众满意率达到98%以上,信访人数较2008年同期减少80%以上。

**【基础设施建设】** 一、集镇建设。先后上马改建、新建项目21个,累计投入1600多万元,乡集市形成"三纵三横"的框架,基本完成乡"六路一院"(即新建和谐大道1000米,改造供销路400米,改造岗南路260米,改造中学南、北路500米,新建步行街200米,改造乡政府机关大院)及司法所、卫生院、派出所、文化中心等建设项目。二、村村通公路建设。全乡20个行政村"村村通"覆盖率达到100%,新修"村村通"水泥路46公里,是全县修路里程最多的乡镇。

**【新农村建设】** 一、新村居民点建设。2009年,全乡有17个村开工建设。二、专业合作组织建设,全乡先后组建甘薯专业合作社和种、养殖协会及农机专业合作社等专业组织。合作社通过走"合作社+基地+农户"的发展模式,发展社员和规模种植户,提高农民收入。以资金互助组织为媒介,搭建农村致富融资桥梁,盘活农村闲散资金。岗李店乡惠民资金互助合作社发展股民100人,累计投放小额贷款近80万元,用于发展农、林业和新村居民点建设等。三、以乡土地流转服务中心和村土地流转服务站为平台,完善农村集体建设用地及农田、林地等流转制度。2009年,共流转土地近3万亩。四、以培养人才为动力，支持创业人才投身试验区建设。为鼓励支持各类人才投身农村改革发展，加大农村人才人力资源开发，出台《鼓励支持各类人才投身农村创业发展实施细则》。全乡涌现出一批创业人才示范典型，为全乡试验区建设注入新的活力。

**【党组织建设】** 岗李店乡以党员教育为抓手，创新农村基层组织建设。成立岗李店乡党员服务中心。在非公有制和新社会组织中新建党支部4个。严把审核关做好农村党员发展工作，2009年新发展党员42人。推广运用“4＋2”工作法，按照“四议、两公开、一监督”的程序指导农村各项工作开展。建立和完善村干部选任和激励保障机制，落实大学生村干部各项待遇。

**【农村保障工作】** 2009年新农合参合率达到98%以上；制订支持和鼓励农民自主创业、合作创业和农民工返乡创业的扶持政策；根据低保对象年龄、劳动能力、健康状况、家庭收入等情况，实施《低保对象群众评议制度》，做到低保对象有进有出，实现动态管理下的应保尽保。

**【惠农政策】** 2009年共发放粮食直补和综合补贴近800万元，开展粮食最低价收购。响应国家鼓励扩大消费的政策，开展“家电下乡”工作，兑现补贴资金30余万元。城镇低保和农村低保对象分别达到96人和1781人，累计发放城镇低保金10万元，农村低保金106万元，五保金25万元，五保户集中供养率达到35%。

**【优化经济发展环境】** 做到“三个一”。即：“一诺千金”，实行首问负责和公开承诺制，并将办事程序、时限要求等公布于众，对上级优惠政策和作出的承诺事项按时兑现，落实到位；“一呼百应”，制订联合办公制度，共同协调办理有关工作中的实际问题；“一查到底”，为保护发展环境，聘请10名县、乡人大代表、政协委员和企业代表担任督察员，凡是群众举报或督察员明察暗访发现的破坏发展环境的人和事，一经查实，从严从重处理。

**2009年岗李店乡国民经济主要指标**

| 项　目 | 单　位 | 2009年 | 比上年±% |
| --- | --- | --- | --- |
| 国内生产总值 | 万元 | 50900 | 13% |
| 第一产业 | | | |
| 第二产业 | | | |
| 第三产业 | | | |
| 工业增加值 | | | |
| 农林牧渔业产值 | | | |
| 粮食总产量 | | | |
| 夏　粮 | | | |
| 秋　粮 | | | |
| 社会固定资产投产 | 万元 | 19500 | 35% |
| 社会消费品零售总额 | | | |
| 地方财政收入 | 万元 | 120 | 12% |
| 地方财政支出 | | | |

| 项　目 | 单　位 | 2009 年 | 比上年 ± % |
|---|---|---|---|
| 农民人均纯收入 | 元 | 4500 | 8.8% |
| 城镇居民人均可支配收入 | | | |
| 职工人均工资 | | | |
| 居民储蓄存款余额 | | | |

**2009 年岗李店乡直各部门主要负责人**

| 单　位 | 负责人 | 职　务 |
|---|---|---|
| 村镇建设发展服务中心 | 毛　建 | 主　任 |
| 国土资源管理所 | 徐志杰 | 所　长 |
| 财税所 | 陈卫峰 | 所　长 |
| 农村发展服务中心 | 贾　春 | 主　任 |
| 文化发展服务中心 | 姚　宁 | 主　任 |
| 中心校 | 崔国臣 | 校　长 |
| 中　学 | 邹培武 | 校　长 |
| 乡卫生院 | 邹　冲 | 院　长 |
| 粮管所 | 王华兵 | 所　长 |
| 供电所 | 周　军 | 所　长 |
| 民政与劳动保障所 | 张守义 | 所　长 |
| 网通公司 | 徐凤伟 | 经　理 |
| 信用社 | 方新勇 | 主　任 |
| 邮电所 | 秦高峰 | 所　长 |
| 计划生育服务中心 | 张书林 | 主　任 |

**2009 年岗李店乡各村主要负责人**

| 村　别 | 书　记 | 主　任 |
|---|---|---|
| 街村 | 李卫修 | 李卫修 |
| 方老庄村 | 徐广明 | 徐志刚 |
| 张庙村 | 张玉珠 | 张玉珠 |
| 张大庄村 | 丁超波 | 丁超波 |
| 杨棚村 | 张学中 | 杨明中 |
| 唐刘庄村 | 张学政 | 张学政 |

| 村 别 | 书 记 | 主 任 |
|---|---|---|
| 彭小庄村 | 彭 魁 | 万 强 |
| 大彭村 | 余占华 | 彭金才 |
| 许岗村 | 万金海 | 万金海 |
| 孙老庄村 | 孙学潮 | 姚树国 |
| 张竹元村 | 李洪志 | 李洪志 |
| 芦庄村 | 丁明家 | 丁明家 |
| 桥口村 | 文 俊 | 文 俊 |
| 贾坡村 | 贾中成 | 贾中成 |
| 张新寨村 | 喻 辉 | 喻 辉 |
| 李营村 | 李永富 | 李永富 |
| 宋庄村 | 贾中昌 | 贾中昌 |
| 柿孜元村 | 李保玉 | 李学明 |
| 刘塘村 | 丁中强 | 丁 磊 |
| 后寨村 | 贾 琳 | 贾 琳 |
| 刘围孜村 | 李凤学 | 李凤学 |

# 白土店乡

书　记:李　伟

乡　长:谢克刚

【概况】　白土店乡位于息县东北部25公里处,大广高速纵穿全境,且在夏寨村有一高速路出口,"村村通"四通八达。全乡东西长7公里,南北长16公里,总面积86.9平方公里,耕地面积73725亩,其中有效灌溉面积4267亩。全乡辖16个行政村228个村民组,总人口43790人,其中非农业人口789人,回族27人,回族27人,其余均为汉族。

2009年白土店乡围绕农村改革发展综合试验区建设的目标任务,紧扣做好"八篇文章"和实现"六大突破"的目标,推进全乡试验区建设。至年底,全乡耕地面积流转达3.3万亩,签订流转合同983份,培育1000亩以上种粮示范大户1户。全乡发展成立各类农民专业合作社36家,其中种植17家,养殖12家,农机5家,土地合作社1家,资金互助社1家,出资总额3618万元,加入农户2618户,入社会员4629人。全乡16个行政村的新村建设规划全部得到县政府批准,有8个村的新村居民点开工建设,建成185套住房,86户群众入住新村。全乡16个村卫生室全部统一模式于10月底竣工,全部正式启用。在米围孜村新建敬老院1所,在夏寨村村部南侧、西侧分别建成2座敬老院,有餐厅4间,活动室2间,住室53间,入住全乡五保户58人。同时,米围孜村敬老院于12月6日建成,拥有食堂2间,活动室2间,住室32间,可入住64人。全乡新农合参合人数达38473人,参合率为98%。创新农村资金投入体制,11月注册成立夏寨村金顺丰农民资金互助社,加入农户19户,注册资金50万元。文化事业得到全面发展,夏寨村建成农家书屋1座,内存各类图书5000余册。

【"六城联创"】　一是健全联创组织体系,调整充实乡环卫队和综合执法队。二是硬化街道路面500米,新建排水管道1500米,新植行道树150棵,新安装路灯40盏,新建街道门面商住楼65幢,拥有200个摊位的农贸市场全面启用。

【基层组织建设】　2009年白土店乡推广运用"4+2"工作法,全乡16个村全部运用"4+2"工作法决策村级重大事务。

【农业生产】　农业产业结构优化,综合效益提高。优质弱筋小麦和"双底"油菜普遍推广,各种惠农政策全部落实,共向农民发放直补款600余万元。林业生产方面,全乡新植树木9.8万株,完善农田林网,生态廊道,村镇绿化三大体系建设,提高全乡森林覆盖率。

【社会事业】　教育、卫生事业全面进步。2009年加大对教育的投入,兴建中心校本部三层15班教学楼,5层中学教师家属楼动工兴建,新建中学标准化餐厅楼。全乡16个村均完成标准化卫生室建设任务,卫生院动工新建综合楼一幢。

【交通事业】 2009年夏寨司湾大桥动工兴建完成。包彭路张庄至七里湾8公里水泥路修建完成。大广高速出口到杨岳路水泥路面修建完成。

2009年白土店乡国民经济主要指标

| 项　目 | 单　位 | 2009年 | 比上年±% |
|---|---|---|---|
| 国内生产总值 | 万元 | 31000 | 13.8 |
| 第一产业 | 万元 | 18290 | 18 |
| 第二产业 | 万元 | 4960 | 11 |
| 第三产业 | 万元 | 7750 | 8 |
| 工业增加值 | 万元 | 109 | 22 |
| 农林牧渔业产值 | 万元 | 14632 | 18 |
| 粮食总产量 | 吨 | 7527 | 8 |
| 夏　粮 | 吨 | 4492 | 8 |
| 秋　粮 | 吨 | 3035 | 8 |
| 社会固定资产投产 | 万元 | 353640 | 20 |
| 社会消费品零售总额 | 万元 | | |
| 地方财政收入 | 万元 | 122 | 10 |
| 地方财政支出 | 万元 | 122 | 10 |
| 农民人均纯收入 | 元 | 4100 | 12 |
| 城镇居民人均可支配收入 | | | |
| 职工人均工资 | 元 | 1600 | 2 |
| 居民储蓄存款余额 | 万元 | 19817 | 20 |

2009年白土店乡直各部门负责人

| 单　位 | 负责人 |
|---|---|
| 财税所 | 杨洁清 |
| 派出所 | 张天强 |
| 司法所 | 周建仁 |
| 卫生院 | 李　华 |
| 中　学 | 祝　超 |
| 中心校 | 陈　轲 |
| 信用社 | 郑　勇 |
| 邮政支局 | 杨　明 |
| 电　信 | 李　威 |
| 粮管所 | 刘自华 |

| 单　位 | 负责人 |
|---|---|
| 电管所 | 徐玉忠 |
| 兽医站 | 翟　超 |
| 供销社 | 鲁　锋 |
| 国土资源 | 司明星 |
| 计划生育报务中心 | 司　林 |
| 民政与劳动保障所 | 贾　涛 |
| 文化事业发展服务中心 | 王胜利 |
| 农村发展服务中心 | 曹培春 |
| 村镇建设发展服务中心 | 余　磊 |

**2009 年白土店乡各村负责人**

| 村　别 | 支　书 | 主　任 |
|---|---|---|
| 大江庄 | 徐培才 | 徐培才 |
| 徐兰围孜 | 王兆基 | 王兆基 |
| 王大围孜 | 王文亮 | 王文忠 |
| 钱围孜 | 陈文义 | |
| 西　李 | 李　林 | 彭法勇 |
| 新　庄 | 赵树美 | 刘付亮 |
| 时　楼 | 陈　勇 | 刘　红 |
| 白　店 | 曹明义 | 赵付林 |
| 桂　庄 | 郑云国 | 周建民 |
| 余围孜 | 贾　涛 | 马玉甫 |
| 魏　寨 | 杨　锟 | 孙海军 |
| 夏　寨 | 司明辉 | 李洪春 |
| 谢　寨 | 谢海华 | 陈　刚 |
| 米围孜 | 鲁培均 | 梁文平 |
| 郑　楼 | 彭德冲 | 郑汉华 |
| 白衣阁 | 翟跃文 | 祝新保 |

# 长　陵　乡

书　记:曹良军

乡　长:刘玉忠

**【概况】** 长陵乡位于息县最东部,乡政府驻地长陵街距县城37公里。处于息县、淮滨和潢川三县交界之处。东以闾河为界,与淮滨的新里乡、芦集乡、吉庙乡为邻;南以淮河为界,与潢川的来龙乡相望;西以乌龙港为界,与夏庄接壤;北与小茴店镇毗连。信(阳)阜(阳)路横穿乡境东西,“村村通”四通八达,交通极为便利。全乡东西长8公里,南北宽10公里,总面积62平方公里,有可耕地2827公顷,全乡辖11个行政村,142个村民组,7167户,总人口31156人。

2009年,长陵乡以经济建设为中心,以农村改革发展综合实验区建设为平台,认真贯彻落实十七届四中全会和县委经济工作会议精神,大力推进农业产业结构调整,不断强化农村基层组织、民主法制和精神文明建设,多种渠道增加农民收入,强力推进“六城联创”工作,顺利完成各项工作任务目标。2009年,全乡完成生产总值共计29494.6万元,同比增长12.5%;地方财政收入共计322万元,同比增长13.1%;非公有制经济总量从2008年的19985.5万元增加到2009年的20245.3万元,同比增长1.3%;二、三产业从2008年的19985.5万元,增加到2009年的25981.2万元,提高1.2个百分点;第三产业增加值占生产总值的比重从2008年的46.68%增加到2009年的54.15%,增长16%。新培育1个规模以上工业企业新息州建材有限公司,已完成投资1200万元;限额以上工业企业增加值2008年为300万元,2009年为380万元,增长了27%,实现利润92万元,同比增长15%;2009年全社会固定资产投资完成12786.4万元。农民人均纯收入实现3882元,同比增长7.1%。2009年全乡共完成国税部门组织的地方税收6万元,地税部门组织的地方税收35.7万元和财政部门组织的地方税收16.5万元,非税收入50万元。

**【农业生产】** 长陵乡坚持以增加农民收入为主线,把合理调整农业产业结构为工作重点,把品种调良、规模调大、结构调优、效益调高作为提高农作物产量的工作思路,突出抓好粮食、经济等农作物主导产业。2009年,长陵乡战胜多种自然灾害,实现全年粮食产量的丰产丰收。夏季播种2638公顷,产量11964吨,比2008年增产5%;秋粮播种面积2116公顷,粮食总产量15984吨,其中优质花生的产量达到181吨。

**【基本农田水利设施建设】** 2009年,全乡新打机井8眼,维修机井25眼,疏通渠道16公里,新整理土地2685亩。

**【林业生产】** 2009年,全乡共完成绿化造林2160亩,其中农田林网网格1000亩,生态廊道900亩,村镇绿化260亩。以林业产权制度改革为契机,流转林地3609亩,签订合同25份,办理产权登记证50份。

**【人口计划生育】** 2009年，全乡抓软硬件建设，提高计生队伍人员素质，落实各项措施。完成上级下达的社会抚养费征收任务。全乡共出生328人，人口出生率为9.5‰，符合政策出生率99.8%。长陵乡计划生育从2008年的二类乡的倒数第二名一跃上升到2009年的一类乡第八名，荣获“2009年度全县人口与计划生育工作先进单位”称号。

**【文教卫生】** 一是文化、教育工作快速发展，全乡有中小学9所，在校学生5162人，在2009年的中招考试中，长陵中学升学率达82.5%，位于全县先进行列。二是卫生工作。落实农村合作医疗政策，2009年全乡共筹集新农合资金79万元，实现新农合全面覆盖。全乡共投资160万元建成的8所标准化村卫生均投入使用。

**【招商引资】** 2009年共完成招商引资项目3个，落地项目2个，签约金额6000万元。一是由河南省宝天有限公司总经理夏富恩投资2000万元，在长陵乡陈店村兴建息县宝地收储公司。二是由山东凯特有限公司与长陵乡代庄村民张领在县工业园区投资筹建领子肥业有限公司，完成征地手续办理工作。三是由潢川籍客商李亚洲投资2000万元，在长陵乡王寨村兴建息县新息州新型建材有限公司，完成投资1200万元。

**【农村改革发展综合试验区建设】** 一是土地流转工作。2009年全乡共成立3个土地信用合作社，全乡共流转土地17686亩，占全乡耕地总面积的41.1%。二是创办农民专业合作组织。全乡共发展农业专业合作组织21家，注册资金2000余万元，入社农户3085户，占全乡总户数的35%以上。三是新村建设。除陆湾、谢楼两个一期灾后重建村外，其余9个村均通过县政府审批，发改委全部立项。陈店、居楼两村结合第三批灾后重建开工建设新居民点，代庄村开工新村建设。四是养老医疗工作。在养老保障工作中，开展五保核查和低保扩面工作，为全乡142人办理五保，1116人办理低保；全乡有敬老院1所，入住五保户55人。五是创新用人方式。是年5月份，乡党委将“双推双选”制度延伸到乡农村改革发展综合试验区办公室主任和村干部的选用工作中，一次性选拔产生乡农村改革发展综合试验区办公室主任1名和王寨村的3名村干部。六是创办草根银行，解决建设资金不足问题。长陵乡成立资金互助合作社1个，注册资金40万元。

**【“六城联创”】** 2009年改造和新建公厕两座，补栽香樟树160棵，硬化道路1500米，拆除违章建筑20多座；成立乡联合执法大队，完善门前五包责任制，采取检查通报的方式对创建工作进行每月一次检查和通报。强化村容村貌整治，引导农民向小集镇集聚。

**【社会稳定工作】** 一是做好信访工作，实行信访工作责任制。二是转变干部工作作风，深入群众，解决一些热点、难点问题。三是坚持严打态势，及时处理社会矛盾，创建平安乡镇。四是发挥司法部门调解人民内部矛盾的职能作用。五是推进村务、政务公开。做到给群众一个明白，还干部一个清白。2009年长陵乡分别被评为“全市平安建设先进乡镇”、“2009年度全县信访工作先进乡镇”。

**【基层党建工作】** 一是组织领导全乡干群认真学习贯彻落实科学发展观、“十七大”精神、十七届四中全会精神。二是加强基层党组织建设，乡党委将“双推双选”制度延伸到村干部的选用工作。创建息县金发农机合作社党支部，王寨村被省司法厅、民政厅、省依法治省工作领导小组办公室授于“民主法制村”称号。三是大力推广“4+2”工作法，完善村级民主选举制度。四是加强对干部的教育和管理，加大后备干部培养力度。五是做好党员的发展工作。全年全乡发展党员14名，转正32名。

**2009年长陵乡国民经济主要指标**

| 项　目 | 单　位 | 2009年 | 比上年±% |
|---|---|---|---|
| 国内生产总值 | 万元 | 29494.6 | 12.5 |
| 第一产业 | | | |

| 项　目 | 单　位 | 2009 年 | 比上年 ± % |
|---|---|---|---|
| 第二产业 | | | |
| 第三产业 | | | |
| 工业增加值 | | | |
| 农林牧渔业产值 | | | |
| 粮食总产量 | 吨 | 27948 | |
| 夏　粮 | 吨 | 11964 | 5 |
| 秋　粮 | 吨 | 15984 | |
| 社会固定资产投产 | 万元 | 12786.4 | |
| 社会消费品零售总额 | | | |
| 地方财政收入 | 万元 | 322 | |
| 地方财政支出 | | | |
| 农民人均纯收入 | 元 | 3882 | |
| 城镇居民人均可支配收入 | | | |
| 职工人均工资 | | | |
| 居民储蓄存款余额 | | | |

**2009 年长陵乡二级机构主要负责人**

| 单　位 | 负责人 | 职　务 |
|---|---|---|
| 计划生育服务中心 | 陈　勇 | 主　任 |
| 农村经济发展服务中心 | 卢　振 | 主　任 |
| 村镇建设发展服务中心 | 陈　刚 | 主　任 |
| 文化事业发展服务中心 | 朱　涛 | 主　任 |
| 民政与劳动保障所 | 张继业 | 所　长 |

**2009 年长陵乡各村负责人**

| 村　别 | 支　书 | 主　任 |
|---|---|---|
| 长陵村 | 杨文明 | 姜守明 |
| 申庄村 | 卢永星 | 卢洪阔 |
| 瓮楼村 | 瓮俊臣 | 瓮文普 |
| 代庄村 | 王德玉 | 张　锋 |
| 马井村 | 卢振发 | 卢文生 |
| 杨围孜村 | 潘明水 | |
| 王寨村 | 金明伟 | 王文友 |
| 陈店村 | 陈中堂 | |
| 居楼村 | 姜　彬 | 卢文广 |
| 陆湾村 | | 张　锐(主持工作) |
| 谢楼村 | 张学国 | |

# 陈 棚 乡

书 记:付树华

乡 长:谢 勇

【概况】 陈棚乡位于息县东南部,距县城29公里。全乡东西长8公里,南北宽7公里,呈扁园形,106国道贯穿南北,总面积52平方公里,可耕地面积3.988万亩,辖10个行政村,141个村民组,6411户,总人口3.09万人。

2009年,陈棚乡党委、乡政府立足资源优势和区位优势,围绕经济建设中心,以品牌开拓市场,形成以淮河黄砂资源为依托的黄砂开发为主的“黄”色经济、以汪湖水资源为依托的沿湖渔业水产养殖为主的“白”色经济和以106国道交通优势为依托的塑料大棚蔬菜开发为主的“绿”色经济的“三色”经济,具有陈棚特色的“三色经济”成为陈棚经济发展的主导品牌。2009年,全乡生产总值达到28441万元,比上年25050.9万元增长13%;财政收入比上年增长12.3%,人均纯收入3893元,比上年3616元增长7.7%;非公有制经济占生产总值比例提高1.17%;二、三产的比重占生产总值73.4%比2008年的67.35%提高6.05%;限额以上工业企业增加值20738.8万元,比2008年的15747.9万元增长31.7%,利税比2008年增长28.21%;全社会固定资产投资完成8044.3万元,比2008年的6384.4万元增长26%。

【农业产业化】 调整种植业结构,小麦、水稻、玉米的良种覆盖率达95%以上,克服60年一遇的冬春连旱等自然灾害,粮食生产再夺丰收。发展以速生杨种植为主的生态林业建设,其中片林1250亩,生态廊道850亩。畜牧养殖业,全乡规模养殖户25户,涌现出一批养殖专业户,生猪年出栏1.5万头,存栏1.3万头,白鹅出栏10万只,实现产值9000多万元。

【劳务经济】 全年外出务工人达到12000人以上,实现收入8000万元以上。在拓宽“走出去”渠道的同时,实施“金桥工程”,实现“凤还巢”。

【非公有制经济】 扶持乡水产业向立体化养殖、多元化经营的方向发展,水产养殖年产值突破600万元。黄砂开采和经营年产值达6000多万元。帮助大棚种植户调整思路,由种植大路菜向精细菜转变。鼓励外出务工经商成功人士到安置新区投资,辖区内知名企业有通利黄麻精纺织公司、宏达养猪厂、纯净水厂、水泥预制厂等6家企业。

【小城镇建设】 2009年,乡政府整合项目增加固定资产投资500多万元,重点在完善基础设施、提高新区品位、改善居住环境上下工夫,打通纵一路、横三路,新修通纵六路,在纵一路、纵三路安置路灯72盏,栽植梧桐1200棵。

【新农村建设】 一是积极发展农民合作社。2009年全乡注册登记农民合作社12个,涉及种植、养殖、农机、金融服务等多个行业。二是加快推动农村土地流转。全乡流转土地 17370 亩，发展土地信用合作社 2 家，流转耕地 100 亩以上经营大户发展到 8 个。三是创新金融机制，成立 1 家资金互助合作社。四是建成标准化村卫生室 5 个，改善群众的就医条件。五是新型农村合作医疗参合率达到 98%。被县委、县政府授予综合试验区“创新城乡一体化”建设先进乡镇。

**【支农惠农】** 一、认真落实国家粮食补贴政策，各项补贴落实到位。2009 年共发放粮补资金 322.7 万元，水稻玉米补贴 32.5 万元，油菜补贴 7 万元，能繁母猪补贴 7 万元，中小学生全部落实两免，358 名中学生享受一补 26.85 万元。二、文教、卫生等社会公益事业健康发展。中学综合楼、乡村标准卫生室均建成并投入使用。三、新型农村合作医疗进一步普及。全乡农民参合率达 98%，共有 13837 人享受 204.58 万元医保救助。四、开展救助农村弱势群体。全乡低保、五保户 1276 人，发放双保资金总额 92 万元。五、林权制度改革工作。2009 年林木确权 82 宗，4250 亩。

**【平安建设】** 一是高度重视群众来信来访工作，认真做好矛盾纠纷和不安定因素的排查调处工作。先后投资 3 万余元，设立信访接待室及群众工作站，实行班子成员轮流在信访室值班、接待群众来访。开展“信访积案化解年”活动，2009 年，全乡没有发生一起赴县以上的集体访，被市委、市政府评为信访“四无”乡镇。二是社会治安形势明显好转，三是全面推进安全生产三项行动，狠抓安全生产责任制度落实，全年没有发生重大安全事故。

**【其他各项社会事业】** 一、计划生育工作较好地完成了县下达的人口目标。二、着力加强民主法制建设，大力推广村级事务“四议两公开”工作法，加快基层民主化进程。三、宣传统战、民兵预备役、畜禽病防治等工作被县委、县政府授予先进单位，第二次全国经济普查工作受到市政府表彰。

**2009 年长陵乡国民经济主要指标**

| 项　目 | 单　位 | 2009 年 | 比上年 ± % |
|---|---|---|---|
| 国内生产总值 | 万元 | 27000 | 12 |
| 第一产业 | 万元 | 13770 | 10 |
| 第二产业 | 万元 | 8100 | 18 |
| 第三产业 | 万元 | 5130 | 21 |
| 工业增加值 | 万元 | 6400 | 16 |
| 农林牧渔业产值 | 万元 | 15620 | 11 |
| 粮食总产量 | 吨 | 29876 | 8 |
| 夏　粮 | 吨 | 13254 | 7 |
| 秋　粮 | 吨 | 16622 | 9 |
| 社会固定资产投产 | 万元 | 12300 | 32 |
| 社会消费品零售总额 | | | |
| 地方财政收入 | 万元 | 120 | 11 |
| 地方财政支出 | 万元 | 527 | 22 |
| 农民人均纯收入 | 元 | 3866 | 12 |

| 项　目 | 单　位 | 2009年 | 比上年±% |
|---|---|---|---|
| 城镇居民人均可支配收入 | 元 | 14000 | 5 |
| 职工人均工资 | 元 | 1100 | 5 |
| 居民储蓄存款余额 | 万元 | 14540 | 9 |

**2009年陈棚乡二级机构主要负责人**

| 单　位 | 负责人 | 职　务 |
|---|---|---|
| 文化服务中心 | 魏文秀 | 主　任 |
| 民政与社保服务中心 | 陈洪宽 | 主　任 |
| 计划生育服务中心 | 陈　刚 | 主　任 |
| 城镇建设发展服务中心 | 田　波 | 主　任 |
| 农村经济发展服务中心 | 刁学斌 | 主　任 |

**2009年陈棚乡各村两委主要负责人**

| 村　别 | 支　书 | 主　任 |
|---|---|---|
| 陈棚村 | 陈　平 | 陈　勇 |
| 张塘村 | 房治刚 | 张生光 |
| 王林村 | 陈　良 | |
| 陈祥村 | 陈文地 | 陈介华 |
| 叶楼村 | 陈学金 | 陈怀池 |
| 华店村 | 叶国银 | |
| 饶庄村 | 张贵友 | 刁　勇 |
| 易庙村 | 刁正书 | 李有才 |
| 闫湾村 | 刁明仁 | |
| 卢店孜村 | 陈介江 | 王文正 |

# 临 河 乡

书 记:王 勇

乡 长:胡 崴

【概况】 临河乡位于息县县境偏东南部,乡政府驻地临河集,距县城24公里。总面积81.75平方公里,占全县总面积的4.45%。2009年末耕地面积64187亩,辖黄庄、杜围孜、张寨、罗寨、临河、余楼、郑寨、刘大庙、单台、张楼、新集、常店孜、柿树园、宣楼、高集15个行政村,总人口4.42万人。

2009年,临河乡全乡生产总值完成43212.1万元,比2008年增长25.7%。其中,一产、二产、三产的增加值分别完成10886.4万元、18939.8万元,13385.9万元,实现三大产业结构的突破性调整。全社会固定资产投资完成2.6亿元,比2008年增长136%;全乡居民储蓄存款余额完成1.8亿元,比2008年增长11.2%;农民人均纯收入达到3857元,比2008年增长10%,粮食总产量42979吨。全乡财政收入173万元。

【农村改革发展综合试验区建设】 一、所有行政村完成新村点选址报批。郑寨、柿树园、黄庄和杜围孜在灾后重建的基础上形成新村点雏形,高集、罗寨、余楼三村新村开工建设。二、全乡15个村卫生室建设及沼气等配套全部竣工并搬迁使用。三、成立20个农民专业合作组织,其中金凯农机合作社是临河乡唯一一个县扶持的农机合作社。"一桃红"林果业合作社是息县第一个林果业专业合作社。"一桃红"林果专业合作社通过承包、转包、置换、购买等方式,获得253亩土地的经营使用权,总投资近110万元,基本覆盖息县临河乡15个行政村,主要从事桃、梨、板栗等果木的科学种植与规范经营。裕民资金互助社运转顺利。四、在乡财政设立土地流转大厅,建立土地承包档案。全年共计流转土地30357亩,对原流转的一万三千多亩土地建档。建立百亩高效花生示范基地,特色生态农业庄园筹建完成。五、通过党政机关、企事业单位、部分村干部、经营能手、种养殖大户、回归人士等创办、领办、协办各类经济实体、合作组织和示范园区,引领、带动2000余户找到致富路。人才引导试验区建设工作获县二等奖。

【基础设施建设】 利用省委驻村工作队提供的信息,争取项目,分别硬化二道街、沿渠路;新建了中学食堂、运动场;筹建小学教楼;修建工字街大棚摊位,为商户提供方便。借助灾后重建工程,完成柿树园村扶贫开发整村推进工程。乡、村、民捐资70万元,新修10公里砂石路,铺筑10公里水泥路。协调电力部门,改造20万千伏输变电线路。新打机井22眼。

【"六城联创"】 一是加强执法力度。做到执法队员每天不间断对街道上的乱挂、乱晒、乱堆杂物、店外经营、市场内乱摆摊点进行管理整治,保持每条街道整齐有序。二是充实环卫工人,提高待遇,加强对街道卫生打扫、垃圾清运、绿化带等公共设施的维护。三是坚持每周一、周四卫生打扫制度,乡机关与乡直各单位根据所划分责任区组织各自工作人员打扫街道和本单位卫生。四是加强宣传教育。采取多种形式加强对居民的教育,提高居民文明程度,形成共同参与维护创建成果的合力。在年终的市、县明查暗访中,名列全县前列。

**【招商引资】** 全年引进两家企业入驻县工业园,并投入生产运营,分别是一期投资2500余万元的福鑫混凝土有限公司和投资500万元的天盛冷冻食品有限公司;在本乡境内引进2500万元兴建农贸市场、养殖场、粮食加工厂、砖厂各一个,组建5个新型农业合作社、开建2个新村建设点,2009年荣获"2008年度招商引资先进单位"称号。

**【基层组织建设】** 把余楼村、黄庄村做为党建示范点建设重点,在全乡各支部中广泛宣传。加大村级组织活动场所建设,年内完成高集、罗寨、郑寨、张寨四村村部建设。建立健全各项工作制度,以促进农民增收为着力点,把目光盯在"特色农业"上,支持发展特色产业。利用专业合作社,以村干部、党员为主,带头致富、带领群众致富。同时,深入开展机关党员结对帮扶主题实践活动。乡机关支部走访困难党员及群众,投入慰问金8050元。村级全面推进4+2工作法。

**【计划生育】** 由管理型向服务型转变,大力宣传《计划生育法》《关于严格人口和计划生育政策,依法依纪查处党员干部职工违法生育行动的意见》等计划生育政策,提供优生优育服务。狠抓春秋两季计划生育集中服务活动,根据县下达临河乡的各项硬性指标,结合临河乡实际,实行严格的奖罚措施。明确包村乡干部、村干部、计生所人员各自职责,强调包村乡干部起到监督、检查、督促、协调的作用,强调计生专干对计生软件负完全责任,顺利完成人口计划生育各项指标(人口自然增长率控制在5‰)、人口和已婚育龄妇女信息采集工作,全面通过省、市检查。

**【平安建设】** 认真贯彻县委、县政府《关于"平安息县"建设工作的实施意见》精神,层层抓落实。重点做好村组平安建设工作,把平安村创建活动作为新农村建设的一项重要内容。加大基层科技创安工作力度,投资近2万元购买2组摄像头,安装在乡政府和学校,一级"十户联防"报警器、电子狗,大部分村的"平安互助网"安装完毕。

**2009年临河乡国民经济主要指标**

| 项　目 | 单　位 | 2009年 | 比上年±% |
|---|---|---|---|
| 国内生产总值 | 万元 | 43212.1 | +25.7% |
| 第一产业 | | | |
| 第二产业 | | | |
| 第三产业 | | | |
| 工业增加值 | | | |
| 农林牧渔业产值 | | | |
| 粮食总产量 | 公斤 | 42979000 | +1.2% |
| 夏　粮 | 公斤 | 19820000 | +16.7% |
| 秋　粮 | 公斤 | 25481000 | +10.0% |
| 社会固定资产投产 | 万元 | 26000 | +136% |
| 社会消费品零售总额 | | | |
| 地方财政收入 | 万元 | 173 | +49.3% |

| 项　目 | 单　位 | 2009 年 | 比上年 ±% |
|---|---|---|---|
| 地方财政支出 | | | |
| 农民人均纯收入 | 元 | 3857 | 10% |
| 城镇居民人均可支配收入 | | | |
| 职工人均工资 | | | |
| 居民储蓄存款余额 | 万元 | 18000 | +11.2% |

**2009 年临河乡直部门负责人**

| 乡直部门 | 负责人 | 乡直部门 | 负责人 |
|---|---|---|---|
| 计划生育服务中心 | 万永华 | 电管所 | 万永红 |
| 文化事业发展服务中心 | 刘文学 | 地税所 | 汤玉锋 |
| 村镇建设发展服务中心 | 刘凤礼 | 工商所 | 罗　纪 |
| 农村经济发展服务中心 | 张艳云 | 市场发展服务中心 | 罗　枝 |
| 民政与劳动保障所 | 段　强 | 电信支局 | 胡继军 |
| 国土资源所 | 黄　勇 | 粮管所 | 胡新民 |
| 财税所 | 包中柱 | 卫生院 | 刘　俊 |
| 司法所 | 魏国武 | 外　贸 | 何　为 |
| 中　学 | 姬学刚 | 信用社 | 全东超 |
| 中心校 | 张玉龙 | 邮政支局 | 胡　军 |

**2009 年临河乡各村负责人**

| 村　别 | 支　书 | 主　任 | 村　别 | 支　书 | 主　任 |
|---|---|---|---|---|---|
| 杜围孜村 | 易学峰 | 梅玉友 | 张楼村 | | |
| 黄庄村 | 黄祖仁 | 黄志学 | 街　村 | 罗文红 | 刘　杰 |
| 张寨村 | 张世宇 | 张世宇 | 余楼村 | 万青虎 | 杜国太 |
| 罗寨村 | 徐明会 | 胡国彬 | 郑寨村 | 陈同学 | 陈同立 |
| 宣楼村 | 宣勤华 | 宣勤华 | 柿树园村 | 陈　奎 | 陈　奎 |
| 新集村 | 吴国卫 | 冯士杰 | 刘大庙村 | 王玉洲 | 王玉洲 |
| 高集村 | 曹金强 | 曹金强 | 单台村 | 牛德宇 | 牛德宇 |
| 常店孜村 | 王降臣 | 赵清海 | | | |

# 关　店　乡

书记：任仲宝

乡　长：付超峰

**【概况】** 关店乡位于息县东南部，距县城25公里。东西长约20公里，南北宽5公里，总面积90.7平方公里，耕地面积72846亩。辖21个行政村，363个村民组，16786户，总人口70335人。关店属淮河冲积平原，故道在南，新道在北。除吕湾、王岗两村外，大部分村被淮河或大堤环绕。境内地势平坦，自西向东倾斜，有湖泊7个，河港6条，肥沃的沙壤、充沛的雨水及小气候，适宜多种农作物种植，尤以盛产优质花生、西瓜、葡萄、草莓、蔬菜等，声名远波周边县市。

2009年面对金融危机持续冲击，关店乡党委、政府贯彻中央的各项方针政策，把市委、市政府“保民生、保增长、保稳定”同关店实际紧密结合，把试验区建设同经济发展相结合，重实干、求实效，实现生产总值555415万元，增幅达10.5%。在稳定粮食生产的同时，积极扩大花生、瓜果、蔬菜等其它作物的种植，仅花生一项，全乡实现增收3500万元以上，农民人均纯收入也由2008年的3363元增加到3933元，实现地方财政收入210万元。文化、教育、卫生等各项社会事业不断进步。

**【综合试验区建设】** 2009年共完成18个村级卫生室建设，成立农机、花生购销、畜牧养殖等专业合作社21个，以朱庄一期投入600万元建设37套别墅式农民新居及洪庄100万元小集镇街道改造为标志，关店乡新村建设全面铺开。完成新颜村可容纳100人的养老院主体工程。

**【林业生态建设】** 2009年春，关店乡在防洪大堤及大广高速两侧，以生态廊道建设为重点，全乡累计完成植树造林20万株，折合面积4090亩。其中农田林网改扩建设工程1450亩，村镇绿化390亩，用材及工业原料林800亩。林木成活保存率达90%以上，森林覆盖率达37%以上。2009年度，关店乡被县政府授予林业生态建综合三等奖。

**【“六城联创”】** 2009年，在原有创建工作的基础上，乡党委、政府注重平时的管理和维护，抓基础、重管理、求实效。综合执法队人员不撤，力量不减，全天候保持在岗在位；卫生保洁队对街道卫生打扫坚持逢集大扫除，背集早晚各保洁一次，全天候值班清扫；乡机关干部职工坚持周五义务劳动制度，党政领导干部带头上街打扫卫生，并实行班子成员分区包片，单位分包卫生区制度；乡直单位坚持开展经常性创建活动，街道居民积极参与，推动全乡六城联创工作开展。在全年市六城联创四次暗访中关店乡有三次为“较好”层次。

**【人口和计划生育】** 2009年共完成四项手术任务218例，征收社会抚养费176万元。在注重硬件工作的同时，不断加大对育龄妇女及流动人口管理，建立完善并及时更新计划生育台账等软件资料，组织计生骨干力量，利用村级计生学校，定期对育龄妇女进行优生优育等知识的培训，逐步把全乡计划生育工作纳入经常化、规范化、法制化轨道。2009 年度关店乡被县政府授予计划生育工作综合一等奖。

**【支农惠农政策】** 关店乡党委、政府及时兑现粮食综合直补，油菜、水稻、玉米及农机购置补贴资金 670.4 万元。利用贫困村整村推进项目资金以及以工代赈资金 160 万元，新修乡村及村级水泥路 8 公里。

**【特色经济】** 关店乡是一个劳务输出大乡，常年外出务工人员在 3 万人以上，每年可实现净收入 4.5 亿元。2009 年在稳定劳务输出队伍的同时，引导、鼓励、支持外出务工人员返乡创业，共吸引创业资金 1300 万元。其中投资 300 万元建成清大澳普太阳能生产线，投资 400 万元建设洪庄印刷厂，投资 600 万元进行朱庄新村建设，同时关店也是全县油料生产大乡—花生种植基地，花生面积达 45000 亩。发挥关店乡地理、气候、环境、土壤等独特优势，建成全县蔬菜、水果之乡。2009 年全乡西瓜种植面积达 5000 亩，草莓达 2000 亩，金水梨 1000 亩，产品远销周边市县区。

**2009 年关店乡国民经济主要指标**

| 项　目 | 单　位 | 2009 年 | 比上年 ±% |
|---|---|---|---|
| 国内生产总值 | 万元 | 53181 | 12.3 |
| 第一产业 | 万元 | 10599 | 7.2 |
| 第二产业 | 万元 | 15300 | 8.7 |
| 第三产业 | 万元 | 3056 | 8.9 |
| 工业增加值 | 万元 | 35206 | 12 |
| 农林牧渔业产值 | 千元 | 179659 | 3 |
| 粮食总产量 | 公斤 | 3924000 | 0.4 |
| 夏　粮 | 公斤 | 2524000 | 0.5 |
| 秋　粮 | 公斤 | 1400000 | 0.3 |
| 社会固定资产投产 | 万元 | 385480 | 30 |
| 社会消费品零售总额 | 千元 | 109830 | 15.7 |
| 地方财政收入 | 千元 | 1421 | 7.3 |
| 地方财政支出 | 千元 | 1572 | 8.9 |
| 农民人均纯收入 | 元 | 3933 | 9.3 |
| 城镇居民人均可支配收入 | 元 | 4700 | 10.2 |
| 职工人均工资 | 元 | 15700 | 2.3 |
| 居民储蓄存款余额 | 千元 | 194781 | 22 |

**2009 年关店乡直各单位主要负责人**

| 单　位 | 姓　名 | 职　务 |
|---|---|---|
| 农村经济发展服务中心 | 曹　诚 | 主　任 |
| 民政与劳动保障所 | 杨学成 | 所　长 |
| 村镇建设发展服务中心 | 张　静 | 主　任 |
| 计划生育服务中心 | 关朝阳 | 主　任 |
| 财税所 | 周庆霞 | 所　长 |
| 土地所 | 王　林 | 所　长 |
| 文化中心 | 骆森明 | 主　任 |
| 网通公司 | 任玉发 | 支局长 |
| 卫生院 | 郑廷桥 | 院　长 |
| 中心校 | 段宏伟 | 校　长 |
| 一　中 | 潘　杰 | 校　长 |
| 二　中 | 王治新 | 校　长 |
| 邮政支局 | 丁国杰 | 支局长 |
| 外　贸 | 张永师 | 主　任 |
| 信用社 | 蒋福明 | 主　任 |
| 派出所 | 丁　新 | 所　长 |
| 市场中心 | 陈家友 | 主　任 |
| 粮管所 | 徐　斌 | 经　理 |
| 供销社 | 任学红 | 主　任 |
| 电管所 | 杨　勇 | 所　长 |
| 司法所 | 黄世勤 | 所　长 |

**2009 年关店乡各村主要负责人**

| 村　别 | 支　书 | 主　任 |
|---|---|---|
| 张湾村 | | 董国文 |
| 桂厅村 | 陈本超 | |
| 柏庄村 | 栗同波 | |
| 丁店村 | 蒋　龙 | |
| 任围孜村 | 陈国军 | |
| 关店村 | 谷明阳 | |

| 村　别 | 支　书 | 主　任 |
| --- | --- | --- |
| 吕湾村 | | 吕世友 |
| 王岗村 | 周有志 | |
| 黄滩村 | 关登殿 | |
| 中心寨村 | 付立龙 | |
| 金店村 | 刘　斌 | 刘少英 |
| 前北村 | 栗华恩 | |
| 前南村 | 何法地 | 张　勇 |
| 胡庄村 | 刘翠萍 | 张法军 |
| 新颜村 | 陈家海 | 杨保香 |
| 吴村铺村 | 陈国山 | 陈其理 |
| 白湾村 | 潘天云 | |
| 杨九村 | 杨保国 | |
| 赵寨村 | 代家海 | |
| 朱庄村 | 刘万军 | |
| 洪庄村 | 彭明书 | |
| 彭围孜村 | 彭　辉 | |

# 八里岔乡

书　记:吕家斌

乡　长:马　峰

**【概况】** 八里岔乡位于县城南部。乡政府驻地八里岔,距县城14公里。南邻曹黄林乡的杨寨、曹黄林村与光山县孙铁铺镇接壤;西以竹竿河为界,与罗山县的竹竿镇相望;东北濒淮河故道,东与关店乡的吕湾、王岗村毗连;北与中渡店的尹山、冯洼村相邻。南北长17公里,东西宽15公里,呈不规则多边形,总面积120.72平方公里。耕地81359万亩,其中水田42979亩,旱地38380亩。现有乡中心、所7个,辖20个行政村,355个村民组,共有12205户,50076人,其中劳动力32048人,外出务工人员14520人。

2009年,八里岔乡国内生产总值(GDP)实现43119.6万元,农民人均纯收入达到3935元,地方财政收入完成155.06万元,其中财政收入19.5万元,税收84.12万元,非税收入51.44万元。

**【"六城联创"】** 一、完善城镇配套设施。(一)加大对"绿化工程"硬件的投入。投资6万元对主干道两边的人行道树进行补植,并对花坛补栽花柏、黄杨等3000多株。(二)加大对"净化工程"硬件的投入。对2座水冲式公厕进行完善;投资9万元,新建高标准垃圾池10个,购置垃圾桶36个、垃圾清运车3辆,保证垃圾及时清理、处理。聘请专业保洁队员7人,全年支付保洁费用10余万元,保持环境卫生保洁队伍的长期稳定。(三)加大对"亮化工程"硬件的投入。投资5万余元,整修安装路灯。(四)加大对"硬化工程"的投入。投入资金20万元,硬化街区路面2000平方米,主要街区门前达到无黄土裸露。二、开展集中整治。提升"创建"品位,治理省道沿线环境。(一)加大执法力度。由乡联创工作领导小组牵头,采取日常管理和集中整治相结合的办法,对占道经营、乱堆乱放、乱停乱靠等行为实行专项整治。(二)集中整顿主要街区环境卫生。组织动员各单位各居民户对电线杆、墙壁、门窗上的广告、过期宣传标语、门画等进行清除。活动中,共拆除遮阳棚47个、站式招牌36个,26处乱堆乱放的建筑材料全部清除,43个店外经营户全部进入店内。(三)整顿家禽家畜散养。(四)集中整治过境省道。对境内省道沿线两侧所有堆放的柴草垛、违章建筑、建筑材料、猪圈、煤堆、厕所、破旧建筑物和废品收购站进行清理。(五)成立街道综合执法队伍,从所站抽调10人,加强对街道逢集乱停乱放车辆、乱摆摊点、占道经营等现象的管理。此外,学校和市民的健康教育、餐饮市场管理、全体市民的大卫生意识培养、集中灭鼠除"四害"等工作均正常开展,全方位、多角度推进"六城联创"工作。

**【平安建设】** 定期不定期地对全乡学校、采矿点、工厂及特殊行业部门进行安全检查,发现问题及时处理 。保持严打态势,加大社会治安综合治理力度。2009年,共破获各类刑事案件8起,查破各类治安案件65起。全年共解决群众反映的热点、难点问题22起。

【社会保障】　全乡实现新农合参合率95.2%以上,参合人数达到46575人,从根本上解决看病难、看病贵,因病致贫等困扰农民多年的现实问题。顺利建成敬老院,有53位孤寡老人入住。开展救助农村弱势群体活动,全年共发放五保金324人38.88万元,农村低保金2210人132.6万元,城镇低保金110人15.84万元。

【农村改革发展综合试验区建设】　一是全乡20个村级卫生室全部建成并投入使用。二是全乡共流转土地39284亩,占全乡土地面积的48.2%。三是全乡发展农民专业合作社16个,其中农机专业合作社5个,种植专业合作社2个,金融专业合作社1个,养殖专业合作社8个。四是启动新村建设。坚持政府引导、群众自愿、以群众联建为主导的原则实施新村建设,以张山头村、冯乡村为试点,以点带面,全面铺开。全乡20个行政村均完成新村规划,其中7个村开工建设新居民点。

**2009年八里岔乡国民经济主要指标**

| 项　目 | 单　位 | 2009年 | 比上年±% |
|---|---|---|---|
| 国内生产总值 | 万元 | 43119.6 | |
| 第一产业 | | 11202.3 | |
| 第二产业 | | | |
| 第三产业 | | 31917.1 | |
| 工业增加值 | | 10972.5 | |
| 农林牧渔业产值 | | 17292 | |
| 粮食总产量 | 公斤 | 42314000 | |
| 夏　粮 | | 16172000 | |
| 秋　粮 | | 26142000 | |
| 社会固定资产投产 | 万元 | 39525 | |
| 社会消费品零售总额 | | | |
| 地方财政收入 | | 155.06 | |
| 地方财政支出 | | | |
| 农民人均纯收入 | 元 | 3935 | |
| 城镇居民人均可支配收入 | | | |
| 职工人均工资 | | | |
| 居民储蓄存款余额 | | 11953.8 | |

**2009年八里岔乡二级机构主要负责人**

| 单　位 | 姓　名 | 职　务 |
|---|---|---|
| 农村经济发展服务中心 | 蔡　虎 | |
| 村镇建设服务中心 | 田学亮 | |

| 单　位 | 姓　名 | 职　务 |
|---|---|---|
| 计划生育服务中心 | 卢海峰 | |
| 民政与社会保障所 | 王东喜 | |
| 文化事业服务中心 | 彭有敏 | |
| 财税所 | 陈明旭 | |

**2009 年八里岔乡各村主要负责人**

| 村　别 | 支　书 | 主　任 | 村　别 | 支　书 | 主　任 |
|---|---|---|---|---|---|
| 八里岔村 | 周仲美 | 余　磊 | 张岗村 | 乔宏伟 | 孙宏忠 |
| 郑乡村 | 郑路军 | | 叶店村 | 李　伟 | |
| 冯乡村 | 李连福 | 李友清 | 李塘村 | 李　豪 | 李开银 |
| 伍底下村 | 易　军 | 周德友 | 七里岗 | 金大明 | |
| 周庄村 | 任杰明 | 周培寿 | 莲花村 | 任太虎 | 徐　刚 |
| 黄庄村 | 徐朝龙 | 周荣明 | 李庄村 | 徐平朝 | |
| 付寨村 | 周宗和 | 付青太 | 小围孜村 | 徐朝来 | 徐朝来 |
| 张山头村 | 付克日 | 张保昌 | 汪店村 | 徐花朝 | 徐长友 |
| 任店村 | | 任　力 | 梅寨村 | 蔡怀义 | 蔡怀义 |
| 陈大洼村 | 陈如江 | 陈如江 | 景美店村 | 蔡　强 | 蔡绍国 |

# 曹黄林乡

书　记:张亚斌

乡　长:余珂佳

**【概况】** 曹黄林乡位于息县最南部,北距县城20公里,南距312国道、沪陕高速10公里,大广高速和宁西铁路纵横穿境而过,213省道横贯南北。息县火车站坐落在集镇新区,交通区位优势明显,辖区总面积118.71平方公里,总人口49358人,下辖21个行政村,355个村民组,耕地面积71861亩。曹黄林乡紧邻大别山余脉,境内多为起伏不平的丘垄岗,地形中部较高,南北较低,平地海拔约65米,地表多坑塘水面和小起伏的丘陵,地貌总的特点是:"有山不高,有坡不陡,平原大平小不平"。粮食作物主要有小麦、水稻。经济作物主要有红麻、花生。2009年,"小香瓜、小龙虾、小果花生"(简称"三小"产业)发展迅速,成为曹黄林乡的支柱产业。是年,夏粮总产17839吨,比2008年增长了6.3%;秋粮总产量27611吨,比2008年增长6.7%。2009年,全乡招商引资达1.8亿元。计划生育工作全县综合考评第一名。

**【农业基础设施建设】** 2009年,全乡新打机井2眼,改造部分坑塘和桥涵,新整理土地320亩,改造中低产田660多亩。

**【林业生产】** 全乡共完成绿化造林2899亩,其中廊道林2192亩,村镇绿化707亩。抓住林业产权制度改革的大好时机,推进林权制度改革,签定林权合同2145份,取得全县林业生产第二名的位次,实现生态环境与经济效益的双赢。

**【"六城联创"】** 2009年度,共接受市县四次暗访和两次明查,综合评比取得全县二类乡镇中排名第一,全市179个乡镇居第五位。六城联创工作位居全县第一。

**【新农村建设】** 一是立足特色,支持鼓励成立专业合作组织。是年,全乡登记成立各类专业合作组织8个,其中金融互助社1个,种植业2个,养殖业1个,农机类2个,土地信用合作社2个。二是土地流转实现新突破,2009年全乡共流转土地29575亩,占全乡耕地面积的43%。三是完善社会保障体系。2009年全乡21个行政村全部建成标准化的卫生室,在全县检查验收评比中名列第一。新建村级敬老院1所。四是新村居民点建设开局良好。2009年曹黄林乡21个村有15个村的新村居民点建设得到审批,何小庄、马寨、街村等6个村启动新村建设。

**【基层党组织建设】** 发挥远程教育作用,加强农村基层党组织建设。落实推广"4+2"工作法。共张贴"4+2"工作法宣传标语78幅,发放宣传单11000余份。

**【社会治安综合治理】** 一是成立铁路护路联防队,昼夜巡防,保障途经曹黄林乡境内铁路的安全畅通,巩固"市级先进单位"的地位。二是巩固全市"无邪教乡镇"的地位。是年信访工作获全市

“四无乡镇”称号。三是成立安全生产工作领导小组，定期排查全乡安全隐患24次，向群众发放《消防安全法》宣传单1万余份。全年全乡未发生一起安全事故。2009年，曹黄林乡平安建设工作居全县第一名。

**2009年曹黄林乡直部门和各村负责人**

| 村别 | 支书 | 乡直部门 | 负责人 | 备注 |
|---|---|---|---|---|
| 曹黄林 | 石辉 | 计划生育服务中心 | 张洁安 | |
| 冯庄 | 吴方润 | 财税所 | 叶斌 | |
| 何小庄 | 谢福学 | 文化发展服务中心 | 郭建 | |
| 李店 | 何秀娥 | 农村经济发展服务中心 | 周仲卫 | |
| 凉亭 | 王凤银 | 民政与社会保障所 | 余伟 | |
| | 钱长富 | 国土资源所 | 余春峰 | |
| 六里井 | 胡晓龙 | 村镇建设发展服务中心 | 时伟 | |
| | 余祥仁 | 司法所 | 陈兵 | |
| 娄寨 | 唐平 | 派出所 | 陈世林 | |
| | 娄季全 | 工商所 | 齐世华 | |
| 马寨 | 陈廷生 | 电信支局 | 程国华 | |
| 汪庄 | 何彬 | 邮政支局 | 刘刚 | |
| 杨寨 | 胡本学 | 国税分局 | 王钰 | |
| 许店 | 曹深亚 | 卫生院 | 任玉华 | |
| 曹寨 | 喻遵远 | 信用社 | 杨志平 | |
| 代寨 | 常大春 | 外贸 | 吴海林 | |
| 丁寨 | 刘强 | 粮管所 | 周宗新 | |
| 付店 | 付世金 | 电管所 | 胡献军 | |
| 回龙寺 | 喻远明 | 中学 | 冯有升 | |
| 刘寨 | 张法国 | 中心校 | 张卫中 | |
| 项岗 | 项其斌 | 许店实验学校 | 杨志明 | |
| 谢老寨 | 谢复江 | 市场发展服务中心 | 何同存 | |
| 杨乡 | 刘其让 | 地税所 | 付洪昌 | |
| 周楼 | 周涛 | 许店卫生院 | 叶宝铭 | |
| | | 供销社 | 何俊 | |
| | | 火车站站长 | 陈翔宇 | |
| | | 火车站派出所 | 白秋生 | |

# 濮　管　区

书记、主任:赵　群

【概况】　濮公山管理区是息县人民政府派出机构,位于息县城南3公里处,西、北方与县城、城郊乡隔河相望,东、南部与八里岔乡毗邻,南北长4公里,东西长5公里,土地总面积15.3平方公里,耕地面积5963亩。辖3个行政村,12个自然庄,24个村民组,总人口6990人,农业人口5900人,非农人口1090人。

2009年,濮管区党委坚持以邓小平理论和"三个代表"重要思想为指导,认真落实科学发展观,贯彻落实党的十七大和十七届三中、四中全会精神,以创建和谐文明美丽富饶新矿区为目标。坚持"安全至上"生产理念,狠抓各项安全生产措施的落实,实现全年安全生产无事故,被县政府评为安全生产先进单位。2009年,国民生产总值达7450多万元,较2008年增长13.4%,其中第一产业800多万元,第二产业占3990万元,第三产业占2660万元。全年完成社会固定生产投资4940万元,非公有制经济09年为4470万元,农民人均纯收入达4039元。完成上缴财税任务74万元,较2008年增长105%。

【"三农"工作】　落实党在农村的方针政策,保持农村稳定、农民增收、农业增产。落实支农惠农政策,全年发放粮食补贴资金318765元,水稻良种补贴64707元。兴修水利工程,改修洪洼至中村灌溉渠。调整农业产业结构,发展优质高产农作物。实行耕地保护制度,开展低产农田改造,改造低产农田100亩。

【企业生产】　2009年,全区共有碎石加工企业25个,石灰窑30个,无新增企业,年消耗矿产品50万吨,产值达1400万元,利税260万元。落实安全生产目标责任制,构建矿山安全防预体系,对矿山企业生产人员培训,开展矿山安全隐患排查,整治矿山生产秩序,打击违法违规开采行为。实现全年矿山安全生产无事故,被县政府评为安全生产先进单位。

【社会事业】　开展社会矛盾纠纷排查化解工作,全年共排查出各种社会矛盾纠纷75起,化解率达90%,重视信访稳定工作,全年共接待人访50批次,178人次;信访件30起。开展打击"两抢一盗"犯罪专项斗争;开展平安创建活动,村村安装"平安互助网"。教育事业,全面落实"两免一补"。农村新农合工作,参保人增加160人,参保率达96%。沼气建设工作,建沼气池18座。林业生态建设完成新息寨路尹山段生态廓道建设,造林320亩。

【农村改革发展综合试验区建设】　2009年,淮管区共流转土地面积1992亩,占目标任务的102%。3个村卫生室建设按时高质量完工并通过验收。成立富顺农机专业合作社,有36户村民参加合作社,占全区农机具大户的40%;成立濮峰、濮淮两家养殖专业合作社,有214户养殖户参加合作社,占全区养殖户的30%。

## 2009年濮管区区直各部门主要负责人

| 单　位 | 负责人 | 职　务 |
|---|---|---|
| 派出所 | 郑志刚 | 所　长 |
| 财政所 | 张伟龙 | 所　长 |
| 中心学校 | 张　艳 | 校　长 |
| 地税所 | 庞　勇 | 所　长 |
| 国税所 | 岳海峰 | 所　长 |
| 电管所 | 张建华 | 所　长 |
| 司法所 | 李新生 | 所　长 |
| 土地所 | 彭海威 | 所　长 |

## 2009年濮管区各村主要负责人

| 村　别 | 负责人 | 职　务 |
|---|---|---|
| 尹山村 | 尹保本 | 支书、主任 |
| 中渡店村 | 彭文杰 | 支书、主任 |
| 洪洼村 | 徐中锋 | 支书、主任 |

# 附　　录

## 2009年息县国民经济和社会发展统计公报

息县统计局
（2010年3月25日）

2009年，全县人民在县委、县政府的正确领导下，高举中国特色社会主义伟大旗帜，以邓小平理论和“三个代表”重要思想为指导，深入贯彻落实科学发展观及国家宏观调控政策，积极应对低温雨雪冰冻灾害和复杂多变的国内外经济发展环境，着力破解经济发展中的突出矛盾和难题，全县经济总体上呈现出增长较快、价格回稳、结构优化、民生改善的良好态势，各项社会事业全面进步。

**一、综　合**

国民经济平稳较快增长。初步核算，全县生产总值达到885603万元，增长13.2%。其中，第一产业增加值260607万元，增长4.6%；第二产业增加值370840万元，增长15.7%；第三产业增加值254156万元，增长18.9%。按常住人口计算，全县人均生产总值达到11405元。

经济结构继续优化。三次产业结构调整为29.4:41.9:28.7，二三产业增加值占生产总值的比重达到70.6%，比上年提高2个百分点，“二、三、一”型产业格局得到进一步巩固和优化提升。工业增加值占生产总值的比重达到36.8%，比上年提高0.9个百分点，工业经济对经济发展支撑能力进一步增强。

经济运行质量持续改善。全年地方财政一般预算收入完成16051万元，比上年增长12.2%；全部国税收入2848万元，同比下降-56.2%；全部地税收入6992万元，增长13.8%。城乡居民人均可支配收入完成11525元，增长9.4%。

市场物价总体回稳。全年居民消费价格总水平比上年上涨0.1%，涨幅较元月份回落2.4个百分点。居民消费价格呈“五升三降”格局。食品类上涨2.1%，烟酒及用品类上涨1.1%，交通通信类下降2.9%，娱乐教育文化用品及服务类上涨0.9%，居住类下降0.7%。全年商品零售价格水平下降0.8%，农业生产资料价格下降4.8%。

**2009年各类价格指数**

以上年为100

| 指　　标 | 上年=100 | 上年同月=100 | 上年同期=100 |
|---|---|---|---|
| 居民消费价格总水平 | 101.1 | 103.2 | 100.1 |
| 　食　品 | 103.9 | 113.9 | 102.1 |

| 指　　标 | 上年=100 | 上年同月=100 | 上年同期=100 |
|---|---|---|---|
| 粮　食 | 101.9 | 114.2 | 108.2 |
| 肉禽及其制品 | 105.0 | 109.0 | 93.4 |
| 蛋　类 | 100.0 | 103.3 | 103.1 |
| 水产品 | 95.4 | 108.7 | 102.5 |
| 菜 | 110.5 | 166.0 | 123.3 |
| 在外用膳食品 | 100.0 | 100.0 | 106.2 |
| 烟酒及用品 | 100.0 | 100.0 | 101.1 |
| 衣　着 | 100.2 | 98.4 | 99.9 |
| 家庭设备用品及服务 | 99.9 | 98.4 | 99.1 |
| 医疗保健及个人用品 | 100.1 | 100.2 | 100.5 |
| 交通和通信 | 100.0 | 97.3 | 97.1 |
| 娱乐教育文化用品及服务 | 99.9 | 100.7 | 100.9 |
| 居　住 | 100.0 | 99.9 | 99.3 |
| 商品零售价格指数 | 101.0 | 101.6 | 99.2 |
| 农业生产资料零售价格指数 | 101.2 | 101.5 | 95.2 |

就业再就业工作继续加强。城镇新增就业人员8512人,下岗失业人员实现再就业2165人,其中"4050"人员1126人。年末城镇登记失业率为3.5%。全县在岗职工年平均工资达到24097元,比上年增长30.9%。

国民经济和社会发展中存在的主要问题是:国际金融危机尚未见底,经济发展中不确定因素增多,经济下行压力较大;就业再就业困难突出,城乡居民增收难度加大;财政收支压力增大;节能减排的任务依然艰巨。

## 二、农　业

农村经济全面发展。全年农林牧渔业实现总产值442076万元,比上年增长8.1%。其中,种植业实现总产值293508万元,比上年增长13.7%;林业实现总产值11399万元,比上年增长3.1%;畜牧业实现总产值92070万元,比上年同比下降-5.7%;渔业实现总产值16128万元,比上年增长11.9%。

粮油生产实现增产丰收。全年粮食作物种植面积189292公顷,其中,小麦84430公顷,增长1.19%,水稻45507公顷,增长1.56%;油料作物种植面积13776公顷,同比下降-37%。粮油生产再创佳绩。全年粮食总产量达到918692吨,比上年增长2.3%。其中,夏粮452960吨,秋粮465732吨,分别增长2.3%和2.4%。连续五年实现丰收,连续三年稳定在百亿斤以上;油料总产量36651吨,同比下降-34.0%。

畜牧业生产恢复性增长。全年肉类总产量达到39412吨,增长5.1%;牛奶总产量达800吨,增长60 %;禽蛋类总产量17858吨,增长6.5 %。

渔业生产持续快速增长。

**2009年主要农产品产量**

| 产品名称 | 单位 | 绝对数 | 比上年增长% |
|---|---|---|---|
| 粮　食 | 吨 | 918692 | 2.3 |
| 夏　粮 | 吨 | 452960 | 2.3 |
| 秋　粮 | 吨 | 465732 | 2.4 |
| 油　料 | 吨 | 36651 | -34.0 |
| 油菜籽 | 吨 | 9542 | -41.7 |

| 产品名称 | 单位 | 绝对数 | 比上年增长% |
|---|---|---|---|
| 棉　花 | 吨 | 3450 | -20.0 |
| 麻　类 | 吨 | 7800 | -26.6 |
| 黄红麻 | 吨 | 7800 | -26.6 |
| 茶　叶 | 吨 | 50 | 38.9 |
| 蔬　菜 | 吨 | 260059 | -20.9 |
| 水　果 | 吨 | 15651 | -5.9 |
| 肉　类 | 吨 | 39412 | 5.1 |
| 禽　蛋 | 吨 | 17858 | 6.5 |
| 牛　奶 | 吨 | 800 | 60 |

农业生产条件继续改善。年末全市农业机械总动力98.9874万千瓦,比上年增长8.0%。全县大型拖拉机0.275万台,小型拖拉机4.21万台,分别增长34.0%和2.4%。

**三、工业和建筑业**

工业生产持续增长。全年全部工业完成增加值325708万元,比上年增长18.6%。其中,规模以上工业企业实现增加值234627万元,增长26.8%,回落2.2个百分点。

**规模以上工业增加值主要分类情况**

单位:万元

| 指　　标 | 绝对数 | 比上年增长% |
|---|---|---|
| 工业增加值 | 234627 | 26.8 |
| #国有控股企业 | 4466 | -85.4 |
| #国有企业 | 4466 | -63.3 |
| 集体企业 | 25391 | 57.2 |
| 股份制企业 | 82842 | -1.1 |
| #轻工业 | 85439 | 21.0 |
| 重工业 | 149188 | 30.4 |
| #非公有制工业 | 204771 | 54.4 |
| #大中型企业 | 54867 | 8.7 |
| #高技术产业 | 2076 | -1.2 |

产业结构得到改善。规模以上工业企业中,重工业完成增加值149188万元,增长30.4%;轻工业完成增加值85439万元,增长21.0%,轻重工业的比例为36.4:63.6。高技术产业实现增加值2076万元,同比下降-1.2%。

工业经济效益继续改善。全年规模以上工业企业实现主营业务收入773065万元;比上年增30%,实现利税11550万元;实现利润48582万元,比上年增长41.1%。产品销售率99.8%,同比下降0.4个百分点。

建筑业平稳增长。全年建筑业完成增加值45134万元,比上年增长24.5%。全县具有资质的建筑企业完成房屋建筑面积651752平方米,比上年同比下降-45.9%;竣工面积388846平方米,增长23.5%。

**四、固定资产投资**

固定资产投资高位运行。全年全社会固定资产投资达到891017万元,比上年增长34.2%,增幅同比上升1.3个百分点。其中城镇固定资产投资734366万元,增长37.7%,上升5.2个百分点;农村固定资产投资156651万元,增长20%。城镇固定资产投资中第一产业投资101450万元,增长51.0 %;第二产业投资134552万元,增长23.3%;第三产业投资623886万元,增长64.2%。

**2009年固定资产投资情况**

单位:万元

| 指　　标 | 绝对数 | 比上年增长% |
|---|---|---|
| 全社会固定资产投资 | 891017 | 35.3 |
| #城镇固定资产投资 | 734366 | 39.1 |
| #第一产业 | 101450 | 160.5 |
| 第二产业 | 134552 | 23.3 |
| 第三产业 | 623886 | 64.2 |
| # 地方项目 | 729381 | 38.5 |
| 农村固定资产投资 | 156651 | 20.0 |

城镇投资中,工业投资134552万元,比上年增长33.3%,占城镇投资的比重达到18.3%。

房地产开发投资持续增长。全年房地产开发投资86540万元,增长25.3%,增幅比上年回落。其中,住宅投资63769万元,增长22.8%;商业营业用房投资6256万元,同比下降-30.1%。商品房建设规模强劲扩张。全年施工面积781908平方米,增长11.1%,其中住宅657789平方米,增长2.7%;竣工面积303979平方米,增长129%。销售面积120250平方米,增长30%。

全年城镇固定资产投资新增固定资产399331

万元,。施工项目416个,建成投产项目195个,项目建成投产率46.9%。

**五、国内贸易**

消费市场繁荣兴旺。全年社会消费品零售总额达到344259万元,比上年增长19.8%,增幅创近十多年来新高。其中,批发零售业实现33291万元,增长12.6%.住宿餐饮业实现67449万元,增长25.5%。

城乡市场全面繁荣。县的消费品零售额196756万元,增长20.0%,县以下消费品零售额147503万元,增长19.5%。

**六、交通、邮电**

交通运输、仓储和邮政业稳步发展。初步核算,全年交通运输、仓储及邮政业实现增加值17266万元,比上年增长15.2%。

全年完成公路货物运输量613万吨、货物周转量110287万吨公里,分别增长42.95和46.00%。全年完成公路客运量973万人次、旅客周转量72041万人公里,分别增长104.46%和49.70%。

全年完成邮政业务总量5496万元。

**七、金融和保险业**

金融机构存贷款较快增长。年末全县金融机构各项人民币存款余额达到843000万元,同比增长17.0%。其中,城乡居民储蓄存款余额699765万元,增长15.3%。年末全县金融机构各项人民币贷款余额258477万元,同比增长25.9%。

**八、教育、文化、卫生**

教育事业持续发展。小学校243所(民办16,学点63个),在校生111587人(含社会力量办学),校均460人;2140个班,班均53人。初中32所(民办3所:英才、关店理想、夏庄育英),在校生48672人,校均1521人;660班,班均74人。普高4所(民办1所:息都),在校生15885人,校均3972人;235班,班均68人。职高(包括一职高、卫校、综合高中、职教中心、四高、五高、业余体校)7所,在校生8279人,校均1183人。特校1所,9个班,在校生317人。

小学毕业生16359人,初中招生16073人,小学毕业生升学率为98.25%。初中毕业生15957人,升入本县高中4975人,职高3927人,升入中专186人,高中阶段招生共计9088人,初中毕业升学率为56.95%。

全县教育部门公办教职工人数8837人。其中小学4794人,中学2900人,职高196人,特效32人,幼儿124人,由教育经费开支其它人员605人,成人教育186人。退离休人员2818人。

全县总校舍面积805130平方米(小学347980平方米+初中225712平方米+普高131871平方米+职高83924平方米+业余体校1500平方米+特校200平方米+幼儿园13943平方米),小学生均3.12平方米。新增校舍建筑面积61468平方米,其中,小学4075平方米,初中10932平方米,高中18103平方米,职高22098平方米。计算机4157台。其中小学1297台,初中1621台,普高668台,职高353台。图书2062267册,其中小学1145308册,初中738217册,普高180342册,职高59600册;小学生均10.24册,初中生均15.69册。固定资产81849.74万元(小学22632.02万元+初中14411.32万元+普高38384万元+职高6422.4万元)。

文化事业繁荣进步。年末共有艺术表演团体2个,文化馆3个,公共图书馆1个。广播电台1座,广播人口覆盖率100%,电视转播台1座,有线电视用户14236万户。

卫生事业持续发展。年末共有卫生机构28个,其中医院、卫生院25个,妇幼保健院(所、站)1个;病床床位70张,其中医院、卫生院781张;卫生技术人员1690人,其中执业医师和执业助理医师488人,注册护士251人。全县共有疾病预防控制中心(防疫站)1个,卫生技术人员115人。乡镇卫生院共有22个,床位922张,卫生技术人员763人。新型农村合作医疗工作进展顺利,参合农民827478人,参合率达98%。

**九、人口、城乡人民生活和社会保障**

人口控制工作稳步推进。年末全县总人口为94.90万人,其中常住人口78.14万人。出生率为10.34‰;死亡率为5.8‰,自然增长率4.54‰。城镇化率达27.56%。

城乡居民生活水平显著提高。全县城镇居民人均可支配收入首次突破万元,达到11525元,比上年增长9.4%;人均消费支出8944.45元,增长

11.4%。农民人均纯收入达到 4020 元,增长 8.3 %;人均生活消费支出 2337 元。城市居民家庭恩格尔系数 36.2 %(即居民家庭食品消费支出占家庭消费总支出的比重),农村居民家庭恩格尔系数 59.2 %,分别比上年下降 5.6 个百分点和上升 8.5 个百分点。

社会保障事业得到加强。年末全县参加城镇基本养老保险人数 2.588 万人。其中在职职工 1.937万人,离退休人数 0.651 万人。参加基本医疗保险人数 8.6532 万人。其中在岗职工 2.5788 万人,退休人数 1.0618 万人。参加失业保险人数 2.9500万人,月领取失业保险金 54 万元。全年全县城镇享受最低生活保障人数 0.9986 万人,共发放最低生活保障金 1703 万元;共有农村低保对象 4.1024 万人,发放最低生活保障金 2400 万元。

**注:1. 本公报部分统计数据为初步统计数。**

**2. 公报中生产总值、各产业增加值绝对数按现行价格计算,增长速度按可比价格计算。**

# 中华人民共和国国务院令

## 第467号

# 地方志工作条例

**第一条** 为了继承和发扬中华民族优秀文化传统,全面、客观、系统地编纂地方志,科学、合理地开发利用地方志,发挥地方志在促进经济社会发展中的作用,制定本条例。

**第二条** 中华人民共和国境内地方志的组织编纂、管理、开发利用工作,适用本条例。

**第三条** 本条例所称地方志,包括地方志书、地方综合年鉴。

地方志书,是指全面系统地记述本行政区域自然、政治、经济、文化和社会的历史与现状的资料性文献。

地方综合年鉴,是指系统记述本行政区域自然、政治、经济、文化、社会等方面情况的年度资料性文献。

地方志分为:省(自治区、直辖市)编纂的地方志,设区的市(自治州)编纂的地方志,县(自治县、不设区的市、市辖区)编纂的地方志。

**第四条** 县级以上地方人民政府应当加强对本行政区域地方志工作的领导。地方志工作所需经费列入本级财政预算。

**第五条** 国家地方志工作指导机构统筹规划、组织协调、督促指导全国地方志工作。

县级以上地方人民政府负责地方志工作的机构主管本行政区域的地方志工作,履行下列职责:

(一)组织、指导、督促和检查地方志工作;

(二)拟定地方志工作规划和编纂方案;

(三)组织编纂地方志书、地方综合年鉴;

(四)搜集、保存地方志文献和资料,组织整理旧志,推动方志理论研究;

(五)组织开发利用地方志资源。

**第六条** 编纂地方志应当做到存真求实,确保质量,全面、客观地记述本行政区域自然、政治、经济、文化和社会的历史与现状。

**第七条** 省、自治区、直辖市人民政府制定本行政区域地方志编纂的总体工作规划(以下简称规划),并报国家地方志工作指导机构备案。

**第八条** 以县级以上行政区域名称冠名的地方志书、地方综合年鉴,分别由本级人民政府负责地方志工作的机构按照规划组织编纂,其他组织和个人不得编纂。

**第九条** 编纂地方志应当吸收有关方面的专家、学者参加。地方志编纂人员实行专兼职相结合,专职编纂人员应当具备相应的专业知识。

**第十条** 地方志书每20年左右编修一次。每一轮地方志书编修工作完成后,负责地方志工作的机构在编纂地方综合年鉴、搜集资料以及向社会提供咨询服务的同时,启动新一轮地方志书的续修工作。

**第十一条** 县级以上地方人民政府负责地方志工作的机构可以向机关、社会团体、企业事业单位、其他组织以及个人征集有关地方志资料,有关单位和个人应当提供支持。负责地方志工作的机构可以对有关资料进行查阅、摘抄、复制,但涉及国家秘密、商业秘密和个人隐私以及不符合档案开放条件的除外。

地方志资料所有人或者持有人提供有关资料,可以获得适当报酬。地方志资料所有人或者持有人不得故意提供虚假资料。

**第十二条** 以县级以上行政区域名称冠名、列入规划的地方志书经审查验收,方可以公开出版。

对地方志书进行审查验收,应当组织有关保

密、档案、历史、法律、经济、军事等方面的专家参加，重点审查地方志书的内容是否符合宪法和保密、档案等法律、法规的规定，是否全面、客观地反映本行政区域自然、政治、经济、文化和社会的历史与现状。

对地方志书进行审查验收的主体、程序等由省、自治区、直辖市人民政府规定。

**第十三条** 以县级以上行政区域名称冠名的地方综合年鉴，经本级人民政府或者其确定的部门批准，方可以公开出版。

**第十四条** 地方志应当在出版后3个月内报送上级人民政府负责地方志工作的机构备案。

在地方志编纂过程中收集到的文字资料、图表、照片、音像资料、实物等以及形成的地方志文稿，由本级人民政府负责地方志工作的机构指定专职人员集中统一管理，妥善保存，不得损毁；修志工作完成后，应当依法移交本级国家档案馆或者方志馆保存、管理，个人不得据为己有或者出租、出让、转借。

**第十五条** 以县级以上行政区域名称冠名的地方志书、地方综合年鉴为职务作品，依照《中华人民共和国著作权法》第十六条第二款的规定，其著作权由组织编纂的负责地方志工作的机构享有，参与编纂的人员享有署名权。

**第十六条** 地方志工作应当为地方经济社会的全面发展服务。县级以上地方人民政府负责地方志工作的机构应当积极开拓社会用志途径，可以通过建设资料库、网站等方式，加强地方志工作的信息化建设。公民、法人和其他组织可以利用上述资料库、网站查阅、摘抄地方志。

**第十七条** 县级以上地方人民政府对在地方志工作中作出突出成绩和贡献的单位、个人，给予表彰和奖励。

**第十八条** 违反本条例规定，擅自编纂出版以县级以上行政区域名称冠名的地方志书、地方综合年鉴的，由县级以上地方人民政府负责地方志工作的机构提请本级人民政府出版行政部门依法查处。

**第十九条** 违反本条例规定，未经审查验收、批准将地方志文稿交付出版，或者地方志存在违反宪法、法律、法规规定内容的，由上级人民政府或者本级人民政府责令采取相应措施予以纠正，并视情节追究有关单位和个人的责任；构成犯罪的，依法追究刑事责任。

**第二十条** 负责地方志工作的机构的工作人员违反本条例第十四条第二款规定的，由其所在单位责令改正，依法给予处分。

**第二十一条** 编纂地方志涉及军事内容的，还应当遵守中央军委关于军事志编纂的有关规定。

国务院部门志书的编纂，参照本条例的相关规定执行。

**第二十二条** 本条例自公布之日起施行。

# 编 后 记

《息县年鉴》(2010)的编纂工作在县委、县政府的直接领导和县直单位、驻息单位、各乡镇的大力支持下,在市史志办的具体指导下,完成组稿和编纂工作,经县长余运德审定后,交由出版社出版。《息县年鉴》(2010)从编写到出版,历时8个月。期间,县委书记张富治、县委副书记杨德付、县委常委、组织部长孙杰、县委常委、县委办公室主任伍存强、县委常委、宣传部长裴军等领导对《息县年鉴》(2010)编辑工作十分关注,并提出许多宝贵意见,县委常委、常务副县长李林军、副县长吴昊亲自过问工作进展情况,及时解决编辑出版中遇到的困难和问题。参加本卷编写的各承编单位的工作人员,既有各个学科的专家学者,也有各行各业经验丰富的实际工作者,本卷《息县年鉴》凝聚着他们的心血和汗水,倾注着各级、各部门领导的关爱之情,时值出版之际,谨向所有关心、支持年鉴编写工作的领导、各界人士及编撰人员表示衷心的感谢并致崇高的敬意!

参加本卷编辑工作的有:张锦友、鲁好举、裴泽鹏、戴锋、姚强、段杰明、王朝辉。

由于《息县年鉴》编纂时间紧、编者水平有限,加之有些应征集的资料未能征集到,整部年鉴的框架设计、内容归类和文字表达难免有不周全之处,恳请广大读者批评指正。祈望读者提出宝贵意见,以利于我们在设计下一年度年鉴时作适当调整。

# 《息县年鉴》(2010)供稿单位及审稿、撰稿人员名单

| | |
|---|---|
| 县委办公室 | 陈龙龙 |
| 组织部 | 彭尚君 |
| 宣传部 | 徐海军 |
| 统战部 | 刘志军 |
| 政法委 | 张　武 |
| 县直工委 | 王　文　尹大为 |
| 党　校 | 余　海 |
| 老干部局 | 黄麒合 |
| 史志研究室 | 姚　强 |
| 档案局 | 张建军 |
| 信访局 | 崔万伟 |
| 督查局 | 付卫兵 |
| 纪委、监察局 | 崔记伟 |
| 人大常委会 | 张育生　夏青山 |
| 政府办公室 | 王　彬 |
| 发改委 | 王　蕾 |
| 物价局 | 鲁　锐 |
| 商务局 | 黄　勇 |
| 财政局 | 姜　斌 |
| 教体局 | 张俊杰　王建军 |
| 科技局 | 万保华 |

| | |
|---|---|
| 计生委 | 房亚平 |
| 六城联创办 | 赵建军　朱　燕 |
| 农村改革发展综合试验区建设办公室 | 徐成义　何　琛 |
| 农业局 | 杨红卫 |
| 林业局 | 洪　军 |
| 林业开发总公司 | 冯　婵 |
| 水利局 | 付超峰　申玉光 |
| 粮食局 | 谢　玮 |
| 审计局 | 赵国民 |
| 统计局 | 邹　锋 |
| 调查队 | 丁明海 |
| 交通局 | 黄德智　万久春 |
| 人事局 | 陈　坤　贾　波 |
| 劳动和社会保障局 | 田　丰 |
| 卫生局 | 薛运华 |
| 民政局 | 郑东升 |
| 民族宗教局 | 王东明 |
| 文化局 | 孟　凡 |
| 旅游局 | 瓮海山 |
| 畜牧局 | 杨　光 |
| 城建局 | 乐秀国　王　涛 |
| 环保局 | 钱文彬 |
| 安监局 | 朱大兵 |
| 中小企业局 | 杨　勇 |
| 行政审批服务中心 | 邵海涛 |
| 公用事业局 | 卢文杰 |
| 机关事务管理局 | 张　伦 |

| | |
|---|---|
| 药监局 | 余　超 |
| 人防办 | 张锦华 |
| 淮管办 | 吴　静 |
| 农机局 | 黄　懞 |
| 市场发展服务中心 | 徐道林 |
| 物流中心 | 蒋　坤 |
| 农科所 | 王广书 |
| 供销社 | 卢　强 |
| 商业局 | 王　军 |
| 农　办 | 张德恩 |
| 农　场 | 王红燕 |
| 人民医院 | 李东林 |
| 卫　校 | 张靖柏 |
| 一　高 | 董　建 |
| 二　高 | 谢　达 |
| 三　高 | 曹金华 |
| 产业集聚区 | 姜　鑫 |
| 气象局 | 王文平 |
| 外贸局 | 章凯歌 |
| 政　协 | 毛秀梅 |
| 人武部 | 吴树君 |
| 公安局 | 付　伟　王德曼 |
| 法　院 | 李　强 |
| 检察院 | 黄树山 |
| 司法局 | 李清海 |
| 消防大队 | 关一夫 |
| 武警中队 | 高振强 |

| | |
|---|---|
| 总工会 | 尹　猛 |
| 团　委 | 代明州 |
| 妇　联 | 左小雁 |
| 文　联 | 瓮文宝 |
| 科　协 | 高培礼 |
| 残　联 | 姜京明 |
| 人　行 | 张世春 |
| 国税局 | 汪建明 |
| 地税局 | 郭宝峰 |
| 工商局 | 宋中治　李　璐 |
| 质量监督局 | 吴世成 |
| 烟草局 | 肖光辉 |
| 邮政局 | 陈艳红 |
| 移动公司 | 柳　建 |
| 联通公司 | 张晓晖 |
| 电业局 | 李代勇 |
| 国土资源局 | 张隶君　张彦彬 |
| 信用合作社 | 邱世民　周　鹏 |
| 农　行 | 曹庆先 |
| 建　行 | 庞志胜 |
| 工　行 | 宋效杰 |
| 发　行 | 牛晓红 |
| 中国人寿息县支公司 | 尹升基　郑　峰 |
| 财　险 | 雷道福 |
| 中医院 | 段　刚 |
| 盐业局 | 敖中华 |
| 书　店 | 朱　燕 |

| | |
|---|---|
| 城关镇 | 姚金麟　赵晓刚 |
| 小茴店镇 | 崔长松　陈　奎 |
| 包信镇 | 肖士平　徐成杰 |
| 项店镇 | 罗　伟 |
| 夏庄镇 | 张生勇 |
| 东岳镇 | 尹登基 |
| 城郊乡 | 王全华　计　冲 |
| 杨店乡 | 李　勇 |
| 张陶乡 | 胡明学　王　锟 |
| 八里岔乡 | 尹　斌 |
| 关店乡 | 余有发 |
| 岗李店乡 | 肖　俊 |
| 孙庙乡 | 尹为明　徐　建 |
| 陈棚乡 | 陈　俊 |
| 曹黄林乡 | 潘光明　吴　哲 |
| 彭店乡 | 李冬冬 |
| 路口乡 | 罗太强 |
| 临河乡 | 龙　飞　程自明 |
| 长陵乡 | 刘玉忠　陆　俊 |
| 白土店乡 | 程晓辉　单光洲 |
| 濮公山管理区 | 徐　梦　杨贺宏 |

# 息 县 客 运 公 司

总经理　喻得豹

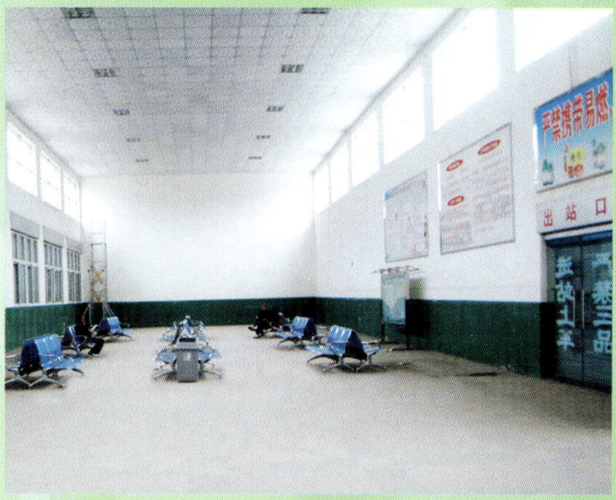

宽敞的候车大厅

息县汽车站始成立于1952年，隶属于信阳市运输集团有限责任公司。是一家有着50多年历史的专业运输单位，多年来为方便广大人民群众乘车，促进息县经济发展与对外交流做出了重要的贡献。现有员工200人，拥有中专以上学历、工程师、经济师、技师职称等人员29人，车辆260余台，是息县唯一的二级客运站，拥有大型汽车维修车间、停车场，运输业务拓展至货运、公交、物流、机动车维修。

息县新汽车站按国家二级汽车站标准规划、设计和建设，工程投资2200万元，占地面积45亩，主站房建筑面积3000多平方米，停车场面积16000平方米，汽车站还设置售票口10个、检票口5个、发车位30个，设计日发送旅客量6000人次，汽车站还建有GPS安全管理系统和电子监控、电子信息显示、客运售票、结算、调度等智能管理系统和信息化服务平台。实行公司化、集约化经营，每天运行680余个班次，以最大限度方便广大旅客乘车出行。客运班线与运距不断延伸，长途班车通达北京、天津、上海、杭州、萧山、桐乡、宁波、南京、温州、义乌、广州、深圳、东莞、珠海、武汉、郑州等国内大中城市，城乡班线覆盖全县所有乡镇，三条公交线路贯穿城区东西南北。以息县至信阳班线为例，每天早5:50分首班，晚18:40末班，每十分钟一班，实行公交化循环发车，为旅客提供安全、方便、及时、快捷的出行服务。

在新的历史时期，息县汽车站一班人将继续立足于专业运输主业，发展运输辅助业，继续为广大人民群众不断增长的运输需求做出不懈努力。

联系电话：0376—5891988

# 息县公用事业管理局

## 城管监察大队

大队长　李健

城管队员

落实门前“五包”责任制

息县公用事业管理局城管监察大队成立于2005年9月，人员编制40人，现有人员40人，城市管理监察大队主要工作职能：①实施城市市政工程设施方面的监察；②实施城市公用事业方面的监察；③实施城市市容和环境卫生方面的监察。按照县政府、局党委的部署，依法搞好城市管理的执法工作，并完成县政府、局党委交办的其他工作。

四年多来，城市管理监察大队在县委、县政府的正确领导和公用事业局党委的具体指导下，以邓小平理论和“三个代表”重要思想为指导，认真贯彻落实党的十七大会议精神，依据《城市道路管理条例》、《河南省市政设施管理办法》、《河南省城市绿化实施办法》等法律、法规进行严格管理，坚持宣传教育管理提高市民的文明意识，散发《致县城居民一封信》宣传单1万多份，张贴门前五包责任牌、签定门前“五包”责任书各5000多份，坚持不懈地抓好县城秩序，针对城区存在的“八乱”现象取缔店外占道经营违章摊点3000多处，拆除影响市容门店标牌、广告近千处，纠正处罚乱停乱放违章车辆2000余起，清理整治违章占道建筑工地150余处，制订管理实施方案，建立城市管理长效机制，城市管理执法队员每天工作十几个小时，采取多种管理方法相结合，成立督察小组，实行内部监督，通过城市管理监察大队辛勤的工作，城区道路交通堵塞等问题得到解决，卫生秩序有了明显改观，“八乱”行为得到有效的治理，保持息县“六城联创”荣誉，城市管理监察大队连续四年被评为“先进工作单位”，多次获得个体商户，单位赠送锦旗、牌匾，受到上级和群众的高度赞扬。主要实绩：① 2004年2月大队长李健被省建设厅授予“全省建设系统法制工作先进个人”；② 2005年12月被省建设厅授予“全省城建监察先进个人”。

# 息县农村信用合作联社

息县联社大楼

省级
文明单位
(2009—2013)
中共河南省委
河南省人民政府
2008年11月

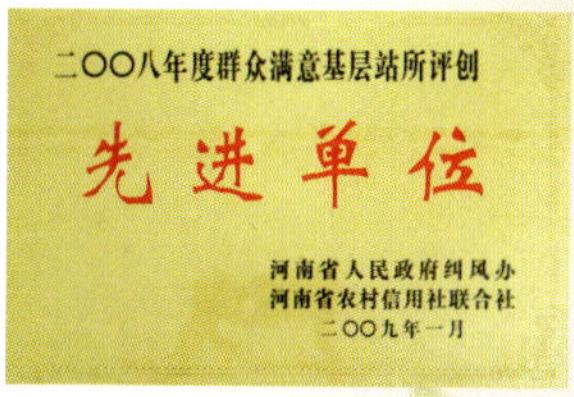
二〇〇八年度群众满意基层站所评创
先进单位
河南省人民政府纠风办
河南省农村信用社联合社
二〇〇九年一月

迎国庆60周年歌唱比赛

息县农村信用合作联社共有员工400名，内设5科1室4部，下辖35个营业网点，实现了业务电子化、管理制度化、服务优质化、环境美洁化、保卫安全化，是息县服务面最广、战线最长的一家金融机构，为全县20个乡镇90多万人民提供存款、贷款、结算、银行卡等多种金融服务。2009年各项存款32亿元，各项贷款21亿元，资本充足率达8.01%。

息县农村信用合作联社坚持“以农为本，为农服务”的宗旨，以改革为动力，以新农村建设为契机，以业务经营为中心，以提高效益为目标，取得物质文明和精神文明建设的双丰收，多次受到省联社、市办及县委、县政府的高度评价和表扬。随着农村金融改革的不断深入和市场经济日臻完善，息县农村信用合作联社正以稳健的步伐朝着更新更优更高的目标迈进。

息县青年就业创业小额贷款授信信式

**地址：息县北大街61号　　邮编：464300**
**电话：0376-5956920　传真：0376-5956920**

全年工作会

联社主任祁家云到养猪场考察

信贷支持的峰刚面粉厂

# 中国邮政储蓄银行
POSTAL SAVINGS BANK OF CHINA

行长　冯东风

银行服务大厅

办公大楼

息县邮政储蓄银行于2008年1月4日正式挂牌成立。

现有22个营业网点，其中18个是农村网点，各网点均全国联网，通存通兑，转账结算覆盖全国所有邮储网点。截至2010年6月，全县邮储余额达到19.31亿元，本年累计净增1.82亿元，市场占有率截至2010年5月底，全县余额规模市场占24.86%，绿卡业务5月底，全县累计户数达25.48万户，卡余额5.6亿元，其中支行本年发放绿卡6638张，绿卡通发放3206张，卡余额1.49亿元。

2009年3月19日与工商局联合召开“十亿送贷进企、进市场、进农村行动”启动仪式。多次召开不同层次不同层面工商户座谈会，种养殖大户座谈会，专业合作组织座谈会。利用广播、电视、车体广告、小礼品等进行全覆盖，立体宣传，组织评选诚信客户，聘请社会义务监督员。有力的促进了全县信贷业务扎实稳健发展，截至2010年5月份贷款结余6660万元，结余933笔，位居全市第二位。

以效益为中心，加快资产类业务发展，抓公司业务发展，抓储蓄业务，拓展中间业务市场，经营效益显著提高。截至2010年5月累计实现收入490.8万元，较上年同期增长191.4%，完成收入计划的39.74%。

邮政储蓄银行的成立不仅标志着邮政储蓄只存不贷款历史的结束，更标志着邮政储蓄已转变成为一家完整的商业银行，标志着邮政储蓄银行能为全县经济改革与发展提供更多更全面的金融服务，为息县经济发展和社会进步贡献力量。

# 息县安监局

XIXIANANJIANJU

局长　付超印

2009年，安监局认真履行县政府安全生产委员会办公室综合协调职能和安全生产综合监督管理职能，坚持“安全第一，预防为主”的方针，围绕“抓安全，保稳定，促发展”，打造“平安息县、小康息县”目标，以突出长效机制为战略，以落实安全生产责任制为中心，以专项整治为重点，以宣传普及安全生产法律、法规及安全知识为基础，抓责任落实，突出目标管理；抓宣传，突出安全知识普及；抓培训，突出提高素质；抓基础，突出日常监管；抓执法，突出监察监管；抓队伍，突出树立形象；抓督察，突出隐患治理。保持全县安全生产形势稳定，年度各项安全生产指标均控制在市定目标任务内，在全市安全生产年度考核中被市政府评定为“安全生产优秀县”。全县共发生各类事故42起，死亡12人，其中道路交通事故19起，死亡11人，受伤13人，直接经济损失1.3万元，分别同比下降30%、上升10%、下降45%、下降2%；消防事故22起，无伤亡；工矿商贸企业发生安全生产事故1起，死亡1人，同比持平。没有发生重特大安全生产事故，各项指标控制在市定目标内，其中亿元GDP死亡率为0.14（GDP数以年初预计87亿元），远低于0.31的目标，各类事故死亡人数12人，低于市定21人的指标，全县安全生产指标好于2008年，实现市政府下达的控制目标。

# 息县农业局

XIXIANNONGYEJV

局长　卢保荣

2009年，息县农业局认真履行工作职责，全力推进农村改革发展综合试验区建设，落实国家支农惠农政策，推动农业稳步增产和农村经济良好运行。息县连续四年被农业部授予“全国粮食生产先进县”（农发［2009］9号），被省委省政府授予“全省粮食生产先进县”（2010年2月），先后被市农业局授予“农产品安全生产先进单位”、“粮食生产工作先进单位”、“招商引资工作先进单位”、“农民专业合作社工作先进单位”、“农村土地承包经营权流转工作先进单位”、“农情信息先进单位”、“小麦高产创建先进单位”、被县委县政府授予“全县支持农村改革发展综合试验区建设先进单位”、“平安建设先进单位”等。

# 息县工业运行局

XIXIANGONGYEYUNXINGJV

局长　金文舒

2009年，息县工业运行局坚持工业立县、工业富县、工业强县不动摇，开展工业运行监测、分析工作，为全县经济发展提供服务；开展企业服务年活动，营造企业生产经营环境；加快企业改制步伐，盘活企业资产，优化企业组合，增大、增强企业活力；切实做好信访稳定工作；兼顾计划生育、社会治安综合治理、安全生产等一系列日常工作，加强党的建设，圆满完成县委、县政府下达的各项工作目标任务。

# 息县环保局

XIXIANHUANBAOJU

局长　温玉堂

团结奋进的领导班子

息县环保局于1996年8月成立，为县政府职能部门，内设四个职能股室：办公室、人事股、政策法规股、自然生态股；下设环境监测站、监察大队。全局现有员工140人，其中大专以上学历的的占78%，具有技术职称的占81%，1个党总支、3个支部、现有党员68人。

近年来，环保局在县委、县政府的正确领导下，在市环保局的具体指导下，认真贯彻执行国家和省制定的环境保护方针、政策、法规，组织和参与全县环保规划和社会发展计划，负责全县环境监察和环境监测，掌握环境质量状况和发展趋势，提出有关改善的对策与措施，按照县委、县政府提出的"建设和谐文明美丽富饶的新息县"的要求，深入贯彻落实科学发展观，以改善环境质量为目标，以防治环境污染热点问题为重点，以强化环保宣传和严格执法监管为手段，取得显著成绩。自1996年以来，连续10年被市县评为先进单位；2006年被国家环保总局评为先进单位，并授予息县为国家生态示范区；2000年被市授予市级文明单位称号。注重加强内部管理，建立健全各项规章制度，强化监管，加大执法力度，全县环境质量得到明显改善，为改善农村生态环境，提高人民生活质量做出应有的贡献。

开展环境大接访活动

环保局办公大楼

2009年11月11日，信阳市城乡一体化现场观摩会在息县召开

谯楼广场——休闲的乐园

统筹城乡创辉煌

# 息县住房和城乡建设局

CHENGXIANGJIANSHEJU

息国故里

2009年，息县住房和城乡建设局坚持以科学发展观为指导，推动城乡一体化进程，抢抓机遇，加压奋进，城市建设日新月异，安居工程突飞猛进，新村建设遍地开花，充分展示息县建设人的思想新解放，工作新举措，建设新跨越，城市新崛起的精神风貌，用智慧和汗水创造息县住房和城乡建设的新辉煌。

规划绘就蓝图　先后完成谯楼街、东环路北段、北大街北段等重点路段的控制性详规；编制文博苑、锦绣新城等多个住宅小区的详细规划；完成东北产业集聚区9平方公里规划，实现息县产业集聚区的从无到有、息县工业的由弱到强的跨越；完成火车站新区10平方公里的规划编制；完成龙湖公园的景观规划设计。

北大街北段

新村建设遍地开花　组织搞好"百村十镇"和新农村建设划编制工作。全县20个乡镇和338个行政村的规划编制方案于2008年11月全部完成，并且通过专家委员会的评审。为新农村建设提供高标准的规划服务，积极指导农民集中居住点建设，完成全县150个行政村详细性规划编制。项店镇李楼、李店、董围孜，杨店乡十里桥，城郊乡关庄等近80个行政村的新村建设已粗具规模。

城市建设日新月异　经过四年的强劲建设，息县县城区面积由四年前的12.5平方公里扩大为现在的25平方公里，建成区面积达到20多平方公里，城区人口增加到11.8万人；"七纵八横加一环"的城市格局初步形成。全县城市建设天天有进度，月月在变样。重点工程高潮迭起，打造了一批精品、亮点和特色建筑，4年来共有80个重点工程项目，完成投资20亿元，实施谯楼街东西段、北大街北段、东环路北段、新客货运站、南街棚户区改造等建设项目。

千年人文景观护城河经过治理初现娇容

基础设施不断完善　先后打通南大街、北大街北段、东环路北段、谯楼街东段等道路，总长度7000多米，总投资约1.8亿元；实施了南大街农贸市场和息州果品批发市场建设工程，总投资1330万元；投资1960万元对城区19条主干道实施人行道改造工程；投资1000多万元对城区34条背街小巷进行整治，切实解决城区群众的出行难问题；总投资700余万元建成谯楼和西郊广场，总投资350万元的城北休闲广场也即将建成投入使用；为彻底改善居住环境，对息县千年人文古迹护城河实施治理，一期工程东城河全长612米，总投资2500万元，于2009年6月完工。基础设施的不断完善，改善县城的人居环境，使城市的部局合理，潜质凸现，承载力、吸引力和辐射力显著增强。

文博苑标准化住宅小区

东环路北段商业一条街

听淮桥和华逸大酒店

城北休闲广场

# 息县公用事业管理局

局长　展怀宇

2009年，县公用事业管理工作以科学发展观为指导，着力解决制约公用事业发展的突出问题，促进城市公用事业健康发展。是年，被信阳市公用事业管理局授予“2009年度全市公用事业管理工作先进单位”，被息县县委、息县人民政府评为：“2009年度精神文明建设先进单位”。

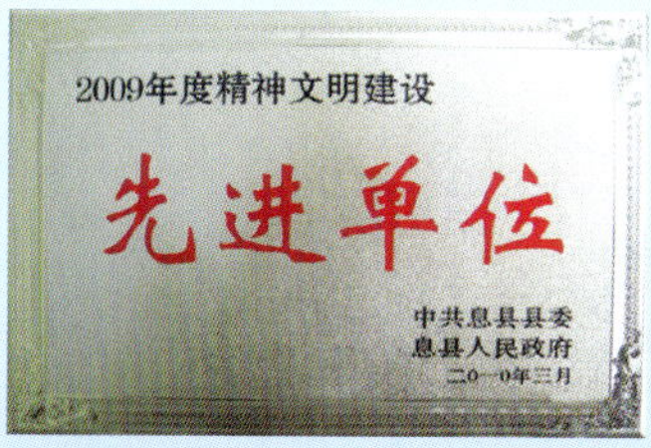

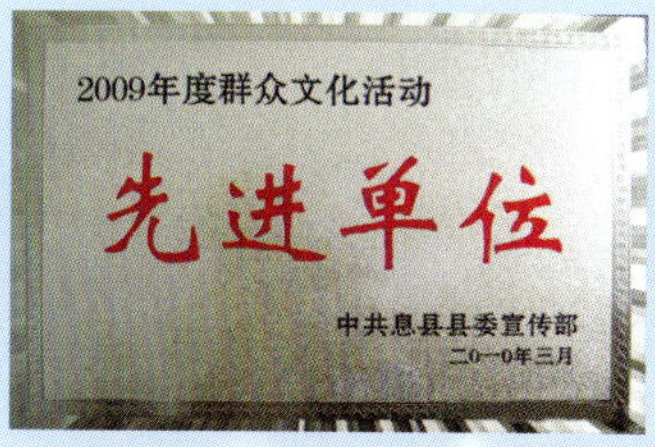

# 息县国土资源局

局长 申 军

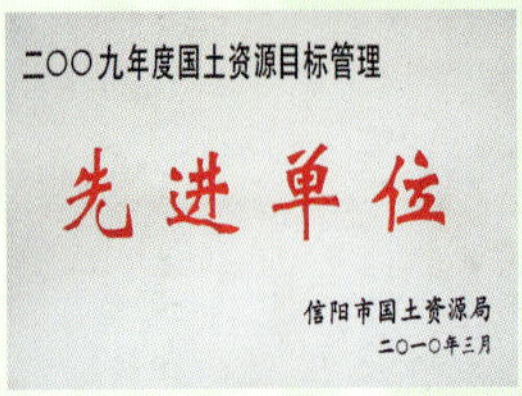

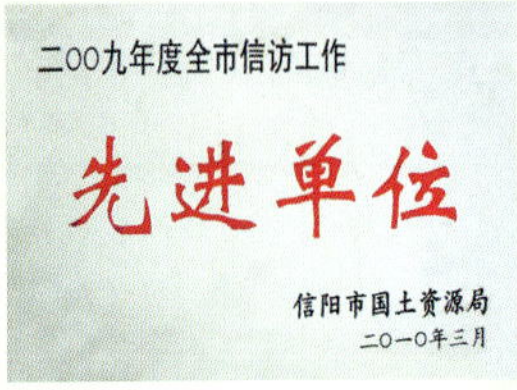

息县地跨淮河干流，河之北为平原，河之南多丘陵。全县土地面积1892.46平方公里，其中耕地面积128264.87公顷，占全县土地面积的67.78%，人均耕地面积1.9亩；基本农田保护面积109790公顷，占全县耕地面积的85.6%。林地面积6934.04公顷，建设用地面积24385.38公顷，未利用土地面积11730.8公顷。

# 息县人民防空办公室

XIXIANRENMINFANGKONGBANGONGSHI

人防办主任鲍世清（中）部署息县人防工作

蒋文俊副县长、鲍世清主任陪同省人防办主任刘军甫视察息县人防工作

人防宣传“五进”进学校

息县人民防空办公室为县政府议事协调机构的办事机构，既是县国防动员委员会的常设办事机构，也是县政府人民防空工作的主管部门，为正科级单位。内设综合股、指挥通信股2个股室和执法监察大队1个二级机构。办党支部、班子成员5名，其中书记、主任1名，支部委员、副主任2名、纪检组长1名、工会主席1名。现有工作人员11名，其中行政人员5名。自2005年7月成立以来，已连续几年被评为省、市先进单位、市级文明单位、县级完成目标任务先进单位。

进社区

人防专业队队列训练

# 息县人力资源和社会保障局

2009年息县劳动保障工作按照县委、县政府工作部署及市劳动保障局目标任务，认真贯彻落实县委十届五次全会精神，深入贯彻落实科学发展观，积极支持和参与农村改革发展综合试验区建设，不断创新城乡社会保障体制机制。紧紧围绕保增长、保民生、保稳定的目标，以保持就业局势稳定为中心，把扩大统筹城乡就业摆在更加突出的重要位置；加快推进社会保障制度建设和基层组织建设；全面落实服务农民工的各项政策，加强劳动保障法制建设，努力维护劳动者合法权益，推动劳动保障工作全面开展。

人社局办公大楼

# 息县永立建筑工程有限责任公司

YONGLIJIANZHU

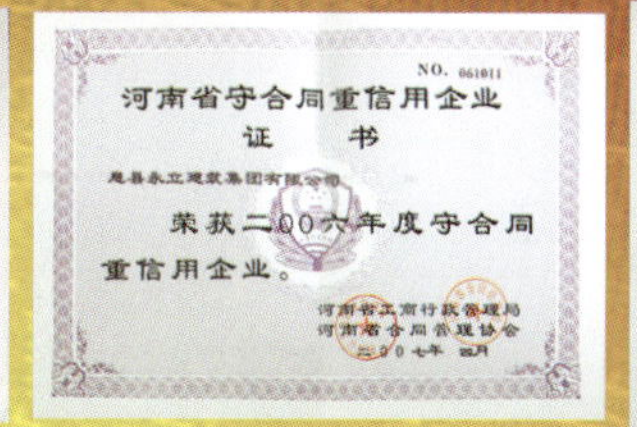

息县永立建筑工程有限责任公司创建于1992年9月，1995年6月改制为股份制企业。现为具有国家房屋建筑施工总承包贰级资质企业，董事长，总经理尹金平。

企业拥有注册资金2140万元，资产总额3074万元，建筑生产设备1785台（套），总功率12600千瓦／时，其中大中型设备829台（套），总功率达10000千瓦／时；现有固定职工416人，具有初级以上工程技术和经济管理人员177人，其中高级工程师17人，工程师52人、贰级建筑师38人，经济师4名、会计师4名。公司综合实力强，建立有质量、安全、履约工期四大保证体系，具有承建30层以下，36米跨度以内的建筑物和120米以下的构筑物以及建筑面积12万平方米的住宅小区，具有承建建筑群体和大型豪华装饰、装修工程的能力。公司自成立以来，坚持“信誉至上，以人为本、文明施工、竭诚服务”的宗旨，严格贯彻执行国家建筑管理和施工安全管理的法律法规，创造出多项优良工程和文明工地。荣获“新世纪中国企业形象AAA经企业”“全国重质量守信用AAA级品牌企业”“全国质量管理先进企业”、部级“质量管理达标企业”，省级“重合同守信用企业”、建筑行业“安全生产管理先进企业”和信阳市建委、县建设局多项称号。发扬“爱岗敬业、求实创新、自强不息、永创第一”的企业精神，为息县经济发展做出了突出贡献。

# 息县双龙水泥有限公司

SHUANGLONGSHUINI

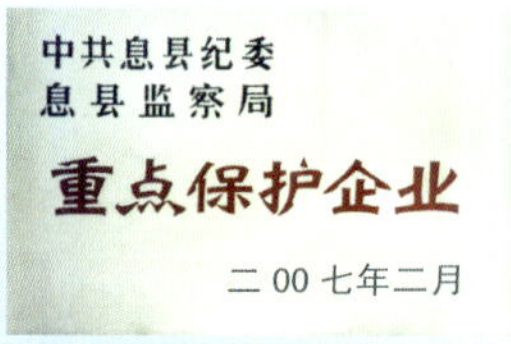

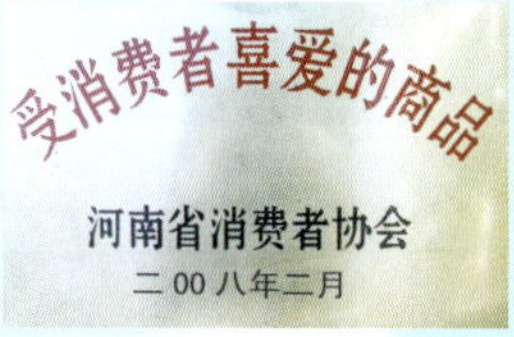

息县双龙水泥有限公司，于2007年1月投资创建并落户息县。经过两次投资3000万元扩建，彻底淘汰原有的立窑煅烧落后生产工艺，形成年产100万吨425R快凝早强水泥的环保型企业。

该公司坚持以科技领先，求实创新为导向，奉行质量第一，信誉第一，用户至上的宗旨，在广大水泥用户中赢得了较高信誉，产品供不应求，畅销于周边两市九县，被市县评为“重合同守信用企业”，“市县建材系统先进集体”等称号。

“架桥筑路盖高楼，息县水泥质量优”，热情欢迎广大用户购买和使用息县双龙水泥有限公司生产的“濮公山”牌水泥。

中国移动通信
CHINA MOBILE
移动信息专家

# 中国移动通信集团河南有限公司信阳市息县分公司

中国移动通信集团河南有限公司信阳市息县分公司是根据国务院关于电信重组的部署，于1999年7月从中国电信分离出来的专业经营移动通信的外资企业，正式成立于1999年9月6日。几年来，在县委、县政府和上级公司的正确领导下，在分公司领导班子的带领下，始终坚持以改革促发展，在探索中前进；以质量促信誉，坚忍不拔；以客户为中心，用心服务；以管理求效益，自强不息；团结奋进，勇往直前，走过了一条艰辛而充满挑战的成功之路。如今，分公司服务覆盖19个乡镇，自建营业厅23个，合作营业厅5个，拥有基站117个，企业核心竞争力不断提高，市场领先地位得到进一步巩固和加强，为息县的信息化建设做出了较大的贡献，先后被授予“省级文明单位”、“省级青年文明号”、“河南移动十佳营业部”、“河南移动先进基层党支部”、“市级质量管理先进企业”等荣誉称号，深受社会各界和用户的好评。

目前，分公司拥有“全球通”、“神州行”、“动感地带”三大品牌。除提供话音业务外，还为客户提供中文短信息、来电显示、彩信、彩铃、语音信箱、移动秘书、移动总机、移动办公室、手机钱包、警务通、农信通、校信通、随E行、MO手机上网、移动宽带等多面服务。

今后，分公司将继续秉承“正德厚生、臻于至善”的企业核心价值观，以追求客户满意服务为宗旨，以创无限通信世界，做信息社会栋梁为使命，努力实现成为卓越品质的创造者，继续抓好网络优化和覆盖，保持网络质量优势，增强核心竞争力，牢固树立品牌优势，强化服务优势，扩大和完善销售渠道，不断加强集团客户市场、大众市场、农村市场的开拓，努力为息县经济腾飞服务。

中国移动通信
CHINA MOBILE
移动信息专家

蓉智生活，是一种境界

每临大事有静气，岿然不动

全球通®
GoTone

客服热线：10086 www.sc.chinamobile.com

中国移动通信集团河南有限公司信阳市息县分公司

# 息州宾馆

# 名扬大酒店

董事长　张立东

名扬大酒店是由信阳息县茗扬实业有限公司斥巨资兴建的一座地标性“四星级酒店，装修豪华、功能齐全、华贵典雅、卓尔不凡”；集会议室、商场、客房、中西餐厅、洗浴、KTV、美容美发等其他附助项目为一体的综合性酒店。

名扬大酒店秉承“专业的品质、专注的服务”，倡导“名扬服务，日日进步”，坚持与你共同见证：“中国最早的味道，息县最初的感动”，名扬人将与全县人民一齐分享欢乐、收获喜悦！

息县名扬大酒店成立于 2009 年，主营海鲜、燕鲍翅和各种地方特色小吃，以“雅”作为酒店的形象，以高档自助餐、大型宴会、快餐、酒吧及私人会所的形式来满足市场多样化的需求；风格迥异的餐饮和高品质的硬件设施的完美结合，给消费者提供广阔的选择空间；卓越的服务文化，将持续带给客人意想不到的惊喜，使酒店成为不同客人的就餐首选。三楼宴会厅，可容纳 480 多人同时就餐，十三楼的大型多功能会议室…名扬大酒店将打造成“息县第一酒店”的品牌，主要承接各种大型宴会和婚宴；二楼西餐厅和三、四楼中餐厅将设立高档宴席和自助餐接待各级商政要员，社会名流。

完善的设施和诚挚的服务，从客人踏入酒店开始便能真正感受到“名扬”的温馨和舒适。

# 息县城关镇

XIXIANCHENGGUANZHEN

书记　王金利

镇长　张　波

城关镇位于息县偏西南部，淮河北岸，东临大广高速、106国道，南濒312国道，罗淮路穿境而过，息正路、息淮路、息包路交会于此，区位优越，交通便利；城镇建设日新月异，基础设施建设日臻完善，城市服务功能不断提高，形成了“六纵六横”的城市建设格局；是息县政治、经济、文化中心。辖9个社区居委会，即车站路、淮河路、埠口、东大街、西大街、南大街、南关街、北大街、大何，共74个居民组。辖区总面积15平方公里，可耕地1512亩，总人口94638人。辖区居住有回族、蒙古族等少数民族，人口373人，其余为汉族。

2009年，城关镇实现国内生产总值52580万元，同比增长13.5%；农业总产值796.9万元；第二产业生产总值23408.1万元，同比提高17.2 %；第三产业生产总值28375万元，同比提高14.1 %；实现全社会固定资产投资35800万元，同比增长28%；实现财政收入732.7万元，同比增长12%；农民人均纯收入4986元，同比增长18.2%；城镇居民人均纯收入11525元，同比增长9.4%。经济和社会各项事业稳步发展，年度各项目标全部完成，被县政府评为“2009年度完成责任目标优秀单位”。

# 息县路口乡

XIXIANLUKOUXIANG

书记　裴仁胜

乡长　邵永峰

路口乡位于息县城西北12公里处，地处黄淮海平原，东靠杨店乡，南邻城郊乡，西濒清水河与正阳县铜钟镇相望，北与彭店乡毗邻。全乡总面积124.31平方公里。全乡耕地面积79616亩，辖20个行政村，296个村民组，9546户，4.2万人。路口乡历史悠久，物阜粮穰，人杰地灵，有名垂千古的汉文化遗址，有息县八大名胜之一的“竖斧村”，有贯通南北的息正路，有绿树成荫的林网，有星罗棋布的水利设施。

2009年，路口乡国民生产总值达44088万元，其中农业收入1.59亿元，民营经济收入1.68亿元，劳务输出收入7749万元，人均纯收入4238元。

# 息县张陶乡

XIXIANZHANGTAOXIANG

书记 王 俊

乡长 宋 超

张陶乡位于息县东北部，距县城20公里，全乡东西长11公里，南北长10 公里，总面积99平方公里，耕地面积84970亩，全乡有林地面积1.8万亩，其中用材林1.2万亩，经济林0.6万亩，森林覆盖率达16%。张陶乡辖18个行政村，288个村民小组。总人口52150人，其中农业人口48836人，非农业人口1314人。全乡有35个基层党支部，现有党员986人。现有中学1所，在校学生1690人，适龄人口入学率100%，现有小学16所，学点2个，在校学生6500人，入学率100%，幼儿园1所，在园80人。现有移动联通机站4个，无线通信覆盖率100%，现有供电所1个。

张陶乡地处黄淮平原，南湾灌渠末端，地下水储量丰富，河渠纵横。在这片富饶的士地上，全乡干部群众团结拼搏，与时俱进，经济社会发展取得了辉煌成绩。

2009年全乡经济实现三大突破：国内生产总值突破2亿元大关，同比增长16.7%，农业生产总值突破2亿元大关，全社会居民储蓄存款突破2亿元大关，社会固定资产投资突破1亿元。同比增长36%，财政收入完成116万元，农民人均纯收入3516元，为全面建设社会主义新农村奠定坚实基础。

2009年，乡党委、政府坚持发展不放松。把发展作为富民强乡的第一要务。主要做法是：一是培育产业，着力发展现代农业。重点抓好5万亩优质高产水稻和6万亩优质小麦，加快推广超级稻，逐步把张陶做成“水稻经济板块”。二是优化环境，大力发展工业经济。2009年全乡规模以上企业由1家增加至4家，工业产值达4.2亿元。新引进的外资企业“舒雅织带有限公司”建成并投产。三是完善措施，强力推进“六城联创”。 2009年开发和谐大道，农贸市场建设，修建排水沟2000米，安装路灯52盏，栽植绿化树木300株总投资达300万元。在全市"六城联创"中取得第66名的好成绩。四是科学发展，新农村建设渐入佳境。以薛庄村为代表的新农村示范村建设如火如荼，9个村开工建设了新农村。五是和谐发展，社会事业全面进步。全乡计划生育保持一类乡目标。投资120万元完成乡计生所达标建设，农村合作医疗全面铺开，农民参合率达93%；曹林村新建一座敬老院，确保38名五保老人老有所养。六是平安建设，辉映张陶风采。加强社会管理，维护社会稳定。经过努力，张陶乡被市委、市政府和县委、县政府授予“平安建设先进乡”。2009年乡党委政府被县委、县政府评为“目标管理综合一等奖”。

# 息县包信镇

XIXIANBAOXINZHEN

书记　赵　群

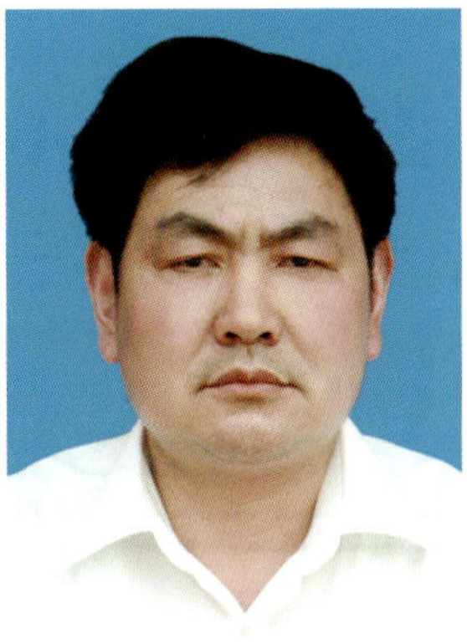

镇长　陈全成

包信镇位于息县东北35公里处，系周封赖国故地，是河南省三大古镇之一，与回郭镇、朱仙镇并列为河南省三大名镇。东、北分别与淮滨县、新蔡县相邻，西、南分别与东岳镇、小茴镇接壤。全镇行政区域面积87平方公里，耕地面积7.3万亩，辖19个行政村，1个居委会，312个村民组，总人口5.6万人。106国道穿境而过，息包公路、包防公路、包东公路、马包公路、包姜公路交会于此，村级公路纵横交错，交通便利，四通八达。镇域物产丰富，名吃众多。盛产小麦、棉花、玉米、红薯、芝麻、甘蔗和红麻，是一个典型的农业大镇。闻名风味小吃有百鸡块、肉馅烧饼、小猪肉、烩面、小磨油、地锅狗肉、油杠馍、剔骨肉等在周边县、市都享有较高的声誉。1500门光缆程控电话，移动、联通无线电话基站6个，便利的交通和快捷的通信条件，为包信镇的改革开放和经济建设奠定良好基础，近年来经济发展迅速，成为全县经济实力较强的乡镇之一。

2009年，包信镇党委、政府坚持以经济建设为中心，突出“改革、发展、稳定、和谐”的主题，开展农村综合改革。全镇社会生产总值完成50768万元，同比增长13%；其中一、二、三产值分别完成23353.28万元、17261.12万元、11168.96万元，一、二、三产占生产总值的比例分别为46%、34%、22%，二、三产同比各提高一个百分点，第三产业增加值增长14%。

# 息县夏庄镇

XIXIANXIAZHUANGZHEN

书记　黄树伟

镇长　郑　伟

夏庄镇，地处淮河之滨，汪湖环绕于南，闾河绵延于北，国道106线、省道337线纵横交汇于镇中心，区位独特，风景秀丽，地势平坦，交通便利，是全县重要的客货两运集散中心。总面积78.5平方公里，耕地面积5.79万亩。全镇辖16个行政村，224个村民组，4.22万人。

2009年，夏庄镇党委、政府以科学发展观为指导，围绕经济建设和社会和谐这个中心，扎实推进试验区建设，解放思想，转变职能，团结协作，开拓创新，全面完成年初制定的各项目标和任务，为建设和谐、文明、美丽、富绕的新夏庄打下坚实的基础。2009年，夏庄镇国民生产总值达31174万元，同比上年增长16%，全社会固定资产投资38198万元，地方财政收入166.6万元，比上年增长13%，农民人均纯收入3780元，储蓄存款余额38985万元，工资性收入占纯收入比重32.97%，财政收入占GDP的比重0.53%，非农业产业占GDP的比重79.09%，工业增加值占GDP的比重47.96%。

# 息县小茴店镇

书记　张生日

镇长　郭大伟

镇司法所

息县小茴店镇位于息县东北部，国道106线穿境而过，面积138.22平方公里，人口7.3万人，辖25个行政村。镇党委辖46个党支部，1277名党员。小茴店镇是息县次中心城镇、市综合改革试点镇、市生态建设示范区、省“中州名镇”、省文明村镇，镇党委被省委授予“六好乡镇党委”称号，2008年被市委授予“五好乡镇党委”称号。2009年度获得“市级安全生产工作先进单位”；获得市级“信访工作‘四无’乡镇”；2009年度获得“县级农村改革发展综合试验区建设综合先进三等奖”；“创新农村资金投入体制机制一等奖”；“人口和计划生育工作先进单位”；“民兵预备役工作先进单位”；“平安建设工作先进乡镇”；“纪检监察工作先进单位”；“对外宣传工作先进单位”；“2009年度精神文明建设先进单位”。

便民服务中心

人口和计生中心

镇办公大楼

# 息县东岳镇

XIXIANDONGYUEZHEN

书记　范　军

镇长　周俊峰

东岳镇位于息县北部，南以闾河为界，与张陶乡隔河相望；北依倒流水，与新蔡、正阳两县毗邻；东与包信、岗李为邻；西与白店乡接壤；中间是被誉为“四十五里扁担城”的老唐坡。镇政府驻地东岳集，距息县城30公里。南北长14公里，东西宽8公里，总面积106平方公里，耕地面积8.2万亩。现辖20个行政村，355个村民组，14136户，总人口5.5万人。

2009年，东岳镇党委、政府始终把经济建设置于中心地位，坚持“打基础、调结构、建支柱、增效益”的方针，促进地方经济发展。是年，东岳镇固定资产投资完成2.4亿元。地税收入54.6万元，完成上级下达任务的102%，契税收入7.8万元，完成任务的195%，耕地占用税收入20.6万元，完成任务的114%。

根据市场需求，进一步调整种植结构，推广弱筋小麦种植面积达5万亩。针对春季严重旱情，开展抗旱浇麦工作，共浇麦5万亩；制定完善防汛预案，积极筹备防汛抗灾物资，坚持24小时防汛值班制度。落实秸秆禁烧工作。从镇直单位和机关抽调人员组成4个秸秆禁烧工作队，将全镇4条主干路、20个行政村、大广高速沿线分成4个区域，分别由秸秆禁烧工作队负责管理，共发放《息县秸秆禁烧工作宣传提纲》5000张，《火灾隐患整治通知书》2000张，张贴《息县禁烧秸秆通告》200张。贯彻落实全县“三夏”抢收抢打工作和“三秋”生产会议精神，及时召开党政班子成员紧急会议，实行党政班子成员责任制，镇干部包村、包路段，并将工作任务明确到人，工作责任细化到人。组织40名党员干部组成4个帮扶工作队，帮助困难群众搞好抢收抢打；发挥东岳镇民心农机专业合作社的技术优势对全镇农机具进行全面检修调试。全镇投入大型收割机械370台，收割农作物16万亩，占种植总面积100%。

# 息县城郊乡

XIXIANCHENGJIAOXIANG

书记　姚成山

乡长　张培建

城郊乡地处淮河北岸，城乡结合部，环状分布于县城周围。罗淮、息包、息正、息寨、环城公路穿境而过，交通便利，信息灵通，人流量、物流量大，具有得天独厚发展市场经济的地理交通条件。乡政府驻息县息州大道中段，境域东西长9公里，南北长10公里，总面积87.2平方公里，辖16个行政村，233个村民组，10601户，总人口54662人。

2009年，城郊乡实现生产总值38444万元，较上年增长13%；固定资产投资总额完成25083万元。工业总产值达16387万元，占全乡GDP总值的42.6%；工业增长占全乡GDP增长总额的29%。乡镇企业总产值达到9311.3万元，限额以上增加6941.3万元，限额以下增加2370万元；固定资产计划总投资58286万元，累计投资已达25083万元；规模以上工业增加值7359.9万元。

2009年，城郊乡党委、政府积极响应新农村建设号召，突出“富裕农民、改善环境、社会和谐”三个重点，实施新农村建设项目。确定新农村建设规划项目15个，其中徐庄新村、三里新村、曹园新村、关庄新村、顿庄新村、洪庄新村、花园新村7个新农村建设项目开工建设。新农村规划征地 810亩，累计投资30980万元，2009年共完成投资13820万元；尹湾村移民迁建工程，涉及700户，4000余人，总建筑面积140000平方米，计划投资17500万元；全部按照新农村新村标准开工建设。

城郊乡总共治理背街小巷11条，总长度3331.5米，路均宽4.2米，排水沟总长4210米，总投资225.595万元，政府补贴132.4万元。农田水利建设方面，新打机井10眼，新挖和改造3000方左右大塘30多口，完成旧塘改建2420亩，基本完成7个重点村整体推进扶贫工作任务。乡村交通网建设粗具规模，所有行政村通公路。

# 息县杨店乡

XIXIANYANGDIANXIANG

书记　任仲宝

乡长　余　宏

杨店乡距县城10公里，息包路和杨白路穿境而过。现有国土面积96.9平方公里，耕地面积83000亩，其中旱地41000亩，水田42000亩。辖20个行政村， 261个村民组，现有乡中心、所7个，乡直机关单位17个，总人口43318人，其中男23458人，女性人口19860人，劳动力19331人，其中外出务工人口12500人，年创劳务收入8000万元。现有党委1个，支部31个，党员911名。全乡17所中、小学有80%建成花园式学校，适龄人口入学率达100%。

2009年，杨店乡国内生产总值（GDP）实现43550.7万元，同比净增6778.8万元，增长率为18.4%；人均GDP达到15584元，同比增长11.2%；农民人均纯收入增加265元，达到3953元，增长7.1%；农村固定资产投资完成42535万元，同比增长26%；地方财政收入完成225万元，增长91.9%；国税收入完成16.52万元，超额完成11.52万元；地税收入完成494.6万元，超额完成0.67万元；二、三产业占生产总值的比重比2008年提高一个百分点，第三产业增加值同比增长16%，比预定目标提高2个百分点；非公有制经济占地区生产总值的比例提高1.29个百分点，比预定目标提高0.29个百分点；限额以上工业企业实现利润增长13.02%，比预定目标增长3.02个百分点；新增规模以上工业企业一个，目前达9家。各项惠农政策全面落实。全年共发放小麦良种补贴628683元、玉米补贴628683元、油菜补贴74375元，水稻补贴958621.20元。发放五保金362400元，农村低保金1080550元，城镇低保金111915元。计划生育基层基础建设得到加强，整体水平明显提高，人口出生控制率在4.40‰以下，计划生育工作保持全县一类乡镇目标。林业生态建设位居全县第一名，获县委、县政府奖金8万元。2009年，先后获“全市信访工作四无乡镇”、“全市平安建设先进乡镇”、 “全市农村改革综合实验区建设先进乡镇”、“安全生产先进乡镇”、“先进基层人武部”、“宣传工作先进单位”、“县纪检监察工作先进单位”、“县计生工作先进乡镇”“工会工作先进单位”等称号；并获“全县林业生态建设一等奖”“全县农村改革发展综合试验区建设创新农村土地流转体制机制三等奖”、“全县农村改革发展综合试验区建设创新农村社会化服务体制机制一等奖”、“全县农村改革发展综合试验区建设综合先进乡镇二等奖”等奖。

# 息县白土店乡

书记 李 军

乡长 谢克刚

白土店乡位于息县东北部25公里处，大广高速纵穿全境，且在夏寨村有一高速路出口，“村村通”四通八达。全乡东西长7公里，南北长16公里，总面积86.9平方公里，耕地面积73725亩，其中有效灌溉面积4267亩。全乡辖16个行政村228个村民组，总人口43790人，其中非农业人口789人，回族27人，其余均为汉族。

2009年，白土店乡围绕农村改革发展综合试验区建设的目标任务，紧扣做好“八篇文章”和实现“六大突破”的目标，推进全乡试验区建设。至年底，全乡耕地面积流转达3.3万亩，签订流转合同983份，培育1000亩以上种粮示范大户1户。全乡发展成立各类农民专业合作社36家，其中种植17家，养殖12家，农机5家，土地合作社1家，资金互助社1家，出资总额3618万元，加入农户2618户，入社会员4629人。全乡16个行政村的新村建设规划全部得到县政府批准，有8个村的新村居民点开工建设，建成185套住房，86户群众入住新村。全乡16个村卫生室全部统一模式于10月底竣工，全部正式启用；在米围孜村新建敬老院1所可入住64人；在夏寨村村部南侧、西侧分别建成2座敬老院，有餐厅4间，活动室2间，住室53间，入住全乡五保户58人。拥有食堂2间，活动室2间，住室32间,。全乡新农合参合人数达38473人，参合率为98%。创新农村资金投入体制，11月注册成立夏寨村金顺丰农民资金互助社，加入农户19户，注册资金50万元。文化事业全面发展，夏寨村建成农家书屋1座，内存各类图书5000余册。

# 息县岗李店乡

XIXIANGANGLIDIANXIANG

书记 李 华

乡长 姚光道

岗李店乡位于息县的东北部，北与驻马店的新蔡县交界，东和淮滨县的张里乡毗邻，西与正阳县、东岳镇接壤，南和包信镇相依，距县城43公里，是息县的北大门。全乡东西长12.5公里，南北长5.53公里，106国道贯穿南北，总面积69.14平方公里，耕地6.7万亩。辖20个行政村，312个村民组，总人口57543人。

2009年，岗李店乡国内生产总值完成5.09亿元，较上年增长13%，非公有制经济占地区生产总值的比例提高1.22个百分点，二、三产业占生产总值的比重为54.96%，较上年提高1.04个百分点，第三产业增加值为1.87亿元，同比增长20.9%，限额以上工业企业工业增加值4420万元，较去年增长38.3%，限额以上工业企业实现利润较2008年增长29.02%，财政收入完成120 万元，占年目标的112%，财政部门组织的地方税收完成21万元，同比年增长12.3%，地税部门组织的地方税收完成48万元，较去年增长12%。全社会固定资产投资完成1.95亿元，占年目标的135%，万元生产总值能耗下降了4.75个百分点，农民人均纯收入4046元，较上年增长8.8个百分点。

2009年，全乡有17个村开工新农村建设。全乡先后组建甘薯专业合作社和种、养殖协会及农机专业合作社等专业组织。合作社通过走“合作社＋基地＋农户”的发展模式，发展社员和规模种植户，提高农民收入。以资金互助组织为媒介，搭建农村致富融资桥梁，盘活农村闲散资金。岗李店乡惠民资金互助合作社发展股民100人，累计投放小额贷款近80万元，用于发展农业、林业和新村居民点建设等。以乡土地流转服务中心和村土地流转服务站为服务平台，完善农村集体建设用地及农田、林地等流转制度，2009年，共流转土地近3万亩。以培养人才为动力，支持创业人才投身试验区建设。为鼓励支持各类人才投身农村改革发展，加大农村人才人力资源开发，出台《鼓励支持各类人才投身农村创业发展实施细则》，全乡涌现出一批创业人才示范典型，为全乡试验区建设注入新的活力。

# 息县长陵乡

XIXIANCHANGLINGXIANG

书记　曹良军

乡长　刘玉忠

长陵乡位于息县最东部，乡政府驻地长陵距县城37公里。处于息县、淮滨和潢川三县交界之处。东以闾河为界，与淮滨的新里乡、芦集乡、吉庙乡为邻；南以淮河为界，与潢川的来龙乡相望；西以乌龙港为界，与夏庄接壤；北与小茴店镇毗连。信（阳）阜（阳）路横穿乡境东西，“村村通”四通八达，交通极为便利。全乡东西长8公里，南北宽10公里，总面积62平方公里，有可耕地2827公顷，全乡辖11个行政村，142个村民组，7167户，总人口31156人。

2009年，长陵乡以经济建设为中心，以农村改革发展综合试验区建设为平台，认真贯彻落实十七届四中全会和县委经济工作会议精神，大力推进农业产业结构调整，不断强化农村基层组织、民主法制和精神文明建设，多渠道增加农民收入，强力推进“六城联创”工作，顺利完成各项工作任务，确保全乡社会政治稳定，经济持续发展和各项事业蓬勃发展。

# 息县陈棚乡

XIXIANCHENPENGXIANG

书记　付树华

乡长　谢　勇

陈棚乡位于息县东南部，距县城29公里。淮河沿乡境南界和东南边缘流向东北，经闫湾，易庙村入长陵乡，境内长11公里。全乡东西长8公里，南北宽7公里，呈扁圆形，106国道贯穿南北，总面积52平方公里。全乡辖10个行政村，141个村民组，共有6411户，30987人。主要粮食作物有小麦、水稻、玉米。主要经济作物有花生、红麻、芝麻、油菜。

乡党委、政府立足资源优势和区位优势，紧紧围绕经济建设中心，逐步形成以淮河黄砂资源为依托的黄砂开发为主的“黄”色经济、以汪湖水资源为依托的沿湖渔业水产养殖为主的“白”色经济和以106国道交通优势为依托的塑料大棚蔬菜开发为主的“绿”色经济的“三色”经济，使具有陈棚特色的“三色经济”成为陈棚经济发展的主导品牌。

2003年底，国家实施淮河滩区灾后重建工程，按照规划，陈棚全乡在10年一遇洪水线以下的居民全部搬迁。2009年，建成4471户，搬迁入住4471余户，1800余人。2008年顺利通过创建“省级卫生乡镇”验收，各项基础配套正在建设中。

# 息县八里岔乡

XIXIANBALICHAXIANG

书记　吕家斌

乡长　马　峰

八里岔乡位于县城南部。乡政府驻地八里岔，距县城14公里。南邻曹黄林乡的杨寨、曹黄林村与光山县孙铁铺镇接壤；西以竹竿河为界，与罗山县的竹竿镇相望；东北濒淮河故道，东与关店乡的吕湾、王岗村毗连；北与濮管区的尹山、冯洼村相邻。南北长17公里，东西宽15公里，呈不规则多边形，总面积120.72平方公里。耕地81359万亩，其中水田42979亩，旱地38380亩。现有乡中心、所7个，辖20个行政村，355个村民组，共有12205户，50076人，其中劳动力32048人，外出务工人员14520人。

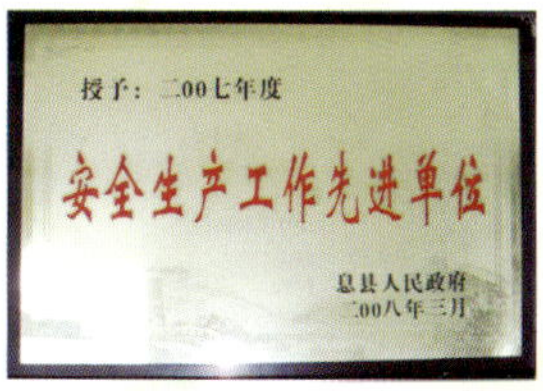

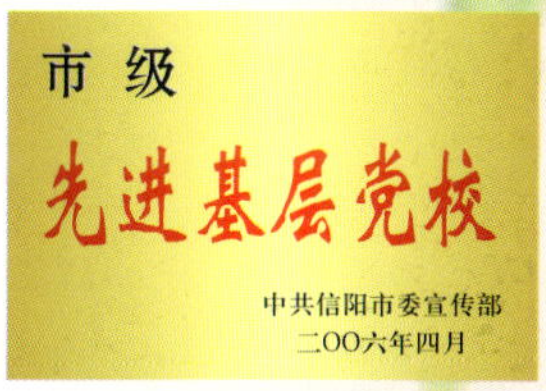

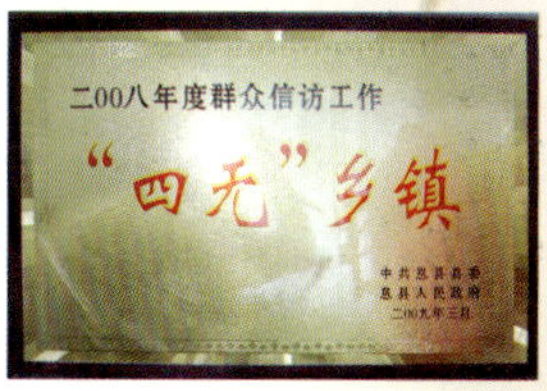

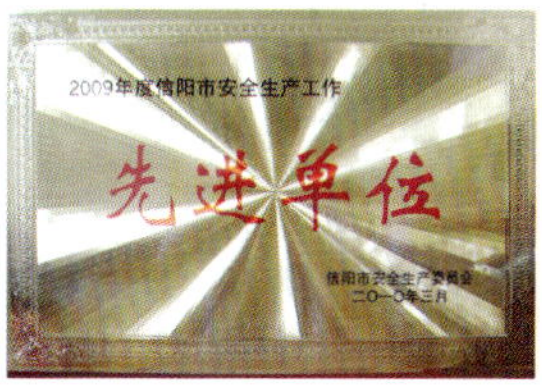


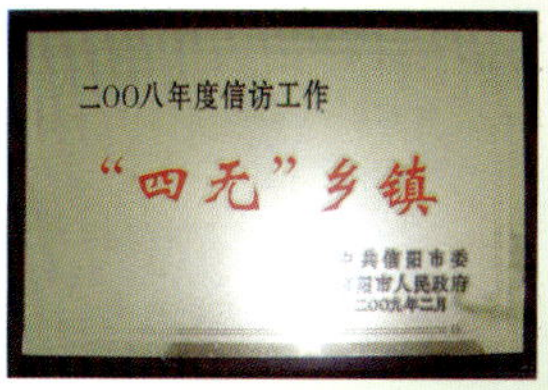

中国邮政
CHINA POST

# 息县邮政局

CHINA POST

局长　刘　普

2009年，息县邮政以邮政改革发展为中心，坚持"制度管人，数据说话，报表就是成绩单"的发展思路，按照"月计划、周安排、日写实"的工作要求，树立"发展是硬道理、实干是硬措施、制度是硬保障、数字是硬指标"的发展观，围绕"实现一个总体目标，着力突出两项重点，全面推进三项工作"，各项业务均保持又好又快发展，全年完成业务总量居全市同行业第一位，全省第24位，比2008年增长16.08%。邮政服务综合满意度94.64分。

# 息县曹黄林乡

XIXIANCAOHUANGLINXIANG

书记　张亚斌

乡长　余珂佳

曹黄林乡位于息县最南部，北距县城20公里，南距312国道、沪陕高速10公里，大广高速和宁西铁路纵横穿境而过，213省道横贯南北。息县火车站坐落在集镇新区，交通区位优势明显，辖区总面积118.71平方公里，总人口49358人，下辖21个行政村，355个村民组，耕地面积71861亩。曹黄林乡紧邻大别山余脉，境内多为起伏不平的丘垄岗，地形中部较高，南北较低，平地海拔约65米，地表多坑塘水面和小起伏的丘陵，地貌总的特点是："有山不高，有坡不陡，平原大平小不平"。粮食作物主要有小麦、水稻。经济作物主要有红麻、花生。2009年，"小香瓜、小龙虾、小果花生"（简称"三小"产业）发展迅速，成为曹黄林乡的支柱产业；是年，夏粮总产17839吨，比2008年增长了6.3%；秋粮总产量27611吨，比2008年增长6.7%。2009年，全乡招商引资达1.8亿元。计划生育工作全县综合考评第一名。

2009年，全乡新打机井2眼，改造部分坑塘和桥涵，新整理土地320亩，改造中低产田660多亩。

全乡共完成绿化造林2899亩，其中廊道林2192亩，村镇绿化707亩。抓住林业产权制度改革的大好时机，推进林权制度改革，签定林权合同2145份，取得全县林业生产第二名的位次，实现生态环境与经济效益的双赢。

# 息县濮公山管理区

PUGONGSHAN

主任 谢 建

濮公山管理区是息县人民政府派出机构，1985年，息县人民政府在该地方设中渡店办事处，与息县矿山建材管理局合署办公，1996年，撤消中渡店办事处，设立息县地质矿产管理局，2004年，撤消息县地质矿产管理局，设立息县濮公山管理区。虽然名称不断改变，但所管范围一直未变。该地区位于息县城南3公里处，西北方与城关镇、城郊乡隔河相望，东南部与八里岔乡毗邻。辖3个行政村，12个自然庄，24个村民组，该区南北长4公里，东西长5公里，土地总面积15.3平方公里，耕地面积5963亩。2009年，全区总人口6749人，农业人口5870人，非农人口879人。

濮管区境内资源丰富，以石灰岩和河砂为主，其中石灰岩储量约5千万吨，占全县储量的90%，平均含氧化钙52.3%，是优质的建筑材料，其中，“息石灰”曾以质优价廉远销新蔡、光山、罗山等县。全区工业企业较多，2002年被市政府有关部门命名为市级工贸小区，有国有石灰厂1个，石灰窑25座，采石场13个，大型碎石加工企业18个，沿淮河岸有采砂厂8个，砖厂2座，2009年工业总产值3990万元。新息寨路横贯南北，村村通水泥路，交通便利，区位优越。濮管区境内有南山陵园，每年“三月”庙会，大量游客云集于此。

现代化新型墙材页岩机砖生产线

息县第一碎石厂

# 《息县志》（1986～2000）志稿市级评审会召开

前排左起依次为：李洪俊、王远德、谭国友、陈晓玲、余运德、李吉光、吴昊、滕凌飞、王豫湘

2009年12月28日～29日，第二届《息县志》志稿市级评审会在息州宾馆召开。评审会由息县人民政府主办。信阳市地方史志编委会秘书长、市史志协会会长李吉光、市地方史志办公室副主任陈晓玲带领市史志专家组成员谭国友、滕凌飞及平桥、罗山、新县县区史志部门负责人王豫湘、王远德、董绍富参加评审会。息县县委书记张富治、县长余运德到会看望与会人员。息县县委常委、常务副县长李林军、副县长吴昊、县政府党组成员、政府办主任李洪俊出席评审会。

《息县志》（1986～2000）编修工作于2004年3月启动，2009年11月30日完成市级评审稿。大致经历四个阶段：一、准备、启动，拟定篇目；二、收集资料，分纂志稿；三、调整补充，总纂初稿；四、完善提高，编纂市级评审稿。志稿采用章节体结构，设28章149节，成稿约120万字，全面记述了改革开放以来息县15年的政治、经济、社会、文化等各方面的巨大变化与辉煌成就。